Table

des pièces contenues dans ce premier volume

PROCÈS

DES PRÉVENUS DE L'ASSASSINAT

DE

M. FUALDÈS,

EX-MAGISTRAT A RHODEZ.

DE L'IMPRIMERIE DE PILLET.

CAUSE CÉLÈBRE.

PROCÈS

DES PRÉVENUS DE L'ASSASSINAT

DE

M. FUALDÈS,

EX-MAGISTRAT A RHODEZ.

A PARIS,
CHEZ PILLET, IMPRIMEUR-LIBRAIRE,
ÉDITEUR DE LA COLLECTION DES MŒURS FRANÇAISES,
RUE CHRISTINE, N° 5.
1817.

ASSASSINAT DE M. FUALDÈS.

N° Ier.

Depuis quelques jours les feuilles publiques retentissent des débats de l'horrible affaire de l'assassinat commis à Rhodez dans la soirée du 19 mars dernier, sur la personne de M. Fualdès, ancien procureur du Roi à la cour criminelle de cette ville, homme intègre et environné de la considération générale. La nature du crime, les circonstances qui l'ont accompagné, la qualité des deux principaux accusés, qui tiennent un rang distingué dans la société, qui l'un et l'autre étaient parens et se disaient amis de la victime, qui mangeaient à sa table et étaient admis en communication de ses affaires et de ses intérêts; l'indépendance de leur fortune, qui semblait les garantir contre la simple idée d'un attentat qui a sa source dans la plus vile comme dans la plus inexplicable cupidité; tout, en un mot, a appelé l'attention non-seulement du département de l'Aveyron, mais encore de toute la France, sur ce déplorable procès, et excité cette espèce d'intérêt puissant dont il est impossible de se défendre au récit de ces événemens douloureusement instructifs, à la vue de ces honteux monumens de la dégradation, où les passions peuvent ravaler la dignité originelle de l'homme.

Nous avons pensé qu'il n'était pas indifférent pour l'humanité de recueillir et de présenter toutes les circonstances de cette affaire, où l'on pourra puiser plus d'une leçon utile.

Par arrêt du 29 mai dernier, la cour royale de Montpellier a mis en accusation et renvoyé devant la cour d'assises de l'Aveyron les nommés Catherine Burguière, veuve Bancal; Marianne Bancal, sa fille; Bernard-Charles Bastide-Gramont, Jean-Baptiste Colard, François Bax, Joseph Missonier, Anne Benoît, Jean Bousquier, Joseph Jausion, Victoire Bastide, épouse dudit Jausion; et Françoise Bastide, veuve Galtier; comme prévenus d'être les auteurs et complices de l'assassinat du sieur Fualdès, etc.

Du 18 août 1817.

A onze heures, la cour, sous l'escorte de la garde nationale, s'est rendue avec MM les jurés à l'église Notre-Dame, pour assister à la messe du Saint-Esprit.

Après la messe, la cour est rentrée dans la chambre du conseil.

Les accusés Bastide-Gramont, Missonier, Jausion, Colard, Bax, ont été conduits sur le banc supérieur destiné aux prévenus; Bousquier a été placé sur le banc inférieur; les dames Jausion et veuve Galtier ont été amenées à leur place par M. Arsaud, défenseur de l'une d'elles; la dame Jausion devait s'asseoir aux pieds de son mari, la dame Galtier, à ceux de son frère; elles se sont élancées à-la-fois au cou de l'un et de l'autre, et les ont retenus long-tems dans leurs bras. Cette scène touchante a fait verser des larmes à un grand nombre de spectateurs.

On remarquait, dans l'enceinte du parquet, M. le préfet, qui ne cesse de montrer un zèle infatigable pour le triomphe de la justice, ainsi que M. le maréchal-de-camp commandant le département. On y voyait aussi, avec le plus vif intérêt, M. Fualdès fils à côté de Me Merlin chargé de plaider pour son intervention dans la cause comme partie civile. Les mesures les plus sages avaient été ordonnées par M. le président pour que le plus grand ordre régnât dans la salle.

Les huissiers ont annoncé la cour.

MM. Grenier, chevalier de l'ordre royal de la Légion-d'Honneur, président; Sicard, de Lunaret, conseillers; de Plantade, chevalier de l'ordre royal de la Légion-d'Honneur; Marcel de Serres, conseillers-auditeurs; Juin de Siran, chevalier de l'ordre royal et militaire de Saint-Louis, procureur-général du Roi; Castan, avocat-général; et Mainier, procureur du Roi; ont occupé leurs siéges.

Sur la réquisition de M. le procureur-général, la cour voulant juger l'abstention de M. Marcel de Serres, un de ses membres, ainsi que la récusation que quelques accusés avaient faite de ce magistrat, M. Cussac, juge du tribunal de première instance, est entré. La cour rejette la récusation des accusés; mais, ayant égard aux motifs pleins de délicatesse de l'abstention de M. Marcel de Serres, elle l'a remplacé par M. Constans, vice-président du tribunal de première instance de Rhodez. Ce dernier a aussi proposé des motifs d'abstention qui n'ont pas été jugés suffisans, et il a pris séance.

La cour, d'après l'ordonnance de Mgr le garde des-sceaux, vu les circonstances extraordinaires, devait être composée de cinq juges et de deux suppléans. La plus grande partie des membres du tribunal de première instance de Rhodez ayant connu de cette affaire, lorsqu'elle était poursuivie prévôtalement, les motifs d'abstention de M. Seconds ayant été jugés valables, M. Cussac a été appelé par l'ordre du tableau et a pris séance comme premier suppléant.

L'abstention de MM. les avocats antérieurs à M. Villa dans l'ordre du tableau, ayant été accueillie, M. Villa a été appelé comme second suppléant.

M. le procureur-général a fait lecture de l'ordonnance pour la formation du jury qui, dans cette grande affaire, doit être composé de douze jurés et de deux suppléans. Les accusés ayant été interpelés pour donner leur consentement à la nomination de ces deux suppléans, ils y ont acquiescé. Le sieur Bastide-Gramont voulait que ces suppléans ne pussent être de la ville de Rhodez; mais il s'est désisté de cette demande.

Le nombre des jurés qui ont répondu à l'appel, ou qui n'ont pas eu des motifs d'abstention, s'est trouvé de vingt-neuf, tandis qu'il devait être de trente-deux, pour y faire choix de douze jurés et deux suppléans; trois nouveaux jurés ont été tirés au sort sur tous les habitans de Rhodez ayant les qualités requises.

La loi ne donnait aux onze accusés que le droit de récuser neuf jurés; elle ordonne que, lorsqu'ils seront plusieurs, ils pourront s'accorder pour cette récusation, et que, s'ils ne peuvent y parvenir, on déterminera par le sort l'ordre dans lequel chacun usera de son droit. Un de MM. les défenseurs a annoncé que tous les accusés déléguaient au sieur Bastide le droit de faire les neuf récusations. Mais le nommé Bousquier a persisté à soutenir qu'il voulait user personnellement de tous les avantages que la loi pouvait lui donner. On a tiré le sort entre les accusés, pour la récusation des jurés, selon l'article 403 du Code d'instruction criminelle, cinq d'entre eux seulement ont été récusés.

Il a été ensuite procédé au tirage du sort, pour la nomination de 12 jurés et 2 suppléans, dont les noms suivent:

MM. Hérail, maire du Vila-du-Tarn; Masson-Latieule, maire de Saint-Félix-de-Lunel; d'Hauterives, maire de Grand-Vabre; Brassat de Saint-Parthem, maire d'Aubin; Boursez, maire de Millau; Dissez, receveur de l'arrondissement de Villefranche; Antoine Carcenac, négociant de Rhodez; Castan, maire de Belmont; Peyrerade, maire de Rivière; Richard, percepteur d'Aubin; Barascut, membre du conseil-général; Molinier-Fonbelles, maire de Salles-Curan. — Fraissinet de Valadi, Dubruel, entreposeur des tabacs à Villefranche, suppléans.

Me Merlin, avocat de M. Fualdès fils, a pris la parole, pour qu'il fut permis à ce dernier d'intervenir comme partie civile. Voici une partie de cet acte d'intervention:

« Feu M. Fualdès père, ancien procureur du Roi près la cour d'assises, a été lâchement assassiné dans la soirée du 19 au 20 mars dernier. Après avoir étouffé tout sentiment d'humanité, fermé le cœur à la voix de la nature, au cri du sang et de l'amitié, les instigateurs de l'assassinat, qui, depuis long-tems, avaient prémédité l'horrible dessein d'attenter aux jours de ce magistrat, qui fut, pendant tant d'années, la terreur du crime et l'appui de l'innocence, ont associé à leur infâme complot des monstres qui leur ont servi d'exécuteurs. Ils ont trouvé le moyen de surprendre l'excessive confiance de leur victime pour ceux qui se disaient ses parens, ses amis; de l'attirer dans le piège, sous le prétexte d'une négociation avantageuse de quelques effets de commerce; de la livrer à de vils bourreaux; de l'entraîner enfin dans le lieu infâme destiné à son supplice, dont les fastes du crime n'offrent même pas d'exemple. Insensibles au seul gémissement qu'elle a fait entendre et qu'ils n'ont pu étouffer, ces monstres à face humaine ont poussé l'atrocité jusqu'à l'égorger à diverses reprises, avec un couteau; à recueillir son sang dans un baquet, pour en faire ensuite l'aliment d'un cochon; et à se repaître du barbare plaisir de l'agonie la plus horrible et du désespoir le plus déchirant. Trop heureux, si la présence de ceux-là même qui avaient eu son amitié, sa confiance, n'avait ajouté à l'horreur de ce supplice épouvantable! Un seul regard de leur victime n'eût pas manqué de les confondre, si, après avoir été poussés au crime par l'appât de l'intérêt, ils n'avaient eu déjà étouffé dans leur cœur toute espèce de remords et abjuré jusqu'à leur qualité d'hommes.

» Aussi, n'ont ils pas eu plutôt égorgé ou fait égorger leur parent, leur ami, que, quelques instans après, ils ont porté son cadavre dans la rivière de l'Aveyron. Ne dirait-on pas même, d'après les faits attestés par la procédure, qu'après s'être abreuvés du sang de leur victime, ils jouissaient encore après l'assassinat; puisque ce convoi présente les apparences d'un triomphe bien digne d'eux, qu'il était précédé et suivi par les principaux instigateurs de ce forfait abominable? Ils se flattaient, peut-être, ces misérables, qu'en précipitant le cadavre dans la rivière, leur crime serait enseveli avec lui dans l'abîme; qu'indépendamment des effets négociables dont ils étaient nantis, ils pourraient encore, sous le manteau de la parenté, de l'amitié, de la confiance, finir par absorber, sans être découverts, la totalité de la fortune de M. Fualdès. Aussi les a-t-on vus, à ce titre sacré, avoir l'audace inconcevable de s'introduire dans son domicile; et, à l'instant même où ils affectaient de porter des consolations à la veuve, de faire main basse sur tout ce qu'ils ont pu rencontrer, de commettre des effractions criminelles lorsqu'ils n'ont pu se procurer les clefs, de consommer leur crime par la spoliation la plus perfide et la plus coupable. Ils n'ont pas craint de violer un asile pour lequel cet événement tragique commandait le respect, des appartemens où ils ne devaient entrer qu'en tremblant, un bureau qui, eût-il été ouvert, devait être sacré pour eux. Quelqu'un d'eux n'a-t-il pas même eu la témérité de s'asseoir à la table de la veuve!!!

«La Providence, qui ne laisse rien d'impuni, a voulu que le cadavre flottât sur l'eau, qu'il fût aperçu et reconnu au point du jour. Aussi à l'instant même une consternation générale s'était-elle répandue dans la ville. Tous les cœurs avaient été glacés d'effroi. Si quelque circonstance a pu depuis porter quelque adoucissement à la douleur des habitans de Rhodez, c'est d'apprendre par la procédure que les accusés n'ont pas pris naissance dans le sein de cette ville. Aussi a-t-on vu, au moment de cette découverte, l'opinion publique signaler un des principaux coupables, et les preuves qui ont été recueillies depuis par l'effet du zèle que les magistrats ont porté à la poursuite du crime, et les révélations importantes qu'ils ont obtenues, n'ont laissé aucun doute sur la culpabilité des accusés.

«Dans ces circonstances, il est de l'intérêt du requérant de concourir avec le ministère public à la pouruite des coupables; la mémoire du plus infortuné et du plus chéri des pères lui en impose l'obligation sacrée. L'état d'une veuve à qui on a ravi son mari, et celui d'un fils qui n'avait d'autre appui, d'autre protecteur que son père, sont trop favorables, pour que la justice ne leur accorde pas un faible dédommagement pour la perte irréparable qu'ils ont faite.

«D'un autre côté, peut-on se dissimuler qu'au moyen de la vente consentie par feu M. Fualdès du domaine de Flars, non-seulement il eût eu de quoi désintéresser ses créanciers, mais encore de quoi se procurer un excédant considérable pour jouir honorablement du restant de sa fortune? Ce fait est attesté dans la procédure par les aveux sortis de la bouche d'un des accusés, et par des témoins nombreux à qui M. Fualdès en avait fait la confidence.

«Par quelle fatalité, les effets de commerce, l'or, l'argent, les journaux même que M. Fualdès tenait avec le plus grand ordre et la plus grande exactitude, ont-ils disparu? Par quelle fatalité, un accusé se trouve-t-il nanti de quantité d'effets négociables et signés en blanc? Par quelle fatalité, nombre d'autres ont-ils été protestés à la requête d'un agent de change, dont on a emprunté le nom? Par quelle fatalité, enfin, l'infortuné M. Fualdès, qui n'avait vendu son domaine de Flars que pour recouvrer une grande aisance, se trouve-t-il débiteur et actionné pour des sommes qui font plus qu'absorber son entière fortune? Son journal eût dévoilé ce mystère, on eût trouvé dans le bureau enfoncé l'explication de l'énigme; on eût connu la véritable situation des affaires de M. Fualdès; mais les auteurs de l'effraction avaient trop d'intérêt à les faire disparaître. Eussent-ils pu résister à ces renseignemens écrits et irréfragables qui eussent à jamais confondu leur arrogance, prouvé la fausseté de leurs assertions, et, en dévoilant les motifs de l'assassinat, signalé ses auteurs?

» Heureusement la procédure offre des preuves aussi positives que concluantes; et au point où elle a été amenée, il n'est plus permis de douter que la société ne soit vengée du plus horrible des attentats; que la ville qui en a été le théâtre n'obtienne à son tour la punition de ceux qui n'ont cherché à jouir des droits de cité dans son sein que pour la déshonorer; qu'enfin le requérant, en sollicitant de la justice la décision commandée par la mémoire d'un père respectable, dans le lieu même où celui-ci provoqua pendant tant d'années le châtiment du crime et l'absolution de l'innocence, n'obtienne aussi des dommages proportionnés à cette perte irréparable pour un fils chéri et une veuve désolée, et à la destruction totale de leur fortune par l'effet du vol qui a été l'ame et le but de l'assassinat.

» En conséquence, etc. »

Après la lecture de l'acte d'intervention, Me Merlin a ajouté ce qui suit :

« Depuis la notification de cet acte, mon client, instruit qu'on a cherché à calomnier ses intentions, jusqu'à lui attribuer des sentimens d'intérêt qui n'ont jamais été dans son cœur, et prétendu qu'il a voulu faire de la plus juste des causes un motif de spéculation, et vendre le sang d'un père, vient de proclamer hautement et publiquement devant la Cour que malgré l'évaluation présumée des dommages, faite uniquement par son conseil, d'après les actes de la procédure et les citations nombreuses qui ont suivi devant les tribunaux, il n'a jamais entendu et n'entend réclamer aucun dommage personnel, mais uniquement dans l'intérêt des créanciers, dont le gage a disparu par une spoliation, un vol, non moins criminels que l'assassinat Il se borne donc, quant à présent, à conclure à ce qu'il plaise à la Cour d'assises le recevoir partie plaignante et civile, l'admettre à faire sur les débats les poursuites qu'il jugera nécessaires pour faire déclarer coupables du crime d'assassinat et de vol ceux qui seront reconnus tels d'après les mêmes débats, à s'aider de l'acte d'accusation, à en développer les moyens; sauf en ce qui concerne les dommages-intérêts, une fois qu'il sera justifié en quoi consiste la perte des créanciers de son père, à être adjugé à son client, dans leurs intérêts seulement, les sommes qui seront arbitrées par la Cour, sur les conclusions qu'il se réserve de prendre pour en déterminer la quotité. »

L'auditoire avait été saisi d'horreur par la lecture de l'acte d'intervention ; mais tous les cœurs ont éprouvé de fortes émotions, et des larmes ont coulé de tous les yeux, lorsque M. Fualdès s'est fait entendre ; lorsque, avec le véritable accent de la douleur, avec le ton le plus convenable aux divers sentimens dont il était pénétré, ce fils infortuné a parlé en ces termes :

« Messieurs,

« Chacun sentira facilement que l'émotion que j'éprouve est ici bien grande et bien naturelle ; il ne faut rien moins que le sentiment de l'honneur pour me laisser la force de dire quelques paroles. En effet, si j'ai d'un côté l'aspect consolateur de la justice, n'ai-je pas à supporter la présence affreuse des assassins présumés de mon malheureux père ? Aussi, depuis la catastrophe, je n'ai demandé au ciel le courage de supporter de si grands malheurs, que pour voir l'éclat de l'innocence et le châtiment du crime.

» Ce n'était donc pas assez, de me voir privé du meilleur comme du plus vertueux des pères, de mon ami, de mon unique appui dans ce monde ! Ce n'était pas assez de savoir qu'une douleur mortelle me menace à tout instant de me ravir une mère infortunée ! Ce n'était pas assez que le patrimoine de la malheureuse victime fût devenu la proie de ses bourreaux ! Oui, les partisans de l'impunité n'ont pas trouvé mes afflictions assez grandes ! Leur intrigue coupable a voulu m'enlever le seul bien qui me reste, l'honneur. Heureusement que cette nature de richesse est hors des atteintes de la cupidité des pervers.

» On a supposé, on a peut-être même accrédité que le sentiment de mes démarches avait été celui de l'intérêt plutôt que de la vengeance. Mais cette assertion est si dégoûtante, tellement au delà de la nature, que personne n'aura pu s'y arrêter long-tems et de bonne foi. Non, je n'ai pas voulu et je ne veux pas vendre le sang de mon malheureux père ; je suis assez riche, je suis trop heureux du seul patrimoine qu'il me laisse, je veux dire ses vertus publiques et privées. Comme l'infortuné, je n'ai d'autre ambition que de mériter l'affection de mes compatriotes et l'estime publique.

» Je déclare donc devant la justice et en public, que c'est uniquement dans l'intérêt des créanciers de mon père, que j'ai permis qu'on formât demande en dommages. J'assurerais à la cour, par acte public, que telles ont toujours été mes intentions, si je ne savais que la parole d'un honnête homme est suffisante. »

M. le président a fait un discours rempli de noblesse et digne de la gravité des circonstances. Il a commencé par faire l'eloge de l'institution du jugement par jurés. « Cette institution, a-t-il dit, fut long-tems l'objet des vœux des publicistes philosophes et des amis de l'humanité; et après avoir été formée, elle a résisté aux attaques réitérées des partis et aux orages de la révolution. Il est prouvé par l'expérience qu'elle peut parvenir au grand but de préserver tous les innocens et d'atteindre le plus grand nombre des coupables. Le Roi a garanti ce précieux bienfait dans la Charte. Déjà Louis XVI, dans un de ses actes de bienfaisance, avait aboli la question et ses tortures, défendu de dégrader les prévenus avant d'être jugés coupables, en les dépouillant des habits distinctifs qui appartenaient à la classe et au rang qu'ils occupaient dans la société, et préparé par là de plus grandes, de plus importantes réformes. »

M. le président a fait sentir, par une analyse rapide des changemens que cette institution a éprouvés, les améliorations considérables qui en sont résultées, sur-tout pour un choix plus convenable des jurés. S'adressant ensuite à ceux qui étaient déjà sur le siége: « La confiance du Roi et de la société, leur a-t-il dit, est en vous pour la punition d'un crime qui n'avait pas encore souillé les annales de la justice criminelle. A cette confiance dont vous êtes investis, je dois joindre un hommage que j'aime à vous rendre publiquement, c'est celui que vous avez justement mérité, par l'heureuse épreuve faite par les magistrats qui m'ont précédé au fauteuil que j'occupe aujourd'hui, de l'impartialité et de la fermeté avec lesquelles vous avez constamment rempli vos devoirs sociaux.

» La société attend de vous les mêmes résultats dans une affaire aussi importante, et j'ose me promettre avec elle que vous apprendrez à la France, justement indignée, que les braves Aveyronnais ont toujours su concilier le cri de l'honneur avec celui de leur conscience. »

Dans l'acte d'accusation, M. le procureur-général en la cour royale de Montpellier, chevalier de l'Ordre royal et militaire de Saint-Louis, déclare que des actes de la procédure résultent les faits suivans :

Le sieur Fualdès, ancien magistrat, avait reçu le 18 mars dernier, en effets de commerce, une somme considérable pour partie du prix de son domaine de Flars. Dans l'après-midi du lendemain 19, un rendez-vous lui fut donné pour la négociation de ces effets; il fut fixé à huit heures du soir;

e sieur Fualdès sortit en effet de chez lui à huit heures quelques minutes, après avoir pris sous sa lévite quelque chose qu'il soutenait avec son bras gauche. Dans ce moment un individu était posté tout près de sa maison et de l'hôtel des Princes. Lorsqu'il le vit passer, il quitta son poste et descendit en grande hâte dans la rue de l'Ambergue droite qui aboutit à celle des Hebdomadiers, par la petite rue qui traverse celle de Saint Vincent. Au même instant aussi, des hommes étaient postés au coin des maisons de Françon de Valat et de Missonier, de la rue dite des Frères de l'Ecole Chrétienne, et sur la porte de la maison Vernhes, habitée par Bancal. Des joueurs de vielle y étaient aussi placés, et firent entendre pendant environ une heure le son de leurs instrumens, et disparurent le lendemain de grand matin. Le malheureux Fualdès fut arrêté au coin de la rue des Hebdomadiers, près de la maison de Missonier, et c'est là où sa canne fut trouvée à huit heures et demie; un mouchoir fut mis dans sa bouche pour l'empêcher de faire entendre ses cris plaintifs : néanmoins quelques soupirs prolongés, quelques gémissemens étouffés furent entendus dans ce quartier. C'est là où à neuf heures du soir fut trouvé le mouchoir entortillé, qui avait servi de bâillon et qui présente les traces, soit de quelque coup de dents, soit un nœud formé aux deux extrémités. C'est dans la maison Bancal que fut traînée la victime ; elle fut étendue sur une table et égorgée avec un couteau de boucher ; son sang fut pris dans un baquet et donné à un cochon qui ne put le finir ; le surplus fut jeté. Ajoutant l'outrage à la cruauté, l'un des complices osa dire pendant la consommation du crime, *que le sieur Fualdès ne ferait plus le.......* On trouva dans ses poches trois écus de 5 fr., trois pièces de 50 cent., onze pièces de 5 cent. ; on les donna à la femme Bancal, en lui disant : « Prenez cela, vous ; nous ne tuons pas cet homme pour l'argent. » On lui trouva aussi une clé qui fut remise à un monsieur de la campagne, en lui disant : « Va-t-en ramasser le tout. » La femme Bancal voulut lui ôter la chemise, qui, d'après ces expressions, était d'une toile ressemblante à une aube ; mais les assassins s'y opposèrent, parce qu'ils craignaient qu'elle ne fît découvrir leur crime. Une bague fut retirée du doigt de la victime et donnée à la femme Bancal ; mais le lendemain matin elle lui fut retirée, et on lui donna 6 fr. en compensation. Après que le malheureux Fualdès eut perdu la vie de la manière la plus barbare, son corps fut placé sur deux barres, enveloppé dans un drap et dans une couverture de laine, lié comme une balle de cuir avec des cordes de la grosseur du doigt, et porté vers les dix heures du soir dans la rivière d'Aveyron, par quatre individus, précédés d'un homme à haute taille, armé d'un fusil et suivi de deux autres dont l'un seulement était aussi armé d'un fusil; ils descendirent dans la rue de la Prefecture, suivirent le tour de la ville, s'arrêtèrent pendant quelques instans dans le cul-de-sac qui longe les jardins des sieurs Constans et Bourguet, reprirent leur marche, passèrent sous les arbres de l'Ambergue, suivirent le chemin de charrette pratiqué dans le pré dit de *Gapoulade*, descendirent dans le travers; et lorsque la pente fut trop rapide et le chemin trop étroit, deux d'entre eux le portèrent seuls. Arrivés au bord de la rivière, les mêmes deux porteurs délièrent les cordes, prirent les draps et la couverture qui l'enveloppait et le précipitèrent dans l'eau. Les deux individus armés qui avaient accompagné les porteurs, leur réitérèrent la menace qui leur avait été faite dans la maison Bancal, de tuer le premier qui oserait dire un mot sur ce qui venait de se passer. Le corps de l'infortuné Fualdès fut vu flottant sur la rivière le lendemain 20 mars, à 6 heures du matin; il en fut retiré : l'identité et l'état en furent légalement constatés. Le même jour 20 mars, à 8 heures du matin, un bureau qui était dans le cabinet du sieur Fualdès, fut enfoncé avec une hache; et à l'aide de cette effraction intérieure, il fut commis quelque soustraction, notamment d'un sac d'argent; il y a manqué son livre-journal, un grand porte-feuille en marroquin à fermoir, plusieurs effets de commerce que le sieur Fualdès avait reçus l'avant-veille du sieur de Seguret, pour partie du prix du domaine de Flars. Dans la même matinée, Bastide-Gramont parut aussi dans la maison du sieur Fualdès, demanda s'il y était, alors que depuis quelques heures toute la ville retentissait de la nouvelle de son assassinat. Cette question affligea la servante à laquelle elle fut faite, et lui fit verser des larmes. Bastide monta dans les appartemens de cette maison, ouvrit un placard à côté de la cheminée d'une chambre au second étage de l'aile gauche en entrant, remua quelques papiers qui étaient au fond de ce placard, dans lequel s'est trouvé un petit portefeuille contenant quelques effets de commerce; il ouvrit un des tiroirs de la petite table qui est sous le placard, et essaya inutilement d'entrer à l'autre : il aida officieusement et sans besoin à l'un des domestiques du sieur Fualdès, à plier les draps d'un lit où l'on n'avait point couché : il était placé dans la ruelle du lit, et ce fut là où tomba une clé qui fut reconnue être celle du bureau du sieur Fualdès, et que celui-ci portait toujours sur lui. La maison Bancal, rue des Hebdomadiers, a été le théâtre du crime affreux qui fait l'objet de cette accusation; la canne de la victime a été trouvée à quelques pas de là, à peu près vis-à-vis l'entrée de cette rue; le mouchoir qui avait servi de bâillon fut aussi trouvé dans la même rue; une sentinelle fut vue sur la porte de cette maison, et une autre au coin des frères de l'école chrétienne, près de la maison de M. Vaissettes, presque en face de celle de Bancal. Des sifflemens, des cris d'appel et de ralliement furent entendus dans cette rue et dans la maison même de Bancal. Dans la soirée du 19 mars, la porte fut fermée, tandis qu'elle était toujours ouverte, même pendant la nuit. Les joueurs de vielle restèrent postés sur cette porte; ils firent entendre les sons de leurs instrumens depuis environ huit heures du soir jusqu'à neuf heures. Les jeunes enfans Bancal, qu'on croyait endormis, entendirent tout, virent tout à travers les trous des rideaux de leurs lits, et ont raconté ce qu'ils avaient vu et entendu. Une couverture de laine ensanglantée, plusieurs chiffons de linge également teints de sang, trouvés dans la maison Bancal, une veste teinte de sang, quoique raclée, dont Bancal était vêtu lors de son arrestation, et une demi-feuille de papier parsemée de plusieurs gouttes de sang trouvée dans une des poches de cette même veste, sont autant de témoins muets et irrécusables qui attestent que c'est dans cette maison Bancal, que l'affreux assassinat du sieur Fualdès a été commis. Cette veste est, d'après Marianne Bancal, sa fille aînée, la même que celle qu'il avait le soir même de l'assassinat. Bancal père est mort dans la prison le 15 mai dernier; cette mort naturelle l'a soustrait à la justice des hommes; avec lui son crime est éteint; mais l'accusation doit atteindre et sa veuve et sa fille Marianne Bancal; l'une et l'autre ont été les témoins et les complices du crime. La mère reçut l'argent trouvé dans les poches du sieur Fualdès, consistant en trois écus de 5 fr., trois pièces de 50 cent. et onze pièces de 5 cent.; elle voulut prendre la chemise de la victime, qui, d'après ses expressions, était d'une toile ressemblante à une aube; mais les principaux auteurs du crime s'y opposèrent. On lui donna la bague que l'homicide avait à son doigt; mais le lendemain on vint la retirer et on lui donna 6 fr. La couverture de laine saisie chez elle et déposée au greffe, l'inquiéta beaucoup; elle avait voulu la soustraire ou la faire soustraire par sa fille; mais elle n'a pu lui parler. La fille Bancal a déploré son malheur de s'être trouvée dans la maison de son père au moment de l'assassinat. Sa mère lui a répondu qu'elle avait eu tort d'y venir, puisqu'elle était prévenue de ce qui devait s'y passer.

A peine l'assassinat fut-il connu, que l'opinion générale signala Bastide-Gramont, comme l'auteur principal de ce crime. Il devait 10,000 fr. au malheureux Fualdès; et pressé le 19 mars vers les cinq heures du soir de se libérer, il lui dit : « *Croyez-vous que je veuille faire du tort ? Je cherche mes moyens pour vous faire votre compte ce soir.* Ce fut en effet trois heures après qu'il fut arrêté et cruellement assassiné. Pour lui faire son compte à sa manière, Bastide lui tendit le piége d'un rendez-vous qu'il lui fit donner indirectement pour la négociation de ses effets, à 5 ou 6 pour 100. Bastide avait des habitudes dans la maison Bancal ; il y fut vu au moment où le cadavre y fut pris pour être porté dans la rivière ; il en précéda les porteurs armé d'un fusil et dirigea leur marche. Avant de sortir de la maison Bancal, armé d'un fusil, il déclara à tous les auteurs ou complices, que le premier qui s'aviserait de dévoiler ce qui se passait, serait tué ; il fut reconnu vers dix heures du soir près du portail de la prefecture. Après la noyade, il réitéra la même recommandation et la même menace. Le sieur Fualdès portait toujours sur lui la clé de son bureau, où il serrait son argent, son portefeuille, ses livres journaux. Après l'assassinat, une clé fut trouvée dans sa poche et remise à un monsieur de la campagne auquel on dit : « *Va-t-en ramasser le tout.* » Dans la matinée du lendemain, Bastide monta dans les appartemens du sieur Fualdès, fouilla dans quelque placard, dans un tiroir, y aida à plier une paire de draps ; une clé tombe du côté du lit où il était, et cette clé est précisément celle du bureau. Bastide a nié d'être venu dans Rhodez dans la matinée du 20 ; mais cette dénégation dont le motif est sensible, va briser contre les charges de la procédure. Il a été vu le jeudi 20 mars, à sept heures du matin, sortant de la rue des Hebdomadiers ; il a été vu frappant à la porte de la maison du sieur Fualdès ; il y est entré avant midi. Ce jour et la veille il, était troublé : on lui remarqua un air égaré et extraordinaire. Bancal, instruit dans sa prison que Bastide venait d'être arrêté, dit : « *Que c'était un de ceux qui avaient tué M. Fualdès, qu'il y en avait bien d'autres et qu'on les aurait tous.* » Trois semaines avant l'assassinat, Bastide avait engagé une fille à donner un rendez-vous au sieur Fualdès dans son jardin, pour minuit ou une heure après minuit. Antérieurement, il lui avait fait la même proposition.

Bax a été un des premiers auteurs. Le jour même de l'assassinat il engagea Bousquier à venir le soir lui porter une balle de tabac de contrebande, le conduisit avant huit heures du soir dans la taverne de Rose Feral, rue du Touat, à une petite distance de la maison de Bancal, et c'est là où étaient aussi réunis Baptiste Colard et Missonier, co-accusés, qui se retirèrent avant huit heures et demie. Bax y boit un coup, parle d'un soldat qu'on a tué et sort ; il rentre et sort à plusieurs reprises. Une fois il appelle Bousquier, et lui dit que le tabac n'est pas encore prêt ; à dix heures il lui dit de le suivre, en l'assurant que le tabac est prêt ; il le conduit dans la maison Bancal, lui fait signe de ne pas faire de bruit, parce qu'il craint les *Rats*. Au lieu d'une balle de tabac, on trouve un cadavre étendu sur une table, enveloppé dans un drap et une couverture de laine. Bax était un des quatre porteurs du cadavre dans la rivière ; feu Bancal et Baptiste Colard étaient les premiers ; Bax et Bousquier portaient sur le derrière. Avant l'assassinat, Bax n'avait pas le sou ; il avait emprunté 1 franc 20 centimes à Bousquier ; il lui avait donné une cravate à titre de gage, qu'il devait retirer lorsqu'il lui aurait porté le tabac. Après l'assassinat, on lui vit une poignée d'écus ; il en donna deux de 5 francs à Bousquier. Depuis son arrestation il a été saisi sur lui un billet cousu dans la ceinture de son pantalon, par lequel il priait un apothicaire de lui procurer de l'eau forte, premier degré, pour graver sur l'acier.

Baptiste Colard habite dans la même maison que Bancal. Il avait réuni dans son appartement trois fusils qui lui ont été saisis et déposés devers le greffe. Le mercredi, 19 mars, il a bu à la taverne de Rose Feral, avec Missonier, Bax et autres ; il en est sorti vers les huit heures du soir ; il a été vu dans la cuisine de Bancal ; à dix heures, il a aidé à porter le cadavre, l'a délié au bord de la rivière, en a retiré avec Bancal, les cordes, le drap, la couverture et l'a précipité dans l'eau. Le lendemain de l'assassinat, il a dit qu'il y en aurait bien d'autres. Deux mois avant cette époque il disait, en parlant d'un assassinat commis sur un individu qui portait 4000 francs : *Si je savais qu'un homme portât 25 louis, je lui tirerais un coup de fusil pour les avoir. Qu'est-ce que tuer un homme*, disait-il dans une autre circonstance ? *Si je savais qu'un homme portât 25 louis et qu'on ne me vît pas, je ne craindrais pas plus de lui tirer un coup de fusil que de boire un coup.* Il ajoutait que l'année était trop mauvaise ; que les b...... de riches en avaient trop pour eux ; que les choses n'étaient pas bien partagées, et que si tout le monde était comme lui, on irait en prendre où il y en avait.

Missonier a bu avec Baptiste Colard et autres co accusés, dans la taverne de Rose Feral, et il en est sorti vers les huit heures. Il a menti à la justice en disant qu'il en était sorti à sept heures ; qu'il était rentré chez lui tout de suite, et n'était plus sorti, tandis que s'il fallait s'en rapporter à la déclaration de son camarade, Baptiste Colard, il n'aurait quitté la taverne de Rose Feral qu'à neuf heures précises. Missonier a été vu à dix heures du soir dans la cuisine de Bancal ; il a accompagné le cadavre dans l'eau et il tremblait lorsque après la noyade les deux individus armés dirent aux autres auteurs ou complices, en ajustant leur fusil, que le premier qui aurait le malheur de ne pas tenir le secret, d'en dire seulement un mot, serait tué à la première vue.

Anne Benoit, co-habitait avec Baptiste Colard, dans la maison qui a été le théâtre du crime. Le 19 mars vers huit heures du soir, elle a été trouvée tapie dans la rue des Hebdomadiers, tout près de la maison Missonier. De son aveu, le fatal mouchoir dont le malheureux Fualdès fut bâillonné lui appartient. Elle a rougi lorsque quelqu'un lui a dit que sans doute elle l'avait prêté à Baptiste Colard, son prétendu mari, pour étrangler le sieur Fualdès. Elle a pris une part active à l'assassinat, puisqu'à dix heures du soir elle a été vue dans la cuisine de Bancal, autour du cadavre; elle en connaît tous les auteurs et complices, puisque d'une part elle a dit : « On voudrait bien savoir ceux qui l'ont fait, on voudrait bien les découvrir, mais on ne les découvrira point. » D'autre part, elle a dit que si l'innocent devait payer pour le coupable, elle déchargerait bien son estomac.

Bousquier a bu dans la soirée du 19 mars, dans la taverne de Rose Feral, avec Bax et autres co-accusés; il a aidé à porter le cadavre dans la rivière. Une toile d'emballage, ensanglantée, et une paire de souliers qui ont aussi paru teints de sang ont été saisis chez lui et déposés au greffe; il paraît avoir été trompé par Bax et engagé d'aller porter une balle de tabac au lieu d'un cadavre.

Le sieur Jausion a été vu dans la cuisine de Bancal, le soir de l'assassinat, à dix heures. Il a accompagné le cadavre à la rivière. Il connaît les auteurs du crime et ne veut pas les nommer, quand même on le hâcherait. Le lendemain à huit heures du matin, il s'est transporté dans la maison Fualdès, est monté dans les appartemens du second étage et entré dans une chambre où se trouve un placard qu'il a ouvert et fouillé. Il est passé dans le cabinet dit de la bibliothèque. Il y a enfoncé à l'aide d'une petite hâche le tiroir d'un bureau où M. Fualdès serrait son argent, son grand portefeuille en marroquin à fermoir, ses livres-journaux. Il y a commis des soustractions, entre autres d'un sac d'argent. Il a dit à l'un des domestiques qui l'a surpris en flagrant délit avec son épouse et sa belle-sœur : « Nous avons pris cet argent, il ne faut rien dire. » Après avoir nié les effractions et soustractions, même d'être entré à sept heures dans la maison Fualdès, et avoir rejeté sur la dame Galtier l'ouverture du placard où étaient enfermés deux sacs d'argent et un petit portefeuille contenant quelques effets, il a dans son second interrogatoire avoué que c'était lui qui avait ouvert les placards; il a aussi fait l'aveu de l'enfoncement du tiroir dans le cabinet de la bibliothèque et de la soustraction d'un sac d'argent. Le grand portefeuille en marroquin et à fermoir, la main courante où le sieur Fualdès couchait l'état des lettres de change qu'il faisait ou qu'il recevait, et plusieurs papiers précieux manquent dans la succession. Le bordereau que Jausion prétend avoir remis à Fualdès, le 19 mars vers les cinq ou six heures du soir, sur la place de Cité, ne s'est pas trouvé parmi les papiers de la succession. Non-seulement rien n'établit que le sieur Fualdès ait transporté au sieur Jausion la propriété de douze effets tirés par le sieur Fualdès, valeur en lui-même sur M. de Séguret, à concurrence de 20,000 francs, et acceptés par celui-ci sous l'obligation civile; mais au contraire leur état matériel fait croire qu'ils n'ont pas cessé d'être la propriété du sieur Fualdès, soit parce que la signature Fualdès mise en blanc à la suite de l'acceptation de M. de Séguret ne constitue qu'un simple mandat donné à Jausion pour en opérer le recouvrement, soit parce que la page de son livre qui rappelle ces effets est isolée, placée presque à la fin du registre, précédée et suivie d'un grand nombre de feuillets en blanc, et que trois feuillets qui précédaient immédiatement la page écrite ont été lacérés et emportés, soit parce qu'il n'a représenté aucun livre de caisse, pour constater le versement des dépôts qui ont pu lui être faits par le sieur Fualdès, soit enfin parce que les livres qu'il a produits devant les commissaires nommés sont dans leur état matériel, dans la plus mauvaise tenue et incapables de faire aucune foi en justice.

Enfin, il est établi que les dames Jausion et Galtier l'ont accompagné soit dans la chambre où était le placard, soit dans le cabinet de la bibliothèque; qu'elles l'ont aidé dans les effractions et soustractions qui ont été commises, et notamment que la dame Galtier lui a apporté la hache dont il s'est servi pour l'effraction du tiroir, et qu'ainsi elles sont ses complices.

En conséquence, tous les sus-nommés sont accusés de s'être rendus coupables du crime de l'assassinat du sieur Fualdès, commis dans cette ville, par une réunion de plus de deux personnes, dans la soirée du 19 mars dernier, de la noyade de son corps dans la rivière d'Aveyron, et des vols commis dans la matinée du lendemain avec effraction intérieure, et encore sans effraction dans la maison qu'habitait le sieur Fualbès, soit comme auteurs, soit comme complices, pour avoir avec connaissance, etc.; crimes qualifiés et prévus, etc.

Fait au parquet, le 12 juin 1817. *Signé* MAINIER.

M. le procureur-général a ensuite pris la parole pour développer l'acte d'accusation ; mais avant de remplir cette tâche, il a présenté, dans un discours préliminaire, analogue à la circonstance et que le public a écouté avec avidité, des réflexions aussi solides en elles-mêmes qu'elles seraient utiles aux malheureux qui sont enclins au crime, si les passions n'étouffaient en eux la voix de la raison. Après avoir fait remarquer que l'appareil imposant et extraordinaire de cette procédure, appareil commandé par des actes directs du gouvernement, prouve le vif intérêt qu'il prend à cette affaire, ainsi que le désir de voir ce grand crime suivi d'un exemple de justice, il s'est écrié : « O divine providence, que d'actions de grâces te doivent les hommes en société! Sans toi, les pervers réussiraient à se procurer l'impunité ; tu les frappes d'un aveuglement tel, qu'après s'être montrés ingénieux pour trouver les moyens de commettre le crime, toute leur intelligence les abandonne lorsqu'il s'agit de faire disparaître les traces qui mènent toujours à la découverte des coupables. Ils négligent jusqu'aux précautions les plus simples, et se trahissent toujours eux-mêmes.

M. le procureur-général a ensuite fait une exhortation à MM. les jurés, dans laquelle il a développé la nature de leurs fonctions. Il a écarté avec soin cette idée si souvent funeste à la vindicte publique, qu'il faut des preuves légales et d'un caractère déterminé. « Le juré, a-t-il dit, doit compte à la société de l'impression qu'il a reçue, de la sensation même qu'il a éprouvée pendant les débats. La légalité de la preuve consiste dans la bonne foi, dans la religieuse impartialité de l'examen. Faisons taire toutes les préventions, cherchons la vérité avec la candeur que donne l'amour de la vertu, et la vérité se dévoilera d'elle-même. »

Après cette judicieuse analyse des opérations que chaque juré doit faire au fond de son ame, M. le procureur-général a groupé dans un tableau d'ensemble et suivant leur liaison naturelle, les traits les plus frappans de l'acte d'accusation.

N° II.

ASSASSINAT DE M. FUALDÈS.

Séance du 19 août 1817.

Les accusés sont placés sur leurs bancs dans l'ordre suivant : la veuve Bancal, Bastide Gramont, Jausion, Bach, Colard, Missonier, Bousquier, Anne Benoit, la fille Bancal, la dame Galtier, la dame Jausion.

La veuve Bancal, a pour défenseur Me Combarel aîné, avocat. — Bastide Gramont, Me Rominguière, avocat de Toulouse. — Jausion, Me Rodier, avocat de Montpellier. — Bach, Me Combarel cadet, avocat-avoué. — Colard, Me Foulquier fils, avocat. — Missonier, Me Grandet, avocat. — Bousquier, Me Verlac, avocat. — Anne Benoit, Me Rous, avocat-avoué. — La fille Bancal, Me Balut, avocat-avoué. — La dame Galtier, Me Comeiras, avocat. — La dame Jausion, Me Arsaud, avocat.

M. le procureur-général du Roi présente la liste des témoins ; il y en a deux cent quarante-trois à charge et soixante-dix-sept à décharge.

La cour, ayant égard au vœu des jurés, ordonne une econde lecture de l'acte d'accusation. Les débats s'ouvrent.

Les témoins n° 1 et 2, MM. Rozier, médecin, et Bouruet, chirurgien, persistent dans ce qu'ils ont déclaré dans procès-verbal rédigé lors de la vérification du cadavre.

Voici un extrait de ce procès-verbal :

« Cejourd'hui 20 mars 1817, à neuf heures du matin, nous P. L. I. Teulat, juge d'instruction au tribunal de preière instance de l'arrondissement de Rhodez, et P. J. Dornes, substitut de M. le procureur-général du Roi, instruits par la rumeur publique qu'on venait de tirer de la rivière de l'Aveyron, près le moulin des Bessés, un cadavre yé, lequel cadavre on reconnaissait pour être celui de . Fualdès, ancien procureur du Roi à la cour criminelle u département de l'Aveyron, nous nous sommes transortés au lieu indiqué au bord de ladite rivière, accompaés de MM. Rozier, docteur-médecin, et Bourguet, irurgien, demeurant à Rhodez, de M. Daugnac, lieutent de la gendarmerie royale, à la résidence de Rhodez, mmandant une escorte de gendarmerie, et encore du sieur

F. Blanc, commis-greffier; nous avons tous reconnu que le cadavre était celui dudit Fualdès. Il était habillé d'une lévite bleue, d'un gilet noir, d'un pantalon de drap gris, d'une douillette, de ses bretelles et de ses souliers : il ne s'est trouvé dans ses poches qu'un mouchoir blanc; il avait la cravate au cou. Le sieur Bourguet a coupé cette cravate avec des ciseaux pour mettre à découvert une large blessure qui était au cou, sur le devant, et qui avait pénétré très-profondément dans la gorge.....

» Après avoir pris le serment desdits Rozier et Bourguet de faire leur rapport et de donner leur avis en leur honneur et conscience, nous les avons invités à faire la vérification du cadavre et de nous rapporter les causes qui lui ont donné la mort. La vérification étant faite, ils nous ont rapporté avoir reconnu une blessure transversale et irrégulière à la gorge, de trois pouces et demi de long, se dirigeant vers la partie latérale gauche, avec division complète des tégumens et des muscles du larynx et des veines jugulaires et carotides gauches; blessure très-profonde et qui a dû nécessairement amener la mort prompte de l'individu, par l'abondante évacuation du sang qui doit avoir eu lieu, et par l'intromission de l'air dans la poitrine. Ils ont de plus déclaré qu'ils reconnaissaient que la blessure a été faite par un instrument tranchant, comme un couteau ou un mauvais rasoir, en l'appuyant fortement et en sciant, vu la section irrégulière des tégumens et la meurtrissure de l'intérieur de la blessure; ils n'ont reconnu aucune blessure ni meurtrissure sur les autres parties du corps. Cette vérification étant faite, nous avons ordonné que le cadavre fut transporté dans la maison dite des *Maçons*, pour éviter à la veuve et à sa famille la douleur de cette assassinat; nous avons vérifié sur l'un et l'autre bord de la rivière, nous n'y avons vu aucune trace de sang, et nous nous sommes retirés à la chambre du conseil du tribunal, où nous avons dressé le présent procès-verbal.....

» Ledit jour à cinq heures de relevée, à l'invitation de la famille et de l'agrément de M. le maire de Rhodez, nous avons fait transporter le corps dudit Fualdès dans une des salles de l'hôtel de la mairie; et attendu qu'il est essentiel de faire vérifier si ledit Fualdès n'aurait pas été étranglé ou suffoqué avant qu'on lui eût fait la large incision qui se trouve à la gorge, nous avons invité lesdits Roziers et Bourguet de procéder à une seconde visite du cadavre, ce qu'ils ont fait en notre présence. La blessure faite à la gorge et tout l'intérieur ont présenté le même aspect. Ledit Bourguet ayant disséqué la gorge et ouvert la poitrine, il n'en est sorti qu'une très-petite quantité de sang et le poids d'environ demi-livre d'eau au plus, qui a coulé presque pure; l'intérieur de la poitrine n'a présenté aucun épanchement; les lobes du poumon ont paru affaissés et vides de sang, incisés avec le scalpel sur différens points, ainsi que le cœur et les deux ventricules, ils n'ont point donné de sang, ni de fluide, ni coagulé; le cœur sur-tout était complètement vidé. Lesdits Rozier et Bourguet nous ont rapporté qu'ils n'ont reconnu aucun signe de strangulation et qu'ils s'en réfèrent entièrement à leur première opinion émise sur les causes de la mort violente dudit individu, et ont lesdits etc. signé avec nous..... »

Le 20 mars, vers les six heures du matin, la femme de J. Puech tailleur, du Monastère, passant au bord de l'Aveyron, vit dans l'eau, au-dessous de la fuite du moulin des Bessés, un homme noyé; elle appela le nommé Foulquier, demeurant à ce moulin; quatre autres personnes arrivèrent, et le cadavre de M. Fualdès fut tiré de la rivière. Il paraît qu'il y avait été jeté sur un point supérieur au moulin et que le courant l'avait entraîné. On fouilla dans ses poches, et rien ne fut trouvé dans celles du pantalon et du gilet.

M. Rozier interpelé sur les faits particuliers qui sont à sa connaissance, a déclaré qu'ayant été appelé dans la prison pour donner des soins à l'accusé Jausion, il l'avait trouvé dans une inquiétude extrême, parce qu'on l'avait mis aux fers; qu'il protestait de son innocence, et ajoutait: « Je parierais bien de connaître les coupables; mais quand » on me couperait à petits morceaux, je ne le déclarerai » jamais. » Jausion attribue ce propos au désordre de ses idées causé par sa position. — Les dames Jausion et Galtier ont prié le déposant d'engager Bancal à déclarer ce qu'il savait.

Les 3e, 4e, 5e et 6e témoins aperçurent le corps de M. Fualdès dans l'Aveyron, ou l'en retirèrent, le 20 mars, vers les six heures du matin.

N° 7. M. Bastide, négociant: Le 18 mars, Bastide-Gramont me pria de lui escompter quelques effets appartenant à M. Fualdès. Le 19, il me réitéra cette proposition. Je me chargeai d'un de ces effets de 2000 fr.; cependant Bastide refusa d'en percevoir le montant. Quelque tems après, il revint avec M. Fualdès, qui le pria de lui porter un sac de 1000 fr., et de l'accompagner chez lui. Cette affaire fut faite vers les cinq heures du soir. Le temoin a ajouté que Bastide, accusé, avait dit, en parlant de M. Fualdès, qu'il lui ferait négocier quelques effets à 6 pour 100.

M. le président à Jausion. — Fîtes-vous quelque négociation avec M. Fualdès, le 19 mars dernier?

R. Oui. Il me donna des effets pour environ 12,000 fr., en échange d'autres effets de pareille valeur, que j'avais sur lui, et qui étaient venus à échéance. Les effets que je lui rendis ont été trouvés dans les papiers de la succession.

N° 8.—Le 19 au soir, à huit heures et demie, je trouvai dans la rue du Terral, sur le prolongement de celle des Hebdomadiers, une canne reconnue depuis pour être celle de M. Fualdès. A neuf heures, je trouvai dans la rue des Hebdomadiers, non loin de la maison Bancal, un mouchoir usé qui paraissait avoir été récemment tordu dans toute sa longueur; je vis deux hommes qui couraient au galop vers la préfecture.

M. le président à Anne Benoit. — Reconnaissez-vous ce mouchoir?

R. Je m'en étais servie le 19, comme d'un coussinet, pour porter du linge chez différens particuliers de cette ville.

N° 9. — Comme le précédent.

N° 10. — Le 19 mars, à dix heures du soir, je fus terrassé d'un coup de poing, dans la rue du Terral, à l'angle de la maison Ramond, par un homme de haute taille, lequel marchait à la tête de quatre ou cinq individus. Je n'en reconnus aucun; en me relevant, je reçus un coup de bâton sur la tête. — Il ne reconnut point Bastide; il ne peut pas assurer que ce fût un autre que lui.

N° 11.

N° 12. — Le témoin est belle-sœur de Missonier.

N° 13. Brast, tailleur. — Un joueur de vielle joua sans discontinuer près de la maison Bancal, depuis huit heures du soir jusqu'à neuf, le dix-neuf mars. Vers les huit heures et un quart, il entendit marcher dans la rue plusieurs personnes qui paraissaient porter un paquet ou balle; elles s'arrêtèrent devant la maison Bancal. Une porte s'ouvrit et se ferma, mais le son de la vielle l'empêcha de distinguer si c'était celle de Bancal. Peu de tems après, il entendit siffler dans la rue. La maison Bancal était mal habitée; on y faisait souvent du train. Quelque tems après, le déclarant vit du monde sur la porte; il entendit des sifflets et des *hem*; les personnes qui marchaient ne faisaient pas de bruit et paraissaient avoir des escarpins. — Le témoin ajoutant à sa déposition écrite, et interpelé, a dit qu'il a vu plusieurs fois Bastide entrer et sortir chez Bancal, et notamment quatre ou cinq jours avant la foire de la mi-carême (qui se tient le 17 mars). Vers le même tems, il vit aussi l'accusé Jausion sortir de la même maison, et ce dernier lui parut fâché d'avoir été aperçu.

M. Rodier. — Il est bien étonnant que devant le juge d'instruction, le témoin n'ait pas déposé sur ce fait, vu surtout que la déposition écrite est surchargée de détails inutiles.

Brast : Si l'on ne fait pas son devoir un jour, on doit le faire le lendemain. Si je n'ai pas parlé d'abord de ce dernier fait, c'est qu'il me paraissait incroyable que des hommes riches, parens et amis de M. Fualdès, eussent été dans cette maison pour de pareils motifs.

M. Fualdès : MM. les défenseurs n'ont pas fait attention à une explication satisfaisante donnée par le témoin lui-même : pour en faire sentir la force, je déclare que j'ai suspendu long-tems mon jugement lorsque j'ai entendu nommer les accusés. Mon cœur repoussait avec horreur l'idée de mon père expirant sous le fer de ses amis, de ses parens, d'hommes qui s'asseyaient chaque jour à notre table. Il a fallu que l'évidence des preuves soit venu vaincre ma résistance avant que j'aie agi. Le témoin vous l'a déclaré, il a eu la même idée, et il pouvait bien l'avoir, puisque c'était la mienne, celle d'un fils si intéressé à réclamer le sang des assassins de son père.

Me Rominguière a développé l'objection de Me Rodier contre la déposition de Brast avec une adresse infinie, mais il s'est laissé entraîner à des inconvenances qui ont été vivement senties par l'auditoire. Il n'a pas craint de dire que l'addition que ce témoin faisait à sa déposition était l'effet de la subornation du sieur Fualdès; que la demande en dommages du sieur Fualdès, tardivement rétractée, était le mot de l'énigme ; que les accusés seraient poursuivis moins vivement s'ils étaient moins riches.

M. Rominguière a confessé ensuite que ces discussions partielles étaient déplacées dans les débats, qu'elles devaient être renvoyées à la discussion générale. Il a déclaré que, quant à lui, il y renonçait pour sa part et qu'il n'en ferait plus; mais que, lorsque le moment de cette discussion générale serait arrivé, il emploierait des moyens d'une telle force, qu'ils feraient cesser et l'intérêt qu'on portait au sieur Fualdès, et les préventions du public contre les accusés. En prononçant ces dernières paroles, il s'est tourné du côté de ce même public, qui a paru encore plus mécontent de ce qu'il y avait d'affligeant dans cette sortie pour le sieur Fualdès, que de l'espèce de semonce qu'il recevait lui-même.

M. Fualdès : Je viens d'en dire assez à Me Rodier pour ne laisser aucun doute sur la pureté de mes sentimens. Je suis de l'avis de Me Rominguière ; sacrifions à la marche, aux progrès de la cause, une guerre de raisonnemens inutiles pour le moment. Je me contente de dire à celui qui vient de parler, que son impudence ne m'en imposera jamais, et qu'alors qu'il en sera tems, je saurai, puisqu'il m'a provoqué, lui rendre récrimination pour récrimination. Quant aux mots *intérêts*, dont on nous rassasie, ils ne sont applicables qu'aux sentimens cupides de ceux qui voudraient m'injurier ; et n'est-ce pas ces vils intérêts qui les ont amenés en ces lieux ?

Séance du 20 août 1817.

Aujourd'hui, la cour d'assises a repris la séance à dix heures du matin. M. le président a rappelé le témoin Brast, entendu la veille, qui a persisté dans ses déclarations. M. le président a observé publiquement qu'on avait eu d'autant plus de tort de reprocher à la partie civile les additions faites par Brast à sa déposition écrite, que M. Fualdès ne connaissait pas ce témoin, et tenait ces renseignemens d'un magistrat de cette ville, à qui le fait était parvenu. M. le président a ensuite procédé à l'interrogatoire des accusés. Voici les principales demandes qui leur ont été faites et les réponses à ces questions.

M. le président à la veuve Bancal : Où étiez-vous le 19 mars dernier, depuis huit heures jusqu'à dix heures du soir ?

La veuve Bancal : J'étais chez moi.

D. Etiez-vous seule ou en compagnie ? — R. J'étais avec mon mari et une partie de mes enfans.

D. Ne reçûtes-vous pas ce soir-là d'autres personnes étrangères chez vous ? — R. Non, Monsieur.

D. Connaissiez-vous feu M. Fualdès ? —R. Non, Monsieur.

D. Le 19 du mois de mars dernier, ledit sieur Fualdès ne fut-il pas entraîné dans votre maison, après huit heures du soir ; n'y fut-il pas égorgé sur une table, et ne prîtes-vous pas vous-même une part très-active à cet assassinat ?

R. Non ; je n'ai rien vu ni entendu, et je conteste que le sieur Fualdès ait été assassiné chez moi.

D. N'avez-vous pas entendu une vielle qui joua fortement et pendant long-tems au-devant de votre maison ?

R. Non Monsieur.

D. On a entendu dire plusieurs fois, à vos deux plus

petits enfans, que le 19 mars au soir un homme avait été tué dans votre cuisine : ils ont même rapporté des circonstances qui prouvent la sincérité de leurs discours. D'ailleurs il n'est pas vraisemblable que des enfans eussent dit de pareilles choses, si elles n'étaient point vraies. — R. Je réponds que ce sont des propos d'enfans, qui ne savent ce qu'ils font, et qui, pour un sou, diraient tout ce qu'on voudrait.

D. Je vous exhorte à nous dire la vérité, que vous avez cachée jusqu'à ce moment. Abandonnez un système de défense qui n'est plus soutenable; rendez-vous intéressante à la justice ; jetez vos yeux sur ce Christ que vous avez devant vous : regardez ce Dieu qui voit tout, qui entend tout, qui lit dans le fond de nos ames ; prouvez-nous que vous avez quelque repentir de votre crime, et racontez-nous comment les choses se sont passées ?

R. Je persiste à dire que je suis innocente, et que je n'entends rien à ce que vous me dites.

La veuve Bancal, comme on voit, s'est constamment tenue sur la négative la plus absolue. Elle a fini par dire que, tant qu'on lui parlerait de cette affaire, elle nierait toujours, parce qu'elle ne savait rien.

M. le président à Bastide-Gramont, 2e accusé : N'étiez-vous pas le parent et l'ami de M. Fualdès ? n'aviez-vous pas reçu de lui des services ? — R. C'est moi qui lui ai rendu les plus grands services.

D. Où étiez-vous le 19 mars dernier au soir ? — R. Je partis de Rhodez vers la nuit tombante, et j'allai coucher à mon domaine de Gros.

D. N'est-il pas vrai que vous vous trouvâtes dans la maison Bancal, rue des Hebdomadiers, entre huit et dix heures de la nuit ? — R. Il y a plus de quatre ans que je n'ai mis les pieds dans cette maison : tout le monde sait d'ailleurs que j'étais chez moi, à Gros.

D. N'étiez-vous pas à Rhodez dans la matinée du 20 mars ? n'allâtez-vous pas dans la maison Bancal, ainsi que dans celle de M. Fualdès ?

R. Non ; j'avais couché à mon domaine de Gros ; j'en partis vers les sept heures du matin pour aller voir travailler mes domestiques dans mon domaine de Lamorne : c'est là que je restai jusqu'à ce qu'un huissier du tribunal vint me trouver, et me cita pour me rendre à Rhodez devant M. le juge d'instruction. Il était trois ou quatre heures après midi.

D. Vous affirmez que vous n'avez point paru dans Rhodez le 20 mars au matin ? — Oui, Monsieur.

D. Vous ne dites pas la vérité ; car il résulte de la procédure et il résultera également des débats que dans la matinée dudit jour, 20 mars, on vous a vu aller et venir dans ladite ville, et que vous êtes entré dans la maison de feu M. Fualdès. — R. On se trompe, Monsieur.

D. Comment apprites-vous la nouvelle de l'assassinat de M. Fualdès ? — Ce fut l'huissier qui vint m'assigner au domaine de Lamorne, qui me l'apprit. Vous sentez, Monsieur, quelle sensation un tel événement produisit sur moi.

D. Vous persistez donc à soutenir que vous ne parûtes à Rhodez le 20 mars, qu'après la citation qui vous fut donnée, et que vous êtes innocent du crime dont on vous accuse ?

R. Oui, Monsieur.

D. Quels habits portiez-vous le 19 mars ?

R. J'avais un habit bleu ; mon gilet et mon pantalon étaient noirs parce que j'étais en deuil : je portais des bottes et un chapeau rond à haute forme.

Il serait impossible de rendre un compte exact et détaillé de tout l'interrogatoire de l'accusé Jausion. Il s'est expliqué fort longuement au sujet de la situation des affaires de M. Fualdès et des opérations de commerce qu'il avait faites avec lui, tant la veille et le jour de l'assassinat, qu'à d'autres époques antérieures.

Lorsque M. le président lui a demandé s'il ne s'était pas trouvé dans la maison Bancal, le 19 mars au soir, il a soutenu que depuis quarante ans il n'était entré dans cette maison.

Relativement au fait de l'enfoncement d'un tiroir du bureau de M. Fualdès, il a prétendu qu'à la vérité il avait ouvert ce bureau, mais qu'il ne l'avait pas enfoncé. Voici ce qu'il dit à ce sujet : Me trouvant un jour de l'hiver dernier, chez M. Fualdès pour régler un compte, et étant auprès de son bureau, il voulut me remettre quelque argent ; il chercha sur lui la clef, et ne la trouvant pas, il souleva la table du tiroir et l'ouvrit, en me disant que dans une occasion il avait égaré la clef et qu'il avait été obligé de le faire enfoncer. J'employai, a dit l'accusé, le même moyen pour l'ouvrir.

D. Vous fîtes cependant usage d'une hache pour cela ?

R. Il est vrai que je me servis d'une hache que madame Galtier, ma belle-sœur, me procura ; mais ce ne fut pour opérer aucune effraction ; ce fut seulement pour remettre en place et pour assujétir la planche au-dessus du tiroir, que j'avais soulevée, parce qu'il y avait des objets précieux dedans.

D. Pourquoi vous permîtes-vous de pénétrer ainsi et de fouiller dans le bureau de M. Fualdès ? Cette conduite de votre part est bien surprenante après l'événement tragique qui venait d'avoir lieu. — R. On disait dans le public que M. Fualdès avait été assassiné pour son argent ou pour son portefeuille ; je voulus alors m'assurer moi-même s'il avait été volé. Je savais qu'il devait avoir des effets de commerce en assez grand nombre ; il y en avait que je lui avais cédés moi-même la veille ; je voulus voir s'ils auraient disparu. Ce ne fut donc que par intérêt pour lui et parce que j'étais son parent et son ami que je fis cette démarche.

D. Pourquoi n'en parlâtes vous pas à madame Fualdès ? Pourquoi, au contraire, recommandâtes-vous à son domestique de n'en rien dire ? — R. Je n'en prévins pas Mme Fualdès, parce que j'aurais craint de l'affliger ; elle ignorait encore le genre de mort de son mari. Ce fut pour le même motif que j'engageai les domestiques à ne rien dire de ce que je venais de faire ; je me réservais d'en parler à M. Fualdès fils, lorsqu'il serait arrivé ; mais je n'ai jamais trouvé l'occasion de le faire ; je lui ai écrit pour lui demander une entrevue ; il ne m'a pas répondu.

D. Pourquoi, lorsque vous fûtes interrogé la première fois par M. le juge d'instruction, ne fîtes-vous pas les mêmes aveux qu'aujourd'hui ? Pourquoi niâtes-vous d'avoir ouvert aucunement le bureau de M. Fualdès ?

R. Des soupçons planaient déjà sur ma famille : mon beau-frère Bastide était arrêté ; je craignis en parlant de cela de le compromettre. Au surplus j'étais malade alors ; je n'avais pas ma tête ; mon esprit était troublé de tout ce qui se passait ; si bien que je me rappelle avoir répondu à M. le prévôt qui m'interrogeait : Je dirai oui, je dirai non ; tout ce que vous voudrez.

L'accusé Bousquier a été le dernier interrogé. Pour que la cour et MM. les jurés pussent l'entendre plus facilement, M. le président l'a fait amener au milieu du parquet. Il s'est ait à l'instant dans toute la salle un profond silence, qui nnonçait d'avance le grand intérêt qu'allaient exciter les éclarations de cet accusé. M. le président, lui adressant la arole, lui a demandé ce qu'il avait fait dans la soirée du 9 mars. Bousquier a répondu avec calme à cette question, t s'est exprimé à peu près de la manière suivante :

Je n'avais pas connu l'accusé Bach avant la foire de la i-carême dernière (17 mars 1817), lorsque je le rencontrai ce jour-là dans Rhodez : il me demanda où je demeurais; e lui indiquai mon domicile. Alors Bach me demanda si je ne lui aiderais pas à porter une balle de tabac de contrebande. Je lui répondis que je le ferais, et de son côté il me promit de bien payer ma course; ajoutant *que tous les quinze jours il pourrait m'employer à un semblable travail*. Je dois dire que Bach me recommandait le secret, lorsqu'il me parlait de cette balle de tabac. Il revint chez moi, et me dit que la balle de tabac n'était pas encore prête. Il vint encore dans la matinée du mercredi, jour suivant, 19 mars, me redemander chez moi; il ne m'y trouva point: j'étais occupé à travailler sur la place; il revint le soir et me pria de lui prêter vingt-quatre sous, que je lui donnai. Bach me remit alors en gage un mouchoir que j'ai encore, et que voilà, en disant qu'il me rendrait mon argent lorsque je lui aurais porté le tabac. Il prétendit avoir besoin de ces vingt-quatre sous pour préparer et apprêter le tabac avec quelques drogues qu'il lui fallait acheter. Bach sortit aussitôt en disant qu'il allait revenir. Il ne tarda pas en effet à rentrer: il me dit qu'on apprêtait le tabac, et qu'en attendant il fallait aller boire une bouteille de vin. Nous sortîmes de chez moi un peu avant huit heures; nous nous dirigeâmes vers la place de Cité: Bach me quitta au milieu de cette place, m'invitant à aller faire tirer le vin, et qu'il allait, lui, voir si le tabac était prêt. J'entrai pour lors dans la maison de la nommée Rose Feral, où je trouvai Baptiste Colard. Le nommé Palayret vint bientôt, et j'avais commencé à boire avec lui, lorsque Bach revint. Il but quelques coups et ressortit. Il revint et s'assit avec nous, fit quelque tems la conversation et sortit de nouveau; Bach rentra et ressortit encore une ou deux fois. Lorsque j'eus fini de boire avec Palayret, nous payâmes notre écot et nous sortîmes tous deux. Je trouvai Bach dans la rue, posté à l'angle de la maison Ramond. Il me dit alors: « Venez actuellement, le tabac est prêt. » Je le suivis; il me mena dans la rue des Hebdomadiers, dans la maison habitée par Bancal. Nous entrâmes tous deux. Bach me disait de faire doucement. Arrivés dans la cuisine, au rez-de-chaussée, j'y trouvai Bancal, décédé; sa femme, Baptiste Colard, Joseph Missonnier, Anne Benoît et une autre fille encore que je ne pus distinguer. — Bousquier interpelé de déclarer ici si ce n'est point Marianne Bancal qu'il aurait vu; déclare, après l'avoir examinée, qu'il ne croit pas que ce fût elle. Après cette interruption, Bousquier poursuit ainsi ses déclarations: — Je trouvai encore dans ladite cuisine de Bancal deux messieurs que je ne connaissais pas de nom. Bach me dit ensuite que l'un des deux était Bastide-Gra-

mont, de Gros ; Bach ne me nomma point l'autre : il n'é-
tait pas d'une taille aussi haute que le premier. Ces deux
ssieurs défendirent de parler. Le monsieur de haute
lle, c'est-à-dire Bastide, fut le premier à dire que si
elqu'un parlait de ce qui se passait, il ne vivrait pas
ng-tems. Nous promîmes tous de ne rien dire, quoi qu'il
rivât. J'avais vu, en entrant dans la cuisine, un grand
paquet étendu sur une table. Bach me dit que c'était un
mort, et qu'il fallait aller le porter quelque part. Alors
je fus saisi d'effroi : je frissonnai, mais je n'osai rien dire
après les menaces qui venaient d'être faites. Le mort était
plié dans une couverture de laine, et attaché avec une
corde grosse comme le doigt. Il y avait deux petites
barres par-dessous pour servir à le porter.

Nous partîmes de la maison Bancal. Baptiste Colard
et feu Bancal étaient les premiers ; Bach et moi étions sur
le derrière. Le monsieur de haute taille, Bastide, nous précédait, armé d'un fusil double. L'autre monsieur et Missonier marchaient à la suite ou à côté. Ce monsieur avait
aussi un fusil, mais simple. Nous allâmes d'abord de la
maison Bancal dans la rue du Terral ; de là nous descen-
dîmes cette dernière rue, nous passâmes le long de l'hôtel
de la préfecture et sortîmes par le portail dit de *l'Evêché*.
Nous suivîmes ensuite le boulevart (d'Estourmel) jusqu'à
la ruelle qui va au jardin de Bourguet. Arrivés en cet endroit, nous nous détournâmes dans cette petite rue, et nous
posâmes là le mort pendant quelques instans. Alors j'entendis un homme passant sur le boulevart, qui prononça
un f..... prolongé. Nous reprîmes notre paquet, et le por-
tâmes, en suivant toujours le boulevart, jusqu'au travers
qui se trouve au fond de l'Ambergue. Nous nous arrêtâmes
encore ici quelques momens, après quoi nous des-
cendîmes dans ledit travers par un chemin de charrette.
rsque la pente fut trop rapide, Bancal et Colard prirent
corps à eux deux, parce qu'il n'était plus possible de
rcher à quatre. Arrivés sur le bord de l'Aveyron, on
lia les cordes, on retira la couverture et on jeta le corps
ns la rivière. Les deux messieurs et Missonier ne nous
aient pas quittés.

Après cela, les deux messieurs réitérèrent la recommanda-
n de garder le secret, avec menace que le premier qui
herait un mot serait puni de mort. Nous nous séparâmes.
monsieur à haute taille s'en alla du côté de la Guioule,
utre vers le moulin des Bessès. Bancal, Colard et Misso-
r remontèrent par où nous étions descendus. Bach et moi

Reliure serrée

allâmes joindre le chemin du Monastère, et nous nous retirâmes chez moi vers minuit.

— Bach me donna alors deux écus de cinq francs ; c'est aussi après être rentré dans ma chambre que Bach me dit que le monsieur de haute taille était Bastide, de Gros.

M. le président : Regardez l'accusé Bastide, et dites-nous si vous le connaissez ?

L'accusé Bousquier, après l'avoir fixé attentivement : Oui, Monsieur, je le reconnais ; je l'avais déjà reconnu lorsque je fus confronté avec lui devant M. le juge d'instruction.

M. le président : Etes-vous bien sûr de ce que vous dites ? Affirmez-vous devant Dieu que vous reconnaissez positivement l'accusé Bastide pour le monsieur de haute taille que vous trouvâtes dans la maison Bancal ?

R. Oui, Monsieur, je jure que c'est lui ; je ne me trompe pas.

D. Regardez l'accusé Jausion, et voyez si vous le reconnaissez pour l'autre monsieur moins grand que le premier, que vous trouvâtes aussi chez Bancal le 19 mars au soir, et qui escortait le cadavre lorsque vous le portâtes à la rivière ?

R. Je crois le reconnaître : cependant je ne puis affirmer que ce soit lui.

M. le président : Pourquoi ne vous empressâtes-vous point d'aller révéler à la justice tout ce que vous venez de raconter, dès le lendemain de l'assassinat ? Pourquoi ne fîtes-vous pas les mêmes aveux lors de votre premier interrogatoire ?

R. C'est la crainte de voir se réaliser les menaces qui avaient été faites qui m'en empêcha.

D. Comment était habillé Bastide lorsque vous le vîtes chez Bancal ? — R. D'une redingote vulgairement appelée *lévite*.

D. Comment se fait-il que vous aviez reconnu Bessière-Veynac, pour être le monsieur de moyenne taille que vous vîtes chez Bancal, tandis que vous êtes aujourd'hui forcé de convenir que ce n'était pas lui ?

R. Je me trompai ; quand on me le présenta, son visage était à moitié couvert par le collet de son carrik.

D. Etes-vous bien sûr que l'accusée Anne Benoît était dans la cuisine de Bancal le 19 mars au soir, lorsque vous y entrâtes avec Bach ? La reconnaissez-vous bien ?

R. Oui, M. le président.

D. Connaissiez-vous ladite Benoît avant cette époque ?

R. Oui, Monsieur, elle avait été ma servante pendant plusieurs mois.

D. Est-il vrai, Anne Benoît, que vous avez été au service de Bousquier ?

R. Oui, Monsieur.

M. le président ayant interpelé successivemeut l'accusé Bousquier de déclarer s'il reconnaissait positivement les accusés Bach, Colard et Missonier, pour être ceux qui étaient avec lui dans la cuisine de Bancal, le 19 mars au soir, ledit Bousquier a répondu toujours affirmativement.

Les divers accusés que Bousquier vient de nommer, répondant aux interpellations de M. le président, ont successivement déclaré que rien n'était plus faux que les discours que venait de tenir Bousquier, et qu'ils n'étaient nullement coupables des faits rapportés par lui. On a remarqué entre autres la réponse de Missonier aux inculpations de Bousquier : « *Je m'en rapporte*, a-t-il dit, *à ce que viennent de dire les autres.* »

Après les questions faites à Bousquier, Me Romiguières, adoptant sans doute la maxime de l'honnête tailleur Brast : « *Si l'on ne fait pas son devoir un jour, il faut le faire le lendemain*, » a sacrifié la satisfaction de terrasser de suite ce calomniateur, malgré le risque de laisser se fortifier encore quelques jours la prévention dont il parla hier, et a dit : « Qu'il me soit permis du moins de donner à cet égard une indispensable explication. Comme j'ai pris hier avec quelque chaleur l'engagement de vaincre *les préventions d'une partie du public*, des hommes malavisés ont répandu que j'avais insulté le public. Insensés ! » Ils ne savent pas que si les habitans de Rhodez étaient sans prévention, je leur en ferais un crime. Quand un forfait de la nature dont on poursuit le châtiment a été commis dans le sein d'une cité, peut-on empêcher les habitans de se livrer à des conjectures? Ces conjectures ne viennent-elles pas engendrer la prévention ? Et lorsque la justice a désigné ceux qu'elle soupçonne, la prévention ne se concentre-t-elle pas forcément sur les malheureux signalés par de premières poursuites? Loin d'être condamnable, cette sorte de prévention est naturelle, inévitable. Elle naît même de l'horreur du forfait. Si je n'avais vu en elle que le fruit de la méchanceté, de la jalousie, ou du machiavélisme, aurais-je pris l'engagement de la dissiper? L'essentiel est que le public ne passe pas de la prévention au jugement avaint d'avor entendu tous les débats et recueilli avec respect l'opinion de ceux que la loi appelle à juger : cette conduite sage et mesurée, j'ose l'attendre de la générosité connue des habitans de Rhodez. L'essentiel est que le jury ne partage pas les préventions ; qu'il les juge au contraire, comme il doit juger la culpabilité des prévenus ; qu'il ne soit guidé dans le sentier de la vérité que par sa propre conscience, ou par le digne magistrat chargé de diriger les débats : ce vœu, je ne le forme pas ; il est rempli, puisqu'on a su me faire connaître les vertus des hommes qui tiennent dans leurs mains la vie et l'honneur de mon malheureux client. »

Nº 14. M. Albène. — Le 19 mars, entre neuf et dix heures du soir, il venait de souper chez M. Carrié ; passant sur le boulevart d'Estourmel, il aperçut une masse d'ombres qui marchaient dans l'obscurité et qui lui inspirèrent quelques craintes. Parvenu au cul-de-sac du jardin de M. Constans, où il paraît que cette masse s'était cachée, il croisa le chemin en articulant fortement le jurement f....., se hâta d'entrer dans la ville par le portail de la préfecture, où il rencontra un individu de moyenne taille, qui marchait vîte et qui passa devant lui sans rien dire.

Nº 15. — Delmas, cabaretier, logé près de la porte de la préfecture, à la même heure, vit un groupe de personnes venant de la rue du Terral, et dit à sa femme de regarder ce que c'était. Celle-ci lui rapporta avoir remarqué un individu de haute taille, qui, parvenu au portail de l'hôtel, avait fait un mouvement vers elle, ce qui l'avait déterminée à fermer la porte de la maison ; étant allée à la croisée, elle avait aperçu plusieurs personnes rassemblées, qui semblaient traîner quelque chose ; elle avait pensé que c'était une fille à laquelle on allait faire passer un mauvais quart-d'heure.

Nº 16. — La femme Delmas, vers les 10 heures du soir, le 19 mars, vit un homme grand, qui faisait beaucoup de bruit avec ses souliers ou ses bottes ; il précédait un groupe qui portait quelque chose qu'elle crut être une fille. Cet homme grand était vêtu d'une redingote dont les pans flottaient. — Depuis, la dame Bastide étant venue dans sa maison pour lui parler, et lui dire que son mari n'avait point de redingote, l'époux de la déclarante engagea cette dame à se retirer et à ne pas suborner sa femme.

Nº 18. M. Sasmayous. — Le 19 mars, je fus passer la veillée chez M. Fualdès ; M. Bergounian y était. — Quelle heure est-il, dit M. Fualdès? Je répondis sept heures trois quarts ; si vous avez à faire quelque chose à huit heures vous pouvez partir. — Si elles ne sont pas sonnées, dit M. Fualdès, j'ai assez de tems ; il ne faut déranger personne. — Vers huit heures, il dit : J'ai affaire ; je vous laisse : il monta dans sa chambre, rentra dans la pièce où nous étions ; prit sa canne : il portait sous sa redingote quelque chose soutenue par son bras gauche : il sortit. Le lendemain, à six heures du matin, j'appris le malheur qui était arrivé. Je me rends aux Bessès : la nouvelle répandue n'était que trop vraie ; je remonte de suite. Je vais directement chez le parent, chez l'ami de la maison Fualdès, chez le *sieur* Jausion. Je ne trouve que madame Jausion ; elle s'habillait. — Vous savez sans doute, lui dis-je, la catastrophe qui vient d'arriver ; le pauvre Fualdès est assassiné ! Cette dame, sans paraître éprouver beaucoup d'émotion, dit ces mots : — Est-il possible ? Que fera sa femme ? — Je suis ici pour elle, afin de me concerter avec vous pour que vous lui portiez quelques consolations. — Oh ! répondit-elle, je ne fais pas ça ! — Comment, madame, dans une pareille circonstance vous l'abandonnez ! — Elle persista dans son refus.

Je vais chez Fualdès et monte à sa chambre pour voir si la clef est sur l'armoire et la montre sur la cheminée ; elles n'y étaient pas. Je sors de la maison ; j'y rentre et trouve auprès de la veuve les dames Jausion, Galtier et Costes ; plusieurs autres dames entrent ; alors les deux premières sortent. Je sors bientôt aussi et trouve ces deux dames sur l'escalier, parlant fort bas avec Jausion.

Dans la maison de Fualdès, ajoute le déclarant, était un domestique mâle, une fille reçue à titre d'amie, et une servante. Je tiens de celle-ci ce qui suit : Le 20 mars, vers les dix heures du matin, Bastide-Gramont frappa rudement à la porte et demanda avec un air égaré si Fualdès y était ? (L'assassinat était alors public.)-Que dites-vous, lui dit la fille ? Bastide passant la main sur sa figure, dit : Ah ! je me trompe ! Il faut aller tout fermer. — Il monta rapidement l'escalier dans la chambre du maître de la maison sans demander d'être accompagné ; la fille le suivit ; il courut à l'armoire où ce dernier tenait alors certains papiers, y mit la main, en ferma la porte et en ôta la clef ; il ferma aussi la chambre ; mais dans un moment, la servante de la maison se présenta pour retirer les draps du lit, et Bastide rouvrit cette chambre ; il se plaça d'un côté du lit ; la servante tira la couverture pour la rouler ; alors il tomba aux pieds de Bastide quelque chose qui fut ramassée par celui-ci avec un air étonné. « C'est une clef, dit-il : nous la mettrons avec les autres. » Après avoir fermé la chambre, il donna les clefs à la servante pour les remettre à madame. Celle ci ne dit rien à sa maîtresse et mit les clefs dans un placard.—Le déclarant tient aussi de la servante que les dames Jausion et Galtier étaient revenues dans la maison vers une heure après-midi et lui avaient demandé les mêmes clefs, qu'elles avaient gardées jusque vers les 7 heures du soir. Ce fut alors que la dame Galtier les remit à mad. Fualdès ; en lui disant : Gramont est venu ; il a tout fermé ; il n'a pas eu le courage d'entrer pour te voir : où veux-tu que je mette ces clefs?

Le dimanche 23, dans la matinée, M. Vigier, beau-père de M. Fualdès fils, reçut dans sa chambre la visite des dames Galtier et Jausion, du mari de cette dernière et de Bastide, Pendant ce tems, M. Teulat, juge d'instruction, fit appeler M. Vigier, pour lui parler en particulier dans une autre pièce; ils y restèrent quelque tems, et tout le monde sortit, hors Bastide, que je trouvai bientôt sur l'escalier; il avait l'air égaré, et me dit : Qui est venu le demander ?—Je ne sais pas de quoi vous me parlez, lui répondis-je.

Le lendemain de l'arrestation de Bastide, qui avait eu lieu dans la soirée, les dames Galtier et Jausion vinrent chez M. Fualdès, et cette dernière dit au témoin : « On prétend qu'il manque des effets dans le portefeuille? — Oui, pour 12,683 fr. —Vous en avez donné l'état à la justice ? — Oui madame. — Mais il fallait venir trouver mon mari, qui en avait reçu de M. Fualdès. — Je l'ignorais; cela peut se réparer ; je vais le trouver. — N'y allez pas. — J'insiste et lui dis : Cela sera sitôt fait ! — Elle persiste ; je m'obstine ; elle persiste encore, et sort en disant : Vous ferez cela après. — Je sors aussi ; je vais sur la place du Bourg; Jausion y arriva bientôt avec les deux dames, il vint à moi et me dit d'un ton fort animé : « Ma femme vient de me rapporter qu'il manque pour 15,000 fr. d'effets? — Non, lui répondis-je, il n'en manque que pour 12,683 fr. — Il en manque pour 15,000. Que ne veniez-vous chez moi pour le vérifier? — Puisque vous le prenez sur ce ton-là, dit Sasmayous, et que vous y portez tant d'intérêt, que n'alliez-vous comme les autres en faire la déclaration, vous en avez eu le tems : allons le vérifier. — Nous y fûmes; il me présenta un chiffon de papier, dont l'écriture était encore toute fraîche ; je lui demandai s'il n'avait pas d'autre compte, il répondit : non.

La dame Fualdès a rapporté au déclarant que le 19, dans l'après-midi, Bastide était venu pour parler à son mari, qui était absent, et qu'il lui dit : « Je viens ici pour procurer une bonne affaire à votre mari ; je lui fais négocier du papier, ce soir, à six pour cent, et peut-être à cinq. »

Le témoin a donné, sur les affaires de M. Fualdès, des détails très-étendus.

N° III.

ASSASSINAT DE M. FUALDÈS.

Séance du 21 août 1817.

Aujourd'hui, la cour d'assises a repris la séance à dix heures du matin.

M. de Seguret, vingtième témoin, a été appelé.

Il a dit : Je devais à M. Fualdès une somme considérable; il avait été convenu que je pourrais m'acquitter de 35,000 fr. en effets de commerce, revêtus de ma signature. Le 4 décembre, M. Fualdès tira sur moi, en présence de Jausion, des effets que j'acceptai au civil, pour une somme de 20,000 fr. Un mois avant l'assassinat de M. Fualdès, M. Jausion me dit que ces effets étaient devenus sa propriété, par un arrangement qu'il avait fait avec M. Fualdès.

Le 18 mars, je me rendis chez M. Fualdès; je lui remis des effets pour 26,000 fr.; il me donna quittance de tous les paiemens que je lui avais faits.

Le 19, en apprenant la mort de M. Fualdès, je pensai que les assassins avaient eu peut-être pour but de lui enlever les lettres de change que je lui avais remises ; je fus chez Jausion à une heure après midi, pour en obtenir quelques renseignemens. Je lui demandai s'il savait ce qu'étaient devenus les effets de M. Fualdès. Il me répondit qu'il n'en savait rien. « Mais il dût vous les remettre, puisqu'il avait dessein de régler ses affaires? — Je sais qu'il a cherché a en négocier quelques-uns hier 19 : le surplus, il devait me le remettre aujourd'hui.

Sasmayous vint après midi, le lundi 24, me demander, de la part de la famille Fualdès, le bordereau des effets que j'avais remis. Deux ou trois heures après, Bastide vint me demander ce même bordereau, en se disant envoyé par la même famille. Je fus étonné de cette démarche, d'après celle de Sasmayous. Le bruit s'était répandu que Bastide était soupçonné ; il me dit : « N'est-il pas inconcevable qu'on ait la scélératesse de m'accuser, moi parent et ami de M. Fualdès? » Il me dit encore : « J'étais chez M. Fualdès le 19; un individu habillé de vert vint le trouver de la part de son maître, et lui donna un rendez-vous pour le soir;

j'entendis nommer le maître de cet individu, mais j'en ai perdu le souvenir.

M. le président à Jausion : Que répondez-vous ?

R. Si je ne parlai point à M. de Seguret de la négociation que j'avais faite le 19 avec M. Fualdès, c'est que le secret m'était nécessaire pour conserver la confiance de mes commettans.

Me Rodier : Le témoin a dit, dans sa déclaration écrite ; que Jausion avait répondu le 20 à la question qu'il lui fit sur le portefeuille de M. Fualdès : « Je crois qu'il en négocia pour environ 15,000 fr.

Le témoin : Je m'en rapporte, sur ce fait, aux déclarations écrites.

Quant aux 20,000 fr. d'effets que M. Jausion m'assura, un mois avant l'assassinat, tenir de M. Fualdès, je ne doutai pas que M. Fualdès ne me les eût demandés pour couvrir les effets échus qu'il avait mis en circulation.

Me Rodier : Le témoin dit, « un mois avant l'assassinat ; » il a dit, dans sa déclaration écrite, « dans le mois de décembre. »

Le témoin : Je m'en rapporte à cette déclaration.

Je connais une personne qui a eu 60,000 fr. entre les mains de Jausion, sans aucune espèce de reconnaissance, et qui n'a jamais eu qu'à se louer de son exactitude.

M. le président à Bastide : Qui vous avait chargé d'aller demander au témoin le bordereau des effets de M. Fualdès ?

R. Je crois que le beau-père de M. Fualdès m'en parla, mais personne ne m'en chargea directement. D'ailleurs, comme j'avais eu dans mes mains une partie de ces effets, je voulais savoir ce qu'ils étaient devenus, craignant d'être compromis.

M. Rominguière : Le témoin n'a pas dit que Bastide lui eût demandé ce bordereau de la part de la famille. Il le demandait parce que déjà des soupçons planaient sur sa tête.

Le témoin : A la manière dont l'accusé Bastide s'exprima, je demeurai convaincu qu'il venait de la part de la famille.

Bastide : La demande que je lui fis n'était que pour engager la conversation. Le but de ma visite était de prier le témoin de nommer un commissaire dans l'affaire que j'avais contre le sieur Ladoux devant le tribunal de Rhodez.

Le témoin, sur l'interpellation de Jausion, répond que l'usage de la place de Rhodez est de signer les effets en blanc. M. Fualdès ne s'écartait jamais de cet usage.

N° 21. Rose Feral. — Le 19 au soir, Missonier et Colard

vinrent boire chez moi. Après eux vinrent Bousquier, Bach et Paleyret; Missonier et Colard sortirent à huit heures, ou huit heures un quart; Bach entra et sortit deux fois; Bousquier ne se retira qu'à dix heures. Pendant qu'ils buvaient, Paleyret demanda à Bousquier s'il connaissait Bach. — Non; il m'a prié de lui porter ce soir une balle de tabac.

Le président à Bousquier. — Est-ce vrai? R. Oui.

Le président au témoin. — Bach sortit-il avec Bousquier? R. Non, Bousquier sortit le dernier.

Le président à Bach. — Vous aviez dit que vous étiez sorti avec Bousquier. R. Je le soutiens encore.

N° 22. M. Julien. — Je présume que M. Fualdès avait un carnet, parce qu'il était bien fixé sur les échéances des effets qui le concernaient.

Le 19 mars au matin, M. Fualdès me dit qu'on devait dans la soirée lui faire négocier des effets à 5 ou 6 p. c.

N° 23. Marie Bedos, logée dans la maison Bancal le 19 mars au soir, arrivant de la campagne et fatiguée, elle se coucha à six heures, et n'entendit que la vielle dont on joua dans la rue plus long-tems que de coutume. — Anne Benoît, blanchisseuse, allait quelquefois le soir remettre à ses pratiques le linge qu'elle avait lavé dans la journée.

Le vingt-quatrième témoin se rendit le 19 mars, vers sept heure du soir, chez Rose Feral; il y trouva Colard et Missonier; en rentrant vers les huit heures, il vit un homme tapi contre la porte, qui se dirigea vers la place de Cité; il portait un gilet blanc et un chapeau rond; il le retrouva contre la porte peu de tems après; il vit entrer Bach chez Rose Féral: Bach lui demanda s'il avait vu Paleyret.

Le vingt-cinquième témoin ne dit rien de relatif aux débats.

N° 26. M. Grellet, receveur-général. — Il a eu des effets signés Fualdès, endossés par Bastide, qu'il a négociés. Les livres de Jausion ne lui paraissent pas tenus comme la loi le prescrit.

N° 27. — Le 19 au soir, il vit quelques personnes arrêtées dans la rue des Hebdomadiers.

N° 28. — Le jour où M. Fualdès fut enterré, Bousquier me dit que dans la nuit du 19 au 20, un individu, habillé de bleu, lui avait fait porter une forte balle et l'avait bien payé; il ajouta que cette personne l'avait fait appeler trois fois. Quelqu'un dit: Il serait bien possible que M. Fualdès fût dans cette balle; on prétend qu'un ancien soldat du train

(Colard) est un des auteurs de l'assassinat. — Bousquier observa que ce soldat était assez fort pour cela. — Le même jour quelqu'un vint trouver Bousquier en toute hâte et lui parla confidentiellement. — Je crois que c'était Missonier, accusé. Après cette conversation, Bousquier fut tellement affligé, qu'il ne pouvait plus manger.

Missonier : Cela n'est pas. — Bousquier répond : Cela n'est pas vrai.

N°s 29, 30, 31. — Ne savent rien de relatif à l'assassinat. Le n° 32 vit, le soir de l'assassinat, un homme sortir de la rue des Hebdomadiers et aller se tapir derrière l'angle de la maison de Saleilles.

N° 33. — Le témoin Suzanne Lacaze, le soir de l'assassinat, entre sept heures et demie et huit heures, passant devant la porte de Bancal, y vit un homme, qui ne faisait qu'entrer et sortir ; il avait un chapeau rond ; il lui sembla que c'était Colard ; mais elle n'en jurerait pas. Plus loin, dans la rue des Hebdomadiers, elle vit deux autres hommes, debout et immobiles.

N° 35. — Ursule Pavillon, femme Castan ; elle était au service de M. Roques, rue des Hebdomadiers ; son mari, venant la chercher, trouva un homme tapi dans la rue. Elle entendit la vielle organisée qui jouait dans cette rue. Elle sortit à neuf heures et demie, et trouva quelques personnes dans les rues de l'Embergue, du Touat et sur la place de Cité, etc.

N° 37. — Mac, nommé Mazet, m'a dit de quelqu'un, qu'un jour M. Fualdès serait trouvé égorgé dans l'Aveyron.

N° 38. — Le jour qu'on jugeait le nommé Gisclar, Palous m'a dit : M. Fualdès a perdu sa place ; on le trouvera quelque jour noyé dans l'Aveyron.

N° 39. — Le jour où la veille de l'assassinat, mais plutôt le jour que la veille, je vis par derrière un monsieur entrant dans la maison habitée par Bancal ; mais je ne pourrais pas le reconnaître. — Je tiens de quelqu'un que Colard disait un jour : « Qu'est-ce que tuer un homme ? Pour 25 louis, j'en tuerais bien un, moi. » Le soir de l'assassinat, j'entendis grand bruit chez Bancal et des vielles qu'on faisait jouer dans le voisinage.

N° 40. — Ce témoin est un mendiant qui, d'après l'aveu de Missonier, couche habituellement dans l'écurie de la maison de ce dernier ; son nom est Jean Laville. Il déclare qu'un joueur de vielle montait et descendait dans la rue des Hebdomadiers, le 19 mars au soir ; il entendit qu'on se débattait dans la rue auprès de la porte de l'écurie où il était couché ; on poussa deux fois cette porte. Le malheureux qu'on traînait, arrivé devant la maison Bancal, fit deux ou trois cris, dont le dernier était étouffé, comme celui d'une personne qu'on suffoquerait. Six quarts d'heure ou deux heures après, il entendit deux hommes marcher dans la rue ; il en entendit environ quatre autres marchant pesamment, comme des gens qui porteraient un fardeau, et deux autres suivaient. Il en parla le lendemain à Missonier, qui lui dit aussi avoir entendu quelque chose.

N° 41. — M. Fualdès étant mon débiteur, je lui présentai mon compte. Je vis qu'il avait un livre-journal sur son bureau.

M. Rominguière fait observer que le témoin a déclaré dans sa première déposition que ce journal était cartonné, et qu'un journal cartonné avait été trouvé chez M. Fualdès après sa mort.

N° 42. — J'ai ouï dire que Capely avait dit qu'on guettait M. Fualdès depuis six mois.

N° 43. — Mon mari tient de Capely que ce dernier avait ouï dire qu'on guettait M. Fualdès depuis six mois.

N° 44. — Mme Boyer me dit chez elle, peu de jours après l'assassinat, qu'on en voulait depuis long-tems à M. Fualdès : Marion, chapelier, était présent.

N° 45. — Je n'ai pas tenu le propos que me prête Capely.

N° 46. — J'ai ouï dire que depuis long-tems on guettait M. Fualdès.

N° 47. — Je n'ai pas dit, comme on le prétend, qu'on trouverait M. Fualdès noyé dans l'Aveyron.

Deux témoins sont appelés en vertu du pouvoir discrétionnaire de M. le président.

1er — Capely dit en ma présence qu'il avait ouï dire depuis six mois qu'on guettait M. Fualdès.

2e — Je n'ai entendu ni Capely ni madame Boyer dire qu'on en voulait à M. Fualdès.

M. le procureur-général, convaincu que Capely n'a pas dit la vérité, charge M. le procureur du Roi, de défendre aux huissiers d'employer à l'avenir ce témoin comme recors.

Séance du 22 août.

53. Le 20 mars, Anne Benoît, accusée, vint à ma boutique : on la questionna ; elle dit avoir vu le 10 mars au soir deux messieurs dont un donnait le bras à la fille de ladite Bancal. Cette der-

nière interpelée, assure qu'elle entra et sortit avec Lacombe cadet; sa mère fait la même réponse. M. le président observe à cette dernière qu'il était inutile d'éclairer ces deux individus qui avaient une chandelle. Interpelé par la partie civile, le témoin déclare avoir vu le sieur Jausion, sa femme et la dame Galtier, aller chez M. Fualdès, le 20 mars, de huit à neuf heures du matin. L'accusé Jausion soutient qu'il n'y est allé que de neuf à dix heures; il rend compte de l'emploi de sa matinée: il apprit sur la place du Bourg qu'un individu avait été assassiné; et revenant sur celle de Cité, on lui dit que c'était M. Fualdès.

La femme Canstan, servante chez M. Rocques, avait déposé hier; elle été rappelée aujourd'hui, et M. le président lui a demandé s'il était vrai que le mercredi, 19 mars, elle avait entendu l'accusé Bastide dire au sieur Fualdès: ne manquez pas de venir à *huit heures* Le témoin a répondu que ce jour-là en effet, rentrant chez son maître et traversant la place de Cité vers les trois heures de l'après-midi, elle avait vu l'accusé Bastide avec M. Fualdès; que le premier dit à celui-ci: «Oh! ça, ne manquez pas au moins de vous rendre ce soir à huit heures;» que le sieur Fualdès répondit: « Soyez tranquille. » Le témoin ajoute qu'il lui parut qu'après ces paroles le sieur Fualdès se sépara de l'accusé. Que le lendemain, lorsqu'elle apprit l'assassinat de M. Fualdès, elle dit et fit la réflexion que probablement il avait été assassiné en allant au rendez-vous qui lui avait été donné par Bastide.

M. le président: Accusé Bastide, que répondez-vous à cela?

R. Le témoin se trompe; je ne quittai M. Fualdès qu'après cinq heures du soir: c'est sans doute de quelqu'autre jour que veut parler le temoin; c'est ainsi que l'on confond souvent une journée avec l'autre.

Me Romiguière observe que le témoin n'avait point parlé de cela dans sa déclaration écrite, faite devant M. le juge d'instruction, non plus qu'hier lorsqu'elle déposa oralement à l'audience, et qu'il est bien étonnant qu'elle ait passé sous silence une circoustance si importante.

M. le président interpelle à ce sujet le témoin, qui répond qu'à la vérité elle oublia d'en parler lors de sa déclaration écrite; mais qu'à peine elle eut quitté M. le juge d'instruction, qu'elle se rappela cet oubli; qu'elle dit même au sieur Blanc, commis greffier, et à l'huissier Junelles, qu'elle était fâché d'avoir oublié quelque chose; qu'alors ces derniers lui dirent qu'elle serait rappelée et qu'alors elle réparerait son oubli. Le témoin a ajouté que si hier elle n'en avait point parlé sur les débats, ce fut la crainte qui l'en empêcha; que cependant si on le lui avait demandé, elle l'aurait déclaré aujourd'hui.

N° 55. — Le 19 au soir, à sept heures moins un quart, j'aperçus deux individus postés au coin dit de Françon de Valat, et deux autres au coin de la rue des Hebdomadiers; ils paraissaient se répondre par des coups de sifflet.

N° 56. — Comme le précédent. Ajoute qu'un de ces individus lui parut grand et vêtu de noir.

Nº 57. — Comme les précédens. Il ajoute qu'il compta sept individus dont deux vêtus d'une lévite. Vers les quatre heures du soir, le 19, il vit sur la place de Cité, Bastide et M. Fualdès qui causaient ensemble; ils avaient l'air agités. Le témoin n'affirme pas bien que ce soit le 19 mars, mais il s'en rapporte à sa déclaration écrite. Quelques jours après l'assassinat, Anne Benoît lui dit qu'elle ne connaissait point les coupable, mais que vraisemblablement ce n'étaient point des paysans qui avaient tué M. Fualdès, et que le sang qu'on disait avoir trouvé dans le passage de la maison Bancal provenait d'un *coup de poing donné sur le nez d'un soldat qu'on* refusait de recevoir dans la maison. Le témoin, interpelé de nouveau sur le jour où il vit Bastide et M. Fualdès sur la place de Cité, explique que c'était le surlendemain de la foire de Rhodez, le 19.

Nº 58. — Le 19 mars, j'allai passer la soirée chez M. Fualdès; je fus surpris de le voir habillé; car, comme il ne sortait pas le soir, je le trouvais toujours en robe de chambre... Toutes les fois que j'ai eu affaire avec M. Fualdès, je lui ai vu tirer une petite clef de son bureau... M. Fualdès me dit un jour qu'au moyen de la vente de son domaine de Flars, il acquerrait une honnête aisance.

Nº 59. — Le greffier Blanc, appelé en vertu du pouvoir discrétionnaire de M. le président. — La femme Canstan me dit quelques jours après qu'elle eût fait sa déclaration écrite : « J'ai quelqu'autre chose à dire. » Je lui observai qu'elle serait appelée de nouveau, parce qu'elle avait paru *boutonnée* lors de sa première déclaration. Cette femme riait quand elle me dit ce que je viens de rapporter.

Nº 62. — Quelqu'un m'a dit que, dans la soirée du 19, on l'avait suivi à coup de pierres dans la rue des Hebdomadiers.

Nº 63. — Le 19 mars au soir, je vis deux individus postés dans la rue des Hebdomadiers. Le reste, comme le précédent.

Nº 65. — Entre neuf heures et demie et dix heures, portant une lanterne, je vis dans la rue de l'Ambergue, un individu qui, à mon approche, se couvrit le visage avec ses mains en se tournant vers un mur : je l'examinai; il avait un pantalon de couleur claire, un chapeau rond, une lévite, il avait la taille et la tournure de Jausion. Il me vint dans l'idée que c'était Jausion; mais je ne jurerais pas que ce fût lui.

M. le procureur-général ayant dit que cette déclaration était conforme à celle que le témoin avait faite devant M. le juge d'instruction, ainsi qu'il résulte des notes tenues par ce dernier, Mᵉ Romiguière a conclu à ce qu'il plût à la cour lui donner acte du dire de M. le procureur-général, duquel il résulte qu'il existe dans la procédure des notes de déclarations dont il n'a pas été donné copie aux accusés.... Mᵉ Arsaud demande qu'il lui soit donné acte de ce que ces notes sont annexées à la procédure. Plusieurs défenseurs adhèrent à ces conclusions.

Mᵉ Merlin, avocat de M. Fualdès, a observé que le but de l'article 385 du Code d'instruction criminelle a été rempli; que d'après cette article il ne doit être donné copie aux accusés que des déclarations des témoins et des procès-verbaux, et qu'il leur est libre de prendre à leurs frais copie des autres pièces qu'ils jugent utiles à leur défense; que les notes ou renseignemens qui figurent dans le dossier de la procédure, autres que les déclarations légales écrites, ne pouvant être confondus avec ces déclarations, il n'en a pas dû être donné copie, et que les accusés ou leurs conseils ont pu en prendre connaissance, et même telle copie qu'ils ont voulu; et il a conclu à ce qu'il plût à la cour déclarer que le vœu de la loi a été rempli par la communication légale qui a été faite des déclarations légales écrites et des procès-verbaux, et la facilité qu'ont eue les accusés de prendre telle autre copie qu'ils ont voulu des autres pièces, et passer à la continuation des débats.

La cour, après avoir délibéré dans la chambre du conseil, donne acte de la réclamation faite par les défenseurs.

Me Rodier réclame qu'il soit donné lecture de la note tenue par M. le juge d'instruction; sur la déclaration du témoin, M. le procureur-général y consent.

Le témoin, expliquant sa déposition, dit que ce ne fut qu'après l'arrestation de Jausion, qu'il le soupçonna d'être l'individu qu'il avait vu le 19 au soir dans la rue de l'Ambergue.

M. le procureur-général : Qu'on appelle le témoin Mme Manson.

A peine le nom de cette dame, fille d'un magistrat recommandable ami de l'infortuné Fualdès, jouissant elle-même de beaucoup de considération à Rhodez, est-il entendu, que le plus profond silence règne dans la salle. Mme Manson paraît.

Après les interrogatoires généraux, M. le président fait au témoin une courte, mais touchante exhortation, où l'on a remarqué ces deux idées principales : Le public est convaincu que vous avez été poussée dans la maison Bancal par accident et malgré vous. On vous regarde comme un ange destiné par la Providence à éclairer un mystère horrible. Quand même il y aurait eu quelque faiblesse de votre part, la déclaration que vous allez faire, le service immense que vous allez rendre à la société, en effaceraient le souvenir.

Le président à la femme Bancal : Connaissez-vous cette dame?

Mme Manson se tourne vivement du côté de la femme Bancal, lève son voile, et d'un ton ferme : Me connaissez-vous? — R. Non.

Le président à la dame Manson : Connaissez-vous cette femme?

Mme Manson : Non, jamais je ne vis cette femme.

Le président à Bastide et Jausion : Connaissez-vous cette dame?

Jausion : Je ne la connais que pour l'avoir aperçue deux ou trois fois chez moi, il y a quatre ou cinq mois, faisant visite à Mme Pons, ma belle-sœur.

Mme Manson vivement : Pourquoi donc a-t-il eu l'audace de me saluer en plein tribunal?

Bastide : Je ne connais madame que pour l'avoir rencontrée une fois sur le grand chemin.

Le président exhorte encore Mme Manson à dire la vérité, et l'invite en ces termes à faire sa déposition : Dites-nous ce que vous savez de l'assassinat de M. Fualdès.

Mme Manson lance un regard expressif sur les accusés, et tombe évanouie. M. le maréchal-de-camp Despérières et les spectateurs les plus rapprochés d'elle volent à son secours. M. le maréchal-de-camp l'emporte hors de la salle, sur une terrasse qui borde le palais; les soins sont prodigués. Là Mme Manson revient à elle-même, mais éprouve de fortes convulsions ; elle s'écrie d'un air effrayé : Qu'on ôte de ma vue ces assassins! Elle répète la même exclamation à plusieurs reprises.

La séance étant suspendue, M. le procureur-général demande qu'on appelle Rose Blanquet, autre témoin, en attendant que Mme Manson ait repris ses sens.

Rose Blanquet dépose que, le soir de l'assassinat, elle vit passer et repasser fréquemment dans la rue du Terral, entre sept et huit heures du soir, un monsieur petit, ayant des bas blancs, et qu'elle compta ses apparitions jusqu'à sept fois ; mais elle ne reconnaît aucun des accusés pour être ce monsieur.

On annonce que Mme Manson est en état de reparaître; on la ramène sur le siége des témoins.

Le président, avec la plus grande douceur : Allons, madame, tâchez de calmer votre imagination ; n'ayez aucune crainte, vous êtes dans le sanctuaire de la justice, en présence de magistrats qui vous protègent. Faites connaître la vérité; courage. Qu'avez-vous à nous dire? Ne vous êtes-vous pas trouvée à l'assassinat de de M. Fualdès?

R. Je n'ai jamais été chez la femme Bancal. Après un moment de silence : Je crois que Jausion et Bastide y étaient.

Le président : Si vous n'y étiez pas présente, comment le croyez-vous?

R. Par des billets anonymes que j'ai reçus, par les démarches qu'on a faites auprès de moi.

Le président : Avez-vous reconnu l'écriture de ces billets?

R. Je ne connais l'écriture ni de Bastide ni de Jausion; je crois cependant qu'un de ces billets était d'un de leurs défenseurs.

Le président : De quel?

R. De M. Arsaud. On est venu chez moi pour me faire rétracter la première déclaration que j'avais faite à la préfecture. Mme Pons, sœur de Bastide, notamment, vint à neuf heures du soir, après que j'eus parlé à M. le préfet; elle resta jusqu'à une heure du matin.

Le président : Qu'avez-vous promis à cette dame Pons?

R. Je lui ai promis de rétracter ma première déclaration, parce qu'elle était fausse. J'avais dit que j'avais été chez la femme Bancal, et je n'ai jamais été dans cette maison que lorsque M. le préfet m'y a conduite.

Le président : Vous nous assurez que votre première déclaration à M. le préfet est fausse ; vous ne savez donc rien sur le compte de Jausion et Bastide? Comment avez-vous pu dire que vous les regardiez comme coupables?

R. C'est par conjecture. Et en se tournant du côté de Jausion : Quand on tue ses enfans, on peut tuer son ami, on peut tuer tout le monde. A Jausion, qui jette les yeux sur elle, et d'un ton ferme : Actuellement, je vous regarde.

Le président : Comment a-t-il tué ses enfans?

R. C'est une affaire arrangée ; mais le public n'est pas dupe.

Le président : N'avez-vous pas d'autre motif de votre conjecture que cette affaire arrangée ? — R. Je n'ai point été chez la femme Bancal ; non, je n'y ai point été ; et du ton le plus ferme : Je le soutiendrai jusqu'au pied de l'échafaud.

Le président : Ce n'est point ce que vous avez dit à d'autres témoins irréprochables qui seront appelés. Nous appellerons sur-tout votre cousin Rodat. — Je ratifie d'avance tout ce que dira mon cousin Rodat ; c'est un homme incapable de mentir. J'ai été à la préfecture plusieurs fois ; j'ai fait des aveux imprudens ; ils sont faux, je les ai rétractés. Je l'avais promis à Mme Pons ; ces aveux m'avaient été arrachés par la crainte de mon père. Si vous saviez ce dont j'ai été menacée !....

Le président, avec le ton le plus pathétique : C'est au nom de votre malheureux père déchiré par mille chagrins ; c'est au nom de la justice, au nom de l'humanité qui gémit d'un crime horrible, au nom de l'humanité dont les liens ont été rompus par un crime qui alarme toute la société, que je vous conjure de dire tout ce que vous savez. Pourquoi trahir la vérité ? Oui, si vous aviez une faiblesse à vous reprocher, il suffirait de ce moment pour vous réhabiliter dans l'opinion publique. Voyez avec quelle attention on vous écoute ; parlez, parlez donc. Je vous en conjure au nom de ce Dieu que vous voyez sur ma tête, justifiez-vous. Le public, effrayé d'un crime commis sur la personne d'un homme que vous avez connu, d'un magistrat qui siégeait à côté de votre père, ne demande que le triomphe de la vérité. Il vous chérira, il vous portera aux nues si vous faites connaître les vrais coupables. Prouvez-nous que vous avez été élevée dans l'amour de la justice ; faites-nous voir que vous l'aimez, que vous savez lui obéir. Rappelez-vous que vous avez souvent parlé dans vos lettres de l'honneur de votre famille ; que cet honneur ne peut jamais s'allier avec le parjure, et que les plaies qu'on lui porte ne se cicatrisent jamais. Parlez, fille d'E...... Parlez, fille d'un magistrat......

Pendant ce discours, la figure de Mme Manson s'altérait par degrés ; à ces derniers mots elle s'est encore évanouie. On s'est empressé autour d'elle pour la secourir. Quand elle a commencé à revenir de son évanouissement, elle a vu auprès d'elle M. Desperrières ; le repoussant d'une main et portant l'autre sur l'épée du maréchal-de-camp, elle s'est écriée : Vous avez un couteau !... Elle s'est évanouie de nouveau. M. le maréchal-de-camp a détaché son épée, afin de ne plus l'effrayer. Mme Manson a repris ses sens sans quitter son siége.

M. le président : Tâchez de surmonter vos craintes ; vous êtes fille d'un magistrat ; vous devez avoir vu d'autres fois l'appareil de la justice, ainsi que d'autres débats ; ce spectacle n'a rien de nouveau pour vous. Prenez courage ; ne montez pas votre imagination ; dites-nous quelque chose.

Mme Manson : Demandez à M. Jausion, s'il n'a pas sauvé la vie à une femme, chez Bancal.

M. le président à Jausion : Avez-vous sauvé la vie à une femme ?

Jausion : Non, Monsieur, je ne sache point avoir sauvé la vie à personne ; j'ai rendu beaucoup de services ; je l'ai fait avec plaisir, mais je n'ai pas d'idée.... — Les yeux de l'accusé rencontrent alors ceux de Mme Manson; elle détourne les siens en s'adressant au président, et s'écrie: O Dieu! Pressée de nouveau, elle dit: Il y avait une femme chez Bancal; elle y avait un rendez-vous; elle ne fut pas sauvée par Bastide....

M. le président: Par qui? Il y avait Jausion et Bastide?

Mme Manson: Je vous dis qu'il y avait une femme chez Bancal; Bastide voulait la tuer, Jausion la sauva.

M. le président: Mais Bastide et Jausion nient d'avoir été chez Bancal.

Mme Manson: Bastide et Jausion n'ont pas été chez Bancal!... Demandez à Bousquier s'il me connaît

M. le président: Bousquier, connaissez-vous Madame?

Bousquier: Non, Monsieur, je ne la connais pas: je ne crois pas l'avoir vue.

M. le président: Et vous, Madame, connaissez-vous Bousquier?

Mme Manson: Non, je le vois pour la première fois.

M. le président: Accusés Jausion et Bastide, vous étiez chez Bancal; qui de vous deux a voulu sauver...?

Mme Manson (d'une voix forte): Non pas Bastide! non pas Bastide!

M. le président à Mme Manson: Si vous n'étiez pas chez Bancal, qui vous a dit qu'il y avait une femme qu'on a sauvée?

Mme Manson: Beaucoup de monde.

M. le président: Mais encore?

Mme Manson: M. Blanc, des Bourines.

M. le président: Connaissez-vous la femme qui a été sauvée chez Bancal?

Mme Manson: Plût à Dieu que je la connusse! Le moment n'est pas loin peut-être où cette femme se montrera. C'est M. Blanc, des Bourines, qui m'a assuré qu'on disait qu'il y avait une femme chez Bancal, à qui Jausion avait sauvé la vie: on a parlé de E... et de M... Ce sont mes noms. Elle tombe encore en syncope. Peu à peu elle revient et parle bas au général, qui l'entretient pendant quelques instans

Au bout d'un certain tems:

M. le président: Racontez-nous ce que vous a dit M. Blanc.

Mme Manson: On dit que cette femme entendant du bruit dans la rue des Hebdomadiers entra dans la première porte ouverte qu'elle rencontra; la femme Bancal lui dit: Vîte, vîte, cachez-vous.

M. le président: Où se cacha cette femme? N'est-ce pas dans un cabinet? Des larmes coulent alors des yeux de Mme Manson.

Mme Manson (d'une voix entrecoupée): Oui, on dit qu'elle fut cachée dans un cabinet.

M. le président: Cette femme ne s'est-elle pas trouvée mal dans ce cabinet?

Mme Manson: Ce n'était pas moi qui était chez Bancal; j'ignore si cette femme se trouva mal dans le cabinet; mais je sais que Bastide voulait la tuer, et que Jausion la sauva et la reconduisit jusqu'au puits de la place de Cité.

M. le président: En passant dans la cuisine de Bancal, cette femme ne vit-elle point un cadavre?

Mme Manson : Je répète que je n'ai jamais été chez Bancal.

M. le président : Comment pouvez-vous savoir tant de choses, si vous n'avez pas été dans la maison Bancal?

Mme Manson : Ce sont des conjectures, d'après les billets que j'ai reçus et les démarches que les accusés ont faites auprès de moi. On m'a dit que depuis que j'avais fait ma première déclaration à la préfecture, M. Jausion avait demandé des poignards ; mais lorsque Mme Pons est venu me voir, elle m'a assuré que ce n'était pas vrai, et que Jausion était tranquille. On m'a envoyé plusieurs billets qui n'étaient que de simples adresses de maison où l'on m'invitait à me rendre : je ne me suis jamais rendue dans ces maisons, parce que je craignais.

M. le président : Pourquoi craigniez-vous de vous rendre dans ces maisons?

Mme Manson : Je craignais d'y trouver des personnes de la famille Bastide.

Mme Manson ayant prononcé tout bas le mot serment,

M. le président : Ne fit-on point faire un serment à cette femme qui fut sauvée par Jausion ?

Mme Manson (en lançant un regard courroucé sur les accusés) : On dit qu'on fit faire un serment terrible sur le cadavre. Demandez à M. Jausion s'il n'a pas cru que cette femme à qui il a sauvé la vie était Mme Manson ?

Jausion : Je ne sache pas avoir sauvé la vie à personne.

M. le président ordonne, en vertu de son pouvoir discrétionnaire, que M. le maréchal-de-camp Desperrières sera entendu sur-le-champ.

Après les formules d'usage, M. le maréchal-de-camp Desperrières déclare qu'à la suite des secours qu'il a donnés à Mme Manson, quand elle s'est évanouie, elle lui a dit, en présence de plusieurs autres personnes : Sauvez-moi de ces assassins ; qu'ayant fait alors tous ses efforts pour la rassurer, elle lui avait répondu : Vous ne serez pas toujours près de moi, général : s'ils s'échappaient, ils saigneraient tous les honnêtes gens du département. Qu'on m'interpelle, je dirai la vérité.

Après cette déposition, M. le président : Dites donc la vérité, Madame, nous l'attendons avec impatience.

Mme Manson : Je voudrais savoir pourquoi les accusés font tant de démarches auprès de moi, s'ils ne sont pas coupables.

M. Fualdès, partie civile, demande et obtient la parole, et dit : Il paraît que Mme Manson n'ose parler, parce qu'elle est effrayée par l'image des poignards, et plus encore par la présence des assassins de mon père ; je prie M. le président de faire placer huit hommes de la force armée entre elle et les prévenus, soit pour lui dérober la vue de ceux-ci, soit pour la rassurer contre ses propres craintes. S'adressant ensuite à Mme Manson: Je vous supplie, madame, de dire la vérité, au nom de ce que vous avez de plus cher au monde, au nom de votre père, au nom de votre fils ; je vous le demande dans l'intérêt même des accusés, s'ils sont innocens ; d'un seul mot vous pouvez les sauver ; parlez, madame, parlez ; c'est un fils qui vous le demande, pour venger le sang de son père.

Mme Manson : Ah ! monsieur, je donnerais tout le mien pour que votre père vous fût rendu ; je vous donnerais tout, excepté mon fils.

M. le président ayant adhéré à la demande de M. Fualdès, le commandant de la force armée a fait placer une haie de soldats entre le siége du témoin et les accusés.

M. le procureur-général a pris la parole et a dit au témoin : Madame, vous n'avez rien à craindre ; je prends sur moi votre propre sûreté ; j'y emploierai toute l'autorité que la loi me donne ; je requiers qu'il soit donné, sur-le-champ, à Mme Manson, une sauve-garde d'hommes armés, capable de la rassurer contre tous les dangers.

M. le président : Vous le voyez, accusé Bastide ; vous étiez dans la maison Bancal au moment de l'assassinat. Est-ce vous qui avez proposé....

Bastide, interrompant M. le président : J'ai déjà eu l'honneur de vous assurer, M. le président, que je n'avais jamais eu de rapport avec cette maison Bancal, quoi que dise Mme Manson.

Mme Manson, interrompant Bastide, frappe avec force de son pied et s'écrie : Avoue donc, malheureux !

Tous les cœurs ont frémi. Après quelques instans du plus morne silence, M. le président a dit : Comment pouvez-vous accuser aussi fortement les prévenus, et ne pas avouer que vous avez été dans la maison Bancal ?

Mme Manson : Comment peuvent-ils le contester ? Il y a tant de témoins qui déposent contre eux.

M. le président : Est-il vrai Bastide, que vous avez voulu tuer une femme renfermée dans un cabinet chez Bancal, et que Jausion voulut la sauver ? — R. Non ; j'ai déjà dit que j'étais innocent ; que je n'avais jamais été chez la Bancal, et n'ai connu cette femme que depuis que je l'ai vue sur le banc. Il ajoute, d'un air composé : Et je n'ai jamais su ce que c'est que mentir.

M. le président presse instamment la dame M... de dire la vérité. — Je ne puis pas la dire, réplique-t-elle. — Mais pourquoi frémissez-vous lorsque vous entendez la voix de Bastide ? Pourquoi vous troublez-vous lorsqu'on parle du cadavre de M. Fualdès et d'un couteau ? — R. Je ne puis pas dire que j'ai été chez Bancal.... ; et cependant tout est vrai.... Appelez les témoins à qui j'en ai parlé ; je ne nierai rien.... ; je conviens d'avance de tout ce que déclarera M. Rodat.

A l'instant, M. Amans Rodat, déjà cité en qualité de témoin, est appelé et introduit dans la salle ; voici sa déposition :

« Depuis l'assassinat commis sur la personne de M. Fualdès, Mme Manson s'est rendue, à plusieurs reprises, dans ma maison d'habitation, à Olemps. Il a été souvent question, entre elle et moi, de ce crime, et de la procédure à laquelle il a donné lieu : il me paraît qu'elle était ordinairement la première à amener la conversation sur ce sujet. On a discuté cent fois, en sa présence, les preuves telles que le public les indiquait ; on a pesé les vraisemblances, les probabilités ; on s'est permis d'insinuer que tel pourrait bien être fortement impliqué ; que tel autre paraissait dans une position moins défavorable ; jamais Mme Manson n'a dit un mot qui pût faire présumer l'innocence des accusés, comme aussi elle n'a jamais dit positivement qu'elle fût certaine de leur culpabilité. En général, j'ai cru remarquer qu'elle paraissait plutôt empressée d'apprendre des détails que d'en donner elle-même. Un jour, elle me dit : Si vous connaissiez toute la vérité, relativement aux assassins de M. Fualdès, que feriez-vous ? — Quelle demande ! Peut-on garder un pareil secret ? J'irais tout dire à la justice. — Si vous aviez été chez Bancal ; si vous aviez tout vu ? — A cette idée, ainsi présentée à l'improviste, je fus saisi d'une sorte d'enthousiasme. Si j'avais été là, m'écriai-je, j'aurais béni le Ciel de m'avoir amené dans un coupe-gorge, pour sauver la vie à un père de famille, à un homme dont les vertus publiques et privées, avaient conquis l'estime de tous les honnêtes gens. — Mais, si vous aviez été sans armes, le moyen de le défendre contre tant de monde ? Il n'y avait pas de moyen d'appeler du secours. — Dans ce cas, si j'avais pu sortir vivant de cette maison, j'aurais volé de suite chez le premier magistrat, pour faire ma déposition. C'est un devoir sacré dont aucune considération ne peut dispenser. Et comme il me parut que quelqu'un contesta ce principe ainsi posé d'une manière générale, je fus entraîné à motiver mon avis.

M. le président : Je vous écoute ; redites-nous ce que vous dîtes alors.

Le témoin : Voici à-peu-près comme je m'exprimai. 1° Quoique cette vérité paraisse fort peu connue dans le malheureux siècle où nous sommes, il est certain que tout devoir imposé par la loi intéresse la conscience de l'honnête homme. D'ailleurs, la charité impose une pareille obligation. Si l'on avait assassiné votre père et enlevé toute sa fortune, ne seriez-vous pas bien aise que les témoins, qui peuvent assurer la punition des coupables et en même tems la restitution de votre patrimoine, fissent leur devoir ? Il y a plus ; quand on s'est trouvé dans une maison où un crime a été commis, on s'expose, lorsqu'on ne va pas en faire la révélation, à être considéré commecomplice.

Quelque tems après cette conversation, c'était dans la première semaine de juillet, Mme Manson se trouvant encore chez moi, il fut question entre moi et une autre personne de la teneur de la déclaration de Bousquier, dont un ami, que je croyais bien informé, m'avait donné connaissance. Mme Manson était présente à la discussion qui s'éleva à ce sujet. Enfin, quand nous fûmes d'accord sur le contenu de la déclaration de Bousquier, quelqu'un avança qu'il pourrait bien être considéré comme complice de l'assassinat. Au moment où après avoir rapporté les dépositions qui viennent à l'appui de la déclaration de Bousquier, je disais qu'un accusé doit être cru sur sa parole, lorsque rien n'établit le contraire, Mme Manson me tirant par le bras, me dit, d'un air et d'un ton confidentiels : Vous croyez la déposition de Bousquier véridique, n'est-ce pas ? — Je ne vous dis pas cela, je ne connais la procédure que par ouï-dire ; je dis qu'elle n'est pas sans vraisemblance. — Oh ! pour moi, je la crois vraie, me dit-elle ; elle est vraie. — J'avoue que je crus alors que quelqu'un des parens des accusés avait laissé échapper devant elle quelques paroles indiscrètes.

Lorsque j'appris dans la suite que Mme Manson avait déclaré s'être trouvée chez Bancal le 19 mars au soir, les propos que je viens de rapporter se présentèrent de suite à mon esprit et me parurent se rattacher à sa déclaration.

Je l'ai vue encore chez son père, à une époque où elle avait fait sa déclaration à M. le préfet, et après qu'elle eut entendu de ma bouche les propos que je pouvais être dans le cas de rapporter si je venais à être cité, elle se mit à pleurer. Vous-même, vous me condamnez, dit-elle; je suis perdue. Conseillez-moi, je dirai ce que vous voudrez; je dirai que c'est Jausion qui m'a reconduite jusqu'auprès du puits, et cependant, ajouta-t-elle, je n'ai jamais été chez Bancal. — Vous me demandez des conseils; le seul que je puisse vous donner est de dire la vérité, et je ne lui adressai plus la parole.

Là-dessus on interpelle Mme Manson; elle convient de tout, hors d'avoir nommé Jausion; après quelques momens elle déclare que puisque le témoin l'affirme, elle doit l'avoir fait.

Le témoin : Depuis le jour où Mme Manson m'a tenu, chez son père, le propos que je viens de rapporter, je n'ai pas eu occasion de la revoir ailleurs que dans l'enceinte de ce palais. Mais l'ayant rencontrée dans la salle des témoins, il me parut qu'elle désirait m'entretenir en particulier, et je crus devoir me rendre à son désir. Nous eûmes en conséquence une longue conversation, dont voici quelques traits, les seuls qui doivent trouver place dans ma déposition. Elle me dit : Croyez-vous que j'aie été réellement chez Bancal? — Sans doute, Tout le monde le croit. Il est impossible d'en douter. Vous l'avez dit. — Je l'ai dit, il est vrai; mais la vérité est que je n'ai jamais été chez Bancal. — Non-seulement vous l'avez dit, mais vous l'avez démontré en faisant d'avance la description des lieux. Je le sais de M. Julien et de votre père. Ce dernier me l'a dit en votre présence. Quelques momens après elle me dit : Mais peut-on avouer qu'on a été dans la maison Bancal? Donner une preuve juridique que l'on a été dans la maison Bancal! — Le témoin, après une pause : Il est inutile, je pense, de rapporter ma réponse.

M. le président : Rapportez-la, cela n'est pas inutile.

Le témoin : Voici donc, monsieur, ce que je crus devoir lui dire : Je sens tout ce qu'un pareil aveu a de pénible, mais si la justice l'exige, personne n'a le droit de vous demander quel motif, quel accident, quel coup du sort vous a entraînée dans cette maison. Je dis plus, le public respectera ce mystère. Tout le monde verra en vous un témoin conduit exprès par la Providence dans cette maison, pour voir de plus près un crime dont les auteurs se flattaient d'échapper à la justice humaine. Et quand il serait vrai qu'un monde méchant oserait interpréter votre silence et vous juger sur les apparences, on dira, comme on l'a dit du péché de notre première mère : *O heureuse faute!* Dans tous les cas, dites la vérité, faites votre devoir, et il vous restera toujours mon estime.

Le témoin, après une pose : Mme M... me fit encore les questions suivantes : Mais quand on est lié par un serment? — Un serment envers des scélérats ; un serment arraché par la violence ne saurait vous lier ; vous le sentez assez. — Mais que feriez-vous si l'un des coupables vous avait sauvé la vie ? Peut-on porter la hache sur le cou de celui qui nous aurait sauvé la vie ? — Le témoin au président : Je ne sais s'il est nécessaire de rapporter ici ce que j'osai lui dire.

Le président : Parlez, monsieur ; que Mme Manson entende encore ce que vous lui avez déjà dit ; rapportez-nous votre réponse ; elle servira toujours à l'instruction du public. Et vous, Mme Manson, comment pouvez-vous ne pas suivre les conseils de votre cousin ? Vous avez tant d'estime pour lui ; voyez la considération dont le public et la cour l'environnent.

Le témoin · Votre question, lui dis-je, est fort délicate. J'essaierai cependant de la résoudre. Je ne vous dirai pas ce que je ferais, moi, si le hasard m'avait placé chez Bancal, et que l'un des accusés eût obtenu des autres que l'on ne m'ôterait pas la vie. Une pareille question est toute décidée pour moi. Celui qui, poussé par une horrible cupidité, a mis le couteau dans la gorge de son ami, m'aurait tué s'il n'avait eu un intérêt contraire. Mais je sens que ce ne serait pas répondre directement à votre question. Je m'identifie avec vous ; je sens que votre sexe a plus de délicatesse, qu'il est plus asservi aux bienséances du monde, qu'il a moins de force pour faire taire la voix du sentiment quand la loi commande. Mais placé entre un parjure et le sacrifice douloureux d'un sentiment qui a sa racine dans un cœur généreux, je dirais à la cour, quand je serais en présence des prévenus : « Un de ces hommes m'a sauvé la vie ; je ne crois pas être obligé de révéler son nom ; la cour jugera si je dois parler .. »

Le président, en vertu de son pouvoir discrétionnaire, fait appeler la nommée Victoire Raynal, femme Redoulez, ancienne servante de la mère de Mme Manson. Elle dit : « Ayant eu connaissance par le bruit public de ce qui venait de se passer entre la dame Manson et M. Clémandot, je m'empressai d'aller la voir pour lui parler et lui demander si tout ce qu'on disait était vrai. La dame Manson finit par m'avouer qu'elle avait réellement été chez Bancal ; que le sieur Clémandot avait dit la vérité ; mais qu'elle s'était trouvée mal dans le cabinet, et qu'elle n'avait pu rien voir ni entendre. Elle ajouta qu'après être sortie, elle était venue frapper à ma porte, vers les dix heures du soir ; que ne lui ayant pas ouvert, elle avait passé une partie de la nuit près du couvent de l'Annonciade. La dame Manson a paru rétracter ses aveux ; elle m'a dit avoir fait des contes devant M. le préfet lorsqu'elle avait été chez lui ; elle m'a dit aussi qu'elle avait eu des entrevues avec la dame Pons, et que cette dernière l'avait priée de ne pas parler.

La dame Manson interpelée par M. le président, convient qu'elle a tenu à ladite Victoire tous les propos qu'elle vient de rapporter. Elle dit notamment ces paroles : Cette femme est incapable de mentir.

La dame Pal, chez qui la dame Manson logeait, ignore si cette dernière a passé dans son appartement la soirée du 19 au 20 mars.

N° IV.

ASSASSINAT DE M. FUALDÈS.

Séance du 23 août 1817.

La séance est ouverte à dix heures et demie. M. le président, en vertu de son pouvoir discrétionnaire, appelle sur les débats M. le chevalier de Marcillac, capitaine de la gendarmerie, et lui demande s'il n'a pas quelques détails à donner, relatifs à la déposition que fit hier la dame Manson. M. de Marcillac répond que lorsque la dame Manson fut descendue du siége des témoins, il la fixa attentivement; qu'il remarqua chez elle une grande agitation; qu'elle prononçait des phrases entrecoupées : « Personne n'a pitié de moi, dit-elle; on croit que j'ai été chez Bancal. » Elle semblait éprouver des contractions nerveuses au seul regard de Bastide : « Du moins je n'épargne pas Jausion, dit-elle une fois. » Elle continuait à parler, lorsque M. Fualdès fils se leva pour faire une interpellation; elle dit : « Il va demander qu'on me mette en prison.... que veut-il que je dise? » Lorsque la nommée Victoire, entendue comme témoin, eût fini de déposer, elle dit tout bas : « Ce n'est pas elle, c'est moi qui mens. — M. de Marcillac déclare en outre l'avoir entendu parler de son enfant, et prononcer le mot d'*assassins*. Elle dit entre autres choses : « Je préférerais la mort à ma cruelle situation. »

M. France de Lorne, directeur des contributions, également interrogé en vertu du pouvoir discrétionnaire de M. le président, confirme les détails que vient de rapporter le précédent témoin. Il entendit la dame Manson, après la déposition de ladite Victoire, dire : Elle est incapable de mentir; ce n'est pas elle, c'est moi qui mens. — L'ayant alors engagée à dire la vérité, elle répondit : Je ne puis rien dire; j'ai fait un serment. — Mais vous en avez prêté ici un plus solennel; vous avez juré devant Dieu! — Elle leva alors les yeux vers le Christ, et garda le silence.

Le sieur Clémandot, aide-de-camp du général Vautré, est appelé. Il dépose que, le 28 juillet dernier au soir, étant à la promenade avec la dame Manson, il lui dit que le bruit courait en ville que, le soir de l'assassinat de Fualdès, une dame ou une demoiselle s'était trouvée dans la maison Bancal, où l'on soupçonne que le crime a été commis; qu'elle y était restée malgré elle pendant tout le tems de cette horrible exécution; qu'elle y avait été par suite d'un rendez-vous donné; qu'on en citait plusieurs, et qu'elle était du nombre. La dame Manson, ajoute le témoin, ne rejeta pas, selon moi, cette assertion avec assez de chaleur; je la crus fondée, et l'ayant pressée de questions, elle m'avoua que c'était elle qui y était. Il me serait difficile de peindre l'émotion que me fit éprouver un pareil aveu. Je la pressai de nouveau, et la priai de ne me rien cacher, l'assurant que je prenais le plus grand intérêt à sa position, en pensant au danger qu'elle avait dû courir. Elle me dit alors qu'étant entrée dans cette maison, et parlant avec la femme Bancal, elle entendit au-dehors un bruit occasionné par plusieurs personnes qui semblaient se disputer l'entrée; qu'alors la femme Bancal la poussa dans un cabinet attenant, où elle l'enferma; que la vivacité avec laquelle ce mouvement fut exécuté la jeta dans une grande frayeur; que cette frayeur redoubla lorsqu'il ne lui fut pas possible de douter qu'on venait de commettre un crime affreux, et plus encore lorsque, malgré son trouble, elle put entendre que ses jours étaient menacés; qu'enfin on la fit sortir, et qu'on la reconduisit en lui faisant promettre le plus grand secret sur tout ce qu'elle avait pu voir et entendre; qu'elle paierait de sa vie la moindre indiscrétion. Elle ajouta qu'elle avait été long-tems à se remettre de sa frayeur; que pendant dix-huit jours elle avait fait coucher avec elle une petite fille de chez la dame Pal, où elle demeurait, et que chaque soir en rentrant elle visitait tous les coins et recoins de son appartement. Je lui dis que puisqu'elle s'était trouvée dans la maison Bancal, elle devait savoir quels étaient les assassins. Avez-vous reconnu, ajoutai-je, Bastide-Gramont? Elle me répondit que, ne l'ayant jamais vu, elle n'avait pu le reconnaître. — Et Jausion? — Ah! dit-elle, je ne l'ai vu que deux ou trois fois, et je pourrais difficilement le distinguer d'avec son frère. Je lui fis observer qu'étant du pays, il était surprenant qu'elle n'en connût pas mieux les habitans; à quoi elle répondit qu'elle avait été long-temps absente. Il est une foule de petits détails qui ont échappé à ma mémoire. Ce que je puis dire avec vérité, c'est que la faiblesse des raisonnemens de mad. Manson, et l'embarras que lui causaient mes pressantes questions sur ces deux personnages, me convainquirent qu'elle connaissait tous les acteurs de cette horrible scène. Ma conviction était si forte, que je dis: «Madame, tout ce que vous venez de me dire présente comme un des principaux coupables un homme qu'on ne croyait coupable que du vol commis chez M. Fualdès le lendemain de son assassinat.— Qui donc? me dit-elle alors. — Jausion, lui dis-je.» A l'instant elle se couvrit le visage, et dit : *Ne parlons plus de cela*; ce que je pris pour un aveu tacite. Je ramenai sans cesse la conversation sur cette affaire, et lui ayant dit, d'après le bruit qui courait dans la ville, que Bastide et Jausion n'étaient sans doute pas les seuls machinateurs de cet assassinat, elle me répondit qu'en effet il en était encore deux autres qui jouaient un rôle et qui n'étaient point arrêtés, ajoutant qu'elle ne les connaissait pas. Je lui demandai pourquoi elle n'avait pas fait de révélation à la justice. «Ces gens-là, me dit-elle, tiennent à tant de familles; tôt ou tard je paierais bien cher mon imprudence; d'ailleurs les visites que j'ai reçues de mad. Pons et de mad. Bastide m'en ont empêchée. »

Le lendemain, étant à déjeûner avec plusieurs personnes, on vint à parler de ce rendez-vous, et l'on cita une demoiselle de la ville : alors, entraîné par un sentiment de justice, je dis hautement : Cela est faux, car je sais qui c'est. Le jour même je fus appelé devant M. le juge d'instruction, auquel je racontai les choses de la même manière que je viens de les rapporter. Cependant la dame Manson, assignée aussitôt après, contesta de m'avoir rien dit à ce sujet. Quelques jours après, M. le préfet l'ayant fait venir devant lui, parvint à obtenir de sa bouche les mêmes aveux que moi. M. le préfet me fit l'honneur de m'envoyer prendre alors et de me confronter avec elle : elle convint, dans le moment, de m'avoir dit tout ce que j'avais déposé, ajoutant seulement que je lui en avais arraché les trois quarts, et qu'elle n'avait eu à me répondre que par oui ou par non. M. le préfet et moi lui fîmes observer que cela revenait au même.

Le sieur Clémandot s'attache ensuite à combattre certains bruits défavorables, qu'une pareille confidence avait fait naître et qui tendraient à blesser la réputation de la dame Manson.

M. le président : Accusés Bastide et Jausion, qu'avez-vous à dire sur la déposition que vous venez d'entendre?

L'accusé Jausion : M. Clémandot a fait dire à la dame Manson plus qu'elle ne voulait. Je demande au surplus que mad. Manson dise toute la vérité; je ne désire pas autre chose.

L'accusé Bastide se lève, et supplie à son tour la dame Manson de dire la vérité. Il fait de grands gestes et s'exprime avec chaleur. « Craignez-vous ma famille, dit-il? Si je suis coupable, elle me retranchera de parmi ses membres. »

Le sieur Fualdès, fils, adresse également une vive exhortation à la dame Manson pour l'engager à dire tout ce qu'elle sait.

La dame Manson : Je n'ai jamais été chez Bancal... Je ne le dirai jamais... On me conduira plutôt à l'échafaud... Je suis femme d'honneur... Je dis la vérité à la justice... Je n'ai rien dit à M. Clémandot; je l'ai affirmé par serment.

L'accusé Bastide : Que craignez-vous, Madame? ma famille prendra l'engagement...

La dame Manson avec vivacité : Je n'ai point d'engagement à prendre avec vous, Bastide!

M. le président : Comment se fait-il, Madame, que vous soyez la seule qu'on dise avoir été chez Bancal? — R. Je n'y ai jamais été, et n'en ai jamais parlé à M. Clémandot.

Le président, en vertu de son pouvoir discrétionnaire, fait inviter M. le comte d'Estourmel, préfet de l'Aveyron, à se rendre à la séance; deux huissiers précèdent ce magistrat et l'introduisent dans la salle. Il se place sur un fauteuil particulier destiné pour le recevoir, et dit : « J'ai eu beaucoup de conférence avec la dame Manson, où elle m'a fait plusieurs aveux ; elle m'a aussi écrit des lettres. J'ai rendu compte du tout dans un rapport que j'ai cru devoir en faire à S Exc. le ministre de la police générale. Je le remettrai à la cour avec les lettres à l'appui : ma mémoire pourrait me tromper ; mais je me réfère entièrement au rapport dont la cour peut ordonner la lecture. »

Le président demande aux conseils des accusés s'ils consentent à ce que le rapport et les pièces qui l'accompagnent soient lus publiquement. Tous y acquiescent : M. le procureur-général y conclut lui-même, ainsi que la partie civile, et aussitôt cette lecture est faite. Le public sera bien aise, sans doute, de connaître ces différentes pièces, et l'on croit satisfaire ses désirs en les insérant ici dans leur entier.

Rapport de tout ce qui a eu lieu dans les conférences avec madame Manson, auquel sont jointes ses lettres et autres pièces à l'appui.

Le mardi 29 juillet, M. Clémandot me fit verbalement une déposition ; elle est relatée dans la lettre n° 1, qu'il m'adressa le lendemain.

Le 31, M. E... me témoigna le désir que j'entretinsse madame sa fille, espérant que je l'amènerais à dire la vérité. M. Julien me la conduisit. Elle m'assura connaître à peine M. Clémandot, et nia lui avoir jamais rien confié au sujet de l'affaire qui nous occupait.

Le 1er août, elle m'écrivit la lettre n° 2, et vint elle-même peu après. Elle commença par reconnaître qu'elle avait en effet raconté à M. Clémandot la plupart des choses contenues dans sa déposition ; mais en même tems elle soutint qu'elle avait simplement cherché à l'intriguer par une histoire inventée à plaisir.

M. Clémandot survint. Je les mis en présence, et elle reconnut que cet officier n'avait bien réellement répété que ce qu'elle lui avait dit dans leur conversation du vendredi. Je cherchai alors à faire apercevoir à mad. Manson combien il était peu probable qu'elle eût, de gaîté de cœur, fabriqué une pareille histoire à M. Clémandot. M. son père la menaça de toute son indignation, si elle ne disait pas la vérité ; elle était fort émue. Je restai seul avec elle, et la conjurai de m'accorder sa confiance. Elle me dit souvent : Mais pourquoi veut-on que je témoigne ? n'en sait-on pas assez sur cette affaire ? Je n'ai rien vu, rien entendu : je n'ai connu personne. La veille, elle m'avait dit : Je n'ai point été chez Bancal ; mais, dans le cas contraire, la mort ne m'en ferait pas convenir. Enfin, je l'amenai à avouer une partie des faits contenus dans sa déclaration du 4 août. Elle y ajouta quelques circonstances sur lesquelles je lui promis de me taire, si sa franchise sur tous les autres points en rendait la publicité inutile pour le fonds de l'affaire.

Je fis sentir à mad. Manson qu'elle devait toute sa confiance à M. son père. Elle consentit enfin à faire ses aveux devant lui ; mais elle y mit pour condition qu'on ne la séparerait pas de son enfant, et qu'on lui assurerait les moyens de pourvoir à son existence. M. E..... s'y engagea quand je l'eus mis au fait ; et elle répéta devant lui qu'elle s'était en effet trouvée chez Bancal dans la soirée du 19 mars, mais qu'elle n'avait reconnu personne.

Je proposai à mad. Manson de nous suivre dans cette maison pour reconnaître les lieux. Elle y consentit, et le soir même je l'y conduisis, accompagné de MM. E...., Julien et Bruguière. Nous étions depuis peu d'instans dans la salle basse, où il paraît que l'assassinat a été commis, quand je vis mad. Manson pâlir, trembler ; peu après elle tomba à la renverse ; nos soins la firent revenir. Elle crut reconnaître le cabinet où elle avait été jetée et où il y avait un tonneau près de la fenêtre. M. Julien s'y étant enfermé, se convainquit que de ce cabinet il était facile d'entendre ce qui se disait dans la salle. Cependant mad. Manson, toujours plus agitée, me répétait : « Sortons d'ici, je vous en conjure ; ramenez-moi ; je mourrai si je reste ici. » Nous fûmes dans la cour ; elle la reconnut, ainsi que l'entrée de l'allée. C'était dans cette allée même et au moment d'en sortir qu'elle fut, nous dit-elle, saisie et entraînée dans le cabinet. Elle remarqua l'escalier et dit : « Je suis bien sûre de n'avoir pas monté de marches. »

Voyant l'effet que la vue de ces lieux produisait sur mad. Manson, je la ramenai chez moi en en sortant, et toujours en présence de MM. E..... et Julien, dont les exhortations secondaient puissamment les miennes ; j'essayai de profiter de la disposition de son esprit pour obtenir de nouveaux aveux. Je ne pouvais douter qu'il ne lui eût été fait des menaces terribles ; elle en convint enfin, mais en assurant que l'homme qui l'avait tirée de ce lieu d'horreur n'avait pas prononcé une parole, et lui avait seulement remis, en la quittant, ces mots écrits sur un chiffon, *Si tu parles, tu périras.* Il était tard, mad. Manson se retira ; M. Julien lui donnait le bras, et il peut se rappeler qu'elle lui dit en traversant ma cour : « Avec la manière dont M. le préfet s'y prend, il me fera tout dire. »

Le lendemain matin 2 août, je la fis prier de revenir ; je comptais sur les utiles réflexions que la nuit pouvait avoir amenées, et ne voulais point lui laisser le tems de recevoir de mauvais conseils. Cette conférence dura huit heures.

Mad. Manson commença par me conjurer de ne la jamais ramener dans la maison Bancal ; elle revint plusieurs fois sur cet article. Nous reprîmes notre conférence au point où elle en était restée la veille. Elle m'insinua que la vue de son père l'intimidait ; sur ma prière, il s'absenta, ainsi que M. Julien.

Je considérais attentivement mad. Manson ; son anxiété était visible, et l'expression de ses traits manifestait le violent combat qui se passait en elle. Je lui dis tout ce que la circonstance devait nécessairement m'inspirer; elle parut vivement touchée de la sensibilité que je lui témoignais. J'aime à croire que c'est à ce sentiment que je dus sa confiance; mais il est sûr qu'en ce moment le geste, l'accent de mad. Manson portaient un caractère de vérité que je crois impossible à feindre. Ce fut alors qu'elle compléta la déposition transmise le 3 août à S. Exc.; déposition que je lui ai lue et relue en présence de M. son père, et en discutant chaque article avec elle; déposition enfin dont elle a consacré la vérité par sa signature.

Déclaration faite par madame Manson, le 2 août 1817.

A l'entrée de la nuit, le 19 mars 1817, je passai dans la rue des Hebdomadiers. Etant près de la maison de M. Vaissettes, j'entendis venir plusieurs personnes; pour les éviter, j'entrai dans une porte que je trouvai ouverte et que j'ai su depuis être celle de la maison Bancal. Comme je traversais le passage, je fus saisie par un homme qui venait soit du dehors, soit de l'intérieur de la maison; le trouble où j'étais et l'obscurité ne me permirent pas de distinguer. On me transporta rapidement dans un cabinet. «Tais-toi, me dit une voix.» On ferma la porte, et je restai comme évanouie. Je ne sais pas le tems que je suis restée dans le cabinet; j'entendais de tems en tems parler et marcher dans la pièce à côté, mais sans distinguer ce qu'on pouvait dire. Un silence d'un quart-d'heure succéda au bruit que j'avais entendu. J'essayai alors d'ouvrir une porte ou une fenêtre dont la serrure se trouva sous ma main, et je me donnai un coup violent à la tête. Bientôt un homme entre dans le cabinet, me prend fortement par le bras, me fait traverser une salle où je crus entrevoir une faible clarté, et nous sortons dans la rue. Cet homme m'entraîne rapidement jusqu'à la place de Cité du côté du puits; il s'arrête et me dit à voix basse: «Me connais-tu? — Non, lui répondis-je, sans oser même jeter les yeux sur lui.» J'avoue que je ne cherchai pas à le reconnaître.... «Sais-tu d'où tu viens? — Non. — As-tu rien entendu? Non. — Si tu parles, tu périras;» et, en me serrant violemment le bras: «Va-t-en», me dit-il, et il me poussa. Je fis quelques pas sans oser me retourner; après être un peu remise du trouble excessif que j'éprouvais, je fus frapper chez Victoire, ancienne femme-de-chambre de maman. On ne m'entendit pas. Je descendis l'Ambergue droite et fus me cacher sous l'escalier de la maison de l'Annonciade, que je savais être abandonnée. Je m'aperçus qu'un homme me suivait, je le reconnus pour le même qui m'avait conduite précédemment. Il s'approcha et me dit: «Est-il bien vrai que vous ne me connaissez pas? — Non. — Je vous connais bien, moi. — Cela est possible; tant de personnes peuvent me connaître de vue, que je ne connais pas. — Nous l'avons échappé belle l'un et l'autre; j'étais entré dans cette maison pour voir une fille. Je ne suis pas du nombre des assassins; au moment où je vous ai saisie, voyant que vous étiez une femme, j'ai eu pitié de vous et je vous ai mise à l'abri du danger. Mais que veniez-vous faire dans cette maison? — J'y avais vu entrer quelqu'un que j'avais cru reconnaître, et je voulais m'en assurer. — Est-il bien sûr que vous ne me connaissez pas? S'il vous échappe la moindre chose concernant cette affaire..... Jurez que jamais vous ne parlerez de moi. Sur la place il ne faisait pas aussi noir qu'ici; me reconnaîtriez-vous en me voyant le jour? — Je lui répondis que non. Il me quitta au bout d'une demi-heure et me dit: « Ne rentrez qu'au jour et ne me suivez pas. » Je l'assurai que je n'en avais pas envie. Au point du jour, je regagnai ma demeure; je me couchai; on ignora que j'avais passé la nuit dehors. Peu d'heures après, la nouvelle de l'assassinat se répandit dans la ville, et j'éprouvai une telle frayeur, que pendant long-tems j'ai fait coucher une petite fille dans ma chambre. E..... MANSON.

Je placerai ici un aveu remarquable sur lequel mad. Manson m'avait demandé le secret, et dont elle n'a pas fait mention dans sa déclaration écrite. Madame Manson avait dit à M. Clémandot qu'elle était habillée en homme lorsqu'elle fut chez Bancal. Elle convint avec moi de cette circonstance, quand elle vit que j'en étais informé. Je lui demandai quel était son costume. « Une veste, me dit-elle, que j'ai encore; quant au pantalon, il est inutile de le chercher... — Cette réticence éveilla mon attention. Qu'avez-vous fait de ce pantalon, lui demandai-je? — Je l'ai brûlé. — Pourquoi? » Elle garda le silence; je réitérai ma question, et voyant qu'elle se troublait, j'ajoutai en la fixant: « Vous avez brûlé ce pantalon, parce qu'il était taché de sang. » Elle me répondit: « C'est vrai: au moment où je me sentis saisie et transportée dans le cabinet, je m'écriai: *Je suis une femme!* et ce fut alors qu'on me répondit: *Tais-toi*... En me jetant dans ce cabinet, j'ai heurté, je crois, contre le loquet d'une fenêtre, et il n'en fallut pas davantage pour me procurer un saignement de nez; j'y suis d'ailleurs sujette. Mon pantalon fut tout ensanglanté; je m'en aperçus plus tard, et quand je fus à l'Annonciade, je me rhabillai en femme; ce qui me fut d'autant plus facile, que j'avais conservé ma robe sous mes habits d'homme. » Je l'engageai de nouveau à être sincère: je la pressai de me dire si elle n'était point entrée dans la salle durant le meurtre; si ses vêtemens n'avaient pas touché le corps de la victime. Elle persista dans son premier aveu, en me conjurant de n'en point faire mention, et de ne le divulguer qu'à la dernière extrémité. Toutefois j'exigeai que MM. Julien et E... en fussent instruits, et la connaissance en est parvenue par eux au ministère public. Je cherchai à faire sentir à mad. Manson toute la gravité de cet incident, et les inductions qu'on pouvait en tirer. En effet, je suis encore à m'expliquer comment, sans y être obligée, elle aurait été inventer de semblables circonstances, qui sont au moins inutiles pour la vraisemblance de son récit. Elle m'ajouta qu'elle voyait bien qu'on pourrait la croire complice: Je repoussai cette idée, mais je lui dis qu'il ne me semblait pas impossible qu'on eût abusé de la position terrible où elle s'était trouvée, pour la contraindre à participer, en quelque sorte, au crime, afin de la lier irrévocablement, en identifiant ainsi sa sûreté avec son silence. Non, je n'ai jamais pu penser que mad. Manson fût complice; tout concourt à repousser cette présomption. D'ailleurs, elle était tellement émue, tellement pressée, que je ne puis douter qu'elle ne me l'eût avoué dans ce moment.

Mad. Manson me quitta entre quatre et cinq heures. Il resta convenu avec M. E... qu'elle déposerait le lendemain en justice tout ce qu'elle avait consigné dans sa déclaration. Elle me laissa l'idée, je l'avouerai, qu'elle avait dit la vérité, mais pas toute la vérité, et qu'elle connaissait les meurtriers ou tout au moins son libérateur. Je pensai qu'elle était liée à la fois par la crainte et par la reconnaissance.

Moins d'une heure après que mad. Manson m'eut quitté, on m'apporta de sa part le billet nº 3. Je lui répondis de suite, en l'engageant à prendre confiance, et à mettre tout son espoir dans sa franchise. Je fus aussi prévenu, le soir, qu'on cherchait à circonvenir mad. Manson, et que ce jour même, à sa sortie de la préfecture, elle avait été accostée par deux des défenseurs des prévenus

Le lendemain 3 août, mad. Manson, au moment où je la croyais à déposer devant la justice avec M. son père, arriva chez moi, et me remit la lettre nº 4. Sa figure était toute décomposée, et j'avoue que je fus non moins ému qu'elle, lorsqu'elle m'articula qu'il ne devait pas être ajouté la moindre foi à sa déposition de la veille; qu'elle n'était jamais entrée dans la maison Bancal avant d'y avoir été conduite par moi, et qu'elle avait fait un faux récit à M. Clémandot.

Le ministère public fut informé de ces divers incidens, soit par moi, soit par M. E...., qui ordonna à sa fille de venir le trouver et lui fit de vives remontrances. Mad. Manson revint ensuite chez moi, et me dit qu'elle était décidée de nouveau à soutenir en justice la déclaration qu'elle m'avait faite la veille. Je remarquai en elle une vive agitation, et entr'autres mots remarquables, elle me dit: *que cette affaire ne pouvait manquer de lui coûter la vie.* Je fis tout ce qui était en mon pouvoir pour calmer son imagination effrayée; je la conjurai, pour son honneur, celui de sa famille, de ne reculer devant aucun aveu, de dire enfin la vérité, toute la vérité. Elle m'avoua qu'elle avait reçu un billet anonyme par lequel on lui demandait un rendez-vous. Ce billet est ci-joint nº 5; il a été reconnu pour être de mad. Pons. Cette dame lui avait fait dire aussi qu'elle viendrait la voir. En effet, ce soir même, on la vit entrer chez mad. Manson, et en sortir après minuit avec un inconnu.

Le lendemain matin 4 août, je revis mad. Manson en présence de M. le procureur du roi et de MM E...., Julien et Daugnac. Elle nia d'abord la visite de mad. Pons; elle en convint ensuite, mais elle évita d'entrer dans les détails de cette longue conversation. Elle me remit une espèce de déclaration cotée nº 6, où je ne reconnus pas son style. Ce fut aussi, je crois à cette séance qu'elle m'avoua que le défenseur d'un des prévenus l'avait abordée l'un des jours précédens, lorsqu'elle sortait de chez moi, et lui avait dit : « Pourquoi allez-vous chez M. le préfet? votre affaire ne le regarde pas. » J'aimai mieux douter de l'exactitude de ce propos, que de présumer que M. le défenseur pût avoir oublié la teneur de l'article 10 du liv. 1er du code d'instruction criminelle.

La lecture de la lettre précitée de mad. Manson m'ayant donné lieu de lui faire quelques observations sur les épreuves redoublées auxquelles elle avait mis depuis plusieurs jours ma patience et ma bonne foi, elle crut devoir m'écrire, peu après s'être retirée, la lettre n° 7, et plus tard celle n° 8. En réponse à cette dernière, je l'invitai à venir me trouver de suite, voulant partir le lendemain de bonne heure, et ne pouvant différer plus long-tems une tournée dont depuis plusieurs jours elle occasionnait le retard.

Mad. Manson arriva bientôt et me débita un roman qu'elle écrivit ensuite et signa, et que j'allai communiquer à M. le procureur du roi. Le lendemain matin, je quittai Rodez.

Rodez, le 4 août 1817.

Le dimanche qui suivit le jour de l'assassinat de M. Fualdès, sortant de la messe de la cathédrale, un homme me remit une lettre dans un peloton et disparut. Il parlait patois; il me parut jeune Je rentrai chez moi, je devidai ce peloton qui n'était pas très-volumineux, et je lus la lettre. Elle était d'une belle écriture. On m'y disait : « Une femme a pris ton nom, elle était chez Bancal; si cela vient à se découvrir, ne nie pas, tu ne risques rien, tu n'as rien vu ni rien entendu. Tu diras que tu avais à parler à quelqu'un. que tu es entrée, que tu as été saisie par quelqu'un, qu'on t'a renfermée, que tu t'es évanouie, que tu n'as rien vu ni rien entendu, que tu as été reconduite par quelqu'un que tu ne connais pas, jusques sur la place de Cité; que la nuit était trop noire pour rien reconnaître; dis que tu étais en homme : si on veut voir ton habit, dis qu'il est brûlé; si on te dit pourquoi, dis qu'il y avait du sang, et n'oublie pas que tu n'as rien vu ni rien entendu, et tu n'as rien à craindre. Si tu as des dettes elles seront payées, et après le jugement tu n'auras pas besoin des secours de ton père; prends garde si tu ne brûles pas cette lettre dès l'avoir lue. Si tu en parles jamais, tu ne peux nous échapper; on saura bien t'atteindre, et le poignard ou le poison nous délivreront de toi. Tu seras soupçonnée, tu auras tout contre toi; avoue, tu n'as rien vu; tu ne causes aucun malheur, pourvu que tu soutiennes que tu étais sans connaissance. » Depuis ce tems je n'ai plus entendu parler de cette affaire jusqu'au vendredi 25 juillet, où me promenant avec mon frère au Foiral, M. Clémandot vint nous joindre et me dit qu'il y avait une femme dans la maison Bancal et que c'était sans doute moi; que plusieurs personnes le lui avaient dit. Il me pressa; j'eus l'air de plaisanter, je lui dis : *Ah! il ne manquerait que cela.* Je lui fis des demi-aveux, pensant qu'il n'y croyait pas. Le lendemain je fus assignée; je niai que je me fusse trouvée dans la maison Bancal; enfin j'ai fait des aveux. J'ai tout nié ensuite et me vois forcée de dire la vérité. Hier, dans l'après-midi, je reçois une adresse par un inconnu qui me conjure de la lui remettre, et il disparaît. Dans la matinée j'avais reçu une invitation de me rendre dans un lieu qu'on me désignait; je réponds que je ne puis m'y rendre, que je ne connais aucun des assassins de M. Fualdès. Enfin on me jette encore un billet par la fenêtre, vers les dix heures du soir, où il y avait: *Tu n'as rien vu, tu n'as rien entendu*. C'était sur du papier ressemblant à un papier de soie; il y avait un ruban et une petite pierre. E. MANSON.

J'appris peu après que mad. Manson était convenue de l'absurdité de cette dernière déclaration. A mon retour, le 14 août, je trouvai la lettre n° 9 de mad. Manson; mais je ne fis prier cette dame de passer chez moi que le sur-lendemain. Elle répondit à mon invitation par le billet n° 10; elle vint le lendemain matin 17. Je lui dis qu'elle se perdait, mais que mon intérêt ne pouvant lui être acquis que par sa confiance et sa franchise, elle ne devait pas être surprise que je l'abandonnasse à son sort. Elle peut se rappeler combien de fois je lui ai répété: «Je ne vous dis point de soutenir votre première déclaration, si elle n'est point exacte; je vous dis seulement de m'expliquer ce qui vous a porté à la faire. En tout, vous n'avez qu'un intérêt à considérer, votre devoir; qu'une chose à dire, la vérité.

Elle me confia que depuis sa première entrevue avec mad. Pons, cette dame lui avait indiqué un nouveau rendez-vous chez un nommé Geniez, et qu'un inconnu lui avait aussi apporté l'adresse d'une maison près le tribunal civil, en la priant de s'y rendre.

Le soir, je revis un moment mad. Manson chez M. le président; quelques témoignages d'intérêt que je donnai à la malheureuse position où elle s'était mise par sa faute, me valurent sans doute la lettre n° 11 que je reçus le lendemain matin 18. Mais à peine cette lettre m'était parvenue, qu'elle vint me la réclamer avec beaucoup d'instances et de vivacité, en témoignant un grand regret de me l'avoir écrite, à cause des conséquences qu'on pouvait tirer de ces mots: *Vous voulez mon secret, j'y consens;* ce qui était reconnaître qu'elle en avait un.

Je promis à mad. Manson de ne point faire usage de cette lettre avant qu'elle n'eût déposé devant la cour. Elle sait que j'ai toujours été religieux observateur des promesses que j'ai pu lui faire. Je reçus plus tard le billet numéro 12.

Le 20 au matin, je fis prier Victoire, la même dont il a été fait mention dans la déclaration du 2, de venir me parler. Elle m'avoua que mad. Manson lui avait fait les mêmes déclarations qu'à moi. Il est positif que mad. Manson a dit à Victoire, le 1er ou le 2 août, qu'en effet elle s'était trouvée chez Bancal, qu'elle venait d'en convenir devant moi, et qu'enfin elle lui fit tout le récit contenu dans la déclaration du 2. Comme je faisais sentir à la dame Victoire le poids que donnait encore à ladite déclaration l'aveu que lui avait fait mad. Manson des faits qui y sont relatés, cette dame vint elle-même, et nous cherchâmes à lui faire voir combien il lui serait impossible de sortir du labyrinthe où elle s'était engagée, et de rendre vraisemblables les motifs qui l'avaient décidée à faire la déclaration susdite, si elle ne contenait pas réellement la vérité. La dame Manson pria la dame Victoire de sortir, et me dit alors ces paroles remarquables : «Je dois être interrogée; la figure de M. Jausion s'allongera quand je parlerai» Je la pressai de s'expliquer, et elle ajouta : «Il aimerait mieux que ce fût moi qui eût été chez Bancal, mais je ferai peut-être trouver celle qui y était.»

Avant de terminer, je crois devoir appuyer sur une circonstance qui ne me paraît pas indifférente. En dernier lieu, madame Manson a établi, conformément à sa première déposition du 29 juillet, que M. Clémandot était l'inventeur de tous les faits qu'il a rapportés, et que jamais elle ne s'était livrée avec lui à aucune confidence de ce genre. Or, mad. Manson, confrontée avec M. Clémandot, est convenue, en ma présence, qu'il n'avait bien réellement répété que ce qu'il lui avait entendu dire. Sans doute M. Clémandot n'eût pu manquer d'être étrangement surpris, s'il eût vu mad. Manson sanctionner par son aveu les impostures qu'il aurait inventées, et son émotion ne m'aurait pas échappée.

Déjà S. Exc. avait été informée partiellement de la plupart de ces faits; mais j'ai cru convenable d'en faire un rapport général avec les différentes pièces jointes à l'appui. Je ne manquerai pas de la tenir au courant des divers incidens qui pourront naître dans le cours des débats.

Nota. Lettre N° 1.

Il a paru inutile d'imprimer cette lettre; les faits qui y sont rapportés le sont aussi dans la déclaration de M. Clémandot.

(N° 2.)

Monsieur, j'ai cru m'apercevoir que vous preniez à M. Clémandot un intérêt bien vif; cette considération, jointe à la crainte d'occasionner un meurtre, me force aujourd'hui à vous dévoiler un mystère impénétrable pour tout le monde. Hier, cela m'était impossible; j'étais dans un état qui ne peut être comparé à rien; en vain j'ai voulu vous le cacher, vous avez vu de quel poids j'étais oppressée. Je vous dirai la vérité, monsieur; mais daignerez-vous m'en croire? Puis-je compter sur le secret? Cela est bien difficile; ma déposition n'est-elle pas entre les mains des juges? ne l'ai je pas signée? Quel sera mon sort? Je l'ignore; mais la vie de mes frères ne sera plus en danger. Mon père n'a pas à craindre de perdre sa fortune; enfin il faut rendre l'honneur à un brave officier; qu'importe que celui d'une femme soit compromis! Tout le blâme retombera sur moi; je suis préparée à tous les événemens; que peut-il m'arriver? Ne suis-je pas faite au malheur, et depuis long-tems la mesure n'en est-elle pas comblée?

M. Clémandot désire avoir une entrevue avec moi; j'y consens;

mais permettez que ce soit en votre présence, et que je puisse après vous entretenir sans témoins. Puisse le ciel me donner la force de parler! puissiez-vous me croire! Je ne m'y attends pas; mais du moins je ne causerai la mort de personne. Mes jours seuls sont peut-être en danger. Daignez, Monsieur, me faire savoir l'heure à laquelle je pourrai obtenir audience. J'ose espérer que ma lettre ne sera connue que de vous; excusez-en le désordre, et veuillez agréer l'assurance de mon respect et de ma considération. C'est avec ces sentimens que j'ai l'honneur d'être, Monsieur,

Votre très-humble et très-obéissante servante, E... MANSON.

No 3.

Ecoutez-moi, monsieur le préfet! au nom du ciel, écoutez-moi! et prenez pitié de l'état affreux de mon ame. En vous seul je mets toute ma confiance. S'il en est tems encore, tâchez que mes dépositions ne soient pas remises; je suis presque aliénée; je n'ai pris encore aucune nourriture d'aujourd'hui. Il me paraît impossible de réunir deux idées. Demain, si vous m'accordez jusqu'à demain, je vous ouvrirai mon ame tout entière. Oh! ayez pitié de moi; je ne suis qu'imprudente. Mais le tems presse. J'ai l'honneur, etc. E... MANSON.

No 4.

Je suis indigne de vos bontés, Monsieur; abandonnez une infortunée; accablez-moi de tout le poids de votre colère. Achevez d'aliéner mon esprit; il n'en est pas éloigné. Je voulais aller me jeter aux pieds du premier président, lui tout avouer; mais non, c'est à vous, à vous que je le dirai; mais modérez-vous; au nom du ciel, modérez-vous. Oubliez les trois pénibles journées que je viens de vous faire passer; rappelez-vous la peine que vous avez eue pour m'arracher ce que vous appelez la *vérité;* rappelez-vous toutes les circonstances qui ont précédé mes prétendus aveux, toutes les menaces qui m'ont été faites. Trouvez-vous enfin que ma déposition porte un caractère de vraisemblance? Mais il en fallait un absolument. Si vous me l'ordonnez, si mon père croit son honneur réellement compromis dans cette affaire, je la soutiendrai, cette déposition, à toute espèce de périls pour ma vie; si elle est en danger, ce qui est possible, croyez que ce n'est pas ce qui m'effraie; j'ai tout pesé, tout considéré. Il est affreux sans doute d'être parjure. Le motif pourrait-il me servir d'excuse, et la crainte de déshonorer mon père, d'être séparée de mon fils.... Conseillez-moi, monsieur; ne me réduisez pas au désespoir. Je ferai tout, oui, tout pour vous, dont les bontés me pénètrent de la plus vive reconnaissance et du désir de m'en rendre digne, et pour un père qui ne m'a jamais rendu justice. Je le répète, je ferai la volonté de tous deux.

Il est certain que ma déposition ne charge personne; que tout le public est persuadé que j'étais dans la maison Bancal; qu'il est arrivé hier au soir un témoin payé sans doute pour dire qu'il y avait un rendez-vous avec moi; cela est incroyable, car il sera bien prouvé que c'est une autre; nous n'étions pas deux. Je vais être accusée d'imposture en plein tribunal, devant un peuple immense, et alors l'honneur de mon père sera bien mieux compromis, et le mien est perdu à jamais ; ma tête ne tient plus à cela, je m'égare ; je n'aurai pas la force de parler ; je suis devant vous, monsieur ; disposez de ma vie, elle est entre vos mains ; je n'ai osé confier ceci à personne. J'ai appris hier et ce matin des circonstances toutes à ma charge ; n'importe, je vous les dirai. Pardon, monsieur, un million de fois pardon.

E. MANSON.

N° 5.

Devant partir ce matin, je vous prie de me faire le plaisir de passer à la maison où logent les petits Galtier ; c'est là troisième maison à droite, en allant de la Cathédrale au Lycée ; elle est près de la maison de M. Jouery. Je serais bien aise de vous voir avant mon départ.

Je vous salue, etc.

N° 6

C'est dans le sanctuaire de la justice, c'est en présence de ses ministres respectables, du Dieu qui m'entend et qui me jugera, que je veux dire la vérité.

Je déclare que ma première déposition est la seule qui puisse faire foi. Tous les aveux que j'ai faits m'ont été arrachés par la violence et par la crainte d'occasionner des meurtres. En effet, de quoi n'ai-je pas été menacée ? D'un côté, je vois mes frères engagés dans une affaire avec M. Clémandot, où nécessairement quelqu'un doit périr ; je frémis. De l'autre, on me parle d'un ordre du Roi qui m'exile de ma patrie, qui me prive à jamais de mon enfant, le seul bien qui me reste. On me refuse tout moyen d'existence. Un père en pleurs me dit que son honneur est attaché à ma déposition. Enfin, on me conduit au milieu de la nuit dans un lieu d'horreur ; on tire des conséquences de l'effet que cette vue produit sur moi, et l'on a la barbarie de me dire que je serai renfermée seule si je ne parle.

On m'assure qu'il y a des témoins qui déposent contre moi, que le fait est avéré. Le public, dont la malignité cherche sans cesse un aliment, invente les faits les plus atroces. Je suis seule, sans défense, sans conseil, sans appui. Quelle tête eût résisté à tant de maux accumulés sur elle ! Je perdis la mienne ; la fièvre, le défaut de sommeil et de nourriture, le désespoir, aliénèrent mon esprit ; je dis des choses dont je ne me souviens même pas. Je perdis un instant toute énergie ; mais je la retrouverai, et j'en ferai usage. Qui, moi, devant un tribunal auguste, devant un peuple immense, j'irai prêter un faux serment ! et cela pour affirmer que je me suis trouvée de nuit dans un lieu de prostitution, au moment où il s'y commettait un crime horrible ! et l'honneur d'une famille n'est pas compromis dans une pareille déposition !

Je le répète encore, à tous risques pour moi et les miens ; je nie formellement de m'être trouvée dans la maison Bancal, non-seulement le 19 mars, jour de l'assassinat de M. Fualdès, mais même antérieurement à cet attentat. J'ignorais l'existence et la position de cette maison. Je désire autant que personne que les coupables soient punis ; si je les connaissais, s'il était en mon pouvoir d'éclairer la justice, nulle considération ne pourrait m'arrêter. Mais étant, le 19 mars à six heures du soir, chez M. Pal, dans la rue Neuve, d'où je ne sortis que le 20 à neuf heures du matin ; que M. Clémandot se batte avec mes frères, que toute ma famille périsse, je ne certifierai jamais un fait faux qui la déshonore à jamais. Je suis décidée à subir tous les événemens. La vérité se découvrira, je l'espère. En attendant, je déclare que je persiste dans ma première déposition; que je la soutiendrai pendant les débats et le reste de ma vie, et je signe

E... MANSON.

N° 7.

Encore une fois, M. le Préfet, vous daignerez m'écouter avec bonté; ne m'accablez pas d'un mépris qui me paralyse devant vous. Qui mieux que moi sent tout le prix de votre bienveillance, et à qui en avez-vous donné plus de preuves? Pouvez-vous croire que, pour prix de tout l'intérêt que vous m'avez témoigné, je me suis plu à vous faire un roman, et que mon seul motif a été de me jouer de vous, en vous faisant perdre un tems précieux? Vous ne le pensez pas, non; M. le préfet, vous ne le pensez pas. Mais pourquoi se fait-il que je n'ai le pouvoir de solliciter vos conseils qu'autant que je vous dirai que je suis témoin dans l'affaire de M. Fualdès? Est-il jamais trop tard pour dire la vérité? Le croyez-vous? Oh! par pitié, au nom de la sensibilité qui vous caractérise, ne m'abandonnez pas. Soyez encore mon protecteur; mon sort dépend de vous, et si je vous ai offensé, n'accusez que mon imprudence. Sauvez ma famille, monsieur le préfet; c'est pour elle que je vous implore; prenez pitié de mon malheurex père, de mon fils....

Pourriez-vous me conseiller de soutenir une fausse déposition? En vain je vous le promettrais. Je suis au bord du précipice; ne m'aiderez-vous pas à m'en sortir? Ne m'avez-vous pas dit que vous aviez tout pouvoir, et que, eussé-je commis un crime, vous obtiendriez ma grâce. Prouvez-moi, M. le Préfet, que l'intérêt que vous avez bien voulu me témoigner était un peu indépendant de la grande affaire; que ma famille a quelques droits à vos bontés. Je fais toujours cause commune avec elle; mes intérêts sont les siens. Ah! si j'étais la seule à plaindre, je prendrais mon parti.

Pardonnez-moi, monsieur le préfet, si je répète que mon dessein ne fut jamais d'offenser personne, et sur-tout celui qui s'est acquis tant de droits à ma reconnaissance. Veuillez agréer l'assurance de ce sentiment et celle de mon respect.

J'ai l'honneur d'être, etc. E... MANSON.

N° 8.

Oui, Monsieur, je suis décidée; un instant de plus et je disais. Mais ma sûreté! Mais demain je vous le dirai. Vous me répondez de tout, du secret sur-tout. Vous verrez que ma déposition est vraie et fausse; je n'ai jamais été chez Bancal, et cependant je suis censée y avoir été. O mon Dieu! ayez pitié de moi.

Je suis, etc. E.... MANSON.

N° 9.

Monsieur, par quelle fatale imprudence me suis-je volontairement jetée dans un dédale dont il m'est impossible de sortir sans un miracle exprès de la Providence. Le plus grand de mes malheurs, sans doute, est celui d'avoir encouru votre disgrâce, bien plus encore votre mépris. Quelle faute! Pourquoi ai-je trahi la vérité? Quelle considération a pu m'engager à m'écarter un instant de la route qu'elle m'avait tracée, et pour des magistrats qui ne croient pas même que je me sacrifiai pour eux, et qui m'accablent de leurs soupçons injurieux. Mon ame est brisée, un sombre désespoir s'en empare; je ne me connais plus

Il me semble vous avoir entendu dire que vous faisiez des découvertes qui vous affligeaient pour l'humanité, dont vous voudriez avoir meilleure opinion. Ah! Monsieur, combien j'ai appris en huit jours! Quelle expérience que celle que procure l'infortune! J'ai passé ma vie loin d'un monde que je ne cherchais pas à connaître; et sans ma folle curiosité pour le spectacle, je vivrais encore presque ignorée. Mais que me veut donc ce monde si acharné contre moi? A quoi ai-je nui? De qui ai-je mérité la haine?

Sûrement je n'excitai jamais l'envie; je suis sans fortune; la nature ne m'accorda ni beauté ni talens; et si quelques personnes prévenues ont dit que j'avais de l'esprit, je prouve clairement que je n'ai pas le sens commun. J'ai des ennemis, j'ignore pourquoi; mais cette vérité est trop démontrée pour la révoquer en doute; ils ont ourdi une trame dont j'ai conduit tous les fils; et, c'est moi, moi qui forge les traits dirigés contre moi.

Je me vois obligée de lutter contre une famille désolée, contre une ville, un département, contre la France entière qui crie vengeance et qui l'obtiendra. Le ciel est juste, ce crime est sans exemple.

Hé quoi, je serais donc la seule qui soutiendrais des assassins, je pourrais embrasser leur défense! moi qui fus si révoltée de leur atrocité; qui répétais sans cesse que la peine infligée par la loi n'était pas proportionnée au crime, et que celle du talion eût dû être conservée. Ah! si dans cette affaire je ne suis pas entièrement justifiée, je demande la mort; n'est-elle pas préférable à une existence couverte d'infamie?

Pardon, M. le préfet, si j'abuse de votre patience; le but que je me suis d'abord proposé a été celui de paraître moins coupable à vos yeux par l'aveu de ma faute, si je n'ai pas perdu le droit d'être crue après avoir manqué de franchise avec vous, qui aviez tout fait pour mériter la mienne.

Mon autre but sera sans doute plus aisé à remplir; il s'agit d'une grâce que j'ose encore solliciter et que j'espère obtenir. Ce n'est pas la vie, ce n'est pas la liberté. Je vous le répète, M. le préfet, ces biens sont pour moi de peu de prix; mais mon fils, mon Edouard, suis-je condamnée à vivre séparée de lui? Je ne tiens pas non plus à mon pays; il ne me rend pas justice. Je deviendrai cosmopolite, et ma patrie sera le lieu où je trouverai la paix et l'impartialité.

Je me jette à vos pieds, j'implore votre appui; peut-être serez-vous père un jour; vous n'aurez jamais qu'une idée bien imparfaite de mes tourmens. Je vous ai offensé; mais ne l'ai-je pas déjà avoué, et la vengeance est-elle un sentiment qui puisse trouver place parmi tant de bonté, de grandeur d'ame, de sensibilité. Prouvez-moi que les vertus existent encore au dix-neuvième siècle. Je n'en ai pas douté par rapport à vous, et sûrement je n'en douterai jamais. C'est donc à vous seul que je veux m'adresser, à vous dont j'ai provoqué la oclère; vous aurez encore pitié de moi; vous empêcherez qu'on ne m'enlève mon enfant.

Si *j'avais commis un crime volontaire, je pourrais encore obtenir grâce :* et une imprudence, rien qu'une imprudence, un instant d'exaltation, un faux calcul serait donc puni si sévèrement. Oui, monsieur le préfet, la reconnaissance qui me lie a causé mon dernier malheur; elle cause la fureur du public; elle rend ma justification si difficile, que je ne l'attends plus que du Ciel.

Je crois vous avoir dit, Monsieur, que j'avais été élevée à la campagne; vous devez vous être facilement aperçu que mon éducation a été très-négligée. Absolument étrangère à ce que l'on nomme étiquette, combien je dois vous avoir choqué par ma conduite, par le choix de mes expressions! Je ne me trouvai jamais en face d'une autorité; jamais homme ne commanda mon respect, excepté mon père, qui ne me reproche pas, j'espère, d'en avoir manqué pour lui. Grâce, grâce, monsieur le préfet, en faveur de l'intention. Ne me répétez pas que *mon seul but a été de me jouer de vous.* De quelle monstruosité me supposez-vous capable? Vit-on jamais un tel composé de ruse et de duplicité?

Je finis cette longue lettre; je l'envoie dans l'espoir que vous la brûlerez, que du moins elle ne sera lue que de vous. Il y a des choses........ Ah! si je n'étais pas mère.. Jamais, non jamais ... monsieur le préfet, vous êtes loin de connaître mon caractère. Souffrez que je vous supplie de ne pas montrer ma lettre; c'est un fatras, un tas d'extravagances. Donnez lui le nom que vous voudrez. Que peut produire une tête presque aliénée? Croyez cependant que je conserverai toujours assez de raison pour ne pas perdre le souvenir de tant de bontés. Veuillez agréer cette assurance, ainsi que celle des sentimens de respect, etc. E.... MANSON.

N° 10.

Monsieur, je suis désolée de ne pouvoir me rendre à votre invitation; je la désirais vivement. J'ai été tentée plusieurs fois aujourd'hui de vous écrire pour vous demander cinq minutes d'audience. J'ai été retenue par le souvenir de l'air irrité que vous aviez hier. Je suis obligée de me rendre ce soir à huit heures, aux ordres de mon père, chez un Monsieur dont le nom m'est échappé. Je crois qu'il loge chez M. Mainier.

Demain, M. le préfet, à une heure, si cela vous convient, j'aurai l'honneur de vous voir, sans doute pour la dernière fois; demain est la veille du jour terrible.

Ma lettre vous a touché, dites-vous. Grand Dieu! il existe donc encore des ames sensibles, je ne suis donc pas abandonnée de la nature entière. Ah! quand il n'y aurait qu'un seul être au monde qui s'intéresse à mon sort, je pourrais encore aimer la vie. Combien j'ai été trompée! Tout le monde, oui, tout le monde me trompe, et l'on veut de la franchise! Pardon, M. le préfet, pardon, je m'égare; mon cœur est ulcéré. J'ai passé une horrible matinée; je vous le dirai, oui, je vous le dirai; vous aurez pitié de moi, j'en suis sûre. Plus je réfléchis à mon affaire, et moins je la comprends. Je n'ai pas étudié Machiavel, moi. Recevez, etc. E... MANSON.

N° V.

ASSASSINAT DE M. FUALDÈS.

Rhodes, 3 septembre.

Les débats de l'affaire *Fualdès* occupent toutes les têtes. Cette affreuse procédure est le sujet de tous les entretiens, de toutes les conversations. On ne s'aborde dans les rues, dans les maisons, qu'en se demandant où en est le procès, quels sont les incidens qui ont lieu dans le jour. On sera moins étonné d'un pareil intérêt, quand on saura que lors de l'arrestation des principaux accusés un grand nombre d'habitans de Rhodez exercèrent d'eux-mêmes, pendant plusieurs heures, la plus active surveillance autour de la prison, dans la crainte, disaient-ils, *que les assassins ne s'échappassent*. C'était sans doute l'effet de l'affection qu'on portait à la victime, puisque la justice exerçait son pouvoir et que rien n'en pouvait empêcher l'action.

La déposition de Mme Manson, sur-tout, est un nouvel aliment pour la curiosité. Lorsqu'elle sort de la Cour, accompagnée, ainsi qu'elle l'a désiré, par plusieurs gendarmes, la foule la suit jusqu'à sa demeure. Plusieurs heures avant l'ouverture des séances, la salle est remplie. On y remarque beaucoup de personnes distinguées venues de fort loin pour assister aux débats. Malgré l'affluence, le calme le plus respectueux règne parmi l'auditoire.

Les membres du jury et leurs suppléans sont tous maires de diverses communes du département.

Le banc des accusés offre un contraste parfait. Jausion est petit et fluet; l'ensemble de ses traits a quelque chose de peu flatteur. Il a à peu près 50 ans; il exerce la profession d'agent de change et jouit d'une fortune assez considérable. Bastide, au contraire, est beau, bien fait et a des formes athlétiques. Il a 40 ans. Il n'a pas de profession bien déterminée, il *fait des affaires*. Il n'est pas riche. Cet accusé, qui a de très-beaux yeux, les fixe toujours avec beaucoup d'assurance sur les personnes qui lui adressent la parole. Ces deux accusés sont alliés à des familles distinguées du pays.

La femme Bancal n'est pas douée d'une figure heureuse. La dissimulation et la ruse s'y laissent apercevoir. Cette physionomie contraste singulièrement avec la figure grotesque et l'air stupide de Bousquier et de Colard.

La femme Jausion est fort belle. Elle a plusieurs sœurs établies à Rodez, et qui sont toutes remarquables par leur beauté.

Mme Jausion la mère, âgée de 70 ans, et justement révérée à Rodez, n'a pu survivre à ce coup terrible, et est morte en peu de jours.

Le témoin madame Manson, est fille de M. Enjalrand, président de la cour prévôtale de l'Aveyron et magistrat très-distingué. Son mari existe encore. Elle en est, dit-on, séparée. Madame Manson a trente-deux ans. Sa figure, sans être jolie, est agréable. Ses yeux sont petits, mais vifs; sa taille est moyenne et bien prise; sa voix est extrêmement douce. Elle a beaucoup d'esprit, quoi qu'elle en dise, et sa correspondance peut en donner une idée.

Dans le cours des débats, Mme Manson parle souvent d'un fils dont elle craint d'être séparée. Ce fils à quatre ans et demi et demeure avec elle.

On a été à même de remarquer, pendant les séances de la cour, que Mme Manson se place de façon à ne pas voir les accusés, et que chaque fois que les regards de Bastide, et sur-tout ceux de Jausion se fixent sur elle, elle semble éprouver un sentiment pénible.

Au départ du courrier, le bulletin des séances des 23, 24 et 25 août, était le seul qui fût encore rédigé; mais les 26, 27, 28, 29, 30 et 31, la cour a continué de s'occuper de la suite de l'audition des témoins. Les débats ont été fermés le 2 septembre. M. Merlin, avocat de la partie civile, a plaidé pendant huit heures. M. le procureur-général a ensuite été entendu. Les défenseurs des accusés devaient commencer leurs plaidoiries le 4.

Suite de la séance du 23 août.

N. 11. — *Lettre de Mad. Manson à M. le Préfet.*

Si j'ai pu douter un seul instant de vos bontés pour moi, vous m'en avez donné hier au soir des preuves, chez M. le premier président, que je n'oublierai de ma vie. J'ai vu dans vos yeux tout l'excès de votre sensibilité et de votre intérêt pour moi et pour mon père, et vous avez pu croire que j'allais faire des aveux! Quel autre que M. d'Estourmel a des droits à ma confiance? Vous voulez mon secret, j'y consens; bientôt il sera public. Bientôt vous serez peut-être à même de solliciter ma grâce. Je vous promets toutes les explications relatives à certaines phrases que vous avez pu trouver obscures dans mes lettres. Vous connaîtrez la cause de mes agitations, plus fortes hier au soir que jamais. Vous connaîtrez mon caractère, que personne ne connaît, et que j'ai pris peu de peine à faire connaître; car, si tout le monde me juge, je le juge aussi.

J'ai passé la soirée avec M. le président, M. Plantade, et un autre juge. Je ne leur ai rien dit; un seul mot m'a échappé dans un moment d'exaspération, qui a paru frapper M. le président; je me suis arrêtée. On m'a dit que je ne paraîtrais pas au tribunal aujourd'hui; mais, comme je suis assignée, il faut me trouver à neuf heures à l'appel. J'aurai l'honneur de vous voir, quand vous le jugerez à propos; ne me méprisez pas, M. le préfet; croyez que je ne suis pas digne de mépris; le vôtre est pour moi un tourment. Je vous demande le secret jusqu'au moment où il me sera permis de vous parler; vous me promettez de ne pas montrer ma lettre. Mais vous ne me croirez pas; cependant je jure que je vous dirai la vérité. Quelle nuit horrible! Que les heures paraissent se traîner lentement pour le malheureux qui les compte; et, mon enfant dort paisiblement près de moi! Je suis condamnée à le perdre, je le vois, je ne puis l'éviter.

Recevez, etc., E.... MANSON.

N° 12.

Puisque vous voulez bien me promettre de ne pas faire usage de ma lettre, avant de m'avoir vue, j'aurai l'honneur, M. le préfet, de me rendre chez vous demain, avant d'aller au tribunal. J'espère être un peu plus calme que ce matin.

Veuillez, etc., E.... MANSON.

La lecture étant finie, M. le préfet, sur l'interpellation de M. le président, affirme véritable le contenu de son rapport, ajoutant que la dame Manson répond en effet dans ce sens, et dit que M. le préfet est incapable de rapporter autre chose que la vérité. — Ensuite M. le président adresse à M. le préfet le discours suivant:

« M. le préfet, en vous appelant dans le sanctuaire de la justice, pour la manifestation de la vérité, j'étais déjà convaincu que je trouverais dans le premier magistrat de ce département toutes les vertus qui doivent caractériser l'homme public. La conduite que vous avez tenue, dans cette affaire importante, ajoute à tous les éloges que vous aviez déjà mérités; agréez, au nom de la cour dont je suis l'organe, le juste tribut de ceux qu'elle aime à vous rendre en ce jour. »

M. Julien, juge au tribunal, est appelé par ordre de M. le président. Il rapporte et confirme la plupart des détails contenus dans le rapport de M. le préfet. La dame Manson interpellée, reconnaît également la véracité de M. Julien.

M. le président à la dame Manson : Dites-nous, madame, quelle était cette femme qui s'est trouvée chez Bancal ?

La dame Manson : Je déclare que ce n'est pas moi ; tout me porte à croire qu'une femme aura pris mon nom.... M. Clémandot doit être justifié : on lui a dit qu'il y avait une femme chez Bancal ; je lui en ai parlé sur le ton de la plaisanterie. M. Clémandot m'a dit : Convenez que c'est vous ; si vous saviez l'intérêt que j'ai dans cette affaire !... Allons, avouez. — Je lui dis : Eh bien ! oui, c'est moi. Depuis, je n'ai plus revu M. Clémandot... Il en a abusé pour me faire servir de témoin.

M. le président : Mais comment se fait-il que tout ce que vous avez dit à votre cousin Rodat avant d'avoir parlé avec M. Clémandot, s'accorde si bien avec les choses que vous avez rapportées à ce dernier ?

La dame Manson : Tout ce qu'a dit M. Rodat est vrai. Je lui en avais parlé, parce que je l'avais ouï dire.

D. Eh bien ? — R. Vous me forcez à un aveu terrible !...

M. le président exhorte de nouveau la dame Manson et l'encourage à dire la vérité. Ne vous a-t-on pas dit que si vous déclariez à la cour ce que vous aviez déclaré à la préfecture, vous perdiez Jausion ? — R. Oui.

D. N'était-ce pas de son ordre ? — R. Non.

D. Mais qui vous l'a dit ? — R. Je ne le dirai jamais.

Nouvelle exhortation de M. le président : Descendez, lui dit-il dans le fond de votre conscience ; écoutez ma voix qui vous parle. — R. Que voulez-vous que je dise, quand mes aveux m'accusent ?... J'ai dit vrai quand j'ai dit que je n'avais pas été chez Bancal ; je n'ai pas vu commettre le crime. — D. Mais n'auriez-vous pas vu la femme qui y était ? — R. Non. — D. Comment donc avez-vous pu dire hier que Bastide et Jausion étaient coupables ? — R. J'ignore si Jausion est complice de l'assassinat de M. Fualdès.

Le président. Comment avez-vous dit hier à Bastide : *Avoue donc, malheureux ?* Et à Jausion : *Tu ne me connais pas ?*

La dame Manson : Demandez à Bastide et à Jausion s'ils n'ont su que je fusse témoin que le jour où j'ai comparu au tribunal.

L'accusé Jausion : Je ne l'ai su que lorsqu'on m'a signifié la liste des témoins.

Le président à la dame Manson : Pourquoi faites-vous cette question ? N'est-ce pas parce que vous saviez tout ? — R. J'ai reçu un billet anonyme que je crois de mad. Pons.

Le président : Comment se fait-il, puisque vous n'êtes pas la dame qui était chez Bancal, et que les accusés sont censés la connaître ; comment, dis-je, se fait-il que l'on vous ait ainsi circonvenue, vous ait donné des rendez-vous, écrit des billets anonymes ? Pourquoi s'adresse-t-on à vous plutôt qu'à une autre ? Vous gardez le silence !

La dame Manson : Que voulez-vous que je dise?... Je vais vous fournir encore des armes contre moi; je vais prouver que j'y étais, et cependant je n'y étais pas. Il y a un témoin qui dépose que la fille Bancal a reçu une pièce d'étoffe pour faire un bonnet, et cette pièce ressemble à une robe que j'ai.

Le président : Aucun témoin n'a déposé cela. — R. On le déposera.

M. le procureur-général : N'avez-vous pas demandé hier à quelqu'un s'il croyait que Jausion fût coupable? Cette personne vous ayant répondu qu'elle le croyait, ne lui dites-vous pas : Cela n'est que trop vrai? — R. Je ne me le rappelle pas.

Le président parle à la dame Manson de la visite qu'elle fit dernièrement dans la maison Bancal, en présence de M. le préfet et de M. Julien. Il lui demande si, en entrant dans le petit cabinet qui se trouve à côté de la cuisine, elle ne dit pas que c'était là où on l'avait renfermée. Elle répond qu'on lui arrache un aveu terrible.

Le président : Quel est le serment dont vous avez parlé? — R. Je n'en ai point parlé. J'ai dit qu'on en tirerait toutes les conséquences qu'on voudrait, mais que si quelqu'un m'avait sauvé la vie, je ne pourrais le faire monter sur l'échafaud. Je n'ai pas fait ce serment : si j'en avais fait un, je ne me croirais pas liée par lui, puisqu'il m'aurait été arraché par la violence et par des assassins qui n'ont aucun pouvoir sur moi. La dame Manson termine en disant que tout ce qu'elle a dit ailleurs est fabuleux, et que devant la cour elle dit la vérité, parce qu'elle est libre.

M. Fualdès prie M. le président de demander à la dame Manson si elle n'a pas couché hors de chez elle le 19 mars. Mad. Manson répond : J'ai couché chez moi cette nuit-là. — A quelle heure est-elle rentrée chez elle? — Je ne suis pas sortie de toute la soirée. M. Fualdès insiste, et mad. Manson dénie. M. Fualdès invoque la déposition de Victoire. — Cela ne se rapporte pas à la déclaration faite à la préfecture. N'avez-vous point passé une partie de cette nuit sous le vestibule de l'ancien couvent de l'Annonciade? — Non : tout ce que j'ai dit est faux : actuellement je dis la vérité.

M. Fualdès fils demande que la dame Castel, déjà appelée en qualité de témoin, soit appelée aux débats. Elle dépose, entr'autres choses, que, hier, étant dans l'enceinte du Palais, à côté de la dame Manson, et s'entretenant ensemble sur le compte des accusés, cette dernière lui dit *que, si elle voulait parler, elle les ferait tous condamner;* qu'elle ajouta encore cette phrase : *Il faut que les assassins périssent;* elle parla aussi d'un serment...

La dame Manson : Vous avez mal entendu ; j'ai dit seulement que je ne soutiendrais pas les assassins. — Le témoin : Ah! madame...

Hippolyte Mayars, témoin : Hier, je me trouvais auprès de la dame Manson ; la conversation roulait sur l'assassinat de M. Fualdès, la dame Castel, qui était près de nous, causait avec une autre femme qui paraissait prendre quelque intérêt aux accusés ; la dame Manson, qui s'en aperçut, se leva brusquement, et d'un ton animé elle dit : Comment! vous osez vous intéresser à ces accusés ? oui, ils sont tous coupables; ils périront tous; mais ils n'avoueront jamais leur crime.

La dame Manson : Je n'ai pas dit cela ; j'ai dit : s'ils sont coupables, ils périront tous.

Le témoin dépose qu'une autre fois, parlant avec Mme Manson, elle lui dit que, jusqu'à ce jour, elle avait cru qu'on était lié par un serment qu'on avait prêté ; mais qu'aujourd'hui elle savait le contraire.

La dame Manson : M. le président, je demande la parole. Il est inconcevable que tout le monde veuille que je sois témoin dans cette affaire. C'est incroyable.

Le témoin ajoute que, dans une autre circonstance, la dame Manson lui témoigna combien elle aurait de peine à déposer devant les accusés, et qu'elle lui demanda si le siège des témoins était placé de manière à ne pas être aperçu par eux. — La dame Manson, interpellée, convient, en partie, de ce que vient de rapporter le déposant ; mais elle prétend qu'elle se borna à lui demander quelle était la place de la chaise des témoins.

M. Fualdès fils demande que M. le maréchal-de-camp Desperrières soit de nouveau entendu.

Le général déclare qu'à la fin de la séance d'hier, la dame Manson paraissait fort émue ; qu'ayant fixé l'accusé Bastide, elle éprouva un grand effroi, et s'écria : « Quel regard ce misérable m'envoie ! » Je cherchai à la rassurer ; je lui dis que si elle savait quelque chose, elle devait parler. « Non, jamais, répliqua-t-elle. » Le général ajoute : Hier au soir, disposant un garde près de l'appartement de cette dame pour la garantir de toute espèce de péril, sans porter néanmoins aucune atteinte à sa liberté, elle dit tout-à-coup : « Général, que ne vous ai-je connu plus tôt ! Quand j'ai commencé à parler, on aurait dû me donner une garde. »

La dame Manson, interpellée, convient qu'elle a dit au général qu'on aurait dû la garder depuis le moment qu'elle fut assignée comme témoin. Le général invoque, à l'appui de ce qu'il vient de rapporter, le témoignage de M. le marquis de Bournazel. M. Romiguières veut s'opposer à ce que ce dernier soit entendu, par le motif qu'il avait assisté aux débats et qu'il avait ouï la déclaration du général. Le procureur-général s'en réfère à la sagesse de M. le président. Celui-ci tranche la difficulté d'un seul mot ; il fait observer que le pouvoir discrétionnaire du président est illimité, et déclare que, toutes ses démarches devant constamment se diriger vers la manifestation de la vérité, il ne s'imposera d'autres bornes que celles qui ne tendraient point vers ce but, ajoutant que ce ne serait pas dans cette occasion qu'il se priverait des renseignemens qui peuvent répandre la lumière avec autant d'éclat. En conséquence, M. de Bournazel est entendu, et sa déposition confirme les détails que venait de faire connaître M. le maréchal-de-camp.

66. M. René de Lagoudalie : Le soir de l'assassinat, à huit heures ou huit heures et demie, j'étais sur la porte de l'hôtel des Princes. M. Fualdès passa devant chez moi. Dans ce moment un individu, ou plutôt une ombre que je ne peux dire être homme ou femme,

placé vis-à-vis la porte de l'hôtel, descendit en toute hâte dans la rue de l'Ambergue.

67. Marie Maynier : Le petit Bancal m'a dit que deux messieurs, dont l'un gros et ayant des bottes, vinrent dans la maison de son père, et amenèrent un homme malade, qu'ils alongèrent sur une table. Le petit Bancal est âgé de 8 ans. Il pleurait en racontant ce fait; son père était alors en prison. Il dit que le mouchoir trouvé était à lui et qu'il y avait du sang.

68. Elisabeth Salès rapporte avoir entendu le même récit, et dit que le même enfant ajouta que ces messieurs, avant de sortir, parlèrent à sa mère à l'oreille.

69. Pierre Ponderoux, garçon meûnier : Je portai de la farine chez Bancal le 19, à sept heures du soir. En arrivant, j'y vis entrer un homme qui ferma la porte. La Bancal vint m'ouvrir. Je trouvai dans la maison un homme assis, et ne le reconnus pas.

70. Causit : Quatre jours après l'assassinat, la servante de Mourgues, coutelier, me dit tenir d'une fille de Bancal, qu'on avait porté dans la maison un homme, qu'on l'avait alongé sur une table, que son père l'avait saigné, que sa mère tenait la lumière, et qu'elle avait tout vu du lit où elle était couchée.

71. Mme Cabrolies, servante de Mourgues : Même déposition. Elle ajoute que, le 20, à cinq heures du matin, elle trouva la fille Bancal, accusée, dans l'auberge où elle sert, et que celle-ci lui dit y avoir passé la nuit. Dans la matinée du même jour, elle vit la femme Bancal venant de la rivière, mais ne portant rien.

72. Glausy. Il avait à son service la fille Bancal. Le 19 au soir, elle sortit vers les huit ou neuf heures, avec le fils de Lacombe, cordonnier. Il ne s'aperçut pas du moment où cette fille rentra, mais il la revit pendant le reste de la soirée. Le lendemain matin, la mère Bancal vint chercher sa fille pour aller piocher la terre avec son père; celle-ci lui répondit qu'elle était trop fatiguée. Cette fille n'avait pas couché chez lui pendant les trois nuits précédentes.

La Bancal mère a déclaré que le soir où sa fille vint chercher de l'eau, elle voulait qu'elle couchât dans sa maison; qu'elle lui avait laissé la porte ouverte, mais que cette fille n'était pas venue.

73. La femme Glausy : Elle vit la fille Bancal sortir dans la soirée du 19, vers les huit heures et demie, avec Lacombe. Lorsqu'elle s'éveilla, elle vit dans la maison cette fille, qui y passa la nuit. Elle était sortie trois fois dans une heure. Le 20 au soir, Bach vint coucher chez le témoin, et dit en parlant de l'assassinat de M. Fualdès : « Il faudrait que Dieu m'eût ôté le bon sens, si vous entendiez dire que je me suis trouvé dans une pareille affaire. »

Séance du 24.

74. Bessière, coutelier. Feu Bancal lui dit : « As-tu vu, au tribunal le remplaçant de M. Fualdès? Ce Fualdès est un p..., un coquin, un voleur. Il m'en a fait une que je ne lui pardonnerai jamais. » Ce témoin a entendu Mme Manson disant à la femme Castel que si elle parlait elle condamnerait tous les accusés.

75. Marianne Fabry. Le 20 mars, elle alla chez la Bancal, et la trouva triste (la Bancal a répondu qu'il était possible qu'elle fût sensible à la mort de M. Fualdès). Le témoin a ajouté : « Le 21, j'allai porter du linge chez Anne Benoît. Colard entra ; nous parlâmes de la mort de M. Fualdès, que je déplore vivement. Colard dit alors : « Oh ! il y en aura bien d'autres. »

76. Marianne Bru : Elle entendit la vielle dans la soirée du 19 mars. Le 20, tout était morne chz Bancal. Elle rencontra la fille Bancal, accusée, dans la rue, qui la regarda d'un air farouche. La maison de Bancal était regardée comme un lieu infâme ; la porte en était fermée le matin : dans tout le quartier, on a pensé qu'il n'y avait que cette maison qui eût pu être le théâtre de l'assassinat de M. Fualdès.

77. La femme Grimal, fournière, se rendit chez Bancal le 19 mars pour lui annoncer qu'elle pourrait faire au four le lendemain à 7 heures. Le 20, lorsqu'elle fut dans cette maison, elle en trouva le plancher mouillé, sur-tout dans la partie auprès de la porte, vers l'extrémité de la table. La Bancal lui dit avoir entendu du bruit, avoir eu le courage de se lever pour fermer la porte de sa maison, et lui parla de la visite et des recherches que le commissaire de police y avait faites.

78. La femme Dalas était chez Brast dans la soirée du 19 mars. Elle fut étonnée d'entendre la vielle jouer continuellement. La femme Bancal fit à ce témoin les mêmes contes qu'au précédent : elle assurait n'avoir rien entendu, et s'être couchée de bonne heure : elle imposa silence à un de ses enfans qui rapporta avoir entendu du bruit ; elle dit qu'elle avait été à l'Aveyron pour voir le cadavre. Une petite fille de Bancal disait qu'elle avait eu beaucoup de peur ; qu'elle avait entendu le râle du mourant, mais qu'elle n'avait pas été assez dupe pour dire la vérité au tribunal. Un petit garçon de Bancal disait aussi qu'il avait eu grand peur, et qu'il n'avait pas dit la vérité, parce qu'on tuerait son père et sa mère. Colard a dit qu'on avait tué sur le Levezou un homme qui portait 4000 fr., et qu'il en tuerait un pour 25 louis,

Françoise Calmels, femme Lacroix, rapporte différens propos tenus par la femme Bancal après son entrée en prison, qui tous prouvent son animosité contre le sieur Fualdès. Le témoin raconte ensuite les détails que l'accusée lui donna sur l'assassinat : elle lui dit qu'il avait été bâillonné avec un mouchoir ; qu'on l'avait saigné avec un mauvais couteau ; qu'il avait sur le corps une chemise qui ressemblait à une aube ; qu'elle avait pris la bague de son doigt, mais que le lendemain elle avait été forcée de la rendre, et qu'on lui donna 6 fr. en compensation. Elle ajouta que si on lui demandait au tribunal ce qui s'était passé chez elle, elle dirait aux juges qu'ils devaient bien le savoir, puisqu'ils y étaient eux-mêmes. Qu'elle avait reçu trois écus de 5 fr. et quelques autres pièces de monnaie qu'on avait trouvées dans les poches du sieur Fualdès ; qu'une clef qui fut également trouvée sur lui fut donnée à un monsieur de la campagne qu'elle ne nomma point ; qu'enfin ces messieurs avaient dit qu'ils ne tuaient pas pour de l'argent. La femme Bancal interrogée par M. le président, nie tous ces propos.

Jeanne Miquel, cuisinière à l'hospice, déclare que la petite fille Bancal a dit, devant elle : Ma mère ne peut avoir rien dit au tribunal ; elle ne connaissait pas ces *Messieurs*, *excepté celui de la place de Cité*. Le petit garçon de la Bancal lui a dit aussi qu'on avait égorgé M. Fualdès dans sa maison, avec un couteau à manche noir ; qu'il y avait des *Messieurs* ; qu'on avait reçu le sang de la victime dans un baquet, qu'on l'avait ensuite donné à un cochon, qui ne l'avait pas tout bu, et qu'on avait jeté le reste.

François Girard, économe à l'hospice : Le 25 mars, après l'arrestation de Bancal, on envoya leurs petits enfans, au nombre de quatre, à l'hospice. Madelaine dit que sa mère ne pouvait nommer personne, parce qu'elle n'avait connu que le monsieur fort riche de la place de Cité, chez lequel elle allait souvent chercher des eaux grasses pour son cochon. Une autre fois, cette petite fille et son jeune frère lui dirent qu'ils avaient vu égorger le sieur Fualdès, chez eux : qu'on l'avait étendu sur une table, qu'on avait donné de l'argent à leur mère ; que le monsieur qu'on tuait était méchant, qu'il se remuait beaucoup et que la table fut renversée ; que le sang fut reçu dans un baquet et donné au cochon.

La femme Bancal : M. le président, demandez au témoin s'il ne donna rien à ces enfans pour les faire parler et leur faire dire tout ce qu'il voulait.

Le témoin : Lorsque ces enfans m'eurent fait ces révélations, je leur donnai un sou, mais je ne leur avais rien donné auparavant.

Le sieur Fabry, avoué, raconte différens faits : il déclare, entre autres choses, qu'une prisonnière, qu'il a défendue dans le tems, lui dit qu'une fois, parlant de l'assassinat du sieur Fualdès avec la veuve Bancal, quelqu'un ayant dit qu'il avait été égorgé avec un rasoir, cette dernière s'écria : *Non, c'est avec un couteau*. Le témoin ajoute qu'ayant eu occasion de voir Bastide, dans la soirée du 19 mars, il avait remarqué de l'égarement sur sa figure.

Marie Vernier rapporte qu'après l'assassinat, ayant rencontré la petite Madeleine Bancal, elle lui avait dit avoir vu lorsqu'on tuait le sieur Fualdès ; qu'alors, ayant été chez la Bancal pour la questionner et lui demander si elle savait quelque chose, elle lui avait rendu le propos de sa fille ; que la mère dit à celle-ci de se taire, en la menaçant de coups : ce qui lui fit penser que ladite Bancal devait être bien instruite.

Françoise Ricard, âgée d'environ onze ans : Un jour, après l'assassinat, je me trouvais dans l'église de Saint-Amans, à la messe de onze heures, près la sainte-table : j'avais à côté de moi une petite fille, je lui demandai de qui elle était, elle me répondit : de Bancal. Alors je lui adressai diverses questions. Je lui demandai où elle avait ses père et mère, elle dit qu'elle ne pouvait me parler dans l'église, mais qu'elle me dirait quelque chose, quand nous serions dehors. Nous sortîmes aussitôt, et la petite Bancal me dit alors que son père et sa mère étaient en prison, parce qu'on avait tué un *monsieur* chez eux. Elle ajouta qu'on avait étendu ce *monsieur* sur une table, que, pendant qu'on le saignait, son père tenait la lampe, et sa mère recevait le sang ; que c'étaient d'autres *messieurs* qui l'avaient tué, après quoi on l'avait emporté hors de la maison ; qu'elle avait vu tout cela du lit où elle était couchée, dans la cuisine, en regardant à travers un trou du rideau. Le témoin déclare en outre que la nommée Denise Roux lui a dit que la petite lui avait fait à elle-même les mêmes révélations.

Denise Roan, agée d'environ dix ans, assignée elle-même en qualité de témoin, dépose à-peu-près dans les mêmes termes que la précédente. Elle ajoute que lorsque la petite Bancal lui fit la confidence de ce qui était arrivé chez elle, elle lui dit que depuis ce moment elle avait peur.

L'accusée Bancal, interpellée par M. le président sur les dépositions qu'on vient d'entendre, proteste de son innocence, et soutient qu'on ne doit faire aucun cas de tous les propos que peuvent avoir tenu ses enfans, parce qu'ils sont en bas âge, qu'ils ne savent ce qu'ils font, et que pour peu de chose on leur ferait dire tout ce qu'on voudrait.

On a été spécialement frappé de la naïveté des aveux des jeunes filles appelées en témoignage; une d'elles a donné le nom de père à M. le président, et son récit portait en effet tous les caractères de la confession. A cette expression de candeur, plusieurs ont joint une énergie remarquable.

Séance du 25 août.

Antoinette Castan a vu, le 19 mars, M. Fualdès passer avec l'accusé Bastide dans la rue du Touat. La femme Castan, sa belle-sœur, lui dit les avoir vus le même jour sur la place de Cité, et avoir entendu ce qu'ils se dirent en se quittant.

Catherine Lacase vit le 19 mars à l'entrée de la nuit, sur la place de Cité, quatre personnes, parmi lesquelles étaient M. Fualdès et Bastide. Le 20, de grand matin, elle trouva la femme Bancal qui paraissait épier; elle lui demanda pourquoi elle était sortie de si bonne heure et pourquoi elle portait un tablier blanc. Marianne Monteil était servante chez le sieur Saavedra, Espagnol, logé dans la maison Bancal; elle a rapporté au témoin ce qui suit : Quelques jours après l'assassinat, elle voulut couper du pain pour un des enfans de Bancal, et prit pour cela un couteau qui, sans doute, avait servi à égorger M. Fualdès ; l'enfant s'opposa en criant à ce qu'elle en fit usage; elle le tança et lui dit de se taire; mais il répartit qu'il ne se tairait pas, et qu'à travers les trous des rideaux de son lit il avait vu tuer un *monsieur* avec ce couteau.

Bastide convient qu'il a bien pu se promener avec M. Fualdès, le 19 mars. La Bancal nie d'avoir été sur la place de Cité, le 20 mars, d'avoir parlé au témoin et d'avoir porté un tablier blanc.

Marianne Monteil allait dans la maison Bancal pour y servir un Espagnol qui y était logé; elle n'y couchait point. Le 25 mars, une jeune fille de Bancal, nommée Madelaine, lui conta tout; son père tenait les pieds, sa mère portait la lampe : elle lui fit voir les deux trous du rideau du lit, par lesquels elle avait tout vu : elle demande du pain, le témoin prend un couteau pour le couper ;

mais cet enfant s'oppose à ce qu'elle en fasse usage, disant : c'est avec ce couteau qu'on a tué un *Monsieur*. Le témoin lui dit de ne pas répéter cela, parce qu'on ferait du mal à son père et à sa mère. Les autres enfans étaient présens à cette conversation et ne dirent rien. La petite Madelaine couchait au second étage, avec sa sœur aînée. Le 19 mars, on l'envoya au lit plus tôt qu'à l'ordinaire : se trouvant seule, elle redescendit, et passant par derrière une armoire, elle se glissa dans le lit de la cuisine : elle a rapporté au témoin que lorsqu'on l'avait vue dans le lit, sa mère l'avait grondée et lui avait donné un soufflet qui lui avait fait saigner le nez. Le lendemain, la femme de l'Espagnol, voyant du sang sur la figure de cet enfant, le lui lava. Ce témoin a vu, le 19 au soir, à sept heures et demie, sur la porte de la maison Bancal, un homme qui y restait immobile. La femme Bancal nie tout. Un brigadier de gendarmerie soutient qu'elle vient de prononcer, à voix basse, ces mots : *Mon mari est ....* La Bancal nie de les avoir proférés,

Catherine Couderc était dans la prison, à côté de la femme Bancal et de sa fille. Pendant la seconde nuit de leur réclusion, elle a entendu la fille pleurer et se plaindre de s'être trouvée ce soir dans la maison, et d'y avoir été chercher de l'eau. La mère lui répondit: Tu le savais bien, pourquoi y venais-tu ? Le témoin croit aussi avoir entendu, dans la même nuit, la fille disant à sa mère : Puis-je dormir ? y a-t-il moyen ? Un jour, on porta à la femme Bancal quelques vivres. Le témoin lui dit : Si vous en avez de reste, envoyez-en à votre mari. — Il n'en a pas besoin, répondit la fille ; il a plus de 400 fr. à son service. La mère lui dit de se taire, et que cela était faux. Un autre jour, le témoin dit à la femme Bancal : Avouez ce que vous savez ; cela vaut bien mieux que de rester en prison ; elle répondit : Je ne le ferai point. D'ailleurs, quand je le ferais, on ne me punirait pas moins. Le témoin, parlant à cette femme des révélations faites par ses petits enfans, elle répliqua : Les enfans diront tout ce qu'on voudra ; ils feraient pendre père et mère.

Louise Salesses, femme Pelessier, a ouï dire, par deux étudians, qu'il y en avait deux autres qui pouvaient fournir des renseignemens sur l'assassinat, comme étant passés le soir où il fut commis, dans la rue du Terral, avec des lanternes. La veille de son arrestation, la Bancal voulut emprunter un mantelet à sa sœur, voisine du témoin : celle-ci le refusa, et remarqua en elle une extrême agitation qui lui fit soupçonner qu'elle était complice. On causait sur le transport du cadavre. La petite Bancal dit avoir été le voir avec sa mère. Le témoin lui demanda comment elle avait eu le front d'y aller, après tout ce qui se passait. Cette petite eut l'air touché, et s'en alla. Le fils du témoin a vu le 20 mars, à six heures du matin, Bastide sortir de la rue des Hebdomadiers, et se diriger vers la maison Fualdès, avec un air troublé. Le témoin croit qu'il était habillé de blanc. Un des défenseurs attaque la moralité de Louise Salesses.

Marianne Raynal, âgée de treize ans. Ce témoin demandait aux enfans de Bancal s'ils ne plaignaient point leur père et leur père, un d'eux répondit : je ne les plains point, parce qu'ils l'ont tué.

Victor Valat, soldat de la compagnie de réserve. Il allait souvent chez Bancal. Il n'y a vu aucun des accusés, excepté Colard et Anne Benoît. Depuis qu'elle est arrêtée, la femme Bancal l'a fait prier, par une fille, de déclarer que le 19 mars au soir il était chez elle, habillé en bourgeois, et qu'il se trouvait dans la maison, lorsque le meunier y porta la farine.

Marie Bounhol, elle a été en prison. La femme Bancal l'a chargée de parler au soldat Valat, d'aller à l'hospice où étaient ses enfans, de leur ordonner de répondre qu'ils avaient couché le 19 au second étage, en leur annonçant que, s'ils ne parlaient ainsi, on les ferait périr. Pour les y engager, la Bancal chargea le témoin de donner quelque chose à ces enfans.

Louise Boudon logeant dans la maison que Bancal devait occuper à la Saint-Jean, elle vendit du foin à ce dernier pour le prix de 30 sous. Il retardait toujours de la payer. Le 21 mars il vint s'acquitter, disant qu'il avait vendu un cochon. Elle parla à Bancal de l'assassinat de M. Fualdès; Bancal répondit que c'était affreux. Elle lui parla aussi du sang trouvé dans la maison Vernhes. «C'est là que je loge, dit Bancal; c'est là que s'est trouvé le sang.» Il avait l'air agité; il baissa la tête, dit n'avoir rien entendu et s'être couché à huit heures. Il ajouta que cet événement l'avait frappé si fort, que la nuit il croyait toujours voir M. Fualdès devant lui.

Antoinette Gombert: Le 23 mars, étant dans l'église Saint-Amans, elle vit deux enfans de Bancal parler avec d'autres enfans. On leur dit: Plaignez-vous votre père et votre mère? Non, parce qu'ils ont tué un monsieur. Ils ne voulaient plus parler; cependant ils ont continué et ont dit: On l'a mis sur la table; au premier coup de couteau, le sang n'a pas coulé; on en a donné un second, et il a coulé beaucoup de sang. Il s'est agité et a renversé la table. On l'y a remis, et on a achevé de le tuer. La mère tenoit la lampe. Il y avait des messieurs avec des bottes.

Bousquet-Chaudon: Le 19 mars à cinq heures du soir, venant de la rue de l'Ambergue, il trouva les sieurs Fualdès et Bastide; le premier paraissait en colère et parlait avec force; Bastide lui répondit à l'oreille; ils allèrent sur la place de Cité. Le 20, ayant appris la mort de M. Fualdès. Le témoin va chez les Lapine, sur la place d'Armes, où Bastide logeait son cheval, et demanda à ces femmes si Bastide est parti. — Oui. — Si son cheval a été mis la veille dans leur écurie? On lui répond non avec hésitation et embarras. Le témoin vit long-tems après Casals, maçon, qui lui dit: Je rencontrai Bastide et Fualdès le 19. Ayant affaire avec le premier, je le suivis. Ils s'arrêtèrent devant la boutique de Devie, boucher, rue du Thouat. Là, Fualdès dit: C'est donc ainsi que vous voulez me tenir parole? — Soyez tranquille, répondit Bastide à Fualdès, je vous ferai votre compte ce soir. Lacombe père a dit au témoin: Comment Bastide peut-il soutenir n'avoir pas été ici, puisque Ramond, menuisier, l'a vu au haut du faubourg à sept heures du soir?

Joseph Lacombe. Ce témoin est absent. On lit sa déposition, du consentement de M. le procureur-général et des conseils des accusés. Il était, le 19 mars au soir, dans l'auberge de Cauzet. Il accompagna la fille Bancal lorsqu'elle alla puiser de l'eau dans la maison de son père. Il porta le sceau, et la fille la chandelle, qui s'éteignit. Il resta dans la maison, et eut une conversation avec la mère Bancal. Il n'entra point dans la cuisine. Après que le seau fut rempli, il entendit le père dire à sa fille de rentrer de bonne heure. Le témoin passa la nuit dans le cabaret de Cauzet, et il croit que la fille Bancal n'en est pas sortie.

Joseph Boyer, concierge. La fille Marthe, qui couchait près de la fille Bancal, lui a raconté qu'elle avait entendu cette dernière disant à sa mère : « Je suis bien malheureuse de m'y être trouvée ce soir-là! » La mère lui répondit : « Tais-toi, on nous entendrait. » La cuisinière de l'hospice a rapporté à la femme du témoin qu'on avait des détails sur l'assassinat; qu'on avait voulu dépouiller M. Fualdès de sa chemise, et qu'on lui avait pris l'argent qu'il avait sur lui.

Françoise Lagarrigue, veuve Soienet : Le 19 mars, vers les dix heures du soir, elle sortit de sa demeure avec M. Duboc, ils passèrent sur le boulevart d'Estournel : devant le cul-de-sac du jardin de Bourguet, ils crurent entendre du bruit; ils regardèrent et ne virent rien. Ils trouvèrent sur la place d'Armes un monsieur de haute taille, portant des bottes, un habit bleu ou vert, un gilet blanc. M. Duboc tourna sa lanterne sur cet homme, qui avait un bâton ou un fusil sous le bras gauche. Celui-ci les regarda d'un air menaçant, et marmota quelques paroles. Elle crut reconnaître Bastide, tant à la taille qu'au costume. Ce témoin vit Bastide à la messe le dimanche suivant, et crut bien effectivement ne s'être pas trompée; elle persiste à dire qu'elle croit que c'était réellement Bastide. Celui-ci nie tout. Bousquier interpellé, dit qu'en effet Bastide portait un fusil sous le bras gauche.

M. Duboc, contrôleur de la marque d'or : Le 19 mars, passant sur le boulevart d'Estournel, il entendit du bruit, vis-à-vis l'abreuvoir ou cul-de-sac. il dit : Il y a ici quelqu'un, la femme Solaner lui répondit : Non. Arrivé sur la place d'armes; il vit un homme habillé de couleur foncée, gilet blanc, au moyen de sa lanterne qu'il tourna sur lui. La femme Solaner lui a fait part de ses soupçons sur Bastide le lendemain ou surlendemain.

Dalac, perruquier : Le 20 mars, à neuf heures du matin, il vit Bastide, en veste grise et chapeau rond, passer sur la place de Cité, frapper à la porte de la maison Fualdès et entrer. Le domestique de M. Fualdès lui a raconté les détails relatifs à l'effraction du bureau. Jausion, sa femme et la dame Galtier, entrèrent dans la maison Fualdès; mad. Galtier descendit ensuite et demanda un marteau ou une hache : on lui donna la hache. Le domestique monta ensuite, trouva Jausion tenant d'une main un sac d'argent. Il parut confus d'être ainsi surpris, et dit au domestique : « Je prends cet argent; n'en dis rien à personne. »

Antoine Alboui. Il rencontra Bastide le 20 mars, le félicita de le voir libre, l'ayant cru arrêté. Bastide lui dit qu'on l'avait seulement appelé en témoignage; qu'il regrettait Fualdès, son parent, son ami, à qui il avait des obligations ; qu'il lui avait dû 10,000 fr. ; mais qu'à la foire il avait arrangé tout cela, et qu'on en avait trouvé la preuve chez M. Fualdès. — Bastide nie avoir dû 10,000 fr. à M. Fualdès, et soutient n'avoir jamais été son débiteur que de 130 francs, pour un compte payé pour lui.

Antoine Ginestet de Magnac. Il but avec Bastide, à la Morne, le jour où celui-ci fut arrêté. Bastide lui demanda ce qu'on pensait de l'assassinat de M. Fualdès. Le témoin lui répondit qu'il y avait plusieurs versions : pour opinion, pour vengeance, parce qu'il avait été accusateur public ; ou pour lui enlever son argent. Bastide dit : On ne peut pas l'avoir tué par motif d'intérêt ; il n'était pas en fonds ; M. de Seguret était le seul qui lui dût encore quelque chose sur le prix de Flars. Bastide rapporta aussi au témoin qu'en jetant le cadavre à l'eau, on avait cru qu'il ne surnagerait pas. Il donna des détails sur la manière dont il avait été porté à la rivière, et dit les tenir de M. Constans.

M. Dijols, curé de Sainte-Mayme : Le 19 mars, Bastide dîna chez ce témoin, vers les 10 ou 11 heures du matin ; et prit ensuite le chemin de Rhodez.

George-Broussi. Le 20 mars, il sort un peu avant huit heures du matin pour aller au collége, revient sur ses pas, rentre dans la maison, parce qu'il n'était pas encore huit heures ; sort de nouveau vers les huit heures, et voit Bastide sur la place de Cité, se dirigeant vers la maison Fualdès.

Guillaume Etampes. Il était domestique de M. Fualdès le 19 mars. Il dépose ce qui suit :

A huit heures du soir M. Fualdès lui demanda une chandelle, monta dans son cabinet, redescendit bientôt portant quelque chose sous son bras gauche et sous sa redingote, et sortit. A minuit, mad. Fualdès lui dit d'attendre son maître, et de lui allumer le feu. — Il passa la nuit dans sa cuisine à l'attendre. Au point du jour, madame, qui lui parut avoir beaucoup d'inquiétude, l'envoya à la maison Antoine pour voir si son mari n'y était pas. On n'était point levé dans cette maison. Il revint auprès de sa maîtresse, qui lui dit d'aller chercher le sieur Sasmayous. — Le bruit se répandit qu'on avait trouvé un cadavre dans la rivière. — La servante a dit au témoin que Bastide était venu le matin dans la maison Fualdès. — Jausion, sa femme et mad. Galtier étant aussi venus chez M. Fualdès, cette dernière descendit à la cuisine, et demanda un marteau. Il n'y en avait pas. Elle demanda une hache, qu'on lui donna. Elle remonta. On entendit de suite du bruit. Le témoin monta aussi peu après, et vit le sieur Jausion, un sac à la main, qui lui dit : « *Je prends ce sac, parce qu'on doit mettre le scellé ; il ne faut rien dire à personne.* » Jausion frappa ensuite sur le bureau pour le refermer. — Il dépose que M. Fualdès avait deux portefeuilles, l'un noir et à fermoir, l'autre rouge et plus petit ; que le bureau n'avait jamais été enfoncé ; que M. Fualdès en portait toujours la clef sur lui, et qu'il avait aussi un passe-partout ; que madame Jausion était dans le cabinet avec son mari et mad. Galtier.

La dame Jausion nie d'avoir mis le pied dans ce cabinet. La dame

Galtier appuie le dire de sa sœur. Selon Jausion, ce domestique est un imbécille : il dit qu'il l'avait chargé, lorsqu'il partit pour le Mur-de-Barrès, de rapporter à M. Fualdès fils, que lui Jausion, avait pris l'argent. Le domestique soutient que Jausion ne lui a pas donné cette commission.

Guillaume Estampes ajoute qu'il n'a parlé à M. Fualdès fils de l'effraction du bureau que quelques jours après l'arrivée de ce dernier à Rodez. Il le dit par hasard, sur la demande que lui fit ledit Fualdès, si Jausion était venu dans la maison, il répondit : Oui, il a enfoncé le secrétaire. Jausion a fait une dissertation pour prouver pourquoi il n'a pas parlé de l'ouverture du bureau à mad. Fualdès, au colonel Vigier, arrivé avant M. Fualdès, son gendre, et pourquoi il n'a pas dit la vérité lors de son premier interrogatoire. — Autre discussion pour établir que mad. Jausion n'est point entrée dans le cabinet, et n'a point quitté la chambre de mad. Fualdès. — Le domestique persiste à dire que lorsquil monta dans ce cabinet, mad. Jausion y était avec son mari et mad. Galtier.

M. le président a interpelé M. Fualdès, qui a répondu : « Je ne puis pas dire à la cour que ce serviteur soit doué d'une intelligence supérieure, il est devant vous et vous venez de l'entendre ; mais il serait aussi absurde qu'injuste de dire et de croire que le témoin n'a pas son bon sens. Dans tous les cas, ce que je puis assurer, c'est que Guillaume Estampes possède quelque chose de bien précieux, je veux dire une fidélité à toute épreuve et un bon cœur. »

Alors le conseil de l'accusé Jausion a pris la parole pour combattre la sincérité du témoin, en se basant sur sa révélation tardive.

M. Fualdès s'est levé, et a dit : Une explication me paraîtrait nécessaire ; elle détruira encore, cette fois, le système adopté de jeter des soupçons sur la moralité de chaque témoin dangereux pour les accusés. Il est vrai que c'est ce même domestique qui vint m'annoncer la nouvelle fatale. A ce récit, je fus comme foudroyé, et, lorsque je revins de mon anéantissement, il était reparti avec mon beau-père, le colonel Vigier, pour Rodez ; donc, impossibilité de recevoir pour le moment son aveu. Lorsque la Providence eut assez ranimé mes forces pour me permettre d'aller au secours de ma mère mourante, je fus assiégé, en arrivant dans cette ville, par les visites et la touchante sollicitude de presque tous ses habitans, autre empêchement à la révélation. Je dois ici faire observer à la cour, et à messieurs les jurés, que la visite que je reçus de l'accusé Jausion me fit une grande sensation, alors même que je n'avais aucun motif de soupçons. J'étais dans mon lit : à son approche, j'éprouvai un sentiment d'horreur tel que les tremblemens me prirent, et que je m'enfonçai dans mon lit, de douleur, pour éviter sa présence.

Enfin il fallut connaître la situation de mes affaires ; mais quelle fut ma surprise et ma douleur, lorsque, visitant le bureau précieux de mon père, je n'y trouvai que des chiffons, et pas un papier qui eût trait à ses affaires ! Cette spoliation me fit imaginer l'objet de l'assassinat ; et, comme par inspiration, je fus convaincu que l'accusé Jausion avait été le premier instigateur de ce grand crime. Poursuivi par cette pensée, j'interrogeai, comme par hasard, Guillaume sur l'apparition de l'accusé Jausion dans ma maison ; c'est alors seulement qu'il me raconta le tout ; je me fâchai de son explication tardive. Il répondit fort naturellement qu'on lui avait dit de ne pas parler ; et qu'il ne s'était pas douté que des parens et des amis pourraient nous nuire. Vous connaissez le reste. N'est-ce pas ici le cas de dire : Qui mal ne fait, mal ne pense.

Girbelle, huissier. Ce témoin va le 20 mars assigner Bastide, à Gros ; la femme de ce dernier lui demande ce qu'il veut, se trouve mal et dit ensuite à l'huissier que son mari est arrivé le soir à tems pour faire collation. Bastide était à la Morne ; sur-le-champ, l'huissier va le trouver, et lui dit qu'il vient l'assigner pour l'assassinat de M. Fualdès ; il paraît étonné, et frappe du pied. Bastide a dit au témoin qu'il croyait que c'était pour de l'argent qu'on avait tué M. Fualdès, et qu'il savait qu'il en avait.

La femme Pascal : Le 20 mars, à six heures du matin, elle vit venir Bastide sur la place de Cité, par la rue du Terral ; arrivé devant le café, il s'avança vers la maison Fualdès, et frappa à la porte, regardant toujours en haut. Ce même jour, elle le vit revenir dans cette maison encore deux fois, la première vers neuf heures un quart, et la seconde plus tard, mais avant midi. Le témoin était sur la porte de la maison du sieur Bourguet ; la première fois qu'il vit Bastide, celui-ci était en lévite, et la seconde en habit court.

N° VI.

ASSASSINAT DE M. FUALDÈS.

Rhodez, 6 septembre.

L'épouvantable affaire qui occupe depuis quinze jours la cour d'assises, touche à son dénouement, et cependant un voile impénétrable semble encore dérober à la justice des choses qu'il serait pourtant si important de connaître! On se perd en conjectures, on fouille dans de vieux souvenirs; le public de cette ville pense généralement que des passions, plus fortes encore que celle de la cupidité, ont dirigé le poignard dans le sein de l'infortuné Fualdès; et que, si les principaux accusés sont trouvés coupables et condamnés, quelques-uns d'entre eux, au moment suprême, achèveront des révélations qu'un témoin, bien remarquable dans l'affaire, a laissé expirer sur ses lèvres.

Mes Rominguière, défenseur de Bastide-Gramont, et Rodier, avocat de Jausion, ont été entendus hier. Les autres avocats le seront aujourd'hui et les jours suivans. Il est impossible que le jugement soit prononcé avant le 12.

Aux dernières séances de la cour, et sur-tout pendant le résumé de M. le procureur-général, quelques-uns des accusés ont paru avoir perdu l'air d'assurance et de tranquillité qu'ils affectaient sans doute. Anne Benoît et la fille Bancal ont versé des larmes, et ont ressenti quelques indispositions passagères, occasionnées peut-être par l'extrême chaleur qui se faisait sentir dans la salle.

Au moment de la clôture des débats, Mme Manson, interpellée par M. le président de la cour de déclarer si elle persistait dans ses dernières déclarations, a répondu avec une émotion assez vive, et qu'elle n'a pu cacher : *Oui, Monsieur, je persiste.... je persiste.* A cette dernière séance, elle a mis plus de soin encore à éviter les regards des principaux accusés, qui, presque toujours, étaient fixés sur elle.

Séance du 26 août.

La cour entre à dix heures et continue l'audition des témoins.

Cassagnes : Je travaillais sur la route ; des gens de Ségur y passèrent et me demandèrent ce qu'on disait de l'assassinat de M. Fualdès. Je répondis que je ne savais rien : alors un d'eux s'écria : O le gueux de Bancal ! Il raconta que pendant la foire, Bancal l'avait invité à aller au cabaret ; qu'en buvant il lui avait fait la proposition de lui aider à tuer un homme ; qu'ayant refusé et exprimé son indignation, Bancal lui avait ordonné de se taire et lui avait fait des menaces pour l'empêcher de parler de ce qui s'était passé entre eux.

F. Guitard. — Il y a environ 10 ans que, voyageant avec Bastide, nous rencontrâmes un individu auquel cet accusé donna deux coups de bâton. Je lui demandai pourquoi il le maltraitait ainsi. Bastide répondit ces mots : *S'il avait 25 mille francs !* — Ayant acheté du blé à Bastide, le 24 août 1815, nous nous rendions ensemble et à cheval de Segur à Gros. Il passa un homme qui reçut de Bastide un coup de bâton ; il s'en présenta un autre : Bastide lui donna aussi un coup de bâton, disant encore : *S'il avait 25 mille francs !* Je fus effrayé et ne voulus point aller à Gros chercher le blé. — Bastide répond : Lorsqu'on est sur le banc des accusés toutes fables sont bonnes : je laisse à la cour le soin d'apprécier cette déposition. — Le témoin persiste.

Pélissier. Cet enfant a vu Bastide entre 6 et 7 heures du matin dans la rue des Hebdomadiers, le lendemain de l'assassinat ; il avait de gros souliers de paysan, etc. Bastide, interpellé, répond : Cette déposition m'aurait fait hier plus de sensation.

J. L. Raynal. — J'étais à Rhodez le samedi après l'arrestation de Bastide : je trouvai Guitard qui me dit qu'il croyait cet homme capable de ce dont on l'accusait, et me raconta ce qu'il a déclaré.

J. Vignes, professeur : Je rencontrai Bastide le 19 mars, vers les deux heures, sur le boulevert d'Estourmel, sous le jardin de M. de Seguret. Je dis à mon collègue, qui se promenait avec moi : Cet homme a bien l'air d'un coquin ; l'air égaré de Bastide m'avait frappé. — Mais cet homme, me répondit mon collègue, appartient à une bonne famille. — N'importe ; il a mauvaise mine. — Plus tard, j'étais avec le même collègue chez le bijoutier Fontana. Bastide passe ; je suis saisi d'horreur et rentre dans la boutique. Mon collègue me dit : Vous vous ferez des affaires. Je lui réponds : Il ne voit pas ce qui se passe en moi ; je n'en suis pas le maître. Je ne fus pas surpris quand on le désigna, et je fis l'observation à mon collègue que je ne m'étais pas trompé.

Bastide félicite le département d'avoir pour professeur un aussi bon physionomiste.

P. Casal : Je servais M. Fualdès dans mon état de maçon. Après la foire de la mi-carême, le jour de Saint Joseph, entre 4 et 5 heures du soir, dans la rue du Touat, je vis M. Fualdès avec Bastide ; je les suivis pour demander au premier quand est-ce qu'il voulait que nous descendissions à son domaine de vignes, pour un travail dont il m'avait parlé. J'entendis M. Fualdès dire à Bastide d'un air sévère : Vous n'êtes pas venu cette après-dînée, comme vous l'aviez promis. Bastide répondit : Je ne pense pas à vous faire tort, soyez tranquille ; *je vous ferai votre compte ce soir..* — Quelque temps après, mad. Bastide dit à mon épouse : Il n'y a que votre mari qui nous fasse de la peine ; nous nous sommes arrangés avec les autres témoins. S'il avait besoin d'un sac de froment, dites à votre mari qu'il vienne chez moi, etc. Ma femme répondit que j'étais incorruptible. — Bastide : Il est possible que M. Fualdès m'ait fait des reproches de ce que je n'étais pas venu pour ses affaires : j'ai pu lui répondre : Vous me faites tort ; vous jugez mal mes intentions. On a adapté tous mes propos aux circonstances, parce que je suis malheureux.

Marie Colombier, femme Brast, demeure dans la rue des Hebdomadiers ; le 19 mars, elle fut se coucher vers les 9 heures du soir, elle entendit siffler ; son mari descendit pour fermer la porte, qui était restée entr'ouverte, vit des hommes, parut à la fenêtre et leur dit : *S.... brigandaille, vous feriez mieux d'aller vous coucher.* Le lendemain de la foire, de midi à 3 heures, étant à sa fenêtre, elle vit Bastide devant la porte de Bancal ; elle croit qu'il était en lévite. La femme Bancal soutient n'avoir rien entendu ; elle s'est couchée à 9 heures.

Chaliés. — Le domestique de l'hôtel des Princes lui a dit qu'étant sur la porte de l'hôtel, il vit passer M. Fualdès le 19 au soir : et que plus tard ayant mené boire des chevaux, il trouva dans la rue du Terral trois hommes dont un était grand : ce dernier était devant la maison Ramond.

Rosier, domestique à l'hôtel des Princes, a vu passer M. Fualdès le 19 à huit heures du soir : il a vu devant l'hôtel un individu qui a aussi été remarqué par M. René de Lagoudalie : il en aperçut un autre devant la maison Ramond.

M. Fabry, avoué, rappelé, déclare avoir vu Bastide le 19 mars à quatre heures du soir ; il fut frappé de son air égaré.

Tremolet, percepteur de Ségur. — Sa déposition porte sur une affaire d'intérêt entre lui et Bastide. Il a entendu parler d'une invitation faite par Bancal pour tuer un homme, à un marchand colporteur non domicilié à Segur, mais gendre d'une personne qui y réside.

Ginestet, garçon sellier, a vu le 20 mars, entre 9 et 10 h. du matin, Bastide qui traversait la place de Cité. — Bastide nie et soutient qu'on équivoque toujours d'un jour à l'autre.

Ricomes, juge de paix de Bozouls, ne sait rien de relatif à l'assassinat. Il y a environ 18 ans, l'accusé Bastide et son frère Louis arrivèrent un jour à la maison de leur aîné, ouvrirent une armoire et enlevèrent des papiers essentiels pendant l'absence de celui-ci. Il tient ces détails du sieur Bastide père, du sieur Bastide aîné et de l'accusé lui-même. — Bastide convient qu'il a existé des démêlés de famille et les traite d'enfantillages.

Ladoux, avocat, gendre de feu M. Dutriac, ancien propriétaire du domaine de Gros. — Déposition insignifiante. S'étant rendu à ce domaine pour y terminer une affaire, il eut des craintes pour la sûreté de sa personne et de ses papiers.

Cath. Bancal. Le mercredi 19 mars, à 7 heures du soir, elle vit

Bastide, qu'elle assure bien connaître, à la lueur des quinquets qui éclairaient la pharmacie du sieur Bruguière, sur la place de Cité. Le lendemain elle s'entretenait avec Julie, femme de chambre de la dame Jausion, et elles se disaient mutuellement qu'elles ne croyaient pas que Bastide eût fait le coup. Julie dit aussi avoir vu Bastide le 19, sans ajouter à quelle heure elle l'avait vu. — Ce témoin rapporte encore que quelques filles disaient entre elles après l'assassinat, que Bastide avait adressé ces mots à mad. Fualdès: Soyez tranquille, je n'ai pas quitté votre mari jusqu'à son dernier moment.

Rose Pailhés, femme Chaffaux. Le 20 au matin, elle causait sur l'assassinat de M. Fualdès et demandait quels pouvaient en être les auteurs; on lui répondit : C'est Bastide. Peu de tems après elle vit sortir Bastide de chez M. Fualdès; elle l'a vu entrer dans cette maison trois au quatre fois dans la journée, et au moins deux fois avant 9 heures. L'air de Bastide, sa mauvaise mine effrayaient le témoin; il portait une veste, un vieux pantalon verd, un chapeau troué, de gros souliers. En s'adressant à l'accusé, qui lui dit qu'elle se trompe de quelques heures, elle répond : Non, Monsieur; vous m'avez fait trop d'impression; vous sembliez égaré; je dis que je ne voudrais pas me trouver seule avec vous sur un chemin.

Les déclarations de MM. R. Panassié et Grellet, receveur-général, portent sur des affaires de banque.

— Charlotte Arlabose, couturière, était à sa fenêtre, à la Roquette, le 20 mars, le 6 à sept heures du matin : Bastide passa, lui dit de venir : elle le suivit : ils parlèrent au haut de la côte. Il portait le déjeûner dans son porte-manteau : ils déjeûnèrent dans un champ et se séparèrent ensuite : il était en veste grise, chapeau rond, gros souliers. Elle a resté deux ans au service de Bastide. — Bousquier ne la connaît pas. — Elle n'a jamais été chez la Bancal, mais au jardin de M. Fualdès : elle y a été souvent avec Bastide.

Antoinette Malier, accoucheuse. Elle était dans la maison de M. Fualdès le 20 mars, lorsque, entre 10 et 11 heures du matin, l'accusé Bastide vint frapper à la porte; il avait un habit de campagne, un pantalon verd; elle fut effrayée de son air. Il demanda M. Fualdès...... Il entra; il demanda si le cabinet de Monsieur était ouvert; elle répondit : Oui. Il dit qu'il fallait le fermer et monta; elle le suivit. Il ouvrit un placard, le tiroir d'une table, examina tout, regarda les rasoirs de Monsieur; puis il sortit et ferma le cabinet; Bastide y rentra avec cette fille et le témoin. Il aida à la servante a retirer des draps; une clef tomba de son côté; il la ramassa et dit qu'il fallait la mettre avec les autres et les confier à la dame Galtier ou Jausion. Ces deux dames, ajoute le témoin, ne firent que parcourir la maison Fualdès pendant toute la matinée du 20; elles furetèrent partout, examinèrent tout. — La servante demandant à Bastide quel était le Monsieur, qui, en sa présence, avait donné la veille un rendez-vous à M. Fualdès, il répondit en frappant du pied : *Je n'étais pas ici hier au soir.* — Après l'arrestation de Bastide, la dame Galtier parla au témoin, et lui dit qu'elle se trompait sur l'heure où Bastide était entré chez M. Fualdès; que les domestiques de Gros affirmaient qu'il était chez lui à cette heure;

que si elle disait comme eux, Bastide sortirait de prison; et que sans doute elle avait pris Jausion pour Bastide. Le témoin lui répondit qu'elle ne s'était point trompée ni sur l'heure, ni sur la personne.

Mariane Varès. — Elle était servante chez M. Fualdès. Son maître sortit le 19 à huit heures du soir. — Le lendemain à sept heures du matin, vint Jausion avec son épouse et la dame Galtier : ils montèrent: la dame Galtier descendit bientôt et demanda un marteau : il n'y en avait pas. Elle voulut une hache, on la lui donna : peu de tems après on entendit du bruit : le domestique monta. (*Voy.* la déclaration de Guillaume Estampes). Ensuite, vers les onze heures, Bastide vint. (*Voy.* la déclaration de la Malier, accoucheuse). Quand Bastide entra chez M. Fualdès, les dames Jausion et Galtier s'y trouvaient : elle les vit joindre leur frère sur l'escalier : la dame Jausion lui mit la main sur l'épaule et ils se parlèrent en secret. Ce témoin jure que la clé qui tomba dans la ruelle où se trouvait Bastide, était luisante et celle du bureau de M. Fualdès. Il la portait toujours sur lui, ainsi que son passe-partout. — Des interpellations ont été faites à Marianne Varès; elle y a répondu sans hésitation.

M. Serres, négociant. Il a vu souvent Bastide frapper à la porte de Bancal, et sur-tout deux ou trois fois le dimanche, pendant vêpres. — Bastide convient du fait; le témoin déclare aussi que Bastide lui a assuré qu'il allait dans cette maison pour parler au boucher Vernhes; Bancal n'y a logé que depuis le 1er juillet 1816. — Le témoin parla avec Jausion, le 20 mars, sur l'assassinat; cet accusé en attribuait la cause aux fonctions que la victime avait remplies; Jausion ne pouvait pas croire que M. Fualdès se fût suicidé; il ne voyait aucun motif pour cela, parce qu'il restait à ce dernier une fortune suffisante, qu'il évaluait 50 mille écus.

Joseph Bourguet, fils, a vu le 20 mars à huit heures et demie du matin, Bastide venant de la rue Neuve et se dirigeant vers celle de l'Ambergue, où logeait M. Fualdès.

Malaterre, tailleur, ouvrant sa boutique à 6 heures un quart du matin, le 20 mars, vit Bastide se dirigeant vers la maison Fualdès; bientôt il le vit sortir de la rue de l'Ambergue et aller vers la maison Jausion; il portait une veste grise, un vieux chapeau, de gros souliers. Il fut effrayé de son air, au point qu'il dit : Je n'aurais pas voulu le trouver sur la grande route. Le témoin ne savait pas encore la mort de M. Fualdès. Il parla à son beau-père, pendant le dîner, de l'impression que lui avait fait le matin la vue de Bastide.

Marie-Jeanne Battut, voisine de la maison Fualdès. — Le 20 mars, elle a vu la dame Jausion et un Monsieur entrer dans cette maison : elle y vit aussi entrer Bastide à trois heures du soir.

M. Durand. Bastide voulait affermer la maison de Viala, sur le boulevart d'Estourmel, et la visita avec le témoin. — Bastide qui lui avait vendu un pré, l'invita à souper, le conduisit dans le jardin de M. Fualdès et l'y laissa, le priant de l'attendre. Il revint couvert d'un manteau sous lequel il portait une veste et un pantalon blancs. Ils allèrent à l'auberge de Palous; quoiqu'il cachât sa figure, la servante le reconnut; lorsqu'elle fut sortie, Bastide dit : Cette maudite taille me trahit toujours. Ce déguisement paraissait relatif à ses intrigues avec Charlotte Arlabosse; Durand déclare qu'il n'eut aucune crainte pour sa sûreté personnelle.

Marianne Marty, femme Serin. — Elle a été domestique chez Bastide : la tante de cet accusé lui a rapporté qu'il avait menacé son propre père : elle dit que Bastide a menacé aussi un bouvier et un fournier qui venaient chercher ce qui leur était dû : mais elle n'a jamais été maltraitée par lui. Elle a ouï dire que Bastide a tué un chasseur à Prades.

Laurent Froment. — Comme Malaterre, son voisin, il a vu Bastide, le 20 mars à six heures et demie du matin.

Marianne Bonnes dit qu'environ trois semaines avant la mort de M. Fualdès, Bastide lui proposa de venir au jardin de ce dernier avec sa bonne amie de la Roquette (Charlotte Arlabosse) et M. Fualdès. Le témoin ne voulut pas accepter cette proposition, parce que Bastide lui dit que cette partie aurait lieu pendant la nuit. Quelques jours après elle chantait en voyant passer Bastide : *Pompons la goutte ; pompons-la souvent.* Bastide répartit : *Bon, bon, pour celui que je veille.*

Mlle Antoine. Elle alla chez mad. Fualdès le 23 mars, et fut étonnée d'y trouver Bastide, vu les bruits qui couraient sur son compte. Mad. Fualdès lui dit qu'elle avait invité cet accusé à dîner le 19 mars, qu'il ne vint qu'à trois heures et annonça qu'il voulait faire faire ce jour là une bonne affaire à son mari, en lui procurant de l'argent à 5 pour 100.

Pierre Ageol, coutelier. Il était fermier d'un jardin contigü avec celui de M. Fualdès, où il a vu souvent Bastide et sa maîtresse qu'on disait loger chez Bancal.

Séance du 27 août.

La femme Ginestet de Magnac parle des recherches que faisait le neveu de Bastide, pour savoir si l'on n'avait point vu passer ce dernier dans la soirée du 19. Elle lui dit qu'elle ne l'avait pas vu ; personne ne peut même lui assurer l'avoir vu dans le village.

Etienne Faramond habite au Faubourg et y a vu descendre Bastide le 19 à 6 heures du soir. — Pierre Vial croit aussi l'avoir vu au Faubourg vers les 8 heures du soir.

Antoine Mourgues, coutelier, a vu le 20 mars, à huit heures un quart du matin, Bastide venant du côté de l'Ambergue gauche et allant vers l'hôtel des Princes. — Marianne Cabrolier lui a raconté les faits qu'elle a déclarés elle-même à la justice.

Bernard Maynié a vu, le 19 à 8 heures du soir, des hommes postés dans la rue des Hebdomadiers ; l'un d'eux avait la taille de Bastide.

Marie Daures a vu, le 19 à 4 heures du soir, M. Fualdès et Bastide traverser la maison Albène. — L'accusé avoue qu'ils venaient de chez M. Bastide, banquier.

Jean-Mathieu Brun. — Déposition insignifiante.

Marianne Marcenac, femme Pharamon. Son mari devait déposer avoir vu Bastide le jour de l'assassinat ; Cambon, cordonnier, lui dit : Vous paraissez fâchée que votre mari soit cité en justice ; et Vial qui l'a vu vers neuf heures du soir, ce jour-là.

Paul Galibert, négociant. Bastide vint chez lui le 19, pour une négociation d'effets de commerce; il s'aperçut qu'il était très-préoccupé; Bastide ne le salua point, quoiqu'il y eût des dames dans la même pièce.

Julien Mouisset. Il était dans la maison d'arrêt, lorsque Bastide fut arrêté avec Bancal; celui-ci apprenant cette nouvelle, et sur l'interpellation qui lui fut faite si Bastide était du nombre des assassins : dit, Oui, il y en avait bien d'autres; on les aura tous. Il ajouta : Le diable les emporte ces b...-là.

A. Boudon. Il y a 2 ans qu'il alla à Dalmayrac chez M. Bastide père; celui-ci lui parla de son fils Gramont. Le témoin lui dit : Votre fils est riche. Pas trop, répond le père : il y a peu de temps qu'il se renferma avec moi dans mon cabinet et me força à lui donner 1800 francs. — Mais il ne vous aurait pas tué si vous aviez refusé? — Je ne m'y serais pas fié; il m'a mis le pistolet sur la gorge. — On a raconté au témoin que dans un bois, Gramont avait menacé son père de le tuer s'il ne lui donnait de l'argent. — Le témoin a affirmé sa déclaration. — Bastide observe qu'on a ramassé contre lui dans le département les gens les plus immoraux pour déclarer contre lui toutes sorte d'horreurs; que son père l'aime et lui fait des cadeaux ainsi qu'à sa femme.

Amans Ricome a entendu dire que Bastide Gramont et son frère Louis ont été chez leur aîné, ont enfermé leur belle-sœur, ouvert des armoires et enlevé des papiers; on lui a aussi rapporté que M. Bastide père avait dit à l'accusé : Tu es un mauvais sujet, capable de déshonorer la famille.

M. Amiel. Le 20 mars à 8 heures du matin, il rencontra Jausion, lui parla de l'assassinat de M. Fualdès et lui dit : *On l'a tué sans doute pour de l'argent?* Jausion ajouta : *Qu'il a reçu hier. — Je devais aller hier chez lui pour retirer une partie de cet argent.* Le sieur Carrère, qui était présent, dit à Jausion : Vous qui êtes lié avec cette famille, vous devriez lui aller porter des consolations. Sur cela, Jausion rebroussa chemin, disant qu'il allait s'y rendre ou y envoyer sa femme.

— Après cette déclaration, il s'est élevé une discussion sur les effets de M. Fualdès, pendant laquelle M. de Seguret a fourni plusieurs renseignemens.

M. Carrère. Le 19 mars, il se promena sur la place de Cité, depuis 7 heures et demie du soir jusqu'à 9. Il entendit des cris plaintifs et étouffés du côté des rues du Terral ou des Hebdomadiers Une vieille joua aussi pendant long-tems du même côté. Le 20 à 7 heures du matin, on lui apprit l'assassinat de M. Fualdès. Vers 8 heures, allant à la cour d'assises, où il avait été appelé comme juré, il rencontra dans la rue du Touat l'accusé Jausion, et s'écria en l'abordant : C'est le pauvre Fualdès qu'on a trouvé dans l'Aveyron. Jausion répondit : Comment, c'est Fualdès? Son air froid frappa le témoin, qui, sans s'arrêter à la sensation que cette réponse lui faisait éprouver, ajouta : Il n'est pas possible que Fualdès se soit suicidé; nous connaissions ses sentimens, la force de son caractère et sa position; il avait bien marié son fils, vendu Flars et touché de quoi payer toutes ses dettes. — Oui certainement, dit Jausion, M. Fualdès était aujourd'hui fort à son aise. — Il n'a pas été tué pour ses opinions, dit le témoin; dans notre département il n'y a personne qui soit capable de commettre un crime de ce genre. Il faut que les effets qu'il a reçus de M. de Seguret, que les sacs qu'il portait hier, provenant de la négociation de quelqu'une de ces lettres de change, soient la cause de sa mort : on l'aura assassiné pour les avoir. — Oui, dit Jausion, je sais qu'il a négocié quelque chose chez Bastide, marchand. En parlant ainsi, le témoin allait vers le palais de la cour, et l'accusé Jausion le suivait. Vous êtes, lui dit le témoin, le parent, l'ami intime de la famille Fualdès ; sans donner de l'inquiétude à madame, ne pourriez-vous pas aller avec votre épouse, de concert avec les gens de la maison, examiner s'il n'existe aucune trace de vol dans la chambre, dans le cabinet? Cela servirait à diriger de suite les recherches de la justice. L'accusé Jausion approuva la proposition du témoin, et dit en le quittant, qu'il allait l'exécuter.

Dans ces circonstances et sans avoir aucun intérêt à tromper le témoin, M. Fualdès lui avait affirmé qu'au moyen de la vente de Flars, il payerait toutes ses dettes ; qu'il lui resterait même douze ou quinze mille francs ; et qu'au moyen de cette somme, de sa pension et de ses vignes, il vivrait tranquillement et heureux avec sa femme. — Dans les affaires qu'il a eues avec M. Fualdès, le témoin a eu aussi lieu de se convaincre qu'il tenait avec soin un registre pour les échéances de tous les effets qu'il souscrivait.

Ce témoin a fourni à Me Arsaud, défenseur de mad. Jausion, l'occasion de faire une dissertation sur les élémens de la conviction. Il a voulu prouver combien un jury sage et éclairé doit se méfier des raisonnemens que beaucoup de témoins hasardent sur les sensations qu'ils ont éprouvées, tandis qu'ils devraient se borner au simple récit de ce qu'ils ont vu ou entendu. La cour a jugé cette dissertation inutile, et M. le président a engagé Me Arsaud à ne pas prolonger les débats par des discussions oiseuses.

Ginisty, forgeron. Bastide avait mis son cheval dans l'écurie du témoin le 19, et était arrivé avant midi ; il l'en retira et partit le soir vers les 6 heures ou 6 heures un quart, et après lui avoir compté 100 fr. qu'il lui devait : il paraissait pressé. — Bastide affirme qu'il était arrivé à Rodez à 2 heures. Le 20, Ginisty ne vit pas le cheval de Bastide.

La femme Ginisty fait la même déposition, mais elle n'affirme pas que Bastide soit arrivé à Rodez ; avant midi, le 19 mars.

Guillaume Rozier, marchand. Le 20, après midi, il passa chez Jausion et lui dit que M. Julien avait pour ce jour-là un rendez-vous avec M. Fualdès, afin de se régler avec lui. Jausion répondit : Et moi aussi.

Louise Raynal, logée dans la maison de Jausion. Le 19, elle ferma la porte de cette maison, du côté de la place, à 10 ou 10 heures et demie du soir, et ne vit pas sortir Jausion ; mais elle ne ferma pas celle qui donne dans la rue Sainte-Catherine.

Rose Ayfre. J'ai dit à ma mère : On a arrêté Jausion. Ma mère me répondit : Je n'ai pas grande estime pour cet homme depuis l'affaire de la B... ; s'il a fait une chose, il est bien capable d'avoir fait l'autre. — Jausion donne des explications sur cette affaire.

M. Blanc fils, des Bourines. Le 20 mars, à 7 heures du matin, il alla chez Jausion qu'il trouva avec sa femme et dans la chambre de cette dernière. Le mari avait l'air préoccupé, avait la tête appuyée sur sa main; la dame pleurait. Le témoin leur demanda ce qu'ils pensaient de l'assassinat; et le mari ne dit rien; mad. Jausion répondit comme une personne déjà instruite de l'événement, et dit: Que deviendra M. Fualdès fils, quand il apprendra cette nouvelle? Elle ajouta qu'elle n'attendait que mad. Costes, pour se rendre chez mad. Fualdès. Lorsque le témoin sortit, il pouvait être 7 heures et demie ou 7 heures trois quarts. On avait mis en avant l'idée d'un suicide; quelques personnes paraissaient l'adopter en présence de Jausion, qui dit que cela n'était pas possible. Jausion a dit au témoin, qu'en vendant Flars, M. Fualdès se mettrait au-dessus de ses affaires.

Louis Raynal, gendarme. Il entra avec le médecin Rozier dans la prison où était l'accusé Jausion; ce dernier parla de son affaire et dit: Si j'étais dehors je découvrirais bien les assassins. Le témoin lui conseillant de parler, il ajouta: Quand on me hacherait je ne les nommerais pas; pour moi, je n'y suis pour rien, ni mon beau-frère non plus. On voulait faire une petite fortune à Bousquier s'il changeait quelques mots à sa déposition; un nommé Canard en avait fait la proposition à la femme Bousquier, venant de la part de Causit de Lanhac. — Bousquier a confirmé ce dernier fait.

Cadars, gendarme, fait la même déclaration que Raynal et ajoute que Jausion, ayant été mis aux fers, était furieux, et disait qu'il se détruirait s'il en avait le moyen.

Jausion interpellé, dit qu'il n'avait pas la tête à lui lorsqu'il tint les propos ci-dessus devant les deux gendarmes.

Catherine Portal, ancienne cuisinière de l'accusé Jausion, reconnaît un mouchoir qu'on lui présente comme appartenant à ce dernier, et déclare qu'il est sujet à de fréquens seignemens de nez.

Marianne Baldet: Elle logeait dans la même maison que Bousquier. Le 19 au soir, celui-ci lui dit de ne pas fermer la porte, parce qu'il ne rentrerait qu'à dix heures. Le 20, à cinq ou six heures du matin, elle entendit chez Bousquier un homme qui disait: Nous avons encore le tems de dormir. Environ huit jours après, Bousquier étant arrêté, des enfans d'une voisine dirent au témoin qu'on avait trouvé un torchon ensanglanté sous l'escalier de la cave.

Raulhac. Le 20 mars au matin, ayant affaire avec le nommé Cavrol, il le trouva sur la place avec Bousquier, qui lui acheta trois cannes d'étoffe et lui compta 15 francs. — Bousquier était sorti de son logis après sept heures. — Bax prétend que ce matin il sortit avec Bousquier à cinq heures; qu'ils allerent ensemble au poids public.

Louis Calmels. Bousquier lui a dit que Paleyret n'était pour rien dans l'assassinat de M. Fualdès; que le soir où il fut commis, il avait bu et causé avec lui chez Rose Feral; qu'en chemin, il avait trouvé une personne qui l'avait engagé à aller porter une forte balle.

Pierre Puech. Bousquier lui a dit qu'il n'avait gagné que 8 ou 10 fr. pendant la foire, et qu'un homme l'avait engagé à aller porter une balle.

Etienne Baldet. Il a dit à Bousquier qu'on avait arrêté Colard, comme complice de l'assassinat; Bousquier lui a répondu qu'il l'en croyait bien capable. — Bousquier n'alla point travailler au haras, le 20 mars, selon son usage. Ce dernier interpellé a dit que ce jour là il était resté chez lui pour garder ses enfans ; sa femme était absente.

Séance du 28 *août.*

A dix heures la cour entre.

M. Pons, ancien magistrat. Peu de jours avant l'assassinat, le 13 ou 14 mars, Jausion vint chez lui, au sujet d'un effet de 3000 fr. qu'avait le déposant sur M. Fualdès, et pour l'engager à l'échanger contre un autre souscrit civilement, mais non commercialement, par M. de Séguret. Il ne voulut pas consentir à cet échange, et l'effet de M. Fualdès fut renouvelé. Ce 20 mars, à onze heures du matin, l'accusé Jausion se rendit chez le témoin pour affaires d'intérêt ; M. Pons lui dit : Eh bien, le pauvre Fualdès est assassiné. Jausion répondit : Il avait beaucoup d'ennemis ; on dit que c'est un homme revenu des galeres qui a commis le crime. M. Pons lui démontra l'absurdité de cet *on dit*, et ajouta : Mais ne prend-on pas des mesures pour sauver les intérêts de la succession Fualdès ? Jausion répondit : On ne le fait pas par égard pour la veuve. Ces ménagemens sont inutiles, répartit le témoin ; a-t-on vu si les effets, comme la montre, etc., etc., ont été volés ? — Je viens de voir la montre sur la cheminée. — M. Pons fut étonné de l'air froid avec lequel Jausion parlait de cet événement ; il en fit l'observation à M. Bancarel, qui était avec lui. Depuis l'arrestation de Bastide, le témoin a vu deux fois Jausion, qui lui a demandé s'il croyait l'assassinat de la compétence de la cour prévôtale ; il lui a répondu qu'il le croyait, et qu'il serait d'ailleurs impolitique de décliner une compétence quelconque.

Rose Girou. Elle logeait dans la maison où était Bax ; le 19 mars celui-ci ne coucha pas chez lui. Le lendemain, il dit au témoin que la veille il avait été joindre un porte-faix, avait bu avec lui dans un cabaret du Terral où étaient Missonier, Colard et Paleyret, et qu'ils étaient sortis à dix heures ou dix heures et demie. En parlant des assassins de M. Fualdès, Bax dit : Tant que Dieu me conservera le bon sens, vous n'entendrez rien dire de pareil de François Bax. — M. le président à Bax : Vous disiez n'avoir couché le 19 avec Bousquier que parce que vous n'aviez pas encore de logement, cependant voilà un témoin qui semble dire que vous en aviez un. — Bax : Je n'y avais pas couché depuis long-tems avant le 20 mars. — Le témoin : Je ne suis pas sûr que Bax ait couché chez lui le 18 ; mais il y a logé antérieurement.

Martin Viala, aubergiste. Le 18 mars, Bax soupa chez le témoin avec un nommé Galtier ; il craignait qu'ils ne sortissent sans payer ; il s'endormit au coin du feu, et Galtier sortit. Bax demanda un lit ; le témoin lui trouvant une mauvaise mine ne voulut pas le loger, et exigea le prix du souper. Bax refusa, disant quil voulait coucher dans l'auberge, et que Galtier viendrait payer le souper le lendemain. Un gendarme arrive, il veut mener Bax en prison ; celui ci a ses papiers en règle, il le laisse en gage, et revient le 19 au soir pour payer son écot, et non celui de Galtier. On envoie chercher un gendarme, et on lui retient son passe-port.

Le gendarme Guillot. Depuis l'arrestation de Bax, celui ci a dit : Plût à Dieu que vous m'eussiez arrêté le mardi à l'auberge ! je n'aurais pas fait ce que j'ai fait. Bax prétend avoir dit : Je ne me trouverais pas dans le cas où je me trouve. Monteil, brigadier, a entendu Bax dire : Plût à Dieu qu'on m'eût arrêté le 18 ! je n'aurais pas fait... Ramond, huissier, a entendu le gendarme Guillot disant à Bax : J'ai mal fait de ne pas l'arrêter chez Martin le 18. A quoi Bax répondit : Plût à Dieu !... Il n'a pas entendu le reste.

Marthe, fille naturelle. Elle a entendu rapporter que la fille Bancal disait à sa mère : Que je suis malheureuse d'être venue alors à la maison ; si cela venait à se savoir, nous serions perdus ! A quoi la mère répondit : Ne crie pas ; on nous entendrait.

Galtier déclare que, lorsqu'il alla souper chez Martin avec Bax, celui-ci l'avait invité.

Chirac. Le 17 au soir, Bousquier et sa femme vinrent boire chez lui ; Bax survint peu après, et parla à Bousquier d'une balle de tabac à porter.

Caillat. Il vit le 19 au soir, un homme posté dans la rue des Frères, entendit la vielle venant du côté de la rue du Terral ; cette vielle s'arrêta. Le 20, en parlant de l'assassinat, Bax dit : On n'entendra jamais dire que François Bax ait fait pareille chose.

Marianne Salvanhac. Anne Benoît lui a dit qu'elle voudrait bien qu'on connût les auteurs de l'assassinat, parce qu'alors son mari sortirait de prison. Le témoin lui ayant demandé à qui était le mouchoir trouvé : A moi, répondit Anne Benoît. — Vous l'avez donc prêté pour étrangler M. Fualdès ? — Anne Benoît rougit beaucoup ; puis elle dit qu'on ne saurait jamais quels étaient les auteurs. — On dit que Bastide allait souvent chez Bancal, et qu'Anne Benoît lui tenait la main. — Bax était en pension chez le témoin, et lui devait ; lui donnant trente sous, il lui dit que devant porter une balle de tabac, il pourrait la payer. A la même époque, Bax fit raccommoder un pantalon qu'il dit avoir déchiré en portant une balle au Faubourg.

Amans Loubière, forgeron. Le 20 mars, au matin, il entendit dire qu'on venait de trouver un cadavre. Colard entre chez lui vers six heures et demie, pour allumer sa pipe, demande ce qu'on dit : le témoin lui annonce la nouvelle. Colard dit alors : Je n'ai rien entendu ni vu ; j'étais à boire avec Missonnier chez Rose, et me retirai à neuf heures. — Colard ne se souvient point de ce propos ; un juré en relève la singularité ; il paraît ne pouvoir appartenir qu'à une personne instruite de l'assassinat, et qui savait quels étaient ceux qui pouvaient en être accusés. — Suivant le témoin, Colard a réparé un fusil dans son atelier. — Colard nie. — Le domestique de Jausion s'est rendu chez le témoin, lorsque Bastide eut été arrêté, à onze heures du soir, pour l'engager à aller porter une lettre à Gros. — Jausion convient d'avoir envoyé son domestique chez ce forgeron ; il voulait instruire Mme Bastide de l'arrestation de son mari.

A. Aldebert, dit Jolicœur, jardinier. Le 19 mars, vers les dix heures du soir, il était dans le jardin de Constans, pour mettre ses vases à l'abri du froid ; il entend du bruit dans le cul-de-sac, va fermer la porte, et voit plusieurs personnes avec un paquet. Bientôt il sort du jardin et trouve, près du portail de la préfecture, un homme tenant à la main un mouchoir qu'il agitait. — Bousquier convient avoir entendu ouvrir ou fermer une porte, pendant qu'il était dans le cul-de-sac. Le vingt mars dernier, à sept heures du matin, comme il travaillait chez M. Raffenau, Colard y vint, parla de l'assassinat, et dit qu'il avait été commis sur M. Fualdès. Le témoin l'ignorait encore ; il dit : Je le regrette ; c'était une brave homme. Colard répondit : Pas trop ; mais son épouse est une brave femme. Il ajouta : Il y en aura bien d'autres. Colard interpellé, soutient qu'il n'a été chez Raffenau qu'à midi, et nie les propos qu'on lui attribue. Il dit que ce n'est point chez Loubière qu'il a appris la nouvelle ; mais qu'il l'a sue en sortant de chez lui. Jolicœur soutient que Colard est venu chez M. Raffenau avant midi ; qu'ils parlaient de l'assassinat, lorsque mad. Raffenau lui dit de sa fenêtre : Voilà qu'on porte le cadavre. Or il a été porté bien avant midi. — M. Romiguière fait quelques objections sur la déposition du témoin, sur l'heure où il a été à son jardin, sur la longueur du tems qu'il y a passé, et voudrait savoir le nombre de vases que Jolicœur a entrés. Jolicœur lui répond qu'il ne sait pas le nombre de ses vases, et qu'ils sont son gagne-pain, *comme les paroles sont le gagne-pain de monsieur.*

Joseph Lavernhe, commis chez M. Raffenau : Le 20 mars, Colard vint scier du bois chez M. Raffenau ; il avait froid, s'approcha du feu et s'endormit. Le témoin dit ensuite : Ne savez-vous rien de l'assassinat ? On prétend qu'il a été commis dans la maison où vous logez. — Colard répondit : Je n'en sais rien ; j'étais à boire chez Rose, avec Missonnier et d'autres ; je me suis retiré ; il faisait si noir que ma femme, qui venait me chercher, ne m'a pas reconnu dans la rue ; il ajouta : J'ai deux fusils, si j'avais entendu quelque chose, je serais sorti avec mon fusil double, et j'aurais exposé ma vie pour le sauver. Le témoin ne peut pas fixer l'heure à laquelle Colard vint dans le jardin de M. Raffenau ; le bureau où il travaille est séparé de la maison ; Colard a pu scier du bois sur un point où il ne l'aurait pas vu ni entendu.

Joseph Ricard, cordonnier. Le 20 mars, à 7 heures et demie du matin, Colard vint à sa boutique ; alors le déposant entendit parler pour la première fois de l'assassinat. On lui dit d'abord qu'on avait trouvé un cadavre, et ensuite que c'était celui de M. Fualdès. Colard ne s'arrêta qu'un instant, et sortit. Il revint chez le déposant vers une heure de l'après-midi, et s'endormit ; il y resta jusqu'après 4 heures. Colard dit : Je suis peiné qu'on soupçonne notre maison ; cependant il fait bon être honnête homme, puisqu'on n'est pas venu chez moi. Il s'exhala en imprécations contre ceux qui avaient commis l'assassinat, et témoigna combien il aurait désiré de pouvoir sauver M. Fualdès. Il parla d'un mouchoir trouvé, et dit qu'il appartenait à Anne Benoit. Colard nie d'avoir parlé de ce mouchoir, soutient n'avoir été chez M. Raffenau qu'en sortant de chez le témoin. Celui-ci affirme qu'il y avait été déjà avant d'entrer dans sa boutique.

Dalas, menuisier. Deux mois avant l'assassinat, il était dans la chambre de Colard ; on y parla d'un individu assassiné sur le Levezou, et qui portait de l'argent. Colard dit alors : Si je savais qu'un homme eût 25 louis, je lui tirerais bien un coup de fusil pour les avoir. Colard a témoigné au déposant combien il eût désiré de sauver M. Fualdès.

Chauchard, cordonnier. Le 20 mars, à 8 heures du soir, le domestique de Jausion vint demander Lacombe, son locataire. Le même jour, vers 11 heures ou midi, le témoin entra dans la boutique de Ricard, et y trouva Colard, qui dormait. Ce sommeil donna à Cauchard des soupçons sur le compte de Colard.

Vernhes, serrurier, a réparé un fusil double pour Colard, qui l'a retiré avant l'assassinat. Le même lui a porté aussi un fusil simple.

Marie Cambourieu, femme Cabrolier. Elle vit passer, dans la rue, Anne Benoit, et lui dit : Votre mari est en prison. Anne Benoit répondit : Ils cherchent bien à tout découvrir, mais ils n'y parviendront pas ; ils ne sont pas assez fins. Anne Benoit nie ce propos. Son défenseur relève quelques différences entre cette déposition et celle qui a été écrite. Le témoin ne se rappelle pas exactement les expressions dont l'accusée se servit.

La femme Girou, aubergiste. Elle vit sur la place de Cité, le 22 mars, Anne Benoît causant avec Jeanne Daubussou sur l'assassinat. Anne Benoît dit : On l'a saigné sur une table ; on lui a pris le sang comme à un cochon On lui répliqua : C'est dans votre maison qu'on l'a assassiné ; en savez-vous quelque chose ? — Anne Benoît dit alors : J'ai bien entendu du bruit et un gémissement chez Bancal. — On ne saura pas qui c'est. Ce sont les nobles ; c'est pour affaires d'opinion : elle nomme M. de P. — Bastide passa dans ce moment : on dit à Anne Benoit que des soupçons couraient sur Bastide et L. — Elle répondit : Bastide n'y est pour rien. Elle dit aussi que ceux de la police avaient contribué à l'assassinat ; qu'ils faisaient semblant de chercher les assassins, mais qu'ils en étaient du nombre.

M. Constans, ancien commissaire de police, se présente. Il se rappelle bien que la femme Girou lui a raconté les propos d'Anne Benoît, excepté ceux qui regardent M. de P... et les agens de la police. Il mit peu d'importance au rapport de la femme Girou, sachant qu'elle était bavarde et qu'elle donnait souvent des nouvelles fausses. (Questions pressantes, mêlées de reproches de la part de M. le président. Discussion très-vive entre M. Constans et la femme Girou, qui paraît très-offensée d'avoir été qualifiée de bavarde.). — M. le maire est interpellé par M. le président. Il déclare que la femme Girou ne lui a jamais fait aucun rapport, et qu'il n'a rien à dire à son sujet.

Jeanne Daubusson. Le 22, elle trouva sur la place de Cité Anne Benoit qui lui dit : On aura beaucoup de peine à savoir quels sont les auteurs de l'assassinat ; on cherche à le savoir, mais on ne le saura pas. On n'a pas pris des témoins ; cela ne s'est pas fait dans la maison Bancal, mais hors de la ville, sans doute dans quelque jardin. On dit que c'est pour cause d'opinion, et non d'intérêt, qu'on l'a tué. On l'a saigné sur une table comme un cochon. — Anne dit que c'étaient les nobles qui avaient commis ce crime ; qu'elle avait entendu siffler et tousser trois fois dans la cour ; qu'elle avait entendu du bruit chez Bancal ; mais que, quoi qu'il y en eût eu, elle n'y serait point descendue, étant brouillée avec cet homme depuis quelque tems. — Anne Benoit nie d'avoir parlé ainsi, et dit qu'elle n'a fait que répéter des bruits publics ; elle n'a jamais parlé à la femme Giron. Etant seule dans sa chambre, elle a entendu siffler trois fois dans la cour.

Castan, perruquier. Il a vu un homme devant la maison Bancal, le 19 à sept heures trois quarts du soir. Colard avait trois fusils et un sabre. Anglade fils, vitrier, lui a dit qu'Anne Benoit était aux aguets, lorsque M. Fualdès sortit de sa maison.

Anglade fils, vitrier : Le 19 au soir, Anne Benoit vint à la maison de son père, située à côté de l'hôtel des Princes, une fois à 7 heures et demie, pour porter du linge, et une seconde fois à 8 heures un quart, disant qu'elle avait oublié quelque chose. Son usage n'était pas de porter le linge ; on l'allait prendre chez elle. — Le témoin la questionnant, elle dit à sa mère : Faites taire votre fils ; il me questionne plus que le commissaire de police. Elle a assuré n'avoir rien entendu, et avoir vu seulement la Bancal éclairant à deux messieurs.

La dame Anglade. Elle avait donné du linge à laver à Anne Benoit, qui, le 19 au soir, vint lui demander si elle se coucherait bientôt ; elle voulait lui rapporter son linge. Elle le porta en effet vers 8 heures ou 8 heures un quart, quoique le témoin lui eût dit qu'elle pouvait bien différer jusqu'au lendemain. Le témoin a parlé depuis à Anne Benoit du mouchoir trouvé ; celle-ci lui a répondu qu'elle l'avait perdu en portant du linge, et que les rats y avaient fait des trous. Elle n'avait rencontré personne en allant et en revenant. Suivant elle, c'était les nobles qui avaient tué M. Fualdès pour cause d'opinion ; le crime n'avait pas été commis chez Bancal ; si elle le croyait, elle n'entrerait plus dans cette maison. — L'arrestation d'Anne Benoît a fait croire au témoin qu'elle n'était venue le 19 au soir que pour épier. D'après les deux visites de cette fille, la dame Anglade pense qu'elle ne pouvait pas se trouver chez Bancal au moment de l'assassinat.

Marguerite Boutonnet. Elle ajoute, à ce qui est rapporté par Mme Anglade, que, peu après l'arrestation de Colard, elle vit Anne Benoît qui lui dit que Colard ne resterait pas long-tems en prison, et que le crime n'avait pas été plus commis dans la maison Bancal que sur la place de Cité.

M. Palmié, capitaine. Le 19 juillet dernier, il se rendit au café Coq, avec diverses personnes, parmi lesquelles était M. Ginisty. Ce dernier attendait M. Clémandot qui le rassura sur les bruits qui couraient sur lui et la demoiselle A.. Il dit qu'il savait ce qui s'était passé et qu'une dame lui avait tout raconté. Le hasard avait fait trouver cette dame chez la Bancal ; un grouppe était arrivé ; on l'avait poussée dans un cabinet, d'où elle avait vu l'assassinat. Le crime étant consommé, Bastide demanda à la Bancal s'il n'y avait pas de témoins. On répondit qu'il y avait une dame. Bastide voulait la tuer. Jausion s'y refusa et l'accompagna jusqu'au puits de la place de Cité. Cette femme avait ajouté que les principaux auteurs du crime n'étaient ni Bastide, ni Jausion ; qu'il y en avait d'autres. Que madame Pons l'avait engagée à se taire ; que si elle parlait, il y aurait plusieurs destitutions, et qu'elle avait passé 19 jours sans dormir.

M. Déjean, pharmacien. Même déposition. — M. Clémandot ne voulut pas nommer la dame.

M. Ginisty. Le 10 juillet, M. Clémandot le joint et lui dit avoir quelque chose d'important à lui communiquer. Il lui donna tous les détails. — Le témoin : De qui les tenez-vous ? — R. De la dame elle-même. — Le témoin se décide à en parler à M. Palmié, qui l'engage à aller chez M. le juge d'instruction. Revenant sur ses pas, il dit à M. Palmié qu'il vaut mieux amener M. Clémandot au café pour causer avec lui. Cela se fait ; M. Clémandot conte tout, sans nommer la dame. — Même déposition que le précédent témoin.

M. Philippe Julien. Même déposition que M. Palmié.

Séance du 29 août,

La cour entre à dix heures et un quart.

M. Gaston, d'Entraygues. Il sortit du café de l'hôtel des Princes, le 19 mars à 8 heures précises du soir ; passant devant la maison de Françon de Valat, il entendit des personnes dire derrière lui : Cela n'est pas encore prêt. — Bousquier interpelé, dit que Bax rentra chez Rose Feral à 8 heures et demie, et dit que la balle n'était pas encore prête. — Bax fait une autre version, Bousquier soutient la sienne.

Louis Pal, marchand : Même déposition que M. Palmié ; il a causé avec mad. Manson, qui lui a toujours dit qu'elle croyait Bastide et Jausion coupables, et que la suite le prouverait.

M. Lavernhe, maire de Concourès : Dans la nuit du 19 au 20 mars, il se retira chez lui, à une heure, et passant devant la maison Bancal, il en vit la porte fermée, ce qui n'arrivait jamais. Le même soir, M. l'abbé Lavernhe, oncle du témoin, avait vu trois hommes apostés dans la rue des Hebdomadiers. Le 20 mars, le témoin se trouvait à la Maison commune, lorsque Jausion y arriva ; il causa avec lui. Jausion parla peu, et n'avait pas l'air affligé ; il dit qu'il venait réclamer la translation du cadavre à la mairie. Le témoin partit de Rodez, le 20, à quatre heures du soir : il rencontra, sous la maison Carrier, Bastide-Gramont, et parla avec lui sur l'assassinat. Bastide lui dit et lui répéta plusieurs fois, avec une sorte d'affectation, qu'il venait d'en savoir la nouvelle par l'huissier. Il était en veste, en gros souliers et à pied. Il dit au déposant qu'il était ainsi costumé, à cause de la précipitation avec laquelle il s'était rendu sur la citation qu'il avait reçue. Le 29 juillet, le témoin arrivant à Rodez, apprit les révélations faites par mad. Manson; le 30, il alla à Olemps, et porta la nouvelle à M. Rodat, qui s'écria : Cela m'explique les conversations que j'ai eues avec madame Manson.

M. Colrat : On prétendait qu'il avait eu un rendez-vous avec mad. Manson. Il nie.

Jean Burg, dit Canard, de Lanhac : Causic de Lanhac le chargea de faire savoir à Bousquier, que s'il voulait changer quelques paroles à ses déclarations, on lui donnerait une récompense. Le témoin parla à la femme de Bousquier, pour qu'elle tâchât de lui faire voir son mari : elle lui répondit que cela n'était pas possible. Il rapporta cette réponse à Causit, qui lui donna 15 fr. pour ses peines.

M. Causit de Lanhac : Étant à Dalmeyrac, dans le mois de juin dernier, chez M. Bastide aîné, celui-ci lui demanda si Canard était sorti de prison, et le chargea de lui dire qu'il allât parler à Bousquier pour l'engager à se rétracter, et lui remit 15 f. pour les donner à Canard. Ce dernier venait d'être élargi, et avait connu Bousquier dans la prison.

A la réquisition de M. le procureur-général, ces deux témoins ont été mis sous la surveillance de deux gendarmes.

M. Issanchon fils : Le 20 mars, vers onze heures du matin, il vit Bastide qui, à l'entrée de la rue du Touat, regardait passer le cadavre de M. Fualdès qu'on entrait dans la maison Daissènes. — Bastide nie, et prétend qu'on put le voir quand on portait le cadavre des Maçons à l'Hôtel-de-Ville, entre quatre et cinq heures du soir.

Paleyret : Bousquier vint me chercher chez moi, le 19 mars à huit heures du soir; je fus le joindre chez Rose Feral; Bax y vint et but avec nous. Il sortit, rentra, ressortit, et ne rentra plus. Je sortis avec Bousquier à neuf heures et demie; nous nous séparâmes devant ma porte, voisine de celle de Rose Féral. Lors de la première sortie de Bax, je demandai à Bousquier quel était cet individu; il me dit : je ne le connais pas; il reste à Rodez, il m'a engagé à porter ce soir à minuit une balle de tabac avec lui. Je ne me rappelle pas que quelqu'un soit venu à la porte demander Bousquier pendant que nous buvions. Colard et Missonnier étaient dans le cabaret, lorsque nous y entrâmes; il ne parut pas que Bousquier les connût; ils s'en allèrent après que Bax fut sorti pour la seconde fois.

Marianne Martin a vu, le 20 avant midi, Bastide appuyé devant la boutique de M. Bonhomme, et regardant passer le cadavre qu'on portait à l'hôtel Dessènes. — Bastide continue de nier.

Joseph Dauni a vu Bastide le 20, entre six et sept heures du matin, sortant de la rue des Hebdomadiers, et allant sur la place de Cité.

M. Chabbert. A prêté 1000 francs à M. Fualdès, qui lui a fait un billet, et l'a inscrit sur son registre. Bastide lui proposa, le 15 mars, de se charger de quelques effets; pour l'engager à les prendre, il lui disait : Ils sont bons; il y en a de M. de Seguret.

Mme Bourguet a vu Bastide entrer chez M. Fualdès le 20 mars, à neuf heures du matin.

Saint-Pierre et sa femme déclarent que Bastide a placé son cheval chez eux, le jour de son arrestation.

Mad. Delaure, née Cassan : Elle avait des affaires avec M. Fualdès, et pense qu'il tenait un livre journal. Un jour, elle déposa 3000 fr. chez lui, et étant pressée, se retira sans exiger une reconnaissance. Ayant rencontré M. Fualdès, celui-ci dit : Vous avez laissé vos fonds sans prendre de sûreté. J'ai cru, répondit-elle, n'en avoir pas besoin, sauf le cas de mort. M. Fualdès répliqua : Dans aucun cas vous n'auriez couru aucun risque, j'inscris tout sur mon journal ; votre dépôt y est porté. — M. Fualdès a parlé un autre jour au témoin de la vente de Flars qui venait d'avoir lieu. — Le 20 ou 21 mars, elle entendit M. Maynier jeune, qui demandait à Jausion quel était l'état des affaires de M. Fualdès. — Jausion répondit qu'elles étaient en bon état, et dit au témoin que puisqu'il avait des affaires avec M. Fualdès, il offrait de s'en charger à 10 p. 100 de perte ; ce qui fut refusé.

MM. Panassié aîné, Portier, Bastide et Combres, commissaires nommés pour examiner les livres de Jausion, se réfèrent à leurs procès-verbaux, et en affirment le contenu.

Les débats généraux sont finis; on commence les débats particuliers.

La veuve Bancal ne produit point de témoins à décharge. — On passe aux débats relatifs à Bastide.

Les témoins appelés ont persisté dans leurs déclarations. Voici les additions qui y ont été faites.

Guillaume Estampes, interrogé par M. le procureur-général, affirme avoir vu Bastide, le 20, entre neuf et dix heures du matin, et qu'on lui avait dit qu'il était déjà venu une premiere fois.

Antoinette Malier n'a point vu que Bastide soit venu plusieurs fois dans la matinée du 20 ; elle ajoute que la dame Castel ouvrit la porte à Jausion et à Bastide. Sur l'interpellation de M. Romiguière, elle déclare qu'elle a ouvert la porte à Bastide, le 20, à dix ou onze heures du matin ; ce n'est pas elle qu'il l'a ouverte les autres fois ; elle a cependant su que Bastide était venu pendant qu'elle était à la Maison Commune ; c'est la dame Castel qui le lui a dit.

Marianne Varès, servante : Elle a entendu dire que Bastide était venu chez M. Fualdès une première fois ; elle ne l'a vu que la seconde, quand il lui aida à tirer les draps du lit.

Mad. Castel a été chez M. Fualdès, vers sept ou huit heures du matin, et en est sortie vers neuf heures; elle n'a point vu Bastide et ne lui a point ouvert la porte.

M. Henri Carcenac dit que, sur l'invitation de M. le juge d'instruction, il parla à la fille Arlabosse, qui lui nia alors d'avoir déjeûné avec Batisde, le 28, vers cinq heures et demie du matin. — Cette fille est confrontée avec M. Carcenac, et persiste dans sa déposition. Si elle n'a point parlé à ce dernier d'avoir déjeûné avec Bastide; c'est parce qu'elle ne voulait pas qu'on le sût ; elle nie d'avoir été chez Bancal ; Bousquier ne la reconnaît pas.

Mouisset, sur la demande de M. Romiguière, répond que Banca lui a dit que Bastide n'était point du nombre des assassins.

Mad. Manson persiste.

Nota. Nous espérions joindre à ce numéro le portrait de madame Manson; mais il nous est parvenu trop tard. Il fera partie du N° VII.

Mme: Manson.

N° VII.

ASSASSINAT DE M. FUALDÈS.

Paris, 17 septembre 1817.

Quelques lettres particulières, d'une date récente, annoncent, dit-on, que le jugement de la cour d'assises, dans l'affaire *Fualdès*, a été rendu le 10; d'autres lettres, au contraire, parlent de nouveaux renseignemens qui auraient été donnés par un personnage important, d'aveux tardifs, mais complets de Mme Manson. Ce qu'il y a de certain, c'est que jusqu'à ce moment aucune nouvelle positive n'est parvenue à Paris, et que demain seulement on connaîtra le résultat de ce fameux procès.

Séance du 30 août.

Avant de lever la dernière séance, M. le président demanda à l'accusé Jausion s'il connaissait l'opération que les commissaires-vérificateurs avaient faite, dans le cours de la procédure, sur la situation de ses livres et de ses papiers. L'accusé ayant répondu que ce travail ne lui avait pas encore été communiqué, les commissaires furent engagés à se réunir en particulier, pour examiner de nouveau leur premier rapport en présence de Jausion et de son conseil, recevoir les observations de ces derniers et donner ensuite à la cour les résultats de leurs conférences. Par ces motifs, M. le président renvoya à l'une des audiences subséquentes les débats particuliers de cet accusé. Aujourd'hui, la séance a commencé par l'audition des témoins à décharge de l'accusé Bastide.

Le premier, J. Guzot, maréchal, de Rodez, dépose que le 19 mars l'accusé Bastide remisa son cheval chez le sieur Ginisty, qu'il l'en retira vers les six heures un quart du soir et partit. — Un autre témoin dépose dans le même sens.

Antoine Vernhes dit avoir rencontré Bastide ce soir-là, après six heures, sur la grande route, et venant de Rhodez. — Un autre rapporte l'avoir vu à cheval, au fond du faubourg.

Le 5e témoin à décharge est la dame Vernhes, née Janson, belle-sœur de Bastide. L'avocat de la partie civile observe que ce témoin étant allié de l'accusé à un degré prohibé, ne peut être entendu, d'après l'art. 322 du code d'instruction criminelle; il déclare au surplus qu'il n'a d'autre but que de ne pas mettre le témoin en opposition avec sa conscience. Me Romiguière demande alors que le témoin soit entendu en vertu du pouvoir discrétionnaire de M. le président, et sans prestation de serment. M. Fualdès fils, voulant laisser aux accusés toute la latitude de leur défense, consent à son audition comme témoin assermenté; les accusés y acquiescent aussi. Mad. Vernhes prête serment et dit s'être trouvée à Gros, le 19 mars au soir, lorsque Bastide y arriva, entre 7 et 8 heures. Il quitta son habit, prit son bonnet de nuit et ses pantoufles; il soupa et se coucha à l'heure ordinaire. Elle est assurée que Bastide a passé cette nuit à Gros, car elle l'a entendu éteindre d'abord sa chandelle, et ensuite parler avec son épouse dans le courant de la nuit. Le matin, étant encore couchée, elle l'entendit appeler ses domestiques; après quoi il partit pour son domaine de Lamorne. Elle était à Gros le 20 mars, lorsque l'huissier vint, vers les 2 heures, pour assigner Bastide; et c'est alors seulement qu'elle apprit la mort tragique de M. Fualdès. Le témoin, interpellé plusieurs fois par M. le président, atteste la vérité de tous les faits qu'il vient de rapporter.

Claude Rosier, domestique à Gros, déclare qu'il était à Gros le 19 mars au soir; que Bastide y arriva vers les 7 heures; que le lendemain matin il sella son cheval et qu'il partit entre 6 et 7 heures pour Lamorne.

Quatre autres témoins, qui se trouvaient au service de l'accusé à l'époque de 19 mars, attestent les mêmes faits que le précédent.

Victoire Causse dépose qu'elle est restée en qualité de servante, pendant deux ans, au domaine de la Morne; qu'elle en est sortie à la Saint-Jean dernière : elle ajoute qu'elle était audit la Morne, le 20 mars; que Bastide, son maître, y arriva vers les huit heures du matin, et qu'il n'en partit que lorsque l'huissier vint le prendre à deux heures de l'après-midi.

Marianne Alherspy, servante chez Bastide, déclare, comme les précédens, que son maître vint à Lamorne, le 20 mars, vers les 8 heures du matin, et qu'il n'en repartit qu'après l'assignation qui lui fut donnée à 2 heures par un huissier de Rodez. Le témoin ajoute que la nouvelle de l'assassinat de M. Fualdès était connue à Lamorne avant l'arrivée de l'huissier; qu'on l'avait apprise dès le matin; que les domestiques en parlèrent entr'eux pendant leur dîner; que Bastide lui-même le savait alors, et qu'elle l'en entendit parler.—Le président lui demande plusieurs fois si elle est bien sûre de ce qu'elle vient de dire, et le témoin répond affirmativement.

M. le président : Accusé Bastide, vous venez d'entendre cette ancienne servante; elle assure que la nouvelle de l'assassinat de M. Fualdès était publique à Lamorne bien avant l'arrivée de l'huissier; et vous prétendez, au contraire, ne l'avoir apprise que par ce dernier? — R. Elle se trompe, M. le président.

Antoine Arlabosse, maître valet à la Morne, dépose que, le 20 mars, Bastide était à la Morne dans la matinée; il le vit entre autres dans un champ que l'on épierrait.

François Marronis, domestique de Bastide, vit son maître à la Morne, le 20 mars, entre huit et neuf heures du matin. Bastide ne partit pour Rhodez qu'après l'arrivée de l'huissier qui apporta la nouvelle de l'assassinat. — D. Est-il bien vrai que vous n'apprîtes cet événement que lors de l'arrivée de l'huissier, vers les deux heures de l'après-midi? — Oui; monsieur; nous l'ignorions auparavant. — D. En êtes-vous bien sûr? — Oui, monsieur.

Le sieur Goudal, de Curlande, propriétaire au village de la Roquette, distant de Rhodez d'environ une lieue, dépose que le 20 mars au matin, avant le lever du soleil, et vers les cinq heures, il vit passer Bastide près du moulin dit de la Roquette, qui n'est éloigné de ce village que de quelques minutes. — Bastide était à cheval, enveloppé d'un manteau.

M. le président : Quelle direction prenait-il? Allait-il du côté de la Morne?—R. Le chemin qu'il suivait pouvait le conduire à Rhodez, comme à la Morne. Il n'était pas encore parvenu à l'endroit où la route se divise, lorsque je le vis passer; je ne puis dire conséquemment vers lequel des deux il continua sa marche.

Un autre témoin a vu passer Bastide à la Roquette, le 20 mars, vers les cinq heures et demie du matin. Il le vit parler avec la fille Arlabosse.

Cinq autres témoins à décharge, domestiques actuels ou anciens de l'accusé Bastide, déposent successivement avoir vu leur maître à Lamorne, le 20 mars, à 7 heures et demie ou 8 heures du matin; ils ajoutent qu'il ne s'en alla que lorsque l'huissier vint l'assigner, et que ce n'est que par ce dernier qu'ils furent informés de l'assassinat. Interpellés de déclarer si cette nouvelle ne leur fut pas connue dès le matin, et s'il n'en fut pas question pendant leur dîner, ils répondent négativement.

Pierre Mazet dépose qu'avant la Saint-Jean dernière, il demeurait au service de l'accusé Bastide; qu'il était à Lamorne le 20 mars; que son maître y arriva vers les 8 heures du matin; que l'huissier vint l'y assigner à 2 heures de l'après-midi, et qu'aussitôt il partit pour se rendre à Rodez. Le témoin ajoute que la nouvelle de l'assassinat de M. Fualdès était connue à Lamorne à 8 heures du matin, et qu'il s'en entretint avec les autres domestiques, à dîner et à la même heure. Ici M. le président rappelle sur les débats la fille Albrespy, l'un des précédens témoins. Tous les deux, ains rapprochés l'un de l'autre, persistent dans leurs déclarations, et soutiennent que l'assassinat était connu dès le matin à Lamorne; et que les domestiques en parlèrent pendant leur dîner.

M. le président : Bastide, que répondez-vous à ces deux témoins dont la déposition concorde parfaitement?

L'accusé Bastide : Je suis sûr qu'ils se trompent, monsieur le président; leur mémoire n'est pas juste : *d'ailleurs ce sont les deux moins habiles.*

Le sieur Foulquier, prêtre, dépose qu'il a été condisciple avec Bastide; qu'il l'a vu depuis à Prades, et qu'il n'a jamais rien appris qui puisse lui faire suspecter sa moralité.

François Chincholle, facteur de la poste aux lettres, témoin cité à la requête de Bastide, dépose que le 19 mars, vers les 4 heures du soir, le directeur de la poste l'envoya chez M. Fualdès pour faire acquitter par ce dernier un effet de 600 fr. M. Fualdès lui dit qu'il se rendrait le lendemain à la poste, et qu'il lui apporterait son argent. Le témoin ajoute que lorsqu'il fut arrivé chez M. Fualdès, il vit l'accusé Bastide dans son cabinet, occupé à écrire une lettre. On se rappelle que Bastide avait parlé d'un individu à redingote verte, qui était allé chez M. Fualdès le 19 mars, vers les 5 heures du soir, pendant que lui, Bastide, écrivait une lettre dans son cabinet. L'accusé prétendait que cet homme, qu'il n'avait pas connu, avait amené M. Fualdès hors de son cabinet; qu'il lui avait parlé en particulier, et qu'il n'avait point entendu ce qu'il lui disait. Il paraissait croire enfin que cet inconnu pouvait bien être l'auteur du rendez-vous fatal qui aurait amené la victime sous le couteau de ses assasssins. Le témoin, interpellé en conséquence par M. le président, affirme qu'il parla à M. Fualdès dans l'intérieur de son cabinet, et qu'il parla assez haut pour être entendu par Bastide qui était présent. D. Connaissiez-vous auparavant l'accusé Bastide? R. Oui, monsieur le président; je connaissais Bastide, et Bastide me connaissait aussi.

L'accusé persiste à dire qu'il ne reconnut pas le témoin, et qu'il n'entendit point ce qu'il disait à M. Fualdès.

Après avoir épuisé la liste des témoins à décharge de l'accusé Bastide, M. le président fait appeler plusieurs personnes, en vertu de son pouvoir discrétionnaire. La première, Jean-Antoine Cabrolier, sellier, demeurant sur la place de Cité, à l'extrémité de la rue de l'Ambergue et près de la maison Fualdès, déclare que le 20 mars, vers les huit heures du matin, il entendit fermer la porte de ladite maison Fualdès, et qu'au même instant il vit passer Bastide qui traversa la place; qu'il portait sa main gauche à la tête, et frappa avec la droite sur son chapeau; ce qui fit dire au témoin et à ceux qui étaient avec lui, que Bastide ne devait pas être content.

Jean-Louis Lacombe, cordonnier, se trouvait alors avec le précédent, et fait la même déposition que lui.

L'accusé Bastide : Ces témoins se trompent: ils confondent le jour et les heures: j'ai déjà prouvé que j'étais dans ce moment à la Morne.

Les deux témoins persistent dans leur déclaration; le dernier ajoute, entre autres choses, qu'il est bien assuré de ne pas se tromper, parce qu'il se rappelle fort bien qu'il venait des bords de l'Aveyron, où il avait vu le cadavre de M. Fualdès, lorsqu'il aperçut Bastide, ainsi qu'il vient de le dire.

Le sieur Jean-Joseph Dornes rapporte que le 19 mars au soir, allant à la promenade, il aperçut, vers les 7 heures, Bastide qui partait, monté sur un cheval gris, et se dirigeait sur la route qui conduit au bas du faubourg; il le reconnut parfaitement, et un quart d'heure après il le vit revenir et aller placer son cheval dans une maison située près la cathédrale.

Le président : Vous rappelez-vous bien si c'était le mercredi soir 19 mars, et non tout autre jour? — R. Oui, monsieur, j'en suis assuré. parce que je me souviens que le lendemain matin j'appris la nouvelle de la mort de M. Fualdès, et que je vis moi-même son cadavre sur le bord de la rivière.

M. Romiguière observe qu'il est bien étrange que jusqu'à ce jour on ait ignoré, et que le sieur Dornes ait lui-même laissé ignorer un fait si important, capable de mener son client à l'échafaud.

Le sieur Dornes déclare qu'il en a parlé à d'autres personnes avant ce jour; qu'il croit même en avoir fait part dans le tems à son oncle, substitut du procureur du Roi. Il ajoute au surplus, pour répondre à d'autres observations du conseil de l'accusé, qu'il n'a pas cherché à déposer devant la cour, et qu'il se disposait à quitter Rodez à l'instant même où il a été assigné par un huissier.

M. Dornes, substitut du procureur du Roi, est appelé aux débats, et déclare qu'il croit bien que son neveu lui parla du fait ci-dessus, mais qu'il pensa qu'il se rapportait à la veille et non au jour même de l'assassinat, ce qui fit qu'il n'y ajouta aucune importance. Le sieur Dornes neveu persiste à dire que le fait eut lieu le soir même de l'assassinat. Le président lui ayant demandé s'il avait positivement reconnu l'accusé Bastide lorsqu'il le vit rentrer dans la ville, il répond que sans l'avoir vu en face, il le reconnut néanmoins à différens traits, notamment à ses longues jambes qui battaient les flancs du cheval, et encore à la couleur grise de ce dernier.

On procède au débat particulier de l'accusé Bax.

Les témoins qui avaient parlé de cet accusé sont rappelés et persistent dans leurs dépositions. — L'accusé Bousquier, interpellé par M. le président, affirme de nouveau la vérité de ses révélations relatives à Bax.

Les témoins qui sont relatifs à Baptiste Colard sont rappelés successivement, et déclarent persister dans leurs précédentes dépositions. L'accusé Bousquier est de nouveau interpellé par le président. Il soutient que Colard était dans la maison Bancal le 19 mars au soir, lorsqu'il y entra avec Bax; il est sûr de ne pas se tromper; il connaisait Colard auparavant, il avait travaillé pendant quelque tems avec lui l'été précédent. Colard ne disconvient pas de ce dernier fait.

Le président ordonne, en vertu de son pouvoir discrétionnaire, que le nommé Antoine Rouvellat, détenu, soit extrait des prisons, et amené devant la cour. Ce prisonnier rapporte différens propos outrageans et menaçans que Colard avait proférés contre les magistrats, et qui révèlent toute l'audace et toute la férocité de son ame. Le déclarant ajoute que l'accusé a également manifesté les dispositions les plus hostiles contre le concierge de la prison et contre Bousquier son coaccusé; qu'il a dit vouloir tirer à l'un un coup de fusil comme à un lièvre, et arracher les entrailles à l'autre. Un de ces jours, je lui parlais des révélations de Bousquier; je lui demandais si réellement il l'avait signalé comme l'ayant vu dans la maison Bancal. Colard me répondit tout-à-coup : *En tout cas, s'il m'a reconnu, il ne m'a pas reconnu seul.* Le concierge m'ayant fait sortir de la prison où j'étais avec Colard, celui-ci me recommanda le secret.

Le nommé Bruguière, dit Pistolet, autre détenu, raconte les mêmes propos et les mêmes jactances que le précédent. Le concierge les rapporte également comme les tenant de ces deux prisonniers; il ajoute, comme l'a déclaré Antoine Rouvellat, qu'en dernier lieu, ayant voulu séparer ce détenu d'avec l'accusé Colard, il avait très-bien entendu celui-ci recommander à l'autre de se taire et de ne rien dire. Le déclarant ne doute pas que cela ne se rapporte aux propos que Colard avait si indiscrètement tenus en sa présence.

Débat particulier de Missonnier.

Bousquier persiste dans ses déclarations relatives à ce co-acusé. Il ajoute qu'il acccompagnait le cadavre lorsqu'il fut porté à la rivière, et qu'il remplissait les fonctions d'éclaireur.

La séance est levée et renvoyée au surlendemain, à cause du dimanche.

Seance du lundi 1er septembre.

On annonce que la fille Bancal, aecusée, est grièvement malade, et qu'elle ne peut assister aux débats. Son défenseur demande qu'ils soient continués nonobstant son absence. Les autres accusés, ainsi que M. le procureur-général, y consentent. M. le président ordonne en conséquence que la séance sera continuée, et qu'il sera fait mention du tout dans le procès-verbal.

Deux témoins, appelés en vertu du pouvoir discrétionnaire de M. le président, déclarent avoir vu l'accusé Bastide sur la place de Cité, à Rodez, dans la matinée du 20 mars. — Le sieur Rudelle, curé de Prades, témoin à décharge produit par Bastide, qui n'avait pu comparaître à l'audience précédente, rend un témoignage favorable sur la conduite de cet accusé pendant le tems qu'il habitait Prades. Depuis son arrestation, il a ouï dire que Bastide avait tué un homme à Prades; mais il croit pouvoir certifier la fausseté de ce fait, car il n'a manqué personne dans le pays, et si quelqu'un eût disparu, il n'aurait pas manqué de le savoir.

On reprend le débat particulier de Missonier. Les témoins à charge persistent dans leur déposition.

Le sieur Palous, médecin, témoin à décharge, rend compte de l'état moral de l'accusé; il le traita, il y a une dixaine d'années, pour une aliénation mentale : il a su depuis qu'il avait plusieurs fois éprouvé une pareille maladie, et qu'habituellement il paraissait être dans l'état d'imbécillité.

Plusieurs autres témoins à décharge déposent à peu près dans le même sens et rapportent divers faits pour faire croire que Missonier ne jouit pas constamment de la plénitude de ses facultés intellectuelles. — Le sieur Bourguet, entre autres, dépose qu'en sa qualité de chirurgien, il a été dans le cas de donner des soins à l'accusé blessé par un coup de couteau qu'il s'était donné lui-même, il y a environ deux ans.

Débat particulier d'Anne Benoit. — Les témoins et son co-accusé Bousquier déclarent qu'ils persistent dans tout ce qu'ils ont déposé relativement à cette accusée.

Débat particulier de Victoire Bastide, femme Jausion. — Les témoins à charge persistent dans leur déposition. Catherine Gaffard, seul des témoins à décharge qui ait comparu, déclare qu'il y a deux issues dans la maison habitée par la dame Jausion et son mari : elle ajoute que la porte qui donne sur la rue de la Carcassonnerie était fermée le 19 mars au soir avant dix heures.

Débat particulier de la dame Galtier, née Bastide. — Après que les témoins à charge ont déclaré persister dans leur déposition sur le compte de cette accusée, les témoins assignés à la requête de celle-ci sont successivement appelés. Leur témoignage n'est relatif qu'à la réputation et à la moralité de la dame Galtier. On remarque parmi eux deux curés et un juge de paix. Tous font un éloge complet de ses vertus et de ses mérites; tous déclarent pouvoir l'offrir pour modèle à son sexe, soit comme chrétienne, soit comme épouse, soit comme mère.

On procède au débat particulier de Bousquier. Un assez grand nombre de témoins sont assignés à sa décharge. — Le sieur Palous, maire de Magnac, dit que cet accusé a long-tems habité dans sa commune, et qu'il s'est toujours bien comporté : il ajoute que sa famille a constamment joui d'une bonne réputation.

Plusieurs habitans de Rodez, qui l'ont employé à leur service, déclarent qu'ils n'ont jamais eu à se plaindre de lui; sa fidélité mise souvent à l'épreuve, n'a jamais été en défaut. — Les curés de Camboulazet et de Naves, dont Bousquier a été tour-à-tour le paroissien, rendent aussi un témoignage favorable sur sa conduite et sur sa moralité.

Débat particulier de Jausion.

Beaucoup de témoins à charge ont été rappelés et ont confirmé leurs précédentes dépositions. Dans le nombre se trouvait le nommé Burg, qui avait rapporté que le 19 mars au soir, vers les 10 heures, montant dans la rue de l'Ambergue, il avait vu près de la porte de la maison de M. de France, un homme debout, cherchant à se cacher, qu'il soupçonnait être l'accusé Jausion.

M. le président, en vertu de son pouvoir discrétionnaire et du consentement des parties, fait appeler ici M. le prévôt, qui déclare que le même soir et vers l'heure indiquée, il se rendit chez M. de France pour y passer le reste de la veillée; qu'avant d'arriver, il aperçut dans la rue de l'Ambergue un homme portant une lanterne, que pour lors il hâta sa marche, afin de profiter de cette lumière; qu'il était un peu essoufflé; que parvenu devant la porte de M. de France, il s'arrêta pour frapper; qu'enfin l'attitude qu'il avait dans ce moment lui fait penser qu'il peut être l'individu que le témoin Burg aperçut dans ce même endroit, et dans lequel il a cru reconnaître l'accusé Jausion. Le témoin Burg persiste néanmoins dans sa déposition : il observe que l'individu qu'il vit contre la porte, était moins gros que M. le prévôt, et que d'ailleurs il aurait aisément reconnu ce dernier, si c'eût été lui.

On entend MM. Portier, Panassier, Combres et Julien Bastide, commissaires chargés de vérifier les livres et papiers saisis dans le domicile de l'accusé après son arrestation. Ils entrent dans divers détails pour faire connaître la situation respective des affaires de Jausion et de feu M. Fualdès. D'après un état dressé par ces commissaires, M. Fualdès se trouvait lors de sa mort débiteur d'une somme de 43,000 fr. La partie civile sur l'interpellation qui lui en est faite, déclare qu'en sus de cette somme, il reste encore des effets protestés pour plus de 90,000 fr.

On demande à l'accusé comment il se fait que la succession se trouve aujourd'hui grevée d'une si grande masse de dettes, lorsqu'il est à-peu-près constant, d'après les débats, que le produit de la vente de Flars devait éteindre son passif et lui laisser encore de l'argent libre; lorsque lui-même dit à diverses personnes, avant la mort de M. Fualdès, qu'au moyen de cette vente celui-ci sortirait d'embarras et se mettrait tout-à-fait au niveau de ses affaires. Bien plus, lorsqu'après sa mort on lui disait qu'il pouvait s'être suicidé, il repoussa ces soupçons, et soutint que l'état actuel de sa fortune, l'aisance dans laquelle il devait se trouver, ne permettaient pas de s'arrêter à une pareille idée.

Jausion répond que lorsqu'il s'est exprimé avantageusement sur la fortune et les affaires de feu M. Fualdès, il l'a fait parce qu'il croyait de son devoir de ne pas décrier un ami, un parent. Il ajoute qu'il en a d'ailleurs parlé d'après la connaissance personnelle qu'il pouvait en avoir par suite de ses opérations avec M. Fualdès. Mais ce dernier n'a pas toujours emprunté par son entremise. Il a fait sans doute beaucoup d'autres emprunts qu'il n'a pas connus et qui lui ont fait ignorer à lui sa véritable situation. — Pourquoi M. Fualdès aurait-il fait des emprunts si considérables ? — Il faisait de grandes dépenses. — Il est au contraire notoire qu'il vivait très-simplement. — Son fils dépensait à Paris jusqu'à 15,000 fr. par an.

Un débat très-animé s'engage sur tous ces points entre les parties.

On s'occupe ensuite de la suppression de trois feuillets qu'on a remarquée dans un répertoire de Jausion, à l'endroit même qui devait faire mention d'une opération de 20,000 fr. qui aurait eu lieu entre l'accusé et M. Fualdès. On demande à MM. les commissaires si cette suppression peut être le résultat de la fraude ou de tout autre motif. — Ils répondent que sans pouvoir en assigner la cause, il est possible que l'accusé n'ait eu d'autre dessein que de changer ou transporter quelques dettes. Ils ajoutent que ce répertoire étant à-peu-près insignifiant, la suppression des feuillets ne peut être d'une grande importance.

On n'ose rapporter ici toutes les observations et explications faites ou données de part et d'autre dans le cours de la longue discussion financière à laquelle a donné lieu cet accusé. On pourrait tomber dans des inxactitudes involontaires et difficiles à éviter dans une matière si délicate.—M. le président ayant enfin demandé aux commissaires vérificateurs quelle était en résultat leur opinion sur les livres-journaux de Jausion, tous ont paru s'accorder à dire qu'ils n'étaient nullement dans l'état et la forme voulus par la loi, et que ; par conséquent, ils ne méritaient aucune foi.

Jausion prétend qu'il jouissait dans le pays d'une grande confiance, qu'il n'a jamais trompée, et que, par cette raison, il se contentait d'avoir de simples carnets pour toutes les opérations qu'il faisait sur la place de Rodez.

On rappelle les témoins à décharge. — Le sieur Yence père, déclare qu'il a eu déposé entre les mains de Jausion, et sans aucun billet de sa part, des sommes assez considérables, qui toujours lui ont été fidèlement rendues.

Le sieur Amans Carrier dépose dans le même sens.

Baptiste Teyssèdre, domestique de l'accusé, dépose que le 19 mars au soir, son maître entra chez lui avant la nuit, qu'il soupa vers les sept heures, qu'il se retira ensuite dans la chambre de sa femme, et qu'il se coucha enfin vers les dix heures.

Deux autres servantes de Jausion font une déposition semblable à celle du précédent témoin. — Le sieur Raynal, fermier du domaine de Sanhes, rend un témoignage favorable à la fidélité et à l'exactitude de l'accusé, comme agent de change.

Le sieur Clémandot prie M. le président de demander à la dame Manson si elle n'a rien à ajouter à sa déposition, annonçant qu'en cas de dénégation, il est prêt à ajouter lui-même à la sienne.

La dame Manson déclare qu'elle n'a rien à dire. — Alors le sieur Clémandot se lève vivement, et demande à parler. Il dit que jusqu'à ce jour, il avait usé de grands ménagemens ; qu'il avait professé des égards et une réserve extrême vis-à-vis de la dame Manson, espérant ainsi la déterminer à révéler franchement toute la vérité à la cour ; mais que, puisque son espoir a été trompé, il doit faire connaître quelles ont été ses relations avec cette dame, pour donner la mesure des confidences qu'il en a obtenues, et prouver, s'il en est besoin, que dans le rapport qu'il en a fait, il n'a cédé qu'au sentiment de la vérité et de la justice. — La dame Manson s'écrie : Parlez, M. Clémandot.

M. le président fait observer au sieur Clémandot que sa déposition n'a pas été contredite, et qu'il ne croit pas que la révélation de ses rapports particuliers avec la dame Manson, puisse rien ajouter à l'hommage qu'on se plaît à rendre à sa véracité. — M. l'avocat général lui représente pareillement que son honneur est intact, et que la manière franche et loyale avec laquelle il avait déposé serait justement appréciée. — Le sieur Clémandot, satisfait de ces explications, n'insiste plus et va reprendre sa place.

Séance du 2 septembre.

Deux autres témoins à la décharge de Jausion sont entendus et rapportent des faits peu importans.

Le sieur Fabry, témoin à charge, est rappelé sur les débats, et raconte par ouï-dire, une violente discussion relative au réglement d'intérêts usuraires, qui aurait éclaté, il y a peu de tems, entre l'accusé et l'un de ses proches parens, et à la suite de laquelle Jausion aurait pris un fusil et aurait menacé ce dernier : « Tiens, lui aurait dit son parent, en ouvrant son habit, tire, scélérat; tu m'as enlevé ma fortune : il ne te reste qu'à m'ôter la vie. » Le témoin déclare qu'il a entendu rapporter ce fait au parent lui-même, et que, de plus, il l'a lu dans un mémoire écrit par lui.

Julien Bastide, négociant, à Rodez, déclare que le mardi 18 mars, l'accusé Bastide alla chez lui; le témoin lui remit un effet tiré sur une modiste de cette ville. Il a revu depuis cet effet entre les mains de la justice, et a remarqué qu'il était teint de sang; ce dont il fut surpris, parce qu'il n'y avait aucune tache lors de la remise qu'il en fit à Bastide, accusé.

M. R......, conseiller en la cour royale de Rouen, présent aux débats, est appelé par M. le président, en vertu de son pouvoir discrétionnaire. Il donne quelques détails sur la fortune de feu M. Fualdès, qu'il connaissait parfaitement. — J'étais son ami depuis vingt ans, a-t-il ajouté : à l'époque du mariage de ma fille, M. Fualdès m'en fit compliment, et lorsqu'il sut que je lui donnais 50,000 fr., il me dit qu'avec une pareille somme il ferait honneur à ses engagemens, et qu'il lui resterait encore quelque chose. — Cette même année M. Fualdès m'assura, dans une circonstance, que moyennant le produit de la vente de son domaine de Flars, il arrangerait ses affaires et se mettrait à l'aise. — Le témoin affirme que, dans une autre circonstance, il vit M. Fualdès prenant note du renouvellement d'un effet sur un registre ou carnet.

M. le président rappelle aux débats M. de Seguret, président du tribunal, et lui demande s'il a quelque raison de croire qu'au moyen de la vente de Flars, M. Fualdès dût liquider toutes ses dettes.

Le témoin : J'ai toujours pensé que non seulement M. Fualdès devait trouver dans cette vente le moyen de payer ses dettes, mais encore un résidu considérable. Je tirai cette conséquence de la réponse qu'il me fit lorsque, lui remettant des effets parfaitement solides, je lui dis qu'il était cependant possible que tous les débiteurs ne fussent pas en mesure de s'acquitter à l'échéance, et que j'espérais qu'il consentirait à des renouvellemens.... Je ne puis vous promettre pour tout, me répondit-il, parce que j'ai beaucoup d'affaires à arranger, mais j'y consentirai volontiers pour tout ce qui restera dans mes mains, pourvu qu'on me rapporte votre signature

Le président : Sur la foi du serment que vous avez prêté, je vous invite à nous déclarer quelle est votre opinion sur les motifs qui ont amené le crime qu'il s'agit de venger.

Le témoin : Mon opinion, M. le président, long-temps indécise et encore aujourd'hui incertaine, ne saurait avoir de poids qu'autant qu'elle s'appuirait plus ou moins sur les faits de la cause et les indices résultant des débats : je la livrerai, puisque vous l'exigez, au grand jour, mais avec la réserve de l'homme qui n'émet qu'une conjecture dont la probabilité est le sujet de la plus grave discussion. Je n'ai jamais pensé qu'un crime aussi atroce ait pu être le résultat de quelque léger intérêt pécuniaire. Dès le principe, il m'a paru qu'il devait se rattacher à une combinaison profonde, qu'entourait le plus grand mystère, et qu'il se liait à des intérêts immenses. L'accusation dirigée contre Bastide me parut invraisemblable, tant qu'on ne lui donnait d'autre motif que la libération qu'il eût voulu se procurer d'une dette de 10,000 fr., ou l'enlèvement des effets de commerce que j'avais remis à M. Fualdès. Vouloir s'affranchir d'une dette de 10,000 fr. n'était pas un motif en rapport avec la fortune de Bastide ni avec l'atrocité du crime. D'un autre côté, l'enlèvement des 26,000 fr. que j'avais remis ne pouvait être l'unique but de l'assassinat, par deux raisons : la première était qu'on ne pouvait soustraire utilement des effets passés nominativement à l'ordre de M. Fualdès, et que sa famille eût pu suivre et réclamer dans les mains des tireurs; la seconde, plus puissante encore, était que les accusés avaient eu ces effets dans leurs mains et ne les avaient pas enlevés.

Il était également difficile d'expliquer la conduite de Jausion. Je ne pouvais croire ni à la négociation manuelle qu'il prétendait avoir faite sur la place de Cité, ni qu'un acte aussi important que l'effraction du tiroir d'un homme récemment assassiné fût le fruit d'une étourderie inconcevable et désintéressée. J'étais dans cette confusion d'idées et de conjectures, lorsqu'un négociant de cette ville m'assura qu'il était à sa connaissance que le sieur Fualdès, entraîné par ses rapports avec Jausion, lui fournissait des signatures de complaisance, que Jausion négociait à son profit personnel; c'est-à-dire que Jausion empruntait au nom de Fualdès, et sur des effets de lui, des fonds qu'il retenait pour les faire valoir à son profit, de sorte que Fualdès n'était emprunteur que de nom.

Cette notion me parut être un trait de lumière et une explication vraisemblable d'une multitude de faits qui avaient jusqu'alors paru incohérens. Il était impossible de supposer que le sieur Fualdès n'eût pas retiré une contre-lettre, une déclaration quelconque, une promesse de garantie, pour les signatures de complaisance qu'il fournissait à Jausion. Il était positif qu'après le paiement presque intégral du prix de Flars, le sieurs Fualdès avait voulu solder ses véritables dettes : il était vraisemblable qu'il avait également voulu retirer ses signatures de complaisance. En effet, les porteurs de ces signatures voyant M. Fualdès quitter cette ville après avoir vendu son principal immeuble, perdant ainsi à-la-fois la garantie personnelle résultant de sa présence et la garantie immobilière résultant de la propriété de Flars, se seraient levés en masse, et le sieur Fualdès n'eût pu les calmer qu'en produisant la contre-lettre qui eût fait retomber sa dette sur Jausion. Pour éviter cet éclat, il fallait donc que le sieur Fualdès s'adressât à Jausion et exigeât impérieusement de lui de libérer sa signature compromise. Jausion se trouva alors dans l'alternative ou de faire rentrer une multitude d'effets en émission, ce que la rareté du numéraire rendait impossible, ou de se résoudre à la publicité de sa contre-lettre; éclat qui compromettait son état et l'exposait à perdre la confiance des capitalistes; ou de supprimer à-la-fois la réclamation, son auteur et toutes les traces de cette embarrassante négociation.

Si l'on s'arrête à cette affreuse supposition, à laquelle les soupçons élevés sur Jausion donnent une première vraisemblance, on voit d'abord que ce respectable magistrat aurait été égorgé, non pour une dette de 10,000 fr., non pour un échange d'effets échus avec des valeurs identiques, mais principalement pour faire retomber sur sa succession peut-être 100 ou 150,000 fr. de dettes qui, dans le fait, seraient celles de Jausion; mais pour retirer Jausion de la position vraiment embarrassante où l'avait placé l'abus de la signature de M. Fualdès; et ces motifs seraient plus en proportion avec l'énormité du crime. On s'explique ainsi pourquoi, à la première découverte du cadavre, on s'est empressé d'enfoncer le bureau, non pas pour enlever des lettres-de-change, mais pour détruire la contre-lettre et le livre-journal, qui eussent attesté que la dette énorme qui pèse aujourd'hui sur la succession Fualdès, n'était, dans le fait, que celle Jausion.

La preuve de l'enlèvement des papiers les plus précieux de M. Fualdès résulte invinciblement, pour moi, de l'existence dans les mains de Jausion d'un acte de vente de Flars qu'il a déposé au greffe et dont il prétend n'avoir bâtonné la signature qu'après la mort de M. Fualdès. Non, je ne croirai jamais qu'un magistrat généralement estimé, qu'un homme dont la délicatesse égalait la probité, m'eût vendu le domaine de Flars, tandis qu'il existait une précédente vente à un tiers, qu'il m'eût engagé à ne pas me presser de faire enregistrer mon titre tandis que Jausion, en faisant transcrire le sien, de long-tems antérieur, eût pu m'évincer et me réduire à poursuivre M. Fualdès du nom déshonorant de stellionataire. Le titre représenté par Jausion ne pouvait exister que dans les archives de M. Fualdès qui en avait lui-même biffé la signature, lorsqu'il rompit avec Jausion ce projet de vente pour la consommer avec moi; et ce n'est que dans ces mêmes archives que Jausion peut l'avoir pris.

Au reste, tout ce qui précède cette dernière assertion n'est, je le répète, que les conséquences qui m'ont paru naturellement dériver du fait dont j'obtenais la connaissance, fait qui m'était attesté par un négociant de cette ville. Je livre ces conjectures à la sagacité de MM. les jurés, sans entendre leur donner d'autre importance que celle d'une simple opinion.

Jausion : Je prie M. le président de demander à M. de Séguret comment on peut supposer que je fusse en même tems acquéreur de Flars et débiteur de M. Fualdès pour les signatures qu'il m'avait prêtées.

Le témoin : La diversité des époques en est l'explication. Il est probable que ce ne fut que lorsque le projet de vente de Flars eut été abandonné que commença l'opération dont j'ai parlé.

M. le président : Quel est le négociant de qui vous tenez le fait important dont vous venez de parler? — R. C'est M. Paul Galibert.

Le sieur Paul Galibert, négociant, dit qu'il s'est entretenu avec

M. de Seguret sur les objets dont il vient de parler; mais il ajoute que ce n'était qu'une supposition qu'il faisait; que tout se réduisait à des conjectures, et qu'il n'avait d'ailleurs aucune notion précise.

— Avant de terminer le compte que nous avions à rendre des débats relatifs à Jausion, nous croyons devoir réparer une omission involontaire, dont certaines personnes ont paru réclamer, et que nous avions commise en parlant des révélations faites par Bousquier. Cet accusé a déclaré que le co-accusé Bach ne lui avait pas nommé le second *monsieur* qui se trouvait dans la cuisine Bancal, et qui avait escorté le cadavre jusqu'à l'Aveyron; mais il a toujours dit que Bach le lui avait désigné comme étant un parent de Bastide et un homme riche, logé sur la place de Cité.

Le défenseur de Marianne Bancal demande que, malgré l'absence de sa cliente, retenue encore à l'hospice par sa maladie, il soit, du consentement des autres accusés et de la partie publique, procédé au débat particulier qui la concerne.

Louis Coudissier, témoin à décharge, dépose que le 19 mars au soir il vit la fille Bancale à huit heures, dans l'auberge de Glausy; qu'il sortit et l'y retrouva lorsqu'il rentra vers les onze heures.

François Comby vit également cette accusée chez Glausy, vers 8 heures du soir. — Le témoin ajoute que le lendemain, 20 mars, il aperçut Bastide dans la rue du Terral, entre 6 et 7 heures du matin.

Trois autres témoins déposent avoir vu aussi la fille Bancal dans l'auberge dudit Glausy, le 19 mars au soir de 8 à 9 heures.

Baptiste Bonhomme étant allé chez Glausy vers les 9 heures, y vit une fille qu'il ne connut pas. Il ajoute que dans la même soirée, il entendit la vielle faire beaucoup de bruit dans la rue des Hebdomadiers. L'horloge venait de sonner huit heures; je me trouvais au coin de la rue Saint-Vincent; tout-à-coup une femme, qui semblait une *grisette*, passa près de moi et gagna précipitament la rue des Hebdomadiers. Au même instant j'entendis à l'extrémité de cette rue comme un bruit formé par la réunion de plusieurs personnes. — Le témoin n'est pas sûr que la *grisette* qu'il vit passer soit la fille Anne Benoît.

Une servante du sieur Bourguet déclare qu'elle vit l'accusé Bastide entrer dans la maison Fualdès le 20 mars vers les 6 heures et demie du matin.

Le sieur Labit, ancien commissaire de police, donne quelques détails défavorbles sur le compte de Bach, d'Anne Benoît, des Bancal et Colard. Il n'a au contraire rien à dire contre Bousquier.

M. le président déclare la séance levée.

M. Fualdès fils, dont on avait remarqué, la veille, l'absence avec quelque sollicitude, a demandé la parole et a dit :

J'ai l'honneur de faire remise à la cour du seul journal qui ait été trouvé dans le secrétaire enfoncé de mon malheureux père. Il n'a de rapport qu'à l'administration du domaine de Flars, et il ne signifie autre chose, si ce n'est de confirmer davantage l'existence d'un autre livre d'affaires. Quoi qu'il en soit, je m'empresse de répondre au vœu de Me Arsaud, si extraordinaire en toutes choses.

J'ai appris encore que l'accusé Jausion et son conseil avaient profité hier de mon absence pour tâcher de reverser sur moi la monstruosité de supposer que dans un court espace de tems le plus simple comme le plus vertueux des hommes a pu dévorer une fortune considérable. On a voulu faire enteudre que l'énigme de cette impossibilité apparente s'expliquait par mes dépenses soi-disant de grand seigneur à Paris. Par une déclaration sincère, je vais rendre service à M. Rodier. Il aura à ne plus soutenir un pareil système d'allégations; il sera dispensé de se battre les flancs pour prouver ce qui n'a jamais été. La bonté de la malheureuse victime était pour son fils, comme sa tendresse incommensurable; mais, par une suite naturelle de cette même affection et de son expérience, il mettait des bornes à ses largesses. Je puis affirmer devant la justice que mes dissipations, qu'on fait sonner si haut, n'ont pas dépensé une année comportant l'autre, trois mille cinq cents francs. En effet, quel était donc cet éclat, ce grand extraordinaire? J'aperçois ici un citoyen recommandable qui fit briller la tribune nationale par ses talens et son courage; Flaugergues fut mon commensal. Veuillez l'interroger; il vous dira, et mille compatriotes vous le répéteront, que j'avais une pension décente et ce qu'on appelle une garçonnière commode, mais sans luxe. On me dira peut-être que je fréquentais le grand monde. Ceux qui connaissent les mœurs parisiennes en déduiront avec justice que c'est là une manière honorable d'économiser, puisqu'il est vrai qu'on n'est tenu à aucune réciprocité. Mais lors de votre auditoriat, vous visitiez les ministres, les princes, la cour? J'en conviens; mais, encore une fois, le luxe de la parure établi, plus d'objet de grande dépense. Et ne sait-on pas que mon père jouissait à cette époque de 12,000 fr. de rente? Cela posé, ce genre de défense doit crouler. Non, sans doute, je n'ai pas été sans payer mon tribut à la jeunesse; mais j'ai la satisfaction de descendre dans ma conscience sans y trouver aucun pénible souvenir; ma vie a toujours été celle de l'honnête homme.

Séance du 3 septembre.

La séance est reprise à l'heure ordinaire. Le défenseur de Bousquier demande à faire connaître à la cour, si déjà elle n'en est instruite; un fait qui honore son client. Il expose que la veille les prisonniers de la maison d'arrêt avaient trouvé le moyen de surprendre les clefs de la prison et qu'ils allaient tous s'évader, lorsque Bousquier, qui se trouvait détenu avec eux, les en empêcha par son énergie et par son courage.

Le président ordonne que le procès-verbal constatant ce fait sera remis au conseil de l'accusé, afin qu'il puisse en faire l'usage convenable.

La fille Bancal, accusée, est apportée sur un brancard dans la salle. Les médecins déclarent que l'état de sa maladie ne lui permet pas d'assister aux débats. Le conseil de l'accusée demande qu'ils soient continués hors de sa présence; la fille Bancal y consent elle-même. Le procureur-général, la partie civile et les autres accusés y donnent aussi leur consentement Alors on a reporté la malade à l'hospice, et les débats ont continué.

La fille Garrigon, détenue, assignée en qualité de témoin, n'avait pu comparaître jusqu'à ce moment, à cause d'une maladie qui la retenait à l'hôpital. Elle a été amenée aujourd'hui, et a déposé entre autres choses que l'accusée Anne Benoit lui dit un jour que *s'il fallait que les innocens payassent pour les coupables, elle saurait bien décharger son estomac.*

Le président fait appeler discrétionnairement la nommée Marie Flottes, femme Raymond, qui déclare que trois ou quatre jours après l'arrestation de Bastide, une servante de ce dernier, qu'elle reconnaîtrait si elle la revoyait, lui dit que son maître n'était point à Gros le soir de l'assassinat, et qu'il n'était allé à la Morne que peu de tems avant l'arrivée de l'huissier qui fut l'assigner.

On rappelle la servante de Bastide. La femme Raymond la reconnaît pour celle dont elle a voulu parler. La servante conteste d'avoir jamais tenu le propos dont il s'agit; elle dénie même d'avoir jamais été chez la femme Raymond. Celle-ci persiste dans sa déclaration.

Les débats particuliers étant terminés, M. le président donne la parole à l'avocat de la partie civile.

Voici l'extrait du discours de Me Merlin :

« Messieurs du jury, en vain on chercherait dans les fastes du crime un exemple qui présentât à-la fois une scélératesse inouie, une audace inconcevable, un oubli des vertus domestiques et sociales, la confiance violée, l'amitié trahie, les liens du sang brisés, tous les crimes enfin réunis dans un seul et même crime. Faut-il que notre malheureuse contrée ait renfermé dans son sein des monstres capables de concevoir un projet, une exécution et un résultat qui tiennent du prodige? Un magistrat qui avait réuni à juste titre, pendant tant d'années, la confiance du Gouvernement et l'estime de ses concitoyens, enlevé, le 19 mars dernier, à quelques pas de son habitation, à l'entrée d'une place publique, à huit heures du soir, traîné dans un lieu infâme de prostitution, et égorgé avec un couteau par de vils scélérats soudoyés par les principaux instigateurs de ce forfait épouvantable, reconnus peu de tems après pour être les parens et les amis de ce magistrat infortuné : quelle infamie! quelle horreur!! L'imagination la plus exaltée par l'entraînement du crime, le cœur le plus pervers, le caractère le plus féroce, le scélérat enfin le plus endurci par l'habitude de mal faire, eussent-ils osé concevoir un supplice comparable à celui qu'on a fait subir à M. Fualdès, pour parvenir à s'emparer de son bien?

» Vous vous représentez, Messieurs, cette malheureuse victime de l'extrême confiance, de l'abandon le plus complet envers ceux qui, sous le prétexte d'une réciprocité bien légitime, et qui fut hélas! si funeste, l'ont attiré dans le piége. A peine il se sépare des bras d'une épouse chérie, de quelques amis qu'il ne quitte qu'à regret pour aller traiter d'une négociation avantageuse, dont l'a flatté Bastide, de partie des effets de commerce qu'il a reçus, qu'il se voit au milieu de ses bourreaux! Ses cris sont étouffés : quoique au centre d'une ville, ils sont à peine entendus d'un citoyen qui se promène sur la place publique, de quelques femmes que le hasard a attirées à quelques pas du lieu où M. Fualdes est saisi, et de ce témoin précieux, ménagé par la Providence, à qui on avait donné asile dans une écurie du voisinage, et qui a été frappé de ce gémissement prolongé que devait nécessairement laisser échapper le malheureux M. Fualdès, au moment, où apres lui avoir fermé la bouche, ses nombreux assassins le portaient à la boucherie. C'est là que les accusés, parmi lesquels figurent ceux que cet infortuné croyait ses meilleurs amis, lui scient, pour ainsi dire, la gorge avec un couteau mal aiguisé; que cette femme abominable dont les dénégations attesteront à jamais et la scélératesse et la culpabilité, cette femme qui a prêté asile à cette bande d'assassins, elle à qui la faiblesse de son sexe n'aurait pas dû permettre d'être témoin d'une scene qui surpasse en cruauté tout ce que la fable a imaginé pour inspirer l'horreur du crime ; que cette femme, dis-je, a le courage de recevoir le sang dans un baquet et de le livrer à un animal immonde ; c'est là, dans ce repaire affreux, que le cadavre est ensuite plié dans un drap, enveloppé d'une couverture, et dans la forme d'une balle de marchandise ; c'est enfin de là que les auteurs de l'attentat l'ont transporté dans la riviere de l'Aveyron. O nuit désastreuse et d'horrible mémoire pour la cité qui devint le théâtre d'un si grand crime, si tu enveloppas un instant de ton ombre un attentat aussi inoui, aurais-tu pu souffrir qu'il restât inconnu !!!

» En vain les monstres qui ont trempé leurs mains dans le sang de cette victime se sont flattés que leur action resterait à jamais ensevelie dans l'horreur des ténebres. Celui qui veille même sur les destinées des pervers l'eût-il permis ? La célébrité de leur crime ne réclamait-elle pas un châtiment éclatant ? Ne devaient-ils pas servir d'exemple aux cœurs dépravés qui seraient tentés de les imiter ?

» Le gouvernement protecteur sous lequel nous vivons, dont la bonté paternelle s'étend également sur toutes les branches de son administration, n'a pas été plutôt instruit des résultats de l'étonnante procédure soumise aujourd'hui aux débats, qu'il a voulu que des magistrats d'une cour supérieure, aussi jaloux de venger la société justement indignée que de rassurer l'innocence, si elle pouvait être compromise, vinssent présider à ces débats solennels, sur lesquels la France entiere fixe aujourd'hui ses regards Grâces à leur connaissance profonde du cœur humain, à leur expérience et à leur zèle ardent pour le triomphe de la vérité, son flambeau a éclairé tous les esprits, rassuré tous les cœurs et porté dans toutes les consciences la conviction intime que le plus inoui des attentats ne restera pas impuni.

» C'est particulièrement sur vous, Messieurs du jury, vous qu'une administration sage et éclairée a choisis dans les formes légales pour prononcer sur cette cause importante ; c'est particulièrement sur vous, dis-je, que repose aujourd'hui la plus importante de toutes les garanties. celles des personnes et des propriétés Si l'assassinat incroyable qui va faire le sujet de votre examen a ébranlé pendant quelque tems la tranquillité de tous, vous saurez la raffermir à jamais par la déclaretion des coupables. Aucune considération ne saurait arrêter l'expression de votre conviction intime ; vous la devez à la société qui la réclame avec instance, aux accusés, à vous-mêmes.

» Je ne vous parle pas, Messieurs, de ce fils infortuné qui m'assiste et qui réclame à son tour votre impartiale justice Son sort est trop à plaindre, le coup qui l'a atteint trop affreux, sa situation trop pénible ; elle inspire trop d'intérêt pour que je me permette de réveiller ces sensations vives qu'éprouvent tous les cœurs, chaque fois qu'on rappelle l'état désespérant ou l'a réduit le coup affreux qui l'accable. Si les accusés eux-mêmes, après lui avoir ravi ce qu'il avait de plus cher au monde, un père, un ami, en attaquant injustement la pureté de ses intentions, n'ont fait que redoubler cet intérêt qu'on lui porte, je dois me borner à concentrer mes sentimens et les siens dans l'acte de justice qu'il réclame, d'après la conviction intime que les débats ont portée dans les conciences exemptes de prévention, et des faits imputés aux accusés et de la culpabilité de la plupart d'entre eux. »

Je commencerai, dit-il, ma discussion par établir les circonstances de l'assassinat affreux commis sur la personne de M. Fualdès, et que c'est l'habitation occupée par Bancal qui a été le lieu de cette scène horrible.

Je prouverai ensuite que le motif de l'assassinat a été le vol qui a suivi, et par l'effet duquel M. Fualdès fils se voit expolié de la presque totalité de la fortune de son père, et que Jausion a été l'auteur principal de ce vol, commis avec la circonstance aggravante de l'effraction.

Ces deux propositions démontrées par les faits résultant des débats, je prouverai que la femme Bancal doit être déclarée un des auteurs ou du moins complice de l'assassinat;

Que Bastide Gramont, outre ses rapports avec Jausion, a eu un intérêt personnel à ce crime, et s'en est rendu coupable conjointement avec lui;

Que Bach, Colard et Missonier en ont été les exécuteurs, et doivent être déclarés coupables comme eux;

Qu'enfin les dames Galtier et Jausion ont fait des démarches, desquelles on peut induire qu'elles ont assisté ou activement ou passivement Jausion dans l'exécution ou la consommation du vol.

Pour ce qui concerne les autres accusés, mon client n'a pas dirigé d'action particulière contre eux; il existe cependant contre la fille Benoit des charges que M. le procureur-général ne manquera pas d'invoquer. »

N° VIII.

ASSASSINAT DE M. FUALDÈS.

Paris, ce 20 septembre 1817.

Des lettres de Rodez, en date du 11 septembre, portent que ce jour-là M. l'avocat-général a répondu, dans un plaidoyer qui a duré plusieurs heures, aux défenseurs des accusés. Le lendemain 12, le président devait prononcer le résumé de l'affaire ; les questions devaient ensuite être posées et soumises au jury. On s'attendait à voir prononcer le jugement le 12 au soir. Le courrier a dû partir le 13 et arrivera à Paris dimanche 21.

Le discours prononcé par M. l'avocat-général Castan a produit la plus vive impression. Me Romiguière, défenseur de Bastide-Gramont, a fait preuve d'un grand talent; dans son plaidoyer, il a vivement apostrophé Mme Manson, qui a persisté dans son mystérieux système de déposition; il a dit à ce témoin d'une nature si étrange : « Vos contradictions, vos réticences, vos demi-aveux, vos frayeurs ont fourni au ministère public des raisonnemens dont il a tiré des conséquences plus funestes aux accusés que si vous aviez articulé des témoignages positifs qui les désigneraient comme coupables. Il vaudrait mieux pour eux que la vérité, fût-elle terrible, sortît tout entière de votre bouche. Qui peut vous empêcher de la dire ? c'est au nom même des accusés que je la réclame. Qu'auriez-vous à craindre de leur vengeance ? ils sont dans les fers..... » A ces mots, Mme Manson a vivement interrompu l'avocat, et s'est écriée : *Ah ! tous les coupables ne sont pas dans les fers!* Ces mots, qui semblaient arrachés par la force de la vérité, ont excité dans l'assemblée un trouble silencieux qui a frappé tous les esprits.

Suite de la séance du 3 septembre.

M. Merlin, dans la première partie de son plaidoyer, s'est principalement attaché à présenter l'analyse des faits qui justifient que c'est dans la maison Bancal que le crime a été commis. Comme ces faits sont connus et déjà ramenés dans l'acte d'accusation, nous ne retraçons pas ici les détails que l'avocat a cru devoir rappeler comme la base fondamentale des moyens qu'il a employés, et dont il a fait un tableau si intéressant que l'auditoire a partagé tour-à-tour les sentimens dont il était ému. On a vu même couler des larmes toutes les fois qu'il s'attendrissait sur le sort de l'infortuné M. Fualdès. Voici comme il s'est exprimé lorsqu'il a retracé l'instant même de l'assassinat :

« Le signal n'a pas plutôt été donné, entendu et répété, que la foule des assassins a fondu sur la proie, lui a baillonné la bouche pour l'empêcher de crier, l'a saisi, enlevé et entraîné au lieu du supplice ; et c'est là que dans le plus grand mystère, cet assemblage de monstres indignes du nom d'hommes, l'égorge sans pitié, et lui coupe, ou plutôt, dans la crainte que son supplice soit de trop courte durée, lui scie la gorge avec un mauvais couteau. C'est là que son sang est recueilli pour servir de breuvage à un animal qui en est moins avide que les assassins ; c'est là, c'est dans cet antre du crime que les principaux auteurs de cette scène d'horreur, en abandonnant quelques misérables pièces d'argent qui sont trouvées dans la poche de leur victime, aux bourreaux qui les entourent, en arrachant jusqu'à la bague qu'elle avait au doigt, pour en faire un cadeau à la femme qui leur prête asile, s'emparent de son passe-partout, de cette clef du bureau, unique objet de leur convoitise, et dont ils feront bientôt l'usage le plus criminel. C'est là que, délibérant sur les moyens de couvrir un attentat aussi effroyable du voile de l'impunité, ils arrêtent d'envelopper le cadavre, dont la présence les importune déjà et devient un accusateur terrible auquel le remords de leur conscience ne peut résister, de l'envelopper dans cette couverture qui figure dans les débats ; et dans la crainte qu'elle soit rougie de sang, de plier sa tête dans un tablier de la femme Bancal, qui se vit forcée, le lendemain, de mettre un tablier blanc ; d'attacher ce cadavre avec des cordes, en forme de balle, pour tromper le portefaix qui n'a pas pris part à l'assassinat, et d'aller le précipiter à la rivière... Heureusement, aveuglés par leur propre scélératesse, l'empressement qu'ils ont de jouir de ce crime abominable les empêche de prévoir que les gouffres de l'Aveyron refuseront de le recevoir dans leur sein, et que le jour n'aura pas plutôt paru, que ce même cadavre, en excitant la douleur et l'indignation universelles, portera dans leurs ames cette terreur profonde qui ne les a jamais abandonnés depuis, et qui ne saurait avoir d'autre terme que l'échafaud. »

Après avoir ensuite analysé les déclarations de tous les témoins qui ont rappelé les circonstances du transport du cadavre dans l'Aveyron, les aveux faits à des tiers par la femme Bancal, ceux qui sont sortis de la bouche des enfans, sur lesquels il a fait les réflexions les plus touchantes, parlé des pièces de conviction trouvées dans cette maison, M. Merlin a fini par ne laisser aucun doute que le crime a été commis dans la maison Bancal; il a fini par invoquer la révélation faite par Bousquier, et les circonstances qui résultent de la déclaration de la dame Manson, et, en parlant de cette dernière, il s'est exprimé ainsi :

«Si, déchirée par la crainte de manquer à la reconnaissance, même vis-à-vis d'un scélérat, de l'autre par l'horrible souvenir de l'assassinat, l'imagination encore exaltée par l'aspect de ce couteau fatal que le chef de ces bourreaux levait déjà sur sa tête, lorsqu'un des complices l'a prise sous sa protection, la dame Manson n'a laissé aucun doute que c'est chez Bancal que l'assassinat a été commis; si elle en avait antérieurement fait l'aveu à ses parens, à ses amis, à des tiers, enfin à M. le préfet du département, qui n'a cherché à le connaître que dans l'intérêt de la vérité; si elle se réfère à ce qu'elle a dit sur ce point; si cette scène expressive qui a eu lieu à la séance du 22 août, ce douloureux combat du témoin entre le besoin d'éclairer la justice et la crainte de manquer à la générosité; si cette scène, où tout, jusqu'aux physionomies et à l'expression du délire, a été un hommage éclatant à la vérité, peut-on élever le moindre doute sur le lieu où l'assassinat fut commis, et se refuser à déclarer que c'est chez cette femme Bancal que M. Fualdès a expiré sous le fatal couteau dont l'un des bourreaux aurait eu la férocité de menacer cette dame; et dont il lui eût ôté la vie, si elle n'avait juré sur le cadavre même, dont son imagination ne peut écarter le souvenir, de garder à jamais l'horrible secret que son cœur n'a pu contenir.»

M. Merlin a ensuite passé à la discussion du vol, qu'il a soutenu avoir été l'ame et le but de l'assassinat.

Cet avocat a démontré que le lendemain du crime, entre six et sept heures du matin, Jausion, sous le voile de l'amitié, s'introduisit dans la maison Fualdès; qu'il fouilla dans les appartemens, enfonça le tiroir d'un bureau, enleva les papiers essentiels, le journal et le portefeuille qui y étaient renfermés, et cela afin qu'il n'existât aucune trace de sa situation avec M. Fualdès; que le domestique Estampe ayant surpris Jausion tenant un sac d'argent à la main, celui-ci au même instant lui recommanda de n'en rien dire; que, depuis, il n'a parlé de ce sac d'argent ni à la veuve, ni à M. Fualdès fils, ni à M. Vigier, beau-père de ce dernier, et qu'il a même contesté le fait dans son premier interrogatoire.

Cet avocat a ajouté que le principal motif que pouvait avoir eu l'accusé en faisant l'effraction, avait été de retirer les contre-lettres et les notes qui auraient contesté la mauvaise foi de ses prétentions à la propriété de 20,000 fr. d'effets tirés par Fualdès, endossés en blanc par ce dernier, et acceptés par M. de Seguret, payables en mars 1818, propriété qu'il ne pouvait point établir par ses livres, tenus, d'après le rapport des commissaires, de la manière la plus irrégulière.

Il a prouvé que, d'après une foule de témoins, et Jausion lui-même, il devait rester à M. Fualdès, toutes les dettes payées, sur la vente du domaine de Flars, environ 15,000 fr. d'argent, et une fortune de 150,000 fr., tandis que depuis l'enlèvement des journaux, du portefeuille et des contre-lettres, M. Fualdès, d'après le rapport des commissaires, devrait encore à Jausion ou à ses commettans environ 45,000 fr., qui, joints aux autres effets protestés depuis, font monter la dette à près de 100,000 fr.

Il a remarqué encore que les assassins profitant du moment où M. Fualdès venait de recevoir, sur le prix du domaine de Flars, 26,000 fr. d'effets de commerce, lui avaient proposé de lui en procurer une négociation avantageuse, pour laquelle ils lui avaient donné rendez-vous à huit heures ; que c'est à cette heure que l'assassinat a été commis ; que 12,000 fr. de ces effets se sont trouvés depuis entre les mains de Jausion, qui a imaginé tardivement une négociation absurde faite sur la place de Cité, à deux pas de sa propre maison, ou de celle de M. Fualdès, pour cacher la source criminelle où il les avait puisés ; que, parmi les billets qu'il prétend avoir donnés en compensation, il en est plusieur échu depuis long-tems, censés payés, qui devaient être dans le secrétaire de M. Fualdès, parmi les papiers inutiles, et qu'on a pris lors de l'effraction pour les utiliser de nouveau et les faire figurer dans ce prétendu échange ; que Jausion n'a parlé de cet échange qu'après l'arrestation de son beau-frère Bastide ; et que le lendemain de l'assassinat, lorsque M. de Seguret lui demandait s'il savait ce qu'étaient devenus les 26,000 fr. d'effets, il répondit l'ignorer.

Le vol commis avec effraction, l'enlèvement des journaux et du portefeuille de M. Fualdès, la mauvaise tenue des carnets de Jausion, sur lesquels, tout informes qu'ils sont, n'est point relatée l'opération des 26,000 fr., ont fourni un vaste champ aux discussions de l'avocat de la partie civile.

Il a ensuite examiné la conduite des dames Galtier et Jausion, et persuadé que dans aucun cas le mari de cette dernière ne pourra échapper au châtiment qu'il mérite, il a laissé à la sagesse de MM. les jurés le soin d'apprécier toutes les circonstances qui sont favorables à ces dames, quoi qu'il soit établi qu'elles sont complices du fait matériel de l'effraction.

Après l'examen des faits généraux de l'accusation, M. Merlin a discuté les faits particuliers à chaque accusé, en commençant par la femme Bancal, dont la maison a été le point de réunion des assassins ; il a prouvé sa complicité par ses aveux faits à des tiers, par ceux de ses propres enfans, par ses dénégations postérieures .....

« Si mieux conseillée sur ses propres intérêts, a-t-il dit, cette veuve, aujourd'hui que son mari n'existe plus, venait, avec l'accent de la douleur, déclarer la vérité toute entière, elle pourrait peut-être atténuer sa faute et espérer quelque faveur auprès de ses juges.

» Son obstination à contester l'évidence lui est aussi défavorable qu'à ses co-accusés, car si elle n'avait prêté qu'une assistance passive au crime, sa dépendance de l'autorité maritale faisant en partie son excuse, elle ne craindrait pas d'en faire l'aveu ; et si d'un autre côté les accusés n'y avaient comme elle coopéré d'une manière active, ils seraient les premiers à provoquer des aveux formels de sa part : « Il est prouvé, lui diraient-ils, que c'est dans votre maison que le crime fut commis ; si votre mari fut coupable d'avoir donné asile à des bourreaux, vous avez eu de puissans motifs de vous taire pendant tout le tems qu'il a vécu ; si la mort dont a péri votre mari a pu vous inspirer quelques frayeurs, elles n'existent plus aujourd'hui : vous êtes en présence de vos juges ; le moment favorable est arrivé ; votre silence compromet le sort de tous ; il est tems de le rompre dans vos intérêts et dans le nôtre, en rendant hommage à la vérité. Parlez ; racontez toutes les circonstances de cette affreuse tragédie dont vous fûtes le témoin ; déclarez tous les conjurés qui y ont figuré !... » Vous le voyez, messieurs, elle persiste à se taire ; elle nie l'évidence. Je m'abstiens de toute réflexion.

« Je viens à présent à Bastide-Grammont.

» Qu'il est pénible pour les magistrats familiarisés avec l'étude du genre humain, pour des jurés qui désireraient de pouvoir se faire illusion dans une procédure aussi étonnante par l'énormité du crime que par la qualité de plusieurs accusés ; pour tous les citoyens, enfin, que ces débats solennels ont attirés en foule dans le temple de la justice, de ne pouvoir se dissimuler que pour envahir la fortune de M. Fualdès, il a fallu non-seulement attenter à sa vie par une entreprise qui suppose une audace inouie, une préméditation sans exemple ; mais encore fouler aux pieds toutes les vertus domestiques et sociales, fermer le cœur à la voix du sang, aux cris de l'amitié. Certes, il serait difficile d'y croire, si nous n'en avions acquis la preuve positive ; si, par sa conduite antérieure, le sieur Bastide n'avait prouvé que si la nature n'engendre pas ordinairement des monstres, il lui était réservé de fournir un exemple d'une exception aussi humiliante pour l'espèce humaine. Nous espérons convaincre MM. les jurés, que celui qui a été capable d'étouffer dans son cœur la piété filiale, l'amitié fraternelle, de concevoir, manifester, chercher même à exécuter les projets les plus audacieux, et qui dénotent la scélératesse la plus consommée, a pu, au milieu du tourbillon d'affaires qu'avait excité autour de lui la soif d'acquérir, s'abuser au point d'acheter par un crime non-seulement sa libération vis-à-vis d'un parent, d'un ami, mais même de s'approprier l'argent et les effets qu'il savait être en son pouvoir pour une somme de plus de 26,000 francs, et à qui devait-il s'adresser pour lui faciliter l'exécution de cet horrible complot? Il était naturel qu'il en fît la confidence à celui qui, par les rapports d'intérêts qu'il avait avec le sieur Fualdès, les sommes considérables qu'il lui detenait, devait profiter comme il l'a fait de ce crime effroyable. Mais il fallait encore des exécuteurs, des bourreaux !. ... Où les trouver, sinon dans ce lieu de prostitution et de débauche, où Bastide-Gramont avait ses habitudes?

Chez ce même Bancal qui avait manifesté contre M. Fualdès des motifs de haine et de vengeance? Chez ce Colard qui, dans la même maison encore, vivait en concubinage; Colard, dont la dépravation est telle, qu'il ne craignait pas de dire que les biens étaient mal partagés ici-bas, et que si tout le monde était comme lui, on saurait en prendre où il y en a; ce scélérat, qui se vantait publiquement que pour 25 louis il ne ferait aucune difficulté de tirer un coup de fusil à un homme. Il fallait encore s'adresser à un aventurier comme Bach, à un Missonnier, dont il était facile de séduire la raison, soit par l'appas de l'intérêt, soit par l'effet de la terreur. Nous n'en doutons pas, Messieurs, les débats ne laissent rien à désirer sur ce point, et ne prouvent que trop que Bastide-Gramont et ses complices se sont distribué les rôles de cette affreuse tragédie, et ne les ont que trop bien remplis.

» Qu'on cesse de se récrier sur l'impossibilité de l'existence d'un monstre pareil; de prétendre qu'un instant n'a pas suffi pour faire d'un homme de bien le plus profond, le plus immoral de tous les scélérats. Tous ces raisonnemens, dictés par la philantropie, puisés dans la douce humanité, et accueillis avec tant d'empressement par la conscience des gens de bien, se taisent devant les faits attestés par les débats, et ne peuvent détruire leur existence.

» Sans doute il faut que tout crime ait un motif, et qu'un attentat aussi épouvantable que l'assassinat de M. Fualdès, qui est le résultat d'une combinaison réfléchie, ne puisse être imputé à un parent, un ami, sans qu'on puisse en assigner la cause. Il faut que celui qu'on en accuse soit réputé assez pervers pour se porter à le commettre; il faut enfin, pour attirer sur sa tête une condamnation capitale, la conviction entière de sa culpabilité. » L'orateur a ensuite prouvé qu'outre l'intérêt commun au crime entre Jausion et lui, Bastide y avait un intérêt personnel; qu'après l'assassinat il avait convenu au témoin Albouy *qu'il était débiteur de M. Fualdès de la somme de* 10,000 *fr.*, *mais qu'ils s'étaient arrangés à la foire*; que le témoin Cazals avait encore déposé avoir entendu l'après-midi, avant l'assassinat, quand Bastide promettait à M. Fualdès, qui paraissait un peu inquiet, *de venir lui faire son compte ce soir*. Il a ensuite invoqué la déposition d'Ursule Pavillon, qui a entendu, quand Bastide donnait *un rendez-vous à son ami pour huit heures du soir*, heure à laquelle il a été assassiné; et nombre d'autres déclarations qui se rattachent à ce fait important, notamment la promesse de faire négocier les effets reçus de M. de Seguret, et déjà signés en blanc par M. Fualdès. »

M. Merlin a rapporté plusieurs traits résultans des débats, pour établir l'immoralité de l'accusé, et notamment la confidence de M. Bastide père au témoin Boudon, que son fils lui avait porte le pistolet sur la gorge pour le forcer à lui donner une somme; le fait attesté par Guétard, que, dans une occaison, Bastide avait donné des coups de bâton à un particulier qu'il avait trouvé sur son chemin, pendant la nuit, en s'écriant: *S'il avait vingt-cinq mille francs!* et autres faits résultant de la procédure.

Il a parlé ensuite du rendez-vous qu'il voulait faire donner à M. Fualdès, par la fille Bormes, trois semaines avant l'assassinat, dans le jardin de M. Fualdès, entre minuit et une heure, en ajoutant qu'il avait le tems d'aller à Gros et de revenir ; de sa présence, le soir de l'assassinat, à Rodez, où il a été vu, soit à l'entrée de la nuit, soit plus tard ; de son départ simulé, attesté par le sieur Dornes fils, et de sa rentrée peu de tems après ; de la déclaration de la veuve Solanet, qui a cru le reconnaître pendant qu'on portait le cadavre dans la rivière ; du signalement qu'avaient donné de sa haute-taille une foule de témoins, soit avant l'exécution de l'assassinat, soit depuis ; enfin de sa présence et de sa conduite à Rodez le lendemain, attestée par plus de vingt témoins, et contestée par lui ; de l'aveu fait par Bancal au témoin Monisset, lors de l'arrestation de Bastide, *que celui-ci était du nombre des assassins, et qu'il y en avait bien d'autres ;* de son apparition dans la maison de M. Fualdès à trois reprises différentes ; de la demande qu'il fit à la servante, si son maître y était, dans un moment où toute la ville était dans la consternation ; de la clef du bureau de M. Fualdès, qui est tombée à côté de cet accusé pendant qu'il était dans la chambre avec la servante ; de sa présence encore à Rodez pendant qu'on transportait le cadavre ; de la contestation qu'il a faite de n'avoir connu l'assassinat que quand l'huissier Gisbelle est venu l'assigner vers les trois heures de l'après-midi, à son domaine de Lamorne ; enfin de la reconnaisance faite par Bousquier de cet accusé, soit dans la maison Bancal après l'assassinat, soit lorsque le cadavre a été transporté dans la rivière.

« Que fera-t-on, ajoute Me Merlin, de la déclaration du co-accusé Bousquier, contre laquelle les vrais coupables s'élèvent avec tant de chaleur, qu'on cherchera à emporter par tout les moyens possibles, et dont on ne parviendra jamais à altérer la force et la vérité ; de cette déclaration, sans laquelle la conviction du jury eût été entière ; mais dont l'unique avantage est de lever tous les doutes sur la vraie désignation des coupables, de forcer enfin jusqu'à son dernier retranchement la conscience de ces hommes faibles qui hésiteraient entre l'influence d'un nom et l'horreur d'un crime auquel on refuserait encore de croire, si l'ombre de la victime n'était là pour réclamer vengeance, et imposer silence à toutes les considérations pusillanimes qui sont et furent toujours incompatibles avec le maintien de l'ordre et de la sûreté ? Il me semble entendre la voix de ce magistrat infortuné dans cette même enceinte qui rappelle, et rappellera à jamais et sa droiture et son dévouement au bonheur commun : vous adresser du fond de sa tombe ces lugubres paroles : « Qu'avais-je fait pour mériter mon sort, provoqué l'exécution des lois, concouru au maintien de la sûreté de vos propriétés, de vos personnes, donné l'exemple de la pratique des vertus sociales et privées ? J'avais été bon ami, bon parent, bon père de famille. Cependant quand, par une de ces chances qu'on aura de la peine à concevoir, j'ai perdu la vie par un attentat qui révolte la nature et excite la sollicitude de la France entière; quand mes assassins sont là, qu'il est reconnu qu'un vil intérêt a aiguisé leurs poignards, que je les signale aux yeux de la loi, l'impunité serait leur partage! Mais, de bonne foi, n'est-ce pas pour envahir mon bien qu'ils m'ont assassiné avec une barbarie dont les cannibales même ne seraient pas susceptibles? Pourquoi donc balanceriez-vous à les frapper? S'il n'est pas en votre pouvoir de me rendre la vie, du moins jetez un regard sur mon fils, sur ma veuve, sur l'état de mes affaires; lisez dans l'avenir, et que mon funeste sort devienne un exemple utile à tous. Non, Messieurs du jury, vous ne sauriez fermer vos cœurs à une réclamation si juste, et ne pas prendre en considération, dans cette cause, cette masse de circonstances qui sont si écrasantes pour les accusés, qu'il faut vraiment le front de l'imposture pour ne pas courber la tête sous leur poids. »

M. Merlin a ensuite établi qu'il n'y avait pas un seul des faits déclarés par Bousquier qui ne fût concordant avec toutes les circonstances rapportées par les témoins, et a encore tiré des inductions contre Bastide de la déclaration de la dame Manson. Il a terminé la discussion de ce chef d'accusation comme suit:

« C'est Bastide qui a donné le fatal rendez-vous à huit heures; il a été vu, peu de tems avant l'assassinat, dans la ville de Rodez: il affecta de partir et de revenir; il a été reconnu à la tête des assassins, dans le lieu même où le crime a été commis. On a cru le reconnaître aussitôt que le transport du cadavre s'effectuait; s'il s'est retiré à Gros, après la consommation du crime, il est revenu à Rodez au point du jour; on l'a vu passer à la Raquette, après cinq heures; a Laguioule à six; sortir de la rue des Hebdomadiers quelque tems après, diriger ses pas dans la maison Fualdès, en regardant de côté et d'autre; il est entré sans qu'il paraisse qu'on lui ait ouvert la porte; quand il en est sorti, on l'a vu se diriger vers le côté de la place où reste Jausion; on l'a vu rentrer pendant la matinée dans la maison Fualdès à deux reprises différentes, et quand toute la ville était dans la consternation, et que la famille fondait en larmes, il a eu le front de demander à la servante si son maître y était; de monter à l'appartement, où est le placard dans lequel s'est trouvée depuis le portefeuille qui contient les effets prétendus, fournis en échange par le complice Jausion; la clef du bureau de M. Fualdès est tombée à côté de Bastide, dans la ruelle du lit, en présence de la servante; il a néanmoins soutenu qu'il n'avait appris la nouvelle de l'assassinat que par l'huissier Girbelle, à la Morne, à trois heures de l'après-midi; il l'a répétée à M. Lavergne en arrivant à Rodez; et cependant Bancal l'a déclaré un des assassins de M. Fualdès Un prétendu alibi, certifié par des domestiques auxquels on fait fixer à un jour des faits qui peuvent recevoir leur application à un jour différent, pourrait-il prévaloir contre cette masse de preuves positives établissant un alibi contraire. »

M. Merlin, après avoir discuté les moyens d'accusation contre

Bastide, a fait ressortir les charges résultant des débats contre Bach, Colard, Missonier et la fille Benoit, et a terminé son plaidoyer par discuter la culpablité de Jausion, relativement à l'assassinat.

Le grief principal qu'il a coarcté contre cet accusé est le vol dont il s'est rendu coupable le lendemain de l'assassinat, qui en a été le véritable motif, et dont Jausion a profité.

Il a établi que Jausion en avait imposé lorsqu'il avait dit n'avoir appris la mort de M. Fualdès que de la bouche de M. Carrère, vers les huit heures et demie, tandis qu'antérieurement, entre sept et huit, il avait déjà enfoncé le tiroir du bureau.

Il a ajouté que c'était mal-à-propos qu'il a contesté d'avoir fréquenté la maison Bancal, tandis que la femme Nicole l'en a vu sortir dans l'hiver dernier, et Brast quelques jours avant la foire qui a précédé l'assassinat.

Il a fait valoir la reconnaissance de Bousquier, qui croit encore qu'il était dans la maison Bancal lorsque cet accusé y fut conduit, et un de ceux qui l'y menacèrent et accompagnèrent le cadavre.

Il a également invoqué plusieurs autres faits, et fait l'analyse des dépositions de la dame Manson, ainsi qu'il suit :

« Quelques jours après la découverte de l'assassinat, mad. Manson, s'en entretenant avec M. Rodat, lui disait : « Si vous aviez été chez Bancal, si vous aviez été vu, si vous connaissiez la vérité relativement aux assassins de M. Fualdès, que feriez-vous ? » Et lorque cet estimable parent lui répondit qu'il aurait béni le ciel de l'avoir amené dans un coupe-gorge pour sauver la vie à un père de famille, à un homme dont les vertus publiques et privées avaient conquis l'estime de tous les honnêtes gens, elle ajoutait : « Mais, si vous étiez sans armes, le moyen de le défendre contre tant de monde ? » Dans une autre occasion, la conversation étant tombée sur la révélation faite par Bousquier, la dame Manson dit encore à son parent : « Pour moi, je la crois vraie ; elle est vraie. » Une autre fois, lorsque la justice était déjà instruite des révélations faites par cette dame, elle disait encore à son cousin, qui l'engageait à dire la vérité : « Si vous me condamnez, je suis perdue ; conseillez-moi, je dirai ce que vous voudrez ; je dirai que c'est Jausion qui m'a conduite jusqu'auprès du puits ; et cependant je n'ai pas été chez Bancal.... »

» Depuis l'ouverture des débats, en parlant encore sur le même sujet, cette dame, à qui son cousin prouvait, par les seules armes de la raison, que personne ne douterait qu'elle n'eût été chez Bancal, et ne connût les assassins, faisait observer à son cousin : *Mais, quand on est lié par un serment, si un des coupables vous avait sauvé la vie.... Peut-on porter la hache sur le cou de celui qui vous a sauvé la vie ?* Tout le monde connaît la réponse de ce témoin estimable à sa cousine, et tout le monde connaît aussi la conduite de cette dame, et sa réponse à M. le président, lorsqu'il l'interpellait sur la déclaration de M. Rodat. « Elle est convenue de tout, hors d'avoir nommé Jausion, et a fini par déclarer que, puisque le témoin l'affirmait, elle devait l'avoir fait. » Il est bien difficile de voir rien de plus franc, de plus sentimental, de plus instructif et de plus concluant que cette déclaration. On remarque dans la dame Manson une imagination encore frappée de la scène d'horreur qui se passa peut-être près d'elle, un cœur peiné d'être obligé de concentrer cet horrible mystère au-dedans de lui-même, luttant avec effort entre la nécessité de le tenir caché et le besoin de le communiquer, du moins au sein de l'amitié, souvent dominé par la terreur, la crainte de perdre la vie, quelquefois par la religion du plus affreux de tous les sermens ; enfin retenu par le sentiment dont a parlé le témoin, qui prend sa racine dans un cœur généreux pour celui qui lui sauva la vie. De-là, messieurs, n'en doutez pas, toutes ces tergiversations, toutes ces variations, toutes ses scènes extraordinaires, dont la conclusion a toujours été que le grand secret que possède la dame Manson n'est pas un mystère.

» D'après les aveux de cette dame, consignés dans la déposition de M. Clémandot, dans celle de Victoire Redoulez, que Mme Manson reconnaît incapable de mentir ; dans celle de M. le préfet, et dans les lettres qu'elle a écrites à ce digne chef de l'administration, on n'est plus étonné de tout ce qui s'est passé sur les débats. On ne peut révoquer en doute la culpabilité de Jausion et de Bastide. Tout s'explique dans cette cause. Elle a le secret de l'assassinat et la connaissanée des assassins ; et si, dans le cours de la procédure, on a été frappé de ses inconcevables tergiversations, on voit clairement qu'on ne peut les attribuer qu'au souvenir de celui qu'elle croit lui avoir sauvé la vie, à la crainte qu'on lui a inspirée si elle venait à manquer au terrible serment qu'on lui avait fait prêter sur le cadavre de la victime, aux pressantes sollicitations de la dame Pons, sœur de l'accusé Bastide, belle-sœur de l'accusé Jausion. Eh bien, malgré tous ces puissans motifs de se taire, il lui a été impossible de contenir son secret lorsque, Jausion déclarant qu'il ne la connaissait que pour l'avoir vue une seule fois chez Mme Pons, elle a dit d'un air courroucé : « Pourquoi a-t-il eu l'audace de me saluer en plein tribunal ? » lorsqu'elle s'est écriée : « Qu'on ôte de ma vue ces assassins ! » lorsqu'à leur aspect elle a éprouvé des convulsions violentes, un évanouissement complet ; lorsque, la crainte ou une fausse honte l'ayant empêchée de convenir qu'elle ait été chez Bancal, elle ajoute qu'elle croit cependant que « Jausion et Bastide y étaient ; » lorsque, parlant de Jausion, elle a dit que « celui qui avait tué son enfant était capable de commettre les plus grands crimes ; » lorsqu'elle a ratifié tous les dires de son cousin Rodat ; lorsqu'après la vive et touchante exhortation qui lui est adressée par M. le président, ses traits s'altèrent, de nouvelles convulsions l'agitent, et que sa main s'étant portée sur l'épée de M. le maréchal-de-camp Desperrières, qui lui prodiguait les secours les plus affectueux, elle s'écrie dans son délire : « Vous avez un couteau ! » et tombe évanouie ; lorsque, adressant la parole à M. le maréchal-de-camp, elle lui dit : « Sauvez-moi de ces assassins ! vous ne serez pas toujours près de moi ; s'ils s'échappaient, ils saigneraient tous les honnêtes gens du département ; » lorsqu'après avoir repris ses sens, elle dit ces paroles remarquables : « Demandez à Jausion s'il n'a pas sauvé la vie à une femme : il y avait une femme chez Bancal ; elle ne fut pas sauvée par Bastide : Bastide voulait la tuer, Jausion la sauva ; » lorsque, se tournant vers Bastide au moment où M. le président l'interpelle, elle s'écrie : « Avoue donc, malheureux ! » lorsque, d'après l'assertion d'un témoin, elle a dit en parlant de Victoire Redoulez : « Elle est incapable de mentir ; ce n'est pas elle, c'est moi qui mens.... Je ne puis rien dire, j'ai fait un serment.

» Que m'importe dès-lors que la dame Manson ait ensuite voulu revenir sur ses pas, qu'elle ait voulu détruire le lendemain l'impression qu'elle avait produite la veille.

» Les faits que je viens de retracer suffisent pour justifier que cette dame connaît toute la vérité, et que malgré sa répugnance à la déclarer, elle a fini par échapper de sa bouche, et a produit la conviction pleine et entière de la culpabilité de Jausion ; car il devient inutile de vous entretenir encore de Bastide, sur le compte duquel les débats n'ont rien laissé à désirer.

» Je vous ferai donc grâce, Messieurs, de ces lettres romanesques annexées au rapport de M. le préfet, et qui malgré leur contexture, confirment toutes les observations que je viens de vous soumettre, dans l'unique intérêt de la justice, ainsi que toutes les autres circonstances qui se sont liées à l'épisode de la dame Manson. Je ne parlerai pas même de l'aventure du peloton de fil. Les débats ne sont pas un dédale inextricable où on ne puisse se retrouver aisément.

» Messieurs les jurés, a dit ensuite M. Merlin, je crois avoir démontré que l'horrible assassinat qui fait l'objet de votre examen a été commis dans la maison Bancal ; que l'intérêt en a été le principal motif, puisqu'il a été suivi d'un vol avec effraction dans la maison de M. Fualdès, et par l'effet duquel cet infortuné, à qui la vente de Flars pouvait laisser un résidu de 15 à 18,000 fr, toutes ses dettes payées, a été dépouillé d'une fortune considérable.

» Que la femme Bancal doit être déclarée un des auteurs ou complices de ce crime, puisqu'il a été commis dans sa maison, sous ses yeux, et qu'elle a pris une part active à son exécution ;

» Que Bastide Grammont et Jausion doivent également en être déclarés les auteurs ou les complices, puisqu'ils ont non-seulement participé à cette même exécution, mais même que c'est dans leur intérêt que le crime a été commis, qu'ils devaient en retirer tout le fruit, et qu'ils en ont profité ;

» Qu'il en est de même de Bax, Colard et Missonier, puisqu'ils ont non-seulement aidé les auteurs dans les actes d'exécution, mais encore été reconnus parmi ceux qui ont transporté le cadavre dans la rivière ;

» Qu'Anne Benoît n'est pas non plus exempte de crime, et y a participé, comme les autres ;

» Que Jausion est l'auteur du vol qui a suivi l'assassinat, et que ce vol a été commis avec effraction ;

» Que les femmes Jausion et Galtier étaient présentes à cette soustraction frauduleuse, et ont assisté l'auteur dans les faits qui l'ont préparée et facilitée.

» Hâtez-vous donc, messieurs les jurés, de prononcer sur une cause qui fixe dans ce moment l'attention, je ne dis pas du département, mais même de la France entière. La société attend de vous une déclaration franche, impartiale et digne d'hommes probes, libres et dégagés de toute espèce de prévention et d'influence; vous devez venger la magistrature d'un attentat commis sur la personne d'un de ses membres; la société de l'assassinat d'un homme de bien, d'un père de famille ; imprimez à jamais une terreur profonde dans le cœur des pervers ; détruisez et leurs complots et leurs espérances ; vengez les gens de bien de ces imputations que la calomnie la plus atroce n'avait pas craint de vomir contre eux pour se couvrir du voile de l'impunité; rassurez nos cités contre les justes alarmes qu'a répandues dans tous les esprits un crime qui fait frémir la nature, un crime qui n'eût jamais d'exemple, et qui, comme je l'ai dit en débutant, offre, à lui seul, la violation de tous les droits, l'assemblage monstrueux de tous les forfaits ; un crime dont le châtiment, quelque éclatant qu'il puisse être, ne sera jamois en rapport avec la férocité de ses auteurs. »

M. Merlin s'est réservé de prendre des conclusions relativement aux dommages réclamés dans l'intérêt des créanciers du sieur Fualdès.

M. le procureur-général a pris la parole ; après avoir établi la matérialité du crime, il a prouvé qu'il avait été commis chez Bancal, et il a examiné successivement la culpabilité des divers accusés. En s'occupant des faits généraux il a dit : « Dès le lendemain de l'assassinat du sieur Fualdès, les coupables sûrs que les regards publics se fixaient déjà, s'empressèrent de les détourner en jetant des soupçons propres à égarer la justice. Nous voyons dans la procédure leurs discours, leurs manœuvres à ce sujet. Ils cherchaient, ainsi que leurs amis, à semer des bruits tendans à faire croire que les amis du Roi étaient les auteurs de cet horrible crime..... Eux qui, accoutumés à sacrifier leur fortune, à verser leur sang pour leur Roi et pour la légitimité du trône, ont su périr sous la hache révolutionnaire, mais n'ont jamais souillé leurs mains d'un fer assassin! Bientôt ce mystère d'iniquités a été éclairé, et on n'a pu se méprendre sur les auteurs de l'assassinat le plus horrible, inspiré par la cupidité la plus honteuse et exécuté avec la scélératesse la plus barbare. »

Après avoir parlé de la manière dont l'infortuné Fualdès fut arrêté et traîné dans la maison Bancal, il a dit : « Arrêtons un moment notre imagination dans cet infâme lieu, qui, après avoir été si souvent le théâtre de la débauche, devait encore devenir celui du plus horrible assassinat; représentez-vous ce malheureux

Fualdès, étendu et attaché sur une table, employant les prières, les larmes, pour fléchir la rage de ses bourreaux, que rien ne peut émouvoir. On eût pu penser que la femme Bancal, Anne Benoît, qui paraissent n'avoir pas été les seules de leur sexe présente à cette sanglante tragédie, émues par des sentimens de pitié si naturels aux femmes, auraient cherché à sauver l'infortuné Fualdès; mais non : elles éclairaient les assassins, pour qu'ils pussent mieux diriger leurs coups, et c'est la femme Bancal qui reçut dans un baquet le sang de la victime. L'un de ses monstres plonge le couteau; les autres se repaissent avidement de ses débats, de ses convulsions mortelles, et ne sont satisfaits que lorsqu'ils lui voit exhaler le dernier soupir. »

Après une analyse exacte des débats, M. le procureur-général s'est adressé à MM. les jurés et a dit : « Nous venons de vous exposer ce qui sert à étayer l'accusation que nous avons dirigée contre les individus présens à vos yeux. Nous vous avons retracé les faits, les déclarations des témoins, le dire des accusés et tout ce qui concerne la culpabilité de chacun d'eux. Nous croyons avoir rempli notre tâche. Votre attention soutenue à ces longs détails vous fera connaître, Messieurs, les coupables de ce grand crime; vous en démêlerez la cause, et votre décision terminera ce procès trop célèbre par ses horreurs. »

Me Combarel aîné, défenseur de la femme Bancal, a parlé à peu près en ce sens :

« Messieurs, les objections que l'on vous a proposées contre la femme Bancal trouveront leurs parfaites solutions dans votre sagacité et vos lumières. Elle est enfin développée cette grande affaire, à laquelle se sont mêlées tant de passions et tant d'erreurs! Quels résultats les débats vous ont-ils fournis contre la femme Bancal? La complicité qu'on lui reproche est-elle établie? Non, Messieurs, aucun témoin oculaire n'a déposé sur les circonstances qui ont accompagné l'exécution du crime L'inestimable dame Manson n'a rien offert de certain dans ses convulsions et dans ses dires; c'est l'ange de ténèbres qui promettait la lumière pour nous laisser dans une nuit profonde. Bousquier, co-accusé, n'est arrivé dans la maison Bancal qu'après que le crime a été couronné; sa déclaration est étrangère aux circonstances de l'exécution; l'on ignore par conséquent quel rôle chaque complice a rempli pendant cette scène tragique. Dans ce dénuement absolu de témoins oculaires et de preuves directes, le lieu qui a servi de théâtre au crime suffira-t-il pour préciser la complicité d'une femme en puissance de mari, opprimée par la force majeure, qui n'a pu empêcher ce malheur? Des ouï dire incertains serviront-ils de base à une condamnation capitale? »

Me Combarel a prouvé que les propos attribués aux enfans de Bancal, et ceux qu'on met dans la bouche de leur mère, ne doivent faire aucune impression sur un esprit éclairé. Les enfans en bas âge, privés de toute espèce d'éducation, sans discernement, toujours obsédés ou alléchés par des récompenses et des promesses, répètent aveuglement tout ce qu'on veut ; les témoins qui ont rapporté leurs prétendues révélations ont eux-mêmes remarqué combien elles sont contradictoires, en ont été choqués, et n'y ont trouvé qu'incertitude et confusion. On frémit en pensant que le public, aveuglé par la prévention, accable ces enfans de questions insidieuses, leur met le poignard à la main, et le dirige contre les auteurs de leurs jours. Si nous sommes déjà loin de ce tems où l'on employait avec tant de peine les vices de l'ancienne législation criminelle, quelle idées devons-nous avoir de ceux qui, rétrogradant vers les ténèbres, ne craignent pas de porter des enfans à fouler aux pieds, sans le savoir, les droits sacrés de la nature.

Le défenseur établit ensuite combien sont absurdes les propos attribués à la femme Bancal. Une inconnue, soupçonnée d'infanticide, détenue pour vol dans les prisons de Rhodez, prétend que la femme Bancal lui a communiqué le lendemain de son arrestation tous les détails de l'exécution de l'assassinat ; et ce témoin est unique sur les circonstances qu'il apporte. Qui ne voit pas que sa déposition est le comble de l'imposture ? Comment se persuader que durant la vie de son mari, cette femme l'aurait compromis sans nécessité, elle qui est aujourd'hui si secrète après sa mort ? Comment croire que cette étrangère serait la seule des détenues qui aurait eu sa confiance, tandis que toutes les autres la provoquaient sans cesse par leur curiosité? On doit faire le même cas des conversations entre la femme Bancal et sa fille, rapportées par deux ou trois prostituées indignes de foi. Ce n'est point dans la fange du vice qu'on doit chercher la vérité. La corruption n'a jamais produit que des lueurs trompeuses qui égarent ceux qui ont l'imprudence de les suivre.

Les soins que la femme Bancal s'est donnés pour détruire les traces du crime, ses démarches, ses chagrins sur sa position, sa conduite équivoque ne prouvent pas sa culpabilité ; elle devait trembler, quoique innocente, que la complicité supposée de Bancal ne l'entraînât elle-même dans les cachots ; tout ce qu'elle a fait est la conséquence de l'affection conjugale. Si les apparences l'accusent, sa qualité d'épouse la justifie. Qui osera lui faire un crime d'avoir tout risqué, tout souffert pour son mari, pour l'honneur de ses enfans ?

M. Combarel a soutenu que la femme Bancal n'avait pas d'intérêt à commettre le crime et n'en a point profité. Un hasard funeste l'a rendue le témoin d'un assassinat horrible, mais non le complice ; il n'est point prouvé qu'elle y ait pris une part active. On ne rencontre point ici ces preuves plus claires que le jour, qui produisent l'évidence et qui seules peuvent opérer la conviction.

« On ne cesse de répéter, a dit le défenseur de la femme Bançal, que le secret gardé par cette femme est son principal accusateur ;

qu'il est nécessaire qu'elle dévoile le crime, du moins partiellement, si elle veut repousser loin d'elle la complicité. Il a observé que la présence de cette femme à l'assassinat n'est pas une preuve de culpabilité, dès-lors qu'il est possible, qu'il est vraisemblable qu'elle ait été opprimée par le mari, par la force majeure, et que dès-lors sa coopération était superflue; que cette culpabilité n'étant point établie, l'innocence est probable, et la condamnation ne peut avoir lieu. L'accusé n'a pas besoin de se défendre toutes les fois que l'accusation n'est pas démontrée; l'accusateur doit la prouver avant que l'accusé soit obligé de prouver son innocence; il doit être absous, soit qu'il révèle le crime, soit qu'il le cache, parce que la loi n'exige la révélation que pour les complots tramés contre le Gouvernement.

» Non-seulement le secret n'est pas criminel, ajoute ce défenseur, mais il est légitime, il est héroïque dans la position où se trouve l'accusée, veuve en deuil, tutrice légale de plusieurs enfans. Je dirai à MM. les jurés: Jettez un regard sur l'habit qui couvre la femme Bancal; cet habit de deuil que la loi a mis au nombre de ses devoirs, n'est-il pas pour la veuve un avertissement d'honorer la mémoire de son mari? Loin d'elle toute révélation même partielle qui ternirait le nom de son époux. Mère tutrice de plusieurs enfans, son silence est admirable; elle expose sa vie, elle se sacrifie pour conserver sans tache l'honneur de leur père.

» Ce père est décédé en présomption d'innocence; sa mort défend toute enquête sur sa vie; l'honneur de son nom est un droit irrévocablement acquis à ses enfans. Gardons-nous de leur envier le seul bien que la fortune leur laisse; de blâmer une mère de son respect pour les droits de ses enfans et de son refus de flétrir le nom d'un époux par une révélation qui n'est point indispensable. Victime de l'amour conjugal, de la tendresse maternelle, vos sentimens ne vous ont pas trompée, lorsque vous avez refusé une révélation déshonorante! Les leçons de ce cœur valent bien celles de l'esprit. Votre silence est autorisé par la loi. Famille malheureuse, veuve désolée, séchez vos larmes; jetez une partie du voile funèbre qui vous couvre sur la tombe de votre mari; aucune puissance sur la terre n'a le droit de soulever ce voile protecteur: le tems qui détruit tout ne parviendra jamais à le déchirer.

» Défenseur de la vie d'une mère de famille, le cœur navré par les cris de l'enfance délaissée qui réclame ses secours, nous n'avons pu résister à faire usage de tous les moyens qui pouvaient adoucir son sort. Convaincus de son innocence, nous l'avons à regret supposée coupable pour la sauver. C'est à regret que nous disons à MM. les jurés: En supposant que vous déclariez la femme Bancal complice volontaire, n'oubliez pas que cette complicité est exempte de préméditation.

» La nature des choses en repousse même l'idée dans la femme Bancal. En effet, les coupables, assez nombreux pour commettre le crime sans le secours d'une vieille femme, ne se seraient pas exposés à confier, sans nécessité, leur complot à sa discrétion incertaine, de peur que la pusillanimité naturelle au sexe ne fît avorter leur projet. Les scélérats savaient bien que la complicité du mari entraînerait le silence volontaire ou forcé de la femme! Les circonstances de l'assassinat, bien examinées, démontrent que la femme Bancal n'a dû être instruite du complot qu'un instant avant son exécution. Lorsque, exacts au rendez-vous qu'ils s'étaient donné, les assassins sont survenus subitement dans le domicile du mari, la femme, effrayée, n'a pu fuir leur présence; l'un d'eux surveillait la porte de la maison, tandis que les autres allaient saisir leur victime. »

Après avoir parlé à la raison de MM. les jurés, M. Combarel a tâché d'émouvoir leur sensibilité en faveur d'une mère de famille et des enfans infortunés qui réclament ses secours.

N° IX.

ASSASSINAT DE M. FUALDÈS.

Suite de la séance du 4 septembre.

En rendant compte de la séance du 4 de ce mois, on n'avait pu insérer que quelques fragmens du discours de M. le procureur-général; en voici encore quelques extraits :

Ce magistrat a prouvé d'une manière irrésistible que le crime fut commis chez Bancal; et après avoir détaillé les atrocités, il a dit : «Dieu, qui voyez tout, comment votre bras n'a-t-il pas frappé à l'instant ces monstres, plus cruels mille fois que les bêtes féroces? Mais non; respectons vos décrets; vous avez voulu les livrer à la justice humaine (peut-être hélas! pour leur donner le tems du repentir), et par un effet de votre providence, vous avez permis qu'en voulant cacher leur crime, en se livrant à une foule de fausse combinaisons, ils fissent découvrir ce qui paraissait devoir rester inconnu.»

M. le procureur-général a prouvé que la femme Bancal avait participé à l'assassinat, et qu'elle était complice de la préméditation; il a rapporté divers propos qu'elle a tenus depuis sa détention, qui démontrent qu'elle en ressent souvent le remords; et il a dit à ce sujet : «C'est ainsi que le Ciel commence à punir les coupables, en les livrant aux remords qu'ils cherchent en vain à dissiper. Hélas! pourquoi la veuve Bancal n'a-t-elle pas suivi ces premières impressions de douleur et confessé ce qu'elle persiste à dénier d'une manière si révoltante malgré les preuves qui l'accablent?»

M. le procureur-général a prouvé la culpabilité de Bastide, soit par la déposition de Bousquier, qui a toujours soutenu qu'il était le chef de la horde des assassins qu'il vit chez Bancal, soit par une foule de faits et sur-tout par la dénégation constante de Bastide d'être venu de bon matin, le 20 mars, à Rodez, et d'avoir été chez le sieur Fualdès; tandis qu'il a été démontré qu'il s'y introduisit presque furtivement, ce même jour de grand matin; qu'il visita les armoires, fouilla les papiers et laissa tomber la clé du bureau que le sieur Fualdès portait toujours sur lui, et qui fut prise dans sa poche lors de l'assassinat. M. le procureur-général a dit, en terminant ce qui concernait Bastide : «Que dirons-nous de la dame Manson et de tout ce qui lui est relatif? Vous n'avez pas oublié, Messieurs, la tranquillité avec laquelle elle répondit aux questions de forme qui lui furent adressées par M. le président, et à la demande si elle connaissait Bastide et Jausion; le trouble dont elle fut agitée au moment où ils répondirent qu'ils ne la connaissaient pas; les apostrophes, les reproches qu'elle leur adressa, et au milieu de ses dénis d'être la femme qui se trouva chez Bancal au moment de l'assassinat, les semi-aveux qu'elle en a fait soit devant la cour, en convenant de la vérité de ce que tant de témoins ont rapporté d'après elle, soit même par écrit. Vous n'aurez pas perdu de vue les instances maladroites des accusés Bastide et Jausion pour qu'elle dît la vérité, instances qui n'eurent lieu qu'à la seconde séance où la dame Manson fut entendue. Vous n'aurez pas oublié non plus, Messieurs les jurés, ce propos de Bastide à la dame Manson : *Vous n'avez rien à craindre de ma famille, elle est prête tout entière à vous secourir;* propos qui a dévoilé les intelligences de cette dame avec les accusés. Vous peserez dans votre sagesse et dans vos lumières, Messieurs, tout ce qui peut être relatif aux déclarations de la dame Manson. Quant à nous, nous nous réservons de prendre contre elle telles conclusions que nous aviserons.

M. le procureur-général a parlé ensuite de Bax et de Colard. Après avoir fait connaître leur immoralité, il a justifié par diverses déclarations que l'un et l'autre étaient des gens sans aveu, des rebuts de la société, toujours prêts à l'outrager, et il a démontré leur culpabilité.

Il a parlé d'Anne Benoît, fille de mauvaise vie, étant en concubinage honteux avec Colard, et il a prouvé qu'elle était employée à épier le sieur Fualdès pour le faire saisir par ses assassins au moment où il sortit de chez lui, le 19 mars au soir; ce qui est encore appuyé par la déposition de Bousquier qui la reconnut chez Bancal, et il ne pouvait la méconnaître, puisqu'elle avait été sa servante.

« Bousquier, a dit M. le procureur-général, n'a pas participé à l'assassinat de M. Fualdès, mais il a porté le cadavre à la rivière de l'Aveyron, et c'est au moins un délit; d'ailleurs, il a su que ce n'était pas une balle de tabac qu'il devait porter, et en s'associant aux assassins, il a prouvé son immoralité; cependant ses révélations qui ont servi de flambeau dans cette horrible procédure, le rendent intéressant aux yeux de la justice. »

M. le procureur-général s'est occupé ensuite de Jausion. Il a parlé de la connaissance parfaite qu'il avait des affaires du sieur Fualdès; de l'effraction par lui commise à son bureau le 20 mars au matin, et de la soustraction des livres-journaux et carnets du sieur Fualdès: il a démontré, d'après le procès-verbal des commissaires, combien les carnets de Jausion étaient irréguliers; le défaut de journal que la loi l'obligeait de tenir comme agent-de-change, et l'impossibilité de la négociation que Jausion alléguait des effets que le sieur Fualdès avait reçus du sieur Seguret.

M. le procureur-général a ensuite examiné les charges qui pesaient sur Jausion par rapport à l'assassinat; il a rappelé sa parenté et son intimité avec Bastide, ses visites chez la femme Bancal, les violens soupçons qu'il s'était retiré chez lui très-tard le 19 mars, ses propos tenus devant divers témoins, « que la justice agissait » mal pour découvrir les coupables; qu'il les connaîtrait bientôt, » et cependant que lors même qu'il les connaîtrait, il se laisserait » plutôt hacher à morceaux que de les déclarer. » Pourquoi, a dit M. le procureur-général, Jausion, parent et ami du sieur Fualdès, ne nomme-t-il pas ses assassins, même dans son intérêt? Mais comment douter que celui qui a évidemment spolié la succession du sieur Fualdès n'ait pas participé à son assassinat? La loi, d'accord avec la raison, enseigne que celui qui retire le profit d'un crime en est nécessairement l'auteur ou le complice.

« Si Bousquier, a ajouté M. le procureur-général, n'a pas reconnu aussi parfaitement Jausion que Bastide, pour être du nombre des assassins réunis chez Bancal, il a cependant si bien donné son signalement, qu'il est impossible de s'y méprendre, surtout lorsqu'on sait que Bousquier apprit de Bax que l'autre monsieur qui était chez Bancal, et qui accompagnait le cortége à la rivière, était parent de Bastide, et qu'il logeait sur la place de Cité Il ne manque à tous ces traits que le mot Jausion. Vous n'oublierez pas non plus, Messieurs, les justes impressions qu'ont dû laisser contre Jausion les dires et les mouvemens de la dame Manson, lorsqu'elle l'aperçut la première fois. » — On a déjà cité la fin du discours de M. le procureur-général.

Séance du 5 septembre.

La salle est pleine ainsi que les avenues : on y remarque une grande quantité d'étrangers et de personnes distinguées. Après l'audition de la servante de Flottes, aubergiste ; qui déclare avoir vu, le 20 mars à six heures du matin, Bastide-Gramont à pied, aux environs de Languioule, M. Romiguières prend la parole pour cet accusé. Sa plaidoirie, qui a duré sept heures, ayant été totalement improvisée, et l'avocat ayant captivé l'attention au point qu'il eût été difficile de prendre des notes exactes, nous avons le regret de ne pouvoir offrir qu'une légère et foible esquisse de ce discours.

« Messieurs, le 20 mars, à la pointe du jour, une femme découvre un cadavre flottant sur les eaux de l'Aveyron. La nouvelle s'en répand bientôt dans la cité : elle n'excite qu'une simple curiosité ou une pitié stérile. Tout-à-coup, des rives de ce même Aveyron, un cri se fait entendre : *Le cadavre, c'est Fualdès !* L'horreur et l'indignation succèdent à l'indifféreuce. Rodez croyait n'avoir à gémir que sur un étranger ; Rodez apprend qu'il lui faut pleurer un de ses meilleurs citoyens, et la douleur publique honore celui qu'on juge mort, mieux peut-être qu'on ne l'avait jugé vivant....

» Cette douleur s'accroît par les détails, les renseignemens qu'on recueille : on apprend que l'infortuné Fualdès a été saisi par ses bourreaux, au sein de la plus douce sécurité ; on apprend que, non contens de lui ôter la vie, les monstres ont voulu se rassasier goutte à goutte du sang de leur victime, qu'ils l'ont condamnée au supplice épouvantable de se voir mourir. On apprend que, jaloux d'ajouter au forfait, et simulant d'horribles funérailles, ils ont traîné, jeté le cadavre dans un gouffre qui s'est refusé à devenir leur complice....

» Faut-il s'étonner, Messieurs, si le tableau d'un pareil crime respire encore sous nos yeux, et si l'imagination la moins féroce ne conçoit pas de supplice proportionné à ce forfait...

» Pourtant, s'il est des infortunes qui aigrissent le cœur, le provoquent à la vengeance, il en est d'autres qui appelleut l'intérêt et la pitié. Supposez Bastide innocent, et vous lui devez au moins cette supposition, fut-il jamais une infortune comparable à la sienne ? Fualdès souffrit un instant, et il entra au séjour de l'éternel repos. Depuis cinq mois, Bastide est en proie à tout ce que la douleur, l'humiliation, le désespoir ont de déchirant.

» La loi le répute innocent, et tout l'appareil du crime l'environne ; la loi le répute innocent, et ses mains sont chargées des fers qui ont déjà meurtri tous ses membres ; la loi le répute innocent, et depuis cinq mois, au mépris de toutes les lois civiles et humaines, condamné au plus rigoureux secret, il est privé des consolations, des embrassemens, de la vue des membres de sa famille... Je me trompe, Messieurs, il lui a été donné d'en retrouver une partie sur la sellette, d'y retrouver deux sœurs si tendrement chéries, si dignes de l'être, de confondre avec elles ses larmes et ses sanglots...

» Enfin, le voilà devant ses juges... Eh ! quels juges !... Une cour, dont les magistrats spécialement désignés par le chef de la justice, s'offrent à notre vénération et à nos respects ; un jury pris dans l'élite des citoyens, remarquable par le noble caractère, le désintéressement de ceux qui le composent. Ils sauront se placer au-dessus de la prévention, et se soustraire à l'œuvre de la calomnie.

» Eh! qui, dans cette malheureuse procédure, qui n'a pas été calomnié? Vous-même, habitans de Rhodez, n'avait-on pas dit que vos cœurs généreux, confondant l'horreur pour le crime avec la soif de la vengeance, vous n'admettiez pas de milieu entre l'accusation et la condamnation? N'avait-on pas dit qu'il y avait quelques dangers à venir défendre les accusés? Ma présence en ces lieux vous dit mon mépris pour de semblables suppositions. Oh! combien, loin d'éprouver la moindre répugnance, combien j'ai aimé à voir une contrée où je retrouve le modeste berceau de ma famille; une contrée, dont mon pays natal est en quelque sorte tributaire, puisque Toulouse lui dût, lui doit encore ses meilleurs jurisconsultes; une contrée justement renommée, puisqu'elle compte avec orgueil son Bonald parmi nos plus profonds écrivains politiques, son Flaugergues parmi nos plus éloquens, sur-tout nos plus intrépides orateurs, son Monseignat parmi les plus estimables collaborateurs des codes qui nous régissent; et tant d'autres que je m'abtiens de nommer : car la louange sied mal dans une bouche réduite au triste langage de la justification..... »

Après avoir terminé un exorde dont nous n'indiquons que quelques traits, M. Romiguieres annonce qu'il ne s'occupera ni de la vie de son client dont les principaux faits appartiennent à la discussion, ni de la procédure dont il n'est pas tems d'écrire l'histoire. Imitant M. Combarel aîné, il n'examinera pas si le crime a été commis chez Bancal. « Tel est ce crime, dit-il, que nul n'ose en aborder le théâtre. »

L'avocat de Bastide se bornera à prouver que relativement à son client, l'accusation n'est ni vraisemblable ni vraie. Dans cet objet, il considérera tour-à-tour quel est l'accusé, quelle était la victime, quel fut le crime, quelles sont les circonstances desquelles on veut déduire la culpabilité de Bastide.

Ce plan a été admirablement développé.

Sur le premier point, après quelques réflexions relatives à l'influence du caractère et de la moralité d'un individu sur sa culpabilité actuelle, M. Romiguières s'efforce d'établir que son client n'est ni un mauvais fils, puisqu'il n'a jamais manqué au respect filial, et que la déposition d'Antoine Boudou est évidemment inexacte; ni un mauvais frère, puisqu'il n'a pas pu enlever à son frère aîné les titres constatant leurs accords de famille, alors que ces accords sont consignés dans des actes publics; ni un mauvais citoyen, puisque toutes les inculpations qu'on lui adresse sont calomnieuses, outre qu'elles n'indiqueraient jamais la moindre disposition au crime atroce dont il s'agit. L'orateur en appelle à M. Fualdès, qui honora Bastide de la plus constante amitié; à ce digne magistrat, qui avait trop étudié, qui connaissait trop le cœur humain pour s'être aveuglé sur les vices qu'on prête à l'accusé. L'ombre de ce malheureux est évoquée, placée entre l'accusateur et l'accusé, entre le fils et l'ami : « Non, s'écrie le défenseur, Bastide ne fut jamais coupable du plus horrible assassinat. »

Sur le second point, qui rentre dans le premier, M. Romiguières retrace la longue liaison qui exista entre M. Fualdès et Bastide; il combat les témoignages d'après lesquels il paraîtrait que, le 19 mars dans l'après-midi, ces deux individus avaient eu quelques altercations. La conclusion est que, dans l'absence de toute sorte de ressentiment ou d'inimitié, Bastide n'aurait pu s'armer contre son ami qu'en cédant à un vil intérêt. Mais, dit le défenseur, la fortune de l'accusé, la simplicité de ses mœurs, la modération de ses dépenses, son industrieuse activité, le crédit dont il jouissait sur la place de Rodez, ne comportent pas l'idée de cette soif de l'or qui fait tout entreprendre. D'ailleurs Fualdès était gêné. Les valeurs qu'il avait en ses mains étaient plus qu'absorbées par ses dettes. Celles de ces valeurs qui ne se retrouvent plus dans son portefeuille, l'accusé Jausion en rend le compte le plus satisfaisant. Qu'aurait pu donc voler Bastide? Les 10,000 francs qu'il devait, disait-on, à Fualdès! Mais cette fable, qui repose sur le seul témoignage d'Alboui, est démentie par l'explication simple que donne l'accusé. Il n'a parlé à Alboui que des 10,000 fr. d'effets que Fualdès lui confia le 19 mars, *et qui se sont retrouvés dans ses papiers*. Des contre-lettres attestent que Fualdès avait tiré au profit de Bastide diverses lettres de change? Mais cette fable est démentie par le fait constant que, quand Fualdès prêtait sa signature à l'accusé, Fualdès se constituait simplement endosseur. A vouloir voler Fualdès? Bastide ne lui aurait pas rendu les effets qu'il porta au sieur Julien Bastide. Il ne l'aurait pas assassiné la veille, dans l'espoir plus qu'incertain de le voler le lendemain. Il pouvait le voler sans le tuer, tant il était libre et familier dans sa maison. Qui ne voit enfin qu'ici on veut prouver le vol par l'assassinat, et l'assassinat par le vol? manière de raisonner subversive de tous les principes en matière d'indices et de présomptions.

Sur le troisième point, M. Romiguières, se livrant aux affreux calculs du crime, pense que l'atrocité même de celui commis, exclut l'idée que Bastide en soit l'auteur. Outre que rien n'annonce en lui une telle barbarie, l'accusé avait mille autres moyens d'ôter la vie à Fualdès, sans recourir imprudemment et dispendieusement à un si grand nombre de sicaires, sicaires qui tous déclarent ne l'avoir jamais connu.

Qui a commis ce crime, et pourquoi l'opinion publique a-t elle sur-le-champ désigné Bastide? Ici le défenseur répond que son client ne fut pas désigné le premier jour; qu'on présenta d'abord la mort de Fualdès comme l'effet d'un suicide, ou d'un ressentiment personnel, « ou d'un esprit de parti qui aurait fait tomber Fualdès comme une holocauste immolée à la fureur des factions. A Dieu ne plaise, continue l'orateur, que je veuille arrêter ma pensée ni la vôtre sur de semblables suppositions. Je sais qu'elles n'ont séduit, qu'elles ne doivent séduire personne. Mais Fualdès sortit à huit heures, sans dire où il allait, sans suite, sans lanterne, après s'être muni d'un sac d'argent. Il ne portait rien ni pour régler un compte ni pour consommer une négociation. Peut-être sortait-il pour un de ces actes de charité qui lui étaient si familiers; peut-être..... Tirons le voile; mais reconnaissons que l'assassinat de cet infortuné magistrat fut un crime obscur, commis dans l'unique intention de voler le sac d'argent, un crime étranger à Bastide. »

Sur le quatrième point, le conseil de Bastide pose préliminairement les règles d'après lesquelles le juré doit former sa conviction; il dit la foi due aux indices, celle due à la plupart des témoins, sur-tout des témoins qui ne rapportent que des propos, sur-tout des témoins *discrétionnaires*.

Il divise cette partie de sa défense en indices éloignés puisés dans les faits antérieurs, en indices prochains puisés dans la journée du 19 mars, en indices puisés dans la journée du lendemain, enfin en indices pris des aveux ou des prétendues révélations de Bancal, de Bousquier, de la dame Manson.

Quant aux indices éloignés, il combat les témoignages de ceux qui prétendent avoir vu Bastide dans la maison Bancal; le dire de

Marie Bonnes, à laquelle il avait demandé un rendez-vous pour M. Fualdès, les observations faites par certains témoins sur l'air préoccupé de Bastide durant la journée du 19 mars, tandis que plusieurs témoins ont remarqué en lui de la gaîté. Enfin le défenseur prétend que la promesse de faire négocier les effets de M. de Seguret à cinq pour cent n'aurait rien d'extraordinaire, puisque MM. Régis Panassié, Grellet, H. Carcenac, Chabbert, etc., déclarent avoir prêté à ce taux, soit à Bastide, soit à Fualdès; et ce dernier croyait si peu que cette promesse, ainsi légitimée, dût recevoir son exécution le soir même, qu'il sollicitait M. Julien Bastide de prendre d'autres effets à neuf pour cent, et qu'il accepta la parole de ce dernier de s'en charger sous quelques jours.

Quant aux indices puisés dans la journée du 19 mars, la conduite de Bastide durant cette journée suffit pour les dissiper. Il a travaillé à son domaine de Lamorne depuis le point du jour jusqu'à dix heures; il s'est rendu chez le curé de Saint-Mayme, où il a soldé des frais funéraires, acquitté un legs pie, réglé des comptes de fabrique, dîné, quoiqu'il fût invité chez Fualdès: il n'est arrivé à Rodez qu'à quatre heures passées. M. Fualdès n'était pas à son domicile; il l'a attendu. A son arrivée, il a pris une partie des effets de M. Séguret, les a présentés à six négocians, n'a pu en négocier qu'un de 2,000 f. à M. Julien Bastide, et a voulu que Fualdès vînt approuver le taux de l'escompte, ainsi que recevoir 1945 f., dont il refusa de se charger. Cet objet terminé, Bastide s'occupe de ses affaires, fait une multitude de petites commissions, etc., et part à six heures et demie pour Gros. Ce départ est prouvé par plusieurs témoins à décharge; deux ouvriers le rencontrent sur la route de Rodez à Gros. Enfin cinq domestiques le voient arriver à Gros à huit heures. Il y soupe avec sa femme et sa belle-sœur; il s'y couche à dix heures.

Non-seulement dans cette distribution de l'entière journée, rien n'annonce les dispositions, les apprêts d'un crime; mais l'heure à laquelle Bastide arrive à Rodez prouve qu'Ursule Pavillon ne peut pas l'avoir entendu à trois heures donner un rendez-vous à Fualdès pour huit heures du soir. L'heure à laquelle il part prouve que le sieur Dornes n'a pu le voir rentrant à sept heures dans l'auberge de la veuve Ginestet; que ceux qui croient l'avoir vu à Rodez après sept heures se trompent; enfin qu'il n'est pas l'homme de haute taille qu'on a vu, de 8 à 10 heures, dans différentes parties de la ville. Tout démontre que Bastide était à Gros pendant qu'on assassinait son ami à Rodez.

Quant aux indices puisés dans la journée du 20 mars, si Bastide soutient qu'il n'est venu à Rodez qu'après trois heures, qu'il n'a appris la mort de Fualdès que par l'huissier qui se rendit à Lamorne pour l'assigner en témoin, c'est que Bastide ne veut pas mentir. Alors que plusieurs personnes disent l'avoir vu à Rodez depuis six jusqu'à onze heures du matin, Bastide pourrait, se rétractant ou feignant un retour de mémoire, convenir qu'en effet il vint en ville dès le matin. Il le pourrait sans danger, car tout ce qu'on l'accuse d'avoir fait dans la maison Fualdès à dix heures, il confesse l'avoir fait à quatre heures, sauf qu'il nie avoir laissé tomber cette clé que les deux servantes présument elles-mêmes avoir été cachée sous les draps du lit, clé que Bastide n'aurait pas commis l'imprudence de rapporter dans la maison, d'autant plus que le bureau avait été enfoncé à neuf heures. Si donc l'accusé conteste être venu à Rodez avant trois heures, c'est qu'en effet il partit de Gros à cinq heures et demie du matin, passa à la Rouquette, où il parla à M. de Curlande, et où il fut vu par trois témoins, prit le chemin de Lamorne, ainsi que deux témoins l'attestent, et arriva à ce domaine à huit heures, où vingt domestiques ou ouvriers attestent uniformément l'avoir vu jusqu'à deux heures. Leur témoignage est si peu détruit par les témoins à charge, que ceux-ci varient sur le costume qu'aurait eu Bastide, fixent des heures et des marches inconciliables, se contredisent, puisque les uns veulent que l'accusé soit entré trois fois dans la maison Fualdès avant dix heures, tandis que les domestiques déclarent ne l'avoir vu qu'à dix heures et demie, déclaration qui n'en est pas moins erronée, parce que tous ces témoins confondent le matin avec le soir

Ici, pour répondre aux argumens qui lui furent faits, M. Romignières fait un parallèle des témoins à charge et de ceux à décharge. Il prouve que foi leur est également due. Il en conclut que MM. les jurés seront au moins plongés dans cet état de doute si favorable à l'accusé.

Néanmoins pour lever même ce doute, l'avocat rappelle que la dame Bastide répondit à l'huissier que son mari était à Lamorne depuis l'aurore; que la dame Jausion atteste ce fait; que la dame Galtier déclare n'avoir vu son frère chez M. Fualdès qu'après trois heures; que la dame veuve Fualdès dépose tenir de la dame Galtier, qu'en effet Bastide n'était venu que dans l'après-midi. La piété, la vertu de ces quatre dames sont justement exaltées par l'orateur; et alors faisant ressortir leurs diverses qualités, les formant en groupe, il les offre à MM. les jurés, dans un séduisant tableau, comme quatre envoyées du ciel qui s'avancent vers eux pour leur présenter le flambeau de la vérité.

Enfin, quant aux indices pris des aveux ou des révélations, le dire de Bancal à Mouisset n'est qu'un propos vague, insignifiant, pareil à tous ceux qu'on a tenus depuis l'arrestation de Bastide. Pourquoi d'ailleurs a-t-on laissé mourir Bancal sans l'interroger à sa dernière heure? Le typhus qui régnait dans la prison, devait-il arrêter le ministre de la loi, quand le ministre de Dieu bravait la contagion pour porter au mourant les secours de la religion?

M. Romiguieres, passant ensuite aux révélations de Bousquier, emploie toute la force du raisonnement pour décrier ce co-accusé et prouver que son témoignage est indigne de foi; les principes le repoussent, parce que Bousquier n'accuse que pour se disculper. Aussi a-t-il déjà recueilli une partie du fruit de sa fatale complaisance. Cet homme est personnellement indigne de foi, puisqu'entendu ou interrogé cinq fois, il a fait cinq différentes versions. Rien pourtant ne devait l'intimider; car tous ceux qu'il accusait etaient arrêtés. Aussi ne les a-t-il désignés que parce qu'ils étaient déjà sous la main de la justice. A ce premier motif de suspicion, se joint celui pris de l'obsession pratiquée par M. Calvet auprès de Bousquier, qui pourtant aurait dû être au secret; et cette obsession a été ménagée avec tant de perfidie, qu'évidemment lors de sa prétendue révélation, Bousquier connaissait les dépositions déjà reçues, notamment celle du sieur Albene. Malgré toutes ces précautions, la fable faite par Bousquier n'en est pas moins invraisemblable. Si Bax lui a emprunté 24 s. une heure avant l'assassinat, Bax n'était donc pas l'agent de Bastide. Si Bousquier n'était pas un des assassins, on ne l'aurait pas appelé pour transporter le cadavre, quand on avait un nombre d'hommes suffisant. En admettant une partie des dires de ce co-accusé, il pourrait se tromper sur Bastide, comme il s'était trompé sur M. Veynac. Après avoir signalé ce dernier comme un des assassins, il se rétracta, parce qu'on l'instruisit que ce jeune homme prouvait un *alibi* incontestable. M. Romiguieres s'occupe en dernier lieu de la moralité de Bousquier, et après avoir rapporté plusieurs traits d'escroquerie ou de vol, il ajoute : « Qu'est-il besoin d'ailleurs de fouiller la vie de Bousquier? Ses propres discours ne le font-ils pas connaître? Il a noyé le cadavre d'un homme assassiné, et il se tait. Il reçoit 10 fr. pour salaire, et il les garde. Il partage son lit avec un scélérat teint du sang qu'il vient de répandre, et Bousquier se couche auprès de lui, et Bousquier dort! Ah! ce n'est pas là ce sommeil de l'innocence dont parlait naguères le chef de cette auguste cour; c'est le sommeil du pervers que le crime le plus atroce ne trouble pas un instant; c'est le sommeil d'un monstre qui ne s'éveillera que pour rejeter sur autrui le crime dont il est souillé.... Laissons cet homme; l'esprit et le cœur ont besoin de repos. Passons à la dame Manson.

« Jamais, dit l'orateur, une procédure criminelle n'offrira un incident pareil à celui-ci. C'est qu'il fallait, pour le créer, un concours des plus extraordinaires circonstances, et une femme telle que mad. Manson. Aussi les uns l'ont-ils comparée à un ange, député par la Providence dans la maison Bancal; pensée sublime sans doute, mais qui confond mes idées et absorbe mon intelligence. Car enfin, pourquoi l'Etre tout-puissant qui aurait envoyé le témoin, n'aurait-il pas préféré ne point envoyer la victime?.... Les autres ont cru qu'avec une imagination exaltée, égarée par la lecture des romans, mad. Manson avait aspiré à représenter une de ces fées orientales, auxquelles le destin déléguant une partie de ses droits, confiait la destinée de quelques êtres privilégiés.... ; ceux-ci ont prêté à la dame Manson une sorte d'aliénation mentale; et l'esprit qui éclate dans ses lettres repousse cette supposition..... Ceux-là ont attaqué son cœur; mais quand on l'a entendu parler de son fils avec cet accent maternel, digne de l'Andromaque de Racine, peut-on douter de sa sensibilité?.... Quelle est donc cette dame Manson, qui ne parle pas, et qu'on veut faire parler; qui n'avoue rien, et à qui on prête de si singuliers aveux, qui n'a aucun secret, et à laquelle on demande sans cesse son secret.... »

M. Romiguieres a constamment plaidé sur ce ton cette partie de la cause. S'armant du rapport de M. le préfet, de la correspondance de mad. Manson, de ses dépositions en justice, le défenseur a soutenu qu'on n'y trouvait aucune notion, rien qui pût justifier la présence de ce témoin dans la maison Bancal. Il a cherché à expliquer les convulsions qui avaient saisi mad. Manson à la première audience, ses propos entrecoupés, ses bizarres questions. Il a tout attribué, avec mad. Manson elle-même, à un esprit susceptible et plein de l'idée que les accusés placés, sous ses yeux, étaient coupables, parce qu'on le dit ainsi.

En terminant, M. Romiguieres soutient que, soumise au creuset de l'analyse, la procédure ne fournit ni preuves, ni indices graves. Il se demande si l'assassinat de Fualdès restera impuni; et rappelant les belles paroles d'un des capitulaires de Charlemagne, il dit que l'impunité d'un grand crime est préférable au sacrifice de l'innocence,

« Mais gardons-nous de croire que la mort du vertueux Fualdès ne sera pas vengée. Ah! c'est l'assurance que j'en ai qui exite aujourd'hui ma sollicitude pour vous, messieurs les jurés........ Aussi je ne vous parle point de cet oncle de l'accusé qui, garde-du-corps depuis 20 ans, chevalier de Saint-Louis depuis 6 ans, trouva la mort au château de Versailles, à cette prophétique époque où une populace effrénée croyait conquérir du pain en enchaînant son roi. Je ne vous parle point du père de Bastide. Vieillard malheureux, poussé par l'âge et le chagrin vers sa dernière demeure, il s'est arrêté sur le bord de la tombe pour apprendre de vous s'il peut y descendre avec honneur, et y emporter sans tache ce nom qu'il porta sans tache durant 85 années. Je ne vous parle point de l'épouse de mon client, jadis modèle de toutes les vertus conjugales, exemple aujourd'hui de toutes les afflictions. Ces images, je ne les place pas sous vos yeux. Vous ne pourriez pas juger; vous ne pourriez que pleurer........ Encore un coup, votre seul avenir m'occupe...... Ces joueurs de vielle qui disparurent le lendemain de l'assassinat reparaîtront un jour, et avec eux ou sans eux apparaîtra la vérité. Quel serait votre effroi, s'ils vous apprenaient que, par une téméraire précipitation, vous auriez immolé l'innocent? Que répondriez-vous aux familles de tous ces accusés qui, s'attachant à vos pas, vous redemanderaient la tête de leurs parens, tombée sous la hache du licteur? Vous savez le peuple! sa prévention d'aujourd'hui se changerait en indignation contre vous.... Et vous, Fualdès (en s'adresant à la partie civile, présente à l'audience), vous, notre principal, notre plus dangereux adversaire, vous ne voulez pas qu'on vous soupçonne de céder à un odieux calcul. Bien volontiers, je consens à ne voir en vous qu'un autre Hamlet, poursuivi par l'ombre sanglante d'un père qui lui demande le sang de ses bourreaux. Mais plus vos intentions sont pures, plus vous devez éviter les effets d'une fatale méprise. Regardez autour de vous; où sont les amis, les anciens, les véritables amis de votre père? Infortuné jeune homme! ils sont sur le banc des accusés. Comme vous leur payez les évanouissemens de leurs épouses, à la nouvelle du forfait qui vous priva de l'auteur de vos jours! Si vous vous abusiez! Si on vous abusait! Ah! quand vous cherchez à calmer une douleur si naturelle, si légitime qu'elle en a ses douceurs, craignez de vous livrer à des remords dont rien n'émousserait la pointe. Quand vous cherchez à apaiser les mânes de votre père, craignez que ces mânes ne s'irritent, voyant qu'au lieu de ses assassins, vous leur sacrifiez ceux qui auraient sauvé Fualdès, si Fualdès avait pu être sauvé. Attendez du tems, de sa marche lente, mais infaillible, la manifestation de la vérité. Joignez-vous à moi pour demander à nos juges que Bastide soit déclaré non-coupable. »

M. Rodier, avocat de Jausion, a pris la parole. Sa plaidoirie improvisée a été divisée en deux parties : la première a eu pour objet d'établir que Jausion n'est pas coupable de l'assassinat commis sur la personne du sieur Fualdès. Après un exorde simple, mais sentimental, M. Rodier repousse l'opinion défavorable que quelques témoins ont voulu donner de la moralité et du caractère de son client; il combat la déposition de Brast, qui dit avoir vu Jausion sortir de la maison Bancal, peu de jours avant l'assassinat; il fait remarquer les variations, les contradictions, les erreurs et les incertitudes de l'accusé Bousquier, qui croit avoir aperçu Jausion au nombre des assassins, au moment où le crime venait d'être commis; il démontre que la déclaration extraordinaire de la dame Manson est invraisemblable; qu'elle n'est qu'un roman; qu'elle n'inculpe pas Jausion, et que d'ailleurs elle doit tomber devant celle que cette dame a faite plusieurs fois en présence de la cour.

M. Rodier fait voir ensuite la faiblesse des indices déduits de quelques autres témoignages, et d'un propos que Jausion a tenu depuis son arrestation; il finit par rappeler les faits favorables à son client, dont les débats ont fourni la preuve. Méthode, clarté, force dans le raisonnement, tels ont été les caractères distinctifs de cette première partie de la défense de Jausion, qui a duré deux heures. Malade depuis plusieurs jours, M. Rodier n'a pu traiter de suite la seconde question qui intéresse son client.

Dans la séance du 7, M. Rodier a continué la défense de Jausion. Il était très-important de prouver que cet accusé n'avait eu aucun intérêt à commettre le crime horrible qui lui est imputé. Cette seconde partie de la plaidoierie devait donner de la force à la première. M. Rodier s'y est attaché à démontrer que Jausion n'est pas coupable de vol; ses raisonnemens ont été serrés et pressans; il a eu à justifier plusieurs opérations de banque; il a jeté du jour sur une partie de la cause qui jusqu'alors avait été couverte de nuages; il l'a mise à la portée de tous les auditeurs, et par là il a fixé leur attention sur un sujet naturellement aride. Cette seconde partie de la défense de Jausion a duré plus de deux heures.

Me D. Combarel, défenseur de Bach, a prouvé que la circonstance de la réunion de quatre accusés chez Rose Féral, dans la soirée du 19 mars, ne fournissait contre son client aucune preuve de culpabilité : puisque ce fut Bousquier lui-même, qui, ayant à parler avec Palayret, dit à Bach qu'il fallait aller boire chez Rose Féral, voisine de ce témoin. Cette réunion était donc fortuite, du moins pour ce qui concerne Bach.

L'accusation ayant reconnu en point de fait, que Bach faisait la contrebande du tabac, il n'y a rien d'invraisemblable dans le récit de ce qu'il a fait dans la soirée du 19 mars; puisque l'exercice de cette coupable industrie est nécessairement caché : et que les personnes avec lesquelles il a voulu traiter ce soir-là ne voudront jamais venir déclarer une vérité qui les rend elles-mêmes répréhensibles.

La déclaration de Guillot, gendarme, ne peut faire aucune impression, puisque le propos attribué à Bach est rapporté diversement par Monteil, brigadier; et dans un sens bien différent encore, par Raymond, huissier; il s'est exprimé en ces termes : *Plût à Dieu que vous l'eussiez fait.* C'est-à-dire, *Plût à Dieu que vous m'eussiez arrêté à la foire de la mi-carême! Je ne me trouverais pas impliqué dans cette procédure.*

Quel est celui des trois témoignages qui doit obtenir la préférence? La solution de cette question est écrite dans le cœur de l'homme, et dans le texte de la loi. Comme il est naturel au ministère accusateur, de donner la préférence à la déposition qui aggrave; il est aussi naturel au juge de préférer la déposition qui fait absoudre.

La femme Marty a expliqué la déposition de Marie Pétié, en disant que ce n'est que plusieurs jours après l'assassinat qu'elle a rapiécé le pantalon de Bach, et que celui-ci l'avait déchiré en aidant à décharger une bête de somme.

Après avoir ainsi écarté les indices particuliers recueillis contre Bax, M. Combarel a fourni ensuite quelques observations sur la déclaration de Bousquier.

Comment croire que Bach était dans le complot, et qu'il était chargé de séduire Bousquier, puisque le même jour, celui-ci lui avait prêté 1 fr. 20 c. et en avait reçu une cravate en gage? On ne l'aurait pas laissé dans un tel dénuement, si on l'avait investi d'une mission aussi importante. On ne peut ajouter plus de foi à Bousquier, lorsqu'il déclare avoir vu à Bach une poignée d'écus, dans la nuit du 19 au 20 mars, puisque Bach n'avait point retiré sa cravate alors qu'il avait les moyens de rembourser Bousquier; et qu'il était le maître, en payant à Bousquier son prétendu salaire, de la faire renoncer à ce remboursement.

Bousquier a toujours prétendu qu'il disait la vérité, et il a varié sans cesse de langage. Il a soutenu dans le principe avoir reçu un louis d'avance pour aller porter le cadavre, et maintenant il atteste n'avoir connu l'objet du transport qu'en entrant dans la cuisine de Bancal, et n'avoir reçu les 10 fr. qu'après la noyade.

Le défenseur de Bach s'est ensuite appuyé des discussions lumineuses qui ont déjà été faite sur la déclaration de Bousquier, ajoutant que si cet accusé a fait partie du fatal convoi, il avait à dessein jeté les fondemens de sa justification chez Rose Féral, en parlant de la balle que Bach devait lui faire porter, quoique celui-ci lui eût recommandé le secret, pour pouvoir ensuite rejeter sur le compte de Bach tout le poids de l'accusation.

Il a dit en terminant : Rien ne prouve, rien n'indique même la moindre liaison entre Bax et la famille Bancal; rien n'indique aucun rapport entre lui et les autres accusés; et certes il est difficile de croire que sans une connaissance parfaite, sans une liaison intime, un individu dépose dans le sein d'un autre un projet aussi épouvantable que l'assassinat du 19 mars, et lui propose surtout d'y coopérer. Cependant, la procédure n'établit pas la moindre relation entre lui et les autres accusés; on n'établit point qu'il ait été séduit; on n'établit pas non plus qu'il eût aucun motif personnel de haine ou d'intérêt; d'où suit que les indices éloignés que l'accusation a réunis contre Bax, sont privés de tout soutien, et ne sauraient suffire pour établir sa culpabilité.

M. Foulquier, défenseur de Colard, s'est attaché à combattre la déclaration de Bousquier, invoquée par les parties accusatrices, comme fournissant contre Colard un indice violent de complicité. A cet égard, il a observé que sa tâche avait été en partie remplie par Me Romiguière, cet avocat célèbre, dont les prodigieux talens étaient tout au moins à la hauteur de la cause dont il a bien voulu se charger.

« Bousquier, a-t-il dit, est le corrée de ceux qu'il compromet; il se disculpe en accusant; il est donc intéressé et reprochable par cela même. Considéré comme témoin, il ne mérite pas plus de créance, puisqu'il est contredit dans ses assertions, non pas seulement par un prévenu, mais par tous ceux qu'il signale. »

M. Foulquier est entré dans le détail de quelques faits particuliers pour prouver l'immoralité de Bousquier; il a entre autres choses rappelé une condamnation correctionnelle prononcée dans le tems, contre cet accusé, pour fait d'escroquerie. Il a relevé avec soin les variations frappantes que présentent ses divers interrogatoires, et n'a rien négligé pour le rendre suspect à la justice.

« Quelle est, a-t-il dit à MM. les jurés, la garantie que peut présenter à vos consciences celui qui vous dit tantôt qu'il ne sait rien, tantôt qu'il sait beaucoup, qui, dans ses premières révélations, déclare qu'il ne connaît aucun des assassins du malheureux Fualdès, et se décide ensuite, en s'avouant parjure, à signaler sept ou huit individus? Quelle garantie peut-il vous présenter, lorsqu'il résulte de ses différens aveux, qu'il a su et n'a pas su, avant d'entrer dans la maison Bancal, qu'il avait un cadavre à porter; lorsqu'une première fois il déclare qu'on lui a proposé d'avance vingt-quatre francs à titre de salaire, et une seconde, qu'il n'a reçu que dix francs après la noyade? Quelle idée vous ferez-vous de cet être dépravé qui voudrait vous persuader qu'il n'a pas frémi à la vue d'un cadavre, et qu'il n'a aidé à le transporter à la rivière que pour ne pas tomber lui-même sous le fer des assassins; lorsque vous jeterez les yeux sur sa conduite durant la nuit du 19 au 20 mars? Bax l'a indignement trompé; Bax a menacé ses jours; Bax assassin et tout fumant encore du sang de sa victime; et cependant il le reçoit dans son lit et dort profondément à ses côtés! Que de pénibles réflexions à faire! »

M. Foulquier cherche à démontrer ensuite que Bousquier a pu se tromper dans ses reconnaissances. Il observe qu'il résulte des aveux de la femme Bancal et des dépositions des témoins Valat et François Vidal, qu'à l'époque de l'assassinat, son client était brouillé avec Bancal, et n'entrait plus dans la maison de ce dernier depuis près d'un mois. Il s'attache enfin à un dernier moyen qu'il regarde comme décisif, et qu'il puise dans les déclarations de Palayret et de Rose Feral. « Il est reconnu, dit-il, que Colard et Missonnier ne sortirent, le 19 mars au soir, du cabaret de la Ferral, qu'après huit heures et demie; or, à cette heure, Fualdès n'était plus; l'accusateur en convient lui-même. La conséquence est toute naturelle.»

M. Foulquier a suivi son client durant la journée du 20 mars; il a tâché d'expliquer la conduite et les propos que lui prêtent quelques témoins, et d'écarter les reproches d'immoralité que lui sont adressés par les parties accusatrices.

Il a terminé par faire observer qu'à l'époque de l'assassinat, son client n'avait chez lui qu'un fusil à deux coups, et que rien ne prouvait qu'il en eût armé le bras d'un des assassins du sieur Fualdès, lors du transport de son cadavre à la rivière. Après le résumé de ses moyens de défense, il a prié MM. les jurés de ne pas perdre de vue que la vie des hommes était un bien trop précieux pour qu'ils pussent en disposer arbitrairement; il les a suppliés d'avoir toujours présens à leur mémoire les principes développés par M. Combarel, relativement à la conviction, et a recommandé à leur justice le malheureux Colard.

M. Grandet, conseil de Missonnier, a dit:

« Quel tableau nous présente le banc des accusés? Les amis, les parens de Fualdès, et cette dame Galtier, l'honneur de son sexe, modèle accompli de toutes les vertus. Qu'on a été bien inspiré d'offrir à ses regards l'image consolante du Dieu qu'elle sert! Je lui dois mon hommage sur cette selette devenue pour elle la croix du juste; elle apprendra de ma bouche qu'aux yeux de ceux qui savent l'apprécier, son infortune la rend presqu'aussi intéressante que la victime qu'il faut venger.

» A côté de ces prévenus figure Missonnier, imbécille que personne n'a pu croire physiquement ni moralement capable de tremper dans un assassinat. Il semble que le sort l'ait jeté sur ce banc comme un de ces niais employés dans les drames à distraire les spectateurs et tempérer l'horreur de l'action....

».... Messieurs, ne préjugeons rien. Consultons les débats avec calme, et gardon-snous de résister aux conséquences bien déduites de l'ensemble des faits. Je hais les vaines subtilités: je dirai mes raisons avec toute la clarté dont je suis capable, afin que si j'ai tort, on soit bien à même de me répondre; car je passe avec délices de l'erreur qui m'avait séduit au sein de la vérité qu'on me fait connaître.

»... Je n'examine point encore s'il est prouvé que, le 19 mars à dix heures du soir, Missonier fût vu dans la cuisine de Bancal. Une question plus importante m'occupera d'abord. Missonnier était-il du nombre de ceux qui enlevèrent Fualdès dans la rue des Hebdomadiers? »

Le défenseur entre ici dans les détails de la procédure, place chaque fait en son tems, et il conclut : « Il suit de là que les débats fournissent la preuve incontestable de cette vérité, que Missonnier n'était pas du nombre de ceux qui enlevèrent Fualdès pour l'égorger ensuite chez Bancal... Il résulte de la procédure que Fualdès devait sortir de chez lui, et qu'il sortit en effet à huit heures précises. Les assassins furent donc rendus à huit heures, chacun à son poste. La conséquence est forcée... Donc celui qui, à huit heures et demie, buvait encore dans un cabaret, n'avait aucun emploi dans cet horrible assassinat.

» Mais l'accusé ne se rendit-il pas du moins, vers les dix heures, dans la cuisine de Bancal, pour aider à porter le cadavre à la rivière? »

M. Grandet commence par établir, et il établit invinciblement que la déclaration de Bousquier ne concorde avec rien en ce qui concerne Missonnier. Il s'attache ensuite à combattre cette déclaration.

»... Elle est unique et faite par un coaccusé.... Je n'accuse pas Bousquier. Mais je laisse à d'autres le plaisir de s'extasier sur la moralité de cet homme, qui, sans y être contraint, consent à partager son lit avec un assassin encore fumant du sang de la victime, et qui, même après la découverte du cadavre, parle encore avec complaisance de ce qu'il a gagné au transport de la balle du 19 mars.......

» Le principe qu'un seul témoignage est insuffisant tient à la constitution même des sociétés. Nous le trouvons consacré dans ce livre qui touche à l'origine du monde : Moyse en fit la base de l'instruction criminelle chez les Hébreux. *Ad unius testimonium nullus condemnabitur*, et du Pantateuque il a passé dans le code de tous les peuples.

» Dans une assemblée de chrétiens, il est donc permi de dire que ce principe a toute l'autorité de la chose révélée.

» Très-souvent, il est vrai, des accusés en réclament mal-à-propos l'application. Il peut arriver que des indices, des présomptions graves s'élèvent contre un prévenu. Vient ensuite un témoin unique qui atteste directement le fait. On aurait tort alors d'appeler *unique* cette déposition, puisqu'elle concourt avec des présomptions indépendantes de tout esprit d'erreur ou d'imposture de la part du témoin, et qu'elle se multiplie, en quelque sorte, dans ses rapports avec plusieurs faits indicatifs de celui dont on cherche la vérité.

» Mais lors qu'un témoignage est *unique* dans toute la force du terme, il ne mérite aucun égard. En voici la preuve sans réplique.

» Cette manière de prouver serait mauvaise, qui rendrait chaque individu maître des biens, de l'honneur, de la vie de ses concitoyens, et qui ne laisserait jamais à l'innocent aucun moyen de justification.

» *Société* veut dire réunion de tous les intérêts contre les intérêts particuliers. Son but est de garantir à chacun ses biens, sa liberté, sa vie contre les entreprises de l'individu ; il serait donc contraire à la constitution des sociétés que l'individu pût, à son gré, disposer de ses semblables dans leurs biens et dans leurs personnes. Le règne des lois n'en serait qu'un abus dérisoire, ce ne serait plus une société, mais bien une anarchie constituée, mille fois plus redoutable que l'anarchie naturelle. Tels sont les États lorsque le glaive des lois frappe de concert avec la langue des dénonciateurs.

»... Le principe que je discute, une fois méconnu par les tribunaux, autant vaudrait déposer le glaive des lois sur une place publique, et donner à chaque citoyen le droit d'en faire usage à sa volonté.....

«... La cuisine de Bancal était faiblement éclairée. C'est Bousquier lui-même qui nous l'apprend. Il ajoute : C'est pourquoi je ne puis affirmer que Jausion soit le second *monsieur* que j'aperçus dans cette cuisine, quoiqu'il s'approchât de moi pour me contraindre à porter le cadavre.

» Il suit de là qu'à ne consulter que les images qui se peignaient sur sa rétine, les reconnaissances faites pas Bousquier ne durent être qu'imparfaites, et malheureusement ces images confuses lui présentèrent quelques idées de ressemblance avec ceux d'un individu qu'il connut par son nom, de Missonnier par exemple; ce nom dut à l'instant même raviver en lui le portrait de Missonnier, et cette image, que sa mémoire lui fournit, se confondre avec celle moins prononcée qu'il recevait par l'exercice actuel de l'organe de la vue.

» Une erreur de cet nature est difficile à détruire, beaucoup plus que si elle tombait sur un individu dont le nom serait ignoré. Ici l'impression réelle doit revivre pour affirmer la reconnaissance, lors d'une confrontation; là, il devient impossible, surtout au bout de quelques tems, de séparer la réalité de ce que l'impression reçue renferme de purement idéal.

»... Il me reste à discuter la déclaration de Bousquier comme accusé; car jusqu'ici je l'ai considéré comme témoin.

» Dans l'état d'isolement où elle se trouve, cette déclaration ne mérite aucune foi. J'en donne deux raisons que les plus habiles ne sauraient détruire.

» La loi défend aux jurés d'avoir égard aux dépositions écrites. Leur conviction doit s'opérer sur les débats. Pourquoi cela? Parce qu'il est loisible aux témoins de changer leurs dépositions. Or, l'accusé Bousquier n'est pas libre de changer la sienne..... Non, il ne l'est pas; il y va de sa vie, s'il la change...

»... Je vous le demande actuellement, Messieurs, n'est-il pas implicitement écrit dans la loi, que vous ne sauriez condamner un prévenu sur la simple déclaration d'un co-accusé; d'un prétendu témoin qui ne peut, sans s'exposer à la peine capitale, rendre hommage à la vérité qu'il aurait trahie. »

Il discute en finissant l'enquête de laquelle il résulte que son client est dans un état habituel d'imbécillité... Il a conclu ainsi :

».... La défense de mon client est dans les principes de l'éternelle raison. Ces principes, vous devez les respecter, si vous honorez la mémoire du magistrat qui s'en montra l'éloquent défenseur. Un accusé peut bien vous servir de guide dans la recherche de la vérité; mais il ne doit pas rester seul juge des autres accusés...

» Craignez, Messieurs, craignez d'arroser du sang de l'innocent la tombe de Fualdés... Quelle libation pour les mânes irrités d'un magistrat!... N'affaiblissez point, en le détournant sur d'autres victimes, l'intérêt de sa fin tragique, et nous dirons de lui ce que Germanicus mourant disait de lui-même : *Mon malheur a désarmé l'envie; ceux qui me haïssaient vivant, me pleureront mort victime d'une scélératesse inouie.* »

Les défenseurs des accusés terminèrent leurs plaidoiries le dimanche, 7 du courant. La séance du lundi fut employée à entendre la réplique de la partie civile et quelques nouveaux temoins appelés en vertu du pouvoir discrétionnaire de M. le président. — Les débats ont été suspendus pendant la journée du mardi 9, à cause de la foire de Rodez. — Le mercredi, M. l'avocat-général Castan, que M. le procureur-général avait chargé de répliquer dans l'intérêt de l'accusation, a été entendu. Ce magistrat, dont les talens et les vertus sont également au-dessus de nos éloges, et dont l'un des défenseurs a dit, avec non moins d'esprit que de raison, que tout en déprimant l'éloquence il en donnait le plus parfait modèle, a résumé dans un discours improvisé, d'environ trois heures, les plus fortes charges résultant des débats, et a combattu les principales objections présentées en faveur des accusés. Nous ne saurions donner à nos lecteurs qu'une faible idée de l'élocution facile et brillante qu'il a déployée dans tout le cours de cette longue réplique. Les plus heureuses inspirations, une logique serrée et entraînante, des vues profondes, des réflexions morales et énergiques, telles sont les principales qualités qui distinguent son discours.

Les conseils des accusés ont ensuite successivement répliqué pour leurs cliens. Me Romiguière a parlé pendant deux heures. Toujours même logique, même élégance, même entraînement que dans sa première plaidoirie. Cet orateur, qui saisit toutes les occasions de semer ses discours de traits heureux et brillans, a rendu avec esprit à M. Castan, avocat-général, les éloges que celui-ci lui avait adressés.

Dans une véhémente sortie contre Mme Manson, il a arraché à cette dame les mots les plus significatifs qu'elle eût encore prononcés. L'exhortant à révéler tout ce qu'elle pouvait savoir : « Craignez-vous les accusés, lui a-t-il dit; ils sont dans les fers? — *Ils n'y sont pas tous*! » s'est écriée Mme Manson. — M. le président ayant interpellé cette dame, pour qu'elle indiquât les coupables inconnus, elle a répondu : *La vérité ne peut sortir de ma bouche*! Ces exclamations ont fourni à l'orateur le sujet d'un très-beau morceau d'éloquence. — Quelle que soit la décision du jury, Me Romiguière a rempli ses devoirs de défenseur, et surpassé l'attente des habitans de Rodez, dont il emporte l'admiration.

Hier 12, la séance s'est ouverte à neuf heures du matin. A neuf heures et demie, M. le président a déclaré les débats fermés, et a commencé son résumé, qu'il a fait précéder d'un exorde remarquable par la sagesse de ses idées sur l'importance de la cause, la nature du crime, son affreuse célébrité; enfin sur la qualité des accusés et l'égalité des hommes devant la loi et devant la justice. Il s'est d'abord occupé des faits généraux, et ensuite de ceux relatifs à chacun des accusés. Le tableau qu'il a formé se distingue sur-tout par la clarté, la méthode et la précision, qualités bien propres à aider la mémoire et l'intelligence de MM. les jurés. On aura aussi bien apprécié les utiles leçons de morale que lui a souvent inspirées son sujet, et qu'il a toujours exprimées avec toute l'énergie qui accompagne naturellement l'horreur du crime et l'amour de la vertu. Il a enfin rappelé à MM. les jurés les devoirs importans qui leur étaient imposés. Il leur a fait observer que les regards de leurs concitoyens et de toute la France étaient fixés sur eux, et qu'ils avaient à remplir envers la société un engagement solennel sur lequel reposaient les espérances de tous les gens de bien.

M. le président a ensuite fait la lecture des questions qui devaient être soumises au jury. Elles étaient au nombre de 51. Ainsi a terminé sa tâche ce respectable magistrat, si digne de la confiance dont le Gouvernement l'a investi, et qui dans tout le cours de ses longues et pénibles fonctions, n'a cessé de donner aux habitans de l'Aveyron des preuves de sa fermeté, de ses lumières, de son zèle pour la justice et le bien public.

Voici le résultat de la délibération du jury.

A 6 heures du soir, le jury est rentré dans la salle ; M. le président a annoncé que les dames Jausion et Galtier, et la fille Bancal étaient grièvement indisposées et hors d'état de pouvoir paraître devant la cour. MM. les défenseurs consentent qu'il soit passé outre en leur absence; M. le procureur-général et la partie civile donnent le même consentement.

M. le chef du jury fait lecture de sa déclaration. A l'unanimité, Bastide, Jausion, Bax et Colard sont déclarés coupables comme auteurs, et la veuve Bancal, comme complice du meurtre de M. Fualdès, avec préméditation. Missonnier et Anne Benoit sont déclarés coupables du même crime, mais sans préméditation. Bousquier est déclaré coupable comme complice de la noyade. La fille Bancal est déclarée non-coupable de l'assassinat, soit comme auteur, soit comme complice. Les accusés Jausion et Bastide sont en outre déclarés coupables du vol des effets enlevés chez M. Fualdès, le 20 mars au matin, mais sans effraction. La dame Jausion est déclarée complice; mais le jury déclare en même tems qu'elle a agi sans connaissance de cause. La dame Galtier est déclarée non-coupable de ce vol. Il est à remarquer que presque toutes les questions principales ont été résolues à l'unanimité.

Le défenseur de la partie civile prend la parole, et demande, dans l'intérêt des créanciers seulement, une somme de 120,000 fr., à titre de dommages.

M. le procureur-général se lève ensuite, et requiert que la cour condamne les accusés veuve Bancal, Bastide, Jausion, Bax et Colard à la peine de mort; Missonnier et Anne Benoît aux travaux forcés à perpétuité, Bousquier à deux ans de prison, et que les fille Bancal, dames Jausion et Galtier soient acquittées.

M. le président, en vertu du pouvoir qui lui est confié par la loi, déclare acquittées les fille Bancal et dames Jausion et Galtier, et ordonne qu'elles soient mises sur-le-champ en liberté, si elles ne sont retenues pour autre cause.

La cour, après cette ordonnance, est entrée dans la chambre du conseil pour délibérer. Elle est rentrée dans la salle à huit heures du soir, et M. le président a prononcé l'arrêt qui a été rendu conformément aux réquisitoires de M. le procureur-général, excepté en ce qui touche Bousquier, qui n'a été condamné qu'à un an d'emprisonnement.

Les condamnés ont entendu prononcer leur jugement sans trop d'émotion. Bastide s'est contenté de couvrir le tribunal d'un regard où il se peignait plus de force physique que de force d'ame. Jausion a dit à la femme Bancal : *Je vous somme de me dire si vous m'avez vu chez vous.* La femme Bancal n'a rien répondu. Jausion alors a ajouté : *Je proteste solennellement de mon innocence, et je la prouverai par mon testament de mort.*

La cour, avant de statuer sur la demande en dommages, a nommé un commissaire et renvoyé à l'audience du 13 pour prononcer sur le rapport qui lui sera fait.

Nota. Après le prononcé du jugement, Mme Manson, à la requête du procureur-général de la cour royale, a été arrêtée et conduite à la maison d'arrêt de Rodez. Si cet événement a des suites, nous nous empresserons d'en offrir les détails au public.

N° X.

ASSASSINAT DE M. FUALDÈS.

L'affaire des assassins de M. Fualdès est terminée. Les membres de la cour royale de Montpellier choisis par S. Exc. Mgr le garde des sceaux pour composer la cour d'assises, ont quittés Rodez le 14 septembre, escortés par toutes les brigades de gendarmerie à cheval qui se trouvaient dans cette ville et qui avaient sollicité l'honneur de les accompagner. Une foule immense se pressait sur les pas de ces magistrats et a fait éclater sa reconnaissance pour le zèle qu'ils ont mis à venger la société d'un si horrible attentat.

Cependant cette affaire semble prendre une face nouvelle par Mme Manson. De témoin qu'elle était elle va devenir accusée. Depuis son arrestation elle a, dit-on, commencé à révéler ce qu'elle a caché pendant le cours des débats avec tant d'opiniâtreté. Mme Manson n'a point, comme on l'a dit, essayé d'attenter à ses jours.

Jausion lui-même aurait, à ce qu'on assure, nommé quelques complices.

On prétend aussi que Mad. Manson n'a point, en effet, été chez la femme Bancal; mais qu'un individu, après avoir été témoin du crime, vint chez elle pendant la nuit, et y laissa son gilet et un pantalon ensanglanté.

Nota. Dans la séance du 4 septembre, le témoin Ginisty est rappelé aux débats: il déclare avoir la certitude que Jausion avait dans son bureau des registres volumineux; il les a vus lorsqu'il a eu occasion d'aller chez lui pour traiter d'affaires. — Jausion répond que le témoin n'a pu voir que des copies de lettres: il persiste à dire qu'il n'avait point de livres, parce qu'il n'avait besoin que de simples notes pour les affaires qu'il faisait avec les capitalistes de Rodez.

— Barthelemy Rous, porteur de Villefranche, appelé en vertu du pouvoir discrétionnaire, déclare avoir vu dans le courant de l'hiver dernier, Jausion entrer plusieurs fois dans la maison Bancal. Un jour entre autres il le vit frapper à la porte de cette maison et lui parla. — Jausion dénie et fait des reproches à ce témoin.

" Dans la séance du 5 septembre, Marianne Vassal, servante chez Flottes, aubergiste, a déclarée qu'elle vit le 19 mars Bastide dans la rue de l'Ambergue : elle lui parla : le lendemain, vers les six heures du matin, elle revit Bastide près de Laguioule, sous Rodez ; il était à pied.

Séance du 7 septembre.

M. Verlac a défendu Bousquier avec les talens qui le distinguent dans le barreau de Rodez. Il a démontré que son client ne pouvait être rangé parmi les auteurs, ni parmi les complices de l'assassinat de M. Fualdès. C'est Bousquier qui a dévoilé à la justice tous les mystères de ce crime affreux : aussi M. Romiguières, principal défenseur des autres accusés, s'est efforcé de l'écraser de tout le poids de son talent, et a voulu effacer par toute sorte de moyens l'impression que sa déclaration devait produire. Après avoir réfuté toutes les objections présentées contre la moralité de son client, M. Verlac a ajouté que l'état d'abjection où l'on avait voulu placer Bousquier autorisait au moins à comparer ce dernier à un de ces reptiles qui brillent dans l'obscurité, puisqu'au milieu des ténèbres il a signalé l'antre du crime, et en a assez éclairé l'intérieur pour qu'on pût y voir ce qui s'y était passé.

M. Rous, avocat-avoué, chargé de défendre Anne Benoît, a tâché, avec un talent très-remarquable, de la justifier et de combattre les déclarations faites par Bousquier accusé et par quelques autres témoins.

M. Batut a porté pour la première fois la parole devant la cour d'assises pour la défense de Marianne Bancal. Cette fille n'a pas été fortement inculpée par le ministère public et par la partie civile ; il a été facile à son avocat de prouver qu'elle n'a pris aucune part active à l'assassinat ; qu'il n'était ni vrai ni vraisemblable qu'elle eût connaissance du complot.

M. Arsaud, défenseur de la dame Jausion, a senti, comme tous ses auditeurs, que sa cliente n'avait pas besoin d'être justifiée, et, d'accord avec l'opinion publique, il a payé un juste tribut d'éloges à la mémoire de M. Fualdès et aux vertus de la dame Galtier.

M. de Comeiras, défenseur de la dame Galtier, a présenté un tableau éloquent de la vie de sa cliente, modèle de toutes les vertus. Il aurait pu se dispenser de justifier les démarches de cette dame dans la maison Fualdès et la droiture de ses intentions. Ce plaidoyer a été entendu avec le plus vif intérêt. Nous croyons devoir en copier ici les passages suivans :

« Qui, Messieurs, plus que la dame Galtier, que je défends, a lieu d'être rempli de confiance? Quel accusé s'est présenté devant les tribunaux ayant des titres plus puissans à leur protection? Bonne épouse, tendre mère, fidèle à l'exercice de ses devoirs religieux et sociaux, aimée de ses voisins par sa loyauté, sa délicatesse et ses vertus, auxquelles ils se sont empressés de rendre hommage dans une conjoncture aussi pénible pour elle, la dame Galtier est environnée des présomptions les plus favorables.......

» Pourriez-vous, Messieurs, vous empêcher de proclamer l'innocence de Mad. Galtier, lorsque des témoins irréprochables, des maires, des juges de paix, de dignes ecclésiastiques ont déposé si favorablement sur son compte ? Vous les avez vu s'attendrir, en comparant l'état du malheur où elle se trouve, avec son mérite et ses vertus; ils vous ont dit que toute la contrée qu'elle a habitée pendant vingt années se leverait en masse, s'il était nécessaire, pour les attester, et viendrait servir à ma cliente comme de bouclier contre l'accusation qui, après l'avoir jetée dans les prisons, l'y a détenue pendant si long-tems.

» Ne croyez point, Messieurs, que la captivité qui l'a privée de toute communication avec sa famille et qui lui a permis à peine de loin en loin de serrer ses enfans dans ses bras, ait excité en elle le moindre murmure, lui ait fait proférer la moindre plainte. Sa résignation et la paix de son ame ont égalé son innocence et ses malheurs. Sa plus douce consolation s'est trouvée dans le témoignage de sa conscience et dans les sentimens religieux qui l'ont toujours animée. Forte de tels appuis, elle n'a pas redouté un seul instant le jugement des hommes, et elle a espéré que le Dieu qu'elle a si fidèlement servi la protégerait auprès de vous.... »

Séance du 8 septembre.

La séance est ouverte à dix heures et demie.

M. le président : Mlle Manson, vous avez demandé à parler; approchez.

La dame Manson : Il me semble que M. le procureur-général veut prendre des conclusions contre moi.... L'on m'a dit que j'ai fortement compromis les accusés par les révélations que j'ai faites.... Je serais affligée d'avoir laissé dans l'esprit des jurés des impressions fâcheuses.... Je me suis évanouie plusieurs fois, et je crains que ces accidens ne soient interprétés d'une manière défavorable aux accusés.... Pourquoi les accusés m'ont-ils saluée lorsque je parus aux débats ?

M. le président : Ils vous connaissaient sans doute. — R. Non... Je n'ai jamais été chez Bancal.... Quelqu'un y a pris mon nom... L'on y a prononcé le nom d'Engelrand; mais je n'y étais pas.

M. le président : Madame, lorsqu'au moment de votre première déposition je crus devoir vous dire que vous étiez peut-être comme un ange envoyé par la Providence dans la maison de Bancal pour révéler à la justice les auteurs du crime le plus atroce, je n'ignorais point que si Dieu a donné à l'homme toutes les facultés propres à le rendre heureux, il lui a refusé celle de pénétrer dans ses décrets éternels. Je ne pense pas qu'on puisse croire que j'ai voulu soulever le voile impénétrable qui dérobe sagement à nos yeux les desseins incompréhensibles de cette même Providence.... Mme Manson, n'est-il pas vrai que peu de jours avant l'ouverture des débats, vous avez raconté à la dame Constans, modiste, que le 19 mars au soir, vers les huit heures, vous vous étiez rendue à la maison Bancal; la porte en était fermée, vous frappâtes trois fois; la femme Bancal vint ouvrir, vous reconnut, déclara qu'elle attendait quelqu'un et ne pouvait vous recevoir? Que presqu'au même instant cette femme entendit encore frapper à sa porte par trois fois, témoigna de l'inquiétude et vous dit: « Voici les personnes que j'attendais; entrez vîte dans ce cabinet. » Vous y entrâtes, et la Bancal en ferma la porte: à peine y étiez-vous, qu'à travers les fentes de cette porte vous vîtes paraître dans la cuisine contigüe au cabinet, Bastide et Jausion accompagnés d'autres individus qui conduisaient M. Fualdès; son nez était rempli de son; on avait mis un baillon sur sa bouche; il fut attaché et renversé sur une table. Sur cette table étaient des pains que Mme Fualdès avait envoyés ce jour-là même à la famille Bancal à titre de secours; on les retira pour y étendre la victime. A la vue de ces préparatifs, vous vous évanouîtes; ayant repris vos sens, vous cherchâtes à vous évader par une petite fenêtre qui prend jour sur la cour. Le bruit que vous fîtes en l'ouvrant donna de l'inquiétude à Bastide; il en demanda la cause. « C'est, dit la Bancal, une dame qui désire rester inconnue. » Bastide voulut savoir quelle était cette personne; la Bancal ouvrit la porte du cabinet et vous conduisit dans la cuisine où Fualdès venait d'être égorgé; il vous reconnut et voulait vous tuer: il disait que vous les décéleriez. Jausion s'y opposa, et au même instant vous fûtes traînée auprès du cadavre et forcée, la main levée sur lui, de prêter le serment de ne rien dire, sous peine de la mort Jausion vous fit sortir et vous accompagna jusqu'au couvent de l'Annonciade; chemin faisant, il vous dit: « Ne m'ayez jamais connu, sinon vous périrez, soit d'un coup de poignard, soit par le poison. » Ensuite il se retira.

La dame Manson: Non, je n'ai pas dit cela. On m'a bien rapporté qu'il y avait une femme chez Bancal, et je l'ai répété. C'est la fille Bancal qui m'avait raconté tous ces détails depuis le commencement des débats.

M. le président: Mais avant cette époque et la première fois que vous avez paru dans cette enceinte, n'avez-vous pas dit qu'il y avait une femme chez Bancal? — R. Non.

M. le président exhorte la dame Manson à se recueillir, à songer à ses parens que sa conduite a profondément affligée, et à rendre hommage à la vérité. Je vous demande, madame, a-t-il ajouté, s'il n'est pas vrai que vous avez été voir la fille Bancal à l'hospice pour savoir d'elle si elle vous aurait reconnue le 19 mars au soir dans la maison de son père? — R. Oui.

D. Vous avez donc été dans la maison Bancal? — R. Non.

M. le président: Vertueux Rodat, digne fils de votre père, approchez. Avez-vous vu la dame Manson depuis votre première déposition devant la cour, et ne vous a-t-elle pas raconté tout ce qu'elle a vu chez Bancal?

M. Rodat : Obligé par la foi du serment que j'ai prêté, je dois réparer une erreur involontaire dans laquelle je suis tombé, soit lorsque j'ai déposé ici en présence de la cour, soit lorsque j'ai été interrogé par M. Constans, délégué de M. le président. M. Constans m'ayant demandé s'il n'était pas vrai que j'avais reçu de la dame Manson quelques détails sur l'assassinat de M. Fualdès, je répondis qu'il me paraissait que cette dame était en général plus empressée d'apprendre des détails que d'en donner elle-même. Cependant je me trompais ; et, puisqu'il faut tout dire, j'avais eu bien des doutes à cet égard. Ceci a besoin d'explication, et je ne crois pouvoir mieux faire que de raconter naïvement tout ce qui s'est passé.

Je n'eus pas plus tôt appris que M. Lavernhe avait rapporté en ville un mot qui m'était échappé en sa présence, que je prévis que je serais cité en justice. Je crus ne devoir rien négliger pour bien m'assurer de la fidélité de ma mémoire. Je sentis qu'il n'en est pas des propos que l'on entend, comme d'un fait dont on est le témoin oculaire. Dans ce dernier cas, l'acteur se lie nécessairement à l'impression qu'a laissée dans la mémoire une action dont on a été vivement frappé. Mais si cette action nous est racontée; si l'on nous donne, comme un bruit de ville, des détails atroces, il arrive le plus souvent qu'on se souvient parfaitement des faits, sans pouvoir dire, d'une manière positive, de qui on les tient. Voilà tout juste la situation où je me suis trouvé.

Il me paraissait bien que la dame Manson m'avait raconté quelques circonstances de l'assassinat de M. Fualdès, qui pouvaient indiquer un témoin oculaire ; je consultai toute ma famille, on me dit que je me trompais, et je pris condamnation. Cependant, pour exprimer le dégré de doute où j'étais à cet égard, je disais : je parierais bien que j'ai raison, mais je n'en jurerais pas.

Le 28 août dernier, la dame Manson s'est rendue chez moi à Olemps, où je l'avais priée de venir, pour lui remettre une lettre de sa mère. Cette mère tendre et accablée de douleur, me priait de faire un dernier effort pour engager sa fille à réparer tous ses torts par un aveu sincère. La dame Manson me raconta que, s'étant trouvée à l'hospice, la veille ou l'avant-veille, avec quelques autres personnes, elle avait assisté à une révélation importante, faite par la fille puinée de la veuve Bancal. Voici comment elle commença son recit :

« La petite fille Bancal nous a dit qu'au moment où l'on introduisit le pauvre M. Fualdès dans la maison de son père, on fut obligé, avant de le poser sur la table, d'enlever deux pains qu'il avait donnés lui-même à Bancal. Comme on le plaçait avec violence sur cette table, elle se renversa. Alors M. Fualdès fit entendre ces mots : « Donnez-moi un moment pour faire mon acte de contrition. Tu le feras avec le diable, lui dit Bastide »... A ces mots, j'interrompis la dame Manson. Vous ne m'apprenez rien de nouveau, lui dis-je, je connais ces détails. —C'est moi qui vous les ai donnés, me répondit-elle. C'est par moi que ces détails ont été connus; je les tenais de la femme qui était chez Bancal.

Madame Manson observe au témoin qu'avant le 28 août, elle ne lui avait jamais parlé de la circonstance des deux pains donnés par M. Fualdès, mais que tout le reste est exact. — Le témoin avoue qu'elle dit vrai.

M. le président demande au témoin, si dans la famille de mad. Manson tout le monde n'est pas convaincu que celle-ci a été témoin de l'assassinat de M. Fualdés, chez Bancal Le témoin répond affirmativement. — La dame Manson: Oui, Monsieur, cela est vrai, ma mère me l'a écrit.

M. le président: Mais n'en êtes-vous pas convaincu vous-même, M. Rodat?

R. Un moment j'en ai douté, et je l'avoue. Je l'ai dit avec franchise à quelques personnes. Mais mad. Manson, qui nie d'avoir été chez Bancal, semble prendre plaisir à me fournir une démonstration du contraire. Depuis notre dernière conversation, je crois à cet égard ce que tout le monde croit, qu'elle a été chez Bancal le 19 mars au soir.

Un juré: Madame Manson, quel est le secret dont vous nous avez plusieurs fois parlé?

La dame Manson: Il se rattache aux motifs qui m'ont déterminée à faire une fausse déposition à la préfecture. Ces motifs m'empêchent de parler; ne me forcez pas davantage.

Le juré: Quels sont ces motifs?

La dame Manson: Je ne puis les dire; c'est un secret; je ne le dirai jamais.

Le président: Comment avez-vous appris tout ce qui s'est passé chez Bancal?

R. C'est une dame qui m'a tout dit. Qu'importe que tout tombe sur moi.

D. Nommez cette dame.

R. C'est mademoiselle Pierret; faites-la comparaître. J'ai payé assez long-tems pour les autres.

M. le président ordonne que Mlle Pierret soit amenée. En attendant, il appelle aux débats l'huissier Glandines, et lui fait la question suivante:

N'est-il pas vrai que le 2 septembre courant, à la suite d'un goûter avec le sieur Constans, marchand, de Rodez, celui-ci vous a raconté des aveux qui avaient été faits à sa femme par la dame Manson? — R. Oui, M. le président. — Le témoin relate ici les détails qui sont consignés plus haut dans l'interpellation adressée à la dame Manson par M. le président.

La dame Manson: Je n'ai pu tenir ces propos, puisque je n'ai pas été chez Bancal.

Félix Constans, marchand, déclare néanmoins que sa femme les lui a rapportés, comme les tenant de la dame Manson. Il ajoute que cette dernière dit à sa femme qu'on l'avait forcée à se mettre à genoux devant Bastide.

La dame Manson : Je ne me suis jamais mise à genoux devant personne.

Le témoin : Vous êtes une menteuse, madame.

M. le président : Eh bien, madame ? — R. Je n'ai jamais parlé à mad. Constans, c'est-à-dire, je lui ai bien parlé ; mais je ne lui ai pas tenu les propos qu'on me prête ; Si j'avais eu quelque confidence à faire ; je ne me serais point adressée à mad. Constans. — D. Vous niez donc ces propos ? — R. Certainement, je ne les ai pas tenus : j'ai bien parlé de cette affaire : mais j'en ai parlé comme les autres.

M. le procureur-général : Mad. Manson a promis à la justice la vérité ; il faut qu'elle la dise toute entière. Elle nomme mademoiselle Pierret : nous savons que c'est un conte ; mais faisons appeler cette demoiselle, et alors nous persisterons de plus fort dans nos conclusions.

La dame Manson : J'ai eu des motifs qui m'ont engagée à faire une fausse déclaration à M. le préfet.

M. le président fait observer à MM. les jurés, que la dame Manson a souvent parlé des violences qu'elle prétendait avoir éprouvées de la part de son père. Il donne à cette occasion la lecture des deux lettres suivantes ; mais auparavant il demande à mad. Manson s'il n'est pas vrai qu'elle eût écrit à sa mère un billet ainsi conçu :

« Il est incroyable, ma chère maman, que moi qui n'étais nullement témoin dans l'affaire de M. Fualdès, je le sois devenue par l'imprudence des prévenus et de leurs parens. *Ils sont perdus.* »

La dame Manson en convient.

Lettre de M. Engelrand, père de la dame Manson, à M. le président de la cour d'assises.

Rodez, le 25 août 1817.

Monsieur le président,

Je viens d'être informé par la rumeur publique que la dame Manson, après avoir fait sa déposition vendredi dernier devant la cour, l'a rétractée le lendemain dans son entier ; que, pour justifier sa rétractation, elle s'est permis de déclarer à la face de la justice et du public que ses aveux lui avaient été arrachés par la force et les instances ; que c'était moi qui avais employé à son égard cet infâme moyen.

Je ne devais pas m'attendre à être ainsi interrogé et accusé par un être à qui j'ai eu le malheur de donner le jour, et qui vient de donner à sa malheureuse mère et à moi le dernier coup de poignard.

Puisque la dame Manson me réduit à la cruelle nécessité d'une justification, je vous déclare, M. le président, je le déclare à la cour, que mes démarches près d'elle n'ont été dirigées que par les sentimens de l'honneur et de la délicatesse que j'ai vainement cherché à lui inspirer. Comme père et magistrat, je n'ai cessé de lui représenter que cet honneur lui faisait un devoir sacré de rendre hommage à la vérité, d'éclairer la justice sur le crime horrible commis sur un magistrat distingué, recommandable par ses talens et ses vertus; que taire un crime aussi affreux serait se rendre complice des assassins. Songez, lui ai-je dit, que parmi les accusés il en est peut-être d'innocens qui seront la victime d'un silence obstiné qui pourra être malheureusement interprété contre eux; que le sort des accusés est en vos mains; qu'il dépend de vous de les conduire à l'échafaud ou de briser leurs fers. Quelle qu'ait été votre position, il sera toujours honorable pour vous d'avoir contribué à la punition des coupables ou au triomphe de l'innocence.

Tel est, M. le président, le langage que j'ai constamment tenu à la dame Manson....; si j'ai eu quelque moment d'impatience avec elle, c'est lorsque j'ai vu qu'elle était sourde à ma voix, et qu'elle me niait des aveux faits à des personnes respectables, sur la foi de qui il m'eût été impossible d'élever le moindre doute.

J'ai cru devoir à moi-même, à la place que j'occupe dans la magistrature, à l'opinion publique, de vous donner connaissance d'une lettre que j'ai reçue de la dame Manson dimanche dernier, 17 du courant. Dira-t-elle que mes menaces la lui ont dictée? Il y avait déjà plusieurs jours que je ne l'avais vue et que j'avais résolu de ne plus la voir. Si vous jugez que cette pièce puisse servir à la découverte de la vérité et décider la dame Manson à faire un retour sur elle-même, je me fais un devoir de la déposer dans les mains de la justice. Je laisse à vos lumières et à votre sagesse d'en faire l'usage qui vous paraîtra le plus utile et le plus convenable dans une affaire de la plus grande importance, et qui intéresse la société entière. J'ai l'honneur, etc. *Signé* ENGELRAND.

Lettre de la dame Manson à M. Engelrand, son père.

« Je prie mon père de se tranquilliser; il sera satisfait, s'il est réellement vrai qu'il ne prenne aucun intérêt aux accusés. Quant à moi, j'ai de fortes preuves qu'il n'y en prend pas. Cependant je suis méfiante après tout ce qui m'est arrivé. Je suis décidée à frapper le grand coup: tout le tribunal va être étonné; je dirai la vérité toute entière. Les malheureux périront! et tel.... Brûlez ma lettre; si l'on était prévenu, tout serait perdu. Les défenseurs prendraient des mesures. Tout m'a éclairée hier, et personne ne s'en doute. Sur-tout que le premier président ne m'intimide pas; si le sang me montait à la tête, comme hier à l'appel des témoins, je ne pourrais rien dire. J'aurais besoin de toute la présence d'esprit nécessaire, et je voudrais être prévenue, s'il est possible, quelque tems avant de paraître.

Vous m'avez donné votre malédiction; vous désirez ma mort. Vous me refusez des secours. Je vais perdre les seuls que je pouvais attendre; car mad. Pons eût partagé son pain avec moi. N'importe; vous êtes mon père, et votre fille est disposée à vous tout sacrifier, et ne perdra jamais sa tendresse et son respect pour vous. Prenez-garde à cette lettre. »

M. le président: Convenez-vous d'avoir écrit cette lettre? R. Oui : mon père est un imprudent ; il aurait dû la brûler.

M. le président : Pourquoi outragez-vous sans cesse votre père? Il vous a montré le chemin de l'honneur.

La dame Manson : Je paierai pour tous, M. le président... Prenez vos conclusions, M. le procureur-général....

M. le président : Lorsque vous vous êtes séparée de votre mari, votre père ne vous a-t-il pas offert un asile sous le toit paternel? Vous l'avez refusé, préférant d'aller rester chez M. C...t. Ne fûtes-vous pas accompagnée chez M. le préfet par votre père? Tout ce que vous avez dit sur son compte est faux : dites la vérité ; voudriez-vous sacrifier votre honneur, votre enfant?... — Un juré s'écrie : Et votre ame!

M. le président : Est-ce Mlle Pierret qui était chez Bancal?— R. Je n'ai pas dit que ce fût Mlle Pierret qui eut été chez Bancal, mais que c'était elle qui m'avait donné tous les détails

(Mathieu Boyer, appelé en vertu du pouvoir discrétionnaire de M. le président, déclare que le 20 mars, vers les huit heures du matin, il trouva Jausion sur la place de Cité, qu'il lui parla de la mort de M. Fualdès, à quoi Jausion répondit : « Eh f..... que voulez-vous que j'y fasse? »

Jausion. — Je ne me rappelle pas d'avoir tenu ce propos.)

M. le président demande à la dame Manson ce qu'elle a entendu dire par ces mots, renfermés dans sa lettre : *Je suis décidée à frapper le grand coup*. — R. J'ai déjà dit que mon père aurait mieux fait de brûler cette lettre.

D. Reconnaissez-vous que votre père ait dit la vérité dans sa lettre. — R. Oui.

La demoiselle Rose Pierret est appelée aux débats en vertu du pouvoir discrétionnaire.

Le président : Donnez une chaise. — Ne craignez rien ; M. votre père est près de vous.... Quand vous serez en état de répondre, je vous interrogerai. D. connaissez-vous les accusés? — R. Je connaissais Jausion et Bastide. — D. Après la mort de M. Fualdès, quelqu'un vous a-t-il instruite des détails relatifs à l'assassinat? — R. Non.

D. Y a-t-il long-tems que vous avez fait connaissance avec mad. Manson? — R. Depuis la foire de Saint-Pierre (30 juin dernier.)

D. Depuis alors seulement? — R. Oui,

D. N'avez-vous pas rencontré mad. Manson auparavant? — R. Non.

Le président : Mad. Manson a dit cependant qu'elle tenait de vous les détails qu'elle a fournis sur cette affaire. — R. Je ne lui en ai point parlé.

D. A quelle époque avez-vous été chez mad. Constans? — R. J'y ai été plusieurs fois.

D. Est-ce là que vous avez fait quelques confidences à madame Manson? — R. Non, et je n'ai pas eu de confidence à lui faire.

Le président à mad. Manson : Pourquoi avez-vous tant tardé à faire appeler mademoiselle Pierret? — R. J'observerai que j'ai vu mademoiselle Pierret chez madame Constans avant la foire de Saint-Pierre. Je ne dis pas qu'elle m'ait déclaré s'être trouvée chez Bancal; mais elle me l'a donné à comprendre. Je serai sacrifiée pour elle; je la croyais plus généreuse.

Le procureur-général à mad. Manson : Vous avez cité mademoiselle Pierret; puisque ce n'est pas mademoiselle Pierret, nommez la personne, ou bien nécessairement c'est vous. — R. O mon dieu! pourquoi ne parle-t-on pas pour moi?

Le président à mad. Manson : C'est à cause de vous que j'ai fait appeler mademoiselle Pierret. Puisqu'elle n'est pas la personne qui se trouvait chez Bancal; il faut que vous conveniez que c'était vous. Réfléchissez-y; vous êtes mariée, vous avez des enfans, vous tenez à l'honneur... — R. Tout le monde ne tient pas à l'honneur! Pourquoi tremblez-vous, Rose, si vous ne me connaissez pas?

Le président : Vous êtes témoin; vous pouvez devenir accusée. R. Je le sais bien; vous pouvez me faire arrêter. Je n'ai jamais été chez Bancal; je ne suis pas la personne qui s'y trouvait; je paierai pour elle.

Le président : Pourquoi ne tiendriez-vous pas à l'honneur?

R. Pourquoi ne parle-t-on pas pour moi? Tout prouve qu'il y avait une femme; mais je n'ai pas d'assez fortes preuves, et d'après des soupçons je ne dénoncerai jamais personne... Je suis sûre qu'elle a pris mon nom... Pourquoi ne m'a-t-on pas fait arrêter il y a trois semaines?

La dame Constans est appelée aux débats, en vertu du pouvoir discrétionnaire. Elle paraît très-émue; elle pleure et ne parle pas. M. le président l'invite à s'asseoir, et la rassure.

M. Fualdès fils : Monsieur le président, on m'annonce que la veuve Bancal est prête à soutenir que la dame Manson était chez elle.

Monteils, gendarme placé à côté de la femme Bancal, déclare qu'il a entendu cette dernière disant à voix basse : Qu'elle le dise; elle y était bien.

La dame Manson : Quand même tous les accusés le diraient, je n'en conviendrais jamais, parce que je n'y ai point été; mon nom y a été, mais non pas moi. Monsieur le président, demandez à la veuve Bancal si, le 19 mars au soir, il n'entra pas chez elle une femme portant un voile noir qui lui descendait jusqu'aux genoux.

La veuve Bancal : Je ne sais rien de tout cela.

La dame Manson : Cependant la fille Bancal me l'a dit.

Le président : Mad. Manson, je vous ai vu un voile noir. — R. Je ne l'ai acheté que depuis le mois de mars.

La dame Constans : Mad. Manson m'a parlé de cette affaire comme tout le monde. — Hésitations de la part du témoin. Le président l'engage à ne rien cacher et à dire toute la vérité. Le témoin continue : Mad. Manson m'a souvent parlé de ce qui s'était passé chez la Bancal lorsqu'on assassina M. Fualdès — D. Ne vous a-t-elle pas dit qu'elle s'y était trouvée elle-même ? — R. (d'une voix faible) : Non, monsieur. Une fois elle m'en parla de manière à me persuader qu'elle y était. — Le président : Eh bien, elle vous l'a dit ; tranchez le mot. — R. Elle m'a dit qu'il y avait une autre femme, mais qu'elle ne la nommerait pas, dût-il lui en couter la vie. Je fus engagée à aller chez la dame Manson, afin de l'exhorter à dire la vérité. Elle pleura long-tems, et ses réponses, ses larmes, ses paroles entrecoupées, tout me fit connaître qu'elle avait été chez la Bancal, et je suis bien convaincue qu'elle y était dans cette soirée. J'ai raconté à mon mari tout ce que madame Manson m'avait dit à ce sujet, et je lui ai fait part de la persuasion où j'étais qu'elle avait été dans la maison Bancal.

Le procureur-général demande au témoin si la dame Manson n'a pas été engagée à taire la vérité. — R. Je l'ignore ; elle m'a parlé d'une visite de mad. Pons, et voilà tout.

Le président : Madame Manson, persistez-vous à tout dénier ? — R. Oui.

Après l'audition de ces témoins, le président a donné la parole à l'avocat de la partie civile pour répliquer. M. Merlin a parlé pendant plusieurs heures ; il a répondu aux objections mises en avant par les conseils des accusés. Cette discussion rentre beaucoup dans les moyens exposés lors de la première plaidoirie

La séance est levée à quatre heures et renvoyée au surlendemain, mercredi 10 septembre, à cause de la foire qui se tient à Rodez le mardi 9.

Séance du 10 septembre.

La séance s'ouvre à dix heures.

M. le président ordonne, en vertu de son pouvoir discrétionnaire, que le nommé J. A. Canitrot, concierge de la maison de justice, soit appelé aux débats. Le témoin est amené et dépose : « Le 24 mars, l'accusé Bousquier fut conduit dans ma prison. Le 26, sa femme étant venue pour lui porter à manger, aperçut à travers une grille, Bastide arrêté depuis la veille. En le voyant, elle détourna la tête et dit : Oh ! le grand scélérat, il est cause que mon mari est ici ! Avant de ressortir, elle me pria d'engager son mari à dire tout ce qu'il savait. Je m'acquittai volontiers de cette commission. Cette femme étant revenue dans la soirée, me réitéra la même prière. Bousquier me demanda du papier pour écrire : je portai moi-même un billet de lui à M. le juge d'instruction.

Le 27, Bousquier fut interrogé ; il le fut encore une fois le 28. En rentrant alors dans la prison, il me dit : Me voilà bien content, j'ai déchargé mon estomac d'un grand poids ; j'ai dit tout ce que je savais ; actuellement, je pourrai voir ma femme, M. le prévôt me l'a permis. — Il la vit en effet une seule fois, avec la permission par écrit de M. le prévôt.

Dans le courant de juillet, Bastide écrivait à sa femme, et voulait que ma belle-sœur se chargeât de lui porter ses lettres à mon insu. Ma belle-sœur répondit qu'elle ne pouvait le faire, parce que si je la surprenais, je la battrais et la mettrais à la porte. Alors Bastide reprit : Que gagnes-tu ici avec ton beau-frère? des reproches. — Fais ce que je te demande, et tu iras chez ma femme, où tu seras traitée, non comme un domestique, mais comme un enfant de la maison. Veux-tu apprendre à être couturière? je te donnerai une charretée de blé. Veux-tu te marier? je te donnerai une somme de 1,500 f. pour ta dot. Au moyen des lettres que tu porteras, tu me feras sortir d'ici ; ma femme ira parler aux témoins. — Ma belle-sœur résista à toutes ces séductions. Bastide lui dit : porte au moins celle-là : je ne te demanderai plus rien. — Il ajouta : j'appartiens à une famille très-étendue ; tous mes parens sont riches, quand je serai délivré, ils diront de toi : Voilà celle qui a sauvé Bastide!

Le témoin rapporte encore d'autres tentatives de ce genre faites par les parens de l'accusé vis-à-vis d'une autre de ses belles-sœurs, pour qu'elle se chargeât de remettre à Bastide une liste de témoins à décharge.

M. le président. — Femme Bancal, n'est-il pas vrai que, le 19 mars au soir, vous fîtes chez vous un souper plus copieux qu'à l'ordinaire? — Non. — Ne mangeâtes-vous pas une poule, un plein pot de riz et une pièce de veau? — Non.

La femme Cabrolier, interpellée, déclare que, le 18 ou 19 mars, elle fit cuire au four une volaille, une pièce de veau et une potée de riz pour le compte de la femme Bancal; que la petite fille de cette dernière lui apporta ces objets, et que la plus grande vint les retirer.

La veuve Bancal. — Je ne sais de quoi on me parle. — Le conseil de l'accusée demande si ce n'est pas de chez Causit, aubergiste, où travaillait Marianne Bancal, que ces provisions furent apportées.

Le témoin. — Je l'ignore; mais j'ai tout lieu de croire qu'elles étaient pour la Bancal, parce que les enfans qui les portaient venaient du côté de la rue du Terral, à laquelle aboutit la rue des Hebdomadiers, où se trouve la maison Bancal; tandis que l'auberge de Causit est située dans la rue de l'Ambergue, qui est du côté opposé. Je me souviens d'ailleurs qu'il manqua un sou à la fille Bancal pour me payer, et qu'elle dit qu'elle le demanderait à sa mère et me l'apporterait en revenant. Cela prouve bien que le tout se faisait pour la femme Bancal.

L'accusée. — Je crois bien me souvenir de quelque chose dans ce genre; mais c'était dans le carnaval.

M. le président au témoin. — Pour aider votre mémoire, je vous demanderai si cela se passa à l'époque de l'assassinat. — R. Oui; c'était la veille ou l'avant-veille.

L'accusée. — Je n'aurais pas confié un plat à ma petite.

Le témoin. — C'était elle pourtant ; car je me souviens qu'elle avait un jupon tout déchiré, ce dont je lui fis des reproches Je me rappelle encore que je fus étonnée de voir tous ces apprêts, et que je dis à mon mari : La femme Bancal fait bien fête pendant cette foire.

M. le président. — Accusé Bousquier, est-il vrai que lorsque vous fûtes arrivé auprès de Capoulade avec le cadavre, l'un des individus qui l'escortaient fit une chute, et qu'un autre lui dit : Tu tombes, b.....? — Je ne m'en souviens pas.

La femme Anduze est amenée, en vertu du pouvoir discrétionnaire, et déposée ainsi qu'il suit. — Depuis que les débats sont commencés, un homme est venu un jour pour m'acheter du tabac Nous parlâmes de l'affaire de Fualdès. Cet homme, qui était venu d'autres fois chez moi, mais dont j'ignore le nom, me dit alors que le soir de l'assassinat il avait eu bien peur ; qu'il se trouvait auprès du jardin Tissandier, entre dix et onze heures de la nuit ; que tout à coup il entendit comme une patrouille qui descendait le Travers ; qu'il en fut effrayé et se cacha derrière une haie ; que parmi cette troupe de gens il reconnut Bastide portant un fusil et posté en avant ; que l'un d'entr'eux se laissa tomber ; que c'était Jausion : Tu tombes, b....., lui cria Bastide ! — Le témoin ajoute que cet homme lui recommanda de ne rien dire, parce qu'il ne voudrait pas être témoin pour tout ce qu'éclaire le soleil, à cause des familles des accusés.

Bousquier, interpellé de nouveau, déclare qu'il ne se souvient point de ce fait.

L'accusé Jausion : Tout ce que j'ai à répondre à cela, c'est que j'étais alors dans mon lit.

— A midi, le président annonce que M. l'avocat-général Castan a la parole pour répliquer. Cette tâche avait été confiée à ce dernier par M. le procureur-général, que l'extrême longueur des débats et le plaidoyer que peu de jours auparavant il avait déjà prononcé pour le soutien de l'accusation, avaient dû nécessairement fatiguer.

M. l'avocat-général s'est attaché à résumer dans un discours improvisé d'environ trois heures, les plus fortes charges de la procédure, et à combattre successivement les principales objections présentées en faveur des accusés. Nous regrettons de ne pouvoir donner à nos lecteurs, dans son entier, cette éloquente réplique, où le magistrat s'est montré tout à-la-fois orateur et logicien, unissant sans cesse la force de l'âge mûr à la vivacité de la jeunesse, la justesse du raisonnement et l'énergie des pensées, aux charmes d'une élocution facile et brillante. Voici les fragmens qu'il nous a été possible de recueillir.

En parlant du genre de mort dont M. Fualdès avait péri, et de ses assassins, il a dit : « Avides de son sang, pressés de le répandre, ces monstres lui refusent jusqu'à quelques instans pour élever son ame à Dieu, s'humilier en sa présence et lui faire le sacrifice de cette vie qu'ils vont lui arracher. Esprits infernaux, ils veulent ajouter aux horreurs de son supplice la rage et le désespoir dont ils sont tourmentés. »

Après avoir dit quelques mots sur l'horreur qu'un forfait de cette nature avait inspirée non-seulement aux habitans de Rodez, mais à la France entière, il s'est adressé à l'auditoire et particulièrement aux jurés, en ces termes :

« Eh bien! Messieurs, ce crime qui révolte, ce crime qui étonne, personne ne l'a commis Voilà onze accusés, et tous sont innocens! Hâtez-vous, Messieurs les jurés, hâtez-vous de les absoudre. Hâtons-nous nous-mêmes de briser leurs chaînes et de les rendre à leurs familles ; fermons le temple de la justice ; quittons ces murs ; mais en les quittant, entourons leur enceinte d'un signe funéraire qui en écarte les étrangers, en les avertissant qu'*ici* l'on égorge les hommes comme de vils animaux, sans que la justice puisse atteindre et punir les coupables alors même qu'ils sont connus.

» Mais non ; de vains systèmes, des raisonnemens embellis de tous les prestiges de l'éloquence ne l'emporteront point sur des faits constans, et ce département ne demeurera pas plongé dans l'humiliation et dans le deuil. Je compare les effets de l'éloquence à ces éclairs brillans qui sillonnent la nue, à ces éclats de la foudre qui frappent et qui étonnent, à ces torrens qui entraînent et qui ravagent ; mais je compare la vérité à ces douces rosées, à ses souffles tranquilles, à ces rayons bienfaisans qui vivifient, qui raniment et qui réparent les désordres de la nature. »

Passant ensuite à la réfutation des moyens employés pour la défense des accusés, M. l'avocat-général a dit, au sujet de la femme Bancal : « C'est au nom de ses enfans qu'on réclame quelque pitié pour leur mère ; mais l'intérêt même de ces enfans semble exiger que vous usiez de rigueur à son égard. Elle forma leur cœur au crime ; il importe de leur montrer le danger des leçons et des exemples qu'elle leur a donnés ; il importe qu'ils se souviennent toute leur vie, que ce n'est qu'en détestant ces funestes leçons, qu'en s'écartant de ces affreux exemples, qu'ils éviteront le terme où arrivèrent les auteurs de leurs jours. »

En finissant sur le compte de Bastide, il a dit : « Qu'il évoque les mânes de Fualdès pour attester son innocence! C'est le témoignege de Fealdès vivant, et non celui d'un mort, qu'il faut lui opposer. Il me semble l'entendre, prêt à subir l'affreux supplice que *ses amis* lui avaient préparé ; il me semble l'entendre dire à Bastide : Eh quoi! Gramont! eh quoi! c'est un parent, c'est un ami à qui vous réserviez un pareil sort! C'est le confident de vos peines, le dépositaire de tous vos secrets, ou, si vous aimez mieux, c'est celui qui n'eut jamais de secret pour vous, celui qui se livrait à vous sans défiance et sans réserve, que vous avez lâchement trahi et que vous allez atrocement égorger! Est-ce le sang des tigres qui coule dans vos veines, ou quelque animal enragé vous aurait-il communiqué par sa morsure la soif du carnage qui le dévore? Vous répandrez mon sang, mais sans profit pour vous ; ma mort effrayera toute la contrée, et mes ennemis même concourront à la venger. Le trouble et le remords *qui déchireront votre ame* imprimeront sur vos traits le sceau du crime. Chacun lira sur votre front que vous êtes mon assassin, et vous serez pour vos contemporains et pour la postérité un exemple mémorable du terme fatal où peut conduire le mépris de tous les principes de religion et de morale.»

En parlant de l'accusé Jausion, M. l'avocat-général a dit : « Un grand crime suppose toujours un grand motif. Fualdès a été non-seulement assassiné, mais volé ; on l'a tué pour le dépouiller sans qu'il pût en réclamer. La fortune de Fualdès a disparu ; tous ses papiers ont disparu, et Jausion a forcé le bureau où ils étaient renfermés ! La raison et la loi indiquent que celui-là est le moteur du crime, à qui le crime a le plus profité.

S'adressant ensuite à l'accusé, il ajoute : « Vous vous étonnez, Jausion, qu'on puisse même vous soupçonner d'avoir trempé vos mains dans le sang d'un ami ; mais c'était pour le voler ! et moi qui connais votre ardeur pour le gain, cette avidité de profits illicites qui vous rendait le fléau de tous ceux que le besoin forçait de recourir à votre bourse ; ce trafic usuraire, base et fondement de votre fortune ; moi qui sais que cette passion dégrade l'ame et la dispose à la cruauté, je n'en suis pas surpris. »

Avant de passer à l'examen des autres accusés il a dit : Que d'utiles leçons de morale nous fournit l'assemblage de tant d'individus, qui dans l'ordre des choses ne devaient pas même se connaître, réunis et confondus sur le banc du crime et pour la même accusation ! Deux hommes de bonne famille ; mais l'un sans principes et sans mœurs : l'autre, usurier de profession et n'ayant d'autre dieu que l'argent : un contrebandier, un vagabond, scélérat par caractère et par besoin ; une prostituée, une femme enfin que son sèxe n'osera avouer'.·... Tout cela prouve qu'il suffit d'un premier pas, quel qu'il soit, hors de la ligne des devoirs, pour conduire l'homme aux plus horribles excès. Cela prouve que le dernier des forfaits n'étonne pas celui qui sut vivre sans honneur et sans probité. »

En parlant de l'accusé Bach, il a dit : « Tels sont les êtres qu'on met en mouvement quand il s'agit d'un grand crime ! Fléaux de la société, race maudite dont les grandes cités ne manquent jamais, ils sont l'espoir des malveillans, la ressource des scélérats qui conspirent contre l'Etat ou contre les particuliers. C'est leur appui vénal qui assure la force des complots et le succès des trames les plus noires. »

M. l'avocat-général a terminé de la manière suivante :

« N'attendez pas, messieurs les jurés, qu'en finissant je vienne réveiller votre indignation pour provoquer votre sévérité : je n'en ai pas besoin. Entouré de l'élite de ce département, je crains peu que ceux qui sont l'ornement et la gloire de la société puissent négliger ou méconnaître ses plus chers intérêts. L'horreur du crime est dans leur ame, parce qu'elle est dans la mienne ; le besoin de punir un forfait est dans leur cœur, parce qu'il est dans le mien. Ils savent respecter le serment qui les lie ; ils savent être justes autant qu'ils sont humains; ils mettent de côté les considérations, pour n'écouter que leur conscience; ils ne font point acception des personnes: le riche et le pauvre sont égaux à leurs yeux, comme ils le sont aux yeux du souverain juge dont ils sont les images sur la terre; ils connaissent l'étendue du mandat qu'ils ont accepté, et ils n'ont d'autre désir que celui de le remplir dignement. »

S'adressant à M. Fualdès :

« Fils infortuné du plus malheureux père, soyez sans défiance; et pour adoucir l'amertume de vos regrets, pour soulager votre douleur, songez quelquefois à l'intérêt que vous inspirâtes à tous les gens de bien. Voilà vos juges! »

A l'auditoire :

« Habitans de Rodez, citoyens de l'Aveyron, reposez-vous sur de tels mandataires du soin de laver l'injure que le crime impuni ferait à votre honneur. Justement vous fûtes indignés; justement vous demandâtes vengeance! Encore quelques instans, et votre indignation se changera en pitié! Encore quelques instans, et obtenant la satisfaction que vous avez droit d'attendre, vos craintes cesseront, vos agitations se calmeront; la paix et le bonheur renaîtront enfin sur ces rives éplorées. Encore quelques instans, et vous direz : Un grand crime, il est vrai, fut commis parmi nous; mais le zèle et les lumières d'une cour souveraine se signalèrent à le poursuivre; un grand crime, il est vrai, fut commis parmi nous, mais des jurés que nous proposerons éternellement pour modèles à tous nos concitoyens, devinrent nos arbitres; le chef du ministère public embrassa notre cause, il la soutint avec ardeur; et si la mémoire de ce forfait arrive à nos neveux, les monumens qui attesteront le crime attesteront aussi que ce crime fut solennellement réparé et puni. »

Cette séance a été terminée à quatre heures par la réplique de Me Combarel, défenseur de la veuve Bancal.

NOTA. Le onzième Numéro, qui paraîtra demain, renfermera le texte du jugement et une notice sur les principaux accusés.

Les portraits de quelques-uns de ces accusés seront joints à ce Numéro.

Jausion . Bastide . La Bancal . Bousquier.

N° XI.

ASSASSINAT DE M. FUALDÈS.

Séance du jeudi 11 septembre.

La séance est reprise à dix heures.

Me Rodier prend la parole pour répliquer dans l'intérêt de Jausion. Il réfute d'abord les objections qui avaient été faites contre les raisonnemens à l'aide desquels il avait cherché à démontrer l'innocence de son client : il s'attache ensuite à discuter et à combattre les principales charges auxquelles M. l'avocat-général venait de donner un nouveau développement. Cette réplique a duré environ une heure. Outre le talent de l'improvisation, qu'il porte à un très-haut degré, Me Rodier possède encore les autres qualités qui forment l'orateur. Il se distingue sur-tout par la clarté de ses idées, la précision de son style, la vigueur de sa dialectique et enfin par l'accent d'une sensibilité exquise.

Me Romiguières a ensuite répliqué pour l'accusé Bastide, son client. On connaît le talent supérieur qu'a déployé cet avocat dans son premier plaidoyer. Il s'est également soutenu dans sa réplique, qui a duré environ deux heures. Voici un incident remarquable auquel il a donné lieu, involontairement sans doute, par une véhémente sortie contre la dame Manson.

Les variations, les rétractations de cet important témoin avaient paru lui mériter quelques ménagemens de la part des défenseurs des accusés. M. l'avocat-général sur-tout avait fait ressortir l'espèce d'harmonie qui semblait exister entre l'une et les autres : il en avait tiré des inductions défavorables aux accusés. Me Romiguières a cru devoir les combattre. Il a expliqué la cause des égards et de la réserve qu'il avait pu garder précédemment vis-à-vis de la dame Manson. C'est à son sexe et non à la crainte qu'il les avait accordés. Pour le prouver, il a apostrophé vivement cette dame et l'a sommée en quelque sorte de révéler à la justice tout ce qu'elle pouvait savoir. Au moment où il venait de prononcer ces mots : *Craignez-vous les accusés ? ils sont dans les fers*, la dame Manson s'est écriée de sa place : *Non pas, tous n'y sont pas dans les fers !* — On sent quelle vive sensation ces terribles paroles ont dû produire dans tout l'auditoire. — Nommez-les, a dit Me Romiguières..... Je demande acte de cet aveu.

M. le président : Approchez, Mad. Manson. Nommez ceux qui devraient être dans les fers.

La dame Manson : Oui, Monsieur, *mais la vérité ne peut sortir de ma bouche*.

Cet incident a fourni à Me Romiguières le sujet d'une éloquente péroraison.

Les autres défenseurs ont ensuite successivement répliqué pour leurs cliens.

M. Fualdès fils, avec une émotion qui s'est facilement laissée apercevoir, a parlé en ces termes :

« Messieurs,

» Ici se termine la tâche douloureuse que m'imposaient la loi de la nature et mes sentimens de tendresse et de reconnaissance.

» Avant la catastrophe qui nous occupe, il eût fallu, j'ose le dire, une imagination bien extraordinaire pour inventer des souffrances égales à mes tourmens. Tout ce que le malheur a jamais eu de plus terrible, je l'ai éprouvé ; tout ce qu'il y a de poignant dans ce monde de misères, je l'ai ressenti. C'est sur-tout pendant le cours de ces débats funèbres, que mes angoisses sont devenues bien cruelles. De tristes et d'affreux souvenirs ont retourné chaque jour, à toute heure, à chaque instant, le poignard dans ma blessure profonde. Naguère, que ma situation était différente ! Hélas ! Le charme de ce souvenir ajoute encore à l'amertume de mes afflictions présentes.

» Dédaignant l'ambition, désabusé des distinctions humaines, que j'ai connues si fragiles, j'étais rentré au sein paisible de ma famille, pour y trouver un abri contre les orages des passions. Sous les auspices de deux pères amis, d'une mère pleine de tendresse, et par les nœuds des plus doux sentimens, je venais d'unir mon sort à celui d'une épouse chérie. Un patrimoine modeste, mais antique, fruit des labeurs et des vertus de mes ancêtres, me promettait, avec une aisance honnête, l'heureuse facilité de répandre des bienfaits.

»Que manquait-il à mon bonheur? La présence d'un père. — Déjà des fêtes de famille se préparaient pour célébrer son retour. Les parens, les amis de ce digne magistrat, l'appelaient de leurs vœux; sa contrée natale était fière de le reconquérir.

» Il allait quitter Rodez; Rodez! qui fut vingt-cinq ans le théâtre de ses travaux, de ses lumières, de sa justice: Rodez! dont il aimait les bons et loyaux habitans. Il allait quitter Rodez pour recueillir désormais les soins de la tendresse filiale, et jouir en paix, pour prix de ses services, de la munificence de son Roi. Il allait partir........

» La cupidité qui veillait s'arme d'un couteau sanglant, le plonge dans la gorge de sa victime; et ce coup, qui détruit l'homme de bien, me précipite dans un torrent de malheurs!

» Parlerai-je, hélas! de l'augmentation de mes peines en voyant sur quelles têtes s'arrêtent les preuves du crime? Vous tous, qui venez de m'entendre, je vous le demande, fut-il jamais un sort plus digne de pitié?

»Sans doute que la Providence m'a réservé des motifs d'une bien douce consolation? Mais cette touchante sollicitude du public, cet intérêt général, ces regrets unanimes, ces larmes qui se mêlent aux miennes, est-ce là de quoi réparer une perte irréparable? La justice pouvait seule calmer mes douleurs, en apaisant par sa vengeance les mânes sanglans de mon malheureux père.

» Magistrats et jurés, c'est à vous de régénérer cette cité souillée par un forfait sans exemple; c'est de vous que la France, que la nature entière attendent l'expiation d'un si grand crime.

» Messieurs du jury, la loi a déposé dans vos mains son glaive vengeur; sachez l'écarter de l'innocence, mais frappez sans pitié la tête des coupables.

» Monsieur le président, et vous tous, magistrats et fonctionnaires, daignez recevoir l'hommage de mon admiration et de toute ma reconnaissance. L'amour qui vient de vous enflammer pour le triomphe de la justice vous rend bien dignes de la confiance et de l'estime publiques.

» Me Merlin, veuillez trouver ici l'expression de mes remercîmens.

» Aveyronnais, braves et bons Rhuténois, voulez-vous charmer mes ennuis? Accordez-moi quelques-uns des sentimens que vous portiez à mon malheureux père; comme lui, son fils infortuné vous porte dans son cœur. »

Séance du vendredi 12 septembre.

La séance est ouverte à neuf heures.

M. le président demande aux conseils des accusés et de la partie civile, s'ils ont quelque chose à ajouter à leur défense. Tous répondent négativement.

M. le procureur-général fait quelques observations sur la dame Manson. Il paraît annoncer que sa conduite devant la cour ayant été repréhensible et donnant lieu à des soupçons sur son compte, on saura prendre ultérieurement contre elle les mesures commandées par la loi et par l'intérêt de la justice. — M. le procureur-général s'adressant ensuite à M. le préfet, à M. le maréchal-de-camp commandant le département, ainsi qu'aux autres autorités administratives et militaires de la ville de Rodez, les remercie du zèle qu'ils ont déployé pour seconder les efforts des magistrats et pour assurer le bon ordre qui a régné dans tout le cours des longs débats qui vont être terminés.

M. le président demande encore à MM. les jurés s'ils ont quelque question ou observation à faire. Sur leur réponse négative, il déclare les débats fermés. Aussitôt après il a commencé le résumé de l'affaire, qu'il a fait précéder d'un exorde remarquable par sa noble simplicité et par la justesse des idées, sur l'importance de la cause, sur la nature du crime, sur son affreuse célébrité, sur le contraste frappant que présentent l'âge, le sexe et la condition des divers accusés, enfin sur l'égalité des hommes devant la loi et devant la justice.

M. le président s'est occupé d'abord des faits généraux de la cause. Il a rappelé ensuite ceux relatifs à chacun des accusés en particulier, suivant l'ordre établi par les débats.

Les différens tableaux qu'il en a formés se distinguent surtout par la clarté, la méthode et la précision, qualités bien précieuses et bien propres à aider la mémoire de MM. les jurés. Chaque résumé partiel a été accompagné de réflexions morales parfaitement appropriées à l'accusé dont il était question, et toujours exprimées avec cette énergie qu'inspirent naturellement l'horreur du crime et l'amour de la vertu.

M. le président s'est adressé aux habitans de Rodez ; il les a exhortés à conserver le bon esprit dont ils sont animés, à ne se livrer jamais aux passions haineuses et vindicatives, à maintenir la paix et l'union admirable qui règne parmi eux, à continuer de répondre à la sollicitude paternelle des magistrats qui veillent pour leur bonheur, et à concourir toujours par leurs efforts au triomphe de la justice, comme ils l'ont fait dans la grande cause qui va être jugée.

M. le président a ensuite parlé à MM. les jurés de l'importance des fonctions qu'ils allaient remplir. Il leur a dit qu'étrangers à toute passion, ils devaient n'écouter que leur conviction intime ; que les regards de leurs concitoyens, ceux même de la France entière étaient fixés sur eux, et que l'accomplissement de leurs devoirs aurait la plus grande influence sur la morale publique, ainsi que sur le respect dû aux lois.

M. le président a fait la lecture des questions soumises au jury : elles étaient au nombre de cinquante-une.

A midi et demi, MM. les jurés se sont retirés dans leur chambre pour délibérer. — A six heures ils sont rentrés dans la salle d'audience : M. le président a fait la lecture d'un rapport du médecin Richard, qui constate que les dames Jausion et Galtier sont dans ce moment grièvement indisposées et hors d'état de pouvoir paraître devant la cour. Il annonce également que la fille Bancal, accusée, est encore retenue à l'hôpital par sa maladie, et qu'elle ne peut assister à son jugement. — MM. les défenseurs consentent tous à ce qu'il soit passé outre, en leur absence. M. le procureur-général et la partie civile donnent le même consentement.

M. le président demande alors à MM. les jurés de faire connaître le résultat de leur délibération. Voici l'extrait de la déclaration, qui a été lue par M. le chevalier Masson-Latieule, pour M. Hérail, chef du jury.

Oui, à l'unanimité, Catherine Brugnière, veuve Bancal, est coupable, comme complice, du meurtre commis sur la personne de M. Fualdès, le 19 mars dernier au soir, *avec préméditation.*

Oui, à l'unanimité, Bernard-Charles Bastide-Gramont, Joseph Jausion, François Bax et Jean-Baptiste Colard, sont coupables dudit meurtre, soit comme auteurs, soit comme complices et *avec préméditation.*

Oui, à l'unanimité, Joseph Missonier est coupable dudit meurtre, comme auteur, *mais sans préméditation.*

Oui, à la majorité absolue, Anne Benoît est coupable dudit meurtre, comme complice, *mais sans préméditation.*

Non, à l'unanimité, Bousquier n'est pas coupable, soit comme auteur, soit comme complice, du meurtre de M. Fualdès.

Oui, à l'unanimité, il est coupable, comme complice, de la noyade du cadavre dudit Fualdès.

Non, Marianne Bancal n'est pas coupable dudit meurtre, soit comme auteur, soit comme complice.

Oui, à la majorité absolue, Bernard-Charles Bastide-Gramont est coupable, *comme auteur*, du vol des livres-journaux, papiers et autres effets enlevés chez M. Fualdès, dans la matinée du 20 mars, *mais sans effraction.* — *Oui, à l'unanimité*, le même accusé est coupable dudit vol *comme complice.*

Oui, à l'unanimité, Joseph Jausion est coupable dudit vol, comme auteur et comme complice, *avec effraction.*

Oui, à la majorité absolue, Victoire Bastide, épouse Jausion, est *complice* dudit vol, *mais elle a agi sans connaissance de cause.*

Non, à la majorité absolue, Françoise Bastide, veuve Galtier, n'est pas coupable, comme auteur ni complice, du susdit vol.

Lorsque M. le juré a eu terminé la lecture de cette déclaration, M. le président a ordonné que les accusés fussent ramenés dans la salle et remis à leur place. Le greffier de la cour a fait alors en leur présence une seconde lecture de la déclaration du jury.

Aussitôt après M. le président, en vertu du pouvoir qui lui est confié par la loi, déclare Marianne Bancal et les dames Jausion et Galtier, acquittées de l'accusation portée contre elles, et ordonne qu'elles soient mises sur-le-champ en liberté, si elles ne sont retenues pour autre cause. L'avocat de la partie civile prend la parole et demande une somme de 120,000 fr. à titre de restitution des objets volés, et dans l'intérêt de ses créanciers seulement.

M. le procureur-général se lève ensuite et requiert que la cour condamne les accusés veuve Bancal, Bastide, Jausion, Bax et Colard à la peine de mort; Missonnier et Anne Benoît aux travaux forcés à perpétuité, et Bousquier à deux ans d'emprisonnement et à 200 fr. d'amende.

La cour, après avoir entendu le réquisitoire de M. le procureur-général, s'est retirée dans la chambre du conseil pour délibérer. — Elle est rentrée dans la salle à huit heures du soir, et M. le président a prononcé l'arrêt, dont voici l'extrait :

Attendu, en ce qui concerne les accusés veuve Bancal, Bastide, Jausion, Bax et Colard, que la déclaration affirmative du jury constitue un crime prévu par les articles 302 et 59 du Code pénal;

La cour faisant droit au réquisitoire de M. le procureur-général, les condamne à la peine de mort;

Attendu, en ce qui concerne les accusés Missonnier et Anne Benoît, que la déclaration affirmative du jury constitue un crime prévu par les articles 304 et 59 du Code précité;

La cour faisant également droit au réquisitoire de M. le procureur-général, les condamne aux travaux forcés à perpétuité, à l'exposition au carcan et à la marque des lettres T. P.;

Attendu, en ce qui concerne l'accusé Bousquier, que la déclaration du jury constitue un délit prévu par l'art. 359 du même code;

La cour, faisant droit, quant à ce, au réquisitoire de M. le procureur-général, le condamne à une année d'emprisonnement, à 50 fr. d'amende.

La cour condamne en outre tous les susnommés, solidairement au remboursement des frais de la procédure, tant envers l'Etat, qu'envers la partie civile.

La cour, avant de statuer sur la demande formée par la

partie civile, commet M. de Lunaret, l'un de ses membres, pour entendre les parties, prendre connaissance des pièces et faire son rapport à la séance du lendemain, 13 septembre.

Séance du 13 septembre.

L'audience est ouverte à onze heures et demie du matin.

M. de Lunaret, juge commis, fait son rapport.

M. Merlin, avocat de la partie civile, déclare qu'il persiste dans ses conclusions prises la veille.

MM. Rodier et Romiguières prétendent que la partie civile n'ayant point formé une demande *en dommages*, mais seulement en *restitution des objets volés*, il est impossible à la cour de prononcer en ce moment avec connaissance de cause ; qu'il s'agit d'établir le montant des valeurs qui ont été soustraites au préjudice des créanciers du sieur Fualdès, et que cette opération ne peut pas être l'ouvrage d'un moment. M. Merlin soutient que la commune renommée et les débats établissant que la succession du sieur Fualdès se trouve grevée de plus de cent mille francs de dettes, la cour est à même de prononcer de suite sur la restitution demandée.

M. le procureur-général observe que dans l'état où elle est, la cause ne paraît pas susceptible de jugement ; que l'évalution des restitutions peut donner lieu à de longues discussions ; il demande en conséquence le renvoi des parties devant les tribunaux civils.

La cour, après avoir délibéré, rend un arrêt conforme aux conclusions de M. le procureur-général.

Ainsi s'est terminé cet horrible procès. Le public nombreux qui se trouvait réuni dans la salle des séances, sans manquer au respect dû à la cour et au silence prescrit par la loi, a fait entendre au moment du prononcé du jugement un murmure d'approbation.

Avant le départ des membres de la cour royale de Montpellier, M. le maire, accompagné de ses adjoins, s'était rendu chez M. le président, pour lui exprimer, au

nom de toute la ville, les sentimens de respect et de gratitude dont ses administrés étaient pénétrés. Voici le discours que M. Delauro, maire, a prononcé :

« Monsieur le président,

» Il est enfin rempli ce grand et solennel ministère auquel le suffrage honorable de Mgr. le garde des sceaux vous avait appelé ; et la direction des débats d'une importante procédure a prouvé tout ce que peut, pour la découverte de la vérité, l'heureuse réunion du zèle et des lumières d'un digne magistrat.

» Le jour de justice s'est levé... et les préceptes que vous avez gravés dans tous les cœurs avec un accent paternel, attacheront à une époque malheureusement trop célèbre pour nous le retour des principes de morale qui peuvent seuls prévenir les crimes et rasseoir la société sur ses bases ébranlées.

» Nos cœurs flétris s'ouvrent à l'espérance ; et ne trouvons-nous pas le gage assuré de la réunion des esprits, dans cet accord de vœux et de sentimens qu'a fait éclater la malheureuse procédure sur laquelle la cour d'assises vient de prononcer, dans cet empressement avec lequel les hommes divisés d'opinions politiques dans le cours de nos discordes civiles, se pressaient, mêlés et confondus dans le sanctuaire de la justice ? Aussi la conduite des Aveyronnais établira tout à-la-fois leur horreur pour le crime, le prix qu'ils attachent à l'exécution des lois, et l'indépendance des jurés de ce département, en attestant leur noble caractère, consacrera dans nos annales un grand exemple et d'utiles souvenirs.

» La confiance renaît au milieu de nous par la justice ; c'est ainsi que, sous le règne tutélaire des Bourbons, la sollicitude du gouvernement efface les traces pénibles du passé et signale ses bienfaits.

» Monsieur le président, la mission que vous avez remplie avec un succès distingué, monument durable de votre profonde sagesse, rappellera toujours à notre mémoire les magistrats recommandables qui ont partagé vos travaux, et va resserrer les liens qui unissent les justiciables de l'Aveyron à la cour royale de Montpellier.

» Recevez ici, M. le président, l'expression de la reconnaissance des habitans de Rodez, pour les témoignages que vous leur avez rendus ; et si je dois me féliciter d'être dans cette circonstance l'organe de mes concitoyens, qu'il me soit permis de vous renouveler en finissant l'assurance des sentimens que je vous dois, pour la bienveillance particulière dont vous m'avez honoré, et les marques d'intérêt que vous avez bien voulu accorder à mon zèle et à ma bonne volonté. »

M. le président a répondu à peu près en ces termes :

« M. le maire, si j'ai la satisfaction d'avoir pu faire quelque chose pour le bien, si j'ai pu donner à une procédure de la plus haute importance la direction nécessaire pour parvenir à la manifestation de la vérité, ce n'est pas entièrement mon ouvrage. Je dois beaucoup au zèle et à l'activité des autorités locales, à vous, M. le maire, qui avez su alléger la tâche pénible, mais bien honorable, qui m'était imposée. Il me sera doux de vous rendre ce témoignage dans le rapport que je dois adresser à S. Exc. le garde des sceaux. Le jury qui vient de prononcer sur cette cause m'a convaincu, par sa noble conduite, combien il est facile de trouver parmi les braves Aveyronnais des hommes capables de juger avec calme, fermeté et justice. Veuillez agréer, M. le maire, et faire agréer à vos administrés l'expression de mes sentimens bien sincères, et croire que je me regarderai comme heureux d'avoir pu faire quelque chose qui puisse contribuer à maintenir la sûreté publique et à fortifier la saine morale. »

N. B. La procédure civile de Rodez est arrivée au greffe de la cour de cassation le 27 de ce mois. M. le conseiller Lecoutour a été nommé rapporteur le 28, et l'affaire sera probablement jugée le 9 octobre prochain. Me Romiguière, avocat de Bastide, plaidera à Paris devant la cour suprême.

Madame Manson sera, dit-on, jugée aux prochaines assises. Nous recueillerons tout ce qui, dans cette affaire, sera de nature à piquer la curiosité publique. Cette nouvelle procédure fera suite à l'ouvrage que nous venons de terminer.

FIN.

NOTICE HISTORIQUE

SUR LES PRINCIPAUX PERSONNAGES

QUI ONT FIGURÉ DANS CE PROCÈS.

Le procès des assassins de l'infortuné Fualdès a tellement captivé l'attention publique, que tout ce qui se rattache à la vie privée de la victime des accusés ne saurait être indifférent. Nous avons pensé qu'une courte notice sur chacun d'eux ne ferait qu'ajouter à l'intérêt qu'a excité cette cause vraiment célèbre.

M. Fualdès a reçu le jour dans un bourg situé sur les limites du Cantal et de l'Aveyron. Il est né de parens fortunés et jouissant de la considération publique. Dès son jeune âge, M. Fualdès fut destiné au barreau. Il fit ses études, à Toulouse où il exerça ensuite et pendant long-tems, avec beaucoup de talent, la profession d'avocat, jusqu'au moment où il parvint à la magistrature. Il fut successivement accusateur public, procureur criminel près la cour d'assises de l'Aveyron. L'année dernière, M. Fualdès obtint une pension de retraite. Redevenu simple particulier, il songea alors à concentrer sa fortune; les assassins l'ont frappé au moment où il allait terminer dans une paisible retraite et une honnête aisance, une carrière qui fut toujours sans reproche. M. Fualdès avait le ton sévère; mais il était juste, bon et humain. Quelques-uns de ses assassins avaient reçu, le jour même du crime, de nouvelles marques de son humanité, et deux pains envoyés à la famille Bancal par Mme Fualdès, pour l'aider à nourrir sa famille, furent quelques heures après teints du sang de la victime.

Mme Clarisse Manson, fille de M. Enjelrand, président de la cour prévôtale de l'Aveyron, et dont les demi-aveux, les réticences, les continuelles contradictions ont répandu sur l'affaire un si vif intérêt, est née dans les environs de Rodez. Elle est, ainsi que nous avons déjà eu occasion de le dire, âgée de trente-trois ans. Née avec une imagination ardente et des passions très-vives, la lecture des romans, si pernicieuse pour les jeunes personnes, est venue fortifier encore ses dispositions. Mme Manson est petite, mais d'une physionomie piquante. Elle n'a pas toujours été heureuse et des chagrins domestiques ont aigri son caractère, naturellement bon et très-sensible. Elle a fait un mariage de convenance dont le résultat n'a pas été satisfaisant. Elle a un fils de cet époux, que les uns disent percepteur des contributions à..... et les autres officier dans une légion départementale; mais qui n'est ni l'un ni l'autre. Malgré une conduite peu régulière, Mme Manson était reçue à Rodez dans les meilleures maisons. Nous pourrions nous étendre sans doute plus longuement sur une foule de circonstances qui certes ne seraient pas sans attrait pour le lecteur, mais Mme Manson appartient à la société et sur-tout à un père respectable dont nous craindrions d'aggraver les peines en retraçant des faits qui n'ont sans doute déjà que trop froissé son cœur. Mme Manson a des frères.

Jausion, surnommé *de Veinac*, est âgé de 48 ans, de petite taille et laid. Il a deux frères et trois sœurs qui, ainsi que leur père, qui existe encore, jouissent dans le pays de l'estime générale. Jausion a fait ses études à Rhodez, mais il en a peu profité. Il s'est fait remarquer dans sa jeunesse par beaucoup d'emportement et par une conduite peu régulière. Pendant la révolution, il entra chez un négociant de Lyon pour y apprendre le commerce, et figura à la suite du siége de cette ville parmi les victimes de l'anarchie. Il fut soustrait à la mort par suite d'une méprise, et échappa au glaive révolutionnaire.

Il y a quelques années il fut nommé agent de change à Rhodez et en exerça les fonctions avec plus d'adresse que de bonne foi. Il épousa une des sœurs de Bastide, femme d'une beauté très-remarquable, qui, dit-on, n'eut pas toujours à se féliciter de ce mariage, à cause des soupçons jaloux et des transports violens de son mari. Jausion était parent, par sa femme, de M. Fualdès, et vivait depuis vingt ans avec lui dans la plus grande intimité. Un jour se passait rarement sans qu'on les vît ensemble. La même table les réunissait souvent trois ou quatre fois par semaine.

Pendant le cours des débats, on a eu lieu de penser que la cupidité n'avait pas seul dirigé le bras de Jausion. Quelques personnes se sont rappelées que quelques jours avant l'assassinat, les deux amis avaient eu une querelle très-vive, dans laquelle M. Fualdès avait menacé Jausion de faire revivre des pièces relatives à une affaire criminelle dont Jausion s'était tiré par suite de la soustraction de quelques matériaux importans.

On raconte diversement les détails de cette affaire d'infanticide, mais on s'accorde généralement sur les faits suivans :

Jausion, lié d'intérêts avec M. B...., riche négociant de Rodez, qui venait d'épouser en secondes noces une jeune fille pauvre, mais vertueuse et honnête, conçut une violente passion pour cette malheureuse. Il employa auprès d'elle tous les genres de séduction et parvint enfin à lui faire oublier ses devoirs d'épouse. Elle devint grosse. Tout fut mis en usage pour cacher cet événement à M. B...., âgé, infirme, et qui ne quittait presque pas son appartement séparé de celui de sa femme ; un médecin, mis dans la confidence, déclara à M. B.... que sa femme avait une hydropisie. Le jour de l'accouchement arriva. Jausion était présent. Allarmé par les cris de sa femme, M. B.... eût la force de se lever et voulut porter secours à cette malheureuse, qui se voyant au moment d'être surprise par son mari, conjurait Jausion de faire disparaître l'enfant et d'étouffer ses cris...... Cette victime innocente fut jetée vivante dans une fosse d'aisance...... M. B..... n'entendit pas les cris de l'enfant, mais ils furent entendus dans la rue. La police, prévenue, accourut, on retira l'enfant, qui venait d'expirer, et on instruisit une procédure. Madame B..... fut seule mise en accusation ; Jausion ne fut pas poursuivi. M. Fualdès était alors procureur impérial et fut chargé de l'instruction de cette affaire. La coupable et malheureuse épouse fut acquittée, mais elle perdit la raison et termina quelque tems après ses jours dans les violens accès de la démence.

Bastide, beau-frère de Jausion, est né dans les environs de Rhodez. Il est âgé de 43 à 44 ans, a près de cinq pieds 10 pouces, une belle figure, des manières aisées, mais ni instruction ni talent. Il jouissait en général à Rhodez de la réputation d'homme faux et de mauvaise foi. Il a épousé Mlle de Peyrablès dont il n'a pas d'enfans. Il a cinq sœurs qui toutes ont fait des alliances avantageuses dans le pays.

Bancal, mort dans la prison (empoisonné, dit-on), la femme Bancal et les autres accusés font partie de la dernière classe du peuple, et offrent l'aspect le plus misérable. Les débats ont assez démontré à quel usage l'infâme cloaque de la Bancal était destiné, et la vile profession de cette femme.

Nous ne parlerons de mesdames Jausion et Galtier, que pour les plaindre, et rendre avec tous les habitans de Rodez hommage à leurs vertus.

Extrait du Catalogue des Livres de fonds qui se trouvent chez PILLET, *imprimeur-libraire, rue Christine, n° 5.*

L'Hermite de la Chaussée-d'Antin, ou Observations sur les Mœurs et Usages des Parisiens au commencement du 19e siècle; avec cette épigraphe:

> Chaque âge a ses plaisirs, son esprit et ses mœurs.
>
> BOILEAU, *Art poétique.*

Par M de Jouy, membre de l'Académie française. Cinq forts volumes in-12, ornés de dix charmantes gravures et de fleurons. Prix. . . . . 18 fr. 75 c.

Le même, cinq vol. in-8°. . . . . 30 fr.

Papier vélin. 50 fr.

Guillaume le Franc-Parleur, ou Observations sur les Mœurs et usages Parisiens au commencement du 19e siècle, faisant suite à l'Hermite de la Chaussée-d'Antin, et par le même auteur. Deux vol. in-12, ornés de quatre jolies gravures, et de fleurons. Prix. . . . . 7 fr. 50 c.

Le même, 2 vol in-8°. Prix. . . . . 12 fr.

L'Hermite de la Guiane, ou Observations sur les Mœurs françaises au commencement du 19e siècle; faisant suite à l'Hermite de la Chaussée-d'Antin et au Franc-Parleur, et par le même auteur. Trois vol. in-12, ornés de jolies gravures et de fleurons. Prix . . . . 11 fr. 25 c.

Le même, 3 vol. in-8°. Prix. . . . . 18 fr.

NOTA. *Chaque volume se vend séparément. Il y en a de diverses reliûres dans les deux formats.*

De Machiavel et de l'Influence de sa doctrine sur les opinions, les mœurs et la politique de la France, pendant la révolution, par M. Mazères. Un vol. in-8°. Prix. . . . 5 fr.

Essai sur la Monarchie Française, ou Précis de l'Histoire de France, considérée sous le rapport des arts et des sciences, des mœurs, usages et institutions des différens peuples qui l'ont habitée, depuis l'origine des Gaules jusqu'au règne de Louis XV; suivi d'une Notice sur les Grands Capitaines qui se sont distingués depuis Henri-le-Grand; par F. Rouillon-Petit, ex-professeur de philosophie et de rhétorique. Un fort vol. in-12. Prix . . . . 3 fr.

Histoire de l'Ambassade dans le grand-duché de Varsovie en 1812; par M. de Pradt, archevêque de Malines, alors ambassadeur à Varsovie. Huitième édition, revue et corrigée. Prix. . . . . 4 fr. 50 c.

Histoire de LOUIS XVI, roi de France et de Navarre. Dédiée aux jeunes Français. Par R. J. Durdent. Un vol. in-8°, avec un *fac simile*. Prix. . . . . 6 fr.

Jeanne d'Arc, ou Coup-d'œil sur les révolutions de France, au tems de Charles VI et de Charles VII, et sur-tout de la pucelle d'Orléans; par M. Berriat-Saint-Prix. Avec un itinéraire exact des expéditions de Jeanne d'Arc, son portrait, deux cartes du théâtre de la guerre, plusieurs pièces justificatives, et des documens inédits qui jettent un grand jour sur l'histoire de cette célèbre héroïne. Un vol. in 8° Prix 6 fr.

Le Guide des Epoux et des Epouses, ou des Moyens d'être heureux en mariage dans toutes les classes de la société; où l'on indique les causes qui produisent les mauvaises unions, amènent et entretiennent la discorde, le trouble et le désordre dans les ménages; où l'on présente en même tems les moyens de bien assortir les époux et les épouses; de les rendre fidèles; de les préserver et guérir de la jalousie, etc., et de les faire jouir de la paix et du bonheur dans le mariage. Ouvrage utile, non-seulement aux personnes nouvellement et anciennement mariées, mais encore aux veufs, veuves, et à tous les jeunes gens d'âge à contracter le mariage. Par M. Léopold, ancien avocat. Un vol. in-12. Prix. 1 fr. 50 c.

Lycée de la jeunesse, ou les Etudes réparées; nouveau cours d'instruction à l'usage des jeunes gens de l'un et de l'autre sexe, et particulièrement de ceux dont les études ont été interrompues ou négligées; 3e. édition, augmentée d'une nouvelle partie, par M. Moustalon, deux forts volumes in-12. Prix . . . . 5 fr.

Mémoires Secrets et Correspondance inédite du cardinal Dubois, premier Ministre sous la régence du duc d'Orléans, recueillis, mis en ordre, et augmentés d'un précis de la paix d'Utrecht, et de diverses notices historiques, par M. L. de Sevelinges. Deux vol. in-8°, papier fin. . . . . . . 12 fr.
Papier vélin. 20 fr.

Œuvres complètes de J. La Fontaine; précédées d'une nouvelle notice sur sa vie, avec les notes les plus remarquables des commentateurs, et quelques observations nouvelles. Edition plus complète que toutes celles qui ont paru jusqu'à ce jour. Deux volumes in-8°, ornés de gravures, d'un portrait de La Fontaine, d'un *fac simile* de son écriture, et d'une vignette représentant la maison du célèbre fabuliste, à Château-Thierry, telle qu'elle existait en 1814. Prix, papier fin. . . . . 15 fr.
Papier vélin . . . . 30 fr.

Tableau de la Mer Baltique, considérée sous les rapports physiques, géographiques, historiques et commerciaux; par J. B. Catteau-Calleville. Deux vol. in-8°, ornés d'une Carte de la Baltique, dessinée et gravée par d'habiles artistes. Papier carré fin. Prix. . . . . 15 fr.

Vie du maréchal Ney, duc d'Elchingen, prince de la Moskowa, comprenant le récit de toutes ses campagnes en Suisse, en Autriche, en Prusse, en Espagne, en Portugal, en Russie, etc.; sa vie privée, l'histoire de son procès et un grand nombre d'anecdotes inédites; suivie de pièces justificatives, ornée du portrait du maréchal et du *fac simile* de son écriture. Seconde édition. Un fort volume in-8°. Prix. . . . . 6 fr.

N° XII (*Supplémentaire*).

ASSASSINAT DE M. FUALDÈS.

Rodez, 2 octobre 1817.

DEPUIS le prononcé du jugement dans l'affaire *Fualdès*, notre ville est plus calme, et chacun a repris le cours de ses affaires. Cependant tous les yeux sont fixés sur la capitale, sur la Cour de cassation, qui doit bientôt décider du sort des condamnés. On attend les nouvelles de Paris avec une vive impatience.

Madame Manson, arrêtée le 12 au soir, quelques heures après la condamnation des principaux accusés, n'a pas recouvré sa liberté; elle est écrouée comme prévenue de *faux témoignage*. On instruit une nouvelle procédure contre elle; le lieu des séances de la Cour d'assises de cette ville, où elle sera jugée, réunira encore une fois ce que Rodez compte parmi ses habitans de plus considéré. Madame Manson n'est point au secret; elle jouit dans sa prison d'une certaine liberté, et ce fils, objet de sa tendre sollicitude, n'a point été séparé d'elle. Plusieurs personnes ont obtenu la permission de la visiter dans sa prison : on ne saurait croire combien depuis son arrestation elle inspire d'intérêt et même de pitié. Madame Manson sait beaucoup de choses, et si elle craint de les révéler, c'est que sans doute, ainsi qu'elle l'a dit,

« *la vérité ne saurait sortir de sa bouche.* » Cependant un voile épais cache encore aux yeux de la justice quelques complices du grand crime, et ses ministres ne doivent négliger aucun moyen pour les découvrir.

Madame Manson, depuis sa détention, a repris un peu de calme et de sérénité. L'intérêt qu'elle inspire aujourd'hui est d'autant plus grand, qu'on connaît mieux et ses malheurs et ses chagrins. La calomnie cessera bientôt de la poursuivre, et fera place à la vérité. Douée d'un cœur sensible et tendre, elle s'est toujours fait distinguer dans sa jeunesse par son attachement à ses parens, et sur-tout à une mère chérie, qui vit encore, qui habite les environs de Rodez, et qui, plus d'une fois, dit-on, a essuyé ses larmes. Pour donner une idée des mensonges que la malignité s'est plu à répandre sur madame Manson, nous citerons le fait suivant :

On a dit que mademoiselle Enjalrand, dans l'âge où l'amour se fait sentir, en avait éprouvé les atteintes; que M. Manson, vivement épris des heureuses qualités de cette jeune personne, avait réussi à lui plaire, et que Clarisse, emportée par une passion qui s'activait de toute la force de son imagination, devint mère avant de pouvoir donner le nom d'époux au père de son enfant, mais que M. Manson se hâta de réparer par un mariage la faute de celle qu'il aimait, et de lui rendre l'honneur qu'elle lui avait sacrifié : ce fait est entièrement faux.

Mademoiselle Enjalrand fut, au contraire, forcée de faire à la sévérité et aux ordres d'un père le sacrifice d'un objet aimé, et de donner sa main à un homme estimable, mais pour lequel son cœur ne s'était pas prononcé.

Il y a à peu près six ans que ce mariage fut conclu, et dix-huit mois après un fils devint le fruit de cet hymen, pendant lequel madame Manson se montra bonne épouse et bonne mère.

Plusieurs journaux ont dit que M. Manson était mort depuis plusieurs années, et ont fait à sa veuve les honneurs d'une belle douleur; mais il ne manque au tableau des chagrins qu'ils lui ont prêtés à cette occasion, que la réalité du motif. M. Manson est encore vivant, et réside dans une commune rurale du département de l'Aveyron.

Au reste, le public, qui avait d'abord pris un vif intérêt à la situation de cette dame, paraît maintenant accueillir avec trop de facilité les impressions défavorables que des personnes qui ont peut-être leurs raisons secrètes pour la discréditer dans l'opinion, s'efforcent à faire concevoir sur son compte. On n'a pas craint de tourner en ridicule sa toilette, le peu d'aisance dont elle jouit, et jusqu'à sa sensibilité; comme si des douleurs et des angoisses qui ont leur source dans cette faculté de sentir, que madame Manson paraît posséder à un degré peu commun, n'étaient pas respectables, même dans leur excès.

Ce sont, sur-tout, les tergiversations de cette dame qui paraissent lasser l'impatiente curiosité de ce public, et l'indisposer contre elle; mais pour peu qu'on veuille réfléchir, on se convaincra que personne n'est en droit d'en rien conclure qui soit désavantageux au caractère de madame Manson, puisqu'on ne sait point quelle est la situation qui détermine sa conduite. Cette conduite est trop extraordinaire pour qu'il soit permis de ne pas lui supposer un motif absolument impérieux, qui enchaîne ses aveux toutes les fois qu'il vient s'offrir à sa pensée. C'est donc entre l'impossibilité de parler et l'impuissance de se taire qu'elle se trouve placée. On l'a vue, entraînée par l'ascendant que prenait sur elle la voix d'un magistrat qui, dans des conférences de six heures, livrait à sa volonté les assauts les plus pressans, laisser échapper des demi-confidences qu'elle rétractait le moment d'après, quand elle était rendue à elle-même. On l'a vue tourmentée par le besoin de trouver un appui dans la sagesse de son cousin contre la faiblesse de ses organes, contre l'ignorance où elle est de nos lois et des devoirs de sa position. On l'a vue, au tribunal, ébranlée par l'aspect imposant de la justice, par les questions embarrassantes que lui faisaient ses ministres et sur-tout par ses propres émotions, prête à laisser échapper un secret qui semblait retenu dans son sein par le sentiment le plus puissant, peut-être même le plus sacré. Tant qu'on ne connaîtra pas la nature de ce secret, on ne sera pas en droit de qualifier la persévérance qu'elle a mise à le conserver. Si le silence qu'elle garde est motivé par des considérations d'intérêt personnel, nul doute que la société ne soit fondée à lui reprocher son égoïsme ; mais si ce silence a sa cause dans des sentimens généreux, dans des devoirs......, cette même société devra des éloges à son héroïsme, et elle admirera toute l'exaltation d'une vertu qui a été mise à de si fortes et de si pénibles épreuves. C'est donc le tems seul qui apprendra si madame Manson a cessé d'avoir des droits à l'estime publique ; tout jugement porté contre elle dans l'état actuel des choses est un outrage fait au malheur.

Dans la captivité qu'elle subit, les injures et les calomnies qu'on publie contre elle ne paraissent pas être les moindres de ses chagrins.

On a parlé de révélations importantes de la part des accusés depuis leur condamnation; il n'en est rien. Peut-être la confirmation de l'arrêt, si elle a lieu, changera-t-elle leurs dispositions; mais, jusqu'à présent, les uns se sont bornés à protester de leur innocence, les autres, à injurier et maudire les témoins et les juges, ou à se livrer avec excès aux plaisirs de la table. Jausion, dont les principes s'accordaient assez mal avec les idées religieuses, semble depuis sa condamnation ne se plaire qu'en la société d'un vertueux ecclésiastique qui lui offre les consolations de son ministère. Ce condamné a plusieurs fois répété, dans sa prison, que son testament de mort prouverait qu'il était innocent. Il a dit à Colard : *Je te fais compter* 50,000 *francs, ou à la personne que tu désigneras, si tu veux nommer les gens qui étaient chez Bancal lors de l'asssassinat;* et il a ajouté avec force : *Sur neuf accusés, quelqu'un sait bien ce qu'il en est.*

Bastide, qui d'abord avait eu de forts accès de fureur, qui avait dit plusieurs fois avec emportement : *Faut-il ainsi perdre la vie après avoir eu tant de peine à amasser une honnête fortune;* qui s'était plaint amèrement des jurés, et avait traité de *f.... gueux* les témoins qui ont déposé contre lui ; Bastide montre maintenant la plus grande indifférence dans la prison. Il a un grand appétit et mange avec une sorte de voracité. Le soir de sa condamnation, il s'est fait servir et s'est mis à table en disant : *Cela ne doit pas empêcher de manger.* Bastide occupe la même chambre que Jausion. Ils vivent en parfaite intelligence. On rapporte que Bastide et Jausion ont dit : « On » devrait amener ici madame Manson, nous l'ar- » rangerions bien; nous saurions bien la faire » parler. Il fallait des victimes, le sort est tombé » sur nous. Ah! lorsque nous serons morts, nous » viendrons tirer par les pieds ces jurés qui nous » ont condamnés!

La femme Bancal est tombée dans une espèce de marasme. Elle est devenue presque entièrement sourde.

Colard, qui laissait paraître beaucoup d'indifférence et même d'audace, est à présent fort abattu. Il a considérablement maigri. Il prie continuellement et avec une ferveur incroyable. Il se confesse souvent.

En général, tous les condamnés ont beaucoup d'espoir dans la décision de la Cour de cassation.

La Cour de cassation s'occupera aujourd'hui de la révision du procès des assassins de M. Fualdès. M. Loiseau plaidera pour les condamnés.

M. Romiguière, défenseur de Bastide, et qui dans cette affaire s'est fait remarquer par un rare talent, est arrivé à Paris.

Mesdames Jausion et Pons sont aussi arrivées dans la capitale, ainsi que plusieurs personnes considérables de Rodez.

Voici le Mémoire qui vient d'être imprimé, et

qui renferme les divers motifs de cassation sur lesquels se fonde en ce moment l'espoir des condamnés et de leurs conseils.

Mémoire pour Catherine Bruguière, veuve Bancal, Bernard-Charles Bastide-Gramont, Joseph Jausion, François Bax, Jean-Baptiste Colard, condamnés à la peine de mort; Joseph Missonnier, Anne Benoît, condamnés aux travaux forcés à perpétuité; et Jean Bousquier, condamné à un an d'emprisonnement; tous demandeurs en cassation contre M. le procureur-général.

Les demandeurs se sont pourvus en cassation contre un arrêt rendu le 12 septembre dernier, par la cour d'assises de Rhodez, département de l'Aveyron, qui les condamne, les uns à la peine capitale, les autres aux travaux forcés ou à l'emprisonnement, comme auteurs ou complices de l'assassinat commis sur la personne de M. Fualdès, ancien magistrat à Rhodez.

Les faits de cette cause célèbre ayant été recueillis par tous les journaux, nous nous bornerons à faire une courte analyse de la prodédure.

PROCÉDURE.

20 *mars* 1817. — La femme Puech découvre un cadavre dans la rivière de l'Aveyron.

Elle en donne aussitôt connaissance à plusieurs particuliers, qui accourent et retirent le cadavre.

Le juge d'instruction est prévenu. Il se transporte de suite sur les lieux avec M. Rozier, docteur en médecine, et M. Bourguet, chirurgien.

Ceux-ci dressent le procès-verbal suivant :

« Le cadavre était habillé d'une lévite bleu, d'un gilet noir, » d'un pantalon de drap gris, d'une douillette, de ses bretelles et » de ses souliers. Il n'avait point de chapeau, ni de perruque; il » ne s'est trouvé dans ses poches qu'un mouchoir blanc; il avait » sa cravate au cou.

» M. Bourguet, chirurgien, a coupé cette cravatte avec ses » ciseaux, pour mettre à découvert une large blessure qui était » au cou sur le devant, et qui avait pénétré très-profondément » dans la gorge.

» La nommée Salacroup, femme de Jean Puech; tailleur du » monastère Saint-Sernin, nous a dit que, passant au bord

» de la rivière, vers les six heures du matin, elle avait aperçu le » cadavre noyé dans l'eau, au bord de la rivière, sur le côté op» posé au moulin, et qu'elle avait appelé Guillaume Foulquier, et » cinq autres individus, pour le retirer.

» (Les médecin et chirurgien ci-dessus) nous ont rapporté » avoir reconnu une blessure transversale et irrégulière à la gorge, « de trois pouces et demi de long, se dirigeant vers la partie la» térale gauche, avec division complète des tégumens et des » muscles du larynx et des veines jugulaires et carrotides gau» ches; blessure très-profonde et qui a dû nécessairement amener » la mort prompte de l'individu par l'abondante évacuation du » sang qui doit avoir eu lieu, et par l'intromission de l'air dans » la poitrine.

» Ils ont de plus déclaré que la blessure a été faite avec un ins» trument tranchant comme un couteau, ou un mauvais rasoir, » en l'appuyant fortement et en sciant; vu la section irrégulière » des tégumens et la meurtrissure de l'intérieur de la blessure.

« Ils n'ont reconnu aucune blessure, ni meurtrissure sur les » autres parties du corps.»

Cette vérification étant faite, etc.

M. le juge d'instruction, de retour au tribunal, entend des témoins, prend des renseignemens, décerne des mandats de dépôt, et ensuite des mandats d'arrêts tant contre les exposans que contre plusieurs habitans de Rhodez.

28 *mars.* — Jugement du tribunal civil, chambre du conseil, qui renvoie l'affaire et les prévenus devant la cour prévôtale.

A son retour, M. le prévôt fait procéder à une nouvelle instruction, fait subir des interrogatoires à chacun des exposans, et se livre à de plus amples informations.

Un nombre considérable de témoins sont appelés et entendus.

Une procédure volumineuse est dressée.

2 *mai.* — Décès de Bancal, dans la prison de Rhodez.

6 *mai.* — Enfin il intervient jugement par lequel la cour prévôtale se déclare compétente et met en accusation douze des détenus.

L'affaire est portée devant la cour royale de Montpellier, chambre d'accusation.

Cette cour fait à son tour une nouvelle instruction.

14 *mai.* — Arrêt interlocutoire qui ordonne l'apport des pièces.

Sur-le-champ cet arrêt est exécuté.

29 *mai.* — Arrêt définitif qui, au lieu de maintenir le jugement

de compétence de la cour prévôtale, renvoie les prévenus devant la cour d'assises.

Bousquier seul s'était pourvu en cassation.

10 *juin.* — Arrêt de la cour suprême qui rejette son pourvoi.

12 *juin.* — Acte d'accusation contre les exposans, par M. le procureur-général de Montpellier.

Les prévenus sont de nouveau interrogés par M. le président de la cour d'assises, ou plutôt par un magistrat qu'il délègue.

De plus amples informations sont encore prises par ce magistrat.

Tous les accusés sont confrontés.

Enfin l'affaire est portée devant la cour d'assises de Rhodez.

18 *août.* — Formation du jury. — Ouverture des débats. — Examen des accusés.

Les débats se prolongent pendant vingt-cinq jours.

12 *septembre.* — Déclaration du jury.

Arrêt de la cour d'assises qui acquitte trois accusés.

Ensuite la cour condamne les réclamans, savoir :

« Attendu, en ce qui concerne les accusés veuve Bancal, Bas-
» tide, Jausion, Bax et Colard,

» Que la déclaration affirmative du jury constitue un crime
» prévu par les articles 302 et 59 du Code pénal,

» La cour, faisant droit au réquisitoire de M. le procureur-gé-
» néral, les condamne *à la peine de mort ;*

» Attendu, en ce qui concerne les accusés Missonnier et Anne
» Benoît, que la déclaration affirmative du jury constitue un crime
» prévu par les articles 304 et 59 du Code pénal ;

» La cour, faisant également droit au réquisitoire de M. le pro-
» cureur-général, les condamne aux travaux forcés à perpétuité,
» à l'exposition du carcan, et à la marque des lettres TP ;

» Attendu, en ce qui concerne l'accusé Bousquier, que la dé-
» claration du jury constitue un délit prévu par l'art. 359 du même
» Code ;

» La cour, faisant droit quant à ce, au réquisitoire de M. le
» procureur-général, le condamne à une année d'emprisonne-
» ment, à 50 fr. d'amende ;

» Et les condamne tous solidairement aux frais de la procé-
» dure. »

Même jour, pourvoi en cassation par tous les condamnés.

12 *septembre.* — Arrestation de Mme Manson.

PREMIER MOYEN. *Violation de l'art. 312 du Code d'instruction criminelle.*

En ce que M. le président de la cour d'assises n'a pas fait l'appel des jurés.

Cet article dit :

« Chacun des jurés, *appelé* individuellement par le président, » répondra en levant la main : « *Je le jure*, A PEINE DE NULLITÉ. »

Or, en fait, le procès-verbal de la première séance s'exprime en ces termes :

« Chacun desdits jurés a prêté individuellement le serment en » levant la main, et prononçant ces mots : *Je le jure.* »

On voit, par cette mention, qu'une des formalités essentielles prescrites par l'art. 312, à peine de nullité, n'a point été obser-

---

* Mme Manson a été arrêtée comme prévenue de faux témoignage.

Voici en quels termes le procès-verbal des séances de la cour d'assises a rendu compte de sa déposition.

5e *Séance.*

61e témoin.

« Clarisse Enjalraud, dame Manson, âgée de 33 ans, etc....

» Après plusieurs interpellations auxquelles elle a répondu, la » présence des accusés lui ayant fait éprouver de fortes convulsions, » elle est tombée en syncope. »

M. le procureur général a demandé qu'on appelât Rose Blanquet.

Le 62e est entendu.

« Mme Manson est de nouveau comparue, et sur la foi du serment qu'elle a prêté, elle a continué de faire sa déposition. »

En vertu du pouvoir discrétionnaire du président, le général Desperrieres dépose :

« A la suite des secours qu'il a donnés à Mme Manson, lors de son » évanouissement, celle-ci lui a dit : *sauvez-moi de ces assassins.* » — Que tâchant de la rassurer, répondit : — Mais vous ne serez pas » toujours près de moi; s'ils s'échappaient, ils saigneraient tous les » honnêtes gens du département, ET LUI PROMIT DE DIRE LA » VÉRITÉ. »

En vertu du pouvoir discrétionnaire, Joseph d'Estourmel, préfet du département de l'Aveyron, âgé de 34 ans,

« Déclare que la dame Manson lui ayant fait plusieurs aveux, il » dressa un procès-verbal sur chaque aveu qu'elle lui fit, et dépose » ce rapport écrit entre les mains de M. le président.

» M. le président ayant demandé si les accusés *consentent* à ce

vée ; que le président de la cour d'assises n'a pas *appelé* individuellement chacun des jurés, et qu'il manque une des premières garanties de la prestation du serment par tous les jurés.

DEUXIÈME MOYEN. *Violation de la dernière disposition de l'art.* 315 *du même Code.*

Elle résulte de ce que c'est le président et non la cour qui a statué sur une opposition des accusés à l'audition d'un témoin.

En fait, le procès-verbal de la septième séance, tenue le 24 août, constate que M. le président, en vertu de son pouvoir discrétionnaire, a fait appeler et a voulu faire entendre Marianne Boyer, femme Palous.

Alors, M. Romiguière, défenseur de Bastide, déclare :

« Qu'il s'oppose à l'audition du témoin. — Attendu qu'ayant » déposé par écrit et n'étant point cité, il ne peut déposer aux

---

» qu'il soit fait lecture du rapport, MM. les défenseurs y ont consenti et déclaré qu'ils couvrent tous les *défauts de nullité*, et sur » même consentement du ministère public il a été fait lecture dudit » rapport, du contenu duquel le préfet a affirmé la vérité. »

Mme Manson affirme qu'elle n'a pas été chez Bancal.

« Le général Desperrières ajoute que, cette dame ayant voulu » fixer Bastide, elle éprouva un moment d'effroi, et s'écria : quels » regards dois-je malheureusement supporter ! si on laisse vivre ce » scélérat. nous sommes perdus ! Si on voulait que je parlasse, on » devait me donner une garde ! »

21e *Séance*, 8 *septembre*.

Mme Manson s'est évanouie. Ensuite elle a dit :

— « Je ne suis pas la femme qui était chez Bancal, le 19 mars au » soir.

» Qu'elle s'était transportée à l'hôpital, pour savoir de Madelaine, fille Bancal, si elle la connaissait, et que cette fille ne la » connût pas. »

Lecture de la lettre de M. Enjalrand père.

M. le procureur général ordonne que Mme Manson soit gardée à vue par la gendarmerie.

23e *Séance*, 11 *septembre*.

Romiguière réplique et interpelle Mme Manson de dire la vérité. — Alors la femme Manson s'écrie :

« *Non, tous les coupables ne sont pas aux fers* ».

M. Romiguière demande acte de cette déclaration.

Elle ajoute : « *La vérité ne sortira pas de ma bouche* ».

» débats, ni être appelé en vertu du pouvoir discrétionnaire du » président. »

Or, qui a jugé cette opposition? Est-ce la cour d'assises? Non, c'est le président lui même.

« M. le président a fait observer au défenseur que ce témoin n'a » jamais déposé par écrit; qu'il a seulement été interrogé et en- » tendu sur de simples notes; que par conséquent son insistance » tombait d'elle-même, et a ordonné que, *sans y avoir égard*, » le témoin fût entendu. »

Ainsi le président a, de sa propre autorité, rejeté l'opposition du défenseur de Bastide.

Il a donc usurpé les attributions que l'art. 315 attribue spécialement et exclusivement à la cour d'assises.

Il a donc violé les règles de sa *compétence*, et excédé ses pouvoirs.

C'est là *un des cas d'incompétence* qui entraînent la peine de nullité, bien qu'elle ne fût pas textuellement prononcée par l'article violé.

C'est un des cas prévus par l'art. 408, § 2 du même Code.

TROISIÈME MOYEN. *Violation de l'art. 317 du Code d'instruction criminelle.*

En ce que la majeure partie des témoins, tant à charge qu'à décharge, n'ont pas prêté le serment requis dans les termes voulus par cet article.

Etablissons d'abord ce moyen en fait. Nous le justifierons ensuite en droit.

9e *séance*, 26 *août.*

118e témoin.

« Madeleine Colombier, femme Brast, tailleur, âgée de 45 ans, » demeurant à Rodez, après serment prêté de *dire la vérité, toute* » *la vérité, de parler sans haine et sans crainte*, etc. »

Ce témoin n'a pas prêté serment de dire *rien que la vérité.*

10e *séance*, 27 *août.*

144e témoin.

« Pierre Vial cadet, âgé de 39 ans, marchand droguiste, domicilié à Saint-Etienne-en-Forez, après serment de *dire la* » *vérité, toute la vérité, de parler sans haine et sans crainte*, etc. »

Ce témoin n'a également pas juré de dire *rien que la vérité.*

Il faut remarquer que la même omission se trouve dans le serment de Rose Ayffré, veuve Lavabre (161e témoin), et dans le serment de Catherine Portal (166e témoin).

Il est vrai que l'omission semble avoir été réparée par une addition en marge. La Cour verra dans sa sagesse si pareille addition peut remplir le vœu de la loi.

11e *séance*, 28 *août*.

194e témoin.

« Félix Anglade fils, vitrier, âgé de 19 ans, demeurant à Espalion, après serment de *dire la vérité, toute la vérité, de parler sans haine et sans crainte*, a dit, etc.

Ce témoin n'a pas juré de ne *dire que la vérité.*

12e *séance*, 29 *août*.

222e témoin.

« Pierre Portier, juge de paix de la ville de Rodez, âgé de 46 ans, après serment prêté de dire la vérité, *rien que la vérité, de parler sans haine et sans crainte*, etc.

Ce témoin n'a pas juré de dire *toute* la vérité.

On trouve, il est vrai, le mot *toute* dans l'interligne, mais sans renvoi ni surcharge, et écrit d'une autre main. C'est comme s'il n'existait pas.

13e *séance*, 30 *août*.

On entend sept témoins à décharge produits par Bastide.

La prestation de leur serment est ensuite attestée par une formule générale ainsi conçue :

« Lesquels, après serment prêté de *dire la vérité, toute la vérité, de parler sans haine et sans crainte*, ont dit, etc.

Ils n'ont pas juré de dire *rien que la vérité.*

Le 19e témoin à décharge (Antoine Hot, meunier), a fait la même omission.

Pierre Mayet, 25e témoin à décharge, a fait la même omission dans son serment.

14e *séance*, 1er *septembre*.

Débats particuliers concernant Missonnier.

Sept témoins sont produits à sa requête.

La formule de leur serment est conçue en ces termes :

« Ils ont juré de *dire toute la vérité*, *rien que la vérité*, ont dit » n'être parens, etc.

Mais ils n'ont pas juré *de parler sans haine et sans crainte.*

Antoinette Gayrard a bien prêté serment de *dire la vérité ; toute la vérité*, *rien que la vérité.*

Mais elle n'a pas juré *de parler sans haine et sans crainte.*

Enfin, Jean-Pierre Creyssels a imité ce funeste exemple.

Ne poursuivons pas plus loin notre examen. C'en est assez ; c'en est trop pour justifier cette vérité de fait, qu'un très-grand nombre de témoins n'ont pas juré de dire *toute* la vérité, ou de dire *rien que la vérité ;* que d'autres n'ont pas prêté serment de parler *sans haine et sans crainte.*

Examinons actuellement le point de droit.

En droit, il est de principe que tout est sacramentel dans le serment judiciaire.

C'est par l'audition des témoins que l'on prouve les crimes et délits.

C'est sur leur témoignage que l'accusé établit sa justification.

Dans un serment, Dieu est invoqué par le témoin. Rien n'est donc plus solennel, plus saint, plus sacré, plus important, plus rigoureux.

Le témoin ne peut donc rien ajouter ni retrancher à la formule du serment consacrée par la loi. S'il omet un seul mot, non-seulement sa déposition, mais encore toute la procédure est nulle.

Cette nullité est formellement prononcée par l'art. 317.

Et nous pourrions citer plus de cent arrêts de la Cour suprême, qui ont consacré les principes ci-dessus.

Quelques-uns de ces arrêts sont rapportés dans le Répertoire de jurisprudence, au mot *Serment*, § *III*, *n*° 4, *page* 512.

D'autres sont cités dans le Dictionnaire des arrêts modernes, partie criminelle, au mot *Témoin*, n° 21 *et suivans.*

D'autres encore se trouvent dans les derniers volumes du *Bulletin criminel de la Cour.* (*Voy.* ci-contre).

Enfin, le nombre de ces arrêts est si grand, que la majeure partie n'a pas été imprimée dans *nos recueils judiciaires*, et que ce moyen de nullité a toujours été regardé comme le plus solide, le plus puissant, et même le plus infaillible de tous.

Pourquoi, dans l'espèce, la Cour renverserait-elle sa jurisprudence ?

Quatrième moyen. *Violation de l'art. 348 du Code d'instruction criminelle.*

En ce que la déclaration du jury n'a pas été lue par le chef du jury.

Le procès-verbal constate le fait suivant :

« M. Hérail, leur chef, ayant déclaré qu'il ne pouvait faire lec- » ture de la déclaration du jury, M. Masson-Latieule, second juré, » s'est levé, et la main placée sur le cœur, il a fait lecture de la » déclaration du jury, qui a été signée par M. Hérail, chef du » jury, et remise à M. le président. »

Il y a dans cette substitution de jurés, *incompétence et excès de pouvoirs.*

Il y a violation de principes élémentaires sur l'organisation du jury et les attributions de son chef.

Et alors même que la nullité n'est pas textuellement déclarée par la loi, elle doit être prononcée par la Cour, ainsi qu'elle l'a fait dans la cause de Petit-Jean, juge de paix à Dijon. (*Voyez* l'arrêt du 2 novembre 1811, et l'arrêt du 30 octobre 1813.)

Par tous ces motifs, les réclamans osent espérer qu'ils obtiendront de la justice et de l'impartialité de la Cour, la cassation de l'arrêt dénoncé.

M. le conseiller Lecoutour, *rapporteur.*
M. Giraud-Duplessis, *avocat-général.*
Me Loiseau, *avocat.*

(Suivent les extraits de divers arrêts rendus par la cour de cassation et qui annulent plusieurs jugemens pour cause de violation de formes pendant les débats.)

N. B. La Cour de cassation, par arrêt de ce jour, 9 octobre 1817, a cassé le jugement rendu, le 12 septembre dernier, par la Cour d'assises de Rhodez.

Nous rapporterons dans un prochain numéro la plaidoirie de Me Loiseau ; nous indiquerons aussi la Cour pardevant laquelle la cause sera renvoyée, et nous continuerons de rendre compte des nouveaux débats de cette affaire.

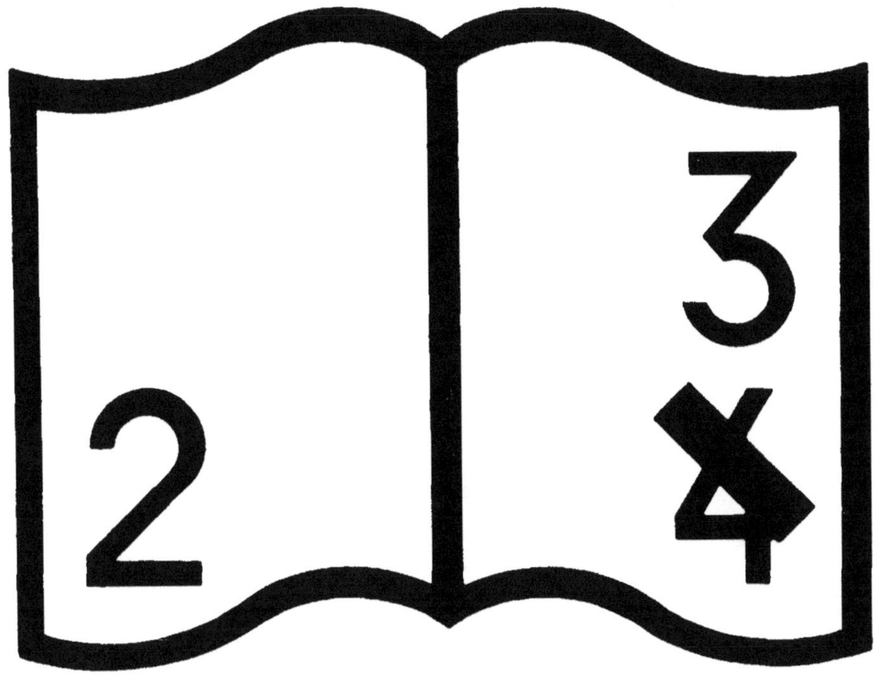

Pagination incorrecte — date incorrecte

NF Z 43-120-12

N° XIII (*Supplémentaire*).

ASSASSINAT DE M. FUALDÈS.

Paris, 11 octobre 1817.

Mesdames Jausion et Pons, arrivées à Paris depuis quelques jours, attendaient le 9, dans une maison voisine du Palais de Justice, le résultat de l'appel en cassation formé par les condamnés dans l'affaire Fualdès. Aussitôt que l'arrêt a été rendu, Me Romiguières, qui se trouvait près de Me Loiseau à la cour de cassation, est sorti de la salle, et a été lui-même porter à ces deux dames la nouvelle du rejet du jugement de la cour d'assises de Rodez. Dans la soirée du 9, une personne est partie de Paris, porteur de cette dépêche pour les condamnés, qui la recevront le 14.

La cour de cassation, après une délibération prise dans la chambre du conseil, a renvoyé les prévenus devant la cour d'assises d'Alby, département du Tarn. (Cette ville est à 170 lieues de Paris.)

En attendant que de nouveaux débats viennent répandre quelques lumières sur cette étrange procédure, on continue de se livrer à des conjectures souvent plus bizarres les unes que les autres. Nous citerons, pour exemple, ce qui suit, extrait d'une des feuilles de la capitale.

« Les conjectures des habitans de Rodez, sur le crime commis dans leur ville, s'augmentent sans cesse en raison de la curiosité publique. Une lettre que nous recevons, datée du 2 octobre, répète des bruits qui paraissent résulter des dépositions obtenues des témoins, et notamment de la petite Bancal, dans l'instruction qui se poursuit contre madame Manson. Nous rapportons un extrait de cette lettre, en livrant à la critique des lecteurs les assertions qu'elle renferme :

« L'assassinat de M. Fualdès devait s'exécuter dans une remise ou écurie attenante à la maison Bancal, et appartenant au nommé Missonnier, l'un des condamnés. Un mendiant y était couché; il y venait habituellement tous les soirs; lorsqu'on y conduisit la victime, les assassins s'aperçurent que la porte était fermée en-dedans. C'est alors qu'ils la firent entrer chez Bancal, où le crime fut consommé.

» Le même soir, à la même heure, un rendez-vous y avait été donné par deux jeunes gens, pour y recevoir deux dames du pays. Une pièce de vingt francs détermina la Bancal à les recevoir, et lorsqu'on poussa M. Fualdès dans la maison, les deux dames y étaient déjà arrivées. La femme Bancal ayant entendu du bruit à sa porte, les fit cacher, madame Manson, dans un petit cabinet, qu'elle ferma à clef, et l'autre sous un lit. La seconde de ces dames est celle qui a été appelée en témoignage à la fin des débats, d'après la demande de la première. Les deux jeunes gens se rendirent au rendez-vous; mais ayant trouvé la porte fermée et entendu le bruit de plusieurs voix, ils se retirèrent. L'un de ces deux jeunes gens était le frère de Mme Manson, et l'on prétend que cette circonstance est la cause des réticences de cette dame.

» On se souvient que la petite Madeleine Bancal a déclaré au procès qu'elle était descendue doucement pour venir coucher dans le lit de ses petits frères, et qu'à travers les rideaux percés elle avait tout vu; mais voici ce qu'on ne savait pas encore : la Bancal s'aperçut de la présence de sa fille; et il fut résolu, de son consentement, moyennant la promesse faite par Bastide de cinquante louis de plus, que cette enfant serait sacrifiée. On convint que le lendemain Bancal prendrait le prétexte d'aller travailler à la forêt, et que sa femme lui enverrait son dîner par la petite fille. Elle chargea Madeleine de dire à son père de ne pas oublier sa promesse de la veille. Celle-ci s'acquitta de cette commission; en parlant à son père, elle s'aperçut qu'il tremblait. Il la renvoya, en lui recommandant, si sa mère lui disait de revenir, de n'en rien faire et de rester à la maison.

» On s'attend chaque jour à de plus importantes découvertes. On est persuadé que la première victime désignée par les assassins devait être M. Grelet, receveur-général du département, et qu'on a commencé par M. Fualdès, parce que ce dernier était sur le point de partir pour aller habitér une campagne avec son fils, nouvellement marié. On prétend aussi que les plus riches habitans de Rodez devaient subir le même sort Les assassins avaient loué, pour l'exécution de leur dessein, cinq maisons hors de la ville, et éloignées les unes des autres. »

Une autre feuille publique rapporte les détails suivans, qui se rattachent à la circonstance du prononcé du jugement de la cour d'assises de Rodez :

« Après la déclaration affirmative du jury, la cour se retira pour délibérer son arrêt. Le sort de chacun des accusés se trouvait dès-lors fixé, puisqu'il ne s'agissait plus que d'appliquer la disposition pénale aux faits déclarés constans. C'était un moment solennel, et dans lequel on pouvait obtenir d'eux l'aveu de la vérité.

» Jausion protesta de son innocence dans les termes les plus énergiques. Il s'adressa tour-à-tour au jury, aux magistrats et à l'auditoire pour attester qu'il mourrait innocent. Cet homme, qui n'a pas reçu une éducation brillante, et qui ne s'était jamais livré qu'à des opérations commerciales, entraîné par cette éloquence de situation que la nature inspire et qui ne s'apprend pas, produisit un effet théâtral dans tout l'auditoire. Il s'adressa particulièrement à Bax pour l'adjurer de dire si Jausion était au nombre des assassins de M. Fualdès. Après avoir répondu : *Je n'en sais rien*, on dit que cet homme ajouta : *il serait d'ailleurs trop tard*.

» Bastide, qui s'était renfermé dans un système complet de dénégation, même à l'égard de ses conseils, entendit la lecture de la déclaration du jury sans aucune émotion apparente...... « Maintenant que votre sort est décidé (lui dit son avocat) vous pouvez peut-être faire encore une bonne action, en sauvant la vie à un innocent...... Déclarez si Jausion se trouvait le 19 mars dans la maison Bancal. — Je n'y étais pas moi-même, répondit-il; comment pourrais-je donner des renseignemens sur les coupables?

Anne Benoît, instruite que la déclaration du jury la mettait à l'abri de la peine capitale, s'informa du sort de Colard, et elle se livra au plus violent désespoir quand on lui dit que cette même déclaration nécessitait à l'égard de ce dernier l'application de la peine de mort. « C'est moi qui en suis la cause, s'écria-t-elle; car c'est d'après mes sollicitations que Colard s'est déterminé à se fixer à Rodez.»

Celui-ci, en persistant à dire qu'il n'était pas coupable, annonça que la mort ne l'effrayait pas : « Rassure-toi, Annette (dit-il à Anne Benoît), je saurai mourir.... Général, ajouta-t-il en s'adressant à un officier-général qui se trouvait dans l'auditoire, je n'ai jamais fui devant l'ennemi; et, quand je monterai à l'échafaud, je m'imaginerai que je vais prendre une redoute. »

La veuve Bancal parut attérée de sa condamnation, et Missonnier l'entendit comme si elle lui était étrangère.

Ce dernier, d'une intelligence très-bornée, n'avait joué qu'un rôle passif dans les débats. On a recueilli de lui que ces mots, sur une interpellation que lui fit le président à l'occasion de la déclaration de Bousquier : *Je m'en rapporte à ce qu'ont dit les autres*. Quand le geolier lui mit les fers aux pieds pour exécuter sa condamnation aux travaux forcés à perpétuité, il lui demanda comment il pourrait se rendre le lendemain à l'audience. »

Voici le plaidoyer de Me Loiseau :

« Messieurs, un crime affreux a été commis dans la ville de Rodez; un ancien magistrat, un des premiers citoyens de la ville, un homme éminemment vertueux, un père de famille recommandable a été assassiné....

» Non-seulement M. Fualdès a été privé de la vie, mais il a été livré à un supplice atroce. Arrêté dans un lieu public, au milieu de la ville, il a été aussitôt bâillonné, enlevé, transporté dans une maison de Rhodez, et là, il a été lié, garotté et impitoyablement égorgé. Ses bourreaux ont même voulu, ajoute-t-on, se repaître du barbare plaisir que leur donnait sa longue agonie. Ils insultaient à leur victime à mesure qu'elle éprouvait des douleurs plus violentes, que ses soupirs étaient plus pénibles; et ils ont manifesté des transports de joie, lorsqu'enfin Fualdès est arrivé au terme de la vie et a ressenti les dernières angoisses de la mort.

» Mais, messieurs, quels sont les brigands ou plutôt les monstres qui ont pu commettre un crime aussi horrible? Quels sont ceux d'entre eux qui ont arrêté, enlevé et garotté Fualdès? Quelle est la main cruelle qui a enfoncé le couteau fatal dans le sein de la victime? Quels sont les auteurs? Quels sont les complices? Tous les coupables sont-ils connus? ont-ils été tous arrêtés, poursuivis, condamnés? et parmi les condamnés ne se trouve-t-il pas des innocens? C'est là, messieurs, une grande question; cette question occupe tous les esprits; elle est l'objet de toutes les conversations; elle est agitée dans tous les cercles de la capitale et des provinces ; en un mot, elle fixe l'attention de la France toute entière.

» Mais, messieurs, quelque importante que soit cette question, elle ne peut être le sujet de vos méditations ni de vos pensées. Le législateur, en vous élevant au-dessus des tribunaux et des cours du royaume, a cependant limité votre pouvoir et vos attributions. Il ne vous permet pas d'entrer dans l'examen des faits de l'accusation, et d'en apprécier la moralité. Il vous a uniquement chargés, d'une part, de l'observation et du maintien des formes protectrices de l'*innocence*, et, d'autre part, de la juste application de la peine au coupable.

» Ainsi, dans l'espèce, cette grande et importante question est toute résolue pour vous Il ne s'agit plus aujourd'hui d'entrer dans le détail des faits, d'entendre les témoins, d'interroger les prévenus, de les accuser ou de les justifier devant vous. La déclaration du jury est portée, elle est irrévocable, elle est sacrée pour vous. A vos yeux elle fixe tous les doutes, dissipe toutes les incertitudes, termine toutes les discussions ; et ce serait méconnaître vos attributions, abuser de votre indulgence, encourir même votre blâme, que de remettre en question le point de fait et la culpabilité des condamnés.

» Par cette raison, Messieurs, quoique cette cause soit véritablement célèbre, sous tant de rapports ; quoiqu'elle ait, pendant plus de cinq mois, occupé exclusivement et le juge d'instruction, et la cour prévôtale, et la chambre d'accusation, et la cour d'assises ; que plus de 300 témoins aient été entendus plusieurs fois ; que les débats et l'examen se soient prolongés pendant vingt-cinq jours ; devant vous, Messieurs, une heure me suffira pour défendre tous les condamnés. Cet immense procédure n'offre que quatre moyens de nullité, ou plutôt quatre moyens de cassation, qui sont communs à tous les réclamans ; mais, parmi ces moyens, il en est un sur lequel je dois insister davantage, parce qu'il me paraît le plus solide.

» Abordons le premier moyen : Vous le savez, Messieurs, de simples citoyens prononcent sur la vie et l'honneur des accusés ; ils sont juges souverains ; c'est leur déclaration affirmative ou négative qui devient la base du jugement que les magistrats prononcent.

» Lorsque le législateur a confié à de simples citoyens des pouvoirs aussi étendus, il a cru qu'il devait les lier par un serment solennel.

» L'article 312 du Code d'instruction criminelle, relatif à ce serment, a été violé. M. le président n'a pas fait l'appel des jurés.

» L'article 312 est ainsi conçu : Chacun des jurés, appelé individuellement par le président, répondra, en levant la main, *je le jure* ; à peine de nullité.

» Or, en fait, le procès-verbal de la première séance s'exprime en ces termes :

» Chacun desdits jurés a prêté individuellement le serment en levant la main et proançant ces mots : Je le jure.

» On voit par cette mention qu'une des formalités essentielles prescrites par l'article 312 à peine de nullité, n'a point été observée; que le président de la cour n'a pas appelé individuellement chacun des jurés, et qu'il manque une des premières garanties de la prestation du serment par tous les jurés.

» Le procès-verbal ne dit pas non plus à quel instant du procès les jurés ont répondu à l'appel nominal.

» Mais on prétendra peut-être qu'il y a présomption que ces formalités ont été remplies; je répondrai que telle est votre jurisprudence, qu'il ne suffit pas que ces formalités aient été remplies, il faut encore qu'elles soient constatées dans le procès verbal de la séance.

» Mon second moyen est fondé sur ce que la dernière disposition de l'article 315 a été violée en ce que c'est le président, et non la cour, qui a statué sur une opposition des accusés à l'audition d'un témoin.

» En effet, le procès-verbal de la septième séance, tenue le 24 août, constate que M. le président, en vertu du pouvoir discrétionnaire, a fait appeler et a voulu faire entendre Marianne Boyer, femme Palous.

» Alors, M. Romignière, défenseur de Bastide, déclara qu'il s'opposait à l'audition du témoin, attendu qu'ayant déposé par écrit, et n'étant pas cité, il ne peut déposer aux débats, ni être appelé en vertu du pouvoir discrétionnaire du président.

» Or, qui a jugé cette opposion? Est-ce la cour d'assises? Non, c'est le président lui-même.

» M. le président a fait observer au défenseur que ce témoin n'a iamais déposé par écrit, qu'il a seulement été interrogé et entendu sur de simples notes; que, par conséquent, son instance tombait d'elle-même, et a ordonné, sans y avoir égard, que le témoin fût entendu.

» Ainsi, le président a, de sa propre autorité, rejeté l'opposition du défenseur de Bastide. Il a donc usurpé les attributions que l'article 315 attribue spécialement et exclusivement aux conrs d'assises?

» En droit, cette décision donne lieu à deux difficultés très-sérieuses,

» 1°. Le président avait-il le droit de statuer lui-même sur cette opposition?

» En lui supposant ce droit, a-t-il bien jugé? N'a-t-il pas excédé les bornes de son pouvoir discrétionnaire?

» Pour abréger la discussion, je ne m'arrêterai qu'à la première difficulté; j'abandonnerai la seconde à votre sagacité, à vos lumières et à votre justice.

» J'appelle toute votre attention sur la question de compétence, et j'examine si le président de la Cour d'assises avait le droit de rejeter lui-même l'opposition de l'accusé Bastide.

» Enfin, la Cour statuera de suite; la raison en est bien simple:

» Lorsque l'accusé forme une demande, et que le président la repousse, ou bien lorsque le président veut faire entendre un témoin, et que l'accusé s'y oppose; lorsqu'enfin un différend quelconque s'engage entre eux; qui doit lever ce différend?

» Il est de principe que chaque fois qu'un débat naît dans une audience entre une partie et un membre du tribunal ou de la Cour, chaque fois qu'il y a *matière contentieuse*, le tribunal et la Cour sont seuls compétens pour prononcer.

» Autrement, qu'arriverait-il? Chose singulière! Ce magistrat, ce président, serait tout à-la-fois *juge* et *partie;* il rendrait un jugement, un arrêt dans sa propre cause.

» En effet, par exemple, dans l'espèce, le président veut faire entendre un témoin en vertu de son pouvoir discrétionnaire.

» De son côté, un des accusés lui conteste ce droit; il s'oppose à l'audition de ce témoin.

» Assurément, voilà une contestation bien réelle, un incident bien sérieux.

» Or, si le président juge ce procès, du moins cet incident, lui-même se rend juge de l'étendue de ses pouvoirs; il est *juge* et *partie:* un tel système blesse tous les principes.

» Au surplus, la dernière disposition de l'article 315 est décisive: il n'accorde ce droit qu'à la cour d'assises; elle seule est compétente.

» Mais, dira-t-on, l'article 315 ne prononce pas la peine de nullité; or, en admettant que cet article ait été violé, la procédure n'en est pas moins valable.

» *Réponse.* Sous deux rapports, l'article 408, n° 2, ouvre la voie de cassation,

» 1°. Parce qu'il s'agit d'un cas de *compétence* ou *d'incompétence;*

» 2°. Parce que la Cour a omis de prononcer sur une demande de l'accusé.

» Que la demande ou l'opposition fût juste ou dénuée de fondement, peu importe: c'était à la cour d'assises à statuer; elle a omis de le faire; sous ce double rapport, le n° 2 de l'article est applicable.

Le troisième moyen de cassation consiste en ce que la plupart des témoins n'ont pas prêté le serment requis par la loi.

» Le serment a été en usage chez les peuples les plus anciens; il a été en vigueur dans toutes les religions, et toutes les nations modernes le considérent encore comme le plus respectable, le plus saint, le plus sacré de tous les engagemens, et comme l'institution la plus propre à faire sortir la vérité de la bouche du témoin. Chacun connaît ce vers du prince des poètes:

Tango aras, mediosque ignes et numina.
(*Virg. Enéid.*)

» En droit, c'est un principe constant qu'un serment qui est l'ouvrage de la force et de la violence exercée, n'est point obligatoire.

» *Non est obligatorium vi, metu vel contre bonos mores prestitutum juramentum.* (*Reg.* 58, *juris canonici.*)

» Ainsi le voyageur, qui passant dans une forêt est arrêté par des brigands, et condamné par eux à prêter un serment quelconque, est délié de ce serment, dès que la violence ou la force a cessé.

» Ainsi une femme qui est entraînée par une circonstance dans un lieu où se commet un crime, qui est forcée de jurer qu'elle gardera un éternel silence, n'est pas liée par un tel serment; elle est obligée de déclarer aux magistrats tous les faits qui se sont passés sous ses yeux, ou dont elle a connaissance, alors même que cette révélation la mettrait en danger de perdre la vie.

» Mais lorsque le serment est libre, la déclaration du témoin doit être le tableau le plus fidèle de sa pensée; il doit être l'expression la plus vraie de sa conscience: le témoin doit déclarer *tout* ce qu'il sait, parce que la moindre *réticence* peut perdre un innocent et sauver un coupable.

» De toutes les formes que prescrit le Code d'instruction criminelle, aucune n'est aussi importante que la prononciation de serment des témoins. Les efforts des coupables tendant toujours à s'entourer des ombres du mystère, et à éloigner tous les soupçons qui pourraient les atteindre, dès-lors, le seul moyen praticable c'est d'entendre des témoins qui, seuls, peuvent éclairer la justice, ou bien on se trouverait exposé à frapper l'innocent au lieu d'atteindre les coupables. On n'a trouvé d'autre garantie à offrir à la société, pour s'assurer de la véracité des témoins, que le serment solennel qu'on leur fait prêter. Tous les peuples du monde n'ont jamais exigé d'autre garantie. Mais il faut que ce serment soit entier et complet. Vous connaissez les expressions énergiques que le législateur a employées pour la rédaction de l'article 317. Dans le texte de cet article, trois conditions sont impérativement requises pour constituer le serment. Il faut que le témoin jure de ne dire rien que la vérité, toute la vérité, et il faut qu'il la dise sans haine et sans crainte, et que l'on ne croie pas qu'il y ait analogie dans ces conditions; elles sont toutes différentes les unes des autres; elles sont toutes sacrées.

» Dans la cause qui nous occupe, il y a eu violation de l'article 317 du Code d'instruction criminelle: En ce que la majeure partie des témoins, tant à charge qu'à décharge, n'ont pas prêté le serment requis dans les termes voulus par cet article.

» Etablissons d'abord ce moyen en fait. Nous le justifierons ensuite en droit.

» Dans la 9e séance, le 26 août, le 118e témoin a déposé ainsi (le procès-verbal le constate): Madeleine Colombier, femme Brast, tailleur, âgée de 45 ans, demeurant à Rodez, après serment prêté de dire la vérité, toute la vérité, de parler sans haine et sans crainte, etc. Ce témoin n'a pas prêté serment de dire rien que la vérité.

» Dans la 10e séance, le 27 août, le 144e témoin, Pierre Vial cadet, âgé de 39 ans, marchand droguiste, domicilié à Saint-Etienne-en-Forez, après un serment de dire la vérité, toute la vérité, de parler sans haine et sans crainte, etc. Ce témoin n'a également pas juré de dire rien que la vérité.

» Il faut remarquer que la même omission se trouve dans le serment de Rose Ayffré, veuve Lavabre (161e témoin), et dans le serment de Catherine Portal (166e témoin).

» Il est vrai que l'omission semble avoir été réparée par une addition en marge. La cour verra, dans sa sagesse, si pareille addition peut remplir le vœu de la loi.

» Dans la 11e séance, le 28 août, le 194e témoin, Félix Anglade fils, vitrier, âgé de 19 ans, demeurant à Espalion, après serment de dire la vérité, toute la vérité, de parler sans haine et sans crainte, a dit, etc. Ce témoin n'a pas juré de ne dire que la vérité.

» Dans la 12e séance, le 29 août, le 222e témoin, Pierre Portier, juge de paix de la ville de Rhodez, âgé de 46 ans, après serment prêté de dire la vérité, rien que la vérité, de parler sans haine et sans crainte, etc. Ce témoin n'a pas juré de dire toute la vérité. On trouve, il est vrai, le mot toute dans l'interligne, mais sans renvoi ni surcharge, et écrit d'une autre main. C'est comme s'il n'existait pas.

» Dans la 13e séance, le 30 août, on entend sept témoins à décharge produits par Bastide. La prestation de leur serment est ensuite attestée par une formule générale ainsi conçue : Lesquels après serment prêté de dire la vérité, toute la vérité, de parler sans haine et sans crainte, ont dit, etc. Ils n'ont pas juré de dire rien que la vérité. Le 19e témoin à décharge (Antoine Hot, meûnier), a fait la même omission. Pierre Mayet, 25e témoin à décharge, a fait la même omission dans son serment.

» Dans la 14e séance, le 1er septembre (débats particuliers concernant Missonnier), sept témoins sont produits à sa requête. La formule de leur serment est conçue en ces termes : Ils ont juré de dire toute la vérité, rien que la vérité, ont dit n'être parens, etc., mais ils n'ont pas juré de parler sans haine et sans crainte. Antoinette Gayrard a bien prêté serment de dire la vérité, toute la vérité, rien que la vérité, mais elle n'a pas juré de parler sans haine et sans crainte. Enfin, Jean-Pierre Creyssels a imité ce funeste exemple.

» Ne poursuivons pas plus loin notre examen. C'en est assez ; c'en est trop pour justifier cette vérité de fait, qu'un très-grand nombre de témoins n'ont pas juré de dire toute la vérité, ou de dire rien que la vérité ; que d'autres n'ont pas prêté serment de parler sans haine et sans crainte.

» Examinons actuellement le point de droit : en droit il est de principe que tout est sacramentel dans le serment judiciaire. C'est par l'audition des témoins que l'on prouve les crimes et délits. C'est sur leur témoignage que l'accusé établit sa justification. Dans un serment, Dieu est invoqué par le témoin. Rien n'est donc plus solennel, plus saint, plus sacré, plus important, plus rigoureux. Le témoin ne peut donc rien ajouter ni retrancher à la formule du serment consacré par la loi. S'il omet un seul mot, non-seulement sa déposition, mais encore toute la procédure est nulle.

» Cette nullité est formellement prononcée par l'art. 317.

» Et nous pourrions citer plus de cent arrêts de la cour suprême, qui ont consacrés les principes ci-dessus. »

» Le quatrième moyen de cassation résulte de la violation de l'article 348 du Code d'instruction criminelle : en ce que la déclaration du jury a été lue par le deuxième juré. Ce fait est constaté par le procès-verbal en ces termes :

« M. Hérail, leur chef, ayant déclaré qu'il ne pouvait faire lecture de la déclaration du jury, M. Masson-Latuile, second juré, s'est levé, et, la main placée sur le cœur, il a fait lecture de la déclaration du jury, qui a été signée par M. Hérail, chef du jury, et remise à M. le président. »

» Or, en droit, le chef du jury peut-il se dispenser de lire la déclaration du jury ? Peut-il transmettre ses pouvoirs, son autorité au second juré? Peut-il opérer cette substitution, cette transmission, sans le consentement de tous les jurés? Si cette substitution est praticable, qui doit signer la déclaration du jury?

» Quiconque a réfléchi sur l'importance de la déclaration du jury, quiconque sait qu'elle est la base de l'arrêt qui condamne ou acquitte les accusés, n'est point surpris des précautions que prend l'article 348 pour que la déclaration du jury soit réellement celle qui a été prise à la majorité des suffrages par tous les jurés.

» La première garantie résulte de la lecture de la déclaration par le président lui-même. « Le chef du jury se levera, et la main » placée sur son cœur, il dira (art. 348)

» Mais dans aucun cas, pour aucun motif, la loi ne permet au chef du jury de commettre ses pouvoirs au juré.

» Et si elle le lui permettait pour maladie ou impossibilité de prononcer la déclaration, il faudrait du moins que ce soit avec le consentement et la délibération de tous les jurés.

» Actuellement, Messieurs, vous le voyez, cette cause se réduit à des termes très-simples. Quatre moyens de cassation sont présentés. Parmi ces moyens, il en est un qui est invincible, puisqu'il est étayé par vingt arrêts de la cour et par votre jurisprudence la plus constante. Plusieurs témoins n'ont pas juré de *parler sans haine et sans crainte ;* d'autres n'ont pas juré de dire *toute la vérité ;* enfin, 20 ou 30 n'ont pas juré de ne *dire rien que la vérité*. La nullité de la procédure est écrite dans la loi, vous n'avez plus qu'à la prononcer.

» Mais, dira-t-on, si la cour casse l'arrêt dénoncé, il faudra donc reprendre par sa base cette immense procédure. Il faudra entendre de nouveau ces 300 témoins ; il faudra recommencer une assise de 25 séances. Que de soins ! que de démarches ! et sur-tout que de frais, que d'avances pour le trésor royal !

» D'ailleurs, lorsqu'un crime aussi épouvantable a été commis, il importe à la société tout entière que les coupables soient promptement frappés; il faut de grands exemples ; il faut une vengeance éclatante, et il faut sur-tout que cette vengeance suive de près l'attentat à l'ordre public.

» Toutes ces considérations, je le sais, ne sont d'aucun poids pour vous ; elles disparaissent devant la nécessité que la loi vous impose de faire respecter les formes salutaires qu'elle a établies ; et les conséquences que peut entraîner la cassation d'une procédure criminelle n'ont jamais aucune influence sur vos esprits ; mais qu'il me soit permis de les combattre et de les détruire en peu de mots.

» D'abord, si vous cassez l'arrêt dénoncé, vous ne prononcez pas l'acquittement des accusés, vous ne brisez pas leurs fers ; l'ordonnance de prise de corps sera maintenue ; l'arrêt de mise en accusation sera conservé, ainsi que la procédure antérieure. Seulement, les accusés obtiendront l'avantage inappréciable d'une nouvelle épreuve ; mais cette épreuve ne servirait qu'à mieux éclairer encore la marche de la justice. Il faut bien se convaincre ensuite, qu'en thèse générale, les frais d'une procédure criminelle quels qu'ils soient, ne doivent être d'aucune considération, quand il s'agit de l'honneur et de la vie des hommes. D'ailleurs, dans ce cas particulier, les accusés ont une fortune plus que suffisante pour répondre de tous ces frais et pour ne laisser aucune crainte sur les recouvremens du trésor royal.

» Enfin, Messieurs, il n'est pas vrai, comme on le croit assez généralement, que la justice la plus prompte soit toujours la meilleure. Si cette maxime populaire était exacte, il faudrait déchirer, brûler nos codes, et introduire en France la justice criminelle des musulmans. Au contraire, la justice la meilleure est celle qui ne marche qu'avec un flambeau ; celle qui ne frappe qu'à coup sûr ; celle qui recueille de nombreux élémens de conviction ; celle qui répand des foyers de lumière sur la scène du crime ; celle, en un mot, qui ne laisse aucun doute dans la conscience des jurés, dans la religion des juges et dans l'opinion publique. C'est là précisément ce qui distingue la justice criminelle chez les peuples civilisés et libres, des assassinats judiciaires que commettent les peuples sauvages ou esclaves.

» Sans doute ce principe général reçoit une exception ; sans doute, dans des tems de troubles, ceux qui se sont rendus coupables d'un crime politique grave doivent être punis très-promptement, parce que ces coupables peuvent être arrachés des mains de la justice par leurs partisans, que le moindre retard dans l'exécution des condamnés peut amener de nouveaux attentats et compromettre sérieusement l'ordre public, mais dans l'espèce actuelle, aucun danger de cette nature n'existe. Les condamnés n'ont aucuns partisans, ils n'inspirent aucune crainte. L'indignation publique, au contraire, s'était, dans le principe, manifestée contre eux à un tel point, que M. le procureur-général avait demandé qu'ils ne fussent pas jugés à Rodez ; mais cette prévention s'est dissipée depuis l'arrêt, elle s'est changée en pitié. Ainsi abandonnés de l'univers entier, ne recevant dans leur cachot de visites que des ministres de la religion, ils ne portent leurs regards et leur espoir que vers le ciel. Ainsi le retard du châtiment des coupables ne peut causer aucune alarme, ni donner aucune inquiétude ; elle peut, au contraire, tourner à l'avantage de la justice et de la société. En effet, messieurs, en supposant que l'arrêt de condamnation ait atteint les vrais coupables, le sont-ils tous également? Jausion ne pourrait-il pas, comme il l'a promis, prouver son innocence?

» Au surplus, il existe dans cette cause une circonstance impérieuse, un fait qui commande un sursis à l'exécution de l'arrêt. Vous connaissez, messieurs, et toute la France connaît les déclarations, les aveux, les rétractations, les réticences, les hésitations perpétuelles de Mme Manson. Elle est arrêtée, elle est poursuivie pour faux témoignage. Or l'article 445 du code d'instruction criminelle prononce en pareil cas un sursis, lors même que le pourvoi aurait été rejeté par la cour suprême. Ainsi, dans l'espèce, s'il n'y avait pas lieu à cassation, il faudrait suspendre l'exécution de l'arrêt.

» Mais si la dame Manson fait enfin des révélations importantes, si elle déchire enfin le voile mystérieux sous lequel elle s'est tenue cachée, si tout-à-coup elle met la vérité dans tout son jour, peut-être d'autres coupables seront découverts, peut-être aussi quelques-uns des condamnés seront reconnus innocens.

» Il faut donc nous féliciter de ce que la Providence a permis que la procédure actuelle pût être cassée, afin que la justice soit pleinement et entièrement éclairée sur un crime qui, par son atrocité et par la singularité des circonstances, ne trouve aucun exemple dans les annales de notre histoire. »

Après la plaidoierie de Me Loiseau, M. Giraud-Duplessis, avocat-général, a porté la parole dans les termes suivans :

« Des quatre moyens présentés par les demandeurs, il en est trois qui évidemment, à mon avis, n'ont aucune consistance. Ce sont les premier, deuxième et quatrième.

» Ils font résulter le premier d'une violation de l'art. 312 du Code d'instruction criminelle, en ce que, disent-ils, le président, comme le prescrit cet article, n'a pas appelé individuellement les jurés pour leur faire prêter serment. Il est vrai que le procès-verbal ne dit pas en termes catégoriques que le président a appelé successivement les jurés ; mais ce qui prouve que cet appel successif a eu lieu, c'est que le procès-verbal constate que chacun des jurés a prêté individuellement le serment en prononçant ces mots : *je le jure* ! serment individuel qui, par lui-même, démontre assez que les jurés ne l'ont pas prêté en masse: or, que veut l'art. 312, à peine de nullité? Il veut que le serment soit prêté individuellement par chaque juré, et c'est ce qui a eu lieu. Le procès-verbal en fait foi; donc la violation prétendue de l'art. 312 n'existe pas.

» Ils font résulter leur deuxième moyen d'une violation de la dernière disposition de l'art. 315 du Code de procédure criminelle, en ce que le président a prononcé seul sur une opposition des accusés, à ce que Marie-Anne Boyer, femme Palous, fût entendue comme témoin.

» La réponse à ce moyen se trouve dans l'art. même que les réclamans invoquent. Cet article, en effet, ne parle que des témoins qui ont été appelés à la requête du procureur-général. Si les accusés s'opposent à ce que de pareils témoins soient entendus, et si, au contraire, le procureur-général persiste à demander qu'ils le soient, alors, sans doute, c'est à la cour d'assises à prononcer ; mais il n'en est pas de même lorsqu'un individu est appelé par le président, en vertu de son pouvoir discrétionnaire, non pour faire une véritable déposition, mais pour donner la simple déclaration de ce qu'il peut savoir; et c'est pourquoi la loi n'exige pas de cet individu la prestation de serment. Dans ce cas, qui est celui de l'espèce, puisqu'il s'agitsait d'entendre dans sa déclaration la nommée Marie-Anne Boyer, qui n'avait pas été assignée comme témoin à la requête du procureur-général, le président a donc pu seul n'avoir aucun égard à l'opposition des demandeurs, sans quoi il faudrait admettre que la simple opposition d'un accusé pourrait arrêter le présidenl d'une cour d'assises dans l'exercice de son pouvoir discrétionnaire; ce qui serait absurde, puisque la véritable intention de la loi, en lui accordant un pareil pouvoir, est, ainsi que le dit l'art. 268, afin qu'il puisse prendre sur lui, dans son ame et conscience, de faire tout ce qui lui paraîtra utile pour découvrir la vérité.

» Le quatrième moyen, dans l'ordre établi au mémoire de cassation, consiste à dire qu'il y a eu violation de l'art 348 du Code d'instruction criminelle, en ce que la déclaration du jury n'a pas été lue par le chef.

» Le fait est vrai; mais l'article 348 n'est pas prescrit à peine de nullité; et on devine facilement le motif pour lequel le législateur n'a pas frappé de nullité l'inexécution de cet article. C'est le sort qui nomme le chef du jury, puisque le chef du jury est celui dont le nom est tiré le premier de l'urne.

» Or, il peut arriver très-souvent que le juré dont le nom est sorti le premier de l'urne, soit affligé ou d'une indisposition passagère, comme par exemple s'il était enroué, ou permanente, si par exemple il est bègue, ce qui l'empêche de s'énoncer publiquement. La loi a donc été très-sage quand elle s'est abstenue de prononcer à cet égard la peine de nullité.

» Le quatrième moyen est donc illusoire.

» Mais, reste le troisieme, qui sans doute est beaucoup plus sérieux.

» Les demandeurs le font résulter de la violation de l'art. 317 du Code de procédure criminelle, qui veut que les témoins, avant de déposer, prêtent le serment, à peine de nullité. de parler sans haine et sans crainte, de dire toute la vérité, et rien que la vérité.

» Dans l'espèce actuelle et devant la cour d'assises de Rodez, 224 témoins à charge ont été appelés et ont fait leurs dépositions à la requête du procureur-général, et le procès-verbal constate que 221 de ces témoins ont fait le serment tel qui est exigé par l'art. 317.

» Mais si le procès-verbal constate que les trois autres témoins qui sont: Pierre Liat, Marie Colombier et Félix Anglade ont prêté serment de parler sans haine et sans crainte, et de dire toute la vérité, il ne constate pas qu'ils aient en même tems juré de ne dire *rien que la vérité*, ainsi que l'exige encore le même art. 317.

» Sans doute la vérité est une: et ce n'est plus la dire que d'y ajouter ou d'y retrancher quelque chose: quand donc un témoin jure *de dire toute la vérité*, il serait possible d'en conclure que par cela seul il jure de dire tout ce qu'il croit vrai, qu'il jure de n'en rien retrancher, comme il jure de ne rien y ajouter de ce dont la verité ne lui paraît pas aussi certaine; or. ici les trois témoins dont il s'agit, ainsi que le constate le procès-verbal, ont juré de dire toute la vérité.

» Mais nous appartient-il d'être plus sages que la loi ? Non ; et puisqu'elle a prescrit encore, à peine de nullité du serment d'un témoin, que le témoin jurerait *de ne rien dire que la vérité*, tout serment dont le procès-verbal ne constate pas qu'il a été prêté avec cette cause sacramentelle, *est nul*; et tels sont les sermens des trois témoins que j'ai cités. D'autre part, après les dépositions des témoins à charge, ont été entendus ceux à décharge, dont vingt-huit à la requête de Bastide-Gramont, et neuf à la requête de Missonnier. Huit des témoins produits par Bastide, et tous ceux produits par Missonnier ont bien prêté serment, d'après le procès-verbal, de dire toute la vérité, rien que la vérité; mais le procès-verbal ne constate pas qu'ils aient juré de parler sans haine et sans crainte, ainsi que le prescrit encore à peine de nullité l'art. 317.

» Peut-être serait-on tenté de remarquer ici que cette obligation de prêter serment qu'on parlera sans haine et sans crainte, est une précaution sage et humaine de la part de la loi, quand il s'agit du serment à porter par les témoins à charge ; mais que cette nécessité disparaît à l'égard des témoins à décharge, indiqués ou appelés par l'accusé lui-même ; puisque bien certainement il ne les appelle que parce qu'il sait bien qu'ils n'ont aucune haine contre lui, qu'ils sont fort éloignés d'en rien craindre, et qu'ils ne parleront au contraire de lui que d'une manière favorable. Il faut en convenir, cette observation peut être généralement vraie : mais on peut y répondre que la loi, impartiale dans ses dispositions, n'a pas voulu, d'un autre côté, que les témoins appelés par l'accusé pussent déposer en sa faveur par haine contre l'accusateur et la partie civile : enfin ce n'est là d'ailleurs qu'une observation sur la loi, et rien de plus : or, une observation, quelque fondée qu'elle paraisse contre le texte de la loi, ne peut jamais suffire pour autoriser un tribunal quelconque à s'écarter de la volonté de la loi clairement manifestée par son texte, et ici l'article 317 veut, à peine de nullité, que les témoins prêtent le serment de parler sans haine et sans crainte, sans distinguer entre les témoins à charge et les témoins à décharge.

» Dans l'espèce particulière de la cause, il se présente encore une autre observation, c'est que sur deux cent vingt quatre témoins à charge, le procès-verbal constate que deux cent vingt-un ont prêté le serment tel qu'il est prescrit, et que, sur trente-cinq témoins à décharge, vingt l'ont également prêté dans la forme régulière.

» Comment serait-il possible d'imaginer, sur-tout à l'égard des témoins à charge, que le président de la cour d'assises eût pu manquer d'exiger de trois témoins le serment qu'il a exigé de 221, en conformité de l'art. 317 ?

» Tout, au contraire, porte à croire que le défaut d'insertion au procès-verbal de ces mots : *Rien que la vérité*, relativement à la prestation de serment de trois témoins sur 224, ne provient évidemment que de la négligence ou de l'inadvertance du commis-greffier chargé de la rédaction : j'en conviens ; cela, sans doute, est plus que vraisemblable.

» Mais, néanmoins, qu'en conclure ? Rien ; car le procès-verbal est la seule pièce qu'on puisse consulter pour voir si ces dispositions de l'article 317 ont été scrupuleusement et complètement observées ; et, dans l'espèce présente, le procès-verbal ne le constate pas. Ce troisième moyen me paraît donc sans réplique Je ne peux cependant m'empêcher ici de faire une bien triste réflexion.

» A Dieu ne plaise, Messieurs, qu'outrepassant les bornes que la loi a mises à l'exercice du ministère public près la cour de cassation, je m'ingère de me présenter devant vous comme un nouvel accusateur des réclamans !

» Mais enfin, d'après la déclaration unanime des jurés à leur égard, il est permis du moins de les considérer comme coupables du crime dont ils ont été accusés; car il est impossible ou du moins très-difficile de croire que l'opinion unanime des jurés n'ait été déterminée que par les dépositions des trois témoins à charge dont la prestation de serment se trouve irrégulière. Admettons néanmoins cette hypothèse. Renvoyés à de nouveaux débats devant une autre cour d'assises, ces trois témoins y seront de nouveau entendus, ainsi que tous les autres, et (on doit bien le penser) après une prestation régulière du serment; ce sera, il est vrai, un nouveau jury (j'en conviens); mais, malheureusement pour les demandeurs, la chance de leur acquittement n'en sera pas moins plus qu'incertaine. Or, n'est-ce pas là une grande calamité, et pour la chose publique et pour les réclamans eux-mêmes ?

» Pour la chose publique, par la lenteur qui en résultera dans la punition d'un grand crime qui exigeait un grand et un prompt exemple, quoi qu'en dise le défenseur des réclamans; pour les accusés eux-mêmes, car si ayant été déclarés coupables par l'unanimité de la déclaration d'un jury, il leur est bien difficile de concevoir des espérances, voilà donc plusieurs jours, plusieurs semaines, plusieurs mois peut-être pendant lesquels va se prolonger leur agonie; pendant lesquels ils auront en quelque sorte sous les yeux l'instrument du supplice qui les menace; pendant lesquels enfin ils subiront à chaque instant toutes les angoisses et toutes les horreurs de la mort, qui sont cent fois plus douloureuses que la mort même.

» Et pourquoi tout cela? parce qu'un commis-greffier aura omis, dans sa rédaction du procès-verbal des débats, de constater l'observation, qui d'ailleurs presque certainement a eu lieu, de quelques-unes des formalités du serment prescrit par l'art. 317. Je le répète, c'est, à mon avis, une vraie calamité, tant pour les réclamans que pour la chose publique.

» Quoi qu'il en soit, Messieurs, la loi est là, et elle seule peut être invoquée devant la cour de cassation, qu'elle a spécialement instituée pour faire respecter ses dispositions par tous les autres tribunaux.

» J'estime qu'il y a lieu de casser et annuller les débats et ce qui a suivi, pour violation de l'article 317 du Code d'instruction criminelle. »

Après deux heures un quart de délibération, M. Barris, président de la Cour, a prononcé en son nom l'arrêt suivant :

« Vu l'art. 372 du Code d'instruction criminelle, qui ordonne au greffier de la Cour d'assises de dresser un procès-verbal des débats, à l'effet de constater que les formalités prescrites par la loi y ont été observées; attendu qu'il résulte de cette disposition que les formalités que le procès-verbal des débats ainsi rédigé en conséquence de l'article 372 n'annonce pas avoir été observées, sont réputées par une présomption de droit avoir été omises.

» Vu l'article 317 du même Code, qui ordonne que les témoins, avant de déposer, prêteront, à peine de nullité, le serment d parler sans haine et sans crainte, de dire toute la vérité, rien qu la vérité;

» Attendu que la disposition de cet article est générale, qu'ell s'applique conséquemment aux témoins à décharge comme au témoins à charge; que d'ailleurs cette application indéfinie résult nécessairement de la corrélation de l'article 317 avec l'article 31 dont les dispositions sont communes à tous les témoins, soit qu'il soient produits par la partie publique, soit qu'ils soient produit par les accusés à leur décharge;

» Et attendu que du procès-verbal des débats, tel qu'il a ét rédigé par le greffier, il conste que deux des témoins produits pa Bastide à sa décharge, et que les neuf témoins produits par Mis sonnier à sa décharge, ont déposé *sans avoir prêté le serment d parler sans haine et sans crainte*; que s'ils ont juré de dire toute l vérité, rien que la vérité, ils n'ont juré qu'une partie de ce qui étai prescrit par l'article 317, que leur serment conséquemment a ét insuffisant, puisqu'il ne satisfait pas le vœu de l'article 317; qu la peine de nullité prononcée par cet article est donc encourue; qu la même nullité qui affecte les débats, affecte aussi l'arrêt définiti de condamnation.

» D'après ces motifs, la Cour casse et annulle les débats qui on eu lieu dans le procès des demandeurs en cassation, et l'arrêt et tou ce qui a suivi la déclaration du jury, et spécialement l'arrêt de con damnation; et pour être procédé conformément à la loi sur l'act d'accusation dressé contre les demandeurs, les renvoie, ainsi qu les pièces de la procédure, devant la Cour d'assises qui sera ulté rieurement déterminée par délibération prise à la chambre d conseil. »

Mlle Rose Pierret.

N° XIV (*Supplémentaire*).

ASSASSINAT DE M. FUALDÈS.

Rodez, 13 octobre 1817.

(Extrait d'une lettre particulière.)

On attend avec impatience ici la décision de la cour suprême. On dit que les condamnés, et sur-tout Jausion, espèrent qu'elle leur sera favorable, et fondent sur la possibilité de la cassation de leur arrêt les plus belles espérances.

Des personnes qui se disent instruites prétendent que, si le jugement de la cour de Rodez est cassé, l'affaire sera renvoyée à Toulouse. Cependant la chose est douteuse. Quelques-uns des condamnés ont de nombreux amis dans cette ville ; et l'influence de plusieurs personnes qui ont paru dans les débats ne serait peut-être pas sans quelque danger.

On raisonne beaucoup ici, et diversement, sur le voyage que M. Romiguière et mesdames Jausion et Pons ont fait à Paris. On sait d'avance que ces dames n'épargneront aucune démarche pour chercher à adoucir le sort des personnes qui leur sont chères ; et quoiqu'en général l'arrêt de la cour de Rodez ait eu pour approbateurs la presque totalité des habitans de cette ville, il semble qu'on sache cependant gré à ces dames du dévouement qu'elles montrent dans cette circonstance.

Les condamnés continuent dans leur prison le même genre de vie. Celui de tous qui paraît le plus abattu et qui est continuellement dans une espèce d'atonie, c'est Colard, qui d'abord avait montré le plus de caractère et de résolution.

La maison Bancal est fermée et le sera probablement long-tems. On ne passe qu'en frémissant devant cet asile du vice, où s'est commis le plus épouvantable forfait. Les enfans de la Bancal sont toujours à l'hôpital de Rodez. Cette femme a demandé à les voir ces jours derniers. On attendait d'elle quelque révélation. Elle continue de garder le silence le plus obstiné.

Ces jours derniers, on a répandu le bruit de la disparution subite de M. P.... et de sa fille. Le fait est faux. M. P.... a pu s'absenter deux ou trois jours; mais il n'était allé qu'à quelques lieues de la ville; et les gens sensés, tout pleins d'estime pour les qualités personnelles de cet honnête citoyen, n'ont point ajouté foi à ce bruit, mis sans doute en avant pour faire naître de nouvelles conjectures dans une affaire déjà si embrouillée par elle-même. Il est vrai, cependant, que Mademoiselle P.... se montre rarement. Elle a sans doute d'autant plus de raison d'en agir ainsi, que cette jeune personne devient à son tour l'objet de la curiosité publique. On raconte à Rodez, sur mademoiselle Rose Pierret, les choses les plus extraordinaires. On fait circuler des écrits dans la société. Il y a quelque tems, peu après l'arrestation de madame Manson, il a été question de lettres écrites par cette dame à mademoiselle Rose Pierret. Il en circule des copies dans le public, et je vous en adresse une sans vous en garantir l'authenticité; car tout ce que nous voyons et entendons tient tellement du merveilleux, qu'on ne sait au juste sur quelles bases reposer ses idées et asseoir son jugement. Voici la copie de cette lettre de madame Manson à mademoiselle Rose Pierret :

« Je vous ai plusieurs fois fait prier de venir » me voir, Rose, et vous ne venez pas; j'ai pour- » tant bien besoin de causer avec vous : il est des » choses que je ne dois pas confier au papier et » que je ne puis dire qu'à vous seule. Craignez- » vous de vous trouver compromise en venant » visiter, dans sa prison, celle qui s'est sacrifiée » pour *. . . . .

* Dans la copie qui circule il est dit que les mots remplacés ici par des points ont été coupés avec des ciseaux sur l'original.

» . . . . . Vous-même, n'avez-vous donc rien à » me dire? La situation extraordinaire où vous » vous trouvez par suite de tout cela ne vous » portera donc à rien d'énergique? Vous croyez, » Rose, qu'il est plus sage à vous d'attendre les » événemens, et d'agir au jour le jour. Cela est » peut-être vrai, mais pourrez-vous soutenir ce » rôle jusqu'au bout? Je vous plains si vous le » pouvez.

» M. N...., qui vous remettra cette lettre, vous » dira plusieurs choses que je lui ai dit me con- » cerner; mais qui concernent les personnes que » vous savez; faites en votre profit. Ce M. N.... » est un homme bien bon; il me témoigne beau- » coup d'intérêt; je n'ai pas cru cependant devoir » lui dire le secret : j'ai été si horriblement » trahie!

» J'éprouve quelque calme dans ma prison; les » hommes sont meilleurs que je ne pensais; ils » m'ont laissé mon fils; et puis, s'il y en a qui me » calomnient, il y en a qui me rendent justice; » peut-être ne sauront-ils jamais combien je suis » malheureuse; peut-être la vérité ne triomphera- » t-elle pas tout entière; peut-être les doutes qui » planent sur moi ne se dissiperont-ils pas......

» Ah! Rose, vous ne m'accusez pas, vous; vous » savez ce qu'est Clarisse. Il est du moins consolant » pour moi de penser que ma conduite n'est pas

» perdue pour tout le monde, et qu'une per-
» sonne...... Que dis-je, une? * . . . .
» . . . .
» Ne m'outragent-ils pas de leur admiration? Ils
» ont chargé M. N.... de me le dire:

» Adieu, Rose; vous brûlerez cet écrit, qui,
» s'il tombait en des mains étrangères, me cau-
» serait de nouvelles obsessions. Ces gens de
» robe me feront mourir; je ne rêve que d'eux:
» ils sont si sévères! »

E.... M....

Parlons maintenant de madame Manson, *la mystérieuse* (car c'est ainsi qu'on la nomme à présent ici). On dit qu'elle a déjà été interrogée deux fois, et qu'elle a persisté dans ses *contradictions*. Pourtant, il faut qu'elle y prenne garde, car la justice ne paraît pas disposée à se contenter longtems de ses demi-aveux. Elle a fait demander plusieurs personnes qui ont obtenu la permission de la voir.

Madame Manson a lu avec une grande avidité tout ce qu'on a écrit sur elle. Elle en a tour-à-tour pleuré et ri. Une personne de ses intimes amies la suppliait de mettre un terme à sa captivité et aux angoisses qu'elle éprouve en faisant une

* Il y a encore ici plusieurs mots coupés dans l'original.

révélation complète : *Eh! le puis-je*, a-t-elle dit.... *Si vous saviez!... vous me plaindriez.... tout le monde me plaindrait....* C'est assurément une femme fort extraordinaire. Aujourd'hui qu'elle est en scène, on recueille toutes les anecdoctes qui se rattachent à son existence, et l'on n'en exclue pas même celles qui dans toute autre circonstance seraient d'un mince intérêt, telles que celle-ci.

Dans sa jeunesse, elle fut mise dans un pensionnat de jeunes personnes. Elle habitait avec plusieurs de ses compagnes une chambre à coucher dont les murs fraîchement recouverts firent contracter à ses jeunes amies une maladie dont elles périrent toutes. Clarisse Engalrand fut la seule préservée de cette affreuse calamité, qui mit en deuil plusieurs familles.

Lorsque Bancal mourut dans sa prison, le bruit courut hautement à Rodez qu'il avait été empoisonné par les complices de l'assassinat, qui tous étaient connus de lui. Un contrôleur des impositions qui, détenu avec les accusés, mettait beaucoup de zèle à obtenir d'eux des révélations qu'il transmettait au juge d'instruction, et qui avait obtenu toutes les déclarations de Bousquier, mourut subitement quelques jours après. L'opinion publique crut aussi que le poison des assassins avait terminé sa vie. Enfin, plusieurs expressions échappées à madame Manson prouvent assez clairement qu'elle ne se croit point à l'abri d'un destin pareil. Tous ces motifs paraissent avoir dicté la pièce ci-dessous qui circule dans Rodez quoique sans signature, et qui porte cependant un grand caractère d'authenticité. Il paraît que par cette pièce madame Manson a cherché à attacher à son existence le secret dont elle est dépositaire.

Je déclare que j'ai fait un testament.... J'ai pris des mesures pour qu'il soit ouvert aussitôt que j'aurai cessé de vivre. Ce testament renferme des secrets, qui seront par conséquent divulgués le jour de ma mort. Je déclare que les moyens que j'ai employés sont d'une telle nature, qu'il ne dépend de personne d'en avancer ni d'en prévenir l'effet.

Madame Manson a son *bonheur* avec elle ; c'est ainsi qu'elle appelle son fils. Elle le comble de caresses. Elle se dédommage ainsi de la privation qu'elle éprouva, dès ses plus jeunes ans, des embrassemens de sa mère, et que causa l'extrême sévérité de son père.

Madame Manson passe rarement un jour sans s'informer de ce qu'on dit à son sujet dans la ville, de ce que disent et font les accusés dans leur cachot.

On dit que depuis deux mois plusieurs commerçans de Rodez éprouvent un peu de gêne dans leurs affaires par suite de la privation des négociations de papiers qu'ils faisaient avec Jausion, Bastide et compagnie ; cela est d'autant moins étonnant que les condamnés, par les nombreux capitaux qu'ils possèdent, aidaient beaucoup le commerce de cette ville.

Voici une lettre qui contient quelques détails curieux et que nous avons pensé devoir intéresser le public.

Rodez, 4 octobre.

« Pendant que madame Jausion met à profit la liberté qu'elle a heureusement recouvrée, madame Manson la remplace dans un appartement de la maison de détention. Quoique le mandat de dépôt porte qu'elle est *prévenue d'avoir pris part à l'assassinat de M. Fualdès,* elle n'est pas très-gênée ; elle reçoit des visites, et a la faculté de se promener dans le jardin. Ce séjour, qu'elle regardait d'abord comme un asile contre le fer des assassins, commence à la dégoûter. Elle lit les journaux, rit souvent, et s'afflige quelquefois de ce qu'on écrit sur son compte à Paris. On la voit dans certains momens plongée dans la mélancolie : malgré ses réticences et ses désaveux, elle sait qu'elle a trop parlé pour n'avoir pas à redouter de terribles vengeances. Dans la triste position où elle se trouve, sa santé est aussi bonne qu'elle puisse l'être. Quoique MM. les faiseurs de mélodrames cherchent à lui en donner l'idée dans les journaux de la capitale, Clarisse Engelrand ne leur fournira jamais, en s'empoisonnant, le sujet d'un dénouement horrible pour les pièces qu'ils préparent.

» Mademoiselle Rose Pierret a eu bien des rapports avec Clarisse, mais elle se garde bien de l'imiter. Elle a été, dit-on, aussi réservée dans ses réponses au juge d'instruction qui l'a interrogée depuis peu, qu'elle le fut pendant les débats. Privée heureusement de l'imagination ardente, de *la susceptibilité nerveuse* qui distinguent madame Manson, elle ne laisse soupçonner aucune réminiscence des sensations terribles qu'elle dut éprouver, si, comme l'assure madame *Constans-Rabot*, d'après les propos que le public lui attribue, elle fut présente à la scène d'horreur qui se passa chez Bancal. Il va sans dire que mademoiselle Pierret nie bien formellement de s'être trouvée dans cet infâme lieu. Par instinct, elle imite celle qui disait à son cousin Rodat : « Peut-on » convenir d'avoir été chez Bancal ? peut-on en » donner une preuve juridique ? » Mademoiselle Rose Pierret est plus jeune que madame Manson ;

elle est la fille d'un brave militaire, d'un ancien capitaine. Elle a des yeux bleus, le nez à la Roxelane, une belle peau. Elle a.... elle avait de l'embonpoint, une bouche fraîche, de belles dents, le plus agréable sourire!..... Depuis cinq ou six mois, sa santé est bien altérée.

» On dit que Mme Constans, modiste, est née à Paris; elle s'est mariée à Rodez, il y quelques années, à un menuisier; pour la distinguer d'une autre marchande de modes du même nom, on l'appelle Mme *Rabot*. Elle fut entendue pendant les débats comme témoin discrétionnaire; sa déposition fut pénible et embarrassée. Cette dame fut plus discrète que ne l'est ordinairement une femme lorsqu'il ne s'agit pas de ses propres affaires. Aujourd'hui elle se dédommage, et répète partout bien des détails qu'elle tient de Mme Manson et de Mlle Pierret. On ignore si elle se sera épanchée devant le respectable juge d'instruction qui vient de l'entendre. Voilà, dit-on, comment elle raconte ce qu'elle sait de cette affaire :

» Il est sûr que Mme Manson était chez Bancal; mais elle n'y était pas seule : Mlle Pierret s'y trouvait aussi. Lorsque les assassins arrivèrent, cette dernière se glissa sous le lit placé dans la cuisine, et y resta jusqu'à ce que le crime fût consommé. Quand tous les scélérats furent partis, la femme Bancal lui dit : *A présent, vous pouvez sortir.* Elle portait un long voile noir, comme on l'a dit dans les débats.

» Mme Manson, vêtue en homme, avec pantalon, veste et casquette, avait été poussée dans le cabinet. Elle entendit les assassins délibérer s'ils porteraient le cadavre dans la maison Fualdès, ou dans le jardin de Jausion pour l'y enterrer, ou à la rivière ; ce dernier parti fut adopté. Pour que le porte-faix Bousquier, qui n'était point encore présent, ne put voir à la lueur de la lampe ce que contenait la balle qu'on voulait lui faire porter, Bastide proposa de placer le cadavre dans le cabinet ; il y entra, touchant un corps ; il dit en jurant : *Quoi! un homme dans ces lieux!* Il grava ses cinq doigts ensanglantés sur la culotte de madame Manson, l'entraîna brusquement dans la cuisine, et s'arma d'un couteau pour la poignarder. Alors Clarisse s'écria : *Je suis une femme! je suis la fille d'Enjalrand!*

» Au même instant Jausion, qui était en sentinelle au-dehors, rentra dans l'appartement, et vit Bastide qui voulait ajouter encore un cadavre à celui dont ils étaient embarrassés. Il prit sous sa protection la victime, qui se jeta à ses pieds, disant à ses complices qu'elle était aussi intéressée qu'eux à garder le secret ; il sortit bientôt avec elle, et lui remit un petit chiffon de papier sur lequel il avait écrit ces mots : *Si tu parles, tu périras par le fer ou le poison.* Il la prit par le bras et la conduisit jusqu'auprès du puits de la place de Cité. Il lui demanda à plusieurs reprises si elle le connaissait. Elle répondit toujours que non, etc., etc., etc.; le reste comme l'a raconté madame Manson. »

Un journal vient de publier une lettre de M. le chevalier Fernac du Rosay, lequel est censé transmettre au rédacteur de ce journal une lettre que madame Manson lui aurait écrite : nous allons transcrire textuellement ces deux pièces, et nous présenterons ensuite des réflexions que nous abandonnerons au jugement du lecteur.

Du château du Rosay, près Gannat.

Monsieur,

Je croirais manquer au devoir que tout citoyen Français doit à la vérité ou au moyen de la découvrir, si je ne m'empressais de vous faire passer une lettre de madame Manson, que vous insérerez sans doute dans votre prochain numéro. Puisse-t-elle, par sa publicité, arracher de sa bouche la vérité prête à en sortir! J'arrive de Rodez, où j'ai vu cette infortunée victime d'une générosité sans exemple; j'ai tâché de réveiller en elle cette sincérité qui fit si long-tems le charme de ceux qui l'entouraient, et qu'un seul événement incroyable et incompréhensible a pu lui faire perdre. L'amitié qu'elle m'a portée, surtout à la bonne et infortunée fille que j'ai perdue ; peut-être mes cheveux blancs, ont-ils hâté le terrible dénouement qui s'approche.

J'ai l'honneur d'être, etc.

Le chevalier FERNAC DU ROSAY.

Copie exacte.

« O vous, mon second père ! que le ciel a voulu
» me laisser, pour remplacer, pendant le tems
» d'une triste erreur, un père qui se croit fondé
» à ravir à sa fille infortunée une tendresse et des
» soins qu'elle mérite peut-être plus que jamais,
» j'ai écouté vos conseils ; ils ont retenti au fond
» de mon cœur. Oui, le tems est venu de parler ;
» mais en même tems il faut cesser de vivre. Si
» vous connaissiez la main qui doit me frapper,
» vous seriez convaincu comme moi qu'il n'est
» point d'asiles, de prisons, de climats qui puis-
» sent m'en garantir. N'importe, le sacrifice est
» fait ; la vie est peu de chose pour moi, si je
» puis retrouver mon honneur et l'amitié de mon
» père. Oui, je vous le jure ! je parlerai ! Plus les
» coupables sont grands, plus la vengeance doit
» l'être.

» Et vous, mon Dieu, qui me donnerez le cou-
» rage de parler ; vous qui voyez le fond de mon

» cœur, vous qui savez combien il m'est facile
» d'expliquer tout ce que j'ai dit d'inexplicable
» dans cet horrible procès, inspirez-moi jusqu'à
» la fin! Oui, mon père, vous serez satisfait; et
» bientôt je serai près d'Adèle, dans un séjour
» de paix où je ne craindrai point les méchans,
» leurs brigues et leurs complots. Oh! que ce
» poids me pèse! Pourtant je ne m'en déchargerai
» point dans mes interrogatoires particuliers; je
» ne parlerai qu'au jour de mon jugement, en
» présence de tous ceux qui naguères crurent
» être témoins de ma honte et m'accordèrent leur
» pitié, quand je n'avais besoin et ne méritais que
» leur estime. Oh! qu'ils sont nombreux!.... qu'ils
» sont puissans!.... que d'horreurs et d'infamies!...
» Oh! les monstres!.... Infâme maison Bancal,
» on saura que tu ne m'as jamais possédée.

» Adieu, mon second père; adieu. Mon cœur
» est oppressé, mes yeux se remplissent de lar-
» mes.....

» Votre bonne fille et chère amie.

» *Signé*, Pauline ENGELRAND-MANSON. »

1°. Madame Manson ne s'appelle pas *Pauline*, mais *Clarisse;* elle ne s'appelle pas *Enjelrand*, mais *Enjalran*. Serait-il probable que madame Manson eût souscrit sa lettre de deux noms qui ne sont pas les siens?

On remarquera que M. Fernac du Rosay a pris soin de mettre au haut de la lettre qu'il envoie, *copie exacte*. Si cette copie a été faite par lui-même, cette erreur de nom est tout-à-fait impossible ; elle ne serait pas plus présumable quand la lettre de madame Manson aurait été copiée par un autre que M. du Rosay. Ce n'est point dans sa maison qu'on peut ignorer le nom de baptême et le nom de famille de madame Manson. Ajoutons à cette considération que c'est à Paris qu'on avait faussement publié que cette dame s'appelait *Pauline Engelrand*, au lieu de *Clarisse Enjalran*.

Ensuite, une telle lettre eût été tout-à-fait contraire au système que madame Manson a suivi jusqu'ici. Cet dame aurait-elle écrit un aveu aussi positif, après l'usage qu'on a fait, dans la procédure, de ses lettres à son propre père, et des craintes qu'elle épanchait dans le sein de ses amis et de ses parens ?

Enfin, si M. de Fernac du Rosay se fût cru autorisé par l'importance de cette affaire à violer le secret d'une lettre confidentielle, n'eût-il pas été plus naturel qu'il envoyât cette lettre au juge d'instruction, que de la faire insérer dans un journal ? Quel but aurait pu avoir ce dernier parti ? M. du Rosay n'aurait-il pas été arrêté par la crainte de faire tomber sur la tête de celle qui le nomme son second père les terribles vengeances qu'elle lui peint comme devant inévitablement la frapper, et contre lesquelles, dit madame Manson, il n'est pas d'*asiles*, de *prisons*, de *climats*, qui puissent la mettre en sureté ?

Une personne qui se dit bien instruite, donne comme authentiques les détails qui suivent :

« Un des personnages les plus intéressans qui ait figuré dans l'affaire de Rodez, et dont on a le moins parlé, est la petite fille Bancal. Ses dépositions dans la nouvelle instruction sont de la plus haute importance. Elle ne varie pas dans ses déclarations et montre dans ses réponses un esprit et en même tems une candeur dont le juge d'instruction est frappé. Elle raconte toutes les circonstances du crime dont elle a été témoin, et qu'elle a observées à travers un trou du rideau du lit dans lequel elle s'était glissée. On commença, dit-elle, par faire écrire M. Fualdès ; Jausion le frappa d'abord, puis recula ; Bastide l'acheva. Alors on entendit du bruit dans le cabinet où l'on avait fait entrer une dame à long voile noir. Cette même dame en sortit habillée en homme.

» Bastide voulut la tuer : elle parla à l'oreille de Jausion, qui la sauva, après lui avoir fait *lever la main qu'elle ne dirait rien*.

» On s'aperçut que la petite était dans le lit ; on lui passa la main sur les yeux pour s'assurer si elle do[illegible] Bastide proposa de s'en défaire. Bancal déclara qu'il n'y consentirait jamais ; la femme Bancal dit qu'elle le voulait bien pour 400 francs.

» Le lendemain, la petite Bancal vit rentrer Bastide sur les six heures ; on l'envoya porter la soupe à son père. Elle y alla sans crainte, parce qu'elle savait bien que son père ne la tuerait pas. En effet, il l'embrassa en pleurant, et lui dit : *Sois toujours bonne fille*.

» Cette enfant a affirmé que la dame au voile noir, qui était entrée dans le cabinet et qui en était sortie habillée en homme, était madame Manson. »

Nota. Un portrait de mademoiselle Rose Pierret est joint à ce numéro.

Cause Célèbre.

LE

STÉNOGRAPHE

PARISIEN.

Les formalités prescrites ayant été remplies, je poursuivrai les contrefacteurs suivant toute la rigueur des lois.

Pillet

On souscrit aussi :

A Aix-la-Chapelle, Laruelle.
Angers, Fourrié-Mame.
Arras, Topino.
Besançon, Deis.
Blois, Aucher-Eloi.
Bordeaux. Mme Bergeret, Melon, Monselet, Coudert, Gassiot, Gayet.
Bourges, Gilles.
Brest..... Le Fournier et Desperriers, Michel.
Bruxelles Lecharlier, Demat, Stapleaux.
Caen, Mme Belin-Lebaron.
Calais, Leleux.
Cambrai, Giard.
Clermont-ferr., Landriot.
Dunkerq., Brœn.-Beauvan.
Francfort, Brœnner.
Gand, Dujardin.
Genève... Paschoud, Mangez-Cherbuliez, Ledouble.
Havre, Duflo.
Liége..... Desoër, Collardin.
Lille, Vanackere.

A Lorient.. chez Caris, Lecoat-Saint-Haouen.
Lyon...... Bohaire, Lemaire.
Manheim, Fontaine.
Mans, Pesche.
Marseille Chardon, Maswert, Mossy, Chaix.
Metz..... Devilly, Thiel.
Mons, Leroux.
Montpellier, Sevalle.
Nancy, Vincenot.
Nantes.... Busseuil. Mellinet-Malassis.
Niort, Elies-Orillat.
Orléans.. Gaillard. Huet-Perdoux.
Rennes, Duchesne.
Riom, Thibaut.
Rouen.... Frère, Renault, Dumaine Vallé.
S. Brieux. Prudhomme, Lemonnier.
S. Pétersb. C. Weyer, Saint-Florent.
Strasbourg, Levrault.
Turin.... Ch. Bocca, Pic.

DE L'IMPRIMERIE DE PILLET.

LE

STENOGRAPHE

PARISIEN,

OU

LETTRES

ÉCRITES DE RODEZ ET D'ALBY

SUR LE PROCÈS DES ASSASSINS

DE M. FUALDÈS;

FAISANT LE TOME DEUXIÈME DU PROCÈS COMPLET, etc.

TOME II.

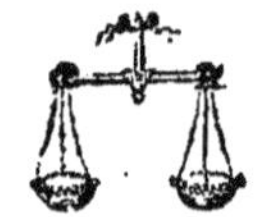

A PARIS,

CHEZ PILLET, IMPRIMEUR-LIBRAIRE,

ÉDITEUR DE LA COLLECTION DES MŒURS FRANÇAISES,

RUE CHRISTINE, N° 5.

1817.

Les formalités prescrites ayant été remplies, je poursuivrai les contrefacteurs suivant toute la rigueur des lois.

Pillet

On souscrit aussi :

A Aix-la-chapelle, Laruelle.
Angers, Fourrié-Mame.
Arras, Topino.
Besançon, Deis.
Blois, Aucher-Eloi.
Bordeaux. Mme Bergeret, Melon, Monselet, Coudert, Gassiot, Gayet.
Bourges, Gilles.
Brest..... Le Fournier et Desperriers, Michel.
Bruxelles Lecharlier, Demat, Stapleaux.
Caen, Mme Belin-Lebaron.
Calais, Leleux.
Cambrai, Giard.
Clermont-ferr., Landriot.
Dunkerq., Brœn.-Beauvan.
Francfort, Brœnner.
Gand, Dujardin.
Genève... Paschoud, Mangez-Cherbuliez, Ledouble.
Havre, Duflo.
Liége..... Desoër, Collardin.
Lille, Vanackere.

A Lorient.. chez Caris, Lecoat-Saint-Haouen.
Lyon...... Bohaire, Lemaire.
Manheim, Fontaine.
Mans, Pesche.
Marseille Chardon, Maswert, Mossy, Chaix.
Metz..... Devilly, Thiel.
Mons, Leroux.
Montpellier, Sevalle.
Nancy, Vincenot.
Nantes.... Busseuil. Mellinet-Malassis.
Niort, Elies-Orillat.
Orléans.. Gaillard. Huet-Perdoux.
Rennes, Duchesne.
Riom, Thibaut.
Rouen.... Frère, Renault, Dumaine Vallé.
S. Brieux. Prudhomme, Lemonnier.
S. Pétersb. C. Weyer, Saint-Florent.
Strasbourg, Levrault.
Turin.... Ch. Bocca, Pic.

DE L'IMPRIMERIE DE PILLET.

LE

STENOGRAPHE

PARISIEN,

OU

LETTRES

ÉCRITES DE RODEZ ET D'ALBY

SUR LE PROCÈS DES ASSASSINS

DE M. FUALDÈS;

FAISANT LE TOME DEUXIÈME DU PROCÈS COMPLET, etc.

TOME II.

A PARIS,

CHEZ PILLET, IMPRIMEUR-LIBRAIRE,

ÉDITEUR DE LA COLLECTION DES MŒURS FRANÇAISES,

RUE CHRISTINE, N° 5.

1817.

AVIS DE L'ÉDITEUR.

L'ACCUEIL favorable qu'ont obtenu dans le public les cahiers que nous avons déjà imprimés sur l'affaire des assassins de M. Fualdès, nous a déterminés à nous mettre en mesure de publier la seconde partie de ce Procès avec la célérité et l'exactitude qu'on a bien voulu reconnaître dans nos premières livraisons. Quoiqu'il nous fût fait des offres par plusieurs personnes d'Alby et de Rodez de recueillir pour nous les débats qui vont avoir lieu, nous avons préféré choisir parmi les littérateurs de la capitale un correspondant qui eût déjà fait ses preuves dans ce genre de travail en rendant compte de plusieurs procès célèbres, et dont les productions, connues et goûtées, fussent pour nous une garantie certaine des suffrages du public pour l'ouvrage que nous lui offrons. Comme sténographe, ce correspondant recueillera des notes exactes, et rendra textuellement les paroles remarquables que les situations assez fortes des divers acteurs de ce grand drame pourront leur inspirer dans le cours des débats. Comme littérateur, il saura discerner avec intelligence ce qui mérite l'intérêt du lecteur de ce qui tient seulement aux formes assez arides des procédures. Il évitera de noyer cet intérêt dans des détails inutiles, et dans les répétitions inséparables d'une instruction criminelle. Il s'attachera, en un mot, à faire ressortir et à montrer dans tout son jour l'action, la marche de l'affaire, les complications d'intérêts et de sentimens qu'elle présente, et il saura (s'il est permis de parler ainsi) dégager la partie dramatique de cette cause de tout le matériel du procès.

C'est sur-tout par des avantages de cette nature que nous espérons obtenir pour notre entreprise la faveur du public. Ces avantages, nous aurions craint de ne pas les rencontrer en prenant un correspondant sur les lieux même de la scène. Les personnes qui, pour la première fois, ont à rendre compte d'un procès criminel, pensent qu'elles rempliront assez leur obligation si elles écrivent au jour le jour tout ce qui se dit au tribunal, et si elles envoient fidèlement les plaidoyers des avocats ; elles ne tardent pas à s'apercevoir qu'il faut plus qu'un copiste pour instruire le public de la marche et du dénouement d'une telle affaire. En effet, il est des circonstances, des détails que le lecteur voudrait savoir, et qu'il ne découvrirait pas dans une tradition pure et simple des réponses des accusés et des dépositions des témoins. Il veut savoir encore de quel accent de sensibilité ou d'énergie ces paroles ont été marquées ; de quel air elles ont été prononcées, quel effet elles ont produit. Il veut savoir quelle contenance ont tenue les accusés, jusqu'où est allé leur fermeté ou leur audace, leur trouble ou leur abattement; en un mot, il veut prendre le cœur humain sur le fait. Il faut lui montrer les personnages auxquels il s'intéresse; il faut les mettre en scène à ses yeux; et, pour remplir une pareille tâche, c'est peu d'être sténographe, il faut encore être peintre.

Nous ne dirons rien de plus pour expliquer les motifs qui nous ont déterminés dans le choix d'un correspondant; nous osons espérer qu'il remplira l'attente que le public peut concevoir d'après la nôtre. Il nous reste à parler des mesures que nous avons adoptées pour assurer à notre entreprise les avantages de la célérité et de l'exactitude dans le service.

Plusieurs libraires d'Alby ont fait courir des *prospectus* dans lesquels ils promettent, les uns, de ne donner que des pièces officielles; les autres, de nous dépasser en célérité. Il n'en est pas un qui ne fasse valoir le grand avantage d'avoir pour co-intéressés des personnes employées au greffe du tribunal. Nous sommes loin de leur envier ce dernier avantage, qui est à nos yeux un motif pour publier des détails fort ennuyeux. Quant aux pièces officielles qu'ils promettent, comme les débats sont publics, nous les aurons aussitôt qu'eux, si toutefois il existe dans les procès d'autres pièces officielles que les actes d'accusation, les conclusions et les arrêts. Quant à la promesse qu'ils font de nous devancer dans la publication de leurs bulletins, il ne faut qu'un peu de réflexion pour se convaincre que nous aurons deux ou trois jours d'avance sur eux; et cela est facile à démontrer : le courrier d'Alby arrive à Paris trois fois par semaine; les débats nous seront envoyés manuscrits, par la poste, le jour même où ils auront eu lieu; nous les imprimerons aussitôt leur arrivée à Paris, et ils paraîtront quelques heures après; tandis que les libraires d'Alby ne pouvant imprimer leurs bulletins du jour qu'après le départ du courrier, ces bulletins ne pourront partir que deux et trois jours après leur impression. Nous ne craignons donc, sous aucun rapport, la concurrence de nos confrères du Midi, et nous ne redoutons pas les avantages dont ils essaient de se prévaloir.

Cette dernière partie du *Procès complet des assassins de M. Fualdès* formera un volume in-8°, que nous ferons paraître par livraisons, et qui sera orné de nouveaux portraits. Nous publions aujourd'hui la première Lettre de notre correspondant; les autres le seront successivement.

Le prix de chaque livraison de la nouvelle procédure *Fualdès* est de 40 cent. pour Paris, et 50 cent. par la poste. On peut souscrire pour douze livraisons. Prix : 4 fr. 50 cent. pour Paris, et 5 fr. franc de port pour les départemens.

ASSASSINAT DE M. FUALDÈS.

PREMIÈRE LETTRE.

Rodez, le 18 novembre 1817.

La cour d'assises d'Alby ouvrira irrévocablement ses séances du 1er au 10 décembre : le procès des assassins de M. Fualdès y doit être recommencé avec un tel appareil, un tel concours de circonstances et de personnages, que rien ne semble devoir occuper plus vivement l'attention publique tout le tems que dureront ces étranges débats. Plusieurs de nos journaux de France et quelques gazettes étrangères prennent sur les lieux, ou dans les environs, des mesures pour obtenir des détails plus ou moins circonstanciés, plus ou moins authentiques ; je m'offre à vous les transmettre en entier, je me voue à rendre au public, par votre organe, un compte exact et impartial de chaque événement digne d'intérêt qui pourra se rattacher à cette cause si malheureusement célèbre.

J'ai quitté Paris dans l'unique intention d'accomplir ce travail. On pense généralement que le meilleur moyen de se concilier la confiance des lecteurs, est, pour un éditeur, le soin de s'assurer, dans l'analyse des débats, un interprète étranger aux localités, et de qui la plume sténographe ne puisse laisser échapper aucune partie importante des dépositions et de la plaidoirie. Il faut attribuer sans doute à la haine ou à une bienveillance aveugle, également explicables par la situation des condamnés et celle de leurs familles, les versions contradictoires déjà répandues sur cette affaire. Que d'erreurs ou de préventions accréditées par les premiers récits! C'est ici qu'on a de fréquentes occasions de s'en convaincre et de reconnaître que les bouches même les plus ordinairement discrètes de la renommée se sont rendues involontairement complices de notables infidélités.

Libre de ma conscience et de mon tems, j'ai fait exprès deux cents lieues pour assister au dénouement de ce terrible drame, et pour connaître enfin la vérité sur le caractère et les secrets d'une femme devenue l'étonnement de la France. Je suis loin de penser à me départir, en sa faveur, de ma tâche d'impartialité, bien que voyageur et Français; mais sa conduite, je l'avoue, me semble, jusqu'ici, tenir à des considérations qui doivent exciter un grand intérêt. Le voile dont s'enveloppe ce singulier témoin lui prête un charme, si l'on veut, romanesque, mais qui ne s'allie pas avec l'idée d'une participation quelconque dans un crime. Elle n'est véritablement, jusqu'ici, accusée.... que de mystère, et qui sait si son silence et sa réserve n'ont pas pour principe une cause respectable, et peut-être héroïque? Il doit suffire, pour la faire plaindre, de cette espèce de défaveur qu'on a cherché, dans certains écrits, à répandre sur elle, et de ce dénigrement qu'on s'est attaché momentanément à verser sur ses émotions et ses larmes. Dans le monde, beaucoup trop de gens pour qui l'enthousiasme et l'exaltation sont un ridicule, et je dirais presque un délit, s'empressent, dans leur doute sur les vrais motifs d'une action, de s'inscrire en faux contre tout sentiment de générosité. Cette disposition fait-elle honneur à leur esprit? Certainement elle accuse leur cœur, et les personnes désintéressées n'ont point vu, sans répugnance et sans quelque indignation, des écrivains commenter des évanouissemens, railler des pleurs, outrager l'infortune, descendre jusqu'à critiquer les détails de la toilette d'une femme, pousser l'incroyable oubli de la délicatesse et des convenances jusqu'à supposer des signatures et des lettres; le tout pour exploiter, à leur profit, la fatale anxiété d'un témoin.

Une remarque que j'ai pu faire sur ma route, c'est qu'on ne cessera point cependant, jusqu'à la démonstration contraire et juridique, de présumer innocente d'artifices et de tout calcul étudié cette jeune et spirituelle femme qui, tour-à-tour, s'est vue nommer une comédienne et un ange envoyé du ciel. Partout j'ai trouvé les oisifs et les plus graves têtes occupés d'elle. Les petites-maîtresses oublient, en province, de parler de modes pour s'informer de la procédure qui l'implique; les négocians se taisent sur la bourse, et les Anglais même qui, comme nos oiseaux de passage, couvrent en ce moment les routes du Midi, demandent des nouvelles de l'Aveyron, immédiatement après le prix des vins et la rapidité des chevaux. En général, il n'est guère qu'un intérêt qui l'emporte sur celui-ci; et après les espérances de la session législative qui vient de s'ouvrir, l'intarissable sujet de toutes les conversations est le Procès de Rodez et le secret de madame Manson.

J'ai rencontré des voyageurs cherchant des émotions toutes personnelles, et que personne peut-être ne partagera; les uns visitent de vieux murs, tant de fois visités; d'autres vont au-devant des spectacles ou des favorables influences du soleil de Provence; je me crois moins égoïste dans le but que je me propose, et je désire associer nos lecteurs aux découvertes que j'espère faire sur le chemin de la vérité. Puisse-t-elle, cette vérité, avoir en cette circonstance plus d'un historien fidèle! Pour moi, je sens toute la responsabilité de l'engagement que je veux prendre; ma mission volontaire peut devenir une espèce de magistrature inofficielle, encore susceptible d'utilité; je serai un témoin pour le public ; et, tout étranger que je suis, dans ce département, aux personnes et aux choses, je puis vous promettre sans témérité, de parler sans haine et sans crainte, et de dire la vérité, toute la vérité.

Les condamnés sont encore à Rodez : le peuple de cette ville, qui s'est si fortement montré jaloux d'obtenir un grand acte de justice, commence à trouver long l'intervalle des deux jugemens. Bastide et Jausion sont assez fréquemment visités, au travers des grilles de leur prison, par quelques voyageurs qu'attire une curiosité fâcheuse. Jausion a maintenant la goutte; Bastide paraît gai. Ils continuent de vivre ensemble. La surveillance la plus assidue s'exerce autour d'eux. Depuis leur arrestation, un corps-de-garde a été placé près de la maison de force qui les recèle; un poste de gendarmerie occupe un logement voisin; le geolier fait si exacte sentinelle, qu'il dort à peine une heure par nuit.

La cour d'assises d'Alby est composée, d'après une décision de M. le garde-des-sceaux, ministre de la justice, de

MM. de Faydel, *président ;*

Le baron de Cambon ;

Le vicomte Combettes de Caumont ;

Pagon;

Pinaud ;

Tous conseillers à la cour royale de Toulouse.

M. Gary, procureur-général prés la même cour,

Et M. Chalret-Durieu, substitut, rempliront les fonctions du ministère public.

Me Romiguière continuera de défendre Bastide.

Me Dubernat, avocat distingué de Toulouse, défendra Jausion.

M. de Faydel s'est déjà rendu à Alby.

Les mesures les plus prudentes ont été prises pour le transport des prisonniers à Alby. MM. les préfets de l'Aveyron et du Tarn se sont concertés à ce sujet. Des postes de gendarmerie seront établis dans les chemins montagneux et étroits qui séparent les deux villes. Tous les accusés partiront le même jour.

Cependant le bruit se répand que les autorités du département ont fait, ou vont faire une pétition au gouvernement pour obtenir, soit un ordre de M. le garde-des-sceaux, soit même une disposition législative qui autorise à recommencer, à Rodez, le jugement déjà rendu dans cette résidence : bien entendu que s'y rendraient les juges et les jurés du Tarn. Un tel réglement serait une exception à la loi commune ; mais on sent quelle utilité cette dérogation prendrait, dans le cas dont il sagit. En effet, l'instruction s'est poursuivie à Rodez ; une foule de témoins qui n'avaient encore ni parlé ni paru ont demandé à se faire entendre, et le nombre total approche aujourd'hui de 500. Déplacer cette masse énorme de preuves, est une dépense qui n'est pas évaluée à moins de 60,000 fr., et cet inconvénient est peut-être le moindre. Parmi les déposans figurent les principaux fonctionnaires de l'Aveyron : le préfet, le commandant militaire, le receveur-général. Leur absence peut nuire au service public. La procédure refaite à Alby rend presque illusoire, pour le président, l'exercice de son pouvoir discrétionnaire; et, loin des lieux où s'est commis le crime, la faculté de faire comparaître un citoyen inopinément indiqué par un témoin déjà en cause, n'est qu'un moyen de plus d'éterniser les lenteurs de ce procès. Rodez, enfin, perd à-la-fois, en voyant les condamnés sortir de ses murs, la vengeance de la loi qu'il demande à exercer, et l'influence exemplaire de la punition des coupables.

Au reste, que le jugement soit rendu ou non par la cour d'Alby ou par celle de Rodez, l'issue n'en peut être éloignée. Les assises se rouvrent également ici au commencement de décembre, et quinze jours auront à peine séparé les deux sessions; car les travaux de la dernière n'ont été terminés qu'hier à huit heures du soir, tant la cause *Fualdès* a dévoré de tems! Le jury n'a eu à s'occuper, en finissant, que de détails peu importans. Sur un grand nombre de prévenus, il a trouvé peu de coupables. Ce même tribunal, qui se montra si énergiquement unanime pour la poursuite d'un épouvantable forfait, a cru pouvoir user d'indulgence en faveur de quelques délits que le malheur des tems avait fait commettre.

Je vous enverrai de très-prochains détails sur l'héroïne de l'épisode le plus attachant : madame Manson qui, dans les premiers tems de sa captivité, avait joui d'une liberté assez grande, est depuis huit jours au secret le plus rigoureux.

Il paraît que les interrogatoires que le juge d'instruction lui a fait subir n'ont pas été sans fruits pour la découverte de la vérité.

Elle nie toujours d'être entrée dans la cuisine de Bancal; mais elle convient de s'être trouvée dans le passage qui la précède. Elle y était, dit-elle, attirée par un rendez-vous d'*affaires*. A peine venait-elle d'y entrer que, saisie par un inconnu, elle fût entraînée à l'Annonciade. Cet inconnu s'étant retiré, elle s'en alla, retrouva sur la place de Cité l'individu qui lui avait donné le rendez-vous, et dont elle ne donnera *jamais* le nom, *parce qu'on ne douterait pas que, malgré son innocence, il ne fût complice de l'assassinat.*

Si le premier jugement que la cour de cassation a annulé n'a point paru à Rodez même atteindre, dans toute sa plénitude, le résultat que la société réclame si impérieusement; il n'en a pas moins eu les effets les plus heureux sur l'opinion publique, et contribuera puissamment au triomphe de la justice, en faisant cesser ce préjugé accrédité avec art par les amis des accusés, que ces derniers étaient tellement puissans qu'on n'oserait les condamner, et que les témoins qui auraient déposé contre eux finiraient par rester en butte à leur vengeance.

Il n'y a pas de doute que cette considération n'ait porté un grand nombre de personnes qui auraient pu jeter beaucoup de lumière sur cette horrible affaire à garder le silence, et à éviter soigneusement tout ce qui aurait pu les faire mettre en cause; mais, à présent, qu'on a vu la conduite ferme et impartiale des jurés, cette prévention a disparu, et des témoins, qu'on ne connaissait pas dans la première instruction, se présentent pour faire des dépositions : on en cite jusqu'à vingt-six qui ont déjà été entendus par le juge d'instruction, et dont plusieurs ont fait des révélations de la plus haute importance. Il paraît que plusieurs d'entre eux auraient vu entrer les accusés dans la maison Bancal, le jour ou le lendemain de l'assassinat; d'autres répètent des propos échappés à la femme Bancal, et qui prouvent la perversité la plus consommée. On cite parmi ces nouveaux témoins toute une famille espagnole qui occupait, dans la maison Bancal, une pièce séparée seulement par une cloison en planches du lieu où se passait l'assassinat.

On assure aussi que des indices du crime ont été trouvés depuis la première instruction. Il paraît qu'un drap ensanglanté, oublié dans un coin de la maison Bancal, a été découvert par la vigilance de M. le maire de Rodez.

LE STÉNOGRAPHE PARISIEN.

DEUXIÈME LETTRE.

Rodez, 20 novembre 1817.

MONSIEUR,

Un voyageur, qui passe quelques jours à Rodez, peut acquérir mille preuves confirmant cette vérité, que sur les lieux même qui ont été le théâtre d'une action remarquable, des contradictions s'établissent sur les faits, et que la vérité s'y couvre d'un nuage qu'il faut être à quelque distance pour percer, ou mieux encore dans une telle situation de désintéressement et d'impartialité, qu'elle vous puisse défendre contre toute surprise et contre l'attrait du merveilleux. Je fais de continuels efforts pour écarter de moi les impressions que produisent ici les plus singuliers rapports, et je me flatte, Monsieur, que ma correspondance ne vous transmettra que des notions certaines.

Depuis samedi, 8 de ce mois, Bastide et Jausion sont aux fers : cette mesure de rigueur avait été suspendue pour eux depuis la cassation de l'arrêt de mort; voici à quel sujet elle a été reprise. Madame Jausion, accompagnée d'un commissaire de police, obtint, le samedi matin, la permission de voir et d'entretenir son mari; leur conversation, que gênait un tiers, fut néanmoins longue et touchante. En se retirant, l'officier public eut à visiter quelques détails de service, et laissa madame Jausion dans un corridor; elle dit alors d'un air indifférent qu'elle avait oublié quelque chose, et demanda à rentrer dans le cachot. Le geolier le rouvrit; mais il s'aperçut aussitôt qu'on venait de glisser un papier dans les mains de Jausion ; il ferme la prison, il appelle ; on accourt, on veut arracher l'écrit au prisonnier ; il nie d'abord l'avoir reçu ; on va le fouiller ; il le porte à sa bouche, le mâche, le déchire et cherche à l'avaler. On n'en a pu, dit-on, saisir que quelques fragmens où les mots : *route d'Alby... sois tranquille... empoisonné* étaient encore lisibles. Je ne crois, sur ces expressions, que ce qui peut avoir rapport à la dernière ; les habitans de Rodez sont dans une telle appréhension sur la fuite de *leurs* prisonniers, ils répètent si souvent qu'ils échapperont, qu'ils accueillent tout ce qui peut fortifier cette présomption. Leur crainte vient d'une horreur indicible pour le crime qui a déshonoré leurs murs ; ils en sont consternés et inconsolables. J'ai entendu avancer à l'un des avocats qui ont paru dans la cause que les prévenus eussent peut-être été déchirés par le peuple si on les eût acquittés, et que les jurés et les juges n'eussent pas même été en sûreté dans la ville.

Bastide avait long-tems laissé croître sa barbe ; il a consenti à la faire couper. Il est toujours de tous les condamnés le plus indifférent à son sort. Madame Manson, placée à la prison des Capucins, séparée de celle des Cordeliers, où sont les condamnés, était à peu près libre dans la conciergerie. On l'attira, un matin, dans une autre partie de la maison, sous le prétexte de lui faire voir l'appartement qu'avaient occupé mesdames Jausion et Galtier. Entrée dans cette chambre, au deuxième étage, elle en trouva la fenêtre grillée, et entendit tout-à-coup les portes se refermer sur elle. Depuis ce moment, elle est au secret.

Son mari a redemandé son fils ; mais l'enfant n'ayant point l'âge qui pouvait rendre cette restitution obligatoire, a été remis à M. Enjalrand père, qui l'a conduit à la campagne. Ce M. Manson est un homme jeune encore, d'une figure agréable, et dont les manières sont affables et ouvertes. Lieutenant retraité, il occupe au village de Reignac (huit lieues de Rodez) une place de percepteur, vit seul à la campagne ; il est grand travailleur, grand chasseur; malgré la séparation, qu'il a demandée, un vif empressement le ramène sans cesse à parler de sa femme, à s'occuper d'elle, à s'informer de son sort dans ces circonstances.

Quelle femme, en effet! et qui s'est défendue, depuis trois mois, de l'irrésistible intérêt qu'inspirent ses discours et ses aveux, tant de fois démentis? Tous les vœux hâtent le moment de sa liberté, la fin de ses angoisses. Ici, elle est un peu environnée de défaveur, depuis qu'elle a rétracté sa première déposition écrite; Jausion a dit qu'il voudrait qu'elle fût marquée à la joue comme faux témoin. Tout le monde assure que sa figure n'est point jolie, mais son esprit, et son caractère même, sont renommés. Il n'est pas un habitant de Rodez qui ne soit convaincu qu'elle n'ait été, de gré ou de force, dans la maison Bancal; elle-même ne se défend plus que faiblement sur ce point, mais quelle cause l'empêche donc de l'avouer juridiquement et de répandre enfin toute la lumière sur ce ténébreux abîme d'iniquités?.... Si vous saviez, Monsieur, comment on répond ici à cette question! une telle opinion, émise en public, compromettrait peut-être des personnes que la justice a seule droit d'attaquer... Il faut me taire, et avoir aussi mon secret.

Vous seriez frappé des détails que je recueille sur l'impression qu'a produite ici ce mystérieux témoin sur l'assemblée qui l'écoutait. La salle immense du tribunal pouvait contenir deux mille personnes, et un silence absolu régnait dès qu'elle venait à paraître ; les juges craignaient de perdre un mot, un geste, un soupir, une inflexion de sa voix ; et l'effet dramatique de son maintien à laissé d'ineffaçables souvenirs. Interrogée, elle entrait en agitation; les vagues paroles qui sortaient de sa bouche étaient recueillies comme les oracles d'une prêtresse inspirée.

J'étais, en approchant de Rodez, dont les chemins sont longs et difficiles, vivement préoccupé de cette inconcevable histoire, et de madame Manson plus que de personne, car elle seule enchaîne vraiment l'attention publique à cette cause qui, depuis long-tems, serait heureusement couverte d'oubli, sans la curiosité qu'elle y rattache. A peine avais-je remarqué, sur cette route, et le paysage frappant qui m'entourait, et ces montagnes d'une couleur fauve et d'un aspect sauvage, ces longues châtaigneraies, les sentiers taillés dans le roc qui dominent d'étroites et profondes vallées, quand mon guide vint, tout-à-coup, à arrêter ses chevaux et à s'écrier : « Voilà Rodez ! » Je distinguai cette ville hérissée de clochers gothiques; son apparition et son nom me rappelèrent l'impression de tels passages des romans d'*Anne Radcliff*, et je n'en pus détacher mes regards. Son enceinte, aperçue dans le lointain, rendait plus vivans les récits du crime qui attire, depuis trois mois sur elle, les regards de la France et peut-être de l'Europe.

Rodez, bâti sur le sommet d'une montagne, paraît s'appuyer à des montagnes plus élevées encore ; et, derrière elle, un soleil couchant de novembre dorait l'horizon, en laissant au-dessous se dessiner en noir les vieux murs de la capitale du Rouergue. Après des circuits sans fin, des gorges à passer, des côtes à gravir ou à descendre, on arrive ; et, en venant de Paris, on aborde une partie de la cité, où les maisons, hautes et serrées, interceptent le jour de très-bonne heure. Le premier objet qui me frappa, vers quatre heures du soir, fut un nombre prodigieux de chauves-souris qui volaient et se croisaient dans les rues.

J'ai visité tous les lieux consacrés par d'horribles souvenirs. La triste rue des Hebdomadiers, tortueuse et obscure; cette maison Bancal, moins dégoûtante à l'extérieur qu'on ne s'en pourrait faire l'image. La porte, marquée du n° 605, ouvre l'entrée par un étroit corridor; à droite est l'escalier; au pied des marches, l'entrée de la chambre où fut entraîné l'infortuné Fualdès. Aucun meuble ne décore plus ce repaire, si ce n'est une mauvaise table tachée de sang. La justice ou des créanciers se sont saisis des autres débris. Deux étages et un grenier composent le reste de la maison : elle est déserte; chaque étage à deux croisées; le rez-de-chaussée n'est éclairé que par une seule ouverture d'un pied carré, pratiquée à une toise de haut, correspondant au cabinet où se tint enfermée la femme inconnue qui a été témoin du meurtre. J'ai fait à la hâte deux croquis de la façade et de la chambre qu'occupaient les Bancal; je vous les envoie l'un et l'autre.*

Presque personne ne passe plus dans cette rue des Hebdomadiers, jadis habitée par des prêtres qui faisaient un service d'une semaine près de l'évêque de Rodez. On fait mille détours pour l'éviter; les passans marchent plus vîte en la traversant; une femme n'y entrerait pas à la nuit tombée. « Il faut que cette maison soit rasée, disent » tous les habitans. »

Le chemin qu'ont suivi les assassins, chargés de leur fardeau, passe devant la porte de la préfecture et l'un des portails de l'église, laquelle est d'une architecture magni-

* Cette gravure paraîtra avec la troisième livraison.

fique. On dit qu'ils firent une tentative pour entrer dans la maison Fualdès, une heure après sa mort, et qu'on voulait reporter chez lui le cadavre pour faire présumer un suicide : un domestique, qui veillait, obligea le convoi à se rendre à l'Aveyron. Cette rivière, ou plutôt ce torrent qui entoure la ville d'une ceinture de flots souvent débordés, roule en ce moment des eaux assez appauvries. On n'y descend que par des prairies à pic, et qui partent du pied des remparts. Les cavités où s'enfonce l'Aveyron ont quelque chose de sinistre ; là où fut précipitée la victime, à côté d'une chaumière en ruines, l'eau est profonde et dormante ; la colline en face est stérile ; tout y accuse une nature ingrate, et présente un aspect malheureux.

Ce matin, j'ai été à l'hôpital voir les pauvres enfans de Bancal : ils sont sept ; un seul est placé dans une ferme, où il garde des troupeaux. Trois filles et trois garçons composent la famille pâle et maigre qui m'a été présentée : c'est le spectacle d'une indigence déplorable. La fille aînée (Marianne) a déjà dix-neuf ans ; le plus petit garçon (Alexis) n'en a que quatre et demie. Les deux grandes filles portaient un tablier noir, une coiffe de deuil ; les autres, à peine couverts d'une étoffe de bure rougeâtre, vont les pieds et les jambes nus. Le premier enfant qui vint au parloir, conduit par une sœur de la Charité, fut cette petite Madelaine, âgée de neuf à dix ans, qui a fait le plus de révélations, et que ses frères et sœurs appellent maintenant *une mauvaise langue*. Celle-là paraît assez indifférente ; les autres ne se sont approchés qu'en pleurant. Les deux derniers garçons même, qui ont un peu plus de neuf ans à eux deux, quand j'ai voulu les caresser, se sont pris à fondre en larmes. Aucun n'est d'une figure heureuse, si ce n'est Victor, le cadet, qui a un peu plus de grâces que les autres.

Ils paraissent se soucier peu de leur misère. Alexis s'est sauvé quand j'ai dit à sa sœur de lui laver quelquefois le visage. Quelques promesses l'ont rappelé, et lorsque je lui ai demandé en patois s'il se trouvait bien dans cette nouvelle maison, il m'a répondu sans hésiter : Non. « Comment, a répliqué une religieuse, est-ce que la soupe n'est pas bonne ici ? — Non. » Cependant cet hospice, assez pauvrement doté, a, dit-on, les plus grands soins de ses nombreux malades. J'ai crayonné un petit dessin du groupe que formait cette innocente famille d'assassins pendant qu'elle partageait quelques fruits et quelques gâteaux; je vous l'adresse avec les deux autres. *

La fille aînée de Bancal m'a beaucoup parlé de son père, qui s'est empoisonné, dans sa prison, d'une manière bien horrible et bien dégoûtante. Ce malheureux avait imaginé de faire croupir dans l'urine, et au fond de son soulier, quelques gros sous qui lui restaient ; et cette préparation lui fournissant du vert-de-gris, il a eu l'affreux courage de tout boire. La mère est à son tour mourante ; on la dit encore empoisonnée. La femme Ginestet, qui avait remisé le cheval de Bastide le 19 mars, et qui était un témoin dont les révélations pouvaient éclairer encore la procédure, vient de mourir subitement.

J'ai dit dans ma dernière Lettre que des indices nouveaux avaient été découverts, et qu'un nombre considérable de témoins, qu'on porte aujourd'hui à quatre-vingts, ont fait des dépositions intéressantes depuis le premier jugement. Un chapeau, un cachet, appartenant à M. Fualdès, ont été rapportés, trouvés dans un jardin. La Bancal elle-même a parlé ; elle avoue, dit-on, avoir reçu 6,000 fr.

* Cette gravure accompagnera une prochaine livraison.

pour salaire, et déclare dans quel lieu la somme est cachée. Cette fille, qui m'a raconté ces choses, malade elle-même dans la prison et long-tems dans le délire, a laissé échapper des mots terribles : *Ma mère, essuyez donc ce sang ; donnez des chaises à ces Messieurs ;* et le geolier, en écoutant ces horreurs et beaucoup d'autres, disait : *Le bon Dieu devrait retirer cette fille-là du monde ; car elle fera peut-être une mauvaise fin.*

On m'assure qu'une domestique, placée autrefois chez Jausion, et qui en fut renvoyée pour qu'on eût faculté de la produire comme témoin à décharge, n'ayant point reçu la rétribution promise, a menacé de parler. Madame Jausion est solennellement acquittée par le jugement rendu, mais son maintien assuré en paraissant dans la ville étonne encore tout le monde.

Revenons à madame Manson : il me tarde de la voir, et à vous, sans doute, de la connaître exactement ; elle est, pour quelques jours encore, dans une captivité rigoureuse ; cette solitude lui pèse et l'accable plus que les instances du juge instructeur et tout l'appareil d'un tribunal. On tient du médecin des prisons qu'elle commence à redouter les étrangers ; avant même qu'elle fût moins gênée, elle s'efforçait d'échapper aux regards ; elle court se cacher quand il pénètre quelque inconnu dans l'enceinte où elle est renfermée. N'y aurait-il point quelque coquetterie à ce mystère ? Ses réponses au conseiller M. Bertrand, qui poursuivait l'instruction qui la concerne, sont, dit-on, aussi imprévues qu'elles sont ingénieuses et bizarres. Elle concilie avec un art admirable ses contradictions les plus manifestes. Depuis hier au soir, le bruit se répand enfin qu'elle a clairement parlé.

LE STÉNOGRAPHE PARISIEN.

TROISIEME LETTRE.

MONSIEUR,

Les funestes et inévitables lenteurs de la procédure qui s'instruit de nouveau sur l'affaire de Rodez laissent aux voyageurs, dans cette ville, le loisir d'en observer avec détail les monumens et les mœurs. Je profiterai des beaux jours que novembre nous laisse pour faire quelques excursions vers toutes les particularités dignes de remarque, et j'oserai mettre sous vos yeux mes rapides esquisses, à l'imitation de l'ingénieux hermite dont vous publiez, avec tant de succès, les tableaux. Ces retards, dont la paresse et la curiosité s'applaudissent, ne produisent ici que de fâcheux effets. Ce peuple, injuste dans son impatience de justice, ne manque point de dire que ces délais, donnés par la loi aux condamnés, sont une faveur accordée au crédit de leur famille et de leur fortune; et il répète que le jugement deviendrait bientôt exécutoire s'il n'eût atteint que d'indigens citoyens. Ce qui lui semble sur-tout un scandale, c'est que l'instruction nécessaire se prolonge de telle sorte qu'il n'entrevoit l'époque des assises d'Albi que vers le mois de février, tandis qu'une session extraordinaire va se rouvrir à Rodez le 3 décembre, dans laquelle n'entre point l'affaire des assassins de M. Fualdès; et ainsi, dit-il, la punition des simples délits dont cette cour devra connaître aura déjà commencé, que d'affreux criminels, jugés dans nos murs il y a plus de deux mois, y respireront avec quelque confiance et quelque sécurité !

Rodez est une de nos plus anciennes et de nos plus tristes villes : si, comme l'a dit un écrivain célèbre, heureux sont les peuples dont l'histoire est courte et dont les fastes ennuient le lecteur, le Rouergue est la contrée la plus fortunée de la France. Les antiques Ruthènes opposèrent une assez vive résistance à César ; et les Ruthénois du treizième siècle, combattant les Anglais avec avantage, furent des premiers à secouer le joug ; mais aucun fait, aucun nom immortel n'est sorti de ces guerres pour se perpétuer dans les traditions. Cette province, qu'environnent la Lozère, l'Auvergne, le Languedoc et les Cévennes, est un pays de mines et de montagnes, ressemblant à un canton de la Suisse ; il est plein de grottes naturelles, et divisé en deux sections de territoire extrêmement distinctes. L'alun, le charbon de terre, sont à peu près les seules richesses que le pauvre habitant dispute aux entrailles de la terre ; et cependant le fer, le marbre, le cuivre, l'or même, résonnent sous ses pas. S'il foule aux pieds ces trésors, n'allez pas croire que le motif en soit un noble mépris ; il faut plutôt en accuser son ignorance. Sur un sol volcanique, au milieu des basaltes, et près des eaux minérales, croissent, dans la région du *Ségala*, les seigles, les châtaigneraies, le blé sarrasin, le houx, les bouleaux ; dans le *Causse*, abondent le froment, les buis, les genévriers. Cette dernière plante donne au gibier de l'Aveyron, aux grives sur-tout, un parfum estimé. On vante, depuis l'antiquité, celles de *Camarès* et des bords du lac Saint-Andéol ; à la place de ce lac, où s'élèvent quelques débris de murailles, les pâtres assurent qu'il y eût jadis une grande ville : ils en entendent encore les cloches le jour de la Saint-Jean.

Les grottes de l'Aveyron étaient fameuses dès le tems des Strabon et des Sidonius Apollinaris ; celle de Salles est la plus visitée. Après elle, Soulsac, Rodelle, Bouches-Rolland et le Tindoul. Par les souterrains merveilleux du Tindoul, vous arriveriez, après trois lieues de distance, jusques sous les remparts de Rodez, d'où l'on distingue le marteau des forgerons. Le géographe Thévet, qui dans son ancienne cosmographie universelle * n'admet point cette ridicule croyance, dit que les corneilles, les pies et les pigeons s'y rassemblent en foule, en font retentir les cavités « d'une manière étrange, et diriez, à les entendre ainsi gazouiller, être aux vieux aqueducs et crotesques d'Athènes, où repairent bon nombre de telles bestiolles. » Les stalactiques de ces caves sont abondantes, variées, singulières. Ces abîmes, où l'on a trouvé des armes, des flèches, des clefs antiques, ont été le refuge des brigands; l'Aveyen a recélé à de trop fréquentes époques. Depuis l'anglais Mérigot, qui en 1381 remplit le pays de terreur, des malfaiteurs ont trop souvent choisi leur asile dans ce département; de là l'espèce de crainte qu'inspire cette résidence aux habitans limitrophes. Apprend-t-on, à vingt lieues, que vous allez à Rodez, on essaie de vous dissuader du voyage, et vous devenez l'objet d'une espèce de commisération. Les voyageurs qui ont décrit les routes de la France citent rarement cette ville dans leur itinéraire, on s'y arrêtent avec peu de complaisance; la probité y a reçu plus d'un outrage.

On compte peu de monumens à Rodez : la cathédrale seule mérite ce nom; son architecture et son élévation

* Tome II, liv. 14.

sont peu communes. Bâtie ou plutôt embellie par l'évêque François d'Estaing, elle a la forme de la croix latine; le clocher porte au-dessus des nuages et dans l'azur du plus beau ciel une statue de la Vierge deux fois renversée par la foudre, et qu'on a pris enfin la sage précaution de ne plus exécuter en métal. Deux choses indispensables manquent dans ce chef-lieu de préfecture : des boulangers et des fontaines. Chaque maison fait fabriquer un pain mal préparé, et qui forme avec des vins désagréables et peu spiritueux les élémens d'une assez mauvaise nourriture.

Le théâtre, les arts, sont presque étrangers dans cette sévère cité. Hugues Brunet, Géraud le Roux, Guillaume d'Esdhémar sont les seuls troubadours vantés par Nostradamus, et M. Delrieu est à peu près l'unique nourrisson des muses vivantes.

Quelle malpropreté dans les rues, quel contre-sens avec la civilisation ! Le nouveau préfet de l'Aveyron achève des boulevarts et des plantations agréables; espérons que la sollicitude de son administration s'étendra jusque sur la police des voiries; c'est un objet de nécessité première; les tombereaux sont utiles à Rodez avant les promenades et les obélisques. Le seul lieu passable dans cette *capitale* est celui qui en est dehors : les remparts. Là, on respire enfin un air pur; l'étroite vallée qui forme à l'entour des fossés naturels exhale la senteur des champs et des prairies; rentrez dans l'intérieur des murs, c'est une odieuse différence.

L'Espagne vient chercher des mules à Rodez, et le commerce des toiles avec tout le midi de la France forme une partie des ressources de ce département; ses tissus grossiers fournirent jadis les voiles gauloises. Les hommes, dans le Rouergue, sont grands, ont pour la plupart la figure longue, les sourcils épais; les femmes y paraissent peu favorisées de la nature et des graces. Dans la campagne surtout, les travaux pénibles auxquels elles sont livrées ont effacé presque toute nuance entre les sexes. Le noir, comme chez les Valaisannes, est leur couleur favorite : un chapeau de laine, à la Basile, leur couvre la tête. Si dans le paysage vous voyiez une figure de deuil, vous la prendriez tout au plus pour celle d'un procureur ou d'un frère ignorantin; détrompez-vous, c'est la bergère de l'Aveyron. L'habitant est, comme son pays, d'un abord difficile; peu complimenteur et assez opiniâtre, il est franc, plein d'un généreux amour pour la patrie; il dit la vérité brutalement, s'explique sans périphrases et sans art; le citadin de Rodez vaut le paysan du Danube.

Je joindrai, Monsieur, à ces idées générales quelques observations sur la société actuelle de cette ville, mais les principaux bourgeois ne sont point revenus du *vallon*, où les soins qui suivent la vendange les retiennent. On nomme le vallon un vignoble éloigné de quelques lieues, rendez-vous anniversaire des plaisirs et de la gaîté. Là, on s'amuse périodiquement; la franchise et l'égalité y trouvent un abord moins difficile qu'à Rodez; Là, on ne quitte le bal que pour s'asseoir à des collations recherchées où brillent les truffes de *Millau*, les truites du *Viaur*, la perdrix de *Saint-Géniez* et enfin le fromage indigène de *Roquefort*. Les riches pâturages de l'Aveyron, particulièrement la plaine aromatique du *Larzac*, déposent dans les caves d'un petit village pierreux et infertile cette préparation qui se modifie, se perfectionne dans l'obscurité, et le fromage de Roquefort, comme la plupart des choses qui ont une grande destinée, s'élance de son mystérieux berceau pour aller, sur toutes les tables de l'Europe, détrôner ses rivaux en quelque odeur de renommée qu'ils puissent être

Le luxe a fait encore, dans le Rouergue, peu de progrès dangereux; on n'y connaît que depuis peu une bibliothèque publique, des bains, des restaurateurs et des cafés. Les Ruthénoises aiment la toilette; ce moment n'est guère favorable pour juger de leur goût; l'épouvantable procès qui a compromis ou affligé ici tant de familles suspend pour long-tems les réunions et les fêtes. Si vous voyiez quel pénible silence règne partout! La maison Fualdès et celle de Jausion occupent chacune un angle de la *place de Cité* (le lieu le plus fréquenté, le plus bruyant de la ville); ces croisées fermées, qui se regardent, glacent d'horreur les citoyens comme les étrangers.

L'interrogatoire de madame Manson est de nouveau poursuivi par M. Bertrandi, magistrat zélé, intègre et habile. On espère que le rôle qu'a soutenu trop long-tems la mystérieuse prisonnière est achevé. Mademoiselle Pierret ne se montre plus, ne sort que rarement et à la nuit tombée. Jausion fait des cordons de cheveux, des paniers de paille; Bastide ne fait rien. Albi est prêt à recevoir les coupables; une prison qui a coûté 40,000 francs de dépenses les recélera. Un détachement de la légion du Var, en garnison à Rodez depuis l'origine du procès, doit les accompagner, et donner une dernière preuve de l'intrépide vigilance qu'il a déployée dans son pénible service. On fabrique, dit-on, des colliers de fer pour enchaîner, sur la route, les accusés de trois en trois.

LE STÉNOGRAPHE PARISIEN.

QUATRIÈME LETTRE.

Monsieur,

Tandis que la procédure nouvelle s'achève avec activité, et que les neiges commencent à couvrir toutes les montagnes de l'Aveyron, jetons un dernier coup-d'œil sur Rodez et sur un département assez fécond en contrastes célèbres pour avoir produit l'abbé Raynal et M. l'abbé Frayssinous; en politique, MM. de Bonald et Flaugergues; le métaphysicien M. de Laromiguière; les poètes Gaston, Planard, et quelques autres; enfin, pour offrir à la curiosité de la France, dans le court espace de dix ans, un stupide sauvage et la spirituelle Mme Manson.

On se croirait, à Rodez, au centre d'une province avec laquelle le gouvernement a intérêt de ne point communiquer. Aucune grande route n'y aboutit, aucune ne traverse le département; aucun relai de poste aux chevaux n'est établi dans tout son territoire. Cet état de choses, si impolitique, si nuisible au commerce, puisqu'une route d'Espagne à Paris, passant par le Rouergue, abrégerait les distances de soixante lieues, fut consacré à des époques où les trésors de la France et de l'Europe s'épuisaient en embellissemens; il accuse l'égoïsme et l'ingratitude; l'Aveyron acquite des contributions considérables : il est tems que les regards d'une administration paternelle se tournent vers cette contrée.

Les familles Lenormand, Delauro, Séguret, occupent le premier rang dans la bourgeoisie de Rodez, et par l'ancienneté de leur origine et par la considération d'un riche patrimoine. Les habitans de cette ville recherchent peu les occasions de se voir entre eux. Les *autorités* seules ont ouvert des réunions hebdomadaires où l'on va sans empressement ; des habitudes étrangères aux arts rendent ces soirées peu attrayantes ; c'est ainsi du moins que j'en ai pu juger ; c'est ainsi qu'en pense un écrivain ruthénois, M. Monteil, homme d'esprit, actuellement bibliothécaire de l'école royale de Saint-Cyr.

« Le marteau de l'horloge règle, dit-il, à Rodez le sommeil, l'appétit et les affaires ; tout le monde se lève et travaille à six heures, déjeûne à neuf, dîne à midi, soupe à sept heures, et dort à neuf. Cette monotonie claustrale, quoique favorable à la santé, jointe au peu de mouvement dans le commerce, à la rareté des chances de la fortune, et à la privation des spectacles et des plaisirs publics, a toujours fait juger Rodez sévèrement.

» Il n'y a guère dans cette ville que les arts utiles qui prospèrent : ceux de luxe et d'agrément en sont bannis par le défaut de richesses : les mathématiques et le droit civil y fleurissent, tandis qu'on y néglige entièrement les sciences morales et les beaux-arts; la poésie y a été cependant cultivée : on y avait même fondé des prix pour son encouragement; mais la dotation de cet établissement fut séquestrée au commencement de la révolution, et le domaine d'Apollon tomba dans le domaine de l'enregistrement. »

Depuis cette révolution, les différentes bibliothèques des maisons religieuses ont été réunies à celle du collége; cet ensemble forme un établissement assez complet, dirigé avec zèle par M. Daure, jeune homme de grande espérance. Sur la principale porte de ce collége, qui réunit trois cents élèves, on lit cette inscription en lettres d'or, qui vient d'y être placée : *Gaudete, ô cives; rursùm jungentur eodem fœdere libertas, Gallia, pax, Lodoix.* Puisque j'ai cité du latin, permettez-moi de rappeler encore ici un proverbe dont s'inquiètent fort peu, de nos jours, les bons habitans de Rodez : *Rhutena quos potest rodere rodit, et quos non rodit odit.* Ces allégations ne sont plus fondées. N'en déplaise à quelques Sanchos scholastiques, la sagesse des nations est, cette fois, en défaut, et le principal caractère des Rhuténois n'est ni la dissimulation ni l'envie.

L'auteur du livre *des Erreurs et des Préjugés* trouverait ici de fécondes ressources pour enrichir ses remarques. Les campagnes sont remplies d'ignorance. Dans ces chaumières dont la toiture est de pierre, où pénètrent les frimas et les vents rigoureux, où les enfans, les taureaux sont couchés sur la même fougère, les revenans et les maléfices ont un grand crédit. Je ne citerai qu'un de ces exemples de la simplicité aveyronnaise : les bonnes femmes croient que les chaudronniers et raccommodeurs de vaisselle attirent la pluie ; s'il en passe un dans leur village, elles courent après, armées d'eau chaude et de balais.

Le commerce des bestiaux fait la richesse de ces campagnes; mais il s'étend trop dans la ville. A Rodez, chaque petit ménage élève un pourceau (animal qui retrace ici d'odieux souvenirs), et le nombre de ces sales citadins égale peut-être le cinquième de la population des hommes. Aussi les verriez-vous, malgré mille ordonnances de police, se croiser avec les passans; souvent en cheminant on est forcé de leur céder la place; on les mène paître dans les rues pavées.

Le peu de soins qu'on donne aux enfans des classes indigentes laisse, dans ce département, beaucoup d'infirmes. Parmi eux se compte un assez grand nombre de sourds-muets, espèce de disgrâce souvent compagne de la misère. Un prêtre indulgent, un érudit plein d'humanité, M. l'abbé Perrier, de qui la modestie s'est offensée de ce que son nom ait été dernièrement loué dans les gazettes, a ouvert sa maison à ces infortunés, jusqu'à ce que le Gouvernement les vienne secourir. Le zèle de leur protecteur ne peut manquer d'être bientôt récompensé; cette récompense sera pour lui de voir une éducation promise à ses disciples, et d'être témoin de leur bien-être.

Mais je reviens au mémorable procès qui a couvert cette ville de deuil: malgré l'horreur que les condamnés vous inspirent, vos lecteurs seront, je pense, curieux de les voir; nous allons faire cette triste promenade.

Nous voilà sur *le tour de ville*, c'est-à-dire sur les boulevarts extérieurs, récemment plantés d'arbres, et dominant, jusqu'à un horizon immense, la campagne tourmentée par les mouvemens du sol, sillonnée de ravins, désolée, fécondée par l'Aveyron. Vers l'extrémité occidentale, s'élève un vieux bâtiment, autrefois le couvent des *Cordeliers*, devenu ajourd'hui une maison d'arrêt. Rodez en compte quatre; une seule lui a suffi long-tems, une partie de l'ancienne église est occupée par une écurie de gendarmes; ce poste, que vous voyez, est celui de la compagnie départementale, commandée par M. Pierret. Le logement qu'occupe cet officier est à droite, dans la petite maison d'un amateur de fleurs et de botanique. Voyez-vous cette croisée ouverte, au premier étage, et qui laisse distinguer une petite chambre assez propre, tapissée d'une étoffe d'indienne à ramages, quelques cadres en bois noir, des rideaux blancs à franges et un assez grand miroir? C'est là chambre de Mlle Rose Pierret;

c'est à cette fenêtre écartée qu'elle vient quelquefois s'appuyer, triste et rêveuse ; un petit bonnet festonné couvre sa tête ; du reste, elle est enveloppé d'un schall de couleur chamois.

Pénétrons dans les Cordeliers ; c'est là que sont gardés les principaux captifs. Montez ce rustique perron, dont les pierres disjointes laissent croître l'herbe et le lierre ; poussez cette porte, vous voilà dans le logement du geolier. A droite est un lit de serge verte, bordée de galons jaunes ; en face, une fenêtre grillée donnant sur un préau. Laissez-vous conduire vers la partie la plus noire de la chambre, à gauche du lit, près du chevet, on vous soulève une draperie poudreuse, et, au travers des barreaux serrés d'un étroit œil-de-bœuf, plongez sur le vaste réfectoire des moines, qui étale à vos pieds, au rez-de-chaussée, un cachot d'une grandeur prodigieuse. Là, se meuvent vingt-trois détenus, enchaînés pour la plupart, poussant des plaintes, des ris, des clameurs effroyables. Sur un banc séparé, loin des autres, et au pied d'un lit en désordre, deux prisonniers partagent un maigre repas, se parlent peu, attendent sans impatience qu'un galérien, qui leur sert de domestique, et qui s'avance en traînant son boulet, apporte les alimens qu'ils demandent : voilà les deux premiers artisans du crime ! Cet homme d'une taille gigantesque, l'œil dur, le teint pâle, la barbe noire, les épaules et la poitrine si larges, vêtu, comme les paysans de la Romagne, d'une espèce de pantalon jaunâtre, d'une veste de cotonnade bleue, d'un gilet de velours bigarré, portant une cravate de couleur, des bas bleus, de très-gros souliers, la tête couverte d'un mauvais chapeau, et par dessous, un bonnet de soie noire : c'est Bastide. Quelle force dans ce regard, dans ces muscles, dans toute l'habitude grossière de ce corps.

Jausion, qui dans sa tenue montrait, comme son complice, quelque recherche aux audiences, et à qui l'on vit mettre de la poudre pour la première fois de sa vie, est, comme lui, vêtu de méchans habits : une longue redingote grise le couvre jusqu'aux pieds; une casquette de la même couleur descend sur ses yeux; il paraît sombre, pensif; ses yeux, qu'il lève rarement, sont perçans; ceux de Bastide sont grands et sinistres. Jausion mange peu, prend seul du café d'un air dégoûté; Bastide se sert des viandes et boit du vin immodérément. L'un et l'autre échangent, par intervalle, quelques brèves paroles à voix basse. Bastide montre dans ses manières une déférence marquée pour Jausion; il porte tour-à-tour des regards inquiets vers la porte ou la petite fenêtre par laquelle il peut être vu. Leur repas fini, un de leurs misérables compagnons (qui tous sont jugés pour vol) s'approche et ramasse sur le plancher des restes qu'il va ronger dans un coin comme le plus immonde animal.

Abjection du crime ! affreuse et inévitable dégradation des pervers, vous faites rougir l'humanité.

Vous conduirai-je à présent vers la prison des Capucins, peu distante de celle-ci, et où sont entassés pêle-mêle les obscurs complices du meurtre de M. Fualdès ? Ce grand jeune homme, blond, l'air assuré, même assez noble, est le soldat du train, Jean-Baptiste Colard, chassé de son régiment par le mépris que lui mérita le souvenir de sa conduite en Espagne. Il s'est attaché cette fille Anne Benoît, dont la voix est flatteuse, le maintien doux et décent. Tous deux, dit-on, faisaient au bourreau de Rodez une espèce de cour assidue, et avaient la prétention de lui succéder dans son ministère.

Ce fourbe et rusé visage est celui de Bax.

Missonnier est ce niais et imbécille scélérat que vous voyez encore étranger à ce qui se passe autour de lui, comme il le fut au tribunal.

Regardez la Bancal : quels regards rampans et faux ! quelle physionomie forte et méchante ! N'est-ce point le vice, plus que l'âge et la misère, qui commence à courber sa taille et à désunir ses traits ?

Ecartons-nous de ces objets hideux ; la plume échapperait de mes mains...... si je n'avais à vous entretenir d'un sujet éternel et nouveau ; d'une femme qui étonne, déconcerte les magistrats chargés d'approfondir son ame, de ce témoin qui excite l'impatience, l'intérêt, l'épouvante et l'admiration.

Madame Manson, dont le nom, ici, se prononce *Manzon*, est à la prison des Capucins, elle y est solitaire, elle y est au secret dans une chambre de six pieds carrés, dont l'ouverture, grillée, donne sur une cour. Je dois au hasard l'avantage de l'avoir vue et de l'avoir entretenue quelques instans. Je vous en parlerai dans ma première lettre.

LE STÉNOGRAPHE PARISIEN.

ORDONNANCE.

Nous, Mathieu-Louis Hocquart, premier président de la cour royale de Toulouse;

Vu l'ordonnance rendue le 5 novembre 1817, par S. Exc. Mgr. le garde-des-sceaux, ministre secrétaire-d'état au département de la justice, et dont la teneur suit :

Ordonnance portant nomination des membres qui devront composer la cour d'assises du département du Tarn, pour le premier trimestre de 1818.

Nous, garde-des-sceaux, ministre secrétaire-d'état au département de la justice;

En exécution de l'art. 16 de la loi du 20 avril 1810,

Avons ordonné ce qui suit :

Art. 1er. La cour d'assises du département du Tarn, pour le premier trimestre de 1818, est composée ainsi qu'il suit :

M. Faydel, conseiller en la cour royale de Toulouse, président.

MM. Cambon, Combettes de Caumont, Pagan, Pinaud, conseillers en la même cour, juges; MM. Lafon, vice-président, et Taillefer de la Portalière, juge au tribunal de première instance d'Albi, suppléans.

2. Le présent acte de nomination sera envoyé à M. le procureur-général en ladite cour royale de Toulouse, pour être par lui notifié à M. le premier président, lequel procédera, ainsi qu'il est prescrit par l'article 80 du décret du 6 juillet 1810.

Fait et ordonné en notre hôtel, à Paris le 5 novembre 1817.

Signé Pasquier.

Par le garde-des-sceaux, ministre de la justice, le directeur des affaires criminelles et des grâces.

Signé le Graverand.

En vertu de l'art. 20 de la loi du 20 avril 1810, et de l'art. 80 du décret du 6 juillet de la même année,

Ordonnons que les assises du département du Tarn, pour le premier trimestre de 1818, s'ouvriront à Albi le 5 février prochain, et qu'à la diligence de M. le procureur-général, notre présente ordonnance sera notifiée et publiée, ainsi qu'il est prescrit par les articles 88 et 89 du décret du 6 juillet 1810.

Fait et ordonné en notre hôtel, à Toulouse, le 26 novembre 1817.

Hocquart.

Nota. La gravure de la maison Bancal accompagne cette livraison.

CINQUIEME LETTRE.

Rodez, 2 décembre.

MONSIEUR,

L'instruction qui concerne madame Manson étant achevée, on peut demander la permission de la voir, et j'ai obtenu plusieurs fois cette faveur. Je n'étais point, je l'avouerai, sans quelque trouble et sans impatience, en montant le large escalier du dortoir des moines, qui conduit à sa chambre; accompagné, dans ma visite, par un respectable ecclésiastique, ami de sa famille, la réception qu'elle nous a faite a été pleine de grâce et même de naïveté; car cette femme, si profondément artificieuse dans l'intérêt de la cause qu'elle a embrassée, est humble et modeste quand il ne s'agit plus que d'elle-même.

Elle s'est d'abord excusée sur la pauvreté de sa demeure, nous a rappelé qu'elle gémissait dans la même cellule où avait conspiré le père Chabot, l'un des frénétiques et des trop célèbres fauteurs de la révolution de 1793. *Je pleure*, dit-elle, *aux lieux où l'on a blasphémé.*

Le nom de sa mère, celui de son fils, sont revenus souvent à sa bouche, et toujours avec un touchant attendrissement.

Elle nous a enfin parlé de son inépuisable affaire, en affirmant qu'elle n'avait point été chez Bancal. « Tant pis, lui ai-je dit, il vaudrait peut-être mieux, dans la situation où vous êtes, que vous eussiez à reconnaître cette faute, que l'irréparable et inexplicable tort d'avoir osé charger des prévenus sans avoir vu de vos yeux l'acte de leur forfait. Quel qu'ait été, pour vous, l'évidence du crime de Bastide et de Jausion, de quel droit avez-vous dit, simple témoin présumé, personnage étranger au meurtre : *Avoue donc, malheureux. Otez de ma vue ces assassins ?* — *Cela peut-être vrai*, dit-elle ; *ma conduite est inconcevable ; et cependant je n'ai point été dans la maison Bancal. On ne sait pas ici qu'elle est le pouvoir d'une imagination exaspérée ! Les têtes y sont froides ; je ne devais pas naître dans le département de l'Aveyron, je ne devais pas sur-tout y être jugée.*

Passant à l'accusation de sa complicité, nous lui avons ingénuement avoué que personne ne la croit fondée. *Eh! pourtant si j'étais condamnée*, a-t-elle dit? *il faudrait que je le fusse pour le dénouement de cette fameuse tragédie : peut-être, au pied de l'échafaud, cette femme pour qui j'ai tant souffert s'élancerait-elle enfin pour m'arracher à la mort, et pour se dévoiler.*

Notre visite a été longue, intéressante; mais nous l'avons quittée sans savoir un mot de plus sur la vérité de ses déclarations.

Madame Manson a trente-deux ans, et ne paraît pas en avoir davantage : taille ordinaire, le teint pâle, les yeux expressifs, d'assez belles dents, une tournure aisée, de vives réparties, quelque chose d'un peu trop mâle dans le maintien et dans l'accent de sa voix : voilà son portrait fidèle.

Faut-il vous décrire son costume? Elle avait, la première fois que je l'ai vue, une robe de mérinos bleu-clair, un tablier noir, des rubans noirs à son chapeau de paille, un schall de laine rouge, et, sous sa coiffure, des cheveux longs et bouclés.

On se flattait en vain qu'elle ferait à la justice des aveux précis; elle s'est renfermée, avec tout le monde, dans un système constant de dénégation et d'obscurité.

« *Pourquoi*, disait-elle au vertueux magistrat qui la pressait de répondre, *persistez-vous à m'interroger? N'est-il pas convenu que je mens, que je mentirai? Croyez-vous m'en faire dire plus que je n'en veux avouer?* — Mais, Madame, la justice n'a point désespéré de vous ; vous pouvez confesser enfin ces choses si long-tems disputées. — *La vérité, n'est-ce pas? la vérité! rien que cela?* — Songez à l'état où vous êtes, à votre enfant ; pour tous les trônes du monde, je ne voudrais pas avoir à répondre à l'accusation qui pèse sur vous. — *Celle de complicité?* — Vous en êtes prévenue. — *L'idée de ma complicité n'est pas entrée dans votre esprit.* — Quand parlerez-vous ? — *A Albi.* — Et cependant vous vous y laisserez conduire ! Vous paraîtrez sur le banc des accusés ! — (*Avec amertume*) *Oui; près d'Anne Benoît et de la Bancal!* — A côté de Bax, de Missonnier, de Colard, de ces vils scélérats. — *M. le juge, le bon Dieu fut bien entre deux larrons.* — Il en sauva un, et vous ne sauverez personne. — *Il en sauva un!..... et il se sauva lui-même. Et mon fils, où est-il? ils me l'ont ôté; savent-ils bien ce qu'ils font? Au milieu de tant de chagrins, mon esprit s'égare, ma tête tombera; c'est une boule qui abattra bien des quilles!* — Qu'est-ce que cela signifie ? — *Je m'entends.* »

D'autres fois, elle prend le ton de la plaisanterie : *Mon cher Monsieur*, dit-elle au juge instructeur, *est-ce que vous n'êtes pas las de moi? Je le suis de vous. Vous voulez donc que je parle, eh bien! je vais parler. Greffier, écrivez.* Et alors elle débite avec une volubilité admirable une foule de détails oiseux, et s'interrompt pour faire au magistrat érudit qui l'interpelle des questions sur quelques difficultés de la grammaire, ou sur des auteurs latins qu'elle cherche à entendre. Elle poursuit son roman; puis se tournant vers M. Bertrand, elle ajoute en riant: *Turpe est mentiri.* Lui fait-on une question pressante? *Non intelligo*, répond-elle.

Tour-à-tour mystérieuse, imposante, le plus souvent triste et recueillie, elle poursuit un rôle qui l'accable, et qu'elle semble porter sans effort.

Voici des vers qu'elle a écrits sur la cheminée de sa cellule, pour léguer, dit-elle, un souvenir à son successeur:

« Quel que soit le sort qui m'accable,
» Mon cœur saura le soutenir;
» Infortunée et non coupable,
» Je prends pour juge l'avenir.
» D'un forfait on me croit complice,
» Le tems me rendra mon honneur;
» Et sur la tombe de Clarisse,
» On viendra pleurer son malheur.

Je vous envoie ces vers, dans toute leur naïveté ; vos aristarques ne manqueront pas de remarquer que leur tournure manque d'art et de travail. Il eût été facile de leur prêter quelque correction : ils y auraient perdu leur charme. Je ne sais pas d'ailleurs qui pourrait prendre sur soi une pareille infraction à la vérité.

LE STÉNOGRAPHE PARISIEN.

SIXIEME LETTRE.

Rodez, 5 décembre.

MONSIEUR,

Dans la nuit du 3 au 4 décembre, les vingt-trois prisonniers détenus à la maison des Cordeliers ont fait une tentative d'évasion : Jausion et Bastide étaient les seuls, dans cette prison, qui fussent compris dans le procès de l'assassinat de M. Fualdès. Le reste de leurs compagnons sont condamné pour vol ; les Bax, les Missonnier, les Colard et la Bancal sont, comme on le sait, au couvent des Capucins.

Voici les détails de cet affaire :

Depuis long-tems Bastide s'occupait assidûment à faire des paniers en tresses de paille, et sa femme conservait la faculté de le voir et de lui parler au travers des grilles du préau.

« Eh bien ! lui dit-il un jour, je t'envoie fréquemment de mon ouvrage : je me propose de continuer. — Ne fais pas sans cesse des paniers, lui dit-elle ; la maison en est déjà pleine. — Je te ferai donc un chauffoir (espèce d'appareil pour sécher le linge au four). Dailleurs, poursuit-il, il y a dans ma prison un jeune homme, pêcheur de son métier, je veux qu'il m'enseigne à faire des nasses ; je serais charmé de pouvoir prendre un jour *quelque poisson*. Envoie-moi de la corde et de l'osier.»

Madame Bastide envoya ce que désirait son mari. On ne fit nulle difficulté de le lui remettre. Cependant tous les prisonniers se mirent à travailler à des chaînes de paille ; Bastide, comme un chef d'atelier, distribuait la ficelle, et payait un sou chaque tissu d'une certaine longueur. Le geolier alors soupçonna quelque mystère ; il voyait quelle énorme consommation il était fait de corde, et outre la paille qu'il fournissait, celle des lits commençait à être secrètement employée. Il redoubla de vigilance, passa quatre nuits sans dormir, et avertit M. le maire.

Le maire voulut qu'on mît aux fers les prisonniers ; le geolier, nommé Canitrot, homme dévoué et infatigable, demanda qu'on les laissât agir, afin de les prendre en flagrant délit, et répondit de tout événement. On y consentit. Il prévint la gendarmerie, qui fut postée en sentinelle.

Le complot avançait. Le 3, dès neuf heures et demie du soir, les prisonniers se turent, affectèrent de dormir, et même de ronfler, et poursuivaient leur travail dans les ténèbres.

A minuit, on ouvre, on entre brusquement dans le grand cachot qui les renferme, on les trouve tous levés, excepté Jausion, et une échelle de trente pieds de long était achevée.

Ils méditaient leur fuite par une ouverture anciennement pratiquée dans une muraille, à quatre toises environ d'élévation, et mal rebouchée en maçonnerie. De là ils pouvaient redescendre sur un toit, puis sur un autre, franchir un mur de clôture, et se trouver dans la campagne, du côté que l'on néglige de faire garder depuis que la procédure de Rodez a été cassée.

L'échelle est assez habilement fabriquée. Les montans sont formés par un faisceau de dix ou douze tresses liées ensemble par des points serrés de corde, et les échelons sont fortement attachés avec de l'osier. Un vieux crampon de fer, resté par hasard dans un mur, devait servir à fixer l'échelle.

Jausion a été trouvé dans son lit, et semble n'avoir pris aucune part à l'évasion projetée. Nul doute que de cette circonstance, qui aggravera la criminalité de Bastide, Jausion ne cherche à arguer en faveur de son innocence.

Bastide avait déjà un porte-manteau attaché sur les épaules, comme le sac d'un soldat. Il a d'abord voulu regagner son lit ; mais il n'a pu donner le change.

« Où alliez-vous donc, lui a dit le lieutenant de gendarmerie, M. Dognat ? — *Vous n'ignorez point*, Monsieur, a-t-il répondu, *que j'ai quelques affaires ; on me retient long-tems ici, et ma petite fortune en souffre : j'allais à Gros voir ma femme ; je me serais ensuite rendu à Albi la veille de l'ouverture des assises.* »

On prétend qu'on lui a entendu dire à l'un des condamnés qui devait l'escorter, au moment où l'on se disposait à dresser l'échelle : *Au moins, n'oublie pas d'emporter mon petit miroir.* Ce soin paraît étrange dans une telle circonstance.

Les fers ont été mis sur-le-champ à Bastide et à la plupart des complices de son projet. Au moment où je vous écris, l'échelle est exposée devant la porte extérieure de la prison, et toute la ville va la voir.

POST-SCRIPTUM.

Le journal de Toulouse, que nous venons de recevoir, annonce que la chambre du tribunal civil de Rodez a prononcé sur la procédure instruite contre la dame Clarisse Enjalrand-Manson.

Cette dame a été mise en prévention; et conformément au code d'instruction criminelle, elle est renvoyée devant la cour royale de Montpellier, chambre des mises en accusation.

Cette nouvelle est ici connue depuis trois jours; et ce résultat de la procédure était tellement inévitable, que j'ai négligé de vous en parler, comme aussi de vous dire que la cour royale de Montpellier a déjà prononcé sa mise en accusation. Madame Manson y était toute préparée; vous avez vu par les premiers détails de cette lettre que son parti est pris. Il semble que le motif seul d'une générosité sans exemple la détermine à braver la honte de s'asseoir, à Albi, sur le banc des condamnés, et d'y aller subir à-la-fois les attaques du ministère public et les allégations des avocats, qui ne manqueront pas de flétrir son témoignage dans l'intérêt de leurs cliens.

Il me reste à vous informer de quelques nouvelles dont l'authenticité ne m'est pas prouvée ; je ne vous les donne que comme des *bruits de ville*. A Rodez, on en est fréquemment étourdi ; il faut les savoir choisir et ne les accréditer qu'avec une grande circonspection.

Cependant, si on en croit ici tout le monde, un magistrat, personnage considéré et qui porte dans l'affaire Fualdès un intérêt plus qu'ordinaire, aurait profité de la liberté qui lui a été laissée de voir madame Manson, pour faire venir devant elle la femme Bancal, arbitrairement extraite de son cachot, et pour les confronter l'une et l'autre en sa présence. Cette circonstance de deux accusés qui se sont entendus pendant l'instruction d'une telle affaire, a paru fâcheuse au plus grand nombre ; le geolier a été vivement réprimandé ; tout ceci peut influer beaucoup sur les suites de ce procès, déjà si étrangement compliqué.

Madame Manson a reçu, dans sa prison, une lettre de M. Clément Lamire, de Bruxelles, qui, l'ayant autrefois connue, et étant depuis l'enfance de Mme Manson en relation avec sa famille, lui fait avec tout le respect qu'on doit au malheur la généreuse proposition de venir au secours de son fils et de partager sa modique fortune avec eux.

Cette lettre, dont la moitié de la signature a fait penser quelque tems qu'elle pouvait être de l'aide-de-camp M. Clémandot, a obtenu une réponse de madame Manson.

M. Clémandot est, dit-on, prisonnier pour dettes, et détenu au fort de Pierre-Chastel.

Il se confirme, depuis plusieurs jours, qu'il a a été saisi sur Bousquier un papier contenant le système détaillé d'une déposition nouvelle, dans laquelle Missonnier ne serait point chargé. On ne regarde pas, dans cette croyance, Missonnier comme l'objet spécial de cette démarche; mais on pense qu'on voudrait s'attacher à faire justifier le moins coupable des accusés, aux termes du premier jugement; d'abord, parce que cela est moins difficile; ensuite pour en tirer l'induction naturelle que la déposition de Bousquier ne mérite pas toute la confiance qu'elle avait d'abord inspirée.

Madame Constans-Rabot, témoin important, n'habite plus Rodez; de mauvaises affaires l'ont obligée de renoncer à son commerce de modes : ses créanciers, dit-on, n'ont éprouvé aucune perte de son brusque départ.

Les habitans d'Albi attendent avec impatience

le moment où les condamnés seront amenés dans leurs murs. Il ne paraît point que le bataillon de la légion du Var, qui jusqu'ici a été chargé de la garde et de la police militaire de la ville de Rodez, demeure dans cette résidence jusqu'à la translation des prisonniers. Le commandant a demandé que ses deux compagnies fussent remplacées dans ce pénible service. Un autre détachement, soit de de la légion de la Corrèze, soit de celle de l'Hérault, prendra cette responsabilité, après s'être concerté avec la légion du Var; car celle-ci ne partira point qu'elle n'ait été relevée par les troupes qui doivent lui succéder.

Les prisons d'Albi ont été fortifiées et assurées contre tous les nouveaux efforts d'une évasion. Il a été fait au tribunal de cette ville un rang de tribunes élevées, assez semblables aux loges d'un théâtre. Les places sont déjà retenues et payées. On sait qu'elles ont coûté, à Rodez, 10 francs chacune.

LE STÉNOGRAPHE PARISIEN.

Nous venons de recevoir de Rodez plusieurs nouveaux dessins : la gravure du premier paraîtra avec la cinquième livraison ; elle représentera la famille Bancal, dessinée d'après nature à l'hospice où elle a été recueillie.

(*Note de l'Editeur.*)

SEPTIÈME LETTRE.

Rodez, 9 décembre 1817.

MONSIEUR,

L'inutile effort de Bastide et de ses compagnons, pour échapper de la prison des *Cordeliers*, a produit ici deux résultats frappans; et le premier est d'avoir fait remettre en vigueur les mesures extraordinaires de surveillance, desquelles on s'était imperceptiblement, et on peut dire involontairement départi, car l'habitude d'une situation périlleuse finit par en diminuer, à nos yeux, les dangers et par endormir les précautions. Les habitans de Rodez, si effrayés, il y a deux mois, de la responsabilité qui leur était laissée avec les prisonniers, s'étaient comme accoutumés à les croire dans l'impossibilité de fuir.

Le second effet de cette tentative a été de faire expliquer de nouveau l'opinion générale sur leur compte : quelques amis de l'inflexible justice ne voyaient pas sans appréhension, une sorte de pitié et même d'intérêt s'attacher aux condamnés, ne réfléchissant point que cette réaction de sentimens est naturelle ; je dis plus, honorable pour l'humanité.

Qu'on arrête un prévenu dont le crime paraît évident, il excite, jusqu'à l'époque de son jugement, cette inquiétude et cette colère publique qui semblent appeler la vengeance des lois. Est-il condamné? ce n'est plus qu'un être malheureux qu'il faut plaindre ; et au moment de voir lever sur lui le terrible glaive, on est presque tenté de se demander au fond du cœur de quel droit les hommes ôtent, sans remords, la vie à un homme; et comment la société entière et armée se décide à se venger d'un seul individu.

Ces fluctuations de sentiment ont toutes trouvé application dans l'affaire de Jausion et Bastide. Après la cassation de leur arrêt, cette ville, consternée, refusa d'en croire la nouvelle ; ce peuple menaçait déjà de ne point les laisser conduire à Albi..... Cette agitation s'éteignit par degré en pensant au sort de dix familles désolées, et peut-être même aux fers des captifs. Ont-ils été sur le point de les briser ? Toutes les sollicitudes se réveillent, et ils ne trouvent pas même un vœu complice de leurs projets.

Une éclatante justice à rendre aux Ruthénois, c'est que leurs opinions, si nuancées sur plus d'un intérêt public, sont unanimes dans cette affaire. Le procès Fualdès n'a trouvé qu'un parti, et c'est à tort qu'on a pensé, qu'on a osé dire que la politique, ou quelques factieuses distinctions, étaient intervenues dans le complot dont tous ces citoyens ont gémi *.

J'ai été moi-même, dans ce dernier incident, le témoin de la sollicitude universelle, et j'ai presque dit l'un des objets. Les plus vagues, les plus étranges soupçons se sont attachés à une infinité de personnes, et le petit nombre d'étrangers qui séjournent à Rodez n'ont point échappés à la suspicion momentanée d'être venu prendre un intérêt quelconque au projet de mettre les captifs en liberté.

Il faut vous dire que les graves bourgeois de cette antique cité ont une idée assez juste des délices de leur *capitale*, pour n'imaginer pas qu'on y puisse demeurer volontairement. Un voyageur qui passe ici plus de deux jours devient suspect le troisième. J'ai risqué de faire cette épreuve aux dépens de la bonne opinion qu'avaient d'abord donné, du Sténographe, quelques honorables lettres de recommandation. Ces discrètes épîtres ne s'expliquant point sur l'objet de mon passage à

* L'éditeur de l'une des notices publiées a suppléé à un mot, laissé en blanc dans l'acte d'accusation, d'une manière fausse et fâcheuse. Un des meurtriers aurait dit, au moment où la victime allait rendre le dernier soupir: *M. Fualdès ne fera plus le.........* (expression qui, en patois, signifie littéralement *petite fête*, et autre chose, dit-on, en termes de mauvais lieux); l'éditeur a mis: *bonapartiste.*

Rodez, j'ai été compris dans de secrètes et générales défiances. Tout inconnu a inspiré des doutes à plus d'un citadin effaré; chaque nouveau venu dans la *petite ville* a été successivement un oisif, un conspirateur, un inspecteur des mines, un envoyé du ministère de la justice; un innocent spéculateur, habitant de Roquefort, a passé pour un prince déguisé ; enfin (vous le dirai-je ?) les plus chanceux, pour quelques membres obscurs et puissans de cette *société des observateurs de l'homme*, lesquels sont, de nos jours et en tous lieux, invisibles et présens. Ma modestie aurait été si choquée, si confuse qu'on m'attribuât cette singulière similitude avec les dieux, que j'ai livré, sur-le-champ, le secret de mon séjour; et, dans la crainte qu'on ne supposât quelque secret diplôme dont j'aurais été le dépositaire, j'ai montré la plume sténographique.

Je dois rendre grâce à cette nécessité de me dévoiler ; je lui dois la bienveillance et les délicates prévenances de M. le préfet de l'Aveyron. Il est impossible de mettre, en cette occasion, plus de zèle à offrir des ressources utiles, et les moyens d'arriver à la vérité par la connaissance des localités et des faits. Vous n'apprendrez point, Monsieur, sans intérêt, que l'appui de ce magistrat est désormais un garant de plus pour la véracité des notions que je pourrai vous transmettre.

Les meilleurs esprits ont été, à Rodez, en observation sur chaque détail de la procédure qui s'est réinstruite; et si je vous parle ici de quelques doutes élevés sur la régularité de cette seconde instruction, vous n'y verrez, j'en suis sûr, qu'une conséquence naturelle de la défiance qu'a inspirée la cassation du premier arrêt, et la vertueuse sollicitude de ces habitans pour l'observation des règles de la justice.

Vous savez que madame Manson, d'abord prévenue de faux témoignage, et tombée maintenant en accusation de complicité, a subi ses interrogatoires de la part d'un des juges du tribunal civil de Rodez. Son affaire cependant paraissait inséparablement liée à celle de Jausion et de Bastide; et, dans le cas où se trouve leur procès, c'est-à-dire dans celui du renvoi devant la cour d'Albi, n'était-ce point un juge du tribunal de cette dernière ville qui devait instruire la nouvelle procédure?

Je ne fais point de réflexions plus longues et plus approfondies sur cette matière : je me borne à mettre ici sous vos yeux le texte des deux articles 431 et 433 du Code d'instruction criminelle, titre 2, livre III.

Article 431. Les nouveaux juges d'instruction auxquels il pourrait être fait des délégations pour compléter l'instruction des affaires renvoyées, ne pourront être pris parmi les juges d'instruction établis dans le ressort de la cour dont l'arrêt aura été annulé.

Art. 433. Lorsque le procès aura été renvoyé devant une cour d'assises, et qu'*il y aura des complices qui ne seront pas en état d'accusation*, cette cour commettra un juge d'instruction, et le procureur-général un de ses substituts, pour faire, chacun en ce qui le concerne, l'instruction dont les pièces seront ensuite adressées à la cour royale, qui prononcera s'il y a lieu ou non à la mise en accusation.

J'ajoute un fait : c'est que l'un des importans témoins que la nouvelle instruction a fait paraître a refusé de répondre au juge instructeur de Rodez, par les considérations que vous déduirez peut-être de la lecture de ces dispositions du Code. « Je reconnais, a-t-il dit, que personne mieux que M. Bertrandi ne pourrait procéder avec zèle et avec toute garantie d'un succès; mais il n'a point de compétence légale pour recevoir ici ma déposition, et j'écrirai, s'il le veut, au procès-verbal, la déclaration que je lui fais. »

L'irréprochable juge s'est hâté de transmettre ce doute au ministère public.

N'eût-il pas été possible de donner à cette affaire, dès l'origine, une marche plus rapide, plus claire, plus propre à arriver directement à la connaissance de la vérité? Si l'on eût *disjoint* cette procédure, les premières choses qui parurent évidentes étant l'accomplissement du meurtre chez Bancal, et les indices de sa culpabilité et de celle de sa femme, on eût pu (les autres prévenus en prison) commencer le procès de ces deux coupables. Procédant ainsi du connu à l'inconnu, on serait peut-être arrivé à l'exécution des deux époux; et alors, leur déclaration de mort eut jeté un grand jour sur cette iniquité; le trépas d'un misérable, dans un obscur cachot, n'eût pas été sans fruit pour la justice et la vérité. De plus, les enfans Bancal, relevés, par cet événement, de l'impossibilité d'être entendus en témoignage, auraient été rendus à la liberté de leur conscience; ils auraient pu parler, et nommer ceux qu'ils avaient reconnus.

Mais revenons à ce témoin devenu accusé, et récemment interrogé. Madame Manson n'attend pas, sans impatience, l'époque des assises, et n'a guère, pour charmer l'ennui de sa cellule, que quelques livres, tels que l'*Histoire des Hommes*, le dernier écrit de *Lady Morgan*, un volume dépareillé des *OEuvres de Massillon*; enfin, les *Contes des Fées*, que lui a laissés son fils en quittant cette retraite, qu'il avait quelques tems partagée. Je me trompe : madame Manson a encore quelque objet qui la console et lui plaît, c'est le berceau de ce fils, resté près d'elle. Le jour, il attache ses yeux; la nuit, elle le place à ses côtés pour aider l'illusion de ses songes.

Madame Manson sait la musique et chante avec un agréable talent; mais aux Capucins elle profite peu de cette distraction. « *J'aime trop la liberté*, me dit-elle un jour, *pour essayer quelques airs dans cette triste cage.* »

Quelques affaires m'appelaient aux environs de Rodez; madame Manson sut que je passerais près du *Perrié*, maison de campagne qu'habitent sa mère, ses frères, son fils; elle me pria de les voir, de la rassurer sur l'état de la santé de son cher Edouard. Je me chargeai volontiers d'un message auprès de cette famille. Cette femme, que l'amour maternel semble soutenir, était agitée depuis long-tems par un vague instinct d'inquiétude; elle avait fini par apprendre, malgré les verroux qui l'enferment et le soin de tout ce qui l'approchait à se taire, que son enfant était blessé. Il avait, en effet, le bras foulé par une chute, et les doigts de la main droite fracturés. Je m'engageai à rapporter d'exactes nouvelles.

Le *Perrié* est un vieux château, de forme assez imposante, et qui prend dans ce pays quelque célébrité : c'est dans ses murs, d'un aspect tout féodal, qu'est né M. de Bonald, trente-cinq ans avant madame Manson. Cette habitation, située dans la région appelée *le Ségala*, est au milieu d'un pays médiocrement peuplé, et dans une campagne semée de bruyère et de genévriers. Jusqu'aux approches du castel, la contrée n'est rien moins que riante ; il n'en est pas de même du vallon que dominent les tours carrées du Perrié. En descendant vers la porte *seigneuriale* par une longue avenue de châtaigniers, on est frappé des agrémens imprévus du site. Vous verriez des prairies dont la pente est douce, et dont l'aspect invite aux rêveries. Le ruisseau de *Limayrac* les arrose et les fertilise ; des bois sont à peu de distance, et autour de cette vaste maison se dessine un jardin avec ses charmilles et ses parterres ; enfin, à l'horizon assez lointain du paysage, s'élèvent les montagnes d'Aubrac et les quatre cimes blanchies du Cantal.

Ce séjour peut être cher à la méditation, aux rêve-creux, aux cœurs romanesques. Les amateurs de systèmes, ces étranges idéologues qui prétendent expliquer les caractères par l'influence des objets extérieurs sur les premières opérations de la pensée, avanceraient peut-être ici que l'auteur de *la Législation primitive* a puisé les détours de sa méthaphysique dans les allées embrouillées de ces forêts, au milieu de ces dédales naturels, obscurités continues toujours dominées par la pointe d'un donjon et comme présidées par de gothiques souvenirs. Ces mêmes partisans de fantaisies dogmatiques placeraient sans peine, pour les jeunes années d'une autre *Clarisse*, des héros de roman sur les bords de ces fraîches fontaines et aux détours de ces mystérieux bocages. J'abandonne ces frivolités, et reviens à des faits positifs.

Accueilli sans froideur et sans gêne, j'ai trouvé dans cette respectable famille une mère pleine de raison, de tendresse, et ne parlant de sa fille que le cœur gros de soupirs et de larmes. L'un de ses frères (Gustave), se fait honneur d'être maire de son village. L'autre (Edouard), délasse de longues fatigues guerrières au coin d'un paisible foyer. Ce vétéran de trente années, qui, dans nos rangs victorieux, a passé des montagnes de l'Estramadure aux plaines de la Sibérie ; qui fut témoin des désastres de Leipsick, après avoir vu les triomphes du Niémen, est couvert de glorieuses blessures. Vingt fois atteint par les lances russes, il frémit de colère à l'idée de nos périls ; et, s'il le fallait, ses pieds mutilés dans les glaces de la Bérésina le porteraient encore en avant des lignes françaises.

Avec cette franche cordialité des braves il maudissait sa chère sœur, lui donnait à-la-fois les noms les plus fâcheux et les plus doux ; il s'attendrissait en jurant. Nous quittions ce sujet de conversation pour parler batailles, et après m'avoir, avec complaisance, mené voir le cheval qui le portait à Wagram et à Dresde, il revenait à ses imprécations contre le fatal procès de Rodez.

Le petit Edouard Manson, âgé de cinq ans, n'a eu, pour sa blessure, d'autre chirurgien que *son oncle l'officier;* son petit bras était enveloppé avec art; la cravate noire d'un adjudant-major lui servait d'écharpe.

Avec quelle touchante reconnaissance sa mère m'a remercié au retour! j'avais vu les objets de toutes ses affections, son fils était presque guéri... Je n'étais plus un étranger pour elle, elle se plaisait à me promettre les droits de sa confiance. Elle m'écrivit le soir de cette entrevue :

« Que ne vous dois-je pas, Monsieur; vous avez
» eu la bonté de faire un voyage exprès pour me
» tranquilliser sur le sort de mon enfant; vous
» avez vu ma mère, mon fils, mon frère; vous
» m'assurez qu'ils m'aiment toujours, qu'ils pren-
» nent le même intérêt à la pauvre recluse. J'ai
» passé un heureux jour depuis cinq mois, et c'est
» à vous que je le dois! vous êtes arrivé à propos
» pour me réconcilier avec le genre humain, et
» me corriger de ma misantropie. »

Cependant je l'engageais vivement à se préparer contre les adversaires naturels qu'elle rencontrerait, à Albi, dans les avocats des accusés et dans le procureur-général; je l'invitais à écrire sa défense. « *Je l'ai essayé,* » dit-elle, et elle entra alors dans d'intéressans détails à ce sujet.

Mais je m'arrête, Monsieur, dans les confidences que je puis vous faire; mon rôle va s'achever; et l'observation finit où la confiance s'établit. Madame Manson vient ne m'offrir de la sienne une preuve non équivoque : c'est le récit entier de son histoire. Je me tairai désormais pour la laisser parler elle-même, à moins qu'un incident bien remarquable ne survienne avant l'ouverture des débats. Elle a composé, dans sa prison, un ouvrage que je vous envoie. Elle charge M. Pillet, imprimeur de *la Gazette de France,* d'en être l'unique éditeur.

Comme, au mépris des droits de son infortune, on lui attribue journellement des sentimens faux et de faux écrits, je vous déclare qu'elle exige que toutes les précautions soient employées pour garantir au public l'authenticité de ses aveux. Son manuscrit est autographe; il ne porte pas un seul mot qui ne soit tracé de sa main. L'éditeur le fera copier, relire, collationner; il prendra le soin d'en déposer l'original chez l'un des notaires de Paris, puis voudra bien le publier sous ce titre : MÉMOIRES DE Mme MANSON, *explicatifs de sa conduite dans le procès de l'assassinat de M. Fual-*

dès, ÉCRITS PAR ELLE-MÊME; *et adressés à madame Enjalrand, sa mère.*

LE STÉNOGRAPHE PARISIEN.

(*Nota.* Le manuscrit est parvenu à M. Pillet. Il formera un volume in-8°.)

POST-SCRIPTUM.

Je rouvre ma lettre au moment du départ du courrier pour y ajouter, Monsieur, quelques récens détails sur ce qui se passe dans la prison des Cordeliers.

J'avais vu Bastide et Jausion peu d'heures après la découverte de leur tentative d'évasion. Que supposez-vous qu'ils s'occupassent à faire ? Des tresses de paille comme auparavant. Bastide, comme je l'ai dit précédemment, fut bientôt mis aux fers, et même au *ceps* pendant les nuits. Son beau-frère n'était point d'abord compris dans cette rigoureuse précaution ; depuis deux jours de nouveaux ordres l'ont fait enchaîner.

L'humeur active de Bastide s'irrite de sa position ; il à éprouvé ou feint une maladie, et a fait appeler le médecin. Celui-ci, voyant que le prisonnier ne prenait aucune nourriture, l'a fait délivrer du ceps, pour ne lui laisser que les fers.

Au moment de sa délivrance, Jausion se mettait à table. « Eh bien! Gramont, est-ce que tu ne prends rien? — Mon ami, je suis malade, et je n'ai pas d'appétit. » Jausion allait faire distribuer ce qui restait de son repas aux prisonniers qui l'entouraient, quand tout-à-coup son beau-frère s'est précipité sur les mets avec une voracité extrême.

Jausion est triste; il est quelquefois furieux de ses fers; il était loin de s'attendre à un pareil traitement, d'après le soin qu'il avait mis de ne point se compromettre dans l'affaire de l'évasion.

La fameuse échelle est encore exposée aux regards des curieux. Les habitans des campagnes accourent en foule pour la voir, et restent là plusieurs heures, ébahis devant ce chef-d'œuvre.

On a trouvé dans le jardin appartenant à Bousquet, dit le *Fainéant*, sous la terrasse du jardin de Jausion, un étui de franc-maçon qu'on a reconnu avoir été celui de M. Fualdès, lequel était vénérable de loge. Deux dames qui l'ont vu et reconnu comme ayant appartenu à la victime, sont appelées en témoignages.

Voici une chose dont j'ai long-tems négligé de vous faire part, parce que je ne la crois pas; mais qu'ici j'entends répéter à chaque instant; Madame Fualdès, pieusement occupée des destinées de son mari dans une autre vie, disait un jour devant Bastide, et après la catastrophe : « *Au moins si j'étais sûre que le malheureux fût mort dans les sentimens de sa religion ! si j'avais la consolation de penser qu'il a pu recommander son ame à Dieu, et se résigner en chrétien !* — Oh ! interrompit Bastide, rien ne lui a manqué ; rassurez-vous, il a expiré dans mes bras.

Il faudrait croire, si cela était exact, qu'une puissance invisible pousse le coupable à fournir les preuves de son crime, malgré l'intérêt de conserver sa vie.

HUITIÈME LETTRE.

Rodez, 12 décembre 1817.

Monsieur,

L'ordre des idées sur la procédure de Rodez et les événemens présumés qui devaient se suivre vient d'être interverti et changé. Madame Manson est maintenant détachée de la cause qui doit être jugée à Albi, et l'arrêt qui la met en accusation de faux témoignage devant les prochaines assises de l'Aveyron, vient de lui être notifié. Cet acte excite quelque surprise ; il dément les croyances les mieux établies qu'elle partagerait l'accusation de complicité.

On s'attend que les prévenus argumenteront de

cette décision, qu'ils ne manqueront pas d'appeler une irrégularité, pour obtenir un nouvel arrêt de cassation.

Le bruit se répand que M. Enjalrand, président de la Cour prévôtale, a demandé la cassation de l'arrêt qui met sa fille en accusation.

LE STÉNOGRAPHE PARISIEN.

Tout est contradictoire et mystérieux dans cette cause célèbre ; les actes même de la procédure sont l'objet de versions opposées. Nous apprenons, aujourd'hui 19, que la Cour royale de Montpellier ayant mis en accusation madame Manson, comme prévenue de s'être trouvée dans la maison Bancal au moment de l'assassinat de M. Fualdès, et l'ayant renvoyée devant la Cour d'assises de Rodez, la Cour de cassation, à l'audience d'hier, sur la demande du procureur du Roi près la Cour d'assises de Rodez, a renvoyé ladite dame Manson devant la Cour d'assises d'Albi, à cause de la connexité de son accusation avec celle qui pèse sur les accusés Bastide, Jausion, etc.

La gravure qui devait accompagner ce Numéro ne paraîtra qu'avec le sixième. Des obstacles, étrangers à notre volonté, en ont retardé l'exécution.

(*Note de l'éditeur.*)

Les enfans Bancal à l'hospice de Rodez.

NEUVIÈME LETTRE.

Rodez, 22 décembre 1817.

Le métier d'un écrivain l'expose à se voir fréquemment contredire : il n'en est point dont le nom soit assez obscur et le style assez clair, pour ne pas servir de prétexte à de malveillantes interprétations, à quelques commentaires étranges, à quelques récriminations inattendues. L'humble *Sténographe* n'a pu même échapper à cette disgrace. Il a reconnu, au milieu des réclamations contradictoires dont il a été l'objet, quelques inexactitudes involontairement commises, et il ne reprendra point la plume sans avoir essayé de les réparer. L'intérêt qu'entraînent à leur suite les détails d'un crime qui remplit cette ville de deuil donne aux moindres récits qui s'y rapportent une importance dont nous sommes étonnés les premiers ; et, depuis que nous avons eu sous les yeux la traduction en langue étrangère de nos fugitifs numéros, nous sentons la nécessité de redoubler de zèle et de circonspection.

J'ai eu le malheur d'avancer qu'un assez grand nombre de *chauve-souris* habitaient les vieilles murailles de Rodez, et dix voix se sont élevées pour me réfuter. Répondrai-je à de si graves démentis ? Non ; dût un journal, que ce détail a beaucoup amusé, m'accorder de nouveau les honneurs de la parodie. Mais il est sur ce même sujet une accusation à laquelle je m'attacherai la première, et je puis d'autant moins la passer sous silence, qu'elle m'a paru plus embarrassante à repousser.

M. le curé de Saint-A . . . (la seconde église de Rodez), prétend que j'ai trop de respect pour nos lecteurs pour les entretenir de ténébreux oiseaux se croisant dans les rues à quatre heures du soir, le jour de mon arrivée dans cette ville; et, selon lui, j'aurais voulu par ces malencontreuses *chauve-souris* désigner les séminaristes. Une foule de raisons pourraient appuyer ma défense, je n'en produirai qu'une : je suis entré à Rodez un dimanche, pendant l'heure de vêpres, les ecclésiastiques de cette résidence ont trop de zèle pour leur devoir pour n'avoir pas été tous à l'office en cet instant : je n'ai donc pu commettre de quiproquo.

Je n'ai point médit de la capitale du Rouergue autant qu'on le voudrait faire croire, et si *ses pauvres environs*

« N'ont ni muscat, ni pêches, ni citrons, »

ils produisent d'utiles trésors, et des hommes que j'ai déjà signalés comme éminemment recommandables par un vif amour de la patrie. J'ai dit qu'on y cultivait peu les arts; mais ce même climat dont la rigueur presque continuelle est peu favorable aux créations de l'imagination, rend les habitudes sédentaires, tourne les esprits vers la science, et l'érudition y est assez générale.

On ne peut soutenir qu'il manque à Rodez de goût et d'urbanité quand on a eu l'avantage de converser quelques fois avec MM. de la Gouladie; que la médecine y cherche en vain des praticiens éclairés quand on connaît les docteurs Géniez et Rosier; la jurisprudence, d'habiles interprètes, quand on a su apprécier dans de délicates fonctions la plupart des magistrats, et particulièrement M. Bertrandi. L'abbé Perrier répond à toutes les préventions qu'on pourrait me supposer contre le clergé ruthénois. L'estime publique cite la famille Delauro comme un modèle d'affabilité et de vertus hospitalières, enfin le digne administrateur que ses fonctions placent à la tête du département, en donnerait seul une honorable idée par l'affection dont il y est partout entouré.

Je démêle ce qui peut avoir armé contre moi quelques discoureurs malévoles. Ce doit être le pénible et indiscret aveu que les Aveyronnaises n'étaient pas toutes jolies. Je serais si injuste de les comprendre universellement dans ce fâcheux jugement, que je me rappelle fort bien d'en avoir aperçu une au foral, qui ne manquait de beauté ni de grâces. Je confesse d'ailleurs, à mon grand regret, que je n'ai pu, dans un rapide séjour, les apprécier que de trop loin; mais quelques aimables jeunes gens, qui ont la faveur de les approcher davantage, m'assurent qu'elles gagnent beaucoup à être mieux connues. *

* A propos de foral, M. A. de S. (Aveyronnais), a écrit au rédacteur du *Journal des Débats* une lettre que celui-ci a bien voulu nous faire parvenir, et dans laquelle, entre autres reproches, il nous fait celui d'avoir imprimé, dans les *Mémoires* de madame Manson, le mot foral au lieu de *foiral*. Je réponds au puriste provincial que ce nom, tel qu'il y est écrit, se retrouve dans les chroniques *Ruthénoises*. Les imprimeurs de Paris ont pensé qu'il était loisible de choisir entre une étymologie presque malhonnête et celle qui rappelait l'antique *forum*. (*Note de l'éditeur.*)

Je reviens aux événemens qui m'ont attiré ici ; et, une fois pour toutes :

> *Je dirai comme Alceste* (adoucissant mon style) :
> Messieurs, je suis fâché d'être si difficile ;
> Et, pour l'amour de vous, je voudrais, de bon cœur,
> Avoir trouvé, morbleu, votre *pays* meilleur.

Les prisonniers sont dans le même état. Jausion continue à souffrir ses fers plus impatiemment qu'aucun de ses compagnons ; mais il n'est point exact (bien qu'on l'ait généralement répété) qu'il ait cherché les moyens de s'empoisonner. Sa femme montre de jour en jour un plus profond chagrin ; sa santé s'altère, et l'on craint pour sa vie.

Il paraît que les motifs de son désespoir viennent sur-tout des récentes dépositions faites par plusieurs témoins entendus dans l'instruction nouvelle. Si l'on s'en rapporte à quelques assertions qui semblent authentiques, un des notables citoyens de Rodez aurait déclaré avoir aperçu Jausion et Bastide dans un groupe formé, à sept heures du soir, au coin de la rue du Terrail, le 19 mars, et avoir *vu*, de loin, l'enlèvement de M. Fualdès, sans reconnaître ce dernier, et sans attribuer cette violence à autre chose qu'à un motif peu sérieux de vengeance contre une femme.

Les deux familles des principaux prévenus viennent d'affermer en commun une maison à Albi. On attend à Rodez M. le chevalier Faydel, et M. l'avocat-général Charlet, qui s'y rendront, afin de prendre, avant l'ouverture des assises, des informations sur les localités. Cette famille espagnole, logée dans la maison Bancal, partie de cette ville immédiatement après l'assassinat, et de laquelle la justice attendait d'amples renseignemens, habite aujourd'hui Allais. Les dépositions ont été reçues, au moyen d'une commission rogatoire; elles sont insignifiantes.

Ce matin, Mme Manson a été informée, sans témoigner beaucoup d'étonnement, qu'elle était mise en accusation de complicité. Elle n'a rien perdu de sa sérénité ordinaire; elle est décidée à défendre sa cause elle-même, et s'occupe déjà à préparer son plaidoyer. On a parlé d'une requête de M. Enjalran en faveur de sa fille; mais on ajoute que l'arrêt de la cour de cassation l'a interrompu dans ce travail.

Mme Manson, en apprenant au fond de sa cellule quel intérêt public excite le malheur des naufragés de *la Méduse*, a voulu participer aux secours qui leur sont adressés. Elle a envoyé à Paris une somme de 10 fr. C'est l'offrande d'une humble prisonnière, et, pour qui connaît les ressources de sa fortune, il est touchant de la voir soulager des infortunés.

LE STÉNOGRAPHE PARISIEN.

DIXIÈME LETTRE.

Rodez, 27 décembre 1817.

Un bataillon de la légion de la Corrèze, arrivé ici le 15 décembre, remplace le bataillon du Var, qui depuis le commencement du procès faisait le plus pénible et le plus exact service. Officiers et soldats laissent en partant des regrets à la ville, et un exemple de discipline et de zèle que ne manqueront pas de suivre leurs successeurs. Les deux compagnies du Var, commandées par M. le chef d'escadron marquis de Suffren, sont retournées en garnison à Montpellier; elles ont été, à leur passage à Milhau, d'un grand secours aux habitans. Dans la nuit même de leur séjour, un incendie a consumé l'une des plus belles maisons de la ville, et menaçait d'étendre ses ravages. Les militaires ont porté de prompts secours; ils ont sauvé la vie à plusieurs personnes.

La maison brûlée était précisément celle où le commandant était logé : il y a perdu ses effets, l'argent de son bataillon, et tous les objets relatifs à sa comptabilité. M. de Suffren avait été volé à son arrivée à Rodez; on lui avait dérobé un cheval de prix : il emportera de fâcheux souvenirs d'un département où il en a laissé de fort honorables.

MM. de Faydel et Charlet ne se rendront point à Rodez. M. Aubaret, conseiller-auditeur de la cour royale de Montpellier, et qui vient de présider les dernières assises de l'Aveyron, a reçu du président de la cour d'assises d'Albi la commission de compléter l'instruction du procès relatif à l'assassinat de M. Fualdès. Il a commencé le 22 cet important travail, et toutes les notions qu'il recueille confirment les faits établis par la première procédure.

Les prévenus sont constamment aux fers, et surveillés avec de rigoureuses précautions; leurs parens n'ont plus la faculté de les voir. Les prisonniers ne reçoivent plus leurs lettres que le lundi de chaque semaine. Ce jour est le seul où les autorités leur permettent de correspondre et de communiquer. Bastide continue à feindre une maladie; il boit maintenant presque autant de tisanne que de vin.

Mme Manson s'était pourvue contre l'arrêt de la cour de Montpellier qui la mettait en accusation; mais elle a presqu'aussitôt retiré son pourvoi, et avant même de connaître la décision de la cour suprême à son égard. Elle répondait dernièrement à un magistrat qui a fait quelques efforts inutiles auprès d'elle : « Entre nous deux, les petits secrets; » pour les grands, il n'y a que les diables qui les sachent, » et moi, qui suis un ange, *car un président me l'a dit.* » Qu'en pensez-vous, M. le juge? » Il semble que rien ne peut désormais la ramener à un système de déposition qu'elle se reproche, et qu'elle ne déviera plus de ce qu'elle nomme la vérité; elle annonce, à Albi, sa manifestation éclatante.

Elle attend les exemplaires de son Mémoire imprimé; cette impatience est partagée par tous les habitans du Midi.

LE STÉNOGRAPHE PARISIEN.

ONZIÈME LETTRE.

Rodez, 3 janvier 1818.

Ainsi que je l'annonçais dans ma précédente lettre, M. Aubaret, conseiller à la cour royale de Montpellier, continue l'instruction de l'affaire Fualdès. Depuis dix jours il entend les témoins, et cette opération touche à son terme. La discrétion du nouveau juge instructeur n'a pu se communiquer tout entière aux déposans; et, malgré l'espèce de secret judiciaire qui couvre leurs révélations, la plupart cèdent à cette curiosité des honnêtes gens qui conspire avec un secret amour de justice.

L'une des dernières personnes entendues est un habitant du village de la Mouline, qui se trouvait, le 19 mars au soir, caché sur les bords de l'Aveyron, où il avait tendu un filet sur la rive opposée au gouffre qui refusa d'engloutir l'infortuné Fualdès. Cet homme vit descendre le convoi par le chemin escarpé du pré de Capoulade; il vit précipiter la victime; il entendit les paroles terribles du serment que les principaux meurtriers firent prêter à leurs agens. La nuit n'était pas très-obscure; il reconnut les assassins.

Les recherches de la justice ont découvert une foule d'autres personnes dont le témoignage identique frappe d'une clarté évidente les acteurs de la scène de l'Aveyron; mais le moment et les détails circonstanciés de l'assassinat demeurent encore enveloppés de quelques ténèbres. On ne sait toujours que ce qu'en a rapporté la plus petite fille de Bancal.

M. Aubaret a fait appeler hier le capitaine de la compagnie départementale, et lui a demandé le motif qui l'avait porté à faire battre la retraite plus tôt que de coutume dans la soirée du jour où le crime fut commis.

Les habitans de Rodez ont donné récemment une nouvelle preuve de l'horreur que leur inspire le souvenir du forfait qui a consterné cette ville. Une malheureuse femme, dont on avait surpris la bonne foi, conduisit au marché, sans le connaître, l'immonde animal que l'on dit avoir été rassassié de sang humain. Quelqu'un le reconnut sur la place, et à sa vue des cris d'horreur se firent entendre de toutes parts. La pauvre femme, désespérée de l'odieuse commission dont elle s'était innocemment chargée, a abandonné l'animal; le peuple ne l'a pas tué, mais personne n'a osé s'en dire le maître.

Bastide n'est plus au ceps, depuis quelques jours; chaque soir, au moment de fermer son cachot, on lui passe autour du corps une chaîne qui ne l'empêche point de se coucher.

Depuis le 30 décembre, M. le chevalier de Faydel a reçu de Rodez le complément de l'instruction sur le nouveau procès Fualdès. Quatre-vingt-dix-sept témoins ont été entendus par M. Aubaret; un tiers de ce nombre doit être assigné; tout est désormais préparé pour l'ouverture prochaine des assises.

On a découvert le nom de la femme chez qui Jausion, dans la soirée qui suivit l'assassinat, envoya chercher du feu, pour brûler dans son jardin une grande quantité de papiers. Cette femme se nomme Bousquet-Patanou. Interrogée sur cet incident, elle a déposé que le fait était vrai.

L'un des conseillers à la cour royale de Montpellier s'est manifestement opposé à la mise en accusation de Mme Manson, et n'a, dit-on, apposé sa signature à cet acte qu'après une assez longue résistance.

Par un jugement du tribunal civil de Rodez, le sieur Marc-Antoine Manson, officier en retraite, et percepteur des contributions directes de la commune de Crespins, a été déclaré séparé de corps avec la dame Clarisse Enjalran, son épouse. Celle-ci a été condamnée à remettre à son mari son unique enfant, et y sera, dit-on, légalement contrainte. Jugez de son désespoir! C'est à l'état d'accusation où se trouve madame Manson qu'elle doit le malheur de perdre ce fils, avant même qu'il ait atteint sa septième année. Pour la première fois, depuis qu'elle est prisonnière, les motifs de générosité qui paraissaient la soutenir dans ce procès lui semblent devenus un sentiment pénible.

Post-scriptum écrit le 4 janvier.

Mme Manson est partie ce matin pour Albi : elle est montée à cheval à 6 heures, accompagnée d'une nombreuse escorte. L'officier qui conduit le détachement doit remettre la prisonnière au commandant de la gendarmerie du Tarn, sur la frontière du département de l'Aveyron.

Mme Manson devance à Albi tous les accusés ; elle paraît satisfaite de ne point faire route avec eux.

Je pars moi-même pour me rendre dans cette ville.

LE STÉNOGRAPHE PARISIEN.

DOUZIÈME LETTRE.

Albi, 7 janvier 1818.

Mme Manson est arrivée le 6 à Albi : sept gendarmes et trois officiers composaient son escorte; elle n'a été devancée que de quelques minutes par une ordonnance qui a remis une lettre à M. le préfet du Tarn. La prisonnière vient de faire douze lieues de pays (vingt-trois lieues de poste environ), en deux jours et demi, par un tems assez rigoureux. Le premier jour, elle a couché à Sauveterre, le second à Pampelonne.

Elle était attendue ici dès le matin; elle n'y est arrivée qu'un peu après midi. Plusieurs personnes sont allées au-devant d'elle; une partie de la population s'est portée sur son passage ; les dames étaient aux fenêtres de toutes les maisons d'où l'on pouvait espérer de la voir. Montée sur un cheval qu'elle guidait avec assurance et avec grâce, elle a, en arrivant dans le faubourg du Pont, rejeté en arrière un ample collet de redingote dont le froid l'avait obligée de couvrir sa tête; elle saluait avec affabilité les nombreux spectateurs que la curiosité et l'intérêt qu'elle inspire avaient portés sur ses pas.

Sur sa route, elle avait rencontré une pauvre femme conduisant quelques produits de sa ferme au marché : la charette de la paysanne était engagée dans la neige, et elle paraissait beaucoup souffrir de ce retard et du mauvais tems qu'elle avait éprouvé. Mme Manson a réussi à décider ses compagnons de voyage à porter secours à cette malheureuse femme ; elle l'a elle-même aidée et consolée.

Dès son entrée dans Albi, Mme Manson a demandé qu'on s'informât s'il n'y avait point de lettres pour elle à la poste restante, et quelque livre venu de Paris.... Elle a voulu savoir ensuite quel serait le lieu où elle allait être déposée. — A la prison de Sainte-Cécile. — Ce nom, a-t-elle réparti, en riant, me déplaît moins que celui de l'habitation que je quitte : je serai ici sous la protection de la patrone de l'harmonie ; et, en vérité, la prison de Rodez ne ressemble pas mal à ce que sainte Cécile disait de l'enfer : *C'est un lieu infect où l'on n'a point d'amis.*

Mme Manson occupera seule une chambre qui a été disposée pour la recevoir.

LE STÉNOGRAPHE PARISIEN.

TREIZIÈME LETTRE.

Albi, 13 janvier 1818.

Bastide, Jausion et les autres accusés n'ont point encore quitté Rodez. L'instruction dont on avait annoncé le complément à fourni une liste supplémentaire de quarante-trois témoins, laquelle ne paraît point épuisée.

M. Bastide, jeune avocat de vingt-cinq ans, vient de succomber à la douleur d'avoir pour oncle l'accusé Bastide-Gramont; son frère lutte depuis plusieurs mois contre le même désespoir, et l'on craint de l'y voir bientôt succomber. Ces deux jeunes gens, d'une figure agréable, d'un caractère plein d'aménité, étaient chéris de leurs camarades, et s'étaient distingués dans leurs études. Le cadet habitait Paris, occupé d'y suivre son droit et d'achever son éducation, lorsque l'affreux assassinat de M. Fualdès a été connu.

M. Bastide, leur grand-père, est livré aux regrets d'une trop longue vieillesse; la seule illusion qui le retienne à la vie est l'espérance de voir proclamer l'innocence de son fils. La respectable mère de Jausion fut plus heureuse; elle expira avant le premier jugement.

Madame Jausion, toujours malade, est dans un tel état de faiblesse, qu'il sera peut-être impossible de la transporter dans nos murs. La Bancal a demandé un confesseur et la permission de voir ses enfans.

M. Fualdès fils est arrivé depuis deux jours à Rodez.

Un nouvel incident occupe toute cette ville : M. Constant, ex-commissaire de police, destitué de sa place depuis le commencement du procès, a été subitement arrêté le 11 à 6 heures du matin. L'ordre de son arrestation avait été transmis par une voie extraordinaire. M. Aubaret, avec une célérité et une discrétion difficiles à obtenir dans une petite ville, l'a fait saisir dans son lit par les mêmes gendarmes qui, naguère, assistaient ce commissaire dans ses fonctions. Celui-ci a demandé à écrire une lettre avant d'obéir; et dans la même matinée, il a subi un premier interrogatoire.

Quelques graves inculpations s'élèvent contre cet homme; vous sentirez avec quelle réserve elles doivent être accueillies en raison même de leur importance, jusqu'à une démonstration positive et juridique. Si l'on en croit quelques bruits publics, les sergens de police auraient assuré, par serment, qu'il les avait consignés le soir du 19 mars, sous prétexte que tout le monde était fatigué un lendemain de foire, qu'ils devaient l'être eux-mêmes, et pouvaient aller se reposer.

Une femme, logée dans la rue des Hebdomadiers, aurait averti M. Constant, le matin du jour qui suivit le meurtre, du bruit qu'elle avait entendu à neuf heures du soir; lui aurait indiqué la maison Bancal comme le lieu présumé de la scène, et il se serait dispensé de s'y rendre; enfin, Jausion aurait été vu chez lui dans cette matinée du 20 mars.

On m'écrit encore de Rodez que Madeleine Bancal, confrontée avec Bastide, l'a reconnu; elle n'a point été frappée des traits de Jausion, et n'à point reconnu Bax.

Madame Manson a exercé, pendant la route qu'elle vient de faire, une espèce d'autorité sur la gendarmerie qui l'escortait. En traversant un village, importunée de la curiosité des habitans, elle a mis son cheval au galop, obligeant ainsi ses guides à la suivre. Au moment de quitter ses compatriotes pour être remise, sur la frontière du Tarn, à une nouvelle brigade, elle n'a pu retenir quelques marques d'attendrissement, et a fait des adieux et des remercîmens aux militaires qui l'avaient conduite.

M. Gary, procureur-général, est arrivé à Albi depuis quelques jours. M. le président et lui ont interrogé la mystérieuse prisonnière pendant une soirée entière. Je ne puis vous dire que leurs efforts aient été jusqu'ici couronnés d'un plein succès.

Madame Manson devient de plus en plus l'objet de l'attention publique et l'intarissable sujet de toutes conjectures dans les journaux français et étrangers. Nous trouvons le passage suivant dans la *Gazette de Lausanne* du 9 janvier :

« Il paraît constant que Madame Manson aspire en même tems à plusieurs genres de célébrité. Nous avions déjà ses *Lettres ;* elle fait imprimer ses *Mémoires.* Elle veut plaider, elle fait des vers, parle latin, souscrit pour les naufragés, soigne sa toilette, et dit des mots qui visent à l'esprit et au sentiment. Il y a quatre mois, son nom n'était pas connu au-delà de l'Aveyron ; et tout-à-coup il a franchi les Alpes, les Pyrénées, le Rhin et le Danube. »

Le rédacteur suisse aurait pu ajouter : l'Océan. Un habitant de Rodez, arrivé depuis quelques mois de la Nouvelle-Orléans, nous a montré des lettres des Etats-Unis, où on lui demandait, avec une curieuse instance, des nouvelles de l'affaire Fualdès.

On apprend à l'instant que vingt-cinq dragons de l'Hérault arriveront le 14 pour protéger la translation des prévenus.

On ajoute que les huissiers, s'étant transportés aux domaines de Gros et de la Morne, qui appartiennent à Bastide-Gramont, pour y exécuter quelques saisies mobilières, n'ont trouvé que les murs, et qu'ils ont fait signer leurs procès-verbaux de carence par M. le maire d'Onet-la-Plaine. La fortune de 20,000 fr. de rente, que quelques journaux donnaient à cet accusé, peut-être pour l'environner d'une grande considération, se réduit aujourd'hui à bien peu de chose. Il est probable qu'elle sera bientôt absorbée par les inscriptions hypothécaires. M. Romiguière, avocat de Toulouse, a cru aussi devoir recourir à ce moyen de sûreté; porteur d'une lettre de change souscrite par son client, il a obtenu, le 14 novembre dernier, du tribunal de commerce de Rodez, un jugement de condamnation, et l'a fait inscrire au bureau de cette ville.

LE STÉNOGRAPHE PARISIEN.

Nota. Une gravure représentant les enfans Bancal est jointe à cette livraison.

LETTRES
D'UN PHILOLOGUE
A SON AMI,

OU

OBSERVATIONS SUR PLUSIEURS ARTICLES
DU STÉNOGRAPHE PARISIEN,

CONCERNANT LE DÉPARTEMENT DE L'AVEYRON.

Et voilà justement comme on écrit l'Histoire.

A RODEZ,
CHEZ CARRERE, IMPRIMEUR-LIBRAIRE.
1818.

Les formalités prescrites ayant été remplies, je poursuivrai les contrefacteurs suivant toutes les rigueurs des lois.

Carrere.

SE TROUVE :

A Paris, chez Le Normant.
Toulouse, chez Vieusseux.
Montpellier, chez la veuve Picot.
Alby, chez Rodière et Baurens.

EXTRAITS

DES SIX PREMIÈRES LIVRAISONS

DU STÉNOGRAPHE PARISIEN.

QUOIQU'IL nous fut fait des offres par plusieurs personnes d'Alby et de Rodez de recueillir pour nous les débats qui vont avoir lieu, nous avons préféré choisir parmi les littérateurs de la capitale un correspondant qui eût déjà fait ses preuves dans ce genre de travail en rendant compte de plusieurs procès célèbres, et dont les productions, connues et goûtées, fussent pour nous une garantie certaine des suffrages du public pour l'ouvrage que nous lui offrons........

--- Ces avantages, nous aurions craint de ne pas les rencontrer en prenant un correspondant sur les lieux même de la scène..........

--- Pour remplir une pareille tâche, c'est peu d'être sténographe, il faut encore être peintre........

- La cour d'assises d'Alby ouvrira irrévocablement ses séances du 1.er au 10 décembre...

--- On pense généralement que le meilleur moyen de se concilier la confiance des lecteurs, est, pour un éditeur, le soin de s'assurer, dans l'analyse des débats, un interprète étranger aux localités, et de qui la plume sténographe ne puisse laisser échapper aucune partie importante des dépositions et de la plaidoirie.........

--- Que d'erreurs ou de préventions accréditées par les premiers récits !.......

--- Libre de ma conscience et de mon temps, j'ai fait exprès 200 lieues pour assister au dénouement de ce terrible drame, et pour connaître enfin la vérité sur le caractère et les secrets d'une femme devenue l'étonnement de la France..........

--- Il doit suffire, pour la faire plaindre, de cette espèce de défaveur qu'on a cherché, dans certains écrits, à répandre sur elle, et de ce dénigrement qu'on s'est attaché momentanément à verser sur ses émotions et ses larmes.........

--- Les petites-maîtresses oublient, en province, de parler de modes pour s'informer de la procédure qui l'implique (Mad. M......) ; les négocians se taisent sur la bourse, et les Anglais même qui, comme nos oiseaux de passage, couvrent en ce moment les routes du Midi, demandent des nouvelles de l'Aveyron, immédiatement après le prix des vins et la rapidité des chevaux............

--- D'autres vont au-devant des spectables ou des favorables influences du soleil de Provence..............

--- Ma mission volontaire peut devenir une espèce de magistrature inöfficicielle, encore susceptible d'utilité ; je serai un témoin pour le public...... ; je puis promettre sans témérité, de parler sans haine et sans crainte, et de dire la vérité, toute la vérité...........

--- Rodez perd à-la-fois, en voyant les condamnés sortir de ses murs, la vengeance de la loi qu'il demande à exercer, et l'influence exemplaire de la punition des coupables.....

--- J'ai entendu avancer à l'un des avocats qui ont paru dans la cause, que les prévenus eussent peut-être été déchirés par le peuple si on les eût acquittés, et que les jurés et les juges n'eussent pas même été en sûreté dans la ville.........

--- A peine avais-je remarqué, sur cette route, et le paysage frappant qui m'entourait, et ces montagnes d'une couleur fauve et d'un aspect sauvage, ces longues châtaigneraies, les sentiers taillés dans le roc qui dominent d'étroites et profondes vallées, quand mon guide vint, tout-à-coup, à arrêter ses chevaux et à s'écrier : « Voilà Rodez ! » Je distinguai cette ville hérissée de clochers gothiques ; son apparition et son nom me rappelèrent l'impression de tels passages des romans d'Anne Radcliff, et je n'en pus détacher mes regards. Son enceinte, aperçue dans le lointain, rendait plus vivans les récits du crime qui attire, depuis trois mois sur elle, les regards de la France et peut-être de l'Europe.

Rodez, bâti sur le sommet d'une montagne, paraît s'appuyer à des montagnes plus élevées encore ; et derrière elle, un soleil couchant de novembre dorait l'horison, en laissant au-dessous se dessiner en noir les vieux murs de la capitale du Rouergue. Après des circuits sans fin, des gorges à passer, des côtes à gravir ou à descendre, on arrive ; et en venant de Paris, on aborde une partie de la cité, où les maisons, hautes et serrées, interceptent le jour de très-bonne heure. Le premier objet qui me frappa, vers quatre heures du soir, fut un nombre prodigieux de chauves-souris qui volaient et se croisaient dans les rues..........

--- Presque personne ne passe plus dans cette rue des Hebdomadiers, jadis habitée par des prêtres qui faisaient un service d'une semaine près de l'évêque de Rodez. On fait mille détours pour l'éviter ; les passans marchent plus vite en la traversant.........

--- Si, comme l'a dit un écrivain célèbre, heureux sont les peuples dont l'histoire est courte et dont les fastes ennuient le lecteur, le Rouergue est la contrée la plus fortunée de la France..........

--- Cette province qu'environnent la Lozère, l'Auvergne, le Languedoc et les Cévennes, est un pays de mines et de montagnes, ressemblant à un canton de la Suisse ; il est plein de grottes naturelles, et divisé en deux sections de territoire extrêmement distinctes. L'alun, le charbon de terre, sont à peu près les seules richesses que le pauvre habitant dispute aux entrailles de la terre ; et cependant le fer, le marbre, le cuivre, l'or même, résonnent sous ses pas. S'il foule aux pieds ces trésors, n'allez pas croire que le motif en soit un noble mépris ; il faut plutôt en accuser son ignorance. Sur un sol volcanique, au milieu des basaltes, et près des eaux minérales, croissent, dans la région du Ségala, les seigles, les châtaigneraies, le blé sarrazin, le houx, les bouleaux ; dans le Causse, abondent le froment, les buis, les genévriers. Cette dernière plante donne au gibier de l'Aveyron, aux grives surtout, un parfum estimé. On vante, depuis l'antiquité, celles de Camarès et des bords du lac Saint-Andéol ; à la place de ce lac, où s'élèvent quelques débris de murailles, les pâtres assurent qu'il y eut jadis une grande ville : ils en entendent encore les cloches le jour de la Saint-Jean..............

--- Ces abîmes, où l'on a trouvé des armes, des flèches, des clefs antiques, ont été le refuge des brigands ; l'Aveyron en a recélé à de trop fréquentes époques. Depuis l'anglais Mérigot, qui en 1381 remplit le pays de terreur, des malfaiteurs ont trop souvent choisi leur asile dans ce département ; de là l'espèce de crainte qu'inspire cette résidence aux habitans limitrophes. Apprend-t-on, à vingt lieues, que vous allez à Rodez, on essaie de vous dissuader du voyage, et vous devenez l'objet d'une espèce de commisération.

--- La probité y a reçu plus d'un outrage................

--- Deux choses manquent dans ce chef-lieu de préfecture : des boulangers et des fontaines. Chaque maison fait fabriquer un pain mal préparé, et qui forme avec des vins désagréables et peu spiritueux les élémens d'une assez mauvaise nourriture.

Le théâtre, les arts, sont presque étrangers dans cette sévère cité.........

--Quelle malpropreté dans les rues, quel contre-sens avec la civilisation! Le nouveau préfet de l'Aveyron achève des boulevarts et des plantations agréables ; espérons que la sollicitude de son administration s'étendra jusque sur la police des voiries; c'est un objet de nécessité première; les tombereaux sont utiles à Rodez avant les promenades et les obélisques. Le seul lieu passable dans cette capitale est celui qui en est dehors : les remparts. Là, on respire enfin un air pur; l'étroite vallée qui forme à l'entour des fossés naturels exhale la senteur des champs et des prairies ; rentrez dans l'intérieur des murs, c'est une odieuse différence.

L'Espagne vient chercher des mules à Rodez, et le commerce de toiles avec tout le midi de la France forme une partie des ressources de ce département ; ses tissus grossiers fournirent jadis les voiles gauloises. Les hommes, dans le Rouergue, sont grands, ont pour la plupart la figure longue, les sourcils épais ; les femmes y paraissent peu favorisées de la nature et des graces........

--- Le noir, comme chez les Valaisannes, est leur couleur favorite............

--- Si dans le paysage vous voyiez une figure de deuil, vous la prendriez tout au plus pour celle d'un procureur ou d'un frère ignorantin ; détrompez-vous, c'est la bergère de l'Aveyron...............

--- Les principaux bourgeois ne sont point revenus du vallon............

-- Là, on ne quitte le bal que pour s'asseoir à des collations recherchées où brillent les truffes de Millau, les truites du Viaur, la perdrix de St.-Geniez et enfin le fromage indigène de Roquefort.........

-- Le fromage de Roquefort s'élance de son mystérieux berceau pour aller, sur toutes les tables de l'Europe, détrôner ses rivaux en quelque odeur de renommée qu'ils puissent être.

Le luxe a fait encore, dans le Rouergue, peu de progrès dangereux............

--- On se croirait, à Rodez, au centre d'une province avec laquelle le gouvernement a intérêt de ne point communiquer. Aucune grande route n'y aboutit, aucune ne traverse le département...........

--- Les habitans de cette ville recherchent peu les occasions de se voir entre eux. Les autorités seules ont ouvert des réunions hebdomadaires où l'on va sans empressement ; des habitudes étrangères aux arts rendent ces soirées peu attrayantes...............

--- Tout le monde se lève et travaille à six heures, déjeûne à neuf, dîne à midi, soupe à sept heures, et dort à neuf................

--- Les bonnes femmes croient que les chaudronniers et les raccommodeurs de vaisselle attirent la pluie ; s'il en passe un dans leur village, elles courent après, armées d'eau chaude et de balais................

--- A Rodez, chaque petit ménage élève un pourceau (animal qui retrace ici d'odieux souvenirs), et le nombre de ces sales citadins égale peut-être le cinquième de la population des hommes. Aussi les verriez-vous, malgré mille ordonnances de police, se croiser avec les passans; souvent en cheminant on est forcé de leur céder la place ; on les mène paître dans les rues pavées.................

--Il faut vous dire que les graves bourgeois de cette antique cité ont une idée assez juste des délices de leur capitale, pour n'imaginer pas qu'on y puisse demeurer volontairement. Un voyageur qui passe ici plus de deux jours devient suspect le troisième. J'ai risqué de faire cette épreuve aux dépens de la bonne opinion qu'avaient d'abord donné, du Sténographe, quelques honorables lettres de recommandation. Ces discrètes épîtres ne s'expliquant point sur l'objet de mon passage à Rodez, j'ai été compris dans de secrètes et générales défiances. Tout inconnu a inspiré des doutes à plus d'un citadin effaré ; chaque nouveau venu dans la petite ville a été successivement un oisif, un conspirateur, un inspecteur des mines, un envoyé du ministère de la justice ; un innocent spéculateur, habitant de Roquefort, a passé pour un prince déguisé; enfin (vous le dirai-je?) les plus chanceux, pour quelques membres obscurs et puissans de cette société des observateurs de l'homme, lesquels sont, de nos jours et en tous lieux, invisibles et présens. Ma modestie aurait été si choquée, si confuse qu'on m'attribuât cette singulière similitude avec les dieux, que j'ai livré, sur-le-champ, le secret de mon séjour ; et, dans la crainte qu'on ne supposât quelque secret diplôme dont j'aurais été le dépositaire, j'ai montré la plume sténographique............

--- M. le curé de Saint-A...... (la seconde église de Rodez) prétend que j'ai trop de respect pour nos lecteurs pour les entretenir de ténébreux oiseaux se croisant dans les rues à quatre heures du soir, le jour de mon arrivée dans cette ville ; et, selon lui, j'aurais voulu par ces malencontreuses chauve-souris désigner les séminaristes. Une foule de raisons pourraient appuyer ma défense, je n'en produirai qu'une : je suis entré à Rodez un dimanche, pendant l'heure de vêpres ; les ecclésiastiques de cette résidence ont trop de zèle pour leur devoir pour n'avoir pas été tous à l'office en cet instant : je n'ai donc pu commettre de quiproquo. *

---

* Il faut étrangement compter sur l'ignorance et la stupidité de ses lecteurs pour espérer de se rendre piquant par une telle niaiserie. On offre à l'auteur un merle blanc pour chaque chauve-souris qu'il aura vue à Rodez, le 15 novembre, en plein jour et les montagnes étant déjà, comme il l'avoue, couvertes de neige.

PREMIÈRE LETTRE.

PREMIÈRE LETTRE.

Montauban, le 4 janvier 1818.

Vous avez été étonné, mon cher ami, de me trouver absent, sans que je vous aye communiqué le but de mon voyage. Vous le serez bien plus d'apprendre que je suis sur la route du département de l'Aveyron. Une fatalité qu'il n'a été en ma puissance ni de prévoir, ni d'éviter, m'entraîne vers ces sombres bords. Peut-être cette lettre sera la dernière que vous recevrez de moi.... Quoi qu'il en soit, voici à quelle occasion je me suis engagé dans cette *périlleuse entreprise.*

Vous savez que suivant moi les habitans de l'ancien monde se trompent d'une étrange manière sur leur véritable origine. Ils veulent à toute force avoir peuplé le nouveau. De longs voyages, de profondes études m'ont démontré la fausseté de ces prétentions engendrées par l'ignorance ou par l'orgueil. Je suis aujourd'hui en état de prouver que les peuples des deux Amériques sont nos pères, et que la dépopulation de ce vaste continent ne peut être attribuée qu'à de nombreuses et fréquentes émigrations. J'établirai dans peu, par des preuves irréfragables, que les Suédois sont une colonie d'Eskimaux ; que les Lapons sont des Patagons dégénérés, et que les Iroquois, dont on trouve partout des vestiges, ont couvert la face du monde.

J'en étais là de mes recherches, et j'allais donner le branle à la révolution que le triomphe de mon système doit opérer, lorsque l'existence d'un peuple nouveau m'a été signalée par le plus singulier hasard. Je dois cette révélation à un Ecrivain aussi obscur que le peuple qu'il m'a fait connaître, mais qui ayant voyagé, comme *philosophe*, *littérateur et peintre*, dans cet étrange pays, mérite toute confiance.

Vous savez qu'habitant la rue de l'Estrapade, je vais chaque jour faire un tour de promenade, vers trois heures, au Luxembourg. Un jour, je fus arrêté par un colporteur qui me présenta un pamphlet et me supplia de l'acheter ; je continuai mon chemin sans l'écouter ; il insista et me poursuivit à outrance, en me disant : « Prenez, Monsieur, *cinq cahiers* » *pour six sols* ; l'auteur et moi comptons sur la vente pour » notre dîné ; et quoique cet écrit n'ait rien de commun avec » le vôtre, il pourra du moins vous servir après. » Cette touchante oraison me fléchit ; et pour *trente centimes*, je devins possesseur de cinq livraisons du *Sténographe parisien.*

Quelle fut ma joie, en voyant dans ce précieux ouvrage, que non loin des pays civilisés il existait une région inaccessible ; un écueil redouté des voyageurs ; une population de 330 mille ames, étrangère aux mœurs, aux arts de l'Europe, et plongée dans une barbarie dont la ténacité avait triomphé des efforts de tous les siècles ! J'étais sûr que cette peuplade aurait conservé les traits caractéristiques de ses fondateurs ; il me suffisait de les constater pour les reconnaître ; et je résolus de courir toutes les chances de la découverte, me gardant bien de confier mon projet à qui ce fut, de peur d'en être détourné.

Une fois décidé, je courus au Bureau des Messageries et demandai si je pouvais arrêter une place pour *Rodez, departement de l'Aveyron.* L'un, me citant le *Sténographe*, me renvoya, disant que là où aucune route n'aboutissait, il ne pouvait arriver de Diligence ; l'autre me dit : *On ne passe point à l'Etranger.* *

Ce discours me parut peu satisfaisant. Je pensai même que le Sténographe s'était trompé, en donnant à entendre que le département de l'Aveyron était en terre-ferme. Cependant je me hasardai à passer au Ministère des Affaires étrangères,

(*) Cette réponse a réellement été faite en 1792 à l'auteur de cet écrit.

pour demander l'adresse du consul du département de l'Aveyron, afin de réclamer sa bienveillance et obtenir quelques lettres de recommandation pour le gouvernement de l'endroit.

Le suisse qui était d'Auvergne, ne pouvant me comprendre, voulut me mettre à la porte ; je le radoucis en m'expliquant : le bon homme m'apprit alors que le pays dont je parlais n'était pas éloigné du sien et n'en était séparé que par de hautes montagnes, inaccessibles de son temps. Il ajouta même qu'il avait connu un ministre de la cour de France, qui pour être de cette contrée n'en était pas moins un homme très-aimable, et qui après avoir été un modèle de bon ton en était devenu un de fidélité. (*)

Je n'en pus apprendre davantage. Une affaire pressante m'appelait au Ministère des Finances ; c'était jour d'entrée ; je m'y rendis. Après avoir entretenu en peu de mots le premier commis, et au moment d'être congédié, je m'avisai de lui demander si, par hasard, il connaissait une contrée appelée le *département de l'Aveyron.* — Parbleu, si je la connais ! me dit-il, elle nous donne ici annuellement six millions : c'est un pays excellent ; payant bien parce qu'il est pauvre, pauvre parce qu'il paye bien ; nous ne savions même d'où ces bonnes gens tiraient tant d'argent, avant d'avoir appris qu'ils ont des *mines de fer*, *de cuivre*, *d'or et de marbre.*

— Mais par où cet argent vous arrrive-t-il ? — Eh ! par la poste. — Il y a donc des chemins ? — Voyez au Ministère de l'Intérieur.

J'y cours, enchanté de ces détails. J'entre au Bureau de le Statistique. Un vieux commis me dit : – Les habitans de ce département ont de tout temps été renommés par la solidité de l'esprit, l'opiniâtreté dans l'étude, la pureté des principes et des doctrines qu'ils n'ont jamais abandonnés. Il a fourni des poëtes, des orateurs, des mathématiciens, des théologiens, des jurisconsultes, des métaphysi-

(*) M. le Baron de Castelnau.

ciens, tous d'un grand mérite; des députés presque tous distingués, quelques-uns célèbres; il donne en ce moment quatre membres au conseil d'état, un préfet à ses voisins etc. — Mais, Monsieur, par quelle voie tous ces gens-là sont-ils venus? — Par celle du mérite, Monsieur. — Et je fus congédié. Ce n'est pas celle que le Sténographe a suivie, dis-je en moi-même. Allons aux Ponts-et-chaussées.

– Eh! bon Dieu, Monsieur, me dit un chef de division, nous n'entendons parler ici que du département de l'Aveyron; ce ne sont que plaintes et gémissemens. Tout chemin mène à Rome, et je ne vois pas pourquoi il en serait autrement de Rodez. Du reste, prenons la carte routière. Tenez, voici les routes n.° 10, n.° 141; il est vrai que voilà une lacune... En voici une autre n.°... n.° 131 : ma foi, voilà une autre interruption. Ce doit être la faute du graveur, car ce ne peut être celle de la Direction générale. D'ailleurs ce pays est au centre de la France; il se trouve sur la ligne directe entre le Nord et le Midi; il est impossible que cette communication n'existe pas. Tenez, il me vient une idée. Au temps de la guerre d'Espagne, toutes les troupes auront passé par là : voyez au Ministère de la Guerre.

Je me résigne.... Là on battit la campagne, comme il arrive quelquefois; l'un me dit que le département de l'Aveyron était la patrie du maréchal de Belleisle; l'autre avait connu cinq lieutenans généraux, autant de maréchaux de camp; celui-ci deux colonels; celui-là des ordonnateurs; tous bien pourvus de tête et de bras. — C'est fort bien, leur dis-je, mais enfin par où tous ces gens-là sont-ils arrivés? — Par le chemin de la gloire. — Le bon renseignement! Ce chemin-là couvre la France.

L'idée me prend d'aller chez le Grand-Aumônier; il était à présumer que ces barbares n'étant pas encore chrétiens, on leur avait envoyé des missionnaires. — Y pensez-vous, me dit l'abbé de Q...; c'est de là qu'ils nous arrivent. – Et ne voilà-t-il pas qu'il me cite quatre évêques vivans; des aumôniers de la

Cour, des prédicateurs du Roi et une foule d'ecclésiastiques qui auraient honoré leur pays si la France entière ne s'était approprié leur réputation. — Fort bien encore, mais enfin par où ces braves gens vous viennent-ils? — Le ciel nous les envoie. — Moi je tombai des nues et je m'en allai.

Je me souvins alors que le ministre des finances faisait venir l'argent par la poste, et je pris le chemin de la rue Plâtrière. Monsieur, dis-je au premier venu, pourrais-je vous demander l'itinéraire du courrier...? — Parbleu, Monsieur, vous ne pouvez mieux vous adresser, je fais celui de toute la France et pays circonvoisins. — Ah! Monsieur, que je suis heureux de vous rencontrer ; sans doute j'y trouverai celui du département de l'Aveyron ? — Pas tout-à-fait; je n'ai pas encore tracé celui-là, j'ai décrit tous les pays excepté le mien : je le réserve pour la bonne bouche. — C'est preuve de goût. Toutefois seriez-vous assez bon pour me faire connaître le moyen d'aborder par terre ou par mer, cette plage inhumaine, et d'échapper, s'il se peut, à la dent meurtrière des habitans et des loups ? — L'Aveyronnais sourit sans me faire peur, et je me déterminai à le suivre dans un bureau. — Vous avez, me dit-il avec une gracieuse complaisance, vous avez deux routes pour arriver à Rodez : l'une traverse la France; il ne s'en faut que de quelques misérables lieues pour qu'elle soit terminée et qu'elle forme une des plus magnifiques lignes de route de Dunkerque à Barcelone, sur une longueur de plus de 300 lieues et sous le même méridien : et c'est-là ce qu'un faiseur de nomenclatures a appelé *route de Rodez à Saint-Flour.* L'autre passant par Orléans, Limoges, Cahors, etc., aboutit à Villefranche. — Mais, Monsieur, voilà encore une lacune. — Soit : je n'ai pas le temps de vous expliquer comment une administration créée pour faire des routes, a créé l'art de les défaire ; ni comment cette route de Villefranche à Rodez est de chûte en chûte tombée au rang des routes départementales. De là au néant il n'y a qu'un pas ; heureusement l'administration locale a rappelé cette route à la vie, et si vous vous décidez à la prendre, vous demeurerez convaincu que le génie du bien est le premier de tous les génies.

J'en savais bien autant ; mais prenant cette boutade pour un conseil j'en remerciai l'auteur et courus arrher ma place à la Diligence. Ensuite je fis mon testamment, je payai mon loyer et mon tailleur; je me munis d'une boussole, d'une carte marine et je me mis en route, sans dire adieu à mes amis. Je suis arrivé ici le sixième jour. Je partirai demain par une voiture qu'on dit pouvoir arriver à Villefranche ; je vous écrirai une seconde lettre dès que j'aurai franchi les limites de l'Aveyron, afin de vous tranquilliser au plutôt sur mon sort.

Je suis etc.

DEUXIÈME LETTRE.

Villefranche, *ce* 5 *janvier* 1818.

Je m'empresse de vous annoncer mon heureuse arrivée à Villefranche, et me trouvant déjà livré au torrent des aventures, je me hâte de vous transmettre en détail celles de la journée.

Je suis entré dans la Diligence à 3 heures du matin, sans distinguer autre chose qu'un voyageur enseveli dans son carrik et s'arrangeant pour dormir au côté droit de la voiture dont il s'était déjà emparé. Nous nous sommes mis en route par une nuit obscure et froide.

Au bout d'une heure, je me suis décidé à interroger mon compagnon de voyage. — Monsieur, lui ai-je dit avec toute l'aménité que donne le savoir-vivre, Monsieur, a-t-il encore beaucoup de chemin à faire pour arriver à sa destination ? — Je compte coucher demain dans mon lit. — Monsieur vient sans doute de bien loin ? — J'ai fait deux cents lieues sans dormir ; maintenant je me dédommage et je suis persuadé que vous serez bien aise d'en faire autant.

Ces réponses me parurent être d'un style clair, concis et pur, mais tant soit peu austère. Je ne fus pas dès-lors sans quelque appréhension de me trouver la nuit tête-à-tête et dans un espace très-circonscrit, avec un homme qui se dirigeait aussi vers l'Aveyron. Ce pouvait être un de ces *malfaiteurs qui y trouvent un asile*, ou qui pis est, un homme du pays. Cette invitation au sommeil avait tout l'air d'un piège. Je mis la main sur mon poignard; j'enveloppai ma gorge d'une triple enceinte de mouchoirs, et je changeai doucement de siège pour éviter tout contact pernicieux. Ma perplexité dura jusqu'au jour. Dès que ses premiers rayons me permirent de distinguer les objets, je vis le voyageur, qui profitant de tout l'espace que je lui avais laissé, ronflait à l'aise. Je me penchai sur lui pour l'examiner de près et je fus ravi de voir un homme gros, mais court, ayant le visage rond et les sourcils rares et châtain-clairs. — Bon! me dis-je, ceci n'est point un Aveyronnais.

Le pays que nous parcourions était si triste, présentait une végétation si abjecte, des arbres si chétifs, un sol si pierreux, des landes si arides, un chemin si raboteux, que je ne pus m'empêcher de m'écrier : Grand Dieu! me voilà dans l'Aveyron : *In manus tuas*..... — Vous êtes dans le département de Tarn-et-Garonne, l'un des plus beaux pays de France, répondit brusquement l'inconnu. — Que sera-ce donc, repris-je en moi-même, quand nous serons dans l'Aveyron?

Peu après la route devient unie; j'aperçois des travaux récens, des deux côtés une plantation nouvelle et les indices de sa continuation; je vois des terres labourées, des semailles vigoureuses, des bêtes à laine de grande taille et en troupeaux nombreux. -- Ce département de Tarn-et-Garonne est bien vaste, dis-je tout haut; car à coup sûr nous n'entrerons de long-temps dans celui de l'Aveyron. — Eh! Monsieur, vous en avez déjà parcouru une demi-lieue dit l'inconnu en s'éveillant.

— Mais, Monsieur, dis-je en ouvrant mon 2ᵉ. Nº., je ne

vois pas *les montagnes d'une couleur fauve et d'un aspect sauvage*, *ni les longues châtaigneraies*, *non plus que le sentier taillé dans le roc......* Passerons-nous bien près des *grottes naturelles* ; *de ces souterrains merveilleux*, *où l'on trouve des armes*, *des flèches*, *des clefs antiques et des brigands* ? Car vous n'ignorez pas, Monsieur, que la *probité a reçu*, dit-on, *à Rodez de fréquens outrages......*

— Plus souvent encore on y tance les mal-appris.

— Si vous venez de plus de *vingt lieues*, on vous aura sûrement *averti de ne point aller à Rodez* ; car l'ombre de Mérigot va rodant nuit et jour dans cet affreux pays, et si par hasard vous êtes *chaudronnier*, je dois vous prévenir que *les femmes vous poursuivront avec de l'eau bouillante*, qu'elles tiennent toujours prête pour ce genre d'expéditions.

— Eh! qui diable vous a débité toutes ces fadaides ?

— Des fadaises, Monsieur ? C'est le *Sténographe parisien.*

— Et pourquoi le *Sténographe parisien* n'a-t-il pas suivi du premier coup le conseil dont il fera sans doute son profit pour l'avenir ? Qu'est-il allé faire à Rodez ?

— Le voici, Monsieur : les temps sont durs ; il n'en faut pas moins vivre, et le chef-d'œuvre de l'industrie est de savoir faire argent de tout. Vous savez quel bruit a fait en France et dans l'Europe entière, l'assassinat de M. Fualdès. Les cendres de cet infortuné servent depuis six mois de pâture à une foule d'écrivains. L'un d'eux, de meilleur appétit que les autres, a craint de perdre quelques débris, et s'est rendu sur les lieux pour les exploiter à fonds. Les nouveaux débats tardaient à s'ouvrir ; il a pelotté en attendant partie, et pressé de vivre, sans qu'il y eût nécessité, il s'est mis à écrire, vu la singulière sympathie qui existe entre la tête et l'estomac, de manière que l'un se remplit toujours aux dépens de l'autre. Voudriez-vous, par passe-temps, parcourir ces opuscules, au risque d'un peu d'impatience ou d'ennui ?

— J'y consens, dit l'inconnu ; et je lui donnai le premier cahier honoré du titre de *livraison.*

La critique ne tarda pas à s'exercer : « Que vous semble, Monsieur, de cet auteur qui ne s'est livré à cette *périlleuse entreprise*, que parce que la nature avare de prodiges, a refusé au *Midi* un homme capable de rendre compte des débats ; ce qui fait qu'il s'est, lui, dévoué à la curiosité publique, et nous a fait hommage d'un *talent éprouvé*, qui ne met dans sa supériorité, d'autre intérêt que celui de *Pillet* le libraire, et subsidiairement celui de la cause qu'il promet de traiter en philosophe, littérateur, peintre, dessinateur et sténographe..... Ceci sent le roman historique et le moule du mélodrame....... Tenez, la première lettre débute par une fausseté...... Eh ! s'il est vrai que *trop de préventions et d'erreurs aient été accréditées par les premiers récits*, ce n'était pas la peine de faire 200 lieues, ni de s'armer de la *plume sténographe*, pour en accroître le nombre...... Il est vrai que l'auteur est *libre de sa conscience* ; ce qui le met en harmonie avec l'objet de sa mission ; il l'est aussi des règles du français ; ce qui l'autorise à *verser le dénigrement* ; à dire que la procédure *implique une personne* ; à faire *taire les négocians sur la bourse* ; à prétendre que les Anglais demandent de nos nouvelles *après la rapidité des chevaux* ; à nous parler des *espérances de la session*, pour dire celles qu'elle donne ; à *aller au devant des influences du soleil de la Provence* ; enfin, à se revêtir d'une magistrature, qui au surplus ne serait pas allarmante, attendu qu'elle est *inofficielle* ; si le *magistrat* ne faisait en même temps l'office de *témoin* ; ce qui offre quelques ressources à l'*innocence*....... Et voilà comme en gâchant des mots, on construit des phrases, et comme avec du galimatias on compose des livraisons.

Toutefois comme *témoin*, l'Ecrivain nous promet toute la vérité ; mais il s'abstient de dire *rien que la vérité*. Puis il regrette que la ville en voyant les condamnés transférés ailleurs, *perde la vengeance de la loi qu'elle demande à exercer* ; ce qui traduit en français, voudrait dire que les habitans de Rodez demandent à être les bourreaux des coupables ; et cette obligeante opinion est appuyée sur cette assertion non moins équitable , savoir : que *si les accusés eussent été acquittés , ils auraient été déchirés par le peuple , et que les juges et les jurés n'eussent pas été en sûreté dans la ville.* C'est ainsi que Rodez aurait *exercé la vengeance de la loi*, ou plutôt la loi de la vengeance. Mais si pour *exercer la même loi*, les magistrats qui représentent la ville et sont les gardiens de son honneur , rendaient plainte en calomnie contre M. le Sténographe ? Et si M. le Sténographe était obligé de restituer en amende , l'argent que l'insertion de cette phrase peut lui avoir valu ? Car que peuvent inventer de mieux , pour infirmer la validité du premier jugement, les avocats des prévenus?

Lorsqu'un peuple profondément agité par l'horreur d'un crime qui a souillé ses murs , indigné de voir son honneur compromis par des assassins descendus des premiers rangs , immole son ressentiment sur l'autel des lois ; lorsque pendant le cours de cette longue procédure , les accusés ont cent et cent fois passé sous ses yeux sans essuyer un seul outrage ; lorsqu'aucune vocifération n'a troublé le cours des plus longs et des plus orageux débats , et que leur terme n'a été signalé par aucune émotion : certes un tel peuple doit être loué sur son calme , sur sa délicatesse, et ne pas être exposé aux téméraires assertions d'un pamphlétaire incapable d'apprécier une telle conduite et indigne d'en parler. »

Ces dernières paroles furent prononcées avec un tel accent que je crus voir le corps de l'inconnu s'agrandir , son visage s'alonger , ses sourcils se brunir , de manière à lui donner un air vraiment aveyronnais. Cette métamorphose pouvant tirer à conséquence , je crus devoir donner une autre direction à ses idées , en lui demandant ce qu'il pensait des accusés.

— Ils sont ou vont paraître devant leurs juges , et je ne suis point appelé à en faire partie. Ne troublons point par de vains caquets , un silence que la voix de la justice a seule droit d'interrompre. *Res sacra miser* ; l'infortune ne doit pas être la proie

proie des spéculateurs, des négocians en littérature, ni de leurs commis-voyageurs. La curiosité peut être avide, il ne faut pas qu'elle devienne cruelle ; et si elle tuait la pitié, ce serait un meurtre de plus......

— Mais mad. M......? *

— Elle est assise sur les mêmes bancs ; je lui dois les mêmes égards : je ne parle jamais d'elle, ayant trop à rougir de la célébrité qu'elle nous cause.

Ces propos pouvaient avoir un fonds de justesse, mais ils n'étaient pas récréatifs. Je changeai encore de conversation. — Pensez-vous, Monsieur, que nous puissions, à travers *les montagnes de couleur fauve*, *les longues châtaigneraies et par les sentiers taillés dans le roc*, pensez-vous, dis-je, que nous puissions arriver à Rodez sans une notable déperdition de membres ?

— Je compte arriver demain sain et sauf dans mon pays, et le trouver à la même place, à moins qu'un tremblement de terre ne l'ait englouti, ou que les grippe-sols ne l'aient avalé.

Je vis alors que mon homme devenait intraitable. Son humeur augmentait à chaque page, en parcourant les cinq cahiers qui étaient successivement passés dans ses mains. Ses réflexions se bornaient à de fréquentes exclamations : C'est faux!.... il n'a pas vu cela!..... c'est une mystification!...... Je le laissai dire et me réfugiai dans le cabriolet, pour jouir de l'aspect que présente le beau vallon de Villefranche, au-delà duquel je trouverai sans doute les *montagnes de couleur fauve*, etc., etc., etc.

Arrivé à midi, je passe le reste de la journée à vous écrire. Ma première lettre sera datée de Rodez ; demain je franchirai les limites du monde...... Rassurez-vous ; j'ai de l'espoir,

(*) Si le Sténographe au lieu d'écrire *Manson* eût écrit *Manzon* qui est le véritable nom de l'héroïne, il aurait à la vérité perdu l'occasion de faire une note, mais il nous aurait épargné les frais de celle-ci.

puisque deux voitures partent régulièrement d'ici trois fois la semaine, en dépit des notions fournies par le Sténographe aux employés des Messageries.

Je suis etc.

TROISIÈME LETTRE.

Rodez, le 9 *janvier* 1818.

Dieu soit loué! j'y suis et je me porte bien.

Mon compagnon de voyage m'ayant quitté pour loger en ville, je suis parti seul de Villefranche au milieu de la nuit; circonstance qui m'a long-temps dérobé l'aspect sauvage du pays. Cette privation m'affectait peu; mais je prévins mon conducteur que j'étais résolu de descendre toutes les fois que nous aurions à parcourir des *sentiers taillés dans le roc*, afin de ne pas être précipité dans les *vallons étroits et profonds qu'ils dominent.* — Eh! Monsieur, me dit-il, tranquillisez-vous; vous avez d'ici à Rodez, une route de trente pieds de large, qui sera, dans quelques mois, l'une des plus belles de France. — Diantre! elle a été faite en peu de temps. — En effet j'ai trouvé sur cette route plus de cinq cents ouvriers divisés en douze ou treize ateliers, dirigés par des conducteurs, surveillés par les maires, et bénissant par de fréquentes acclamations l'autorité qui leur donne du travail et du pain. C'est un dépôt de mendicité dont les bâtimens ne coûtent pas d'entretien. Les indigens de tout âge, de tout sexe, de tout pays, y sont reçus; et voilà comme les germes de la prospérité sont souvent fécondés au sein de la misère. Heureux le temps où les administrateurs n'ont à faire que le bien! Bénis soient ceux d'entre eux qui le sentent et agissent ! Béni soit le gouvernement qui leur en laisse le loisir, et leur en fournit à-la-fois l'exemple et les moyens !

A la vue de la ville, mon conducteur n'*arrêta* point *ses chevaux*, et me dit du ton le plus calme, sans crier : *Voilà Rodez.* Cette ville, quoique *hérissée* de *deux* clochers dont l'un n'a pas cinquante ans d'existence, ne m'a paru avoir rien de commun avec les romans d'*Anne Radcliff*, qui n'y a jamais pensé. Son enceinte, que je n'ai pu distinguer faute d'instrumens, n'a pu rendre *plus vivans* pour moi *les récits du crime qui s'y est commis.* Ce qui est singulier, c'est que le soleil de janvier produisait le même effet que celui de novembre, et *dorait*, en se couchant, *les murs dessinés en noir* qui se trouvaient également *par-dessous.* En entrant dans la ville, j'ai remarqué, contre l'avis du Sténographe, que l'élévation perpendiculaire du sol devait y prolonger la durée du jour. Malheureusement je n'ai pu voir une seule des innombrables chauve-souris qui avaient solennisé l'entrée de mon précurseur. J'en demandai des nouvelles, et l'on se moqua de moi. En passant au bout de la rue des Hebdomadiers, j'y vis circuler un assez bon nombre de passans, tellement aguerris qu'ils marchaient au petit pas. J'ai demandé ce qu'étaient les Hebdomadiers ; on m'a assuré qu'ils disaient la messe pour en épargner la peine aux chanoines, mais qu'ils n'avaient rien de commun avec l'évêque qui n'avait que faire d'eux. J'approfondirai cette question qui n'est pas sans intérêt.

Je descendis à l'*Hôtel des Princes*, qui sans être un palais n'a point l'*aspect sauvage*, et est situé sur une place de grande dimension. A peine arrivé, je devins l'objet du plus vif empressement de la part des servantes. — Monsieur veut sans doute une chambre en seul ?..... Monsieur veut-il que j'aille acheter du papier ?.... Il lui faudra sans doute de l'encre, des plumes ?..... Mais, sans doute, Monsieur voudra faire comme l'autre, se loger en ville pour fabriquer des livres ?...... C'est bien malheureux que ce M. de l'autre jour n'ait pas pu tenir à écrire tout ce qui se débitait dans cette maison........ ; il faisait bien des embarras, ce M.; mais, ma foi, il payait bien... Qu'y a-t-il gagné ? il est allé s'établir seul, loin de tout le monde ; et il a été obligé d'inventer ce qu'il avait envie de dire, au lieu de profiter de ce qu'il aurait entendu, etc.

Je fis peu de cas de toutes ces impertinences ; cependant ces questions me déplurent, et je craignis sérieusement d'être *suspect*, ou tout au moins *de me trouver compris dans les secrètes et générales défiances des graves bourgeois* ; je m'attendais à chaque instant à voir autour de moi des *citadins effarés* me prendre pour un autre, faute de savoir qui j'étais. Comme *chanceux*, la police pouvait également me considérer comme un des siens, ce qui m'aurait donné une singulière *similitude avec les dieux*. Toutefois je comptais assez sur ma bonne mine, pour écarter les soupçons et sur mes passe-ports, pour les dissiper. Pour plus de sûreté, je soupai seul dans ma chambre et je me couchai.

Il était à peine jour, je fus réveillé par le tintement d'une cloche promenée dans les rues et procédant avec une régulière lenteur. Serait-ce une St.-Barthélemy, des Vêpres Siciliennes ? Je me suspens au cordon de ma sonnette, et m'élance vers la fenêtre pour observer le danger, et aviser aux moyens de le fuir. La fille monte. - Qu'a donc Monsieur ? est-il incommodé ? — Sauve-moi, mon enfant, sauve-moi ! — Eh ! de quoi, Monsieur ? qu'avez-vous ? — Cette cloche ! !... Sans doute, elle sonne ma dernière heure ! - Y pensez-vous, Monsieur ? C'est le signal du balayage ; voyez plutôt......... — En effet, je vis la place couverte de balayeuses, et des brouettes qu'on employait à l'enlèvement des boues. — Ah ! voilà pourtant à quoi sont bonnes les remontrances ; voyez s'il n'est pas bon d'apprendre aux préfets que la propreté des rues est leur affaire, et qu'au lieu de s'amuser à *dresser des obélisques*, ils feraient mieux d'exécuter les ordonnances des commissaires de police...... Il n'y a pas deux mois, ma fille, que vous balayez ici les rues ? — Pardonnez-moi, Monsieur ;

de tout temps on nous y a obligées ; il y a plus de six ans que cette maudite cloche me sert tous les jours de réveille-matin ; et je ferais mieux de lui obéir que de m'exposer à l'amende pour le plaisir de vous écouter..... — Elle disparut. Comment se fait-il donc, me dis-je alors, que le Sténographe n'ait pas entendu cette cloche et qu'il se soit trompé faute d'oreille ?

Après m'être habillé, je ne savais trop comment m'y prendre pour sortir; je sentais que j'allais être entouré de *citadins effarés* qui me prendraient peut-être pour la bête du Gevaudan ou pour le serpent d'Amérique. J'ai profité d'un moment où je voyais peu de monde sur la place, pour me présenter sur la porte de l'auberge. Vingt personnes ont passé devant moi sans me regarder. J'ai fait dix pas en avant ; même indifférence : enfin, j'étais déjà au milieu de la place sans qu'il y eût la moindre apparence de tumulte. Encouragé par le succès, j'ai résolu, à tout hasard, de faire des visites.

Diogène ne put trouver un homme dans Athènes : le cynique moderne en a trouvé deux dans Rodez. Je leur devais mon premier hommage, et je commençai par le respectable ecclésiastique qui lui a rendu de si grands services pendant son séjour. Je m'informai de sa demeure et m'y fis conduire; malheureusement il était parti pour aller se perfectionner dans l'art de donner la parole aux sourds-muets. Mieux vaudrait l'ôter à ceux qui en abusent. Mais peut-être à son retour fera-t-il parler mad. M......

Affligé de son départ, je courus me dédommager auprès de M. D.... que je trouvai à la bibliothèque. Après m'être fait connaître, et avoir parcouru des yeux cette intéressante collection, je le priai de me montrer les *fastes de la Province*. — Malheureusement, Monsieur, il n'en existe pas. — Pardonnez-moi, le Sténographe les a lus, et même ils l'ont fort ennuyé. — Ma foi, il nous le rend bien ; mais je vous assure qu'il n'existe aucune histoire du Rouergue : aussi attendons-nous avec impatience la publication d'un ouvrage annoncé par un magistrat dont le patriotisme égale le talent, et qui s'est dévoué aux plus laborieuses recherches, pour en faire hommage à ses concitoyens. — Alors je ne vois pas pourquoi mon auteur a parlé de *fastes*, à moins que ce ne soit pour faire preuve d'érudition.

Je fus très-satisfait de cet établissement, qui suffirait seul pour civiliser le pays, s'il était plus fréquenté ; je le fus également de l'ordre qui y préside, des manières affables et polies du bibliothécaire ; je fus même étonné de la douceur qui règne dans ses traits, car il a les sourcils noirs ; mais par compensation, il n'est pas de haute taille et il a le visage rond.......... Ce doit être un métis.

La bibliothèque est placée dans un vaste et beau bâtiment, qui est le Collége. Cet établissement existe depuis des siècles. Il en est même sorti quelques hommes célèbres qui, sans doute, se sont formés ailleurs. On prétend que ce Collége est bien administré, bien pourvu de maîtres et de professeurs ; on assure même qu'il s'y fait de bonnes études. Mais je n'en crois rien : le Sténographe, qui s'y connaît, n'aurait pas manqué de le dire.

Avant de regagner mon logis, je fus curieux de trouver DANS *cette capitale le seul lieu passable qui en est* DEHORS. Je marchais à pas lents fortement occupé de la solution de ce problême, lorsque je m'aperçus que j'étais sur les remparts. Une vue pittoresque s'offrit à mes premiers regards. Le temps était beau ; je la contemplai avec charme ; le tableau changeait à chaque pas sans rien perdre de sa richesse ni de son étendue. Au lieu de l'*étroit fossé* qui, dit-on, entoure la ville, je me suis promené sur une zône presque circulaire, récemment applanie et plantée, et dominant sur tous les points d'un vaste amphithéâtre qui s'étend à quinze ou vingt lieues de rayon, jusqu'aux montagnes du Quercy, de la Lozère et du Cantal. Il ne me manquait que le *parfum des champs et des prairies*, que mon précurseur a savouré avec tant de délices à la fin de novembre ; mais il est très-rare qu'on le respire ici en janvier.

Je cherchais aussi avec empressement les *obélisques* qui ont donné lieu à cette salutaire gourmade dont on a si bien profité, lorsque le long des murs, j'aperçus un pourceau.

J'aime les cochons, moi. Ce sont de bonnes bêtes qu'on met à toute sauce. Ils sont même susceptibles d'une certaine éducation. En Angleterre, on en a fait un mathématicien ; on pourrait peut-être à moins de frais, en faire un sténographe. Néanmoins je ne voudrais pas les admettre dans mon intimité ; je blâme le nombre excessif de ceux que l'on élève à Rodez, et j'avoue que je ne voudrais pas les voir entrer pour un cinquième dans la composition de toutes les sociétés où je puis être reçu. Ces réflexions m'étaient suggérées par la présence de cet animal, lorsque deux hommes en redingote bleue, se sont précipités sur lui, voulant l'entraîner. Franchement j'ai cru que c'était un *outrage fait à la probité.* Je me suis mis à crier de toutes mes forces : Au voleur ! À l'assassin ! Le porc criait de son côté ; des femmes sont accourues ; la querelle s'est engagée, et j'ai compris que les ravisseurs étaient des *observateurs* apostés pour la surveillance des troupeaux qui paissent dans les rues, et qui voulaient mettre en fourrière le maraudeur échappé. Sur ces entrefaites, arrive un commissaire ; je m'approche et me permets de lui représenter que dans une ville *où l'on mène paître habituellement des troupeaux de cette espèce sur le pavé des rues*, il n'y a pas grand inconvénient à tolérer une petite *excursion* qui peut avoir pour objet des *particularités*.... — Où donc Monsieur a-t-il pris que les porcs paissent en troupeaux dans nos rues ? — Tenez, Monsieur, lisez dans le Sténographe. — Fi-donc ! voilà une gaieté de bien mauvaise compagnie ; peut-on présenter de semblables images à des lecteurs délicats ? Assaisonner un écrit de telles saletés, c'est glaner après ces animaux et vivre de leurs restes. — Je levai les yeux sur cet homme ; il avait cinq pieds six pouces, le visage long, et quels sourcils ! Pour le coup, celui-là est de race pure.

Je précipitai ma marche, et encore tout ému je rentrai au

logis. La promenade avait aiguisé la faim ; je demandai à déjeûner : l'on me dit que les pensionnaires et les voyageurs allaient se réunir et qu'il me serait plus agréable d'être servi en bonne compagnie. J'hésitais....... j'acceptai.

Parmi les commensaux se trouvèrent trois commis-voyageurs. La conversation s'établit sur les affaires de commerce. Chacun vanta après sa maison, celles avec qui il était en correspondance, et traita les autres assez lestement. Comme il faut tout dire, je remarquai que les négocians de Rodez étaient connus sous de très-avantageux rapports ; tous s'accordèrent sur la solidité, la loyauté, la franchise et l'exactitude qui régnaient dans leurs relations, et je fus enchanté de pouvoir en conclure que cette classe de Ruthénois n'était pas celle qui faisait subir des *outrages à la probité*, car je pouvais avoir besoin d'un habit.

Ensuite on parla du cours des marchandises ; l'un d'eux se plaignit d'avoir fait des achats trop considérables de toiles du pays, et d'éprouver quelque embarras dans l'emploi. — C'est bien votre faute, Monsieur, dis-je en haussant la voix ; je connais quelqu'un qui en fait des *voiles gauloises*, et s'en trouve fort bien. — Le voyageur resta pétrifié ; mais depuis j'ai pensé qu'il fut frappé d'une illumination soudaine, et je suis persuadé que j'aurai fait jaillir d'un seul mot une nouvelle source de prospérité.

J'étais à table entre deux pensionnaires qui, malgré mon voisinage, avaient conservé outre un excellent appétit, le plus imperturbable sang-froid. Je m'étais attendu aux questions les plus indiscrètes, aux soupçons *les plus chanceux*, enfin aux témoignages les moins flatteurs des *défiances générales*. Pas un ne s'informa de moi ; chacun se contenta de m'offrir avec les formules les plus succinctes de la civilité, des mets qui étaient sur la table. Presque offensé de cette insouciance qui ressemblait au mépris, je rompis le silence, et m'adressant à l'un d'eux : Monsieur, lui dis-je, n'est sûrement pas un *citadin*, puisqu'il ne s'est point *effaré* en me voyant ; y a-t-il long-temps que vous habitez ce pays ? — Depuis quinze ans, Monsieur ; et probablement j'y passerai le reste de ma vie ; mes fonctions m'y ont attiré, je m'y trouve bien, et j'y demeure. — J'ajoutai quelques questions à la première. — On respire ici, me dit-il, un air pur ; le climat est rude, mais sain ; les vivres y sont à bon compte ; le gibier, la volaille, le poisson, la viande de boucherie, les légumes, tout y est abondant et de bonne qualité. Ce que le pays ne produit pas, les voisins nous l'apportent : les alimens sont salutaires et variés ; on ne fait pas une chère délicate, il y a peu de choses excellentes, mais presque toutes sont bonnes. Je vais rarement dans la société des femmes ; mais je fréquente assidûment celle des hommes, et elle ne me laisse rien à désirer. Ceux-ci sont spirituels (*) et judicieux, sincères et dévoués en amitié, francs dans la haine, et si l'on a le malheur de se faire un ennemi, il est le premier à vous le faire savoir. La droiture de l'esprit est commune au cœur. La plus cruelle injustice serait de juger les mœurs et les principes des habitans par l'affreuse exception qui fait tant de bruit ; il faut les apprécier par l'horreur qu'elle inspire. — Mais où les voyez-vous si ce n'est dans des *réunions hebdomadaires ouvertes par l'autorité et où l'on se rend sans empressement* ? — Je les vois deux fois par jour au cercle, où la liberté n'a d'autres bornes que celles que lui imposent la décence et les convenances. — Serait-ce trop présumer de mon aptitude ou de votre indulgence.......... ? — Très-volontiers, Monsieur ; les réglemens me permettent de vous y présenter ; j'ose vous garantir que vous y serez bien reçu.

Cette offre me ravit. Il faut voir la société avant de la juger, et quand on n'est pas fait pour y être admis, il faut du moins écouter aux portes.

Dès le même jour je fus introduit dans le salon. On me reçut sans empressement et sans froideur. On m'offrit des

---

(*) Cette règle n'est pas sans quelques exceptions :

« Il en est jusqu'à trois que je pourrais nommer. »

cartes ; je les refusai ; j'acceptai des journaux que je fis semblant de parcourir pour me donner un air occupé et afin d'observer sans être remarqué. Deux ou trois tables de jeu absorbaient une partie de l'assemblée ; quelques spectateurs circulaient de l'une à l'autre ; un petit nombre causaient à haute voix et parlaient nouvelles. Je jugeai que c'était d'anciens députés, des magistrats, des gens de loi, etc. Les hautes questions de politique, de finances, de législation, y furent abordées comme des sujets familiers aux interlocuteurs ; la discussion était grave, raisonnée, et quoiqu'il fut facile de distinguer des nuances dans les opinions, on voyait que les passions ne les engendraient pas. Les esprits se mesuraient sans se heurter ; la dispute était sans aigreur, la plaisanterie sans persiflage, la citation sans pédanterie, la chaleur sans emportement. En un mot, je trouvai réunis l'agrément et la solidité, la science et le bon ton. Nous nous retirâmes à huit heures du soir. — Peste ! dis-je à mon introducteur, voilà des gens fort bons à connaître ; je veux les cultiver. Eh ! comment se fait-il que le Sténographe ne parle pas d'eux? Ce sont ces conversations-là qu'il eut fallu sténographier, au lieu de rêver des fadaises. – Le Sténographe ! Je suis le seul qui l'ait vu, encore est-ce au cabaret, et nous aurions ignoré son existence, sans le fracas et le ridicule qui annoncèrent son arrivée. — Ses écrits sont ici complétement ignorés ; ce n'est qu'avec la plus grande peine que j'ai pu m'en procurer un exemplaire. Il paraît n'avoir ambitionné ni débit ni suffrages dans cette province. C'est mal faire les affaires de son commettant ; et s'il venait ici chercher le prix de ses gentillesses, elles lui vaudraient plus d'or en barre que d'argent monnoyé.

En voilà bien assez pour cette fois. Je vous ferai part de mes observations et de mes aventures, à mesure de l'événement. Je commence à croire que les *esprits dont on nous fait peur sont les meilleures gens du monde.*

Je suis, etc.

QUATRIÈME LETTRE.

Rodez, 15 *janvier* 1818.

Je fais chaque jour des progrès; chaque jour je m'acclimate et me familiarise avec la taille haute, le visage long et les sourcils des habitans; je vais, je viens sans être *effaré*, ni plus ni moins que les *citadins* que je rencontre.

Je me promenais il y a deux jours, attendant un événement ou une idée qui décidât de ma journée, lorsque je vis venir à moi un de ces citadins; il s'approche, c'était mon compagnon de voyage. Après les premiers complimens, il m'apprit qu'il était habitant de la ville, lieu de sa naissance, et qu'il demeurait à quelques pas. Il m'engagea à l'aller voir et même à dîner chez lui le lendemain. — C'est une réunion d'hommes, me dit-il; mais j'aurai la permission de vous amener un autre jour dans une soirée qui sans doute sera un bal. — J'acceptai le dîner, mais je mis peu d'intérêt à la proposition du bal que je présumai être une *soirée peu attrayante* et ressembler à une *réunion hebdomadaire ouverte par l'autorité*. Cependant, prévenu que j'y trouverais des *habitudes étrangères aux arts*, je fus curieux d'apprendre comment on s'y prenait ici pour former un bal sans musique et sans danse, deux *arts* nécessairement proscrits par les habitudes locales. J'acceptai donc aussi la proposition du bal, et nous nous séparâmes.

C'était jour de marché: je fus étonné de l'affluence des forains, de l'abondance des provisions et de la modicité des prix. Une seule observation m'affligea; c'est que la cause du bon marché est la misère, et je vis avec douleur que la bonne chère était approvisionnée par la faim.

Néanmoins je remarquai que les paysans étaient en général bien vêtus et couverts d'étoffes moins grossières que dans les pays voisins. Je savais à n'en pouvoir douter, que le noir était la couleur favorite des paysannes ; je ne fus pas peu surpris de les voir presque toutes vêtues d'une camisole bleu-clair et d'un jupon de bure légère, de couleur grise ou rayée de rouge. Un assez bon nombre portait des étoffes de coton. Ce fut en vain que je cherchai *une figure de deuil* pour jouir *de sa ressemblance avec un procureur ou un frère ignorantin*; je jouai de malheur ; je vois que je serai obligé d'aller dans *le paysage.*

Le lendemain je fus exact au rendez-vous : à midi sonnant, je tenais dans ma main le marteau de la porte chez mon Amphytrion. Je montai en toute hâte, et je fus introduit dans sa chambre où je le trouvai en déshabillé du matin. Vous voyez que je me forme, dis-je en entrant, je suis scrupuleux observateur des usages dans les pays où je me trouve : *Dùm Romanus eris ;* et je sais positivement par le Sténographe, qui lui-même cite un autre auteur, que *tout le monde déjeune ici à neuf heures et dîne à midi.* – Ha ! les temps sont bien changés, me dit en riant M.*** ; la corruption des mœurs a tout perverti, tout renversé. Aussi vais-je vous faire déjeuner à l'heure où l'on dînait autrefois, sans préjudice du plaisir que j'aurai de dîner avec vous à l'heure du souper. Découragé par ma méprise je ne pus me défendre, je me rendis ; nous déjeunâmes tête à tête.

Le pain qu'on nous servit était assez bien préparé et de bon goût. J'en fis mon compliment à mon hôte et le félicitai d'avoir triomphé de cette difficulté dans son ménage. Il me dit qu'il prenait son pain chez le boulanger ; Dieu me préserve, ajouta-t-il, de le faire fabriquer chez moi. Sans doute on vous le porte de la campagne, comme le pain de Gonesse ; car je suis certain qu'il n'y a pas un boulanger à Rodez ? -- Vous plaisantez, on en compte plus de 80, c'est-à-dire, 60 de trop. -- Voilà donc encore mon Sténographe atteint et convaincu de balourdise, et cela devient assez fréquent.

Pour égayer la conversation, je racontai l'aventure du pourceau ; mais je ne pus dissimuler mon indignation contre l'usage de mener *paître* ces animaux *dans les rues pavées* ; si je rencontrais, lui dis-je d'un ton animé, un tel troupeau, je leur mettrais à tous le diable au corps pour qu'ils allassent se précipiter dans l'Aveyron. L'Aveyronnais rit de ma colère et encore plus de ma crédulité. -- Toujours est-il, lui dis-je, que vous nourrissez ici en cochons le cinquième de la population, à ce qu'assure le Sténographe ; ce qui ne doit pas faire moins de 1600, suivant son comput. -- Ce compte-là n'est pas exact, Monsieur, et demeurez certain, me dit-il d'un ton sérieux, que l'on compte à peine cent de ces animaux nourris par des bouchers, quelques boulangers et un très-petit nombre de ménages. C'est tellement vrai, que l'achat de ces animaux gras fait sortir de la ville plus 200,000 fr. tous les ans. Je n'insistai pas, et nous nous quittâmes jusqu'à six heures.

La compagnie fut peu nombreuse et presque toute composée des premiers fonctionnaires. Comme nous n'étions pas *au vallon* et que le repas n'était pas *une collation*, je ne m'attendais guère à voir *briller* les truffes, les truites, les perdrix et le fromage. Cependant tous ces mets y parurent dans tout leur éclat. En voyant servir une dinde farcie, je m'écriai : Voilà sûrement *des truffes de Millau* ! -- De *Millau* ! Monsieur, dit un convive, il n'en vient pas une ; malheur à qui n'en mange pas d'autres ! -- En ce cas, dis-je à part moi, le Sténographe n'en aura pas eu d'indigestion. Je n'osai pas demander si les *perdrix* étaient *de Saint-Geniez*, crainte d'un nouveau démenti pour mon auteur. Je buvais le vin avec défiance, sachant bien que celui du cru n'est pas spiritueux. Un peu raffermi par l'exemple, je le goûtai avec réflexion et le trouvai fort bon ; j'en fis compliment à mon voisin. - C'est du vin du pays, mais de choix ; on en recueille de beaucoup moins bon ; il en est même de très-plat. - C'est cela ; le Sténographe en faisait son ordinaire ; je l'aurais reconnu à son style quand il ne l'aurait pas avoué.

Le dîner fut copieux, bien servi ; la volaille, le poisson et le gibier en firent les honneurs ; la boucherie n'y parut pas ; c'est l'usage du pays. La conversation fut gaie sans être bruyante, et soignée sans être prétentieuse. Elle se prolongea après le dîner; je fus surpris d'entendre sonner onze heures et de me trouver avec des gens éveillés, lorsque tout le monde devait *dormir à neuf*. Cette observation me conduisit à prendre langue sur l'heure du bal qui devait avoir lieu le lendemain ; car si l'on devait se coucher à neuf heures, il fallait être en mouvement à midi. Il se pouvait que ce fut pour économiser la chandelle dans un pays où les *habitudes étrangères aux arts* n'auront pas permis l'introduction des quinquets. Cette fois je pris mes renseignemens avec tant de bonheur et de dextérité que sans donner prise à la moquerie, j'appris qu'il fallait se rendre à la soirée *à l'heure indiquée par les écrivains pour le coucher*.

Toujours exact, j'allai prendre mon interlocuteur à l'heure indiquée et nous fîmes bientôt partie d'une assemblée de 70 à à 80 personnes, dont moitié en femmes, jeunes, bien mises, quelques-unes jolies, toutes agréables et toutes justifiant, à ce qu'il me parut, ce mot charmant que mon cœur fit renaître dans ma mémoire : *L'homme du bel air n'y viendra pas peut-être chercher sa maîtresse ; mais à coup sûr il n'est pas d'honnête homme qui n'y trouvât sa femme.* (*) On dansa avec tout l'abandon de la gaieté et toute la franchise du plaisir que ne gâtent point les prétentions. Les honneurs de la soirée furent faits par la maîtresse de la maison avec une grâce que la nature seule ne donne pas. Le bal fut interrompu par un souper magnifique, où je vis *briller* de nouveau la *truffe* et le *fromage*. La danse recommença après et se termina à cinq heures du matin ; ensorte que nous nous couchâmes tout juste à *l'heure marquée par les écrivains pour le lever*.

Dès ce moment j'ai été admis dans toutes les maisons qui reçoivent ; ma qualité d'étranger n'est qu'un titre de plus aux

(*) Description de l'Aveyron. -- Tom. 2.

égards de ces bonnes gens, et je trouve dans leur commerce des douceurs que ne savent découvrir ni goûter, la cupidité, la pédanterie et la fatuité.

Je suis, etc.

CINQUIÈME LETTRE.

Rodez, 19 *janvier* 1818.

C'était hier dimanche; je vis la garde nationale sous les armes. Sans doute le Sténographe avait vu les grenadiers lorsqu'il a dépeint le physique des hommes du pays. Au total, ce corps composé de deux compagnies bien habillées, bien armées et d'une belle tenue, forme un ensemble agréable à voir, autant que sa musique bonne et nombreuse est agréable à entendre.

Après la revue, je suis allé faire une visite à l'Amphytrion. On m'a dit qu'il était dans son jardin; je m'y suis rendu et j'y ai trouvé réunies douze à quinze personnes que je n'avais pas encore toutes rencontrées dans le monde. Une table dressée et au moment d'être servie m'a trompé sur l'objet de la réunion; j'ai voulu me retirer. -- Non, m'a dit l'inconnu, vous assisterez à la séance.—Académique, peut-être? -- Non parbleu, n'en craignez rien; je vous garantis d'avance contre toute lecture de vers, de prose, de discours et d'épîtres. Nous sommes ici de bonnes gens, tous propriétaires et plus ou moins adonnés à la culture des champs; le titre de *Société d'Agriculture* est pour nous un mot de ralliement qui sert à nous assembler tous les mois sous ces arbres, parmi lesquels vous ne verrez pas un seul laurier. Nous causons de nos affaires, des intérêts du pays ; chacun y apporte le tribut de ses essais, de ses découvertes ; nous en discutons les avantages, et si les résultats en peuvent être utiles, l'un de nous se charge de les publier. Et comme la consommation est le but et le terme de la production..... -- Ah ! j'entends ; ici les extrêmes se touchent. -- Nous publiions autrefois un recueil de nos mémoires ; le malheur des temps, un peu de découragement et beaucoup de paresse nous ont fait interrompre cet usage. La société me permettra de vous offrir sa collection. -- Dieu veuille, dis-je à part, qu'elle ne produise pas le même effet que les *fastes*.

L'agriculture n'a pas été l'objet de mes études et je n'y suis pas très-fort. Pendant que les sociétaires s'entretenaient de pépinières, de céréales, de pommes de terre et de moulins, j'étudiais leur physionomie, espérant que ces campagnards me présenteraient quelques traits que le frottement pouvait avoir effacés chez les citadins. Il n'en fut rien. La même teinte de simplicité, de cordialité régnait sur tous les visages, et je serais aussi, je crois, devenu bon homme si je n'avais eu mon rang à garder. Nous nous mîmes à table, après la séance, ou même pour la continuer. Encore un dîner copieux et si gai qu'on aurait fini par chanter, si l'envie de régenter mes convives ne m'eut pris tout-à-coup. Je ne pouvais pas être savant, bourgeois de Paris, avoir fait deux cents lieues, et ne pas donner des leçons à des provinciaux. J'étais en fonds pour trouver un texte.

— Je n'ignore pas, Messieurs, que vous vous bornez à avoir deux espèces de terre dans votre pays, le *Causse* et le *Ségala*.

— Eh ! Monsieur, vous vous trompez, nous en avons cinq ou six autres bien distinctes et qui couvrent une grande surface.

— Le premier vous fournit abondamment du froment.........

— Pas toujours.

— Vous y faites encore d'abondantes moissons de buis et de genévriers. Je sais aussi, à n'en pouvoir douter, que dans la région du Ségala, les seigles croissent sur les terres volcaniques, les châtaigniers au sein des basaltes, et les bouleaux près des eaux minérales.

— Eh ! Monsieur, ce sont autant d'erreurs ; il n'y a dans le *Ségala* vestige ni de volcans, ni de basaltes ni d'eaux minérales.

— Je suis encore particulièrement instruit que les genévriers qui croissent près le lac St.-Andéol vous servent à parfumer les grives qui peuplent son rivage.

– Eh ! Monsieur, il n'y a près le lac de St.-Andéol, ni grives ni genévriers.

— Vous verrez que le son des cloches les aura fait enfuir. Quoi qu'il en soit, malgré ces avantages, vous êtes tous gueux, parce qu'il ne vous plaît point de tirer parti de vos mines. Je sais bien que ce n'est pas par désintéressement que vous négligez ces trésors, mais par ignorance ou par surdité, car le *fer, le cuivre et l'or résonnent sous vos pas, le marbre surtout.* Cessez donc de *disputer l'alun et le charbon aux entrailles de la terre* qui pourtant s'y prête, à ce qu'on dit, de la meilleure grace, et renoncez sérieusement à la culture du froment, du buis, du seigle et des bouleaux.

Je m'attendais à voir ces bonnes gens rougir et se taire ; peu s'en fallut qu'ils ne partissent tous d'un éclat de rire, et je dois les efforts qu'ils firent à leur bonne éducation.

— Monsieur, une petite expérience de cette nature a coûté à ma compagnie et à moi une mise de 60,000 fr., et je n'en ai pas retiré une marmite. — Si Monsieur veut se charger de vingt ou vingt-cinq actions de la mine de Muret, me dit un autre....... le fer en est excellent.

— Messieurs, je ne suis pas venu pour spéculer ; je ne suis pas même naturellement très-intéressé. Mais je connais un exploitant d'affaires, de causes, de mémoires, de journaux et de livraisons, qui très-certainement s'en accommodera et les fera valoir : c'est un homme unique pour tirer parti des mauvaises actions, et s'il y perd du sien, il y aura du malheur.

— Du moins il n'y fera pas fortune, reprit l'actionnaire avec une candeur qui m'édifia ; et cette proposition fut développée avec tant d'étendue et appuyée sur des faits si positifs, que forcé de me rendre, je vis que ces gens-là connaissaient leur pays et leurs affaires mieux que le Sténographe et que moi. Nos vraies mines, ajouta-t-il, c'est l'agricuture qui les exploite. Les grains et les bestiaux, voilà les deux mamelles nourricières de cette terre ingrate qu'il faut violer pour la rendre féconde. Loin de nous gourmander, tenez compte des efforts que nous avons à faire contre l'ingratitude du sol, l'inclémence du climat et tous les fléaux qu'elle engendre. Certes nous avons assez de peine à sillonner le terrain, sans aller fouiller dans ses entrailles. On a souvent comparé l'Aveyronnais au sol qui le nourrit : on s'est trompé. Nous avons l'écorce dure, mais un cœur accessible ; la terre laisse entrouvrir sa surface, elles est impénétrable dans son intérieur. Qu'on forme au milieu de nous des établissemens utiles, et l'on verra si nous savons les faire prospérer. Monsieur a-t-il vu notre dépôt d'étalons ?

Quoi ! un dépôt d'étalons à Rodez ! Voilà une chose qui doit être curieuse et surtout bien placée. On vous aura sans doute envoyé des chevaux corses ; ils sont sauvages ; on les lâche dans les bois, dans de *longues châtaigneraies*, par exemple, et la nature se charge du reste.

-- C'est cela, dit un sociétaire d'un ton ricaneur. Heureusement l'hiver les a ramenés à l'étable, et si vous voulez, nous irons demain les voir.

— Sans doute, et si j'en suis content, je le ferai savoir aux fiacres de la place St.-Michel.

Nous nous donnâmes rendez-vous pour le lendemain matin.

Ma santé est toujours bonne quoique j'éprouve un singulier

dérangement d'estomac. Je mange au double et digère beaucoup mieux. Heureusement le remède n'est pas loin du mal, et la politesse des habitans me fournit presque chaque jour l'occasion d'une rechûte. Je suppose que c'est encore un des symptômes de leur barbarie ; ils engraissent leurs victimes avant de les immoler. J'en prendrai volontiers mon parti, si l'on me laisse le choix de l'idole.

Je suis, etc.

SIXIÈME LETTRE.

Rodez, 25 *janvier* 1818.

C'est vraiment un bel établissement que le dépôt d'étalons où l'on m'a conduit il y a deux jours. Ces animaux si fringans sont logés à l'ancienne Chartreuse. O Saint Bruno! combien les réglemens de cette institution s'éloignent de vos chastes et rigoureux statuts!

Le directeur de l'établissement nous reçut avec un ton et une urbanité qui ne me surprirent point. Nous parcourumes les écuries ; propreté dans le matériel, ordre et intelligence dans le régime, élégance de formes, vigueur de membres, pureté de sang, variété de races chez les individus ; tout me fut montré, tout fut discuté avec une complaisance à laquelle l'instruction ajoutait un nouveau prix. — Je ne suis pas étonné, dis-je tout ébahi, qu'avec de si beaux chevaux vous fournissiez à l'Espagne des mules dont le commerce vous est si avantageux.

— Vous croyez rire, me dit le sociétaire qui m'avait accompagné ; ce sont pourtant ces étalons qui améliorent la production des mules, en perfectionnant la race chevaline qui les fournit avec les auxiliaires que nous allons vous montrer.

En effet, je fus introduit dans une écurie où je vis quatre baudets magnifiques et des mieux coiffés. Je sus que le Sténographe avait dédaigné de les visiter ; ils y ont été sensibles.

Outre les chevaux et baudets étalons, on a formé dans une ferme dépendante, un haras de race arabe dont le type a été importé d'Egypte lors de la célèbre expédition de 1798. Plusieurs jumens de cette race, promenées de dépôt en dépôt, n'ayant donné partout que de tristes signes de stérilité, sont devenues fécondes dès leur arrivée dans ce département, et y ont donné une foule de productions dont quelques-unes d'un grand prix. Je laisse aux naturalistes le soin d'établir l'étrange analogie qu'il peut y avoir entre le climat du Désert et celui du Rouergue : peut-être ce rapprochement s'opère par l'excellente qualité des herbages et des alimens secs. Ce qui est certain, c'est le fait que je viens de vous rapporter.

Quittant ce bel établissement que l'agréable seul rendrait intéressant lors même que l'utile ne s'y trouverait point, nous passâmes devant la prison des Capucins ; je doublai le pas et le ralentis peu après en lisant sur le frontispice d'un grand portail ces mots en lettres d'or : *Hôpital général.*

— C'est, dis-je, sans doute votre dépôt de mendicité. — Non certes, et Dieu nous en préserve ! reprit mon guide. Cinquante infirmes vivent ici de ce que coûterait le seul état-major. Notre dépôt de mendicité est sur les grandes routes, les chemins vicinaux et généralement dans les ateliers des travaux publics. L'autorité fournit du travail aux indigens valides, et sous ses auspices, la bienfaisance s'est chargée de sustenter les infirmes. Des bureaux organisés et disséminés sur toute la surface de la province, répandent partout les inépuisables trésors de la charité publique, vertu qui a un temple dans tous les ménages de ce département. Car nul n'est plus généreux, plus hospitalier que le pauvre ; aussi avez-vous remarqué que le nombre des mendians est bien moindre ici que dans ces contrées si riches que vous avez parcourues.

– Je ne conviens pas de cela : au contraire, ici seulement j'ai vu et en grand nombre, des familles entières, composées de deux à trois générations et d'individus remarquables par leur embonpoint, la fraicheur du coloris et la multiplicité des enfans; j'ai vu ces mendians parcourant les campagnes en troupes si nombreuses, que je les aurais pris pour des pélerins sans les haillons dont ils sont couverts.

— Il est vrai ; c'est une plaie que font à la province les départemens voisins, qui vomissent annuellement leur écume sur nous ; et telle est la charitable tolérance qui accueille ces émigrans, qu'ils reçoivent l'aumône de la main même qui devrait la demander.

— Ce sentiment est fort honorable sans doute, mais il paye un tribut bien onéreux. Il est vrai que le luxe et les plasirs laissent de la marge à la bienfaisance, et que vous pouvez nourrir bien des pauvres avec ce que coûte ailleurs la toilette d'une actrice.

— J'entends : vous supposez que nous n'avons point de spectacle ; le plus souvent il en est ainsi; mais du moins nous avons pour recevoir les comédiens, une salle très-agréable et passablement décorée ; il fallait voir pendant quatre mois de l'année dernière! — Vous y pouvez fournir du moins des sujets de tragédie : elles seraient comme celles de Shakespeare, ténébreuses et sanglantes......... A peine eus-je prononcé ce mot que j'en eus regret. Il affligea mon guide ; son regard et son silence me le témoignèrent assez. Je voulus ranimer la conversation par une plaisanterie et ne fus pas plus heureux. Nous avions successivement visité la nouvelle salle de la Cour d'assises, l'Hôtel-de-ville, la Préfecture, le Séminaire et les casernes, dans un silence qu'avaient seuls interrompu les témoignages de ma satisfaction, lorsque passant sur les boulevards je lus sur les murs d'un bâtiment champêtre, cette inscription : *Bains de Propreté.*

— Voilà sans doute la piscine qui sert de rendez-vous à toute la ville?

— Oui, Monsieur, mais il y a toujours place pour les étrangers, et nos plaisirs n'empiètent pas sur leurs besoins.

Je me vis au moment de rallumer la bile de mon guide, comme il m'était arrivé dans la Diligence. Ma position n'était pas la même; ici j'avais des devoirs à remplir, et j'étais sans excuse de les oublier un instant. Il ne faut pas narguer les hommes sur leur terrain; si les lois de l'hospitalité prescrivent de faire un bon accueil au voyageur, elles imposent à celui-ci l'obligation de le mériter.

Je fis mes efforts pour faire remarquer par mon guide l'effet que cette réflexion avait produit sur moi. J'avais d'autant plus de tort de lui faire sentir les imperfections de la localité, qu'il était presque toujours le premier à en faire justice. Je ne tardai point à regagner ses bonnes graces, et ne les ai plus perdues.

Nous parcourumes ensemble les deux établissemens de bains que cette ville possède, et je ne pouvais revenir de les avoir rencontrés à Rodez. Le local en est délicieux, la vue magnifique, les cabinets ornés, commodes, bien meublés et le service parfait.

Jusqu'à présent je n'ai pu bien déterminer le caractère originel de ce peuple qui m'avait été dépeint comme si singulier; c'est qu'il ressemble fort aux autres; et peut-être même faut-il avouer ce que je me souviens d'avoir entendu dire dans ma jeunesse à un homme de mérite étranger à ce pays: « Je crois, me disait-il, qu'un Rouergat vaut mieux » qu'un autre homme. »

Quant au Sténographe, je ne le prends plus pour guide, depuis que récapitulant par centaines les balourdises qu'il m'a fait dire, les bévues qu'il m'a fait commettre, j'ai juré de lui faire expier ma honte. Il accomplit journellement sa première destinée, et c'est le seul service que j'aie reçu de lui.

Néanmoins je vais faire un voyage à Alby, exprès pour le voir. Je suis presque sûr de déterminer sa race du premier coup ; et si son *plumage ressemble à son ramage*, je le tiens pour descendu en ligne droite des Iroquois dont j'ai parlé.

FIN.

QUATORZIÈME LETTRE.

Albi, 14 janvier 1818.

L'arrestation du sieur Constans a paru assez importante à la justice pour modifier une instruction prête à finir : cet incident a conduit M. Faydel d'Albi à Rodez : on jugeait généralement ce voyage indispensable, et pour l'exacte connaissance des localités, et pour la direction même des débats.

Quelques personnes assurent, toutefois, que cette démarche a été moins déterminée par l'arrestation de l'ex-commissaire de police que par les interrogatoires dernièrement subis par madame Manson; c'est à leur suite que le magistrat qui préside la cour a pris la résolution de se rendre à Rodez. Ces circonstances ne ralentiront-elles pas les événemens qui se préparent, et ne pourront-elles point reculer l'époque de l'ouverture des assises ? On parle sourdement d'arrestations nouvelles.

Bastide écrit beaucoup; il a écrit à M. Faydel pour demander quelle serait l'époque précise de sa translation; il témoignait, il y a peu de jours, au médecin des prisons, le vif désir de prendre une tisane de coquelicot, préparée des mains de sa femme; sur l'observation qu'il lui en serait donné par le concierge, mais que toute communication était interdite entre ses parens et lui, il s'est irrité, et a gardé un morne silence.

Les frères, les épouses des principaux prévenus continuent d'offrir le spectacle d'une famille atteinte par une contagion mortelle; ils semblent plus condamnés que ces prévenus eux-mêmes.

M. Fualdès fils, parti le 11 de Rodez, vient d'arriver ici; je vous entretiendrai, avant peu, de cet intéressant jeune homme.

Les plus étranges récits se succèdent, à Rodez, sur les circonstances qui ont accompagné l'assassinat, et avec la même activité que dans les premiers jours où il fut connu : cette inquiétude des esprits est loin de s'éteindre. Voici une des versions les plus récemment accréditées ; vous n'y ajouterez pas plus de foi que je ne le fais moi-même ; je ne la transmets que comme un simple détail assez propre à faire juger les fluctuations de l'opinion sur ce sujet. Si ce fait avait quelque vraisemblance, il jetterait, dans une affaire déjà si compliquée, un épisode plus touchant, et plus merveilleux peut-être que celui de madame Manson.

Après l'exécution du crime, Jausion, bourrelé de remords, aurait abandonné ses complices et serait revenu chez lui. Sa femme, remarquant son air triste et abattu, l'aurait pressé de prendre quelque nourriture, que celui-ci aurait repoussée. Colard et Bax seraient venus, avec empressement, le demander, menaçant tout bas d'apporter chez lui le cadavre s'il n'aidait à le transporter. Jausion serait sorti alors, et sa femme, alarmée sur l'état de sa santé, et se défiant de la mauvaise réputation de ceux qui l'avaient appelé, aurait suivi son mari, et l'aurait vu entrer dans la rue des Hebdomadiers.

Attiré à la porte de la fatale maison par un motif de jalousie, elle aurait crié : « *Veynac, Veynac, ouvre-moi!* » On se souvient que ce nom était celui qui était le plus habituellement donné à Jausion ; entendu alors par un passant, il aurait fait arrêter plus tard un jeune neveu de Jausion, qui le porte aussi, et qui, en effet, a été interrogé plusieurs fois.

Qu'on juge de la situation des assassins rassemblés autour de la victime palpitante, et entendant l'un d'eux appelé dans la rue par des cris lamentables ! Il fallait ouvrir ou se voir trahis ; on ouvrit, et madame Jausion, témoin de l'horrible scène, aurait, en sauvant la vie à cette femme inconnue du cabinet, épargné le nouveau forfait qui allait se commettre.

Une conjecture encore nouvelle sur le même événement prend également quelque crédit passager : suivant quelques-uns, le meurtre de M. Fualdès n'aurait été que l'accomplissement d'une vengeance mystique; vengeance affreuse dont les adeptes de la mâçonnerie poursuivent les *frères* infidèles. M. Fualdès était rose-croix et vénérable d'une loge ; cette donnée a paru suffisante pour motiver une pareille absurdité. On assure qu'il existe, dans le serment de l'ordre secret, une formule qui retrace presque tous les détails de l'épouvantable mort dont ce magistrat a été frappé : « Si jamais je deviens parjure, je consens à ce que l'on » me coupe la gorge; que l'on m'ouvre les veines ; que mon » sang coule de toutes parts, et que mes restes soient jetés » dans un précipice. » Il est inutile d'ajouter que cette supposition a été émise par cet esprit d'intolérance prétendue religieuse qui calomnie sans cesse une institution fondée sur des principes d'humanité.

Les gens raisonnables ne croient point à un tel excès de fanatisme ; le secret des mâçons a perdu aujourd'hui son importance, et parmi *les enfans de la veuve* il en est peu qui tiennent à la religion exclusive de leurs mystères. On se demande si la prisonnière de Sainte-Cécile n'appartiendrait pas à quelque secte dont les dogmes sont impénétrables ?

On parle d'une déposition d'après laquelle madame Manson aurait été rencontrée, le 16 mars, à cheval avec Bastide, et se dirigeant vers son domaine de *Gros*. Cette circonstance se rattache, pour ceux qui l'adoptent, à une réponse de Bastide faite pendant les débats; interpellé s'il connaissait madame Manson, il a dit : « Je l'ai rencontrée » une fois sur le grand chemin. »

Au moment où madame Manson quitta cette cellule des Capucins qu'elle a rendue célèbre pour être transférée à Albi, on redoubla d'efforts pour obtenir d'elle une explication précise. « Non, non, persista-t-elle à dire aux magistrats de Rodez; si j'ai un secret, c'est à Albi qu'on » le connaîtra. » Cette femme inconcevable fait éprouver aux personnes qui l'approchent les sentimens les plus contraires et les impressions les plus opposées; tantôt elle repousse et irrite par l'opiniâtreté de son silence, tantôt elle attire et séduit par l'intérêt de sa position et la supériorité de son esprit. Qui l'a vue sans avoir cédé au charme qu'elle exerce? Les intelligences les plus bornées, les ames les plus grossières, ont été subjuguées. La femme de son concierge à Rodez est certainement un des êtres que ses caprices ont le plus désolé; et au départ de la prisonnière, cette femme n'a pu retenir ses larmes. Elle croyait l'avoir parfaitement définie en la nommant *une sorcière*.

On raconte que, deux jours avant son voyage, quelqu'un, que sa discrétion fatiguait plus que personne, lui dit : « Votre » sort est inévitable, ou vous arriverez à l'échafaud, ou » vous finirez vos jours dans une prison d'état. » Elle accueillit la première menace avec des éclats de rire ; elle pâlit à la seconde : « Pourquoi, répondit-elle, si je ne suis » point coupable, me priverait-on de ma liberté ; ce bien » m'est plus précieux que la vie ? De quel droit me con- » damner à un supplice pire que la mort ?

Les autorités d'Albi semblent suivre à son égard un système de douceur et de persuasion qui réussira mieux que tout autre à obtenir l'entier aveu de ses secrets.

LE STÉNOGRAPHE PARISIEN.

QUINZIÈME LETTRE.

Albi, 18 janvier 1818, six heures du soir.

L'époque de l'ouverture des assises semble, en s'approchant, redoubler la curiosité du public. Les étrangers affluent dans cette ville. Les loyers y sont hors de prix, et l'industrie des voyageurs met en jeu tous les moyens pour obtenir des places à l'audience. Mme Manson, qui semble attirer à elle seule tout l'intérêt, a été interrogée le 7, à Rodez, par M. le baron Gary, procureur-général. Sa translation de la prison à la salle d'audience a eu lieu à cinq heures du soir. Le bruit de sa sortie s'est répandu de suite dans la ville, et le chemin qu'elle devait parcourir à son retour a été bientôt rempli par la foule impatiente des curieux. Ce n'est que vers les dix heures du soir qu'elle est rentrée à sa prison, escortée de huit gendarmes. L'obscurité de la nuit ne fut point un obstacle à l'empressement qu'on avait de la voir : toutes les rues par où elle passa étaient illuminées.

En attendant l'ouverture des débats, cette ville (Rodez) est fréquemment visitée par des étrangers qui viennent prendre connaissance des lieux que ce procès a si malheureusement illustrés.

M. Faydel a eu plus d'une conférence avec les magistrats,

(notamment avec M. Enjalran) et a pris les informations les plus détaillées ; dans la visite qu'il a faite à la maison Bancal, il a voulu s'assurer du degré de croyance que méritaient les déclarations de la petite Madeleine, fille de Bancal. Cette petite fille a été tirée de l'hôpital et placée dans le même lit d'où elle avait reconnu les acteurs de la scène horrible qui se passa sous ses yeux. Par le même trou des rideaux par où elle avait tout vu, elle a signalé les différentes personnes que l'amour de la justice avait attirées dans ce lieu infame, et qu'elle n'avait jamais vues auparavant.

M. Faydel est reparti le 16.

Les accusés partent décidément demain pour Albi. Déjà une compagnie de grenadiers est allée éclairer la route.

M. de Parlan s'est enfin, dit-on, décidé à rompre le silence. Il a révélé à la justice que, la veille de l'assassinat, il avait vu Bastide prenant des liqueurs avec Colard et Bax, dans le café Ferran. Bastide a constamment soutenu, pendant les débats, *que jamais il n'avait connu ces gens-là.*

L'ecclésiastique qui avait reçu la confidence de M. de Parlan, et qui avait décidé que sa conscience ne l'obligeait pas à la révélation, a fait néanmoins tous ses efforts pour l'engager à déposer ce qu'il savait.

Le nommé Albouy, garçon menuisier, a déclaré à la justice qu'il était l'homme que la femme Audez, marchande de tabac, a désigné dans les débats, et dont elle ignorait le nom. Il montait par hasard, le 19 mars au soir, par le pré de Capoulade, lorsque le convoi descendait. Ayant entendu du bruit, il se cacha derrière un buisson, à deux pas du sentier par où passaient les assassins. C'est de vis-à-vis l'endroit où il était caché que Jausion se laissa tomber. Le témoin a dit avoir entendu Bastide faire des reproches à son beau-frère de ce qu'il ne marchait pas d'un pas plus assuré.

LE STÉNOGRAPHE PARISIEN.

SEIZIEME LETTRE.

Albi, 21 janvier 1818.

Ils sont partis de Rodez, ces hommes dont la garde était déjà devenue tant à charge aux habitans de cette ville. Le

19, à six heures et demie du matin, trois pataches ont renfermé les prévenus. Dans celle qui marchait devant étaient Colard, Bax, Missonnier et un gendarme; dans la seconde, les femmes Bancal, Anne Benoît et deux gendarmes; dans la troisième, Bastide, sur le derrière, avec un gendarme, et Jausion, sur le devant, avec un autre : tous les prévenus étaient garottés. Trente-six gendarmes, autant de dragons, cent hommes d'infanterie formaient l'escorte. Bousquier, déguisé en gendarme, monté sur un cheval de louage, formait l'arrière-garde avec cinq dragons.

Une grande partie de la population de Rodez s'était portée devant la porte des prisons et sur la route, jusqu'à une demi-lieue de la ville.

Au moment de monter en voiture, Bastide a exprimé de violens regrets d'*appartenir à un département qui l'a*, dit-il, *si mal jugé :* « Non, s'est-il écrié, je ne re-
» viendrai plus dans ce maudit pays, où je suis fâché d'être
» né; j'irai habiter une contrée où l'on ne martyrise pas
» les hommes. » Après cette courte imprécation, il a demandé au concierge une bouteille de vin et du pain, et a mangé avec appétit.

Tous les accusés ont été épouvantés des mesures de précaution qu'on prenait pour les amener en sûreté à Albi.

Le même jour, à une heure de l'après-midi, les accusés sont arrivés à Pampeloune (Tarn), où une escorte nombreuse de gendarmerie de ce département s'est jointe à celle de l'Aveyron. Le tems était très-beau; ils ont parcouru l'espace de six lieues dans six heures. Le lendemain, de grand matin, le convoi s'est remis en route; les accusés sont arrivés ici à trois heures et demie. Une foule immense était rassemblée pour les voir. En passant sur le quai, la Bancal ayant regardé effrontément le peuple, a été huée.

Que d'obligations ne doit point avoir la justice pour les sollicitudes et les peines qu'ont éprouvées, dans cette circonstance, et depuis près d'un an, les magistrats de Rodez, et principalement le préfet et le maire? Leur résistance connue aux sollicitations, leur respect pour les droits des accusés, la sévérité avec laquelle ils ont rempli tous leurs devoirs, sont, pour ces magistrats, un nouveau titre à la reconnaissance de leurs administrés.

Cent quarante nouveaux témoins ont été entendus par M. Aubaret; et certainement ils n'ont pas été entendus en vain. Il a, dit-on, envoyé hier au procureur-général le procès-verbal des dernières dépositions.

Par ordre de la cour d'Albi, un géomètre s'occupe à lever à Rodez le plan itinéraire de l'espace parcouru par les assassins pour noyer le cadavre. Les renseignemens fournis à ce sujet par Bousquier sont de la plus grande exactitude, et tout-à-fait conformes aux dépositions des nouveaux témoins, qu'il ne connaît pas lui-même.

LE STÉNOGRAPHE PARISIEN.

DIX-SEPTIÈME LETTRE.

Albi, 1er février 1818.

Depuis la translation des prévenus, on est pour la première fois, dans cette ville, d'une grande réserve et d'une grande discrétion : on se défie de toute curiosité, et il n'est guère de question qui ne soit presque inutile. Albi ne renferme que des échos, et point d'oracles. Madame Manson a-t-elle parlé? On environne le greffe criminel d'un voile si impénétrable que la nouvelle instruction qui se poursuit ne franchit que difficilement l'enceinte du tribunal. Les magistrats paraissent craindre qu'une publicité intempestive ne nuise aux intérêts de la justice; et tel est le seul motif probable d'un silence que leur envierait le plus muet des adorateurs d'Harpocrate, ou le plus contemplatif des cénobites de la Trappe.

Le renvoi des assises et l'ordonnance qui en fixe l'époque au 11 mars prochain sont l'objet d'une foule de conjectures, d'après lesquelles cette époque même n'est pas la dernière où se reportera l'issue de cet interminable procès.

Des personnes, qui se croient bien instruites, assurent qu'il faut attribuer ce retard à des incidens de la plus haute importance, qui seraient résultés de la déposition des témoins, jointe à quelques présomptions qu'aurait fait naître le contenu des *Mémoires de madame Manson*. Si ce bruit est fondé, l'on doit s'attendre à de nouvelles mises en accusation.

Mademoiselle Pierret vient d'être arrêtée à Toulouse, dans le magasin de modes de madame Squillar.

On s'effraie assez généralement de ces délais de la justice : ils ouvrent carrière aux plus bizarres réflexions. La foire de Rodez, qui doit avoir lieu dans le courant de février, est le prétexte dont on s'est servi pour différer les assises ; on conçoit à peine ces lenteurs indéfinies et ces considérations purement locales dans une affaire qui depuis près d'un an occupe la sollicitude universelle.

Les habitans désignent encore ici les principaux prévenus sous les noms de *monsieur* Bastide et de *monsieur* Jausion. Ces qualifications ainsi conservées, outre qu'elles font naître une autre idée, ne seraient-elles pas un indice que ce peuple répugne à regarder comme coupables des hommes que leur rang dans la société et leur éducation devaient rendre étrangers à un crime aussi horrible que celui dont on les accuse ? On aime à voir que, pour s'éloigner, le respect et peut-être l'estime attendent que la conviction soit pleine et entière, ou que la justice, enfin éclairée, ait montré le signal de la réprobation. Ce n'est pas que quelques esprits *ultrà-justiciers* ne se hâtent de vouer, sans exception, à l'échafaud tous ceux que le soupçon veut frapper ; madame Manson elle-même n'est pas à l'abri de leur arrêt ; mais cette opinion est heureusement sans influence et sans crédit ; ainsi l'on peut être assuré d'avance que le jury qui doit prononcer, mettant du discernement dans son indignation, ne se laissera point entraîner à imiter ce légat furieux qui, dans la guerre contre les Albigeois, répondit aux croisés qui lui demandaient comment ils pourraient distinguer les catholiques des hérétiques : *Tuez-les tous, Dieu connaîtra ceux qui sont à lui.*

Ce souvenir me conduit à celui des antiques habitans de ces plaines fertiles ; et, puisque les obstacles qui entravent la marche judiciaire me laissent à Albi le loisir dont je gémissais déjà à Rodez, nous allons jeter un coup-d'œil sur cette patrie des vieilles erreurs et de ces guerres sanglantes que suscita trop souvent la religion des papes.

Au centre d'une riche vallée, dont une chaîne de coteaux et de rochers calcaires borne l'étroit horizon, on aperçoit une tour rougeâtre dont le sommet se présente dans le lointain sous l'aspect d'une ruine immense. C'est aux pieds de cet édifice que viennent humblement se grouper les sombres toits de la cité d'Albi, dont l'origine se perd dans la nuit des tems. Cette ville, qui, suivant l'historien Scipion Dupleix, fut fondée par un roi que l'on nommait *Albien*, fut autrefois la capitale des Ruthènes provinciaux. Ce fut là que se tint, en 1175, ce fameux concile qui fit répandre tant de sang et qui attira peut-être moins d'étrangers dans les murs d'Albi, que n'en amèneront dans cette contrée les débats où doit incessamment figurer madame Manson. Les Albigeois furent foudroyés par les légats, qui les accusèrent de manichéisme, et qui firent marcher contre eux le fanatique et ambitieux Simon de Montfort, lequel, à la tête d'une armée nombreuse, se chargea de les convertir ou de les égorger; il dévasta tout sur son passage; et, grâce à ses soins, Rome n'eut bientôt plus à se plaindre d'une hérésie qui n'était autre chose que le germe de cette grande réforme opérée plusieurs siècles après par Luther. Les Albigeois sont aujourd'hui catholiques; ils sont redevables de leur orthodoxie à ce guerrier farouche à qui les historiens donnèrent le nom de *Machabée* et de *défenseur de la foi*, titres que les esprits animés du véritable *génie* du christianisme ne lui ont pas conservés. Si la postérité française devait lui pardonner quelques-unes des atrocités qu'il a commises, ce ne pourrait être qu'en faveur des victoires remportées contre l'Angleterre.

C'est sans doute en mémoire de la conversion de son troupeau, qui était si miraculeusement rentré dans le giron de l'église, que Bernard de Castanet fit construire, dans le douzième siècle, cette tour de Sainte-Cécile, dont la hauteur prodigieuse atteste la grandeur du repentir de ses ouailles. Elle s'élève à plus de quatre cents pieds au-dessus du Tarn, dont les flots attaquent sourdement sa solidité. Son architecture est d'un style si singulier, même dans le genre gothique, qu'on la prendrait plutôt pour une citadelle que pour un clocher. L'église à laquelle elle appartient est d'un goût non moins insolite ; comme elle n'a ni croix, ni bas côtés, on imaginerait difficilement qu'elle est destinée à la célébration du culte divin. En face de l'église est l'entrée du couvent de Sainte-Cécile : le seuil de la captivité touche à celui de cet asile où l'ame va chercher l'espérance de la délivrance éternelle.

Ce monastère fut anciennement habité par des religieux séculiers, qui faisaient leur principale occupation de la chasse, et qui ne rentraient dans cette résidence que pour se livrer avec les gentilshommes du pays à des méditations voluptueuses et à des exercices de bonne chère. C'est dans ce lieu, séjour passé d'une vie joyeuse, que madame Manson s'est détrompée des illusions que lui promettait le nom mélodieux de Sainte-Cécile ; c'est là, comme nous le verrons, qu'elle regrette la cellule du père Chabot et les brusques égards du concierge des Capucins.

Albi, riche de souvenirs, est pauvre en monumens : le pont du Tarn qui, depuis plus de deux siècles, est à la veille de s'écrouler, et le phare de Saint-Salvi, destiné à guider les voyageurs à travers des forêts qui long-tems servirent d'obstacle aux progrès de la civilisation, sont les seuls objets propres à charmer ces esprits qui s'extasient à la vue des œuvres les plus grossières du moyen âge. Ici, comme dans presque toute la France, on retrouve plus d'un vestige de la servitude ; la pointe ruinée des donjons menace encore, mais il est consolant d'apprendre que ces héritages d'une odieuse vassalité ne se sont conservés que pour devenir le patrimoine utile de ceux que leurs seigneurs enchaînaient à la glèbe.

La capitale de l'Albigeois est entièrement bâtie en brique : les constructions n'y manquent ni d'élégance, ni de légèreté, et lorsque de la plate-forme octogone qui couronne la tour de Sainte-Cécile, on embrasse d'un coup-d'œil l'ensemble de cette ville, on est surpris de la voir moins triste qu'elle le paraît lorsqu'on l'examine de plus près. Ces jardins qui s'inclinent sur le Tarn, ces terrasses, débris d'anciennes fortifications, où croit aujourd'hui le laurier-rose ; ces espèces de *villa* situées vers les faubourgs, rappellent les fabriques de la Toscane, et doivent former, dans une autre saison, un tableau presque italique. Mais que le ciel est peu favorable à cette illusion ! On est sans cesse assiégé d'une brume épaisse et d'un froid pénétrant dont les habitans ne savent pas se garantir ; de vastes chambres, de grandes cheminées, des croisées de soixante carreaux, froidement symétriques, font juger que les maisons ne sont ici construites que pour les passans.

Les promenades de la *Lice* et du *Vigan* sont les délices d'Albi. L'esprit de l'habitant est vif et ingénieux, mais en général peu propre au commerce et à l'application d'un long travail. Les femmes ont pour signe distinctifs de leur physionomie les sourcils croisés en arc, élégamment dessinés. Cette disposition est particulière aux figures albigeoises ; elle indiquerait peut-être que ce peuple, si longtems persécuté, fut moins porté que tout autre à contracter des alliances étrangères.

Les succès obtenus par plusieurs Albigeois dans les sciences exactes répondent aux reproches de légèreté qu'on leur a trop communément adressés. Le département du Tarn a peuplé de nombreux sujets cette école nationale où une instruction solide était la compagne fidèle de l'amour de la patrie. Le général Lacombe Saint-Michel a pris naissance dans ce même département, qui compte parmi ses titres d'illustration la mort glorieuse des Delgas et des d'Haupoult. C'est dans cette cité qu'a vu le jour l'infortuné La Peyrouse, dont le monde ignore les destinées.

Les dames albigeoises s'énorgueillissent de pouvoir citer parmi leurs compatriotes la spirituelle Antoinette Salvan de Saliès, que les *Ricovrati* reçurent dans leur sein, et qui fonda elle-même une académie sous le titre des *chevaliers et chevalières de bonne foi.*

Albi possède une bibliothèque qui appartint à l'aimable cardinal de Bernis, l'un de ses archevêques. M. Massol, philosophe érudit, a fait présent à ses concitoyens d'un musée d'histoire naturelle. M. Azaïs est né à Sorrèze ; il est la fleur des métaphysiciens albigeois. M. le contre-amiral de Rochegude prépare en silence, et au milieu d'une collection très-rare de livres et de manuscrits, une histoire complète des troubadours languedociens.

Les muses ont peu de favoris dans cette contrée ; elles nomment cependant le capitaine Boyer, qui traduit avec succès le chantre des *Géorgiques*, et M. Gorse, auteur d'un poëme sur les malheurs de Sapho, et d'un tragédie sur le fameux comte de Montfort.

Je reviens aux détails spécialement relatifs aux prisonniers que renferme la ville d'Albi.

Madame Manson, arrivée plusieurs jours avant les autres accusés, a été interrogé avant eux. On s'était attendu qu'elle traverserait en plein jour l'espace qui sépare la prison du tribunal, la curiosité des habitans a été trompée : cette dame n'a été conduite devant les tribunaux qu'après six heures du soir. Quelques *fallots* indiscrets ont été placés pour l'attendre à sa sortie, et les croisées se sont successivement illuminées. Quand il a fallu la reconduire à Sainte-Cécile, la gendarmerie qui lui servait d'escorte a eu de fréquentes occasions d'écarter des flambeaux portés presque sous ses yeux pour distinguer les traits et l'expression de sa figure.

Voici l'exhortation que M. le président des assises, avant de recevoir l'interrogatoire de cette accusée, a cru devoir lui adresser :

« Clarisse Enjalran Manson !

» Voici le moment, par vous annoncé, de réaliser la promesse que vous avez faite et si souvent répétée de faire connaître toute la vérité. Rappelez en ce moment, par la pensée, les exhortations de M. le préfet de l'Aveyron et du sieur Enjalran votre père, avant votre départ de Rodez. Je ne veux point pénétrer les motifs qui vous ont déterminée, si obstinément, à adopter un langage aussi inconciliable que celui auquel vous avez eu recours devant la cour d'assises de Rodez et les magistrats de ce département. Ce système déplorable et irréfléchi a fait et fait encore le désespoir des amis de la vérité : vos interrogatoires, que j'ai lus et médités avec soin, m'ont offert l'image d'une lutte opiniâtre entre un magistrat animé des sentimens les plus généreux, et guidé par l'amour de la justice, et une femme qui, après s'être jouée de la sainteté des sermens, épuise encore son esprit en artifice, pour échapper à la vérité qui la presse et à la droiture qui l'interroge. Le moment est arrivé de vous le dire : avec des magistrats qui veulent fortement la vérité, et qui tiennent de la loi les moyens de la faire ressortir, rarement le mensonge triomphe. Songez d'ailleurs que les contradictions dans lesquelles vous êtes tombée sont pour l'ordinaire le type de la culpabilité, dès-là qu'elles tendent à prouver le fait que l'accusé a intérêt à cacher, et qu'elles décèlent sa mauvaise foi et l'injustice de sa défense; songez enfin que le mensonge ajoute encore à la laideur des fautes commises.

» Vous voici dans un siége et devant des magistrats qui vous sont étrangers; les scrupules que vous paraissiez avoir devant ceux de Rodez doivent donc s'évanouir. Renoncez, oui, renoncez sur-tout à donner des explications sur des faits qui s'expliquent eux-mêmes. L'accusation qui pèse sur vous vaut bien la peine que vous en méditiez les conséquences; elles sont graves! Vous vous êtes plongée dans l'abîme, craignez de vous enfoncer plus avant: le tems presse; ne dédaignez pas la planche de salut qne vous offrent encore les formes protectrices dont la loi vous entoure; écartez le souvenir des suggestions étrangères; n'écoutez que le cri de votre conscience; ne redoutez rien pour vous ni votre enfant; vous êtes tous les deux (et je vous en donne la foi au nom du prince de qui je tiens mes pouvoirs), vous êtes l'un et l'autre sous la sauve-garde de la loi; l'autorité veille sur vous et sur tout ce qui vous intéresse: ainsi, plus de prétextes et de réticences, plus de vague: la vérité..... quelque sombre qu'elle puisse être. Non que je veuille, par ces exhortations, vous inviter à dire telle ou telle chose, plutôt que telle autre: je n'en eus jamais la pensée; mes devoirs seraient là pour me le défendre: je ne désire de vous qu'un langage franc, net, et qui offre de la suite: à ces traits, je reconnaîtrai la vérité facile qui se justifie d'elle-même; il me sera doux de la recueillir après tant d'efforts inutiles.

» En finissant, je vous parlerai un langage plus austère, celui de la loi; je vous dirai que la mesure des égards que l'on vous devait, sous un double rapport, a été comblée; qu'il va dépendre de vous d'en tarir la source ou de la rendre inépuisable. Abandonnez donc le système tortueux et mobile que vous avez adopté jusqu'ici: dans le cas contraire, je dois vous prévenir qu'il est un terme où la modération devient faiblesse; qu'il n'appartient pas aux mandataires de la loi et du prince d'être faibles. Avec les élémens que j'ai en main, il va m'être possible de sonder jusqu'au dernier repli de votre conscience. Avec les moyens que la loi me donne, je dois à la mission que je remplis de vous contraindre, autant qu'il sera en mon pouvoir, à une marche fixe, et de vous forcer à l'immobilité. Songez-y bien! la loi nivèle tout devant elle »

Bastide et Jausion ont passé le 28, pour se rendre au même tribunal, au milieu d'une double haie de spectateurs qui n'ont témoigné, à leur vue, que les mouvemens d'une curiosité sans indignation. Un peintre, nommé *Persico*, a dessiné en pied leur image grossière; il les montre pour une rétribution assez forte : il fait, dit-on, presque autant de profit que Curtius, à Paris, montrant aux curieux empressés le buste de madame Manson et le corps du malheureux Fualdès.

Missonnier, toujours placé dans une prison à part, ne se dément point dans ses constantes dénégations; la Bancal suit le même système.

Madame Manson est l'objet d'une surveillance illimitée; on ne lui permet plus de communication quelconque; et M. le maire d'Albi, qui s'est exclusivement chargé de la police des cachots, met dans son rigoureux ministère une inflexibilité que n'attendrit aucune pitié, aucune souffrance de sa prisonnière. Elle est dans un état d'exaspération qui menace à-la-fois sa raison et sa vie. Sur de simples soupçons, on est entré plus d'une fois dans sa retraite; on l'effraie, on la menace; et, loin de calmer son imagination, on la place dans l'impossibilité de se recueillir. Croirait-on, par exemple, qu'elle n'a pas la faculté de voir sans témoin son médecin et son défenseur? Mesure cruelle, et qui n'est pas autorisée même lorsqu'il s'agit d'une conspiration contre l'Etat. Elle ignore encore que les assises où elle doit comparaître sont ajournées; elle n'a point obtenu la faveur de lire son propre mémoire, de méditer sur son propre ouvrage, lequel doit pourtant baser sa défense. Il faut convenir que si ces précautious sont inspirées par l'amour de la justice et de la vérité, elles sont étrangement calculées sur les moyens que la loi permet d'employer, et sur les notions que l'expérience a données d'un tel caractère.

Elle retrouve cependant quelques éclairs de gaîté, au milieu du lugubre appareil dont on l'environne : « Que de » femmes, dit-elle, on persécute pour les faire taire! et

» on m'emprisonne pour me faire parler. J'avais deux en-» fans, écrivait-elle à M. le président : on m'a ravi l'un » à Rodez, et vous, dont en particulier j'ai tant à me » louer, vous empêchez le second de venir à moi. » (Ce sont ses *Mémoires* qu'elle appelle son second fils.)

Maître Boyer, le plus célèbre, et sans doute le plus prudent des avocats d'Albi, avait été désigné pour la défendre d'office : il s'est fait délivrer un certificat de maladie, et a résigné sa tâche entre les mains d'un de ses plus jeunes confrères. Me Tarrous aura peu d'éloquence à déployer dans cette cause; l'accusée se réserve de parler elle-même. Elle a divisé son plaidoyer en cinq *catégories :* espérons que ce terme, essayé naguère dans la pratique, ne sera point accueilli au barreau avec la réprobation qu'il mérita à la tribune, et qu'enfin, dans cette pluralité de division, la mystérieuse *complice* articulera quelque chose de définitivement catégorique.

Madame Manson espérait encore, il y a quelques jours, échapper avant peu à sa captivité, et paraître à Montpellier pour y plaider contre la demande en séparation de corps intentée par son mari. Il était juste qu'elle appelât aujourd'hui de la décision qui prononce cette séparation : elle l'a demandée elle-même pendant quatre ans.

Un libraire, nommé Lami, lui a fait parvenir un livre dont il est l'éditeur, et lui a fait l'étrange proposition d'en composer elle-même un autre pour l'instruction de la jeunesse, avec ce titre : *Encyclopédie du Malheur.*

Elle reçoit quelques lettres, long-tems vérifiées et inspectées avant qu'on les lui remette. Dernièrement, une feuille de papier blanc, qui contenait une simple suscription, a occupé trois jours la sollicitude de M. le maire : il a retourné l'innocente feuille sur toutes les faces pour y découvrir une trace de lait, d'oignon, de citron ou d'encre sympathique.

Il semble, je le répète, que ces rigueurs, déployées à l'égard de madame Manson, sont peu propres à conduire à la connaissance de la vérité. Le caractère ruthénois se roidit facilement contre les obstacles, se brise contre l'écueil au lieu de se plier, et l'exaspérer est le moyen le plus sûr de n'en rien obtenir. Madame Manson conservera-t-elle cette fermeté calme, cette franche énergie qui fait toujours triompher la volonté des terreurs dont on l'investit ? Son imagination tourmentée ne se délivrera-t-elle point de tant de souffrances par les révélations qu'on attend d'elle ? Ne se jettera-t-elle point dans le mensonge comme dans une issue favorable qui mène aux trèves de l'obsession et aux douceurs de la liberté ? Si, comme on l'assure, la procédure est éclairée dans tous ses points, les aveux de madame Manson ne seraient plus qu'un témoignage surabondant. Pourquoi alors la presser dans un intérêt qui peut offenser sa conscience et sa réputation ? Elle ne paraît plus de ce drame lugubre qu'un personnage parasite. N'est-il pas dangereux de la forcer à reprendre un rôle qui ne lui avait peut-être été imposé que par la crainte de se trouver en contradiction avec cette crédulité qui s'est chargée d'interpréter le vague et l'ambiguité de quelques récits ?

Les personnes qui rapportent avoir entendu telle ou telle autre déposition de madame Manson ne ressembleraient-elles point involontairement à ce greffier infidèle qui, dans la procédure des Templiers, aggrava leurs fautes dans sa rédaction ; et madame Manson elle-même ne se trouverait-elle pas dans une situation toute semblable à celle du principal personnage de la comédie du *Trompeur sans le vouloir* ? Lorsqu'elle atteste que les premiers aveux qu'elle a faits lui ont été arrachés par la crainte, n'est-il pas évident que l'on ne doit plus compter que sur ce qu'on obtiendra d'elle par la persuasion ; l'on doit pressentir qu'il est impossible d'avoir recours à toute autre voie, sans l'exposer à verser des pleurs de repentir sur sa faiblesse, et à renoncer à la déplorable importance que ses aveux pourraient lui donner dans une procédure dont une rétractation plus formelle et plus publique encore que la première ferait suspecter la validité, en jetant, même après la condamnation, des doutes terribles sur l'équité de la sentence.

LE STÉNOGRAPHE PARISIEN.

DIX-HUITIÈME LETTRE.

Albi, 5 février 1818.

Cette petite ville d'Albi est aussi paisible et aussi silencieuse au 5 février qu'elle devait être agitée par la tenue des assises, fixée à cette même époque. Il ne faudrait rien moins que la préoccupation de ces fameux débats pour distraire les étrangers de l'idée de cette résidence. Peu de voyageurs ont résisté au désapointement du dernier retard de ce procès; la curiosité même a manqué de courage contre l'ennui. Il est difficile de s'expliquer comment ce sentiment cruel envahit un si grand empire dans une des contrées les plus florissantes du Languedoc, au milieu d'une population spirituelle, où l'érudition des hommes et la société des femmes promettent de délicates jouissances et plus d'une séduisante distraction. D'où vient cette espèce de gêne et de taciturnité qu'on peut remarquer ici trop communément ? et qui fera connaître pourquoi on y respire l'air comprimé de la crainte et de la défiance ? Pour les habitans de notre chère capitale, de ce *Paris* où règne une si généreuse liberté de penser, une mutuelle confiance dans l'oubli des opinions politiques, une sérénité d'espérance qui tourne les ames vers un même avenir de paix et de gloire patriotiques, le cœur se serre et l'esprit s'étonne à l'aspect de certaines figures encore inquiètes, quelquefois inhospitalières, des autorités départementales. On croirait, par intervalle, que l'année 1818 n'est pas arrivée aux bords du Tarn, et que le siècle y voudrait demeurer à la fin de sa quinzième année.

Si vous prétendiez méditer sur cet état de choses, je redoublerais votre surprise en rendant avec tous les habitans de cette ville un sincère hommage aux deux magistrats qui doivent influer le plus sur l'opinion locale; l'un par l'éminence de ses fonctions, le second par le pouvoir que lui défère en ce moment la justice, dans les suites d'une affaire qui le charge d'une responsabilité rigoureuse. M. le préfet du Tarn offre, en effet, le modèle d'une administration sage, douce, éclairée; et M. le président de Faydel, dans la franchise de son caractère public, dans son humanité pour les prévenus, dans les formes de cette urbanité toute française qu'il allie à une grande profondeur dans la science des lois, rappelle, jeune encore, ces magistrats révérés de l'ancien parlement de Toulouse. Ses talens font pressentir à quel honorable avancement il est réservé.

Les fâcheuses impressions reçues par quiconque aborde la cité d'Albi, le peu de liaisons entre les diverses *sociétés*, le manque d'abandon fraternel entre les habitans de cet étroit séjour, ai-je la mission d'en déduire l'unique cause? Quand nous l'avons demandé, il nous a été répondu : Informez-vous près des voyageurs *suspects* et de citoyens arrêtés où espionnés. Parlez à ce jeune avocat, qui fut prisonnier vers l'époque de la seconde restauration; faites expliquer son père, sa sœur, à qui l'on refusa la faveur de le visiter dans un cachot, et avec des paroles outrageantes pour le lien de toutes les familles. Demandez au respectable M. C. qui osa lui imposer le cri de *Vive le Roi* comme une condition d'obtenir un passeport? Il est prêt à déposer comment il fut injurié à la porte d'un lieu où chacun devrait s'attendre à être protégé!

Si, malgré tant d'élémens de concorde, en dépit de l'exemple d'un gouvernement pacificateur, un seul fonctionnaire exerçait une sinistre influence, il faudrait que l'ascendant de sa suprématie se basât sur d'incomparables qualités personnelles: brave et couvert de blessures, il aurait défendu la légitimité pendant 25 années; si son zèle était ardent, il aurait été constamment pur; s'il portait la décoration de l'honneur, la main d'un de nos princes l'aurait attachée; s'il était enrichi d'une pension, *l'usurpateur* y serait étranger; politesse, esprit, tempérance, il aurait toutes les vertus.... Car s'il en était autrement, il y aurait plus de cinq cents degrés de latitude entre les bords du Tarn et les rives heureuses de la Seine; et, dans la religion de nos libertés constitutionnelles, les Albigeois seraient encore des hérétiques.

Un nouvel incident confirme l'opinion établie, que les détails de la procédure réinstruite dans cette ville dépasseront l'époque qui a été fixée pour leur complément.

On n'a signifié que d'avant-hier aux prévenus l'arrêt de la cour suprême, joignant la procédure qui concerne madame Manson à celle des assassins présumés de M. Fualdès, et les traduisant connectivement devant la cour d'Albi. Bastide et Jausion ont protesté contre les interrogatoires subis par cette dernière accusée avant la signification qui leur a été faite de sa complicité. On suppose que cette circonstance entraînera des lenteurs nouvelles. Voici le texte de cette protestation :

« L'an mil huit cent dix-huit, et le trente-un janvier, à la requête de M. le procureur du Roi près la cour d'assises du département du Tarn, séante à Albi, pour lequel domicile est élu au parquet de la cour, séant dans la même ville, nous, Charles-Vincent Germain, huissier à ladite cour, résidant à Albi, soussigné, avons notifié à Bernard-Charles Bastide, Joseph Jausion, Jean-Baptiste Colard, François Bach, Catherine Bruyerre, veuve Bancal, Joseph Missonnier et Anne Benoît, 1° l'arrêt rendu le trois décembre dernier par la cour royale de Montpellier; 2° l'arrêt de la cour de cassation du dix-huit du même mois de décembre; 3° enfin, l'acte d'accusation dressé par M. le procureur-général en la cour royale de Toulouse, le vingt-neuf dudit mois de décembre, le tout contre Marie-Françoise-Clarisse Enjalran, épouse Manson, et dont le tout est ci-attaché aux sept accusés dénommés ci-dessus, à ces fins qu'ils ne puissent en prétendre cause d'ignorance. Ce faisant, leur avons baillé et laissé à chacun d'eux séparément copie des trois susdites pièces et du présent exploit, parlant à leur personne dans la maison de justice d'Albi. En foi de quoi lesquels dits Bastide et Jausion, en recevant le copie, ont répondu qu'ils protestent contre toutes auditions de témoins, interrogatoires et confrontations faits contre eux à Rodez depuis l'arrêt de la cour de cassation, qui renvoie ladite dame Manson devant la cour d'assises d'Albi, n'entendant prendre connaissance, chez M. Boudot, dépositaire de la procédure, desdits actes contre lesquels ils protestent. En foi de ce, requis de signer avec nous, Bastide a signé, et non Jausion, qui s'y est refusé. » *Signé* GERMAIN, *huissier*.

Signé BASTIDE.

Rien ne paraît devoir changer dans la rigoureuse situation de madame Manson : privée de toute communication immédiate ou éloignée, elle ignore les nouvelles publiques comme celles qui lui sont personnellement relatives. Aucun de nos journaux n'obtient accès dans son impénétrable retraite, et la célébrité qui l'environne vient expirer au pied des murs de sa prison. M. le maire d'Albi a fait au strict accomplissement de ses devoirs le sacrifice de toute déférence et de ces sentimens de faiblesse qu'on nomme ailleurs égards et pitié. Dépositaire d'une autorité paternelle, il déploie une grande rigidité dans l'exercice de ce ministère, qu'en général on seconde et qu'on aime : on le craint beaucoup dans la ville d'Albi. Sur le simple soupçon que la femme du concierge avait pu contribuer à faire parvenir une lettre à M. Enjalran, ou à M. le préfet de l'Aveyron, on a mis fin aux services qu'elle pouvait rendre à madame Manson, et la faible et souffrante captive reste chargée de tous les soins de son humble ménage. Lorsqu'elle entra sous les verroux de Sainte-Cécile : « Je » veux bien, lui dit son argus, vous dispenser d'une » formalité humiliaute; vous allez, Madame, vider vos » poches, et je ne vous ferai point fouiller. »

La prisonnière oppose le caractère qu'on lui connaît à toutes les chances de sa mauvaise fortune : « On m'obsède » en vain, répète-t-elle souvent; je trouverai les moyens » de faire connaître ma pensée à ceux qui m'intéressent; » et, s'il le faut, j'écrirai avec du sang sur les coins de » mon mouchoir. » Son zélé surveillant a voulu lui ôter un petit couteau auquel elle semblait attacher beaucoup de prix : « Rassurez-vous, M. le maire, je ne me tuerai pas, » a-t-elle dit ; et pour trouver ma vie insupportable, je ne » suis pas encore assez accoutumée à la présence de cer- » taines gens. »

Madame Manson est enfin informée des délais que doit subir le procès dont elle attend impatiemment l'issue; apprenant que la foire de la mi-carême, où se traitent à Rodez de grandes relations de commerce avec l'Espagne, était un des principaux motifs de cet incident, elle s'est écriée avec amertume : « Je rends justice à cette grave » considération ; qu'importe que des accusés languissent

» dans les fers, que le poids d'une atroce complicité repose » sur la tête d'une femme innocente, et que plus d'une » famille gémissent de tant de calamités, ne faut-il pas avant » tout que mes compatriotes vendent leurs mules? »

Pour exprimer jusqu'où l'on peut pénétrer dans la connaissance de son cœur et de ses sentimens secrets, elle a coutume de se comparer au sol de son pays, dont le granit n'est recouvert que d'une couche légère : « *Vous trouverez » le roc à un pied* », dit-elle, quand on veut pousser trop loin la prétention de la juger et de l'approfondir.

Cependant sa santé s'altère au milieu des angoisses et des traitemens qu'elle éprouve. Elle a maigri depuis son arrivée à Albi; son extrême pâleur donne des inquiétudes au médecin des prisons. Il lui conseillait hier de sortir quelquefois de sa chambre pour respirer sur le préau, à l'heure où les autres détenus sont rentrés. Sur la répugnance qu'elle montra au compatissant docteur, de paraître dans un tel lieu, celui-ci crut qu'il y avait peu d'inconvéniens à ce qu'on ouvrît à la malade le jardin du presbytère, touchant au couvent de Sainte-Cécile. Il fallut aller chercher la clef chez M. le maire, et le gardien répondit : « On ne met personne en prison pour qu'il se promène. »

Le même docteur, M. Compaire, homme d'esprit et excellent citoyen, a pensé que quelques lectures faciles et amusantes pourraient servir à distraire l'esprit de madame Manson. Un officier de la vieille garde, chargé de la haute surveillance des détenus, lui a offert les livres qu'il possède. On a mis à sa disposition la bibliothèque d'un capitaine de grenadiers à cheval. Le premier volume présenté a été la moitié d'un roman de M. Pigault-Lebrun : « Je ne les ai » pas tous lus, a-t-elle dit, et il en est que je ne me soucie » point de lire; il a pourtant fait un joli ouvrage : c'est » *Angélique et Jeanneton*. »

La prisonnière montre un goût décidé pour les voyages; elle fera le tour du monde dans sa cellule. Elle aborde maintenant à Malte et en Sicile, entre l'anglais Bridoynne et l'ex-sénateur Démeunier, son traducteur. Si elle s'écarte de ces excursions, c'est ordinairement pour revenir à sa plaidoirie.

« Que je voudrais n'avoir pas lu *Gil-Blas*, disait-elle » dernièrement ; voilà le plus fidèle miroir de la vie hu- » maine ! Le malencontreux interprète *du langage des pies* » avait plus d'un rapport avec ma situation, lorsqu'il fut » enfermé dans la tour de Ségovie. »

Bastide montre la plus parfaite sécurité sur son sort : « Ici, du moins, je suis tranquille ; nous aurons sans doute » un jury éclairé ; on nous avait donné, à Rodez, tout ce » qu'il y avait de plus ignare dans la connaissance des lois. »

Anne Benoît et le soldat du train, Jean-Baptiste Colard, continuent d'offrir, dans la prison qui les unit et qui les sépare, le modèle peu édifiant d'un amour passionné. Il n'est point de ruses qu'ils n'emploient pour s'entretenir l'un de l'autre, pour se parler, ne pouvant et ne sachant s'écrire ; pour entendre leur voix au défaut de la satisfaction de se voir. La jeune fille n'a encore rien perdu de sa fraîcheur. Colard est ordinairement furieux huit heures sur douze.

Pour donner une idée de la surveillance qui s'exerce à Albi, et de la morne tristesse où est plongée cette ville, il suffit de dire que M. le maire a défendu, pendant la courte durée du carnaval, toute espèce de travestissement, même dans l'intérieur des maisons, et a publié l'ordonnance suivante :

« Le maire de la ville d'Albi invite ses administrés à » se priver de passer après neuf heures dans la rue qui » conduit de la porte de *Sainte-Cécile* à la rue de *la Tra-* » *vaille* ; privation qui ne saurait être d'une grande incom- » modité pour les habitans, attendu que *n'y ayant* qu'une » maison à chaque extrémité de cette rue, ceux qui vou- » dront communiquer à la maison du sieur *Brette*, pour- » ront passer par la *Travaille*, et ceux qui voudront aller » à celle de Mme Resseguier viendront du côté de la place, » et se feront reconnaître de la sentinelle qui est placée » sur la porte de l'église de Sainte-Cécile. »

Toutes les assignations portées à Rodez au domicile des témoins, ont été retirées dans la journée du 29 janvier. Les pièces de la procédure relative à M. Constans avaient été envoyées à Montpellier, le 26 du même mois, afin que la cour royale décidât s'il y a lieu à accusation contre lui. On attaque dans le public la moralité d'un témoin qui le charge, et qui est généralement regardé comme son ennemi. La famille de M. Constans croit avoir lieu d'espérer qu'il sera bientôt rendu à la liberté.

M. Clémendot vient d'arriver à Albi; il s'est aussitôt montré à la promenade. On assure qu'il n'a point lu les fameux Mémoires, particularité d'autant plus remarquable que madame Manson et lui sont peut-être, en France, les seules personnes qui se trouvent dans ce cas.

LE STÉNOGRAPHE PARISIEN.

DIX-NEUVIÈME LETTRE.

Albi, 8 février.

« Je ne négligerai rien pour vous être agréable, disait à madame Manson M. le maire d'Albi, le premier jour où cette singulière prisonnière tomba sous sa surveillance. Ordonnez, Madame, et vous serez obéie. — C'est tout de bon! répartit vivement madame Manson. Prenez garde, je vais vous mettre à l'épreuve : donnez-moi votre bras, et nous ferons ensemble le tour de la ville. » Le maire, comme on peut le penser, ne condescendit point à ce désir, et madame Manson en est encore réduite à ne connaître la ville et la province que par des descriptions incomplètes, ou par quelques chroniques albigeoises. Elle recherche avec une extrême avidité tout ce qui peut l'initier à l'histoire d'un pays à qui sa présence donne quelques instans d'une célébrité nouvelle. Les traditions merveilleuses, les détails pittoresques, les récits fabuleux flattent sur-tout la curieuse activité de son esprit. Elle brûle d'envie de voir la chute du Tarn, et le saut de *Sabo*, *Savo* ou *Saho*, car elle cherche avec toutes les imaginations poétiques un nom de héros moins fâcheux et moins trivial.

Ce désir de madame Manson s'est communiqué à plusieurs personnes qui attendent, comme elle, l'issue de la fameuse procédure. Ce site curieux est consacré par le souvenir d'une aventure assez semblable à celle d'Héro et Léandre ; on avertit les étrangers que si les eaux du Tarn ne satisfont point leur attente, les vins du Cunac sont là pour dédommager leur imagination. Nous nous sommes décidés à faire cette excursion dans la seule dévotion des nymphes.

On sort d'Albi par la rue de *la Croix Verte*, et le chemin de Milhau conduit jusqu'aux deux tiers de la distance à parcourir. Les Romains plaçaient des tombeaux sur leurs grandes routes; les Albigeois décorent les leurs de cimetières. Cette coutume, pratiquée en plusieurs lieux, comme un hommage rendu à la salubrité, rappelle éloquemment le terme de tous les voyages aux pèlerins qui abordent ou quittent la cité. La voie flaminienne est peut-être plus digne d'exciter les méditations que le chemin sablonneux qui mène à Saint-Juéry; mais nous ne pûmes toutefois nous défendre de l'envie de considérer l'asile où viennent mourir toutes les agitations de cette petite ville, et où se nivèlent des prétentions encore si vivement et si risiblement soutenues. Un gazon épais couvre cette terre de deuil. Aucune pierre fastueuse ne distingue les habitans de ce séjour, rangés en lignes égales et symétriques; seulement, vers l'entrée de l'enceinte, un buisson abrite un coin du sol, et quand nous demandâmes au fossoyeur pourquoi il élevait cette barrière d'épines dans un pareil lieu, il répondit : « Pour séparer les protestans des catholiques! »

Nous sûmes un peu plus loin que le village situé à gauche, nommé *Lescure*, et fournissant à toute la vallée les plus savoureux légumes, est particulièrement la patrie des *oignons ;* aussi tout jeune collatéral, suivant au cimetière le convoi d'un riche harpagon, passe-t-il, dit-on, par Lescure.

La plaine qui s'étend au nord d'Albi passe pour avoir été un lac retenu par un cercle élevé de collines. La terre y est légère et fertile. La main des hommes, et plus souvent celle des femmes, suffisent au travail pour lequel on emploie ailleurs la charrue. En approchant des rives du fleuve, on reste frappé de l'aspect désordonné de ces roches grisâtres où tombe, éclate et rugit une nappe d'eau naguère si paisible et si calme. Une foule d'accidens, dignes des pinceaux d'un grand paysagiste, varient les mille torrens que forme cette petite cataracte. Mille vapeurs, promenées par les vents, forment l'arc-en-ciel, et des lierres, des mousses, des arbrisseaux croissent partout où l'onde irritée laisse quelque limon sur les granits. L'abîme sépare deux hameaux penchés sur ses rivages : il n'est pas rare de voir passer légèrement le ramier de Saint-Juéry, rasant l'eau de ses ailes, et volant se reposer sur le clocher d'Artés. C'est là qu'on montre au voyageur le lieu où Saho, comme un nouvel Icare, laissa un nom peu digne des muses.

Dans ces tems où la démarcation du schisme mettait plus d'un obstacle aux affections du cœur, un pâtre de Saint-Juéry aimait une fille du village d'Artés ; elle portait le nom charmant d'Adrienne, et pouvait passer pour la plus belle des Albigeoises. Son père, dit-on, n'était pas *catholique;* c'était l'un de ces vieux soldats qui avait combattu sous la bannière de l'infortuné Raymond VI, et il n'avait rapporté de ses guerres que l'entêtement d'une fatale hérésie, et la haine d'un fanatique ; ces dispositions étaient peu favorables à l'espoir du jeune homme. En vain son père et le père de sa bien-aimée, amis dès l'enfance, s'étaient long-tems promis d'associer leurs jours dans la même chaumière, et de faire une seule famille de leurs enfans; le schisme vint les séparer. Les fiancés seuls confondaient leurs ames dans une même croyance, celle de l'amour.

Le père du jeune homme possédait sur le fleuve la seule barque qui servit de passage aux habitans riverains. Dans un mouvement de courroux sur ce qu'il nomme l'obstination de son fils, il brise l'anneau de fer qui attachait l'esquif au rivage, et l'abandonne aux rapides eaux du Tarn. Les amans, séparés, gémissaient de se voir de trop loin. Souvent ils remontaient les rives opposées; s'éloignaient des cascades, dont la voix couvrait la leur; essayaient de se répondre et de se rassurer par des sermens; mais le cours des flots emportait leurs paroles et le baiser trop fugitif. Les colombes d'Adrienne étaient leurs seuls messagers. Accoutumées à recevoir du pasteur les grains qu'elles préféraient, elles allaient se poser sur le toit connu, apportaient sous leurs ailes blanches, non des écrits consolateurs, car dans ce siècle de simplicité l'amour n'échangeait que des dons naïfs; mais, chargées du bouquet de la bergère, elles lui rapportaient le ruban dont elle devait se parer au jour de la fête.

Adrienne se croyait à jamais séparée de son cher Saho... Il reste un périlleux sentier, où lui seul osera s'élancer! Une voix se fait entendre dans la nuit; elle reconnaît celle de son amant : elle frémit de joie et de terreur en apprenant qu'il a osé mesurer l'abîme et le franchir.

Au milieu du Tarn, et au-dessus du lieu où il tombe, divisé en mille torrens, s'élèvent deux rochers, entre lesquels le courant se retrécit et se précipite. Des deux bords de la rivière, on peut, à gué, approcher jusqu'à ces rochers; mais là expire toute audace humaine. Le courageux pâtre de Saint-Juéry a su échapper à la mort. Il vient demander le prix de ses périls. Adrienne pourra-t-elle le refuser? « Oh! lui dit-elle vers minuit, éloigne-toi; fais un long détour qui puisse t'ouvrir un autre passage. — Je ne pourrais, répond Saho, rentrer avant l'aurore sous la cabane de mon père, et le village serait instruit de notre rendez-vous.... Je crains pour ta pudeur! — Je crains pour toi : la lune se voile; que je t'accompagne du moins jusqu'aux bords du précipice. » Elle dit, et allume un flambeau de résine. Arrivée au lieu fatal, elle y jette un regard, recule d'épouvante; elle n'a pas la force de demeurer auprès de son amant.

Tous deux fixent entre les rochers le flambeau qui doit protéger la téméraire entreprise. « O mon ami, quand tu seras sauvé, pousse un cri dans les airs qui m'avertisse que je puisse cesser de craindre! » Elle s'éloigne : un dernier baiser semble avoir rendu à Saho toute sa force. La jeune fille écoute, haletante et craintive; elle voudrait hâter l'accent de cette voix si chère; elle l'entend; sourit..... C'est le cri de la mort! Le pasteur s'est englouti dans le gouffre qui n'a jamais rendu ses victimes.

Heureusement pour la justice, les gouffres de l'Aveyron sont moins discrets que ceux du Tarn!

Je rentre dans un sujet où s'attache une curiosité encore et inexplicablement universelle par la citation de l'une des pièces les plus importantes de cette fameuse affaire. On sait que madame Manson a, tour-à-tour, confessé et dénié les mêmes faits : on sait que le contenu de ses *Mémoires* a laissé supposer que mademoiselle Rose Pierret était la femme enfermée chez Bancal dans la soirée du 19 mars. On sera peut-être curieux de voir ces deux personnages en confrontation devant le juge instructeur.

Confrontation de la dame Manson et de la demoiselle Pierret, faite à Rodez, en octobre dernier.

Ayant demandé aux dame Manson et demoiselle Pierret leurs noms, prénoms, âge, demeure et profession, et la demoiselle Pierret ayant fait surabondamment en nos mains le serment de dire toute la vérité, rien que la vérité ;

La dame Manson a dit s'appeler Marie-Clarisse Enjalran, épouse du sieur Marc-Antoine Manson, percepteur de la commune de Castel-Mary, habitante de Rodez, actuellement détenue dans la prison dite des Capucins, et être âgée de trente-trois ans.

Et la demoiselle Pierret a dit s'appeler Rose-Félicité Pierret, fille, demeurant chez M. son père, percepteur des contributions directes à Bizonne, canton de Bozouls, âgée de vingt-trois ans.

Ayant ainsi la présence simultanée de la dame Manson et de ladite demoiselle Pierret, et leur ayant demandé si elles se connaissent, la dame Manson a répondu connaître la demoiselle Pierret, et la demoiselle Pierret a répondu connaître la dame Manson.

Nous avons fait donner lecture ensuite à la demoiselle Pierret de l'interrogatoire subi par la dame Manson, le 14 septembre dernier, et en présence de ladite dame Manson ;

Et nous avons fait donner pareille lecture, par notre greffier, à la dame Manson, de la déposition faite par la demoiselle Pierret, le 25 du même mois, et en présence de ladite demoiselle Pierret.

Ladite lecture faite, nous avons passé aux interpellations suivantes :

D. Vous, dame Manson, avez-vous prétendu que vous aviez fait connaissance avec la demoiselle Pierret quelque tems avant la dernière foire de la mi-carême; le soutenez-vous ?

R. Oui, je le soutiens.

D. Vous, demoiselle Pierret, avez prétendu, au contraire, que ce n'était qu'aux environs de la dernière foire Saint-Pierre, que vous avez fait connaissance avec la dame Manson, lui ayant seulement parlé alors pour la première fois; le soutenez-vous?

R. Oui, je persiste dans tout ce que j'ai dit à cet égard dans ma déposition; j'ajoute que cette époque, qui fut la première à laquelle je parlai avec la dame Manson, fut celle à laquelle cette dame acheta ou choisit chez la dame Constans, modiste, quelques objets d'ajustement pour la dame Rodat, d'Olemps; il sera aisé de vérifier cette époque sur le journal de ladite dame Constans.

D. Vous, dame Manson, avez dit que trois jours après l'assassinat de M. Fualdès, la demoiselle Pierret vous avait dit et raconté tout ce que vous aviez dit à ce sujet; le soutenez-vous en présence de ladite demoiselle Pierret?

R. Oui, je le soutiens; j'observe néanmoins que la demoiselle Pierret ne me nomma point alors le sieur Jausion. Mais je dois vous faire remarquer qu'il n'était point encore arrêté.

D. Vous, demoiselle Pierret, n'avez-vous point prétendu, par ce que vous avez dit dans votre déposition, n'avoir jamais fait aucune confidence ni révélation à la dame Manson, au sujet dudit assassinat, et vous expliquant nouvellement à ce sujet, soutenez-vous qu'il en est ainsi?

R. Je l'ai entendu ainsi dans ma déposition, et j'affirme à la face de la dame Manson, qu'elle ne m'a jamais rien dit ni confié au sujet de l'assassinat dont il s'agit.

D. Vous, dame Manson, coarctez-moi ce que vous prétendez que la demoiselle Pierret vous a dit à ce sujet : affirmez-vous qu'il s'était trouvé une femme chez Bancal lors de cette horrible scène ; qu'on lui avait donné là un rendez-vous ; que, surprise par le cortége qui arriva inopinément, elle fut jetée dans un cabinet ; que sortie de là après la consommation du crime, Bastide voulait la tuer, et que Jausion la sauva ; qu'on lui fit faire sur le corps, encore palpitant, l'exécrable serment de ne rien dire de ce qui s'était passé ; que Jausion la conduisit jusqu'au puits de la place de Cité ; que cette femme avait pris son nom ?

R. Ce ne sont point les détails que la demoiselle Pierret me donna à l'époque que j'ai déjà coarctée, et si je l'ai donné à entendre ainsi, je dois me réformer sur ce point. La demoiselle Pierret me dit seulement alors que c'était Bastide qui avait tué M. Fualdès avec un couteau ; qu'il l'avait renversé sur une table, et que M. Fualdès lui avait demandé un moment pour recommander son ame à Dieu, il lui avait répondu, avec férocité, qu'il ne lui serait point accordé un seul instant ; elle ajouta : « Les malheureux avaient bien voulu faire croire que M. Fualdès s'était suicidé, mais l'événement les a confondu. La Providenee ne l'a point permis. »

D. Vous, demoiselle Pierret, convenez-vous d'avoir fait ce récit à Mme Manson ?

R. Il est possible que j'aie donné ces détails à la dame Manson ; mais je conteste bien formellement que ce soit, comme elle le dit, trois jours après cet assassinat ; je ne savais rien à cette époque, et si je lui ai dit toutes ces choses, ce dont je ne conviens point précisément, je ne puis l'avoir fait que bien long-tems après, c'est-à-dire lorsque la procédure les avait déjà publiées, et que tout le monde les savait.

D. Vous, dame Manson, réfléchissez-bien à ce que je vous demande. Bornez-vous véritablement aux détails que vous venez de donner, et à ce que la demoiselle Pierret vous a dit de l'assassinat qui nous occupe.

R. Je ne puis ni ne veux en dire davantage.

D. Je vous somme encore de me dire catégoriquement

si c'est là tout ce que la demoiselle Pierret vous a dit; vous devez vous expliquer là-dessus, maintenant que vous êtes en sa présence.

R. Je réponds que la demoiselle Pierret ne m'a plus rien dit que ce que j'ai rapporté.

D. Vous, dame Manson, avez nommément prétendu que la demoiselle Pierret vous avait dit alors que tous les coupables ne se trouvaient point arrêtés; le soutenez-vous?

R. Je n'ai point entendu dire que la demoiselle Pierret m'eût parlé de cette particularité trois jours après l'assassinat; je ne pouvais pas même l'entendre ainsi, puisque Bastide ni Jausion n'étaient pas arrêtés alors; mais depuis j'ai souvent parlé de cette affaire avec la demoiselle Pierret, peut-être plus de dix fois, tantôt dans un endroit, tantôt dans l'autre, et c'est dans quelqu'une de ces rencontres (tous ceux qui ont été jugés se trouvant alors détenus) qu'elle m'a dit que tous les coupables n'étaient point arrêtés; c'est ce que j'ai entendu dire dans mon interrogatoire, et c'est ce que je soutiens.

D. Vous, demoiselle Pierret, que répondez-vous à cela?

R. Je répète que je n'ai aucune idée d'avoir jamais parlé de cette affaire avec la dame Manson; mais si je me trompais sur le fait, j'affirme n'en avoir jamais parlé avec elle d'une manière particulière, ni à aucun titre de confidence; et si je puis lui avoir dit quelque chose à ce sujet, je n'ai parlé avec elle de cet événement que comme tout le monde en parlait; me rappelant mieux des choses, je me souviens que je rencontrai un jour la dame Manson dans la boutique du sieur Arquier, gendre du sieur Guyon; qu'il fut dit là que tous les coupables n'étaient point arrêtés, et il est possible que je l'aie dit là, comme les autres; il est même possible que je l'eusse dit auparavant.

D. Vous, dame Manson, avez dit qu'aujourd'hui que Jausion était condamné, vous étiez convaincue que la demoiselle Pierret dirait toute la vérité, parce qu'elle vous avait dit qu'elle ne tenait qu'à lui, et que ce n'était que lui qu'elle regrettait; soutenez-vous qu'elle vous ait parlé ainsi?

R. Oui, et j'ajoute que c'est le jour de la dernière exécution, avant les débats de la procédure Fualdès, et dans le moment même que Jausion était conduit pour un interrogatoire, que la demoiselle Pierret me tint ce discours; elle me dit de plus que la vue de Jausion ,qui venait de passer, lui donnait mal d'estomac, et que s'il était guillotiné, elle ne resterait point à Rodez; j'ignore si elle voulait dire par-là qu'elle quitterait Rodez pour toujours, ou si elle s'absenterait seulement le jour de l'exécution?

D. Vous, demoiselle Pierret, qu'avez-vous à dire à cela? Convenez-vous de ces faits?

R. Je les conteste au contraire bien formellement, et je n'ai aucune idée de ce que vient de dire la dame Manson; je ne vois point d'ailleurs que ces faits pussent être d'une grande importance, ni qu'il fût bien conséquent que j'eusse dit, après avoir vu passer Jausion, que je le regrettais, et que je ne me trouverais point à Rodez le jour de son exécution, s'il venait à être condamné; lors même que j'aurais dit que je le plaignais particulièrement parmi tous les accusés; je ne vois point que la dame Manson ni personne pût conclure de là que je fusse la femme qui se trouva chez Bancal lors de l'assassinat.

D. Vous, dame Manson, je dois vous observer que dès-lors que vous avez réduit aux détails que vous avez énoncés plus haut les ouvertures ou révélations que vous prétendez vous avoir été faites par la demoiselle Pierret, il vous restera bien des choses à expliquer dans tout ce que vous avez dit; voyez ce que vous avez à me répondre, il est encore tems de vous expliquer.

R. Je ne me suis jamais flatté d'expliquer tout ce que j'ai dit au sujet de cette affaire, soit devant la cour d'assises, soit ailleurs; je persiste à dire n'avoir tenu de la demoiselle Pierret que ce que j'ai déjà rapporté; je n'ai jamais dit qu'elle fut la femme qui s'était trouvée à un rendez-vous chez Bancal lors de l'assassinat; mais j'ai toujours été convaincue que c'était elle.

D. Vous, demoiselle Pierret, avez prétendu au contraire que la dame Manson avait dit que vous lui aviez confié dans le magasin de madame Constans, que vous vous étiez trouvée alors chez Bancal; le soutenez-vous?

R. Oui, je le soutiens.

D. Vous, dame Manson, contestez-vous de nouveau le fait?

R. Oui, je le conteste; je n'ai jamais dit cela à personne.

D. Vous, demoiselle Pierret, de qui tenez-vous que madame Manson a dit pareille chose? expliquez-vous franchement là-dessus.

R. Je le tiens de nombre de personnes, et je vous indique particulièrement la dame Constans, modiste; je me rappellerai peut-être de quelques autres témoins.

La dame Manson nous ayant fait remarquer que la demoiselle Pierret nous avait dit ne connaître le sieur Jausion que de vue, et ayant ajouté qu'elle avait intérêt à faire constater ce fait, nous avons interpellé la demoiselle Pierret à ce sujet, et elle nous a répondu qu'en effet elle avait dit ce qui vient d'être remarqué par la dame Manson, et que loin de le rétracter, elle affirme de nouveau n'avoir jamais connu le sieur Jausion que de vue, et qu'elle n'a eu non plus d'autre connaissance d'aucun des accusés qui ont été jugés.

Plus n'a été procédé à la présente confrontation.

Lecture à elles faite du présent procès-verbal, etc...... *Bertrandi*, *Enjalran-Manson*, *Rose Pierret*, *Blanc*, commis-greffier, signés.

On dit que M. Tarroux, plein de zèle et d'une courageuse résolution, s'occupe sans relâche à préparer la défense de sa cliente : personne ne pouvait paraître dans cette cause mieux soutenu que ce jeune homme par l'estime que donnent le caractère et le talent.

LE STÉNOGRAPHE PARISIEN.

VINGTIÈME LETTRE.

Albi, 9 février 1818.

Les opinions sont plus que jamais divisées sur le compte de madame Manson : les uns la condamnent, ici, avec tout l'excès du rigorisme ; d'autres, qui l'admirent sans restriction, forment ce qu'on appelle une secte de *mansonistes purs*. Ses partisans sans épithète sont jusqu'à présent sur cet objet les plus raisonnables ; ils se bornent à former des vœux en faveur de la vérité des *Mémoires*, sans oser rien préjuger.

Ce n'est pas sans difficultés que M. Clémendot a réussi à se procurer un logement ; les dames se montrent peu disposées à lui pardonner l'ébruitement de sa petite aventure ; on se plaît à la lui faire raconter, mais autant par curiosité que par amour de la médisance. Les personnes qui ont entendu plusieurs fois cet officier ont cru remarquer quelques contradictions dans ses récits. Toutefois, il est juste de remarquer qu'on évalue, en le voyant, toute l'exagération d'un ressentiment, dans le portrait qu'a tracé de lui madame Manson. M. Clémendot n'a rien de disgracieux dans les manières ni dans la figure.

Madame Manson a subi son dernier interrogatoire : une circonstance qui frappe tout le monde, c'est qu'elle n'est extraite de sa prison que vers la nuit, tandis que les autres prévenus sont ordinairement conduits au tribunal en plein jour. C'est à la délicate déférence de M. le président Faydel que la prisonnière doit une exception si conforme aux égards commandés par son sexe et par son infortune. M. le maire d'Albi, ne déroge en rien à sa sévérité connue. Long-tems chargé d'un plus grand pouvoir dans une plus grande ville, il a donné d'irrécusables preuves de son caractère ; les habitans de Brest le connaissent et l'apprécient !

Intriguer ses gardiens et se jouer de leur crédulité est un plaisir que madame Manson ne se refuse guère. La scène suivante en offrira l'exemple : la porte de sa prison est ouverte pour en laisser échapper la fumée; M. le maire entre avec son chapeau : « Que faites vous, Madame ? vous écrivez encore à Rodez, à Paris, au *Perrier*, partout enfin ? — Pourquoi renoncerais-je à cette faculté? je veux écrire. — Je saurai bien vous en empêcher. — Le croyez-vous, M. le maire ? —Tout le monde se plaint de recevoir de vos lettres. —Ces plaintes ne sont pas venues jusqu'à moi.— C'est sans doute à quelques femmes que vous vous adressiez ? — Des femmes! je ne pourrais compter sur leur discrétion.—Donnez-moi ce papier, je veux le voir. (Madame Manson le froissant et le serrant avec vivacité :) Eh bien ! M. le maire, que voyez-vous ? — Une folle entêtée qui ne mérite pas le moindre égard et que l'on devrait traiter avec plus de rigueur que la Bancal ! — Malgré toute votre sévérité, j'espère bien me servir de vous comme intermédiaire, je vous ferai mon courrier, vous porteriez, s'il le fallait, cette même lettre; je vous compromettrai, peut-être vous ai-je déjà compromis. »

M. le maire s'éloigne, regarde autour de lui avec un étonnement mêlé d'inquiétude, s'examine des pieds à la tête, secoue son mouchoir, ouvre son habit, et promène ses deux mains sur ses poches. Sa figure est toute saisie de la crainte d'être sans le savoir le principal acteur de *l'intrigue épistolaire*. Depuis ce jour, ce magistrat n'approche qu'en tremblant de la cellule de madame Manson, et de peur d'échapper à sa propre surveillance, dont il se défie pour la première fois, celui dont le devoir est de faire fouiller les détenus, ne sort plus, dit-on, sans s'être fait fouiller lui-même. Madame Manson, ne nous a-t-elle pas appris qu'elle avait de bonne heure été formée dans l'art de tromper ses geoliers?

Il y a peu de jours qu'elle rappela M. le maire sur le seuil de sa prison : J'aurais besoin, dit-elle, pour ma défense, de consulter quelques articles du code. — Le code pénal, le code criminel ? qu'à cela ne tienne, on vous le procurera. — Non, Monsieur, le code de la raison... si vous l'avez.

Le concierge de Sainte-Cécile, que sa facile humanité rendait suspect, vient d'être renvoyé de son poste; il est remplacé par un geolier plus éprouvé. Les ordres les plus stricts ont été donnés pour que le clocher de la cathédrale fût fermé à tout le monde: On assure que mesdames Pons, Jausion et Bastide distinguaient, de cette hauteur, leurs frères et leurs époux. Certains signaux, déjà surpris, donnaient de l'inquiétude à l'autorité.

Nous avions annoncé, sur la foi d'un bruit trop généralement répandu, l'arrestation à Toulouse de mademoiselle Rose Pierret. Cette nouvelle est tout-à-fait controuvée. Voici l'anecdote qui a pu donner le change à la croyance publique. Une demoiselle, nommée *Rose*, et venue précisément de *Rodez*, fut récemment accueillie à son arrivée à Toulouse par un huissier et un gendarme, qui l'attendaient dans la cour des diligences. M. le président des assises désirait l'interroger sur quelques aveux qu'elle avait pu recevoir. Son âge et sa beauté inspirèrent quelques défiances à la jeune fille. Pendant un instant, elle se crut victime d'une témérité; prit son enlèvement pour un piége, et la justice pour un séducteur. M. Faydel la rassura avec cette bonté qui lui est si familière, et obtint d'elle, en effet, plusieurs notions importantes. Une telle conformité de noms a seule fait confondre mademoiselle Rose Pierret, qui n'a point quitté son père, qui n'a été à aucune époque l'objet du moindre soupçon (malgré les discours de l'auteur des *Mémoires*), avec mademoiselle Solannet, aussi jeune et presque aussi jolie que l'autre Rose. Mademoiselle Solannet apprend modestement à Toulouse la profession de marchande de modes. On assure que l'un des grands-officiers de la justice de Rodez s'intéresse particulièrement à sa famille.

LE STÉNOGRAPHE PARISIEN.

VINGT-UNIÈME LETTRE.

Albi, 19 février.

Le soldat du train Jean-Baptiste Colard vient d'être transféré de la maison d'arrêt, où il était détenu, dans une autre maison de justice; on assure qu'il a tout avoué et que ses aveux confirment les présomptions de la procédure. D'autres personnes prétendent qu'il quittera bientôt le cachot dit *de l'Enfer*, dernière demeure des condamnés, où le remplaceront, chacun à son tour, Anne Benoît, Bax et Missonnier. Ces translations successives, auxquelles la raison répugnerait à assigner des motifs étrangers à la gravité de cette procédure, n'ont, peut-être, d'autre objet que l'intérêt d'un peintre albigeois, M. Sudre, élève de David, et digne des talens de son maître. C'est pour cet artiste que l'autorité a voulu placer les accusés dans le jour le plus favorable.

Quoi qu'il en soit, Colard pleure, et la cause de son désespoir est moins la crainte du supplice que le regret de ne plus habiter sous le même toit que la fille Anne Benoît. Celle-ci n'est pas moins désolée : « C'est madame Manson, dit-elle, qui fait tous nos malheurs; puisqu'elle était chez Bancal, qu'elle parle donc; ce n'est pas moi qui ai frappé M. Fualdès, je suis innocente; mais si Colard est condamné, je mourrai avec lui. »

Missonnier se promène souvent des heures entières parmi les autres prisonniers sans articuler une seule parole, et ne rompt ce silence que par de fréquens éclats de rire. Cet homme, d'une stupidité étrange, n'a pas manifesté jusqu'ici la moindre inquiétude sur son sort. On lui parlait dernièrement de se choisir un défenseur : « Ce n'est donc pas encore fini ? a-t-il répondu. L'avocat de Rodez m'a bien défendu, je n'en veux pas d'autre. » Et sur l'objection qu'on lui fit que cet avocat ne viendrait pas à Albi : « En ce cas, ajouta-t-il, je m'en rapporte au coutelier chez lequel j'ai fait mon apprentissage; celui-là empêchera bien qu'on ne me fasse du mal. »

Depuis peu de jours le public n'entre plus dans l'hospice où Bousquier est renfermé. Les sœurs de charité, aux soins de qui il est confié, ont reçu la défense expresse de le laisser communiquer avec des étrangers. Des tentatives de séduction, des propositions qui lui auraient été faites et qu'il aurait déclarées, sont, à ce que l'on prétend, les raisons de cette mesure, laquelle est d'ailleurs dans le véritable intérêt de la justice.

Rien n'est changé dans le sort de madame Manson : un inspecteur des prisons, des gendarmes, un geolier et M. le maire, sont les seules personnes qui remplissent sa cellule à toutes les heures de la journée. « On me mettra bientôt de ces gens-là jusque dans mon lit, disait-elle récemment ; que veut-on ? me ravir mes songes ? Est-ce par la terreur qu'on m'impose ! »

Un domestique qui, pour être admis comme témoin à décharge dans la première procédure, avait prétendu ne plus être depuis long-tems au service de Jausion, a été arrêté dans la journée du 13 février à Moularès, village à quelque distance d'Albi. Un itinéraire tracé par la traverse jusqu'à Rodez, ainsi que plusieurs lettres que les dames Bastide, Jausion et Pons craignaient de confier à la poste, ont été trouvés sur cet individu. Le contenu de ces lettres est, dit-on, de la plus haute importance pour la justice. Elles ont été envoyées sur-le-champ par une estafette à M. le procureur du Roi.

M. Manson entra, il y a quelques jours, dans une maison, sans y être attendu : on y lisait alors les *Mémoires* de la prisonnière. Son arrivée suspendit la lecture, et causa quelque embarras aux personnes qui faisaient partie de la société : « Mettez-vous à votre aise et continuez, » leur dit-il ; je rends justice à l'esprit de mademoiselle » Enjalran, et depuis qu'elle n'est plus ma femme, elle » n'a plus de secrets pour moi. »

Les fameuses révélations ont donné à quelques habitans d'Albi l'idée qu'une réponse de M. Clémendot pourrait obtenir du succès. Un homme de lettres du département du

Tarn, M. Raynal, ancien professeur de philosophie, est allé, dit-on, offrir sa plume à cet officier. M. Clémendot a répondu avec une mesure et une générosité que sa conduite passée peut rendre remarquables : « Madame Manson est accusée et captive ; j'attendrai, pour repousser des personnalités offensantes, qu'elle soit rendue à la liberté. Alors je publierai une défense, et je n'aurai besoin, pour l'écrire, d'aucun secours étranger. J'y promets un scandale plus piquant encore que celui qu'à déjà donné votre héroïne de Rodez. »

Cette dame, dans un instant de contrariété et par un mouvement d'impatience toute féminine, a dernièrement lancé un petit volume de *Buffon*, qui est allé tomber aux pieds de M. le maire d'Albi. Elle s'informe, dit-on, de tout ce qui se passe autour d'elle : apprenant hier qu'une dame de Cast... partageait sa prison de Sainte-Cécile, elle lui a fait offrir ses livres et son jeu du *casse-tête chinois*. « Que fait elle, dit madame Manson ? — Elle s'ennuie. — Mais encore ? — Elle tricote. — Que ne fait-elle des *Mémoires ?* »

Par arrêt du 10 de ce mois, la chambre d'accusation près la cour royale de Montpellier vient d'ordonner la mise en liberté de M. Constans, ex-commissaire de police, Cette nouvelle a été accueillie à Rodez avec la plus vive satisfaction. M. Constans y était généralement estimé.

LE STÉNOGRAPHE PARISIEN.

VINGT-DEUXIÈME LETTRE.

Albi, 24 février.

On voudrait se dédommager des interminables délais de la procédure en cherchant à anticiper sur la connaissance des pièces les plus frappantes, et à connaître le sens exact des principales dépositions : il circule à ce sujet une foule de versions. Je vais vous faire part des faits que je regarde comme les plus authentiques.

On remarque, dit-on, dans la pièce n° 1 de l'instruction dirigée contre madame Manson, une lettre de M. Juin de Siran à M. le procureur du Roi, dans laquelle ce magistrat estime que cette dame ne peut jamais être considérée comme faux témoin. « Elle n'a nommé personne ; » on ne peut prendre pour des dénégations des monosyllabes insignifians, des contorsions, des syncopes vraies ou » simulées. Les reproches qu'elle mériterait ne s'adressent » qu'à sa conscience, et c'est à celui qui lit dans les cœurs » à les lui adresser. La loi n'envisage aucune peine pour » cette réticence. »

L'acte d'accusation spécialement dirigé contre la prisonnière, autrefois témoin, rappelle les détails de l'assassinat, le jugement de Rodez, l'arrêt de cassation, le renvoi des prévenus devant la cour d'Albi, et se termine, assure-t-on, en ces termes (1):

« Les débats devant l'assise de Rodez donnèrent lieu à des incidens peut-être aussi extraordinaires que l'attentat qui en était l'objet. Une femme Manson, née Enjalran, après avoir déclaré devant M. le préfet de l'Aveyron, exerçant les fonctions d'officier de police judiciaire, qu'elle avait été témoin oculaire de l'assassinat de Fualdès, qu'elle était dans la maison Bancal au moment où on l'égorgeait, qu'elle y avait couru le plus grand danger ; après avoir fait le même aveu à plusieurs personnes, a paru aux débats, a dénié ce fait, a juré n'être jamais entré chez Bancal, et ses assertions orales étaient contredites par sa contenance, ses regards et ses gestes. La vue des accusés a produit dans elle des convulsions et des évanouissemens réels ou simulés. Plusieurs fois, pendant l'audience, elle est tombée, ou a paru tomber en syncope. Les mots de *poignard*, *d'assassins*, échappés de sa bouche et des apostrophes contre Bastide et contre Jausion, témoignent la connaissance parfaite qu'elle avait des détails de l'assassinat. La suite des débats a offert dans la femme Manson un scandale continuel de-

---

(1) Nous hésitons d'autant moins à publier une partie de cette pièce, dont il a circulé plusieurs copies, que le secret judiciaire qui la couvre sera levé par le commencement du procès, à l'époque où paraîtra ce numéro.

variations, de contradictions, et un mépris formel et avoué pour le serment qu'elle avait prêté de dire la vérité, et elle a audacieusement déclaré à la fin des débats que la vérité ne pouvait pas sortir de sa bouche.

» Toutes ces circonstances annoncent que la femme Manson était initiée dans les mystères du crime commis sur la personne du malheureux Fualdès, ou du moins dans ceux de la consommation. Un grand intérêt pouvait seul donner lieu à ces variations, à ces contradictions, à ces rétractations et à ce refus formel de dire la vérité. Dans les débats, dans ses lettres à M. le préfet de l'Aveyron, elle parlait de la fin tragique qui paraissait lui être réservée. La position de son fils, privé de sa mère, paraissait l'occuper; tout enfin concourait à prouver qu'elle redoutait la peine due aux criminels. On a informé contre elle; elle a avoué de nouveau avoir été chez Bancal au moment de l'assassinat de Fualdès; mais ses réticences sur les détails, quoiqu'il soit positivement établi par les déclarations qu'elle a faites à quelques témoins, que ces détails lui sont parfaitement connus; mais le fait bien constaté de sa présence dans la maison Bancal au moment du crime; mais la circonstance précédemment avouée par elle-même à M. le Préfet, qu'un pantalon qu'elle portait dans ce moment était teint du sang de la victime; mais ses déclarations plusieurs fois rejetées, que dans son aveu de s'être trouvée dans la maison Bancal elle n'avait dit qu'une partie de la vérité, et qu'elle la dirait tout entière aux débats publics, ont confirmé et aggravé les indices de sa culpabilité.

» La cour royale de Montpellier, par arrêt du 3 décembre 1817, l'a mise en accusation pour fait de complicité de l'assassinat commis sur la personne du sieur Fualdès, et l'a renvoyée devant la cour d'assises du département de l'Aveyron, séante à Rodez. Mais sur la requête du procureur général en la cour royale de Montpellier, tendante au renvoi de cette cause devant la cour d'assises d'Albi, la cour de cassation, par arrêt du 18 décembre 1817, vu la connexité de l'accusation dirigée contre la femme Manson, avec celle dirigée contre Bastide, Jausion, et autres déjà renvoyés devant la cour d'assises du Tarn, faisant droit à la susdite requête, a renvoyé ladite Manson devant la cour d'assises du Tarn, pour y être jugée par un seul et même débat, avec les autres accusés de l'assassinat du sieur Fualdès.

» En conséquence, Marie-Françoise-Clarisse Enjalran, épouse d'Antoine Manson, percepteur des contributions directes de Crespins, habitante de Rodez, est accusée d'avoir, avec connaissance, aidé ou assisté les auteurs de l'assassinat du sieur Fualdès, dans les faits qui l'ont préparé ou facilité, ou dans ceux qui l'ont consommé. »

Cet acte fut notifié à madame Manson le 2 janvier 1818, par Louis Delort, huissier près le tribunal de première instance de Rodez, dans la maison d'arrêt dite des *Capucins*.

La déposition de la petite Madeleine Bancal (si l'on en croit ceux qui en ont pris connaissance à l'époque où les pièces du procès allaient être imprimées à Albi), est d'une force et d'une naïveté propres à-la-fois à scandaliser et à convaincre. Après avoir redit qu'elle était placée sous les rideaux de manière à tout distinguer par plusieurs ouvertures, cette malheureuse enfant ajoute : « C'est de là que j'entendis et vis ce que je vais vous rapporter : on étendit un monsieur sur la table, et ceux qui le tenaient étaient mon père... (déposition parricide !), le soldat du train Missonnier, Jausion, Bastide et un autre homme qui était boiteux et *faisait drôle en marchant* ». Elle rapporte ensuite, comme on les connaît, les incidens du meurtre avec un mauvais couteau. « On enfonça au monsieur un mouchoir dans la bouche avec le manche d'un petit marteau ; il fut successivement repris par Bastide, *le boiteux*, et Missonnier; celui-ci sautait, et semblait le plus content ».

Elle a reconnu parfaitement madame Manson : à la prière de Jausion, Bastide consentit à lui laisser la vie; « mais il lui fit étendre la main sur le ventre de celui qui avait été tué ; elle parla alors du bon Dieu, et je n'entendis pas bien quelques autres paroles qu'elle dit ».

Elle prétend qu'on avait raconté à Bousquier, pour l'engager à entrer dans la maison de son père, que deux soldats s'étaient battus, que l'un avait été tué, qu'il s'agissait d'enlever son corps. Bousquier n'a point déposé dans ce sens.

La dame Constans, marchande de modes, a déclaré : « que s'étant rendue chez madame Manson, pendant la » durée des assises de l'Aveyron, *dans la séance du 22 août*, » pour la déterminer, d'après l'invitation d'un juge, à dire » la vérité, elle lui répondit plusieurs fois : *Je ne puis vous » en dire davantage*. Dans une affaire où il y a tant de per- » sonnes compromises, ajouta madame Constans, il est bien » malheureux qu'il n'y ait pas eu deux témoins (obser- » vant que Bousquier était le seul). Madame Manson par- » tit alors d'un élan et dit d'un ton très-animé : *Parbleu ! il » y en avait bien un autre aux dépens de sa vie !* C'est donc » vous, Madame ? *Je ne puis vous en dire davantage*. Je vis » trois ou quatre larmes couler de ses yeux ; je fis de nou- » veaux efforts pour la déterminer à s'expliquer. Elle se re- » cueillit un moment, et elle me dit en me quittant : *Eh bien ! » je suis décidée, envoyez-moi une ceinture noire, je vais me » rendre à la cour d'assises, et je dirai tout ce que je sais*. »

Les déclarations de la famille Pal ne certifient ni ne démentent évidemment la présence de madame Manson, dans la maison qu'elle habitait, le soir du 19 mars. On parle avec intérêt d'un aveu de cette dame fait à deux témoins dignes d'une grande confiance : M. le général Desperrière et M. Daure. Sur l'observation adressée par ces messieurs dans la prison des Capucins, qu'il était étonnant que Bousquier n'eût pas mieux démêlé les traits de tous les témoins, puisque la scène était éclairée par une lampe, elle aurait répondu : *Cette lampe éclairait si faiblement !*

On assure que l'étrange accusée a composé une autre version en faveur de son premier concierge, nommé Dermont et de sa femme. Pour eux, un inconnu qui avait des éperons, et qui déchira sa robe, l'aurait saisie dans le couloir de la maison Bancal, où elle s'était rendue pour un rendez-vous avec une personne qu'elle ne nommera jamais. Cet inconnu tira un couteau, sur lequel il exigea un serment. Il la blessa à la main; reconduite par lui sur la place de Cité, elle y retrouva celui qu'elle avait attendu, lequel la conduisit chez elle au milieu de la nuit, et elle y rentra après avoir saisi le moment où l'un des petits enfans Pal sortit pour quelque besoin. Elle avait, dans cette soirée, le même tablier qu'elle portait en faisant ce récit. Sur cette particularité, Dermont dépose s'être écrié : « Je voudrais être ce tablier ; je saurais donc la vé-» rité tout entière. »

Mademoiselle Pierret dénie avec un grand calme et une dignité qui fait présumer l'innocence, les confidences qu'elle aurait faites à madame Manson. « Je sais que la dame Man-» son, dit-elle à la fin de son interrogatoire, pousse l'im-» posture et la fourberie jusqu'à prétendre que je lui ai » avoué *à elle-même* que je me suis trouvé chez Bancal lors » du tragique événement, et que ce fut dans le magasin » de madame Constans que je lui ai fait cette confidence. » J'affirme de nouveau, et répète que tout ce qu'elle a dit » à ce sujet n'est que mensonge et calomnie. Je n'accuse » pas la dame Manson de s'être trouvée elle-même dans » cette maison ; mais je dis que s'étant mise à découvert par » ses premières déclarations, et ne pouvant plus suppor-» ter sa honte, elle voudrait méchamment se racheter aux » dépens de mon honneur et de ma réputation. Je n'ai plus » rien à dire. »

On annonce enfin que des assignations pour le 11 mars sont distribuées à Rodez aux 380 témoins. Puisse cette opération, qui déjà avait été faite, puis suspendue, annoncer le dernier terme des délais de cette odieuse affaire !

LE STÉNOGRAPHE PARISIEN.

VINGT-TROISIÈME LETTRE.

Albi, 24 février.

Malgré les nombreux incidens auxquels la nouvelle instruction donne lieu journellement, on persiste à croire que l'époque des assises ne sera pas reportée au-delà du 11 mars. Des ordres ont été donnés au receveur de l'enregistrement dans le département du Tarn, pour qu'il tînt en réserve une somme de 30,000 fr. destinée à acquitter les frais de la procédure, et plusieurs assignations ont déjà été remises au domicile des témoins. On a signifié hier aux accusés une instruction complémentaire, renfermant les dispositions reçues par M. Aubaret, conseiller-auditeur en la cour royale de Toulouse, et délégué à cet effet.

Depuis quelques jours, les habitans d'Albi se portent en foule sur la route de Villefranche, pour y voir la voiture dans laquelle les prévenus seront conduits de la prison au Palais de justice. Cette espèce de carrosse, qui est de l'invention de M. le maire et de M. le capitaine de gendarmerie, ressemble exactement à ces cages de fer qui servent au transport des ménageries ambulantes.

Le bruit se répand ici que madame Constans-Rabot a été arrêtée à Rodez, et que l'on informe contre elle. La maîtresse de Bastide, Charlotte Arlabosse, est arrivée ici hier dans la soirée, escortée par la gendarmerie de l'Aveyron : elle a été aussitôt écrouée dans la prison de Sainte-Cécile. Cette fille est celle qui, dans les débats de la première procédure, prétendit avoir déjeûné avec Bastide le lendemain de l'assassinat de M. Fualdès, entre six et sept heures du matin, au haut de la *côte de la Roquelle*, dans un champ situé à une lieue de Rodez. De fortes présomptions s'élèvent contre elle : on croit avoir la certitude qu'elle est la personne que Bousquier aperçut dans la cuisine de Bancal, au moment où il y reconnut Anne Benoît.

M. le président Faydel a, dit-on, obtenu de Bax des révélations de la plus haute importance. Le dernier interrogatoire qu'il a fait subir à ce prévenu, n'a pas duré moins de sept heures.

Madame Manson s'est aujourd'hui promenée, pour la première fois, dans le jardin du Presbytère. La permission lui en été donnée par M. le maire, sur l'injonction qui lui en avait été faite, huit jours auparavant, par M. le préfet baron Decazes, ainsi que par M. le président Faydel, qui n'ont pu s'empêcher de condamner une sévérité déplorable. La captive s'occupe maintenant de corriger les épreuves de son plaidoyer, qui paraîtra sous ce titre : *Plan de défense, adressé à tous les cœurs sensibles*. C'est un appel qu'elle fait, dit-on, aux imaginations romanesques.

Hier, entre cinq et six heures du soir, une violente

altercation s'est élevée entre Bastide et Jausion : les deux accusés en sont venus aux mains. A neuf heures, la querelle s'est engagée de nouveau, avec plus de chaleur ; elle a continué jusqu'à minuit. Le concierge, après avoir vainement tenté de les apaiser, a eu recours à l'autorité. En un instant la gendarmerie a été sur pied ; M. Faydel, jugeant que l'occasion était favorable, et que la justice pourrait tirer un parti avantageux de cet événement, a fait conduire les deux champions au tribunal, et les a interrogés sur-le-champ. Ils étaient encore dans un état de fureur, et l'on présume qu'il n'aura pas été difficile de leur arracher des aveux. Les gendarmes et le concierge assurent qu'au moment où ils sont rentrés dans le cachot, Jausion disait à Bastide : « *Scélérat !* que n'as-tu parlé ? » que ne parles-tu ? c'est toi qui es la cause que je languis » dans les fers. »

M. Grandet vient d'arriver à Albi. Plein d'un désintéressement digne d'éloges, cet avocat a consenti à sacrifier un mois de son tems et de son travail en faveur d'un accusé dont la famille lui confie le sort. Ce jeune légiste a déployé beaucoup d'art dans le premier procès de Rodez. Il est un des orateurs que le public écoutera avec le plus d'empressement.

LE STÉNOGRAPHE PARISIEN.

VINGT-QUATRIÈME LETTRE.

Albi, le 26 février 1818.

Les révélations de Bax sont ici le sujet de toutes les conversations : il a, dit-on, compromis dans ses aveux plusieurs personnes qu'on ne s'attendait point à voir figurer dans la nouvelle procédure. Les arrestations se multiplient à Rodez ; mais elles paraissent moins atteindre de nouveaux coupables, que dirigées contre des témoins que la justice est toujours obligée de relâcher. La fille Charlotte Arlabosse a été rendue hier à la liberté, aussitôt après sa confrontation avec Bax et Bousquier.

Nous publierons, dans notre prochain numéro, le plus

intéressant des nombreux interrogatoires subis par madame Manson. Là, démentant le système qu'elle a constamment suivi, elle convient, pour la première fois, s'être trouvée *à sept heures et demi du soir, le* 19 *mars, dans le corridor de la maison Bancal*. La manière dont elle est amenée à cet aveu, les particularités qu'elle y joint, les pressantes et ingénieuses questions de son juge, forment, de cette pièce, le tableau le plus fidèle et le plus étrange du caractère de l'accusée.

LE STÉNOGRAPHE PARISIEN.

Nota. Le *Moniteur* du 26 février ayant annoncé le retour à Paris du sténographe parisien, nous devons à nos souscripteurs de renouveler ici l'assurance que cette entreprise, qui n'est point l'ouvrage d'un seul rédacteur, n'a jamais cessé d'être représentée à Albi, et qu'elle sera constamment dirigée par les mêmes personnes jusqu'à l'issue du procès.

(*Note de l'Editeur*.)

PORTIQUE DE SAINTE CÉCILE À ALBY.

1 *Entrée de la Maison de Justice.*
2 *Prison de Jausion et Bastide.*
3 *Prison de Madame Manson.*

VINGT-CINQUIÈME LETTRE.

Albi, 5 mars.

Une ordonnance de M. le premier président de la cour royale de Toulouse, rendue le 4 de ce mois sur le réquisitoire de M. le procureur-général, et motivée sur la maladie de la femme Bancal, ajourne au 25 mars l'ouverture des assises du Tarn pour le premier trimestre 1818. Plusieurs arrestations nouvelles et grand nombre d'informations commencées loin du chef-lieu de ce département, font conjecturer que cette époque sera même plus reculée encore.

Me Tarroux s'est volontairement démis du titre de défenseur de madame Manson. M. Compayre, médecin des prisons, vient d'être remplacé dans ses fonctions : le docteur Compayre était jeune, plein d'humanité, probre et habile; c'est M. Seriès qu'on lui a donné pour successeur.

La famille Bancal, amenée par la gendarmerie de Rodez, est à l'hospice où Bousquier est renfermé; la femme Bancal n'a point vu ses enfans; elle donne des craintes pour sa vie.

M. le maire a fait parvenir une lettre de madame Manson au journal de Toulouse s'intitulant *l'Ami du Roi;* dans cette lettre, madame Manson avance qu'il n'a été exercé envers elle aucune rigueur. Bastide et Jausion recommencent à vivre en intelligence.

Voici l'interrogatoire de madame Manson, annoncé dans

notre précédent numéro. Cette même pièce a été imprimée à Albi ; son authenticité ne paraît point douteuse :

Ce jourd'hui 2 novembre 1817, dans la chambre du conseil du tribunal de première instance de l'arrondissement de Rodez ; nous, Pierre Félix Bertrandi, juge d'instruction audit tribunal, avons fait extraire de la maison d'arrêt de cette ville la dame Manson, née Enjalran, prévenue d'être complice de l'assassinat de M. Fualdès, et avons procédé à son interrogatoire ainsi qu'il suit :

D. Quels sont vos nom, prénoms, etc.

R. Je m'appelle, etc.

D. Voici le quatrième interrogatoire que vous allez subir; faites qu'il n'en soit pas comme des autres; n'allez point vous échapper dans les évasions et les artifices que vous avez employés jusqu'ici : ces moyens ne seront pesés que pour ce qu'ils sont, dans l'état où sont les choses ; vous ne pouvez plus contester que vous ne vous soyez trouvée chez Bancal lors de l'assassinat de M. Fualdès ; vous aviez désiré que la petite Bancal vous fût présentée, et vous savez quel a été l'événement de votre confrontation ave elle. Je vous répète, que si vous vous êtes trouvée chez Bancal le soir de l'assassinat, il vous importe d'en convenir, non-seulement pour justifier les charges accablantes que vous avez faites contre Jausion et Bastide, mais encore pour vous soustraire vous-même au soupçon raisonnable que votre dénégation ultérieure a rappelé sur vous.

Ainsi donc persistez-vous à soutenir que le soir dudit assassinat vous ne vous soyez point trouvée dans la maison qui était habitée par Bancal ?

R. Je ne me suis point trouvée ce soir-là, ni dans la cuisine de Bancal, ni dans le cabinet qui est à côté ; c'est ce que j'ai toujours entendu dire, et c'est ce que je soutiens.

D. Vous n'aviez point fait cette précision jusqu'ici, et vous avez toujours dit que vous ne vous étiez jamais trouvée chez Baucal, ce qui emportait l'idée de la maison où il habitait.

R. Je n'avais point cru cette précision nécessaire ; il me suffit de la faire aujourd'hui : j'avais toujours dit, d'ailleurs, que je n'avais point été témoin du crime, et que je ne connaissais point ceux qui s'en étaient rendus coupables.

D. Vous ne contestez donc point de vous être trouvée le soir dont nous parlons dans quelque endroit de cette maison?

R. Non.

D. Dans quel endroit vous trouvâtes-vous ?

R. Dans le corridor de l'allée.

D. Quelle heure était-il ?

R. *C'était après sept heures et demie.*

D. Pour quelle raison vous trouviez-vous là ?

R. Tout ce que je puis répondre à ce sujet, c'est que je ne m'étais point rendue dans cette maison pour participer à l'assassinat de M. Fualdès.

D. Que se passait-il dans le corridor ?

R. J'y attendais quelqu'un qui avait dû s'y trouver avant moi : je me heurtai tout-à-coup avec un monsieur que je reconnus n'être point celui que j'avais voulu trouver. Il me demanda qui j'étais, et ce que je faisais là : je fus effrayée ; j'eus comme un sentiment de danger, et je pris la fuite : ce monsieur courut après moi et me joignit bientôt; il avait des bottes et des éperons, avec lesquels il accrocha ma robe; son chapeau était rond, à haute forme, il portait une lévite couleur foncée ; il me dit chemin faisant : « Vous tremblez ; je ne suis point un assassin. — Que voulez-vous dire, un assassin ! lui répliquai-je. — Je ne vous ai point parlé d'assassin, me dit-il. » Je lui répondis que j'avais cru l'entendre.

Arrivés pendant cette conversation au courroir des Annonciades, ce monsieur redoubla ses menaces et me força à lui dire mon nom; j'en eus bien de la peine, à cause du déguisement où je me trouvais: c'était la première fois que je sortais la nuit; il ne voulut jamais me dire le sien, en ajoutant que pour rien au monde il ne voudrait qu'on sût qu'il avait été dans cette maison; il me demanda si je le connaissais, et ce que j'y avais été faire, en me disant qu'il n'y avait été lui-même que pour parler à quelque fille.... Je lui répondis que je ne le connaissais pas, et que je ne m'y étais rendue aussi que pour y parler à quelqu'un. Il me dit que c'était un mauvais lieu, et que je n'eusse jamais à m'y trouver: il me fit jurer ensuite de ne parler à personne de notre rencontre; puis entendant sonner des heures, et lui ayant dit que c'étaient huit heures; il me quitta en disant qu'il était obligé de se trouver alors quelque part, et en me recommandant de l'attendre là où j'étais; il me dit qu'il reviendrait bientôt. Je dois ajouter qu'en me demandant mon nom, il avait sorti une arme de sa poche; je ne sus si c'était un couteau ou un poignard, et qu'ayant voulu la saisir, je me blessai à une main: du reste, il me parut que je lui avais inspiré quelque confiance lorsque je lui avais dit que j'étais la fille du président de la cour prévôtale de Rodez. Cependant ce monsieur fut à peine parti, que je descendis l'Ambergue au plus vîte, et que je remontai par l'autre: arrivée sur la place de Cité, j'y rencontrai quelqu'un avec lequel je me retirai dans sa maison; nous y restâmes ensemble jusque sur les dix heures et demie, et je voulus alors m'en aller, quoiqu'on me pressât d'y coucher: étant ainsi sortie avec cette personne, je fus frapper à la porte de Victoire Raynal, dans le coin de Sainte-Catherine; et n'ayant pu me faire entendre, cette personne me ramena devant la maison de M. Pal, où j'avais mon logement ; j'eus des raisons pour éviter la rue Neuve, et nous fûmes passer devant la maison du sieur Carrère, pour prendre ensuite la traverse ; il y avait encore de la lumière chez le sieur Pal, et ayant dit à la personne d'attendre un moment pour que quelque enfant du sieur Pal vint ouvrir la porte, elle s'ouvrit bientôt en effet, et je profitai de cet instant pour me glisser dans la maison.

D. Vous venez de me dire que vous vous trouviez alors dans un déguisement ; comment étiez-vous habillée et coiffée ?

R. J'avais une robe de serge bleue et un mouchoir au cou de la même couleur ; des bas de laine noire, et un tablier que je porte encore tous les jours ; mes cheveux étaient roulés, et toute ma coiffure était une coiffe de nuit en basin.

D. Je ne vois point précisément que ce fût là un déguisement, et vous étiez plutôt négligée que déguisée ?

R. C'est là ce que j'ai voulu dire ; je ne serais point sortie le jour, habillée de cette manière.

D. N'aviez-vous point un voile noir ?

R. Non.

D. Cependant vous avez paru en convenir, lorsque vous m'avez demandé d'observer à la petite Bancal que ce voile n'aurait pas dû l'empêcher de voir de quelle couleur était le mouchoir qu'avait au cou la dame que sa mère avait enfermée dans la cabinet ; car elle vous dit, en s'adressant à vous, qu'elle ne vous avait vue que par devant ; qu'elle n'avait pas pu voir le derrière du mouchoir qui était sur les épaules, et vous ne lui répondîtes rien ?

R. Je voulais seulement que cette enfant désignât, par une explication, la dame dont il s'agissait, et je n'ai pas entendu convenir pour cela que je fusse cette dame qui avait alors un voile noir.

D. Croyez-vous que ce monsieur qui vous entraîna au courroir des Annonciades ait été un des assassins de M. Fualdès ?

R. Oui.

D. Quelle raison avez-vous de le croire ?

R. C'est que cet assassinat paraît avoir été commis dans la maison de Bancal ; que je trouvai ce monsieur dans cette maison, et que j'ai cru depuis qu'il y était revenu lorsqu'il m'avait quittée.

D. Il me semble que depuis que nous causons ensemble vous m'avez dit que vous aviez cru revoir le monsieur pendant les débats ; dites-moi sur qui portent vos soupçons?

R. C'est sur M. Bessière-Veynac.

D. Le connaissiez-vous avant cette entrevue ?

R. Non.

D. Avez-vous eu depuis plusieurs occasions de le revoir, et avez-vous cru véritablement le reconnaître ?

R. Lors des débats dont j'ai parlé, je ne l'ai vu qu'une fois chez la dame Bastide ; je me retirai même quelques instans après qu'il fut entré : ayant demandé qui il était, au bas de l'escalier, la dame Pons, qui m'accompagnait, me répondit que c'était M. Bessière-Veynac, qui avait été mis en prison à cause de l'affaire de son oncle ; je n'avais pas eu le tems de l'entendre parler, et je n'ai que des doutes sur son compte ; il me parut bien être à peu près de la même taille que le monsieur dont j'ai parlé ; mais je ne pourrais le reconnaître d'une manière certaine qu'à la voix.

D. Et l'autre personne, qui avait dû se trouver avant vous chez Bancal, dites-moi qui elle était ?

R. Je ne crois point être obligée de vous la nommer.

D. Cette personne n'est-elle point là même que celle que vous rencontrâtes sur la place de Cité, après y être arrivée ?

R. Je ne crois pas non plus être obligée de vous répondre là-dessus.

D. Et cette maison dans laquelle vous vous retirâtes avec elle, vous ne voulez pas non plus me la faire connaître ?

R. Non.

D. Tout ce récit que vous venez de me faire est-il bien vrai ?

R. Oui.

D. S'il en est ainsi, pourquoi ne me l'avez-vous point fait dans vos précédens interrogatoires, et pourquoi ne l'avez-vous point fait auparavant, soit sur les débats, soit dans votre précédente déclaration à la préfecture ?

R. Il m'en coûtait de faire l'aveu de m'être trouvée chez Bancal.

D. Vous le faites bien aujourd'hui.

R. Il m'a fallu du tems pour vaincre ma répugnance.

D. Non-seulement vous n'aviez point fait ce récit, mais vous aviez soutenu dans la déclaration portant rétractation de vos précédens aveux, que vous n'étiez point sortie de chez le sieur Pal, depuis le 18 mars au soir à cinq heures et demie jusqu'au 20 de ce mois au matin ; vous aviez répété la même chose à la demoiselle Pierret dans une lettre que vous lui aviez écrite le 23 septembre : je vous la représentai l'autre jour ?

R. J'avoue que je n'avais point dit alors la vérité ; j'étais effrayée des menaces qui m'avaient été faites ; je vous ai parlé du serment que ce monsieur m'avait fait faire dans le courroir des Annonciades.

D. Cette nouvelle histoire que vous venez de me faire n'est qu'une fable comme toutes les autres ; il n'était point encore huit heures lorsque vous étiez aux Annonciades ; il devait y avoir du monde dans toutes les rues, de la lumière à toutes les fenêtres, et vous auriez eu à chaque instant plus de secours qu'il n'en fallait pour vous soustraire aux violences de cet homme ?

R. Je ne voulais point être reconnue ; je ne pensais point d'ailleurs que ce monsieur en voulût à ma vie, et je n'aurais jamais eu l'idée de demander aucun secours.

D. D'après le récit que vous venez de faire, vous ne vous seriez donc point trouvée en effet le soir de l'assassinat, ni dans la cuisine de Bancal, ni dans le cabinet qui est à côté ?

R. Non, certainement.

D. Cependant on prétend que vous avez dit à une personne, qu'il s'était trouvé ce soir-là dans cet endroit plusieurs femmes ; comment le sauriez-vous, si vous n'y aviez été vous-même ? Vous vous êtes accordée là-dessus avec la petite Bancal ; vous connaissez sa déposition ?

R. Je conviens de l'avoir dit, mais je n'ai eu d'autres raisons que ce qui m'en avait été dit à moi par plusieurs personnes ; il est même possible que cette petite l'eût dit la première ; il y a tant de personnes qui lui ont parlé.

D. N'est-il pas vrai que M. le général Despérières vint vous voir le 23 du mois dernier dans votre prison, accompagné du sieur Daure, bibliothécaire de cette ville ? Qu'à propos de la lumière à la faveur de laquelle la dame, qui était dans le cabinet, avait reconnu Jausion et Bastide, il vous fut dit par le sieur Daure que vous auriez bien pu, par le secours de la même lumière, reconnaître aussi les autres.

complices que la police recherchait, et que vous répondîtes de suite : *Ah ! cette lampe éclairait joliment !*

R. Je conviens du fait ; mais je conteste la conséquence que je sens bien que vous voudriez en tirer ; je ne fis pas attention que M. Daure s'adressait alors à moi, et, croyant toujours parler de la dame dont il s'agissait, je dis que la lampe n'avait pas dû l'éclairer beaucoup, parce que je savais que Bousquier avait dit que la lumière qui était dans cette cuisine était très-faible ; je puis même dire aujourd'hui que j'avais vu, en allant du courroir dans la cour, et à travers la fenêtre de la cuisine, qui donne dans cette cour, que la clarté y était très-faible.

D. A la bonne heure, pour ce que vous avez pu en voir par vous-même par cette fenêtre ; car Bousquier n'a nullement parlé de cela dans sa déposition ?

R. Je ne crois pas me tromper ; et si ce n'est pas dans sa déclaration, ce doit être dans quelque article des débats.

D. Il vous plaît d'expliquer ainsi aujourd'hui la chose, et moi je vous dis, au contraire, que cette fois la vérité vous a échappée, que vous vous êtes trahie en répondant au sieur Daure que la lampe éclairait fort mal, et qu'il résulte de là que vous vous trouviez dans la cuisine ?

R. Je m'en réfère à ce que je viens de dire, et j'ajoute que je ne laisse échapper que ce que je veux bien dire.

D. Vous sentîtes si bien alors la prise que vous aviez donnée, qu'au moment où le sieur Daure sortait, il a prétendu que vous le prîtes par le bras, et que vous lui dîtes : *Au moins, Monsieur, ne vous souvenez point de l'anecdote de la lumière ?*

R. Je ne lui dis cela que sur le ton de la plaisanterie.

D. Il faudrait donc croire que vous ne vous êtes point

trouvée dans cette cuisine le soir dont il s'agit? Cependant les détails que vous avez donnés, au sujet de la femme qui était dans le cabinet, les éclats que vous avez faits contre Jausion et Bastide, ne permettent pas d'en douter.

R. J'ai répondu à tout cela dans mes précédens interrogatoires.

D. Et ce qu'a dit la petite Bancal, dans votre confrontation, qu'elle vous avait reconnue à l'hospice, et qu'elle vous reconnaissait alors parfaitement pour être la même que celle que sa mère avait enfermée dans le cabinet. Comment expliquez-vous cela?

R. La petite Bancal n'est qu'une enfant, à laquelle on fait dire tout ce qu'on veut.

D. N'avez-vous pas dit à quelqu'un que l'un des deux complices que vous ne connaissiez point avait des culottes courtes et des bas blancs?

R. En le disant, j'ai entendu parler d'un homme que la police avait signalé pour avoir eu en effet des bas blancs et avoir passé ou repassé, le soir dont il s'agit, six ou sept fois auprès de la rue des Hebdomadiers; je disais qu'il serait possible que cet homme eût eu quelque part à cette affaire.

D. J'ai maintenant quelques explications à vous demander au sujet de votre lettre à mademoiselle Pierret, celle dont je viens de vous parler; vous lui disiez: « que vous » auriez bien pu la confondre sur les débats; mais que vous » ne seriez jamais parjure. » Que ne la confondiez-vous dès que vous le pouviez? Loin d'être parjure vous auriez fait connaître la vérité, et si vous entendiez avoir promis vous-même de ne point dire ce que vous saviez, c'est vous qui étiez parjure en retenant une vérité que vous aviez juré de dire.

R. Je voulais effrayer la demoiselle Pierret, et lui faire entendre que j'étais plus instruite que je ne l'étais : en effet, j'avais la conviction qu'elle s'était trouvée chez Bancal, et je voulais la forcer à en convenir.

D. Quel est ce grand coupable que vous disiez qu'elle voulait sauver, et qu'avez-vous entendu dire en ajoutant que vous n'aviez qu'à vous reprocher votre dévouement pour des ingrats ? Expliquez-moi tout cela.

R. Je vous ai fait pressentir dans mon premier interrogatoire, même dans ma confrontation avec la demoiselle Pierret, que ce grand coupable pouvait être Jausion, et, quand à mon dévouement pour des ingrats, je serais assez en peine de vous dire ce que j'entendais alors.

D. Ces ingrats ne sont-ils point ces deux coupables que vous vous obstinez à ne point faire connaître à la justice, et qui vous laissent dans l'embarras ?

R. Je ne les eus alors nullement en vue, et je persiste à vous dire que je ne les connais pas.

D. Vous avez dit que vous étiez l'instrument dont la Providence s'était servie pour punir des monstres indignes du nom d'homme. Comment seriez-vous cet instrument, si vous n'aviez point été témoin du crime, et si vous en avez été le témoin, pourquoi ne le révélez-vous point franchement ?

R. Je n'ai parlé ainsi que pour forcer la demoiselle Pierret à dire qu'elle s'était trouvée là le soir dont il s'agit. Je vous ai déjà fait observer que j'en étais convaincue.

D. Vous me parlez de conviction, et moi, je vous dis que vous avez parlé de certitude ; vous avez dit à cette demoiselle, que vous étiez toujours trois qui saviez au juste que vous ne vous étiez point trouvée ce soir-là chez Bancal : vous, elle et son amant ; mais si vous n'y étiez pas vous-même, comment pouvez-vous être assurée qu'elle y était avec son amant?

R. Cette lettre ne fut qu'une imprudence de ma part; je ne croyais point qu'elle tomberait entre les mains de la justice.

VINGT-SIXIÈME LETTRE.

Albi, 7 mars.

Madame Manson vient de publier ici une courte brochure sous le titre de *Mon plan de défense dans le procès Fualdès, adressée à tous les cœurs sensibles;* les premières et les dernières pages de cet écrit sont destinées à des récriminations contre l'éditeur de ses *Mémoires*, l'un des collaborateurs de cette entreprise. Les dénonciations qu'elle fait seront peut-être l'objet d'une réponse spéciale; en attendant, nous allons donner, par quelques citations, l'analyse impartiale de sa défense :

« L'étude approfondie que j'ai faite de la procédure instruite contre les principaux accusés et contre moi, me donne des sollicitudes sur le système que j'avais cru pouvoir adopter, système erronné peut-être...... Ma situation vaut bien la peine que je la médite; dans ce moment, je l'envisage sous un autre point de vue, je reconnais l'impuissance où je suis de soulever le poids des charges qui établissent ma présence dans la maison Bancal, le 19 mars au soir. Comment, en effet, espérer de détruire une conviction si généralement établie, et des faits tels que mes aveux au premier magistrat de l'Aveyron, à Victoire, ma seconde mère; mes questions à mon parent, les déclarations de Madeleine, ma conduite étrange devant la cour d'assises, celle des accusés, et enfin un *alibi* impossible à prouver. Tant de considérations réunies me font craindre pour la solidité de l'édifice que j'élevai dans le principe; il croulera sans doute...... Je vois que j'avais bâti sur le sable!

» O vous, ames sensibles, pour qui je trace ces lignes, plaignez-moi! Marquée au coin du malheur dès l'instant de ma naissance, depuis il fut toujours croissant; il est à son dernier période aujourd'hui, si je ne sors victorieuse de la lutte horrible où je suis engagée malgré moi.

» . . . .

M. le préfet de l'Aveyron, guidé par les sentimens les plus nobles, les plus dignes de son caractère et de la place qu'il occupe, poussé par le seul intérêt de la justice et de l'équité, soupçonnant que je pouvais connaître les circonstances du grand crime dont la société entière est révoltée, désirant avec ardeur de soulever le voile sombre qui enveloppait alors la vérité, M. le préfet employa les moyens de la persuasion pour m'amener à des aveux; je lui fis une déclaration; était-elle fausse! c'est-ce que je ne dis pas......, on pourra le voir dans la suite. Le tems est un grand maître; il amène bien des révolutions, produit des changemens dans les têtes tout comme dans les choses. »

L'accusée attaquant les dépositions qui ont été recueillies contre elle, répond en ces termes à celles de la marchande de modes, qui paraît avoir été le plus souvent dépositaire de ses confidences.

« Je ne sais sur quel fondement s'appuie la déposition de madame Constans; mais, en vérité, de ma vie je n'ai rien confié à cette femme. J'ai été chez elle pour acheter des modes; et si elle est venue chez moi, c'était seulement pour régler des comptes et non pour me parler procès. Sûrement je me suis entretenue de M. Fualdès bien moins avec madame Constans qu'avec tout autre; elle sait beaucoup de choses, madame Constans, si l'on en croit la rumeur publique; qui lui en a donc tant appris ? Elle nous le dira quelque jour. Le malheur est qu'elle fait souvent de petits *anachronismes* qui ne seront pas de mise dans le procès Fualdès. Elle m'a donné d'utiles conseils, dit-elle dans sa déposition écrite; je ne manquerai pas de les mettre à profit; elle est trop bonne, en vérité, de s'occuper de moi.

» . . . .

En attendant que je fasse connaissance avec un individu qu'on nomme, je crois, M. Dupré, je viens de faire indirectement celle de son extraordinaire déposition. Quel climat l'a vu naître, ce M. Dupré? Il descend peut-être en ligne directe de l'Arioste ou du Tasse; il a de l'imagination, et je ne doute pas qu'il ne nous fasse un jour quelque poëme épique! M'avez-vous vue dans la maison Bancal le 19 mars au soir? *Je ne dis pas que cela fût absolument impossible....* mais où étiez-vous donc vous-même? car il y avait, dit-on, tant de monde. Vous n'y étiez pas? A la bonne heure, mais qui vous a dit que j'y étais? une personne : cela est bien vague. Je veux savoir son nom, et vous nous le direz, j'espère, en attendant, que vous a dit cette personne? Que j'étais enfermée dans le cabinet de la maison Bancal, que j'y étais en homme. Vous ne nous apprenez rien de neuf, je l'avais dit avant vous, mais je n'avais pas dit que j'eusse fait du bruit pendant ma réclusion. Quant on est évanouie on ne remue pas : c'est un axiome en physique, entendez-vous, M. Dupré; ou bien la personne.... Vous voulez cependant que j'aie fait du bruit, que M. Bastide l'ait entendu, qu'il soit entré dans le cabinet, et qu'à la vue d'un simulacre d'homme de quatre pieds onze pouces de haut, peut-être même de dix pouces et demi, le colosse ait eu peur, autant de peur que le petit homme; et qu'en conséquence il prend le parti de l'égorger pour se délivrer d'un témoin assez intéressant, si l'affaire se fût passée ainsi que *la personne* de M. Dupré le raconte. Bastide, si on veut l'en croire, les mains teintes du sang de l'infortuné Fualdès, armé de ce fer homicide.... me réservant un sort pareil à celui de sa victime, me saisit violemment et laisse une horrible empreinte sur mes vêtemens d'un drap bleu foncé. Qui le croira? personne : non pas moi, du moins, et il serait essentiel pourtant, pour la vérité de la déposition, que j'en crusse quelque chose. Poursuivons : je pousse des cris, dit-on : ajoutez que j'en avais la force : j'étais donc revenue de mon profond évanouissement, et j'avais acquis spontanément toute la faculté de me faire entendre du dehors; il faut bien que cela soit, puisque Jausion m'a bien entendue et s'est trouvé là fort à propos pour me sauver le vie, observant à son sensible et humain beau-frère que deux cadavres les embarrasseraient, et que d'ailleurs il répondait de moi.... En voilà plus qu'il n'en faut pour composer au moins quatre chants... Prenez-y garde, M. Dupré, faites des poëmes, des romans, des comédies, des tragédies même, mais ne choisissez pas vos héros parmi les vivans. »

» . . . .

Je me résume, enfin, et je prouve que mon accusation de complicité dans le meurtre de M. Fualdès tombe complètement devant mes propres aveux et toutes les dépositions des témoins; et cette preuve, je la réduis en deux mots : si j'étais dans la maison Pal, située dans la rue Neuve, à plus de six cents pas de celle des Hebdomadiers, où il paraît que l'assassinat a été commis, je ne pus être ni témoin, ni complice de ce même assassinat : la conséquence est forcée, je crois; excepté *que* je n'aie le pouvoir de me trouver en même tems en différens lieux. Et en convenant même que je me sois trouvée dans la maison Bancal, en sanctionnant toutes mes dépositions à M. le préfet de l'Aveyron, mes aveux à Victoire, à mon cousin, à tous les témoins assignés dans la procédure; si l'on ajoute quelque foi aux révélations de Madeleine; enfin, si je suis cette femme enfermée dans un cabinet, si j'y suis retenue pendant l'assassinat, si je demande la vie aux meurtriers, je ne suis pas leur complice. »

Les révélations qu'on avait annoncées de la part de Bax ne paraissent pas aussi importantes qu'on l'avait dit jusqu'à ce jour. Une fille, arrêtée à la campagne, aux environs de Rodez, vient d'être transférée à Albi.

LE STÉNOGRAPHE PARISIEN.

Une gravure, représentant le portique de Sainte-Cécile, à Albi, accompagne cette livraison.

VINGT-HUITIÈME LETTRE.

Albi, 19 mars.

M. Clémandot nous a remis l'original de la lettre qui lui a été écrite en date du 23 février, par un athénée *occitanique et provençal ;* nous ne rapporterons point cette pièce, qui a donné lieu à plusieurs réclamations dans les journaux, mais dont l'authenticité peut d'autant moins être révoquée en doute, qu'elle se trouve revêtue de tous les caractères qui peuvent la rendre officielle. Sur l'adresse, le timbre de *Paris*, à la première page une *tête* imprimée ; en marge un numéro de correspondance ; au verso, un cachet dans lequel les palmes et la couronne académique sont entourées de la légende occitanique, et accompagnées des trois signatures provençales, du président, du secrétaire-général et du secrétaire particulier ; tels sont les emblêmes auxquels on reconnaît, d'une manière incontestable, que ce n'est point à une mistification que le public doit la réponse pleine de sagesse et de modestie que M. Clémandot a faite aux généreux inconnus qui, de leur réduit de la rue du Foin, aspiraient à l'honneur de le venger. Etranger à tout autre sentiment que celui de sa propre justification, dans une circonstance où il paraît n'avoir cédé qu'à l'intérêt de la justice, cet officier a pris le ton le plus convenable, et nous le laisserons parler lui-même.

Messieurs,

Vous me proposez votre plume pour répondre aux *Mémoires de Madame Manson*, et vous motivez votre obligeance par l'intérêt que vous inspire la situation dans laquelle cette femme m'a placé vis-à-vis du public. Quoique ma conduite ait toujours été celle d'un officier français, quoique je n'aie jamais forfait à l'honneur, je ne suis pas à l'abri du ridicule le plus injuste : la malheureuse opinion qui s'est accréditée sur mon compte ne le prouve que trop, et je vous sais autant de gré de ne n'avoir pas partagée que je suis reconnaissant du soin que vous voudriez prendre de me venger. Vous avez pu croire qu'engagé dans une lutte où il est défendu de recourir à l'épée, dans une lutte contre une femme, un militaire ne devait pas se faire le moindre scrupule d'accepter comme auxiliaires les talens d'un littérateur ; je l'ai pensé comme vous, Messieurs ; et si j'avais l'intention d'accabler madame Manson de tout le poids de son inconséquence ou de ses contradictions multipliées, si je voulais faire ressortir tout l'odieux de ses procédés à mon égard, s'il m'était absolument indispensable de repousser ses attaques et ses indécentes personnalités, je n'hésiterais pas à vous confier une tâche que votre susceptible délicatesse, votre bienveillance, je dirai même votre générosité, vous ont peut-être fait regarder comme un devoir ; sûr alors de trouver dans votre esprit des ressources qui me sont presque toutes inconnues, je ne négligerais pas une si belle occasion de me justifier ; mais il m'est impossible de croire ma justification difficile. J'ai besoin que le public soit détrompé ; je dois désirer, et je désire sur-tout me réhabiliter aux yeux d'un sexe que je sus toujours respecter ; mais qui ne m'a jugé trop défavorablement que parce qu'on m'a calomnié. Tel est, en peu de mots, le but qu'il me faut atteindre ; et, pour y arriver, j'ai la persuasion qu'il me suffira du simple exposé de ma conduite avant et pendant le procès *Fualdès*. Cet exposé, je l'écrirai ; il ne demande point d'art, il n'exige que de la franchise ; c'est là toute l'éloquence d'un militaire, et ce sera la mienne.

Je regrette sincèrement, Messieurs, d'être obligé de refuser les avantages que vous me présentez; je n'aurais pu qu'y gagner sous plus d'un rapport; mais, comme je n'envie point la triste et honteuse célébrité de madame Manson, et que d'ailleurs il n'entrera jamais dans mon caractère de me justifier par spéculation, vous me permettrez de n'agréer que les marques d'estime que vous me donnez, et de vous en exprimer ma gratitude, sans accepter votre offre.

Recevez l'assurance des sentimens distingués avec lesquels j'ai l'honneur d'être, etc. CLEMANDOT,

officier d'infanterie, aide-de-camp de M. le général Wautré.

Les révélations de madame Manson ont paru jusqu'à ce jour d'une assez faible importance; elle confesse cependant s'être trouvée dans la maison Bancal au moment de l'assassinat de M. Fualdès, mais elle déclare en même tems n'avoir rien vu, et n'avoir entendu qu'un bruit vague, dont il lui était impossible de discerner la cause: elle continue à affirmer que mademoiselle Rose Pierret était avec elle, et elle annonce que les aveux qu'elle fait dans ce dernier interrogatoire sont complets et irrétractables. On pense assez généralement que c'est par sa déférence aux volontés de l'autorité préposée à sa surveillance, que la prisonnière a réussi à se procurer plus de liberté. Le démenti qu'elle s'est elle-même donné en désavouant les mesures *inquisitoires* dont elle se plaint avec tant d'amertume *dans son Plan de défense*, est, à ce que l'on prétend, la principale cause qui a transformé en une bienveillance toute particulière le système de rigueur que l'on suivait à son égard. Ce démenti, qui était vivement dé sirt motivé l'ordonnance suivante, dans laquelle M. le maire règle l'ordre et la marche de madame Manson pendant sa promenade dans le jardin du presbytère.

PROMENADE DE MADAME MANSON.

Ordonnance.

Conformément à l'ordonnance du médecin des prisons, approuvée par M. le président de la cour d'assises et par M. le préfet du département du Tarn.

Madame Manson, détenue à la maison d'arrêt, pourra aller se promener aujourd'hui, 25 février, à une heure après midi, et pendant une heure, dans le jardin de M. le curé de Sainte-Cécile, contigu à ladite maison d'arrêt: elle sera escortée par deux gendarmes, qui se conformeront aux dispositions de l'ordre donné pour ce service.

M. l'inspecteur des prisons, qui acccompagnera madame Manson, veillera à l'exécution de cet ordre, et prendra de son côté toutes les mesures de sûreté et de surveillance qu'il jugera nécessaires.

Albi, le 25 février 1818.

En vertu d'une commission rogatoire de M. le président des assises, le juge d'instruction de Saint-Flour entendit, le 13 janvier 1818, plusieurs témoins, parmi lesquels on distingue Marguerite Grassat, épouse Massat, Jeanne Fargue et le notaire Dupré, que dans son plan de défense madame Manson suppose descendre de l'Arioste ou du Tasse. Ces dépositions, qui furent signifiées aux accusés le 16 février dernier, sont cotées n° 4 de la procédure, et confirment des faits importans présentés avec de nouvelles circonstances et de nouvelles clartés : elles nous ont paru dignes de passer sous les yeux des lecteurs.

Dépositions des témoins entendus à Saint-Flour par M. le juge d'instruction de cette ville.

« Marguerite Massat dépose que le 25 novembre dernier une certaine dame vint chez elle pour acheter du ruban noir ; qu'elle lui dit loger chez le sieur Amagat, aubergiste ; que la déposante entra en conversation avec elle, et qu'elle lui dit s'appeler madame Constans, marchande de modes à Rodez, ce qui donna lieu à la déposante de lui faire plusieurs questions sur l'assassinat du sieur Fualdès, et qu'elle répondit à une de ces questions que personne ne pouvait donner des détails plus amples qu'elle sur cette affaire, les tenant de madame Manson, avec laquelle elle était très-liée ; que la déposante l'ayant pressée de lui donner des renseignemens fixes sur cette malheureuse affaire, la dame Constans lui raconta que la dame Manson avait un rendez-vous chez l'Espagnol logé chez Bancal ; qu'elle s'était déguisée en homme pour s'y rendre, et que pour l'y accompagner elle avait pris une nommée Rose Pierret ; qu'elle causait avec la femme Bancal, lorsque tout-à-coup plusieurs personnes entrèrent dans ladite maison, ce qui détermina la femme Bancal à les pousser dans un cabinet voisin. Que Rose se cacha sous le lit qui s'y trouvait, et que n'étant pas plutôt entrée dans le cabinet, les nommés Jausion et Bastide entrèrent dans l'appartement attenant, conduisant le sieur Fualdès, auquel ils proposèrent de suite des effets à signer, qui lui furent présentés par Jausion, qui sortit ensuite et se tint à la porte de la maison Bancal ; que la dame Manson avait entendu ensuite M. Fualdès dire à Bastide qu'on ne croirait jamais que son parent et son ami fût son assassin, etc....... Observe la déposante que la dame Constans, en lui rendant compte de tous ces faits, ne lui dénomma que les sieurs Bastide et Jausion, sans parler de leurs complices; que Fualdès ayant expiré, Bastide voulut faire placer son cadavre dans le cabinet où se trouvait la dame Manson, travestie en homme; que Bastide ayant ouvert la porte, fut surpris d'y trouver un homme, et s'écria : *Je suis perdu.* Que la dame Manson, pour le rassurer, lui dit qu'elle n'était qu'une femme déguisée; que, pour s'en assurer, ledit Bastide lui porta la main sur le pantalon qui fut entaché de sang, la main dudit Bastide étant ensanglantée. Que celui-ci, peu content de s'être assuré du fait, ledit Bastide chercha à aiguiser son couteau pour l'égorger ; qu'elle se mit alors à genoux, et demander grâce en criant. Que sur ses cris, Jausion rentra, et dit à Bastide : « Malheu-» reux, que veux-tu faire ? te voilà embarrassé d'un ca-» davre, que feras-tu de l'autre ? » Ce qui avait déterminé Jausion à assurer à Bastide que c'était une femme appartenant à une famille honnête; qu'elle n'était pas capable de les compromettre, et à le sortir de là, et à amener la dame Manson; en la prenant par le bras, la conduisit chez une nommée Victoire, et sur la place de la Cité. Qu'en chemin faisant on avait frappé à deux ou trois maisons appartenant à des connaissances de madame Manson; mais inutilement, et que dans la conversation qu'elle eut avec Jausion, celui-ci cherchait à savoir si la dame Manson le connaissait ; qu'elle s'attacha à lui persuader que non; que même Jausion observa à la dame Manson que son pantalon le compromettrait ; qu'elle déroula aussitôt des jupons qu'elle portait avec elle, et les plaça sur le pantalon. Que sur ces entrefaites un domestique du sieur le Franc passa dans la même rue, portant un falot ; que Jausion quitta de suite la dame Manson, et se plaça de manière à n'être pas reconnu ; que, de son côté, la dame Manson se réfugia aux Annonciades, et s'y cacha derrière le mur, craignant pour elle, et que c'est en vain que Jausion vint la chercher, après que le falot eut disparu. Observe la déposante que la dame Constans lui dit tenir tous ces détails de la dame Manson elle-même ; qu'elle ajouta enfin qu'elle avait eu l'imprudence d'en parler pendant une nuit à son mari, qui avait tout déposé ; que la dame Constans avoua de plus n'avoir pas tout dit dans sa déposition, parce qu'elle était très-liée avec plusieurs des femmes et sœurs des accusés, ce qui serait la cause qu'elle ferait tout son possible pour se dispenser d'aller à Albi pour déposer ; qu'elle rapporta aussi à la déclarante avoir vu, peu avant son départ, la dame Manson arrêtée, et l'avoir engagée à dire toute la vérité, à quoi ladite dame lui avait assuré qu'elle ne la dirait jamais, qui est tout ce qu'elle a dit savoir.

» Jeanne Fargue, servante chez la femme Massat, dépose qu'à l'époque où madame Constans vint chez cette dernière, elle entendit la narration qu'elle faisait à sa maîtresse sur l'assassinat de M. Fualdès, et, à cet égard, la déposition du témoin est la même que la précédente.

» Marie Lamiral, épouse Amagat, est l'aubergiste chez laquelle madame Constans logea à Saint-Flour. Elle n'en a reçu aucune confidence au sujet de l'assassinat.

Henri Amagat est l'aubergiste chez lequel madame Constans logea à Saint-Flour. Cette dame ne lui parla point d'une manière particulière de l'assassinat de M. Fualdès.

M. Dupré, enfin, rapporte les faits déposés par la femme Massat et la fille Fargue. Sa déposition ne diffère pas de ces dernières, à l'exception de quelques circonstances.

» La fille Fargue dépose expressément que madame Constans reçut la confidence de madame Manson, ainsi qu'elle l'a raconté, le 20 mars au matin, pendant le trajet qu'elle fit avec ladite dame Manson en allant à la rivière voir retirer le cadavre de M. Fualdès, et en revenant. Elle sait aussi que madame Constans ayant témoigné à madame Manson son étonnement sur le courage qu'elle avait d'aller voir le cadavre d'un homme qu'elle avait vu assassiner; la dame Manson lui avait répondu que c'était pour s'assurer de l'identité. M. Dupré, au contraire, dans sa déposition, dit formellement que madame Constans lui avait dit que madame Manson ne lui avait fait sa confidence que *peu de jours* après l'assassinat, et dans le domicile d'elle, madame Constans.

» D'après la femme Massat, madame Constans aurait dit dans son récit que madame Manson lui avait déclaré s'être fait accompagner chez Bancal, et qu'elle se serait cachée sous un lit, qui était dans le cabinet, où elles furent introduites. (Il est bon d'observer qu'il n'y avait pas de lit dans ce cabinet.) M. Dupré, au contraire, dit que la dame Manson aurait trouvé, dans l'allée de la maison Bancal, la femme Bancal avec la nommée Pierret. »

Il a été dit, dans notre n° 5, en parlant de l'influence des lieux, que madame Manson était née dans le château du Périé ; mieux informés et sur l'autorité de son extrait de baptême, nous rectifions ce détail ; elle est née dans la rue même des Hebdomadiers, et vis-à-vis la maison Bancal.

VINGT-NEUVIÈME LETTRE.

Albi, 23 mars.

Les assises commenceront le mercredi 25 mars. Sept prévenus figureront sur le banc des accusés.

Les trois notaires, Louis Bastide, Yence père ; Bessière Veynac, l'un des frères Laqueilhe et Charlotte Arlabosse, tous impliqués par les révélations de Bax, et maintenant détenus dans les prisons d'Albi, seront jugés, s'il y a lieu, dans une seconde procédure qui sera le complément de la première.

M. le maire d'Albi offrait dernièrement à madame Manson de la conduire dans l'église de Sainte-Cécile, remarquable par son architecture et ses fresques conservées après plus de huit siècles. Madame Manson, accompagnée de ce fonctionnaire, fit plusieurs fois le tour de l'église. Toutes les précautions avaient été observées pour que cette recréation pût être prise sans témoins. Des soldats gardaient toutes les issues. Cependant l'heure du service divin était arrivée; le curé se présente pour dire sa messe, les paroissiens avaient été éconduits. Devant lui tout était fermé ; autour de lui tout était désert ; le zèle le plus ardent n'avait pas tenu contre ces paroles brusquement répétées : « *On* » *n'entre pas ;* » et le pasteur se trouvait sous le porche avec un seul pécheur : la sentinelle. Le peuple murmurait, et disait : « C'est bien la peine de nous écarter de l'église » pour madame Manson ! » On se rappela alors que quelques jours auparavant l'entrée des prisons avait été refusée au vénérable ecclésiastique, ainsi qu'à son vicaire, qui allaient porter aux prisonniers les consolations de la religion.

Tandis que nous écrivons ces détails, madame Manson essaye de réchauffer sa célébrité qui s'éteint, par la publication de cinq ou six brochures, dont le but est aussi étrange que les détails de sa précédente conduite. On dit qu'elle a jugé qu'elle ne serait plus *madame Manson* si elle laisait échapper une occasion d'être en contradiction avec elle-même. Des motifs d'humanité et de justice nous avaient porté à indiquer, avec mesure, les rigueurs dont elle et les autres prévenus ont été l'objet à Albi; elle dément de nouveau ses défenseurs véridiques, dans la vue *intéressée* de se concilier la bienveillance des personnes qui sont commises à sa garde. L'intention de ses écrits et des nôtres peut-elle être équivoque pour les honnêtes gens? Qui ne verra, d'un côté, un zèle qui s'expose à la malveillance de certaine autorité, et de l'autre le moins déguisé des égoïsmes? Madame Manson se plaint de ce que mademoiselle Pierret lui écrit *en prison;* madame Manson oublie-t-elle que du fond de cette prison même, elle a appelé les soupçons les plus cruels sur la tête de mademoiselle Pierret! Madame Manson prétend qu'on n'a eu pour elle que des *égards* à Sainte-Cécile, et il y a huit jours à peine qu'elle imprimait : « *Il n'y a pas d'exemple, dans les annales de la justice, et ce » n'est que dans celles de l'inquisition qu'on trouvera celui » d'un témoin aussi persécuté que moi.* »

Toutefois nous n'oublierons point que madame Manson a été louée dans cet ouvrage à une époque où toute espèce d'intérêt, même celui de la curiosité, l'abandonnait; et, bien que la personne qu'elle accuse et *dénonce* comme éditeur de ses premiers *Mémoires* ait, en renonçant à sa coopération dans cette entreprise, laissé ses successeurs à toute la liberté de leur conscience, nous nous contenterons d'obéir à l'impulsion du public, dont les regards se détournent maintenant d'une femme peu *romanesque* et peu *bizarre*, comme l'a dit ce même éditeur. *

D'ailleurs, nous nous réjouissons avec madame Manson de ce que les précautions vexatoires ont cessé de l'environner; c'était là l'unique but de nos efforts. Le tems n'est pas éloigné où une plume plus éloquente que la nôtre dévoilera les détails curieux du régime intérieur des prisons d'Albi.

TRENTIÈME LETTRE.

Albi, 25 mars 1818.

Première séance de la cour d'assises.

Les débats viennent enfin de s'ouvrir! Dès neuf heures du matin les tribunes étaient occupées par tout ce que la ville d'Albi compte de citoyens distingués et de femmes remarquables par les grâces et la parure. Les témoins, au

* Le *Sténographe parisien*, l'un de nos premiers collaborateur, vient de publier une réponse à une note du *Plan de défense*; il nous appartient moins qu'à personne de faire l'éloge du ton décent et réservé qui règne dans cet écrit; mais il obtient beaucoup de succès. — On le trouve, à Paris, chez Pillet, imprimeur-libraire, rue Christine, n° 5. Prix : 75 c.

nombre de près de trois cents, ont été introduits dans la salle à dix heures; Mlle Pierret et M. Clémandot attiraient particulièrement les regards.

Les accusés ont été conduits au tribunal dans la charrette grillée dont on a parlé. Ils avaient les fers aux mains. Mme Manson était dans une chaise à porteur, escortée par un brigadier de gendarmerie.

A onze heures, l'impatiente curiosité de l'auditoire a enfin été satisfaite. La force armée a fait placer les accusés sur les bancs qui leur étaient destinés. Par un mouvement spontané, tous les spectateurs se sont levés : ils cherchaient à lire sur les traits des prévenus des caractères en rapport avec leur crime; mais, à l'assurance de Bastide, les meilleurs physionomistes auraient pu se tromper, et croire qu'il n'était là qu'en qualité d'auditeur. Cet homme, malgré la tranquillité qu'il affecte, a dans le regard quelque chose d'effrayant.

M. Fualdès fils est placé à l'audience à côté de M. Trajan, son avocat, et précisément en face de Bastide. La modestie et la douleur profonde empreintes sur les traits de ce malheureux jeune homme, contrastent sensiblement avec l'effronterie de l'accusé.

Jausion paraît avoir beaucoup souffert depuis qu'il est en prison. Il était pâle, accablé; son attitude au surplus est beaucoup plus décente que celle des autres prévenus.

Colard est un homme grossier, mal vêtu, son ton est brusque et soldatesque. Missonnier est placé auprès d'Anne Benoît; cette fille, qui porte un chapeau qu'elle baisse jusque sur ses yeux, est d'une figure assez agréable. Bax était séparé des autres accusés par deux gendarmes.

Mme Manson, qu'on n'avait assurément pas consultée

sur le choix de sa place, était derrière les accusés, et point du tout en évidence. Quoiqu'elle fût couverte d'un long voile, il était cependant possible de distinguer ses traits. Mme Manson n'est pas jolie ; elle était mise avec élégance, sans que rien fût extraordinaire dans sa toilette; tout le tems qu'a duré cette audience, sa tenue a été modeste. La Bancal paraît n'être pas bien rétablie de sa maladie.

A onze heures et demie, la cour, ayant à sa tête M. de Faydel, est entrée dans la salle d'audience. M. le baron Alexandre de Cambon, M. le vicomte de Combettes-Caumont, M. Pagan et M. Pinau, juges, ont pris leurs places. M. le baron Gary, procureur-général, ayant pris son siége, M. le président a annoncé que les débats étaient ouverts, et il a ordonné qu'on avertît les défenseurs des accusés. Les avocats se sont placés au barreau : Me Romiguière pour Bastide; Me Dubernat pour Jausion; Me Bole, pour Colard; Me Foulquier, pour Anne Benoît; Me Dupuy, pour Bax; Me Grandet, pour Missonnier; Me Boudet, pour la Bancal, et Me Esquilat, pour Mme Manson.

Lorsque M. le président a eu interrogé les accusés sur leurs noms, prénoms, âges et professions, il a fait prêter aux jurés le serment d'usage. Les accusés étaient tellement persuadés de la loyauté de leurs juges, qu'ils n'en ont pas récusé un seul.

M. Azaïs, du Pont-Vieux, a été désigné par le sort comme chef des jurés; les autres sont MM. de Saint-Jéri, Justin de Bonne, Alquier Boufard, de Carrière, Fournes, le chevalier de Ginesti, le chevalier de Cambon de Réalmont, le vicomte de Solages, d'Aiguillon Préjol, Belle Latour-du-Jean.

Le greffier a donné lecture des actes d'accusation : ce

sont, à quelques modifications près, les mêmes que le public connaît déjà; nous avons rapporté dans notre 8e numéro ce qui concerne Mme Manson.

Pendant la lecture de ces pièces, qui rappelaient à la mémoire de M. Fualdès les circonstances affreuses du meurtre de son père, ce jeune homme a versé d'abondantes larmes. Bastide a écouté tout avec la plus froide impassibilité. Madame Manson baissait la tête, toutes les fois qu'il s'agissait de sa présence à la maison Bancal.

M. le président prend la parole, et résume les circonstances de l'assassinat qui a épouvanté la ville de Rodez; après avoir fait un juste éloge des lumières et de la droiture des citoyens appelés à exercer dans cette affaire les importantes fonctions de jurés, il termine ainsi :

« Heureuse l'institution qui repose sur des bases aussi rassurantes, nous y trouvons le présage d'une garantie impartiale pour tous les intérêts; l'innocence sera protégée, le crime seul doit trouver des ennemis.

» En conséquence, Catherine Bruguière, veuve Bancal, Bernard-Charles Bastide-Gramont, Joseph Jausion, Jean-Baptiste Colard, François Bax, Joseph-Marie Missonnier, Anne Benoît, Marie-Françoise-Clarisse Enjalran, vous êtes accusés, comme auteurs ou complices, de la noyade du corps du sieur Fualdès dans la rivière de l'Aveyron.

» Et encore Charles-Bastide Gramont et Joseph Jausion, vous êtes accusés, comme auteurs ou complices, d'avoir commis un vol d'effets, le 20 mars 1817, dans la maison du sieur Fualdès, avec effraction intérieure.

Vous allez entendre les charges qui seront produites contre vous.

M. le procureur-général a fait ensuite l'exposé de l'accusation. Ce magistrat doit porter la parole après l'audition des témoins : nous nous empresserons de rendre compte de la discussion à laquelle il se livrera.

Me Tajan, avocat de la partie civile, et M. Fualdès fils, ont pris successivement la parole.

M. le président fait retirer les témoins dans les chambres qui leur sont destinées.

Lacombe, premier témoin, est introduit.

Le témoin : Le lendemain de l'assassinat, j'étais au milieu du faubourg ; l'alarme se répandit : on disait que l'on venait de retirer un homme de l'eau. J'étais avec Tournier : Allons voir ce que c'est, lui dis-je. Nous rencontrâmes le corps de la victime qu'on venait de sortir de la rivière. Le même jour je vis Bastide sortir de chez M. Fualdès ; il posait son chapeau tantôt à droite, tantôt à gauche, sur sa tête.

Bousquier me devait quelque chose, et me remettait toujours. Le 9 mars, j'étais près de la cathédrale ; je rencontrai Bousquier : il me dit qu'il avait une affaire à arranger avec Bastide, le dimanche suivant, et qu'aussitôt qu'elle serait terminée, il me paierait. Quelques heures après, je vis M. Fualdès qui se promenait en face de l'église. Bastide parut : Eh bien ! Bastide, lui dit M. Fualdès d'un ton sévère, c'est donc toujours la même chose ; vous ne voulez donc pas en finir ; il faudra que j'en vienne à des extrémités fâcheuses : Il est vrai que je vous ai manqué de parole, dit Bastide en lui prenant les bras, mais *je ne puis pas faire un sou.*

M. le président : Bastide, qu'avez-vous à répondre ?

Bastide, avec assurance : Le témoin équivoque d'abord sur l'heure à laquelle il prétend m'avoir vu le 20 mars ; il se trompe aussi sur le propos qu'il me prête. J'ai vu, effectivement, M. Fualdès sur la place d'armes. Il m'a demandé seulement comment allaient mes affaires d'intérêt. Ici l'accusé cherche à donner quelques explications tendantes à prouver qu'il n'était pas débiteur de M. Fualdès.

M. le président : Accusé Bastide, les explications que vous donnez sur ce qu'a rapporté le témoin de votre conversation avec le sieur Fualdès, le 19 mars, ne répondent à rien. Je vous observe que, dans cet entretien, votre attitude était celle d'un débiteur qui demande du répit à son créancier ; répondez directement : étiez-vous débiteur du sieur Fualdès ?

Bastide : Je n'étais point son débiteur ; je n'avais d'autres relations avec lui que celles qui pouvaient servir à l'obliger. Je l'ai tiré d'embarras plusieurs fois, ainsi que son fils. M. Fualdès n'était pas en état de prêter de l'argent.

M. le président : Cette raison n'est pas bonne. La fortune de M. Fualdès lui permettait de prêter.

Bastide, d'un ton ironique : Ah ! par exemple, nous sommes donc dans le tems des miracles ?

M. le président : Vous persistez à soutenir que vous n'étiez pas à Rodez dans la matinée du 19 mars.

Bastide : Oui, je le soutiens.

M. le président au témoin : Comment Bastide était-il habillé, alors que vous l'avez vu ?

Le témoin : Je ne me le rappelle pas ; je sais seulement qu'il avait un mauvais chapeau.

Bastide, avec insolence : Cela prouve la véracité du témoin.

La séance a été levée à quatre heures, et sera reprise demain à dix.

Le bruit se confirme que, dans une des prochaines séances, Me Romiguière se propose de faire valoir un moyen préjudiciel qui éloignera l'issue de ce procès. On sait que les nouveaux prévenus, contre qui se dirige une nouvelle instruction, doivent être jugés séparément, et que les charges qui s'élèvent contre eux seront l'objet d'une procédure supplémentaire, ce qui semble à-la-fois être contraire aux usages de la justice et aux intérêts des accusés. C'est dans cette double vue que Me Romiguière doit présenter cet incident basé sur les révélations de Bax, lesquelles, si elles étaient reconnues fausses en ce qui concerne les nouveaux prévenus, n'en auraient pas moins contribué à former la conviction du jury sur la culpabilité des anciens. Plusieurs magistrats estiment que ce moyen sera accueilli.

M. B. Fon..., natif de Toulouse, habitant Paris, vient d'écrire à madame Manson pour lui proposer de se mettre, immédiatement après sa mise en liberté, à la tête d'un établissement de limonadier. M. Clémandot va publier des *Mémoires*.

LE STÉNOGRAPHE PARISIEN.

TRENTE-UNIÈME LETTRE.

Albi, 25 mars 1818.

Voici les détails supplémentaires de la première séance de la cour d'assises. M. le président, après la lecture de l'acte d'accusation, s'est exprimé en ces termes :

« Vous venez de l'entendre cette triste vérité, le sieur Fualdès a péri sous les coups d'une main ennemie.

» Le suicide est impossible, la mort par accident l'est aussi.

» Disons-le avec les élémens de la procédure, une association de malfaiteurs pris dans toutes les classes et de tous les sexes, méditant de nouveaux crimes, ont ravi un citoyen à la société, un père à son fils. D'autant plus criminels, certains d'entre eux, si la conviction de leur culpabilité s'acquiert, que, débiteurs et obligés de la victime, ils n'auraient exécuté le détestable projet de lui donner la mort que pour s'approprier des biens que Fualdès vivant les obligeait à lui restituer, et que Fualdès mort leur offrait la possibilité de retenir.

» Ainsi des intérêts froissés, la soif de l'or, qui chez les ames basses inspire la soif du sang, seraient donc, ainsi qu'une triste expérience nous l'apprend chaque jour, le mobile, la cause impulsive d'un crime inoui par l'audace de son exécution. Dans quels momens, à quelle heure, dans quel lieu a-t-il été commis ? Le jour d'une fête chômée, à huit heures du soir, à Rodez, au sein d'une ville méritante et hospitalière, inconsolable d'en avoir été le théâtre.

» Nous avons entendu l'expression de ses nobles sentimens; et pourtant ils ont été méconnus; mais à quoi l'injustice ne s'attache-t-elle pas. Ruthénois! on a calomnié jusqu'à vos murailles; c'est là qu'une conspiration contre le sieur Fualdès fut ourdie; c'est là que, le 19 mars un des conjurés lui donne un rendez-vous, pour la négociation de quelques effets ou un réglement de compte : ce n'était qu'un piége homicide !

» Il est huit heures ; Fualdès, fidèle à sa promesse, quitte ses amis, sort de sa maison ; il est sans défiance ! ..... Cependant les conjurés sont à leur poste, ils attendent leur victime ; ils sont avertis de son approche ; on entend des cris d'appel, des coups de sifflets.

» L'infortuné Fualdès a fait à peine cent pas que, de toutes parts, une tourbe d'hommes fondent sur lui ; il est saisi, bâillonné, étreint dans les replis d'un objet ample et blanchâtre. Sa résistance est vaine ; on l'opprime ; des cris étouffés sont entendus.

» Fualdès devait être égorgé dans un lieu très-voisin de celui où il est saisi. Un obstacle se présente ; la Providence l'a ménagé.

» La Providence, qui déjoue les calculs humains, lorsqu'elle n'a pas voulu se réserver le châtiment des coupables, et qu'elle en abandonne la punition à la justice des hommes ; la Providence, qui confond notre faible intelligence, lorsque, cherchant à sonder ses impénétrables secrets, nous nous demandons pourquoi ces événemens et non pas d'autres ? la Providence créa cet obstacle ; elle avait ses desseins : inclinons-nous devant elle.

» Fualdès est traîné dans des lieux où quelques personnes avaient été conduites par un enchaînement de circonstances dont on leur a laissé le secret ; elles ont vu les apprêts et la consommation de l'homicide, d'un crime dont la société en alarme réclame la répression. L'une d'elles, par une exaltation de sentimens dont le terme est arrivé, sans doute, a forgé les chaînes qui la tiennent encore captive. Elle a bravé les dangers d'une accusation redoutable ; sa conduite avait consterné la justice ; maintenant qu'une connaissance approfondie de la procédure semble l'avoir désabusée, espérons que la vérité s'échappera tout entière de son sein ; espérons qu'elle reculera la barrière qui toujours a dû la séparer du crime !

» Cependant Fualdès est traîné dans la maison Bancal ; en y entrant il laisse échapper une plainte : « Que t'ai-je fait ? » dit-il à l'un de ceux qui l'oppriment. Souvenir tardif ; il se rappelait sans doute alors le nom d'un parent qui, le 19 mars, avait annoncé qu'il cherchait les moyens de lui faire son compte dans la soirée.

» Les assassins sont nombreux ; ils l'entourent : « Il faut signer ou mourir », lui disent-ils. Fualdès leur demande la vie ; il veut implorer le Dieu de miséricorde ; il demande un moment ; ils rejettent sa prière ; leur réponse est un blasphème.

» Les impitoyables le saisissent, le domptent, l'étendent sur une table ; ils se succèdent à la porte de ce repaire pour en écarter ceux que les cris lamentables de la victime pourraient y attirer.

» Le sang coule, l'homicide va être consommé : on entend du bruit ; les malfaiteurs se troublent ; le plus audacieux ouvre la porte d'un cabinet ; un être vivant, mais immobile de surprise, s'offre à sa vue. Il le saisit ; il veut l'égorger : c'est une femme. Il demande la vie ; les assassins délibèrent ; un cadavre de plus va les embarrasser ; la main qui allait frapper suspend ses coups.

» Cette femme respire ; elle est devant nous : pourrait-elle s'être abusée sur le motif auquel elle doit la vie. Ce qu'elle a vu et entendu paraît exclure tout sentiment de pitié..... Mais avant de la rendre à la liberté, il faut s'assurer qu'elle gardera le silence. C'est sur ce corps encore palpitant de Fualdès qu'on lui impose un serment ; on la menace ; une famille nombreuse et puissante doit la poursuivre jusqu'au tombeau, si elle trahit le serment imposé. Quel est ce serment ? Un serment consenti à des malfaiteurs, et à peine de la vie. Elle sort enfin de ce repaire. On a recueilli le sang de Fualdès ; on veut feindre un suicide ; on tente de transporter les restes dans sa maison : un obstacle se présente ; le fidèle Estampes attend son maître ; la dame Fualdès veille aussi ; elle est assiégée de sombres pressentimens..... Cependant il faut prendre un parti : on transporte le cadavre sur les bords de l'Aveyron ; on l'y précipite. Mais, ô Providence ! les précautions prises pour cacher le crime servent à le dévoiler. L'absence entière du sang allége le cadavre : il surnage ; et le lendemain, au point du jour, une population consternée voit le corps de Fualdès flottant sur les rives de l'Aveyron. Ainsi, par une circonstance inattendue, les magistrats ont eu les moyens de recueillir les vestiges du crime.

» On cherche à égarer la marche de la justice. On tente de donner une couleur politique à cet événement ; mais l'opinion prend le dessus, elle se forme. Un cri général s'élève ; il signale les hommes sur lesquels la main de la justice doit s'étendre. L'assassinat connu, mille bruits en courent à sa honte ; le trouble, l'agitation, se décèlent dans leurs traits comme dans leur conduite ; chargés du soupçon de ce meurtre, ils veulent en recueillir les fruits. Ils assiègent la maison de la victime, non pour parler de consolations à la veuve, ils ne la voient pas, mais pour y commettre tous les genres de pillage. Ils ouvrent un placard ; ils enfoncent un bureau, un sac d'argent est soustrait ; des livres-journaux, un portefeuille, disparaissent. Ils rétablissent des objets que Fualdès avait sur lui. Ces objets, qu'on avait cherchés le matin, on les découvre plus tard aux lieux où l'on a vu qu'ils n'étaient pas. La clef des bureaux où Fualdès tenait son argent tombe aux pieds de l'individu qui s'est livré à de si coupables entreprises. Telle est l'esquisse rapide des faits principaux de la procédure. Accusés, puisse votre conscience ne pas convenir tout bas des faits et circonstances que je viens d'exposer tout haut !

» Accusés, les juges que vous tenez de la loi et du sort sont devant vous ; en eux vous voyez une partie des hommes recommandables qui honorent le département du Tarn. Justesse d'esprit, droiture, connaissance du monde, toutes les facultés humaines qui nous rapprochent de l'infaillibilité, vous en trouvez la garantie dans leur vie publique et privée.

» C'est à l'esprit d'ordre et de justice qui distingue le premier fonctionnaire de ce département, que tous les intérêts sont redevables d'une réunion d'hommes aussi précieux ; nous aimons à le dire, dans l'exercice de l'éminente prérogative qu'il tient de la loi, ce magistrat n'a voulu écouter que la renommée ; c'est sous la dictée de l'opinion publique qu'il a inscrit les noms des citoyens que cette voie respectable lui a désignés comme les objets de son estime et de sa considération. »

Après l'exposé de l'accusation, fait par M. le procureur-général, M. Tajan, avocat de M. Fualdès, a pris la parole et a dit :

« Messieurs,

» Un assassinat horrible a été commis, le 19 mars 1817, sur la personne de M. Fualdès ; ce crime a été suivi, le lendemain, d'un vol considérable fait au préjudice de ses héritiers ; le ministère public s'est armé pour poursuivre la vengeance de ce double attentat, et les accusés présens vous sont déférés comme étant les auteurs ou les complices de l'assassinat et du vol.

» Le sieur Didier Fualdès a été cruellement lésé par ces deux forfaits; il a perdu en même tems son père et sa fortune, et il se présente aujourd'hui avec confiance pour demander à intervenir dans le procès dont les débats vont s'ouvrir. Dédaignant de profiter de l'avantage que lui offrait la loi de se porter partie civile pendant les débats, il a fait notifier, par acte du jour d'hier, à chacun des accusés, la déclaration formelle, qu'il renouvelle aujourd'hui, de se constituer partie civile dans son intérêt et dans celui des créanciers de son malheureux père.

» Je n'insisterai pas dans ce moment pour justifier la noble intervention de mon client; il va parler lui-même. C'est lui qui va vous demander la juste vengeance qu'il sollicite depuis un an, et d'assigner un terme à cette longue impunité. Quant à présent, je me borne à conclure à ce qu'il plaise à la cour recevoir le sieur Didier Fualdès partie civile au procès, l'admettre à proposer et développer les moyens qu'il avisera, à l'appui de l'acte d'accusation, sauf à lui à régler et fixer définitivement les conclusions qu'il se réserve de prendre avant le jugement.»

M. Fualdès s'est levé, et a dit avec une extrême émotion :

Messieurs,

« Les motifs qui m'ont dirigé pendant les assises de l'Aveyron sont les mêmes qui me conduisent aujourd'hui devant celles du Tarn. J'y viens pour accomplir les devoirs imprescriptibles que m'impose la nature; les sentimens qui m'animent sont sans haine comme sans faiblesse; ils sont ceux de la piété filiale malheureuse, réclamant la justice des lois.

« Depuis un an passé, un forfait inoui m'a privé de l'auteur de mes jours, et depuis cette catastrophe, je suis en butte à toutes les tribulations humaines. Depuis un an les prévenus que vous avez devant vous, excepté un seul, sont dans les fers. Un jugement unanime et solennel les a déjà frappés, et néanmoins les mânes sanglans de mon père crient encore vengeance!.... Il est tems, MM., que la vindicte publique soit satisfaite, que la société en alarme et une famille désolée soient vengées! Il est tems, il est juste que l'innocence que l'on s'efforce d'accréditer éclate, et que ses chaînes soient brisées, comme il convient que les coupables montent enfin sur l'échafaud. »

TRENTE-DEUXIÈME LETTRE.

Albi, 26 mars 1818.

(Deuxième séance.)

Avant l'ouverture de l'audience, les huissiers ont fait apporter les pièces de conviction. Elles ont été placées en face du bureau de la cour. Ce sont les toiles, les couvertures ensanglantées qui ont servi à envelopper le corps de la victime. Ses vêtemens et sa canne étaient pêle-mêle avec les fusils dont on présume que se sont armés les assassins. A la vue de ces objets, qui lui rappellent de si tristes souvenirs, M. Fualdès n'a pu contenir son émotion.

On avait déployé aujourd'hui, contre Bastide et Jausion, une sévérité qu'on a sans doute jugée nécessaire. Ils étaient chargés de chaînes qui leur lient les bras et le cou. * Les autres accusés avaient seulement des menottes renforcées. Madame Manson n'était plus à l'extrémité du banc; elle avait une des premières places.

Me Romiguière, défenseur de Bastide, a fait hier une demande à laquelle la cour ne s'est point arrêtée. Il voulait qu'il fût ordonné qu'il serait fait lecture de l'arrêt rendu par la cour de cassation, section criminelle, portant renvoi devant la cour d'assises du Tarn de tous les accusés de

(1) Ce détail paraît invraisemblable; il se trouve en opposition directe avec les dispositions de l'article 310 du code d'instruction criminelle. (*Note de l'éditeur.*)

l'assassinat de M. Fualdès, pour y être jugés en un seul et même débat.

Nous aurions dû parler en même tems d'une requête présentée à la cour, le 24 mars, par les accusés Bastide, Jausion, Missonnier et Colard. Cette requête avait pour objet de faire déclarer que, vu l'instruction commencée contre les sieurs Bessières-Veynac, Louis Bastide, Yence et la nommée Charlotte Arlabosse, il n'y avait pas lieu à procéder pour le moment aux débats mêmes des quatre accusés ci-dessus désignés. Ces derniers demandaient en même tems qu'il fût déclaré, conformément aux dispositions de l'article 443 du Code d'instruction criminelle, qu'ils ne pourraient être présentés aux débats que lorsque l'instruction contre les quatre nouveaux accusés susnommés seraient terminée, ou par leur mise en liberté, ou par leur mise en accusation, et la jonction des divers actes d'accusation ordonnée, et, dans tous les cas, renvoyer l'affaire à une des prochaines assises.

M. le procureur-général, à qui cette requête a été communiquée, l'a renvoyée à M. le président des assises, qui rendit le même jour une ordonnance par laquelle il déclara n'y avoir lieu de retarder l'ouverture des débats.

Les quatre accusés ont fait notifier aujourd'hui un acte de protestation, dans lequel ils réservent tous leurs droits.

Cet acte a donné lieu à un incident de la part de M. le procureur-général. Ce magistrat a demandé que nonobstant il fût passé outre à l'ouverture des débats.

Me Romiguière a déclaré ne vouloir pas expliquer le moyen ; il s'est borné à conclure à ce qu'il plût à la cour lui donner acte de sa déclaration, qu'il ne pouvait développer les conclusions de la requête qu'après qu'il aurait été fait lecture de l'arrêt de la cour de cassation du 26 février.

M. le procureur-général a insisté : il a pressé Me Romiguière de s'expliquer sur le motif de l'acte. — A-t-on voulu reproduire la demande en prorogation de délai formée par la requête du 24 mars, a-t-il dit ? mais elle a été proscrite par l'ordonnance qu'a rendue le même jour M. le président. On ne peut pas prendre prétexte de ce que M. le président a prononcé sur cette requête. A lui seul, aux termes de l'article 306 du Code d'instruction particulière, appartenait le droit d'y statuer. Cette demande n'était pas dans les attributions de la cour qui n'était pas encore formée. D'ailleurs, il aurait fallu la faire en public. D'après ces considérations, M. le procureur-général a conclu à ce que, sans avoir égard à l'insistance faite par Me Romiguière, il plût à la cour ordonner qu'il serait passé outre aux débats.

Me. Romiguière a persisté dans ses conclusions, qu'il a remises à la cour après les avoir écrites.

La cour, après avoir délibéré, a fait droit au réquisitoire du procureur-général, a déclaré n'y avoir lieu de statuer sur la demande formée par Me Romiguière, et a ordonné qu'il serait passé outre aux débats.

Les conseils des trois autres accusés n'ont pas pris de conclusions, et n'ont pas été requis d'en prendre.

On procède à la continuation des débats.

Sept temoins ont été entendus dans cette séance. Rappelé aux débats, Louis Lacombe persiste dans sa déposition d'hier. Il entendit, le 9 mars, M. Fualdès presser Bastide de le payer. Celui-ci lui répondit : *Je ne puis pas faire un sous. Veuillez patienter quelques jours encore. Nous réglerons dimanche.*

L'accusé explique la déposition du témoin, en disant que, si M. Fualdès le pressait ainsi, c'est parce que M. Fualdès l'avait chargé de lui procurer des fonds.

Bastide s'étant récrié de ce que le témoin n'avait pas déposé tous les faits qu'il rappelle aujourd'hui lors des premiers débats, M. le procureur-général a fait observer à MM. les jurés que cette observation, que le témoin n'avait pas déposé de ce fait, se reproduirait souvent dans le cours des débats ; mais qu'il ne fallait pas y avoir égard, et qu'elle ne devait pas faire la moindre impression sur l'esprit du jury.

Le second témoin, Antoine Alboui félicita Bastide, le 23 mars, de ce qu'il était libre. Bastide lui dit regretter infiniment M. Fualdès, qui lui avait prêté une somme de 10,000 fr. pour laquelle ils avaient réglé le jour de la foire.

Le troisième témoin, Pierre Cazals, entendit, le 19 mars au soir, Fualdès dire à Bastide qu'il ne tenait pas sa promesse. *Soyez tranquille*, dit Bastide, *je ne vous ferai rien perdre. Je prends mes moyens pour vous faire votre compte ce soir.* Le témoin déclare que la dame Bastide a voulu le suborner.

M. le procureur-général demande acte de la réserve qu'il fait contre la dame Bastide, à raison de cette tentative de subornation. La cour donne acte à M. le procureur-général de ses réserves.

Le quatrième témoin, Ursule Batut, entendit, quelques jours avant l'assassinat, Bastide et Jausion causer ensemble en descendant les degrés de la maison de ce dernier. Un d'eux dit : *J'ai tout mon monde prêt. — Prenons garde*, observa Jausion. — *Sois tranquille ; c'est comme chez nous.* Ce témoin dit que si elle n'a pas déposé ainsi aux premiers débats devant la cour d'assises de l'Aveyron, c'est qu'elle n'attachait aucune importance à ces paroles, qu'elle avait cru jusqu'à ce jour insignifiantes.

François Bousquet, cinquième témoin, avait des affaires d'intérêt avec Bastide. Le 19 mars au soir, il le trouva arrêté avec M. Fualdès. Il voulait lui parler ; mais comme Bastide et M. Fualdès avaient l'air courroucé l'un contre l'autre, il n'osa pas le joindre. Cazals lui a rapporté l'à-propos qu'il a déposé : *Je cherche mes moyens de vous faire votre compte ce soir.*

Le sixième témoin, Catherine Massol, dépose que le 19 mars, à l'entrée de la nuit, dans la rue du Touat, elle entendit Bastide rappeler à M. Fualdès quelque chose. *Soyez tranquille*, répondit M. Fualdès, *je m'y rendrai à huit heures ou huit heures et demie*. Bastide s'en retourna par la rue des Hebdomadiers, où est la maison Bancal.

Le septième témoin, Guillaume Estampes, est l'ancien domestique de M. Fualdès, attaché au service de son malheureux fils. — Le 19 mars au soir, vers les huit heures, son maître lui demanda un flambeau, il monta dans son appartement, et descendit bientôt après, emportant sous son bras *quelque chose qui faisait gros*. Il l'avait caché sous sa redingote. Il ne rentra pas. Madame Fualdès lui dit d'aller voir à la société s'il y était ; il ne l'y trouva pas. On apprit, dans la matinée du 20, la triste mort de son maître.

Le même jour, à sept heures du matin, M. et madame Jausion, avec madame Galtier, furent chez madame Fualdès. Madame Galtier lui demanda un marteau ; il lui donna une petite hache. Il entendit frapper ; étant monté, il vit

M. Jausion fermant un tiroir du bureau de son maître. M. Jausion tenait un sac d'argent. *Nous l'avons pris*, dit-il, *dans l'intérêt de la famille.*

Le témoin tient de Marianne Varée, servante, que, lorsqu'elle plia les draps du lit avec Bastide, celui-ci laissa tomber une petite clef: c'était celle du bureau de M. Fualdès.

L'accusé Jausion explique sa conduite du 20 mars; il n'avait pas l'intention de voler : il ne fut dans la maison de M. Fualdès que sur l'invitation de MM. Sasmayous et Carrère, qui lui dirent de vérifier que rien ne manquait chez M. Fualdès. S'il avait voulu enfoncer, il n'aurait pas demandé un marteau. D'ailleurs le sac d'argent, dont on parle, fut déposé dans un placard dont madame Galtier prit la clef. Cette clef fut remise à madame Fualdès. Les deux sacs d'argent ont été trouvés dans le placard.

M. le procureur-général fait observer que, dans ses premiers interrogatoires, Jausion a nié qu'il eût monté dans le cabinet de M. Fualdès.

Jausion : J'étais tellement malade, à cette époque, que je ne savais ce que je disais. Quand j'avais appris que c'était M. Fualdès qui m'avait dénoncé, ma tête s'était perdue. Comment, un ami me dénonce, un parent m'accuse d'avoir tué son père! toutes ces idées m'avaient troublé l'esprit.

Un juré : Vous convenez avoir enfoncé le bureau maintenant?

Jausion : Enfoncé! non, Monsieur; j'ai soulevé une planche qui ne tenait pas, comme je l'avais vu faire une fois à M. Fualdès.

La séance est remise à demain.

TRENTE-TROISIÈME LETTRE.

Albi, 27 mars.

(Troisième séance.)

Avant de procéder à la continuation des débats, la cour a ordonné, sur le réquisitoire de M. le procureur-général, la lecture d'un acte de protestation notifié aujourd'hui à la requête de Mme Manson.

Cette dame expose que certains accusés ont présenté une requête contenant demande au renvoi de la cause à une des prochaines assises; mais comme elle a le plus grand intérêt à ce qu'il soit promptement statué sur les faits de complicité dans l'assassinat de M. Fualdès, à raison desquels elle a été renvoyée à la cour d'assises du Tarn, elle demande à ce qu'il soit passé outre à la continuation des débats.

Après la lecture de cet acte, M. le procureur-général a requis la cour de donner acte à l'accusée Manson de sa protestation et de sa demande qu'il fût passé outre.

La cour, faisant droit au réquisitoire de M. le procureur-général, donne acte à la dame Manson de sa protestation, et ordonne la continuation des débats.

Le témoin Marianne Varée, servante de M. Fualdès, est appelé.

Elle dépose, quant aux faits relatifs à la soirée du 19 mars, comme le sieur Estampes. Sa déposition est conforme aussi à celle de ce témoin, pour ce qui regarde l'enfoncement du bureau par la dame Galtier et le sieur Jausion. Elle ajoute que Bastide se présenta le 20 mars au matin, vers les 9 ou 10 heures, chez M. Fualdès; il demanda M. Fualdès; la servante se mit à pleurer. Bastide déclara n'avoir pas été à Rodez la veille dans la soirée. Le même accusé l'aidant à tirer des draps d'un lit, elle entendit tomber une clef; Bastide lui dit de la mettre avec les autres. On reconnut, quelques jours après, que cette clef était celle du bureau de M. Fualdès.

L'accusé a fait observer qu'il y avait une tierce personne dans l'appartement.

M. Bergounier avoué, ami intime de M. Fualdès depuis leur enfance, est entendu. Il passait habituellement sa soirée chez M. Fualdès. Le 19 mars au soir, vers les huit heures, ce dernier sortit, emportant sous sa redingote un petit paquet. Il croit que M. Fualdès portait toujours sur lui la clef de son bureau. Il a été chargé de traiter des affaires avec M. Fualdès. Il recevait périodiquement des intérêts de certaines sommes dont M. Fualdès était débiteur. Il rend hommage à son exactitude.

M. Sasmayous, parent de la partie civile, est appelé. Le 19 mars il alla, selon son usage, passer la soirée chez M. Fualdès — *Est-il huit heures, demanda ce dernier?* — Moins dix minutes, répondit-il; si vous avez affaire à 8 heures, il n'y a pas de tems à perdre. - *Bah!* dit M. Fualdès, *il ne faut déranger personne.* — M. Fualdès monta dans sa chambre, descendit bientot après, emportant sous son habit quelque chose qu'il crut être un porte-feuille ou un sac. — Le 20 mars, à six heures du matin, il apprit fin déplorable de M. Fualdès. — Il alla chez madame Galtier, afin de se concerter avec cette dame pour porter des consolations à madame Fualdès. — Madame Jausion se refusa à se rendre auprès de cette veuve. — Cependant, étant allé quelques instans après chez madame Fualdès, il y trouva les dames Costes, Jausion et Galtier.

Le témoin tient de Marianne Varée ce qui est relatif aux propos de Bastide, le 20 au matin. Quelques jours après l'assassinat, madame Jausion lui demanda s'il était vrai qu'il manquât des effets dans le portefeuille de M. Fualdès. — Oui. — Vous auriez dû vous consulter avec mon mari, parce qu'il a des effets, dit madame Jausion.

Madame Jausion le quitta. Quelques instans après, Jausion le joignit et lui dit : Ma femme m'a dit qu'il manquait pour 15,000 francs d'effets; pourquoi ne pas me consulter avant votre déclaration? — Il n'en manque que pour 12,683 fr., dit le témoin. — J'ai des effets à concurrence, observa Jausion. — Venez chez moi, nous le vérifierons. — Arrivés chez Jausion, celui-ci présenta au témoin une note écrite tout récemment.

L'accusé fait observer qu'aucun des effets que M. Fualdès avait reçus de M. de Séguret n'a disparu; ou, s'ils manquent, ils sont remplacés par des valeurs équivalentes, et à concurrence. C'est la négociation qu'il dit avoir faite avec lui, le 19 mars. Cette explication repose d'ailleurs sur l'instruction écrite.

M. Henri-Amans Séguret président du tribunal civil de Rodez. — Il est l'acquéreur du domaine de Flars, ayant appartenu à M. Fualdès. — Il devait à M. Fualdès, à raison de cette acquisition, une somme considérable. Il avait été convenu qu'il pourrait s'acquitter de 75,000 fr., en effets de commerce tirés sur lui, et acceptés au civil. — M. Fualdès tira, en effet, sur lui des traites à concurrence d'une somme de 20,000 fr. Il accepta ces effets au civil. Jausion lui dit que ces traites étaient devenues sa propriété.

Le 18 mars, il remit des effets à M. Fualdès pour

une valeur de 26,000 fr. M. Fualdès lui donna alors quittance de tous les paiemens antérieurs.

Le 20, apprenant l'assassinat de M. Fualdès, il pensa que les assassins avaient peut-être eu pour but le vol des lettres de change remises deux jours auparavant. Il ne put se rendre dans la matinée chez Jausion pour s'en assurer, à cause des assises de l'Aveyron, auxquelles il était obligé de siéger; mais, à midi ou une heure, il y alla, et lui demanda quelques renseignemens sur les causes de l'assassinat. — Savez-vous ce que sont devenus les effets que j'ai remis à M. Fualdès? — Non, répondit Jausion. Je sais cependant qu'il en a négocié hier pour 15,000 fr. — M. de Séguret témoigne sa surprise de ce que l'accusé Jausion ne lui parla pas alors de la négociation qu'il avait faite avec M. Fualdès, le 19 mars.

Jausion répond à cette surprise en rappelant qu'il avait dit que M. Fualdès avait négocié des effets à concurrence de 15,000 francs; 2000 fr. négociés par l'entremise de Bastide dans la journée du 19; 12,000 et quelques cents francs que l'accusé reçut le même jour en échange d'autres effets échus, et trouvés dans le portefeuille de M. Fualdès, avec le restant de ceux qu'il avait reçus de M. de Séguret. Voilà les 15,000 fr.

Le témoin Pierre Puech fait une déposition insignifiante. Bousquier travaillait avec lui; il lui dit qu'il avait été invité à porter une forte balle.

Quelques heures après, la femme de Bousquier vint chercher son mari, en lui disant qu'on le demandait au tribunal.

MM. Rozier et Bourguet, le premier, médecin; le second, chirurgien, s'en rapportent, pour leur déposition, au procès-verbal de vérification du cadavre, par eux dressé le 20 mars.

Ils ont l'un et l'autre donné des soins à Missonnier, qui s'était blessé à la gorge dans un moment de vertige et de démence.

Ces deux témoins attribuent l'apparition subite du cadavre de M. Fualdès sur l'eau à l'absence du sang.

La continuation des débats est renvoyée à demain.

LE STÉNOGRAPHE PARISIEN.

L'ouverture des débats de la cour d'assises d'Albi s'étant prolongée au-delà de notre attente, et les incidens intéressans qui ont eu lieu pendant le tems qui s'est écoulé dans l'intervalle des deux procédures nous ayant forcés de faire paraître successivement un certain nombre de numéros, nous avons l'honneur de prévenir ceux de nos Souscripteurs dont l'abonnement expire avec la douzième livraison du Sténographe, *que nous ouvrons, à partir du n° 13, une nouvelle souscription* pour le reste de la procédure, *qui paraît devoir être très-considérable, et qui formera un nouveau vol. in-8°, avec gravures. Le prix de cette souscription sera de 5 fr. pour Paris et les départemens.*

Nous avons été chargés, par M. le préfet de l'Aveyron et M. le maire de Rodez, de vendre, au profit des indigens, le plan en grand de la partie de la ville de Rodez et de ses environs qu'a parcourus le funeste cortége dans la nuit du 19 au 20 mars. Ce plan, qui renferme aussi celui des maisons Fualdès, Jausion, Bancal, etc., a été dressé par ordre de M. le président Faydel. Il est indispensable aux lecteurs des Notices de ce procès célèbre. Il a été gravé par d'habiles artistes, et est imprimé sur beau papier. Le prix de cet Itinéraire *est de 2 fr. Désirant faire jouir nos souscripteurs de quelque avantage, il leur sera adressé pour 1 fr.; ce qui portera le prix de la nouvelle souscription à 6 fr. pour Paris et les départemens.*

On est prié de renouveler de suite, afin de n'éprouver aucune interruption dans l'envoi des livraisons.

Nous avons reçu hier un dessin représentant l'intérieur de la cour d'assises d'Albi. Cette gravure accompagnera une des prochaines livraisons.

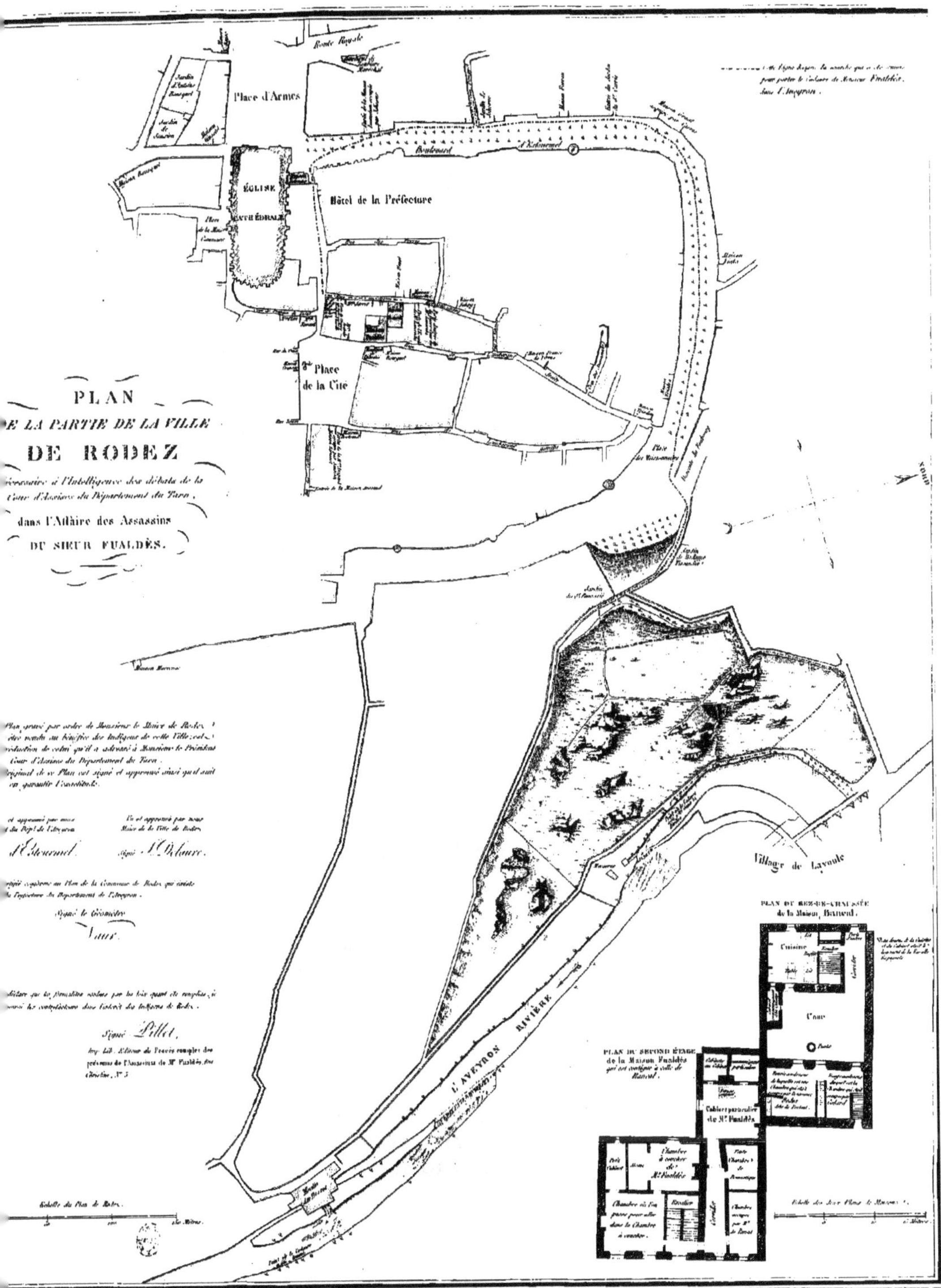
PLAN
DE LA PARTIE DE LA VILLE
DE RODEZ
dans l'Affaire des Assassins
DU SIEUR FUALDÈS.
Place d'Armes
Route Royale
ÉGLISE
CATHÉDRALE
Hôtel de la Préfecture
Boulevard
Place
de la Cité
L'AVEYRON
RIVIÈRE
Village de Layoule
PLAN DU REZ-DE-CHAUSSÉE
de la Maison Bancal.
Cuisine
Cour
PLAN DU SECOND ÉTAGE
de la Maison Fualdès
Cabinet particulier de Mr. Fualdès
Chambre à coucher de Mr. Fualdès
Escalier
Corridor
Échelle du Plan de Rodez
Signé Pillet,
Signé Vaur.

TRENTE-QUATRIEME LETTRE.

(Quatrième séance.)

Albi, 28 mars 1818.

Les deux dernières séances de la cour d'assises, dont je vous transmets tous les détails, ont été moins solennelles que les premières. Déjà le concours des spectateurs diminue, et les tribunes, si remplies les 25 et 26, sont devenues presque désertes. Le peuple y est admis sans difficultés.

Je commence par quelques nouvelles particulières : il y a quelques jours que Mme Manson, se promenant dans le jardin du presbytère de Sainte-Cécile, aperçut un papier soigneusement plié au fond d'un vase. Elle le prend, et lit ces propres paroles : *Tu as déjà fait des aveux ; si tu ne le rétractes, tu périras, toi et ton fils, par le fer ou par le poison.*

Mme Manson, effrayée, écrivit aussitôt au président, pour le prier de prendre les mesures qu'il croirait nécessaires à sa sûreté. M. le président a fait signifier ce billet, le même jour, aux autres accusés.

Le 26, Mme Manson, au moment où elle montait dans sa chaise à porteurs, au bas des escaliers de la prison, fut huée par la populace. Voulant éviter un pareil désagrément à sa rentrée, elle se fit porter jusque sur le perron de l'église ; mais au milieu de la montée, la chaise tourna dans les mains des porteurs, et sans l'adresse de la sentinelle, Mme Manson, qui jetait des cris, aurait roulé jusque dans la rue.

Bastide est toujours calme, et même riant. Lorsqu'il adresse à la cour quelques observations, il joint ses mains, radoucit sa voix, et prend un air patelin. Jausion est assez tranquille, quoiqu'il paraisse affecté. Colard rit souvent. Missonnier est immobile comme une statue. Mme Manson change tous les jours quelque chose à son habillement ; mais elle porte constamment un voile, qu'elle relève pendant les séances.

Le premier témoin entendu dans l'audience du 28, a été le tailleur J. B. Brast. C'est le même dont Mme Manson rappelle les premières dépositions dans son interrogatoire du 7 février, en disant, comme lui : *Si on ne fait pas son devoir un jour, il faut le faire le lendemain.*

Ce témoin, après s'être levé posément, avoir toussé, pris du tabac, et refermé sa tabatière, s'est adressé à la cour avec une telle gravité, qu'elle a paru risible à l'accusée. Tout le tems qu'a duré son discours, la dame Manson tenait un mouchoir sur ses lèvres.

Messieurs, a dit Brast, je demande à la cour l'assurance de n'être point interrompu dans ma déposition par les défenseurs des accusés. Je promets de répondre ensuite aux observations que l'on voudra me faire.

M. le président ayant donné cette assurance au témoin, il a poursuivi en ces termes :

Le 19 mars 1817, à huit heures du soir, j'étais auprès du feu, avec ma femme. Nous entendîmes jouer une vielle, dans la rue. Nous nous proposions de la faire monter, lorsque je réfléchis que nous étions en carême, c'est-à-dire, dans un tems peu propre à la joie. Cependant, nous fûmes frappés d'un grand bruit, comme celui d'une balle que l'on porterait; en même tems une porte se ferma, sans que je pusse distinguer si c'était celle de la maison Bancal. Peu après (il était neuf heures), quelques coups de sifflets partirent de la maison Bancal, devant laquelle plusieurs personnes étaient rassemblées. Je me rappelai que ma porte était ouverte, et je descendis pour la fermer. A peine au fond de l'escalier, je m'aperçus qu'elle était beaucoup plus ouverte que je ne l'avais laissée; craignant alors quelque surprise, je me glissai contre le mur, passant derrière la porte, je la poussai avec violence. J'entendis plusieurs personnes parler dans la rue; les siffleurs continuaient et semblaient se correspondre. Je me mis à la fenêtre, et m'adressant à ces différens groupes, je leur criai : « Si vous n'étiez pas des polissons et des assassins, vous devriez vous retirer. » On ne tint point compte de mes exhortations.

Le lendemain, comme j'allais ouvrir ma boutique, je vis Anne Benoît sur la porte de Bancal; elle avait l'air triste, et je la crus malade : elle m'assura pourtant que non; mais qu'elle était fatiguée de la veille. A peine l'eus-je quittée, que j'appris qu'on venait de trouver un cadavre à la rivière. Je voulus y aller, comme les autres. Je reconnus le cadavre : c'était M. Fualdès.

Après mon dîner, je rencontrai quelques personnes qui s'entretenaient de ce malheureux événement. Parmi eux était

Colard : « C'est un grand malheur, disait-il ; on a tué un brave homme : si j'y avais été, je l'aurais bien défendu. Hier, ajouta-t-il, revenant de scier du bois, je rencontrai Missonnier, avec lequel j'allai boire, chez Rose Ferral. Nous y restâmes jusqu'à huit heures, et à neuf heures, j'allai me coucher. — N'entendîtes-vous point du bruit en vous retirant ? — Non, me répondit-il. — Il est difficile que vous n'ayez rien entendu. »

Le soir, j'allai chercher du vin chez J. Delmas ; sa femme me dit : « Hier au soir, entre dix et onze heures, je vis passer un homme grand qui portait sous le bras quelque chose, comme un fusil : à sa suite, une foule d'hommes ; et je crus qu'ils entraînaient une fille. L'un d'eux s'avança vers moi pour me faire peur. Je fermai la porte, et m'étant mise à la fenêtre, je remarquai que le *grand monsieur* avait passé sur le derrière de la troupe. »

Le lendemain, vers les huit heures, François Bach vint chez moi, en me demandant : *Qu'est-ce qu'il y a de nouveau ? Je me suis levé tard, j'étais fatigué.* Je lui parlai de l'assassinat ; il me dit : « Aucune peine ne serait assez forte pour un pareil crime. — Le Ciel est juste, répondis-je ; les coupables seront bientôt découverts. » Aussitôt il me quitta sans ajouter un mot.

Le dimanche après qu'on eut arrêté Collard, je rencontrai Anne Benoît. Où vas-tu, Annette ? — Je porte le souper à mon mari. Je lui proposai de l'accompagner; dans la route, elle me dit : Mon mari n'est pas coupable, je ne sais pourquoi on l'a arrêté. — S'il ne l'est pas, il obtiendra bientôt sa liberté. — En tout cas, qu'on le demande à Bousquier, il sait tout celui-là.

Quatre ou cinq jours avant l'affaire, je vis M. Jausion sortir de la maison Bancal ; pour ne point être vu, il franchit la moitié de la rue d'un seul pas. Nous nous croisâmes, et il me regarda d'un air fâché. A la même époque à-peu-près, je vis aussi Bastide sortir de cette maison ; mais cela ne me surprit pas, je l'y avais déjà vu plusieurs fois.

Le seizième témoin. Marin *Julien*, agent de change. — Le 18 mars au matin, la veille de l'assassinat de M. Fualdès, je me rendis chez lui pour le recouvrement de quelques effets. Il me pria d'attendre au lendemain, parce qu'on lui avait promis de négocier à un taux raisonnable quelques-uns des effets qu'il avait reçus de M. de Séguret. Je remarquai fort bien qu'il avait un portefeuille dit *à échéance*, dans lequel il tenait ses effets.

Le procureur-général: Ne vîtes-vous point s'il avait un livre-journal ?

R. Non, mais M. Fualdès était trop bien au courant de ses affaires pour qu'il n'en eût pas un.

M. Fualdès fils fait observer à la cour que ce livre dont on parle était couvert en soie.

Le dix-septième témoin. Pierre *Mazet*, travailleur de terre. — Le jeudi 20 mars, M. Bastide était à Lamorne à l'heure du dîner; un huissier vint l'y chercher, et il en partit entre une et deux heures.

Le dix-huitième témoin. Augustin *Bioulas*, tapissier. — A l'époque du mariage de M. Fualdès fils, son père m'acheta, dit-il, quelques meubles. Deux ou trois mois après, il me proposa de régler son compte, j'y fus le lendemain. Je le trouvai dans sa chambre à coucher auprès d'une petite table. Son livre-journal était ouvert devant lui, il y inscrivit la somme de 166 francs qu'il devait me payer le jour de la foire, et plaça mon compte dedans.

Le dix-neuvième témoin. François *Garribal*. — J'avais soupé à l'Ambergue le 19 mars. Je me retirai à huit heures et demie. Après avoir traversé la place de Cité, je vis deux personnes au coin de la rue des Hebdomadiers et deux autres près de la maison de Valat. Ces personnes se répondaient par des *hem* et des coups de sifflets.

Un jour j'entendis dire sur la place, que la servante de Mme Jausion voulait la quitter, parce qu'elle se refusait à augmenter ses gages comme on le lui avait promis. J'entendis aussi que la même servante avait raconté que le lendemain de l'assassinat Jausion avait dit à sa femme, en rentrant dans sa chambre : *Victoire, nous sommes perdus, le cadavre surnage.*

Jausion : Il est vrai que la servante dont on vient de parler a voulu quitter ma femme depuis sa détention, ce ne fut pas à cause de ses gages, mais bien parce qu'elle ne pouvait sortir sans être accompagnée d'un gendarme (Cette servante est encore à mon service).

Le témoin : Après une 1re déposition, je m'aperçus que j'avais omis une circonstance qui pouvait être utile. Les domestiques de Jausion prétendaient qu'il n'était pas sorti après sept heures du soir; or, ayant été, le 19 mars, passer la soirée dans une maison voisine de celle de Jausion. J'entendis, entre 10 heures et minuit, la porte de Jausion se fermer, plusieurs voix, et même des personnes monter et descendre.

Postérieurement je me trouvai dans la maison de M. Rodat. Je lui dis : On a découvert la femme qui était chez la Bancal ; c'était Mme Manson. — Elle est venue chez moi plusieurs fois, et amenait toujours la conversation sur cette affaire.

Jausion : Le fait rapporté à mon égard par le témoin, paraît bien difficile à croire, puisque l'appartement où le témoin se trouvait est séparé de notre escalier par une autre chambre et par deux gros murs.

Le témoin insiste ; Jausion s'assied et essuie ses yeux qui sont remplis de larmes.

Vingt-quatrième témoin, Marie *Bedos*, âgée de 80 ans. Le 20 mars, pendant que j'étais dans mon lit, j'entendis jouer de la vielle, mais je ne distinguai pas d'autre bruit. Le lendemain, Anne Benoît me dit que la femme Bancal avait renvoyé sa fille la veille.

Sur la demande du procureur-général, le témoin n° 10 est rappelé.

M. le procureur-général : Je vous demanderai si, quand vous rencontrâtes Jausion, sa femme et Mme Galtier, vous n'apperçûtes pas qu'ils avaient ensemble de longues conférences.

M. Sesmayous : Je le remarquai en effet ; je pensai d'abord qu'ils s'entretenaient de l'événement ; mais quand je sus ensuite qu'ils étaient montés dans le cabinet, qu'ils avaient enfoncé une armoire, je ne doutai plus que ce ne fussent eux qui eussent remis dans le cabinet la montre, que je n'y avais pas trouvée le matin.

M. le procureur-général : Ne vous rappelez-vous pas avoir remarqué un mouvement d'inquiétude de la dame Jausion à son frère ?

M. Sesmayous : J'en ai perdu absolument la mémoire ; mais un témoin assure le tenir de moi.

M. le procureur-général : Veuillez, je vous prie, nous rappeler ce que vous nous avez dit hier de la lettre de change consentie à Jausion, et contresignée par M. Fualdès.

Le témoin le rappelle. (Voyez sa déposition.)

Sur la demande de la partie civile, Castan est rappelée.

M. Tajan : Je prie M. le président de demander au témoin si la servante de Mme Jausion ne lui dit pas qu'elle voulait quitter sa maîtresse.

Le témoin : Oui, la berceuse de Mme Jausion me pria de lui trouver une place ; et même je fis des démarches à cet égard auprès de Mme Béromazel, qui la trouva trop jeune. Julie me dit : C'est peut-être à cause de mon maître, mais je ne suis la cause de rien. La cuisine est sur le derrière, et le salon sur le devant ; il peut être sorti le soir sans que je l'aie vu ; mais je suis sûre qu'il coucha à la maison.

Vingtième témoin. Antoinette *Castan*. — Je passais sur la place de Cité, j'y rencontrai ma belle-sœur qui me demanda ce que l'on disait de l'assassinat de M. de Fualdès. — Je n'ai pas pu dormir de toute la nuit, tant j'avais peur. — Ne dit-on pas quels sont les coupables ? — Les uns prétendent que c'est M. Laqueilhe, d'autres un homme de la Montagne, d'autres Bastide-Grammont. — Je vis l'autre jour, sur la place de Cité, M. Fualdès parlant avec Bastide. Celui-ci lui dit : à ce soir, M. Fualdès. — Oui, répondit-il, *je me rendrai où vous savez*.

Vingt-unième témoin. Antoine *Cassagne*, cantonnier : — Je travaillais sur le grand chemin, je vis passer un homme et une femme, ils s'arrêtèrent avec moi, nous engageâmes conversation ; l'homme me dit : Parbleu ! Bancal voulait me mettre dans une jolie affaire, il me mena dans un cabaret où nous bûmes une bouteille de vin. Alors il me proposa de l'aider à tuer un homme qui lui avait fait quelque chose, promettant que cela m'enrichirait. Je le refusai ; alors Bancal cassa la bouteille contre le mur, en disant que si j'avais le malheur de parler, il me le ferait payer, ou par lui, ou par d'autres, et qu'il ne donnerait pas un sou de ma vie.

M. Fualdès. — Je prie M. le président de demander au témoin si Bancal nomma la personne qu'on voulait tuer.

Le témoin. — On ne m'a nommé personne.

Vingt-deuxième témoin. Antoine *Gaston*, notaire. — A 8 heures précises, le 19 mars, je sortis du café royal, qui est à côté de la maison Fualdès. Je passai pour me retirer dans la rue du Terral, et de là dans celle de Françon-de-Valat. A peine eus-je fait une douzaine de pas, que j'entendis une personne qui disait : *Ce n'est pas encore prêt*. Le tems était obscur, on ne pouvait rien distinguer.

Vingt-troisième témoin. Marie-J.-Ant. *Régie-Lavergne*. —

Le soir du 19 mars, me retirant chez moi, et passant devant la porte de la femme Bancal, je la trouvai fermée contre l'usage. Le 18 mars, à 5 heures du soir, allant à la place du Bourg, je rencontrai M. Jausion, avec qui j'avais affaire, il me dit : *Vous n'êtes pas venu ? — Non, j'ai voulu vous laisser libre aujourd'hui, mais je viendrai.* Il me répondit avec préoccupation : Venez, venez ce soir à 7 heures ; j'ai affaire ensuite. Le 20 mars, je me promenais dans le portique de la commune ; M. Jausion entra, et me dit qu'il venait pour prier l'adjoint de faire transporter le cadavre à la commune. Je lui parlai de l'énormité du forfait, il ne répondit que par monosyllabes ; ce qui m'étonna au milieu d'une douleur si universelle. Le même jour, à l'entrée du faubourg, je rencontrai, vers les 4 heures du soir, Bastide qui arrivait en habit de chasseur. *Qui aurait pensé, lui dis-je, que M. Fualdès, avec lequel vous étiez hier au soir, serait assassiné si tôt ?* Il m'assura qu'il n'avait appris cette catastrophe que par l'huissier qui avait été le citer. Sa figure me parut toute renversée, mais je l'attribuai à la douleur.

Vingt-cinquième témoin. Baptiste-Henri *Calmels*. — Le 17 mars, vers les 4 ou 5 heures du soir, je passais dans la rue Neuve ; quand je fus devant la maison de Mme Guillau, je vis venir Bastide, très-mal habillé, et d'un air égaré ; je le saluai, et il ne me rendit pas le salut. Pourquoi regardez-vous cet homme ? me dit mon beau-frère, vous avez l'air de le toiser. — C'est qu'il a l'air d'un coquin. — Vous ne le connaissez donc pas ? c'est Bastide-Grammont. — C'est précisément parce que je le connais ; il a voulu dans le tems me faire faire une fausse déposition.

Le lendemain matin, je causais avec Lamoureux, qui me dit qu'on avait trouvé un homme noyé. Les eaux ne sont pas grandes ; on l'aura précipité. — La justice va partir. — Je sortis, et passant dans la rue de Touat, je vis Bastide (c'était le 20, à huit heures du matin). Le témoin fait le détail de son costume ; il n'avait pas remarqué celui qu'il portait le 20.

M. le procureur-général : Quel était votre motif pour traiter Bastide de coquin ?

Le témoin : Dans une circonstance, nous étions témoins l'un et l'autre, et il voulut m'engager à changer ma déposition.

Vingt-sixième témoin. Marion *Castagné*. — Colard vint

chez moi trois jours avant la foire de la mi-carême; il demanda mon mari, à qui il voulait faire gagner quelque chose, prétendant que c'était pour porter une dame à la société, et que cela pourrait se présenter quelquefois. Colard affirme le fait, et prétend qu'il alla chercher cet homme, parce qu'il s'était brouillé avec Bancal, et qu'il ne voulait plus se servir de lui.

Vingt-septième témoin. Bernard *Bessière*. — Je revenais du tribunal; je passai sur la place de la Cité; j'entrai dans une maison où Bancal construisait en four; il me dit : *Avez-vous vu le remplaçant du feu M. Fualdès. Il m'a fait un mauvais coup. Je lui en jouerai quelqu'une.*

Vingt-huitième témoin. Anne *Géniet*, fille de service. — Le 19 mars, passant dans la rue des Hebdomadiers, je rencontrai la Bancal à l'Ambergue; elle me dit : *Qu'y a-t-il de nouveau? on a battu la retraite plus tôt qu'à l'ordinaire.* — Ma foi, je n'en sais rien, lui répondis-je. Je la quittai, et passant devant la rue des Hebdomadiers, je vis plusieurs personnes attroupées; il étoit alors sept heures et demie.

Vingt-neuvième témoin. Françoise *Garrigou*. — Je me trouvai en prison avec la femme Bancal et sa fille. La mère lui dit : *Sais-tu la couverture qu'on a prise?* — Je n'en sais rien, mais on prit une veste de mon père, celle que vous savez. Une autre fois, la veuve Bancal, parlant de la couverture sur laquelle on a trouvé des traces de sang, dit qu'une fille avait accouché dessus, et qu'elle l'avait salie. En s'adressant à Marianne, et lui rappelant qu'on devait l'interroger le lendemain, elle lui dit : *Il faut bien te souvenir de tous ceux qui y étaient.*

Un autre jour, m'entretenant avec la femme Bancal : *Quel courage*, lui dis-je, *de tuer M. Fualdès avec un rasoir!* — *Ah! ce n'était pas avec un rasoir; c'était avec un couteau qui même ne coupait pas beaucoup.* Je tiens de Françoise Calmels que la femme Bancal lui avait dit qu'après lui avoir donné la bague de M. Fualdès, on l'avait reprise en lui donnant 6 francs en échange.

La Bancal me demanda un jour pourquoi j'étais en prison. Je lui répondis que je n'en savais rien, que je n'avais jamais fait de mal à personne. *Ni moi non plus, me dit-elle, mais je suis bien malheureuse. Une femme avait tué un de mes enfans, on ne la condamna qu'à deux ans de prison, qu'elle a même subis à l'hospice; nous ne reçûmes que 1200 francs de dommages, et sans M. Fualdès, nous en aurions reçus* 3000 ! Après un moment de silence, sa fille ajouta : *On pouvait le faire plus tôt, nous ne serions pas ici.*

Anne Benoît me dit un jour, que le 19 mars elle avait soupé à huit heures et demie, et qu'à neuf elle était au lit. Elle ajouta : Si on a le malheur de me condamner, j'ai l'estomac chargé, mais je le déchargerai.

M. Boudet fait observer que le propos de la femme Bancal à sa fille s'explique ainsi : Marianne Bancal avait passé là la soirée du 19 dans un cabaret où s'entretenaient plusieurs personnes, et sa mère lui disait : Il faut te rappeler de ceux qui y étaient quand on t'interrogera. Il demande que l'on consigne sur le procès-verbal l'énorme différence entre la déposition écrite de ce témoin et sa déposition orale. Dans la première, elle prétend que c'était en présence de la femme Camels que la Bancal lui parla du couteau qui avait servi à égorger M. Fualdès, tandis que dans sa déposition actuelle elle assure qu'elles étaient seules.

Trentième témoin. Thérèse *Cheyrouse*. — Le soir de la mort de M. Fualdès, une femme vint me demander si mon mari était rentré. Elle me dit cela : J'ai vu trois hommes apostés sur la porte de la maison Bancal, un grand monsieur qui entre et sort. Je lui dis que c'était des soldats, et elle m'assura que non.

Le lendemain, tout le monde s'entretenait de la mort de M. Fualdès ; la veuve Bancal vint chez moi et me dit qu'elle n'avait rien entendu le soir, pas même la vielle ; mais la petite Madeleine, qui était avec sa mère, dit avoir entendu du bruit ; elle parla d'un soupir, d'un râlement ; mais sa mère lui donna un soufflet et cette enfant se tut.

Un jour je questionnai la petite Bancal ; elle me dit que Fabre, le gendarme, lui avait dit d'aller déceler les coupables si elle les connaissait, qu'on lui donnerait même de l'argent ; mais Madeleine dit : *Qui sait si on le ferait ? j'aurais peur de faire périr mon père et ma mère.*

M. Boudet, avocat de la veuve Bancal, demande que Madeleine soit entendue. M. le procureur-général s'y oppose, ainsi que les défenseurs des autres accusés.

La cour rejette l'insistance.

Trente-unième témoin. Pierre *Pondrous*, meunier. — Le 19 mars, je fus porter de la farine chez Bancal, vers sept heures et demie du soir. Un homme y entra avant moi et ferma la porte. Je frappai; la Bancal vint m'ouvrir, tenant une lumière. Elle me dit: Ce soir, vous voyez, vous ne mettrez pas la farine dans le chaudron; un homme assis au coin de la cheminée me répéta ce propos, et portait un chapeau à haute forme et une lévite.

Trente-deuxième témoin. Victor *Valat*, militaire. — La Bancal me fit engager, par Marie Bougnol, à dire que j'étais chez elle le 19 mars, et que c'était moi, habillé en bourgeois, qui dit au meunier: Vous y voyez; vous ne mettrez pas la farine dans le chaudron.

Trente-troisième témoin. Marie *Bougnol*. — Un jour, où étant retardée dans les rues, je fus rencontrée par la garde, qui me mena en prison, j'y trouvai la femme Bancal. Comme je me chagrinais, elle me dit qu'elle était bien plus malheureuse; que des faux témoins pouvaient la faire guillotiner, et elle me chargea de dire à Victor Valat qu'elle le priait de déposer que c'était lui qui se trouvait chez elle le 19 mars au soir, au moment où le meunier Pondrous y était entré, et qu'il était habillé en bourgeois.

Trente-quatrième témoin. Antoine *Marty*. — Le 19 mars, le capitaine me dit: Les soldats ont eu du bruit avec les bourgeois; il faut battre la générale à sept heures. Quand je l'eus battue, je fus chez Bancal, et croyant m'apercevoir que je les embarrassais, je me retirai.

M. *Romiguière*: Je prie le témoin de dire à quelle heure on bat ordinairement la retraite?

Le témoin: On la bat à huit, et ce soir-là je la battis à sept.

M. Romiguière fait observer que, dans sa déposition écrite, le déposant a dit que la retraite se battait à sept heures, et que ce soir-là il l'avait battue à six.

Trente-cinquième témoin. Jacques *Giron*. — Une quinzaine avant la foire, Bancal vint m'acheter de l'étoffe, au prix convenu de 4 liv. 10 sous *la canne*. Il me dit: Je viendrai la chercher à l'époque de la foire; je dois travailler pour des messieurs: M. Jausion vous paiera.

Le lendemain de l'assassinat, Bancal vint chez moi, au point du jour. Vers les sept heures, il bêchait la terre. Je trouvai qu'il la bêchait mal; il me répondit qu'il n'avait pas dormi; qu'il avait fait le travail pour les messieurs, et qu'il viendrait avec sa femme pour prendre l'étoffe. Cependant, la femme Bancal ne la trouva pas assez jolie, et refusa de la prendre.

Le jour où il marchanda mon étoffe, Bancal me dit : *Dans les tems malheureux où nous sommes, il faut faire plus d'un métier pour vivre ; j'ai beaucoup d'enfans, et aucun ne peut travailler. Si mon aîné n'était pas mort, il m'aiderait.... Les juges n'ont pas voulu condamner son meurtrier, mais je m'en vengerai !*

Pierre Cazals, rappelé, déclare que le 20 mars, à six heures du matin, il vit Bancal travailler au jardin.

La séance est levée à quatre heures.

TRENTE-CINQUIÈME LETTRE.

Albi, 29 mars 1818.

(Cinquième séance.)

M. *Bole*, défenseur de Colard. — Messieurs, avant que la Cour ne commence les débats, je dois au nom de tous mes collègues vous adresser une réclamation importante pour la défense des accusés. Hier, le soleil était levé depuis trois grandes heures, je voulais voir mon client, j'ai été à la mairie pour obtenir une permission, je n'ai pas trouvé M. le maire, et je n'ai pu voir celui que je défends. J'ajouterai que, lorsque la permission nous est accordée, nous ne voyons encore les accusés qu'en présence d'un témoin. Je demande donc à la cour qu'elle veuille bien nous affranchir de ces entraves qui dégradent notre ministère, et qu'il nous soit permis de communiquer avec nos cliens seuls, et lorsque nous le jugerons nécessaire.

M. *le procureur-général.* — La loi a réservé à la sagesse des magistrats le droit de décider s'il convient que le défenseur communique seul avec son client ou en présence de témoins. C'est à la prudence des magistrats que le législateur s'en est rapporté à cet égard. Les réglemens s'opposent à la demande du défenseur de Colard.

MM. Romiguières et Dubernard appuient la réclamation de leur confrère.

La cour délibère un instant et rend l'arrêt suivant :

« Attendu que les précautions à prendre pour la sûreté

de l'intérieur des maisons de justice et d'arrêt appartiennent à l'autorité administrative ; attendu qu'il importe que l'article 302 du code d'instruction criminelle, n'éprouve aucun obstacle dans son exécution, la cour charge M. le procureur-général de s'entendre avec qui de droit, à l'effet de concilier autant que la sûreté de l'intérieur des prisons pourra le permettre, la libre communication des défenseurs avec les accusés ; mais toutefois avec les précautions convenables.

Après avoir prononcé cet arrêt, M. le président procède à l'audition des témoins. On introduit M. le *chevalier de Parlan*

M. le Président. — Votre profession ?

Le témoin. — Propriétaire, *tout bonnement.*

M. le Président. — Que savez-vous du procès qui nous occupe ?

J'ai été à Rodez le 17 mars. J'y ai vu deux fois Bastide. Le premier jour il se dirigeait vers la rue de l'Ambergue, le second il était au café Ferrand avec Colard et Bach, je m'approchai de la table qu'ils occupaient et je saluai Bastide. Son air préoccupé me frappa ; je le quittai bientôt et je demandai au garçon de café, quel est cet homme (je désignais Colard.) — C'est un soldat du train, me répondit-il. Lorsque les débats de ce procès commencèrent à Rodez, je m'empressai de me rendre au tribunal, pour voir si je rencontrerais, parmi les accusés, les hommes que j'avais vus au café avec Bastide. Je reconnus, comme je reconnais encore Colard et Bach. Le jour du café Bastide avait l'air si troublé, si agité, que vraiment quelqu'un qui ne l'aurait pas connu, n'aurait pas cru qu'il avait une *figure naturelle.*

M. le président à Bastide. — Qu'avez-vous à répondre ?

Bastide. — Mon Dieu ! monsieur, je ne connais pas les hommes qui étaient avec moi dans le café. C'étaient des marchands de bestiaux avec lesquels je réglais des comptes. Je leur fis donner de la liqueur, mais je n'en pris pas.

Colard. — Pour moi, depuis que je suis à Rodez, je n'ai pas mis le pied dans un café.

M. le Président au témoin. — Les vîtes-vous boire ensemble ?

Le témoin.— Non, Monsieur, mais ils avaient trois verres.

M. le Président — Vous affirmez bien que vous reconnaissez Bach et Colard pour les deux hommes qui étaient avec Bastide ?

Le témoin. — Oui, M. le président, j'affirme, et plusieurs personnes pourraient vous donner la même assurance.

Bastide. — Alors il faut, M. de Parlan, nommer les personnes que vous voulez faire appeler ; c'est bien plus simple.

M. le Président. — Vous ne devez pas parler au témoin.

M. de Parlan. — Je ne répondrai point à Bastide, je ne répondrai qu'à la cour. Mon frère, par exemple, pourrait déposer du même fait que moi....

Colard, interrompant le témoin. — M. le président, demandez à Monsieur comment j'étais habillé.

M. le président répète la question.

Le témoin. — Comme je ne m'attendais pas à voir *ces messieurs* sur le *fauteuil*, je n'y ai pas fait attention ; (regardant Colard) mais je crois que Colard était habillé comme à présent, c'est toujours *fort à peu près la même chose.*

Colard. — Demandez un peu à M. de Parlan, où est le café Ferrand? Pour moi, je ne le connais pas ; et je ne sais où il est.

M. le président. — Bach, vous avez déclaré que vous étiez à Rodez, le 17 ?

Bach. — Je suis arrivé à Rodez le 17 au soir.

Colard. — M. Parlan, si vous affirmez à la justice que vous m'avez vu dans le café, vous n'êtes pas *indigne.*

Bastide. — Veuillez bien demander, M. le président, au témoin, pourquoi il n'a pas pris part aux débats de Rodez.

M. de Parlan. — Je n'ai pas cru *bénévole* de venir témoigner lorsqu'on ne m'a pas appelé ; mais après la condamnation, on ne croyait pas que l'arrêt fût cassé, on *gazouillait* ; j'ai fait comme tout le monde, j'ai dit ce que je savais, et me voilà.

Bastide. — M. de Parlan sera forcé de convenir que j'avais des relations très-rares avec lui.

M. le président au témoin. — Vous ne disconvenez pas de cela.

M. de Parlan. — Oh ! non, Monsieur, *au contraire.*

La déposition d'un garçon du café Ferrand, nommé Labro, qu'on croyait d'abord fort peu importante, a engagé un débat extrêmement intéressant. Il a déclaré qu'il reconnaissait Bastide, Colard et Bach, les avait vus boire ensemble chez son maître, qu'il les avait servis lui-même.

M. le président à Bach. — Puisque vous étiez à Rodez le 17, racontez-nous ce qui s'est fait depuis le 17 jusqu'au 19.

Bach. — Je m'en rapporte à mes interrogatoires.

M. le président. — Il faut les répéter ici.

(*Nous croyons devoir rapporter ces interrogatoires d'après leur ordre de date, et tels qu'ils ont été consignés dans les procès-verbauxdes* 19, 20, 26 *février*, *et* 4 *mars.*)

« François Bach, un des accusés, comme auteur ou complice de l'assasinat commis sur la personne du sieur Fualdès, est amené devant M. de Faydel, président de la cour d'assises du Tarn.

» Ce magistrat dit à l'accusé :

» Vous m'avez écrit ce matin une lettre par laquelle vous me priez de vous faire appeler devant moi ; vous m'y dites que vous avez quelques communications à me faire ; me voici ; je vous écoute ; faites-moi part de ces communications annoncées. — Bach répond :

» Oui, Monsieur, je vous ai écrit ; mon intention est de décharger ma conscience, en vous racontant les circonstances de l'événement qui m'a conduit devant la justice. Voici ce que j'ai à vous dire :

» Dans les premiers jours de mars 1817, je fis viser mon passeport à Toulouse. Je partis de cette ville pour me rendre à Montauban ; de là je fus à Monclar, et le lendemain je me dirigeai sur Albi, où j'arrivai le dimanche 16 mars. J'en partis le même jour, pour me rendre à Rodez ; je couchai dans un village en route, et j'arrivai à Rodez le lundi 17 dudit mois, jour de foire. Vers les six heures du soir, je me rendis à l'auberge de Girac : nous avions servi ensemble ; j'étais sûr qu'il m'accueillerait avec plaisir. Dans cette auberge, je fis la rencontre de Bousquier ; il y buvait une bouteille de vin avec sa femme. Il y avait encore quelques autres personnes qui jouaient ; je restai à les voir jouer toute la nuit. Bousquier et sa femme se retirèrent environ à minuit. Avant la sortie de Bousquier, je m'étais entretenu avec Girac du tabac de contrebande que j'achetais et que je revendais. Girac dit à Bousquier : Voilà un homme (en me désignant) qui pourra vous employer quelquefois à transporter quelques balles de tabac. Je répondis alors que, dès que Bousquier était portefaix, je l'emploierais de préférence, et que j'irais même le prendre chez lui quand le cas se présenterait.

» Je fus chez Bousquier deux ou trois fois dans les journées des 18 et 19 mars. Dans la matinée du 19, un homme assez bien mis, qui disait être du côté de Cahors, et que je ne connaissais pas, me proposa de lui acheter du tabac de contrebande. Je lui répondis que je l'achèterais, et nous nous donnâmes rendez-vous vers les huit heures du soir sur la place de Cité, vis-à-vis la maison Bruguière : là il devait m'indiquer le lieu où le tabac était caché. Ne pouvant moi-même, et sans aide, transporter la balle, à raison d'une blessure que j'avais à une jambe, je fus à sept heures et demie joindre Bousquier, pour m'aider dans ce transport. Nous fûmes boire ensemble chez Rose Feral, où nous trouvâmes Colard et Missonnier qui y buvaient aussi ensemble. Je m'entretins un instant avec Colard ; son accent étranger fixa mon attention : j'imaginai qu'il avait été militaire ; (c'était vrai) il me dit avoir servi dans un bataillon du train. Nous parlâmes de la bataille de Cadix, à laquelle il disait avoir pris part : je lui dis que c'était apparemment en conduisant sa charette : la conversation finit à ce point. A huit heures, je me rendis au lieu indiqué, où je trouvai l'inconnu; il me conduisit dans la rue des Hebdomadiers, vis-à-vis la maison Bancal ; il m'en désigna la porte, en me disant : « Tu frapperas là trois coups ; à ce signe on t'ouvrira, et tu prendras la balle. »

» Je fus rejoindre Bousquier chez Rose Feral ; je bus un coup ; Colard et Missonnier sortirent en ce moment du cabaret : je ressortis moi-même après eux, pour aller chez Martin payer un écot de dix-huit sous, et reprendre mon portefeuille, que j'avais laissé en ses mains ; il me le donna et retint mon passeport. Je rentrai encore chez Rose Feral. A dix heures, je sortis avec Bousquier, et nous nous rendîmes chez Bancal. Là, près de la porte, je trouvai deux ou trois individus bien mis. Je frappai trois coups : une vieille femme vint m'ouvrir; je l'ai reconnue depuis pour être la femme Bancal. Bousquier et moi entrâmes dans un corridor. A quelques pas de la porte, et à droite, il y avait une autre porte ouverte, où nous entrâmes. Parvenus dans un local qui me parut être une cuisine, nous y trouvâmes plusieurs personnes rassemblées. J'y vis deux *Messieurs*, que j'ai reconnus depuis être *Bastide-Gramont* et *Jausion;* il y avait aussi *Missonnier*, *Bancal* et *Colard*. J'y vis encore trois femmes, une vieille et deux jeunes : la vieille est *la femme Bancal* dont j'ai parlé plus haut. Je ne connus pas les deux jeunes; une d'elles, qui parlait avec Bastide lorsque nous entrâmes, me parut blonde, petite et bien faite; l'autre me parut plus âgée et plus grande que la blonde dont je viens de parler. En entrant, Bousquier me demanda où était la balle de tabac. Je répétai cette question, en m'adressant aux individus réunis dans ce local. Alors Bastide prit la parole. « Ce n'est point une balle de tabac, me dit-il, c'est un corps mort qu'il faut que vous nous aidiez à porter. Bousquier et moi fîmes un mouvement pour nous retirer; mais aussitôt Bastide, que je ne connaissais pas avant, mais que j'ai reconnu aux débats de Rodez pour être le même que j'ai vu chez Bancal dans la soirée du 19, Bastide me porta le canon de son fusil sur la poitrine en me disant : *Si tu bouges, tu es mort.* Jausion tenait aussi un fusil à ses côtés; mais je ne me rappelle pas s'il le tourna contre nous. Je dis *Jausion*, parce que non-seulement je l'ai reconnu pour être aussi le même que celui qui était chez Bancal, mais encore parce que Bastide lui dit : *Et toi, Jausion, tu ne fais rien ?* A quoi celui-ci répondit : *Que veux-tu que je fasse ? tu en fais bien assez.* Le corps mort dont parla Bastide était étendu sur une table, enveloppé d'une couverture de laine, attachée avec une corde; il reposait sur deux barres. Bastide donna le signal du départ, et le cortége fut disposé dans cet ordre : Colard et Bancal prirent la barre sur le devant; Bousquier et moi la prîmes sur le derrière. Le cortège sortit : Bastide le précédait, armé d'un fusil à deux coups qu'il portait sous l'aisselle, le canon tourné vers la terre ; Jansion aussi armé d'un fusil, que lui Bach croit être simple, resta sur le derrière; Missonnier marchait à côté du cortège, portant un petit bâton à la main.

(*La suite à la prochaine livraison.*)

» Nous longeâmes la rue des Hebdomadiers, dans la direction de celle du Terral; nous tournâmes à droite, et sortîmes de la ville, en passant sous le portail de la préfecture : nous tournâmes encore à droite et prîmes le boulevart d'Estourmel. Je m'aperçus qu'il arrivait sur nous un homme et une femme portant une lanterne. Bastide alors dirigea le cortége dans un coin ou cul-de-sac dont le nom n'est pas présent à ma mémoire : là nous déposâmes notre fardeau : Bastide et un des individus qui portaient le cadavre sur le devant, s'avancèrent jusque sur le boulevart, en se dirigeant vers le portail de la préfecture; il ne s'écoula qu'environ dix ou douze minutes, entre leur aller et leur retour, après quoi nous repartîmes dans le même ordre.

» Arrivés aux arbres de l'Ambergue, nous prîmes le chemin qui conduit au moulin de Laguioule; nous passâmes par le pré de Capoulade; nous en suivîmes les sinuosités, et prîmes la direction du chemin de Laguioule. Arrivés à l'endroit où le sentier que nous avions parcouru se joint avec ce vieux chemin, et tout près d'un rocher où il existe une pente très-rapide, le cortége s'arrêta : Colard et Bancal prirent le cadavre à eux deux, et le transportèrent ainsi jusqu'à ce vieux chemin de Laguioule. Là, je crois, nous reprîmes le cadavre à quatre, et après avoir parcouru ce chemin environ trente pas, nous franchîmes une muraille; nous prîmes ensuite la direction des Besses; enfin, pour arriver encore à ce chemin, il fallut franchir une autre muraille. Arrivés à une chaussée voisine d'un petit champ et d'une vieille masure située près du rivage, Bastide s'arrêta : le cadavre fut déposé à terre; Bancal et Collard s'occupèrent à délier les cordes; ils retirèrent la couverture, et jetèrent le cadavre à la rivière : après quoi Bastide s'approcha de chacun de nous, et nous fit faire le serment de ne rien dire, nous annonçant que si nous parlions, nous péririons tous. Bastide et Jausion reprirent par le chemin de Laguioule; Missonnier, Bancal et Colard prirent le chemin par où nous étions descendus; Bousquier et moi nous nous dirigeâmes par le chemin du Monastère. »

Sur quelques interpellations faites à l'accusé par M. le Président, Bach a déclaré : lorsque nous passâmes sous le portail de la Préfecture, je vis sur la porte de sa maison la femme Delmas que je connais depuis long-temps : Bastide fit un mouvement vers cette femme, pour l'obliger à rentrer chez elle. Lorsque nous entrâmes dans le coin ou cul-de-sac dont j'ai parlé, j'entendis un individu passer sur le boulevard d'Estourmel, et prononcer un f.......... prolongé. Les circonstances que je viens de vous rapporter, M. le Président, sont bien l'expression de la vérité, et je suis bien certain surtout que, lorsque nous arrivâmes, Bousquier et moi, chez Bancal, je vis sur le devant de la porte de sa maison deux ou trois individus assez bien mis, qui me parurent des messieurs, et non des gens du commun.

» Le lendemain, 20 février, Bach a ajouté :

« Hier j'avais oublié de vous dire que lorsque j'entrai dans la maison Bancal avec Bousquier, et que Bastide-Grammont me porta le canon de son fusil sur la poitrine, Bancal s'approcha de moi, me frappa sur l'épaule, et me mit dans la main quatre écus de 5 fr., que je partageai ensuite avec Bousquier. Je dois ajouter encore que lorsque le cortège fut arrivé dans le chemin qui se trouve sous les arbres de l'Ambergue, et après avoir franchi le petit mur de soutènement qui sépare le chemin du pré de Capoulade, j'entendis Bastide dire, en s'adressant à l'individu qui suivait le cortége, lequel avait fait une chûte : *Jausion, tu tombes ; as-tu peur ? du courage ; sois sans crainte.* A quoi Jausion répondit : *Non, je n'ai pas peur.* J'ajoute encore que la jeune fille que j'ai désignée dans mon précédent interrogatoire, et avec laquelle Bastide s'entretenait lorsque nous entrâmes chez Bancal, est, à ce que je crois, sans pouvoir pourtant l'affirmer, Charlotte Arlabosse, fille que je connaissais de vue bien avant l'assassinat. Enfin, je dois à la vérité de dire que le 20 mars au soir, sortant de chez Lacombe, je rencontrai Bancal au fond du faubourg ; il vint à moi et me dit : Je suis chargé de la part de Bastide de te renouveler l'invitation de ne pas parler de ce qui s'est passé hier. A quoi je répondis que l'on pouvait compter sur ma discrétion, si je n'étais pas arrêté. Bancal continua à m'entretenir. Arrivés sur la place d'armes, et non loin de la cathédrale, il me dit encore : La semaine prochaine il y a un bon coup à faire ; c'est dans une maison voisine de l'endroit où nous nous trouvons : Bastide-Grammont, ses neveux, Colard, les fils de Laqneilhe du Mur-des-Barrés et moi devons être de la partie. Il me pressa beaucoup de me joindre à eux pour cette expédition, m'assurant que j'en retirerais de grands profits, et que je n'avais rien à craindre. Je rejetai les propositions de Bancal ; je lui dis que je m'étais déjà trop compromis ; que mon intention n'était pas de m'exposer encore, et qu'ils pouvaient sans moi arranger leurs affaires comme bon leur semblerait. »

» Le 26 février, Bax, amené de nouveau devant M. le président Faydel, a dit ce qui suit :

» Le 19 mars, vers neuf heures du matin, un homme de 33 à 34 ans, d'une taille de 5 pieds 5 pouces, ayant les cheveux noirs et attachés avec un ruban, se disant de Cahors, et paraissant, au contraire, à son accent patois, être du Rouergue, m'accoste et me demande *si* je ne vends pas du tabac de contrebande. Etonné de la question, et, dans la crainte que ce fût un employé des impôts indirects, je lui répondis que *non*. Il me proposa alors de lui en acheter : il me dit en avoir environ un quintal et demi à vendre. Je répondis que si le prix me convenait, ainsi que la qualité, j'en ferais volontiers l'achat. Nous nous retrouverons plus tard, me dit-il; nous règlerons cette affaire; et il me quitta. Ce premier entretien eut lieu sur la place de Cité. De mon côté, je me rendis, avec un de mes amis, dans le cabaret de Mazars; nous bûmes bouteille, et je n'en sortis que vers onze heures. En traversant la place du Bourg, je rencontrai, pour la seconde fois, l'individu que j'ai signalé plus haut. Il vint à moi; il paraissait pressé; il me reparla du tabac, et de la vente qu'il voulait m'en faire. Je me rendis au foiral : j'y restai environ trois quarts d'heure. Je rentrais en ville par la rue du Terral, lorsque je rencontrai, pour la troisième fois, le particulier dont j'ai parlé : cette fois-là, il était à la compagnie d'un sieur *René*, que je désigne ainsi, parce que je l'avais vu plusieurs fois sur la place de Cité, et qu'il m'avait paru remarquable par sa tournure et par ses belles formes; particularité qui me détermina à demander son nom. Il me parut âgé de 44 à 45 ans, de la même taille que le précédent, mais plus gros; ses cheveux sont bruns et coupés. L'inconnu devint plus pressant pour m'engager à faire l'achat du tabac. J'hésitai, parce que la montre qu'il m'en offrait paraissait du tabac de bureau, et non pas de contrebande. Je remarquai que la personne avec laquelle était l'inconnu, rôdait à quelque distance autour de nous, et que de tems en tems mon marchand de tabac allait l'entretenir, et puis revenait à moi. Enfin j'acceptai la proposition, et il fut convenu d'un rendez-vous pour huit heures du soir dans la même journée : le lieu fut indiqué sur la place de Cité, en face de la maison Bruguière. En me référant à ce que j'ai dit dans mes précédens interrogatoires, quant à ce qui se serait passé depuis 8 heures du soir que j'entendis sonner de chez Rose Féral, jusqu'à 10 heures, je dois ajouter deux faits dont je me suis rappelé depuis, et que j'avais négligé de vous révéler lors de ma comparution devant vous, les 19 et 20 février courant. Le premier consiste à déclarer que, lorsque je sortis, après huit heures, du cabaret de Rose Feral, pour aller chez Martin, je vis le nommé René et l'inconnu qui se promenaient ensemble, depuis la maison Gransac, jusqu'à celle de la dame Costes. Et quant au second fait, je me rappelle qu'au moment où je frappai à la porte de la maison Bancal, étant avec Bousquier, je vis adossé au montant de la porte, en entrant et à droite, un individu habillé d'une redingote grise, qui me parut être Bessière-Veynac, neveu de Bastide. Je ne doutai plus que ce ne fût lui, lorsqu'étant dans la cuisine Bancal, et au moment où le cortège allait sortir, j'entendis Bastide-Grammont dire : « Où est donc mon neveu Bessière ? » A quoi il lui fut répondu par Bancal ou Jausion, je ne sais lequel des deux : « Il est par-là. »

» Le 4 mars l'accusé Bach dit encore :

« Je dois rectifier certains points de révélations que je vous ai faites dans mes précédens interrogatoires. Je vous ai dit que c'était après huit heures du soir, le 19 mars, que j'avais été chez Martin, pour lui payer un écot, c'est une erreur.

» Je m'étais rendu chez ce particulier vers les sept heures, et aussitôt après que Bousquier m'eût prêté les 24 sous dont ce dernier a parlé. Ce fut une demi-heure après que je rejoignis Bousquier chez Rose Feral; il m'avait averti qu'il allait faire tirer du vin et parler à Palayret, qui, disait-il, lui devait quelque argent. J'avais déclaré aussi que je n'avais point paru dans la maison Bancal, le 19 mars au soir, depuis huit heures jusqu'à dix: ce fait n'est pas exact. Ce que je vais révéler me portera peut-être préjudice, mais la vérité l'emporte. Je ne veux rien cacher à la justice; je veux lui faire connaître, autant qu'il est en moi, les faits et circonstances qui se rattachent à l'assassinat du sieur Fualdès. Voici donc comme les choses se sont passées. J'ai déclaré dans mon interrogatoire du 19 février, qu'à huit heures sonnantes je fus joindre le marchand de tabac au coin de la place de la Cité, vis-à-vis la maison Bruguière. Je répète qu'il me conduisit dans la rue des Hebdomadiers, vis-à-vis la maison Bancal. Il m'indiqua la manière dont je devais frapper à la porte afin qu'elle fût ouverte. Cela fait, nous nous séparâmes; je retournai chez Rose Feral, joindre Bousquier: j'y trouvai encore Collard et Missonnier, qui sortirent presque immédiatement. Je bus un coup, et je sortis moi-même après eux. Je me rappelle que je fus acheter du tabac à fumer chez la femme Anduze, au fond de l'Ambergue. En passant sur la place de Cité, je vis le nommé René et mon marchand de tabac qui s'y promenaient. A neuf heures moins un quart, désirant connaître la marchandise dont on m'avait proposé l'achat, je dois à la vérité de dire que je me rendis chez Bancal. Chemin faisant, je rencontrai plusieurs personnes que je ne connus point; arrivé devant la porte Bancal, je frappai trois coups, ainsi qu'il m'avait été recommandé. L'individu qui ouvrit était le marchand de tabac; il me dit en entrant que la balle de tabac n'était pas prête; il m'invita à attendre un moment. Nous parcourûmes ensemble un corridor qui conduit dans une cour. Le marchand de tabac me fit entrer dans une cuisine; il y avait, indépendamment de l'individu qui m'introduisait, quatre autres messieurs; savoir: Bastide, Jausion, Bessière-Vaynac, et l'individu que j'ai désigné sous le nom de René: Bancal, Collard et les trois femmes dont j'ai parlé y étaient aussi. Je ne m'aperçus pas, dans ce moment, que Missonnier fût présent. Je vis un cadavre étendu sur une table, tourné sur le côté, et en face d'un lit placé à gauche en entrant dans la cuisine; il était vêtu d'une redingote de couleur sombre, d'un pantalon étroit; il avait des bas noirs. J'aperçus aussi un baquet, mais j'ignore ce qu'il contenait. Les individus dont j'ai parlé étaient autour de cette table. L'un d'eux (je ne peux désigner lequel) fouillait les poches des vêtemens dont le cadavre était habillé; il en retira une clef qu'il remit à Bastide, en lui disant: *Tiens, va chercher le tout.* On en retira encore trois pièces de 5 francs et quelque peu de monnaie, que l'on donna à la femme Bancal, en lui disant: *Nous ne tuons pas cet homme pour son ar-*

gent. Cette femme voulait qu'on lui laissât prendre la chemise que portait le cadavre. Bastide s'y opposa, observant que cela pourrait les compromettre, et je vis de suite ôter du doigt du mort une bague qu'il donna à la femme Bancal. Dans le moment Bastide demanda à la femme Bancal s'il y avait quelqu'un de caché dans la maison; je n'entendis pas la réponse qu'on lui fit, et je sortis. Je dois dire qu'avant de quitter la maison Bancal, on m'avait annoncé que la balle de tabac dont on avait parlé, n'était autre chose que le cadavre que je venais de voir, et au transport duquel on voulait m'employer. L'on m'invita à aller chercher Bousquier, et voici les précautions que l'on prit. Le marchand de tabac, René et Bessière-Vaynac m'accompagnaient : ils me dirent, chemin faisant, que si je ne me rendais pas directement chez Rose Feral, que je fisse le moindre mouvement pour fuir, soit vers la porte de la préfecture, de la place de Cité, ou du coin de Françon de Valat, j'étais mort : ils m'escortèrent ainsi jusque chez Rose Feral, d'où je sortis avec Bousquier vers dix heures.

» Je remarquai, dans le trajet dudit cabaret, jusqu'à la maison Bancal, que nous étions surveillés par les mêmes individus ; je remarquai aussi qu'ils nous précédaient, et arrivèrent avant nous sur la porte de la maison Bancal. Pour le surplus, je m'en réfère à mes interrogatoires des 19, 20 et 26 février dernier.

» Bastide-Grammont était vêtu d'un habit de couleur bleue : j'ignore s'il portait des bottes ou des souliers : je sais seulement qu'il faisait grand bruit en marchant.

» Jausion portait une redingote bleue, et un pantalon qui me parut gris.

» Bessière-Vaynac portait une redingote semblable à celle que j'ai vue à l'accusé Jausion, pendant son voyage de Rodez à Albi.

» Le *René* portait une redingote fond vert d'un beau drap.

» Le marchand de tabac portait une veste qui me parut de couleur verte, un gilet en laine moucheté rouge et bleu, un pantalon gris.

» Ces cinq individus avaient chacun un chapeau rond. »

M. le Président : Combien y avait-il de femmes dans la cuisine de Bancal ?

Bach : Trois ; j'avais pensé d'abord que l'une d'elles était Charlotte Arlabosse, mais j'ai été confronté avec cette fille, et soit que ses traits soient changés, soit que je me sois trompé en la désignant, je ne l'ai pas reconnue.

M. le président : Anne Benoit n'était-elle pas l'autre femme ?

Bach : Je ne l'ai pas vue ; les deux autres femmes, comme je l'ai dit précédemment, me tournaient le dos.

Jausion : Je vous prie, M. le président, de demander au témoin s'il me connaissait avant le procès.

Bach, avec énergie : J'ai dit la vérité, je vous ai entendu nommer deux fois dans la soirée du 19 mars. Je vous ai parfaitement reconnu. Je ne cherche pas à sauver ma vie, la mort ne m'effraie pas ; je voudrais qu'elle eût déjà terminé tous mes maux. Un père et une mère sexagénaires que mon silence avait réduits au désespoir, sont les seules causes qui m'ont engagé à tout dévoiler à la justice.

Jausion : Vous savez, M. le président, que je vous ai écrit avant de savoir si Bach avait parlé ou non. Je vous priais de l'interroger, d'employer tous les moyens que vous donnent et vos lumières et votre ministère pour arracher la vérité de son sein. Si j'avais craint quelque chose de ses aveux, me serais-je déterminé à les provoquer? Je ne le sais que trop, mes malheurs je les dois à des ennemis qui en veulent et à ma tête et à ma fortune.

Bastide, voulant calmer Jausion, qui s'est un peu emporté : Eh! mon Dieu, laissons cela : tout s'éclaircira, patience. (Mme Manson, qui avait la tête appuyée sur ses mains, se relève et regarde Bastide d'un air étonné.)

M. le président : Vous, Bastide, qu'avez-vous à répondre?

Bastide : Que voulez-vous que je réponde à un misérable qui se livre à tuer un homme pour 20 fr.? Je veux cependant lui faire une question : En allant à l'Aveyron, avez-vous suivi longtems le rivage, ou avez-vous jeté le cadavre de suite dans la rivière?

Bach : Vous savez bien, Monsieur, que vous avez fait arrêter le cortège au Petit-Champ, et que Bançal a jeté le cadavre dans la rivière.

Bastide : Cette réponse, je ne la trouve pas *satisfaisante*. Je veux savoir si vous avez jeté le cadavre sans marcher le long de la rivière.

Bach : On l'a jeté quand nous avons été arrivés.

Pour l'intelligence de ce dialogue, il faut savoir que Bousquier, dans sa déposition, a dit qu'on avait suivi le rivage environ cent cinquante pas avant de précipiter le corps de la victime dans l'Aveyron.

Bastide : Je veux faire voir que deux menteurs ne se rencontrent jamais.

M. le conseiller Pinaud : Messieurs les jurés, je voudrais qu'on fît expliquer Bach sur les questions suivantes : Pourquoi, à l'époque des premiers débats, lorsque Bousquier fit des révélations, qu'il ne fut condamné qu'à un an de prison, Bach souffrit-il que Bousquier lui fît jouer le rôle le plus criminel? Pourquoi laissa-t-il Bousquier soutenir, en pleine audience, qu'il avait été embauché pour lui? Pourquoi s'est-il laissé condamner à mort, lui qui est innocent, et qui n'avait qu'à parler, pour se sauver? Un homme peut mépriser la vie, mais il cherche au moins à ne pas la perdre sur un échafaud.

Bach : Je croyais sortir d'affaire différemment; et par humanité, je n'ai pas voulu parler.

Bastide : N'avez-vous pas dit, dans la prison : Il n'y aura que moi et Bousquier de condamnés?

Bach (avec beaucoup de force) : Comment voulez-vous que j'aie dit cela, M. Bastide? Vous, qui avez mille témoins qui vous chargent; vous, qui êtes le plus coupable; vous, qui avez pris la clef pour aller tout prendre. Pouvais-je penser que je serais condamné sans vous ?

M. le président : Répétez-nous, Bach, comment était organisé le cortège ?

Bach : Moi, Bousquier, Colard et Bancal, nous portions le corps. Bastide marchait en tête, Jausion suivait, et Missonnier, une petite canne sous le bras, venait à côté du cortège. (Missonnier rit toutes les fois qu'il est question de lui).

Jausion : Comment étais-je habillé? Puisque vous m'avez vu, vous devez le savoir ?

Bach : Vous aviez une redingote bleue et un pantalon gris.

Jausion : Quelle route ai-je prise après avoir précipité le cadavre ?

Bastide (qui semble diriger la défense, à Jausion) : Ce n'est pas encore l'instant de parler de cela. Attendons, tout s'arrangera.

M. le conseiller Pinaud : Votre père est-il allé vous voir en prison ?

Bach : Non, Monsieur.

M. le conseiller : Quelle est donc la raison qui a pu vous empêcher de faire, à Rodez, les révélations que vous faites maintenant ?

Bach : Je ne voulais pas faire condamner mes co-accusés.

M. le conseiller : Votre raison est fort mauvaise, car lorsqu'ils ont été condamnés à mort, il n'y avait plus rien à risquer. On conçoit que, par une générosité mal entendue, vous avez voulu les ménager pendant les débats, mais une fois condamnés, votre générosité ne servait plus à rien.

Jausion : Pourquoi lorsqu'après l'arrêt je l'ai sommé publiquement de dire toute la vérité, n'a-t-il point parlé? Je l'ai même fait interpeller par M. le président. Il a été sourd à toutes mes instances.

Bach : Vous ne m'avez rien dit.

Jausion furieux : Je ne vous ai rien dit! Deux cents témoins peuvent le prouver ?

M. le conseiller Pinaud : C'est un point assez important pour qu'il mérite d'être éclairci. Bach nie que Jausion l'ait sommé de dire la vérité; mais il y a au barreau des avocats qui assistaient aux assises de Rodez ; on peut les interroger.

M. le procureur-général : Il est facile de reconnaître que ces interpellations d'accusé à accusé forment un système lié. Ils savent bien que personne ne parlera. La partie entre eux est si bien engagée, qu'Anne Benoît disait, quelque tems avant l'ouverture des débats, que le défenseur de Bastide était chargé de lui trouver un avocat.

M. Romiguières : Je dois répondre à ce que dit M. le procureur-général par quelques observations. D'abord il est difficile qu'il y ait un système lié entre des accusés qui, depuis un an, sont séparés les uns des autres ; et il est difficile de penser que M. le procureur-général ait voulu dire que le système s'était lié par les avocats.

M. Dubernard : Vous venez de l'entendre......

M. Romiguières continuant : Je suis avocat à la cour royale de Toulouse ; j'ai un jeune confrère qui annonce déjà beaucoup de talent. Il avait un vif désir d'assister aux débats de ce procès, mais il désirait aussi y assister d'une manière utile, et il m'avait engagé à le faire nommer d'office pour quelques-uns des accusés.

M. le conseiller Pinaud : Je crois qu'il y a partie liée entre les accusés seulement ; puisque M. le procureur-général le dit, il doit en avoir la preuve ; je le crois pour tout le tems des débats ; mais après l'arrêt l'association cesse, et l'on ne fait pas la partie de se faire condamner à mort......

M. le procureur-général : Ceci est de la discussion.

M. le conseiller : Personne, je crois, ne veut m'empêcher de motiver mes demandes. Je prie M. le président d'interpeller les membres du barreau, afin de savoir si Jausion a interrogé Bach publiquement.

M. Fualdès : La révélation de Bach devait amener les débats dans lesquels nous nous sommes peut-être trop engagés. Si Bach faisait tout-à-fait son devoir, il nous dirait toute la vérité, et il pourrait, s'il était dans une position aussi honorable que l'honnête Brast, s'écrier comme lui : *Ce que l'on ne fait pas un jour on peut le faire l'autre.*

M. le président, en vertu du pouvoir discrétionnaire que la loi lui confie, interroge deux personnes qui se trouvent dans l'auditoire et qui assistaient au jugement de Rodez. Ces témoins assurent l'un et l'autre qu'après l'arrêt de mort, Jausion désespéré suppliait la Bancal et Bach de dire s'ils l'avaient vu dans la soirée du 19 mars.

M. Tajan, avocat de M. Fualdès : Comme il faut que les accusés aient toute latitude dans leur défense, et que nous pouvons leur faire beaucoup de concessions, je ne m'oppose point à ce que l'on entende les avocats présens aux assises de Rodez.

M. le procureur-général : Je m'y oppose.

La cour, après en avoir délibéré, attendu qu'elle cherche par-dessus tout, la manifestation de la vérité, ordonne que les avocats soient entendus.

M.e Grandet : Après que l'arrêt de condamnation fut prononcé, je m'approchai des accusés. J'entendis Jausion dire à Bax : « Vous devez savoir ce qui s'est passé chez Bancal ; dites la vérité. » Bax fit un geste pour indiquer qu'il ne savait rien.

Le sieur *Jean*, 57e témoin. — J'étais aux Capucins avec Bax ; ce dernier me dit qu'il ne craignait pas la mort ; qu'on avait été le chercher pour porter une balle de tabac, et qu'on lui avait donné 15 fr. Bastide, qui était avec moi dans la même prison, me dit un jour que, sans Jausion, « madame Manson ne déposerait pas contre lui ; qu'elle ne serait plus en vie. »

M. le président invite madame Manson à dire ce qu'elle sait de l'assassinat de M. Fualdès.

Madame Manson : Dans la soirée du 19 mars, à huit heures un quart, je passais dans la rue des Hebdomadiers ; j'entendis du bruit ; j'entrai dans une maison que je trouvai ouverte : j'ai su depuis que c'était la maison Bancal. Je fus poussée *par quelqu'un* dans un cabinet : j'entendis du tumulte ; la frayeur me causa un évanouissement. Quand je revins à moi, le bruit avait redoublé : il me sembla qu'on traînait quelqu'un de force ; j'entendis parler, mais confusément, et sans distinguer les voix.

(Ici, madame Manson, dont on avait recueilli la déposition dans un religieux silence, tombe évanouie..... Ayant repris ses sens, elle continue ainsi son récit, d'après l'invitation de M. le président :)

J'entendis des gémissemens, des cris étouffés ; le sang coulait dans un baquet *comme une fontaine ;* je compris qu'on égorgeait quelqu'un ; je craignis pour ma vie. Je tâchai d'ouvrir une fenêtre qui était dans le cabinet ; je me donnai un coup qui occasionna une hémorrhagie abondante ; je m'évanouis encore. *Un homme* vint bientôt me chercher, et me conduisit sur la place de Cité. Il me demanda d'où je venais : je répondis que je n'en savais rien. — Me connaissez-vous, ajouta-t-il ? — Non, lui répondis-je. — Il me quitta un moment, et j'allai frapper chez Victoire pour passer le reste de la nuit avec elle. N'ayant pu me faire entendre, je retournai sur mes pas, et le *même homme* me suivit ; il me répéta sa dernière question ; et j'y fis la même réponse, en ajoutant que *je ne désirais pas le connaître.*

M. le président : Un témoin vient de déclarer qu'il a entendu dire à Bastide, que, si Jausion avait voulu le croire, vous n'existeriez plus.

Mme. Manson : Bastide a dit cela : je ne le contredis pas.

M. le procureur-général : C'est ici l'occasion de faire connaître à la cour et au public les moyens employés pour corrompre les témoins : ces efforts ont été aussi dirigés contre madame Manson ; mais elle a refusé les offres qui lui ont été faites ; on a cherché ensuite à l'intimider ; on l'a alarmée sur le compte de son fils.

Je dois rendre compte de deux procès-verbaux, l'un du 23 février dernier, l'autre du 29 du courant. Il résulte du premier que madame Manson, se promenant dans le jardin de la prison, a trouvé un billet ainsi conçu : « Tu as parlé ; mais tremble encore ; ils ne sont pas tous dans les fers : nous saurons t'atteindre tôt ou tard ; tu périras, toi et ton fils, par le fer ou par le poison. La mort vous attend tous deux. »

Mme. Manson écrivit à M. le président : « Ma vie est menacée ; on en veut à mes jours et à ceux de mon enfant. Les machinateurs ont trouvé le moyen de parvenir jusqu'à moi ; j'ai reçu une horrible lettre ; je la remets entre vos mains, afin que vous en fassiez l'usage que vous jugerez le plus convenable pour notre sûreté et pour les intérêts de la justice. Nous nous mettons, mon fils et moi, sous la sauvegarde des lois. Daignez agréer, etc. »

M. le président a donné acte à Mme Manson des déclarations

qu'elle lui faisait, et ordonné que la lettre anonyme serait jointe à la procédure.

Le second procès-verbal constate un fait semblable au premier. Mme Manson écrit au président : « Mes jours sont menacés ; je périrai quelque jour victime des assassins de M. Fualdès. » Elle lui remet en même tems un billet ainsi conçu, qu'on a glissé dans la chaise à porteur qui la transporte de la prison au palais :

« Ecoute un dernier avis, tais-toi. Le jour où tu déposeras sera le dernier pour toi et pour ton fils : dis que le président t'a menacée ; souviens-toi de tes sermens et de ton fils.... le fer est prêt, tu périras. »

Vous le voyez (continue M. le procureur-général), c'est encore du sang qu'il faut aux assassins de M. Fualdès. Rassurez-vous, madame, les lois vous protègent : les noms des assassins qui vous menacent sont connus ; ils répondent de votre vie sur leurs têtes. Dites ce que vous savez, au nom de ce Dieu que vous voyez devant vous, au nom de la plus tendre des mères. La justice vous écoute, vous avez acquis une triste et déplorable célébrité ; sachez l'honorer : daignez achever votre déposition.

Mme Manson : Il y avait beaucoup de monde dans la maison Bancal, je ne reconnus personne.

M. le président : Traversâtes-vous la cuisine ?

Mme Manson : Oui ; je n'aperçus rien sur la table ; la lampe éclairait faiblement. Quand je sortis, il y avait peu de monde ; on parlait bas, et je n'entendis rien. *J'étais habillée en homme ;* je portais un pantalon bleu ; je l'ai brûlé, parce qu'il était teint du sang que j'avais perdu : *je n'ai prêté aucun serment.*

M. le président : Comment savez-vous qu'il y avait du sang dans le baquet ?

Mme Manson : Parce que j'avais entendu des gémissemens qui me firent penser qu'on égorgeait quelqu'un

M. le président : Celui qui vous conduisit était-il jeune ? comment était-il habillé ?

Mme Manson : Je n'en sais rien ; je ne fus pas curieuse, je ne le regardai pas.

M. le président : La loi et les magistrats veillent sur vous ; Clarisse, parlez.

Mme Manson : Je ne sais plus rien.

M. le président demande à la femme Bancal ce qui se passa le 19 mars au soir.

La femme Bancal : Le soir, à sept heures et demie, le meunier apporta la farine ; j'allai au four, et de là à l'auberge où était ma fille ; je revins chez moi, *fis faire la prière à mes enfans*, et les mis au lit. Je dis à Anne Benoît de ne pas fermer la porte, parce que ma fille devait venir coucher à la maison. Je me mis au lit. Quelque tems après, craignant qu'on ne me volât quelque chose, j'allai fermer la porte, et me remis au lit.

M. le président : N'avez-vous pas vu quelqu'un qui entraînait une dame ?

La femme Bancal : Je n'ai jamais vu Mme Manson. J'atteste

devant Dieu et la justice qu'elle ne sait rien, qu'elle n'a rien vu, et ne peut pas dire ce qu'elle ne sait pas.

La femme Bancal déclare aussi qu'elle ne vit pas Colard dans cette soirée, et qu'il était brouillé avec son mari.

L'audience a été terminée par quelques dépositions de peu d'intérêt et qui ne se rattachent à aucune circonstance de l'accusation.

TRENTE-SIXIÈME LETTRE.

Albi, 1er avril 1818.

Sixième séance. — 31 mars.

Cette séance a été encore plus remarquable que la précédente, à cause des incidens qui ont eu lieu, et qui ont fait la plus profonde impression sur l'ame des nombreux spectateurs.

A l'ouverture de la séance, Bach a demandé la parole : On m'a reproché hier de n'avoir pas voulu dire la vérité lors du prononcé du jugement à Rodez. Eh bien ! en voici la raison ; c'est que j'entendis alors M. Bastide dire à M. Jausion : *Sois tranquille ; de quelque manière que cela tourne, nous ferons casser l'arrêt à Paris.*

Jausion : Non, jamais Bastide ne m'a dit cela. Il fallait dire la vérité lorsque je vous l'ai demandée.

M. Fualdès : M. le président, je vous prie de demander au témoin Fabri, si Jausion n'interpella pas alors la Bancal.

Jausion : Monsieur, je suis étonné de l'acharnement que vous mettez à me poursuivre, après ce que j'ai fait pour votre père. Pour vous, je le sais, vous voulez ma fortune et ma vie....

M. Fualdès : Ce reproche de l'accusé Jausion est bien cruel pour moi ! Eh! malheureux! ta fortune, je la méprise; je n'en veux point; garde ton or ; il est teint de sang de mon père. Il fallait lui laisser la vie, et prendre tout ce que je possède, cruel ! Mais tu étais altéré du sang de ce malheureux. Un avocat a eu un tort affreux envers moi : c'est Romiguières ; il m'a accusé, devant la cour de Rodez, d'une basse cupidité. Mais je ne viens point ici pour me récriminer. Romiguières, je vous pardonne. Je n'avais d'autre but que celui de venger mon père : jamais la cupidité n'est entrée dans mon ame. Et puisque je me trouve forcé de me justifier, je vous dirai que j'avais pour ami depuis l'enfance un jeune avocat du barreau de Paris. Il mourut dans mes bras, et me laissa, par un testament olographe, maître de toute sa fortune ; mais il avait un frère, mais il avait des sœurs que ses biens pouvaient rendre heureux : j'annullai l'acte qui m'en constituait légataire universel. Je vous ai dénoncé, Jausion, pour votre fortune ? Eh! quelle fortune vous reste-t-il donc ? n'est-il pas constant que vos parens, vos adhérens, vos partisans ont tout ravi, tout mis à l'abri de mes poursuites? Je viens remplir ici le devoir sacré que la nature a gravé dans mon cœur. Jausion a tort de prétendre que je suis acharné à sa perte; je ne veux point de sang innocent, je ne cherche que la vérité; c'est son flambeau qui m'éclaire, lorsque dans toutes les manœuvres séductrices qu'on fait jouer, j'aperçois que Jausion seul est l'objet des sollicitudes: Bastide est abandonné à l'échafaud qui l'attend..... mais la Providence veille, Jausion : nous obtiendrons toute justice.

(Pendant cette scène, tout l'auditoire éprouvait une vive émotion. Jausion paraissait accablé; Bastide regardait fièrement M. Fualdès; Mme Manson manifestait une grande agitation).

Bastide s'est levé et a dit : Oui, je sais que je suis abandonné par la partie civile, mais je......

M. le président à Jausion : Ce n'est point M. Fualdès, c'est bien vous, Jausion, qui vous êtes dénoncé. Lorsqu'on vous a demandé si vous aviez étiez chez M. Fualdès dans la matinée du 20 mars, vous avez répondu que non. Vous avez dit aussi que vous n'aviez point d'effets à M. Fualdès; le contraire a été prouvé contre vous.

M. *Fualdès* : Jausion, qui semble interroger tout le monde sur son innocence, voudra sans doute bien interpeller madame Manson de déclarer si elle l'a vu chez Bancal.

A ces mots, Jausion se retourne, cherche à cacher un trouble très-apparent, et dit à Madame Manson en affectant de rire et en adoucissant sa voix : Madame, on me charge de vous interpeller.

Madame Manson laisse tomber sa tête sur ses mains, hésite; il s'écoule entre l'interpellation et la réponse deux minutes. Le plus morne silence régne jusqu'au moment où madame Manson dit avec un soupir : Je n'ai rien à dire.

M. *Fualdès* : Je prie le jury de vouloir bien remarquer la sorte de convenance que Jausion a observée en adressant la parole à madame Manson.

M. *le Président* à madame Manson, qui parait très-agitée : Mais calmez-vous, madame, et répondez. La justice attend de vous toute la vérité : Avez-vous reconnu l'homme qui vous conduisit à l'Annonciade?

Madame Manson : Je ne puis rien dire; je n'ai pu le reconnaître. Non, je ne puis rien dire.

On introduit un nouveau témoin, la fille Bonnes, demeurant chez Bancal. Elle déclare connaître Bastide. Un jour il l'engagea à donner un rendez-vous à minuit, à M. Fualdès; mais elle refusa de donner le rendez-vous plus tard que six heures.

Bastide, d'une voix forte : Ce n'est pas vrai; je ne connais pas cette fille. M. Fualdès venait très-souvent chez moi, seul. Si j'avais voulu le tuer, nous allions souvent à la chasse, et je l'aurais tué d'un coup de fusil, et jeté dans la rivière, sans que personne s'en doutât.

Marie d'Aubusson déclare que, passant le 19 mars, dans la rue des Hebdomadiers, elle aperçut beaucoup d'hommes rassemblés à la porte de la maison Bancal. Elle entendit un cri étouffé; mais elle crut que c'était quelque fille qu'on suffoquait.

Antoine Boudou, appelé à déposer sur la moralité de Bastide, dit qu'il a été trente ans au service du père de cet accusé, et qu'il lui raconta un jour que son fils Gramont l'avait entraîné dans un cabinet et lui avait mis le pistolet sur la gorge, pour en obtenir une somme de 1800 fr.

M. le président au sieur Boudou : Que répondîtes-vous à cela?

Boudou : Je lui dis : Ah! laissez donc, il ne l'aurait pas fait. Il me répondit : Ma foi ! je ne m'y serais pas fié; c'est un malheureux, un fou.

La femme Calmels, prisonnière avec la Bancal, lui a entendu dire que M. Fualdès avait été assassiné chez elle avec un couteau qui ne coupait pas.

La Bancal : Ce n'est pas vrai.

M. Julien Bastide, autre témoin entendu, est celui qui a négocié à M. Fualdès la traite de deux mille francs, sur les effets de M. Séguret. Il avait disposé de ses fonds, et ne put en négocier pour une somme plus considérable. Bastide, qui était présent, dit à M. Fualdès : C'est égal, je vous ferai négocier cela à cinq ou six pour cent.

Me Dubernard : M. Fualdès ne dit-il pas qu'il avait des dettes à payer?

M. Julien : Il ne fut pas question de dettes; cependant M. Fualdès, à qui je proposai de l'or, me dit : Ce n'est pas nécessaire, cet argent ne me restera pas long-tems; j'ai à payer.

M. Dijols, prêtre, déclare qu'il ne sait rien touchant les auteurs ou complices de l'assassinat de M. Fualdès. Le 19 mars, Bastide vint chez lui payer quelques frais de sépulture d'une de ses tantes. Il dîna avec lui et partit à une heure de l'après-midi pour se rendre à Rodez.

M. le président : Avez-vous entendu dire que Bastide dût quelque chose à M. Fualdès?

M. Dijols : Non, Monsieur. A Rodez, on m'a fait des questions sur la moralité de M. Bastide. J'ai répondu que je le connaissais pour un honnête homme depuis qu'il était dans ma paroisse.

Bastide : Veuillez dire, Monsieur, quelle est la moralité de mes domestiques?

M. Dijols dit qu'il y a parmi eux de très-honnêtes gens, entr'autres la ménagère de la Morne, dont il répondrait.

M. le président : C'est cette femme qui affirme que Bastide a passé la soirée du 19 et la matinée du 20 mars dans le domaine. Deux cents personnes affirment le contraire, et qu'elles ont vu Bastide à Rodez. Pensez-vous qu'elles ne puissent pas combattre avec avantage la déposition de cette domestique?

Bastide prie M. Dijols de déclarer s'il n'est pas vrai qu'il est reconnu dans sa paroisse qu'il a passé toute la matinée du 20 à la Morne. M. Dijols répond que cela est reconnu parmi les domestiques de Bastide.

M. Romiguière : Veuillez bien, M. le président, demander à M. le curé si Bastide était préoccupé comme lorsqu'on a un grand projet, et s'il était gai.

M. Dijols : Il était fort gai.

M. Bernard est introduit : J'avais passé la soirée avec quelques amis, dit ce témoin ; je revins par la rue des Hebdomadiers ; j'étais au coin de Françon-Valat, lorsque tout-à-coup je reçus un coup de poing sur la tête, puis ensuite un coup de bâton. Je me sauvai Cependant j'eus le tems de reconnaître que celui qui me frappait était un homme de haute taille.

M. le président : Ces hommes étaient-ils vêtus en paysans ou en hommes d'une certaine classe?

M. Bernard : Je ne me suis pas amusé à les regarder, je vous assure, et me suis tenu pour battu.

Anne Solignac est appelée : Je vais vous raconter ce que je sais, dit cette femme, qui s'exprime en patois ; je demeure vis-à-vis la maison Bancal, qu'on peut bien appeler la maison du diable. Le jour qu'on a tué ce pauvre M. Fualdès, j'ai entendu un bruit, mais un bruit,..... C'était un tapage ! Ah ! il fallait voir..... Y avait un tambour qui battait d'une force.... Et puis des gens qui allaient, qui venaient, qui toussaient, qui sifflaient..... J'ai cru que tous les diables se rassemblaient...... Ça ressemblait à un tremblement de terre......

Colard : M. le président, demandez-moi un peu à cette femme quelle conduite que je tenais à Rodez.

Anne Solignac : Monsieur, Anne Benoît et lui vivaient ni plus ni moins que des bêtes, sans mariage, comme des animaux qui mangent l'herbe.

M. Albin : Le soir qu'on a tué M. Fualdès, je passais dans la rue des Hebdomadiers. J'entendis plusieurs hommes qui venaient derrière moi ; je me retournai, et remarquai parmi eux un homme de haute taille.

Manianne Marti rapporte que le petit Bancal lui a dit : Mon père et ma mère ont tué M. Fualdès : tandis qu'on saignait le Monsieur, Maman tenait la chandelle et le baquet. C'est M. Jausion qui porta le premier coup ; Bastide lui dit : *Va-t-en ; tu ne sais pas faire cela.* Marianne Marti ajoute qu'elle répondit à la petite Madelaine : Mais tu feras guillotiner ton père et ta mère. — Tant pis, répondit la petite, pourquoi le faisaient-ils?

Marianne Marti coupait un jour du pain à cette enfant. Elle le jeta, parce qu'il avait été coupé avec le couteau qui avait servi à tuer le Monsieur.

La séance a été terminée par l'audition de quatre témoins qui ne présentent aucun intérêt.

LE STÉNOGRAPHE PARISIEN.

Voici quelques pièces et quelques notions officielles dont la connaissance appartient à la justice et au public.

Nos lecteurs nous saurons gré de leur en présenter l'analyse.

Dans un interrogatoire qu'elle a subi à Rodez le 2 novembre dernier, madame Manson a déclaré que dans la *soirée* du 19 mars, elle avait donné un *rendez-vous dans la maison Bancal;* qu'elle s'y était rendue à sept heures et demie ; qu'elle fut heurtée dans le corridor par une personne dont les éperons *accrochèrent sa robe:* que cette rencontre lui fit prendre la fuite ; mais qu'elle fut bientôt rejointe par ce cavalier, qu'elle ne reconnut point alors, et qui lui recommanda le plus profond secret sur cette aventure.

Suivant sa coutume, madame Manson démentit à Albi ce qu'elle avait avoué à Rodez, et le 7 janvier 1818, elle déclara à M. Faydel n'être pas *sortie* de chez elle dans la soirée *du 19 mars.*

Le 19 du même mois, madame Manson fut de nouveau interrogée, et persista dans son système de dénégation. Elle convint avoir vu son père depuis l'interrogatoire du 2 novembre, et avoir subi une confrontation avec la femme Bancal. Mon père, dit madame Manson, s'attendait à des révélations. Je lui niai m'être trouvée dans la maison Bancal. Je l'assurai que je ne savais rien concernant l'assassinat de M. Fualdès. Mon père se mit en colère ; il me parla de mon quatrième interrogatoire, dont il avait connaissance (celui où madame Manson avouait s'être trouvée chez la Bancal.) Il me proposa de faire venir quelqu'un devant moi qui devait, disait-il, me confondre, et m'amener enfin à dire ce qu'il appelait la vérité, c'est-à-dire que je m'étais trouvée dans la maison Bancal. Je fus bien aise de la proposition que me faisait mon père ; j'étais sûre qu'il n'avait pas les moyens de me confondre. Il me nomma la veuve Bancal ; depuis long-tems je désirais cette confrontation. Le concierge refusa de l'amener. Mon père lui dit qu'il ne risquait rien, qu'il prenait tout sur lui, et la Bancal fut introduite dans le local que j'occupais à la prison des Capucins. Mon père demanda à la Bancal si elle me connaissait ; celle-ci répondit que non : elle ajouta que ce n'était que pendant les débats qu'elle m'avait vue pour la première fois. Mon père lui observa que la petite Madelaine prétendait m'avoir reconnue dans sa maison le 19 mars au soir ; il lui observa encore que le gendarme Monteil lui avait entendu dire, à la séance du 8 septembre, lorsque j'étais pressée par M. le président d'avouer le fait de ma présence chez Bancal au jour et dans la soirée ci-dessus indiqués, ces mots : *Qu'elle le dise, elle y était;* sur quoi la veuve Bancal s'emporta contre le gendarme et sa fille Madelaine ; disant que l'un avait mal entendu, et que l'autre était une petite imbécille qui, pour quinze sous, ferait guillotiner père et mère.

Pressée de nouveau par M. de Faydel, Madame Manson nia formellement d'avoir été spectatrice ou complice.

Plus tard, c'est-à-dire le 5 février suivant, Madame Manson en revient à ses premiers aveux ; elle déclare s'être trouvée *dans la maison Bancal, dans le cabinet, en habit d'homme, s'être évanouie, avoir eu son pantalon taché de sang.* Elle ajoute qu'on a cru avec juste raison que la visite que la dame Pons, sœur de Bastide, lui a faite dans la nuit du 3 au 4 août, avait eu assez d'influence pour lui faire faire des rétractations..... Enfin, elle ajoute que cette dernière déposition, conforme à ses premières déclarations, est irrétractable. En effet, le 17 février, Madame Manson corrobore ses aveux par de nouveaux détails, et, postérieurement encore, elle affirme avoir été *en homme chez la Bancal.* Nous rapporterons la fin de son interrogatoire.

D. Vous êtes entrée, avez-vous dit, chez Bancal en habit d'homme; d'un autre côté, il resulte de la procédure, qu'une femme voilée et non travestie y est entrée dans la même soirée. Les détails qui vous ont été donnés par Rose Pierret se trouvant en tout point conformes à ceux qui ont été rapportés par la jeune Magdelaine, la conséquence présumable serait que Rose Pierret est la personne voilée.

R. La conséquence me paraît assez naturelle.

D. Aviez-vous des habits de femme sous vos habits masculins? Que portiez-vous sur la tête? De quelle couleur était votre pantalon? Est-ce en costume d'homme que vous rentrâtes chez vous le lendemain 20 mars?

R. J'avais conservé mes habits de femme sous les habits masculins que je portais; j'étais coiffée d'une casquette ; mon pantalon était bleu. J'ai déjà dit que j'étais sortie de la maison Bancal en habit d'homme ; mais comme on m'avait recommandé de ne rentrer chez moi qu'au jour, et que je ne pouvais traverser les rues de la ville avec mon travestissement, ce fut à l'Annonciade que je repris les habits de femme.

TRENTE-SEPTIEME LETTRE.

Albi, 1er avril 1818.

L'ouverture des débats n'a point, contre toute vraisemblance, attiré dans la ville d'Albi, un grand concours de spectateurs. Les tribunes ne sont guère remplies que par les habitans mêmes ou ceux des campagnes environnantes; et au lieu des voyageurs distingués sur lesquels comptait l'industrie des restaurateurs et des hôteliers, la population de cette cité ne s'est vue grossie que par des étrangers venant spéculer sur ses ressources au lieu de les augmenter. Loin d'enrichir le pays, on tente de vivre à ses dépens : ainsi des comédiens, quelques filous et un grand nombre de ces femmes qu'on ne devrait trouver nulle part et qu'en rencontre partout, sont venus de quelques villes d'alentour dans le chef-lieu du Tarn. Le théâtre s'est rouvert; après le spectacle si triste de la journée, des histrions ambulans tentent de réjouir le public par d'ignobles farces.

M. le comte du B. a été volé dans l'église de Sainte-Cécile; il a perdu sa bourse et une superbe tabatière d'or. Le domestique du curé vient d'être arrêté comme soupçonné d'avoir laissé pénétrer quelqu'un dans le jardin de Sainte-Cécile, pendant la promenade de Mme Manson.

Cette dame n'a encore retiré de la position où elle se trouve que la honte de sa présence dans la maison Bancal; n'avouant rien de plus à la justice, on lui trouve peu de droits à la bienveillance publique, et les spectateurs de ses dépositions, comme ceux de sa marche de la prison au tribunal, laissent échapper de fréquentes marques d'improbation. Pour prévenir un scandale dont elle a été plus d'une fois l'objet, M. le maire a fait publier une ordonnance au son de trompe.

Quelques momens avant l'ouverture de la séance précédente, M. le greffier se présenta chez le Sr Lamotte, pharmacien, pour lui demander un flacon de sels alcalis. Cette précaution de la cour fit présumer que Mme Manson serait interrogée dans le jour, et attira un grand nombre de curieux. Mme Manson a été en effet entendue, et au milieu de son récit a perdu les sens. La foule s'est écriée : *un huissier* ! et l'huissier criait : *Victoire* ! (C'est le nom de la fille du concierge.) Celle-ci, avant d'être informée de ce dont il s'agissait, a pris le flacon et a couru auprès de l'accusée.

Pendant cette syncope, on remarquait, de la part de Bastide, des signes particuliers de mépris et de pitié.

Séance du 1er avril.

La séance de ce jour offre peu d'intérêt. Les débats marchent lentement ; on n'a entendu aujourd'hui que treize témoins ; les dépositions aggravantes méritent d'être rapportées ; les voici :

Le 68e témoin, Paul *Galibert*, négociant : Bastide me proposa une négociation d'effets de commerce, le jour même de l'assassinat de M. Fualdès. Cette négociation ne put avoir lieu, parce que je n'étais pas en fonds. Bastide me parut très-préoccupé.

Le témoin fait, sur l'assassinat de M. Fualdès, les mêmes conjectures que M. de Séguret. Si Jausion est coupable, comme on l'assure, il n'a pu tremper dans un complot aussi noir, et donner à M. Fualdès une mort aussi atroce, que pour des motifs du plus grand intérêt. Ces motifs ne peuvent avoir d'autre principe que des signatures de complaisance, que le malheureux Fualdès accordait à Jausion, qui a voulu les dégager.

L'accusé Jausion se récrie sur l'invraisemblance de cette conjecture. Il avait trop de crédit à Rodez pour avoir besoin des signatures de complaisance de M. Fualdès ; rien d'ailleurs n'établit ces signatures. Loin de là, au contraire, il prétend qu'il était créancier de M. Fualdès pour une somme de 80,000 fr. Cette créance est établie par ses livres et par ses carnets.

Vos livres et vos carnets ne sont pas réguliers, dit M. le procureur-général ; ils ne méritent donc pas la moindre confiance.

M. Fualdès a fait à cet égard quelques observations : il a dit que jamais son père n'avait pu être débiteur du sieur Jausion pour des sommes aussi considérables.

Le 69e temoin, Pierre *Domergue*, a déposé avoir vu Bastide avec Bancal, le 17 mars après midi.

Le 70e témoin, Françoise *Garrié* : Le 19 mars au soir, au moment de l'assassinat, elle eut occasion de passer dans le coin de Françon de Valat. Elle trouva deux hommes postés dans ce coin. Elle rencontra aussi un groupe d'hommes dans la rue des Hebdomadiers.

Le soixante-onzième témoin, Marie-Thérèse *Comitès*, épouse Constant : Elle était, le 20 mars au matin, chez Mme Fualdès, lorsque M. et Mme Jausion vinrent voir cette dame avec Mme Costes. Elle les laissa seuls. Mme Potier lui a dit avoir vu Bastide chez Mme Fualdès, le 20 dans la matinée.

Le soixante-douzième témoin, Justine *Malrieux* : Le 19 mars au soir, elle vit Colard posté derrière une patache, à côté de l'hôtel des Princes. Il avait l'air de guetter quelqu'un. — Colard répond qu'il rendra compte de ce qu'il fit dans la soirée du 19 mars, cela s'expliquera aux débats.

Le soixante-treizième témoin, Félix *Alboui* : Le 19 au soir, je passais devant la maison de M. Fualdès avec un de mes camarades, qui se préparait comme moi à la première communion. Je vis Bastide et un autre monsieur, adossés à la porte de la maison Fualdès. Mon camarade me dit : C'est Bastide avec Jausion.

Le soixante-quatorzième témoin, Jacques *Durand* : C'est le témoin qui passa devant la maison Fualdès avec Félix Alboui. Il rapporte la déposition de son camarade, mais il ne peut affirmer avoir reconnu Bastide.

Le soixante-quinzième témoin, Thérèse *Giron* : Le soir du 19 mars, je soupai avec une de mes amies. Je descendis la rue du Touat, pour aller chercher du vin à Lambergue droite. Je traversai la rue des Hebdomadiers ; je portais dans ma main une petite bougie allumée. Je reconnus Bastide, avec un autre individu que je crus être Jausion, entraînant une fille de joie ; c'est-à-dire que je crus qu'ils entraînaient une fille de joie. Je fus effrayée; je regagnai précipitamment ma maison.

Le soixante-seizième témoin, Rose *Graille*, femme Villa, rapporte le propos de Thérèse Giron; la rencontre que celle-ci dit avoir faite de Bastide et de Jausion, dans la rue des Hebdomadiers.

Le soixante-dix-septième témoin, Louis *Carrere*. — Le 19 au soir, se promenant sur la place de Cité, il entendit, vers les huit heures, des cris étouffés du côté des Hebdomadiers. Il ne pensa pas que l'on commît un assassinat.

Le 20 mars au matin vers les huit heures et demie, il rencontra Jausion, auquel il apprit l'assassinat de M. Fualdès. « Comment, c'est Fualdès qui a été assassiné ?.... — C'est lui. » Jausion ne parut pas fort affecté. Le témoin engagea cet accusé à aller avec son épouse s'assurer qu'on n'avait rien volé.

Les témoins qui suivent rapportent tous les propos de Thérèse Giron, relatifs à la rencontre de Jausion et Bastide dans la rue des Hebdomadiers, le 19 au soir.

Séance du 2 avril.

Hier, le bruit avait circulé dans la salle qu'un témoin très-important serait entendu dans la séance de ce jour. Aussi, dès le matin, une foule considérable remplissait la salle des assises.

M. le président a fait mettre sous les yeux des jurés un vaste plan tracé d'après ses ordres à Rodez, et qui est l'itinéraire qu'a suivi, dans la soirée du 19 mars, le cortége des assassins de M. Fualdès. M. le président a lui-même donné au jury les explications nécessaires à l'intelligence de ce plan. (1) La partie qui indique, au nord de Rodez,

---

(1) Une copie de ce plan a été adressée, par les autorités de Rodez, à M. Pillet, imprimeur-libraire, à Paris, pour la faire graver et vendre au profit des indigens de cette ville. Prix : 2 fr., et 2 fr. 20 c. par la poste.

l'Aveyron formant dans son cours quelques sinuosités, était d'autant plus importante à connaître qu'elle devait servir à éclairer la déposition du témoin Teyron.

Ce jeune homme a été appelé, et a dit : Le 19 mars, c'était le jour de Saint-Joseph, je revenais de l'Aveyron, où j'avais été tendre des crochets pour pêcher. Lorsque je fus au chemin du pré de Gombert, pour marcher plus facilement, je montai sur un des côtés. Lorsque je fus arrivé au haut du pré, j'entendis des personnes qui descendaient par le même chemin. Je crus que c'étaient des gens de Laguioule que je pouvais connaître, et je m'arrêtai. Tout-à-coup j'aperçus quelque chose d'effrayant, et je me cachai derrière un buisson. Je vis passer un cortége qui était précédé par Bastide, que j'ai très-bien reconnu. Il avait sous le bras un fusil dont le canon était tourné contre terre. Après lui venaient quatre hommes, qui portaient sur deux barres un cadavre enveloppé dans une couverture. Parmi eux, je reconnus Colard et Bancal. Ils étaient tous deux sur le devant. Bach était par derrière. Je le reconnus; il y avait aussi par derrière un individu que je ne reconnus pas. Après eux marchait Jausion, je le reconnus positivement; il portait aussi un fusil sous le bras; il avait sur la tête un mouchoir blanc qui lui tombait sur les yeux, et un chapeau rond. De l'endroit où je m'étais caché, j'examinai ce cortége qui traversa le pré, marchant assez difficilement à cause des sinuosités. Lorsqu'il fut au milieu, ces gens s'arrêtèrent pour reprendre haleine. Alors je pris mes souliers dans mes mains, et je me sauvai de toutes mes forces.

Pendant l'audition de ce témoin, la figure de Jausion s'est animée; il a paru troublé. Quant à Bastide sa physionomie n'a pas éprouvé la moindre altération; il a quelquefois souri avec ironie.

M. le président au témoin : Etes-vous bien sûr d'avoir reconnu les accusés que vous avez nommés ?

Teyron : Oui, Monsieur, j'en suis très-sûr.

M. le procureur-général a demandé au témoin ; si, depuis qu'il a fait sa déclaration devant le juge d'instruction, on n'a pas cherché à le suborner ?

Teyron : Monsieur, on m'a apporté une lettre ; on m'avait donné rendez-vous dans une maison de la rue des Hebdomadiers, mais je n'ai pas osé y aller, et je n'ai pas lu la lettre.

M. le procureur-général : Pourquoi avez-vous tant tardé à faire ces révélations à la justice ? Cependant vous étiez à Rodez.

Le témoin : Parce qu'on avait déjà arrêté Bastide une fois et qu'il avait été relâché. Je craignais qu'il ne s'en tirât encore et ne me traitât comme M. Fualdès. Au surplus, j'ai dit dans le tems à M. d'Anglade que mon meilleur camarade savait tout, et comme je n'ai pas de meilleur ami que moi-même, cela voulait dire que je savais tout.

M. Romiguière prie M. le président de demander au témoin si quelqu'un lui a vu attacher ses crochets dans l'Aveyron.

Teyron : La pêche étant défendue, je me serais bien gardé de me faire voir.

Bastide : M. le président, je vous prie de demander au témoin avec quoi il amorce ses hameçons ?

Teyron : Mais avec des vers...

M. le président : Bastide, vous avez entendu cette réponse ; où en voulez-vous venir ?

Bastide : Eh ! mon Dieu, oui ; mais, patience, out s'éclaircira.

M. Romiguière : Je vous prie, M. le président de demander au témoin par qui il a été vu le soir en entrant chez lui ?

Teyron : J'ai été vu par mon camarade, qui est, comme moi, garçon de moulin. Lorsque j'arrivai, j'avais la figure toute décomposée ; il me dit : Qu'as-tu donc? comme tu trembles ; est-ce que tu as froid? — Non parbleu! j'ai chaud, et si je tremble, c'est de peur.

M. Le conseiller *Pagan* à Bach : Vous venez d'entendre le témoin : A-t-il dit la vérité ?

Bach : Oui, Monsieur, le cortége était formé comme il l'a dit.

Colard : Demandez-lui un peu, M. le président, s'il m'a reconnu ?

Teyron : M. le président, parfaitement.

Colard : Ce n'est pas vrai, de ce crime là j'en ai *l'ame sacrée et les mains aussi.* (bruyans éclats de rire dans l'auditoire.) Colard se tourne vers le public et dit : Messieurs, si vous étiez à ma place, vous n'auriez pas envie de rire...... Quant à vous, M. le témoin, vous rendrez compte à Dieu de votre déclaration. M. Fualdès, soyez bien sûr que je *ne suis pas la victime de votre père ;* j'aurais plutôt donné mon sang pour....

Anne Benoît se levant et s'adressant à Teyron : Vous êtes, mon pauvre ami, un faux témoin.

Jausion : Je ne crains pas la mort, mais je suis indigné de me voir accusé par un témoin qui ne m'a jamais vu.

M. le conseiller Combettes de Caumont : Accusé Jausion, vous conviendrez qu'il est fort singulier que la déposition de ce témoin se rapporte avec celle de Bach et de Bousquier.

Bastide se levant avec force, et indiquant Teyron : Voyez,

Messieurs, la fausseté de ce témoin. Regardez ses traits, voyez quelle altération!...

M. le président : Le témoin est fort calme, et sa figure n'annonce aucun trouble.

Anne Benoît : Colard n'a pas porté le corps, et je le soutiendrai toujours.

Colard : Oui, Messieurs, qu'elle le dise si je suis coupable! Elle n'est pas ma femme; mais elle a l'espérance de l'être... Qu'elle dise la vérité.

Bastide : Où est né le témoin?

Teyron : A Trémouille

Bastide : Chez qui est-il né?

Teyron : Parbleu! chez mon pere. (on rit.)

Bastide : C'est que je suis instruit que ce pays a formé une conspiration contre moi depuis 1791. Toutes les dépositions sont arrangées d'avance.

M. le président : Je ne sais pas si ce pays renferme des faux témoins; mais ce dont je suis sûr, c'est que le témoin parle avec beaucoup de candeur.

Me Dubernard prie M. le président de faire sortir Teyron. Le témoin sort. M. Dubernard prie M. le président de demander à Bach en quel endroit il a entendu Bastide dire à Jausion : *Tu tombes; as-tu peur*? Bach répond : Après avoir passé la muraille.

On fait rentrer Teyron. On lui demande si, lorsque le cortége a passé, il a entendu quelques propos? Teyron répond qu'il a bien entendu parler; mais qu'il n'a pu distinguer ce que l'on disait.

M. Dubernard a fait observer que le témoin a dit le contraire devant le juge d'instruction.

M. le procureur-général : On ne doit regarder que comme renseignemens les déclarations faites devant le juge d'instruction; les véritables déclarations sont celles qui se font aux débats, en présence du jury, des accusés et des autres témoins. En règle générale, les premières déclarations ne peuvent donner lieu à des poursuites pour faux témoignage; celles faites au grand jour à l'audience et dans les débats solennels qui précèdent le jugement, sont les seules qui peuvent entraîner des poursuites de cette nature, quand les débats même en démontrent la fausseté. Il faut par conséquent, quand il y a de nouveaux développemens donnés par le témoin dans sa déposition devant les jurés, s'en tenir à ces développemens. Au surplus, le témoin Teyron n'a fait, sur des interpellations plus précises, que développer aux débats sa pensée, sur un fait sur lequel il n'avait pu être d'abord suffisamment interrogé par les juges d'instruction. Teyron, je sais les terreurs dont vous êtes agité, les menaces qui vous ont été faites; soyez sans crainte, vous êtes sous la sauve-garde des lois.

M. le président: Clarisse Manson, dans le cours de l'instruction, nous vous avons entendu dire qu'on vous avait donné un rendez-vous.

Madame Manson répond en balbutiant: Je n'ai pas dit cela.

M. le président : Il paraîtrait cependant que ce rendez-vous a été donné avant les débats de Rodez.

Madame Manson : Ah! oui, Monsieur, je me le rappelle; c'était chez Geniers.

M. le président : Vous n'y fûtes pas?

Madame Manson : Non, Monsieur.

M. le président : Vous vous rappelez, Messieurs, que Thérèse Giroux déclara hier que la dame Geniers lui avait offert du blé de la part de madame Bastide pour se rétracter; c'était dans la maison Geniers que se réunissaient tous les fils de la séduction, je me suis rappelé qu'il existait dans la procédure un billet écrit à la dame Manson, qui l'invitait à se rendre dans cette maison.

Louis Brassatte déclare avoir vu Bastide le 19 mars, à cinq heures du soir, sur la porte de M. Fualdès; il conversait avec ce vieillard, et lui disait: *Dans trois heures nous arrangerons notre compte.*

Pierre Cayral a vu Bastide, à sept heures du soir, dans la rue des Hebdomadiers, le 19 mars; il l'a vu entrer dans la maison Bancal.

M. Dornes fils a vu partir Bastide de Rodez le 19 mars, à six heures et demie du soir. A sept heures, il a été fort étonné de le voir revenir dans la ville, précisément par le même chemin; ne supposant pas que Bastide voulait faire croire qu'il n'était pas à Rodez le 19, il a pensé qu'il avait oublié quelque chose à son auberge.

Séance du 3 *avril.*

Cette séance est l'une des plus intéressantes qu'il y ait eues depuis l'ouverture des débats, à cause de ses résultats et de la clarté qu'elle doit répandre sur l'épouvantable affaire qui occupe la cour d'assises du Tarn.

Jean-Louis-Alexandre-Charles Alric fait une déposition insignifiante.

Jean-François-Denis Anduze; avoué, témoin discrétionnaire: Je reçus le 19 mars 1817, jour de l'assassinat de M. Fualdès, trois effets souscrits par Bastide en paiement de la dot de mon épouse. Ces effets ont été protestés faute d'acceptation. Ils n'étaient pas endossés par M. Fualdès.

Bastide répond que M. Fualdès ne lui a jamais prêté sa signature que pour une seule lettre de change de 1000 fr.

Jeanne Boissière répète les déclarations que lui a faites petite Madeleine Bancal sur toutes les circonstances de ssassinat. Elles sont en tout conformes à ce que cet ennt a dit à d'autres témoins. Jeanne Boissière ajoute que petite Bancal lui a positivement affirmé qu'il y avait uatre femmes dans la maison pendant l'assassinat.

La femme Bancal : Je demande que ma fille Madeleine oit appelée aux débats. Je suis bien sûre qu'elle ne tiendrait pas devant moi le langage qu'on lui prête. On l'a séuite par de petits cadeaux, et on lui a fait dire tout ce u'on a voulu. Mais qu'on la fasse paraître.....

Jean-François Blanc : Le 19 mars, vers cinq heures du oir, je vis M. Fualdès avec Bastide. Le 20 mars au matin, ntre sept et huit heures, je me rendis chez Jausion pour ui apprendre l'assassinat de M. Fualdès. Madame Jausion tait auprès de sa commode, et Jausion au milieu de la hambre, assis sur une chaise. A cette nouvelle, Madame ausion fut frappée de stupeur et d'affliction; elle fondit en armes. Quant à Jausion, il ne dit mot, ce qui me causa ne grande surprise.

M. le procureur-général fait observer que Jausion a déclaré n'avoir su la fin tragique de M. Fualdès que vers huit heures et demie du matin, déclaration tout-à-fait démentie par la déposition du témoin, qui est allé chez l'accusé entre sept à huit heures. — Jausion ne répond pas.

M. le procureur-général au témoin : M. Blanc, connaissez-vous madame Manson? Avez-vous eu occasion de parler avec elle de l'assassinat de M. Fualdès?

Le témoin : Oui, Monsieur, je me suis entretenu plusieurs fois avec madame Manson, pendant les assises de Rodez ; elle me protesta d'abord qu'elle ne s'était point trouvée dans la maison Bancal ; puis elle me demanda si j'avais ouï dire qu'il y eût quelqu'un de la famille Enjalran compromis dans cette affaire ; je lui répondis que tout le monde le croyait.....

Enfin, Mme Manson me dit, à cette même époque, ces paroles remarquables : « Je ne voulais pas être témoin ; je suis un témoin trop important ; ma déposition les tuerait. »

M. le président à Mme Manson : Ce que le témoin vient de raconter est-il exact, Madame ?

Madame Manson : Je conviens m'être entretenue avec M. Blanc de l'assassinat de M. Fualdès ; mais je n'ai jamais dit que ma déposition tuerait les accusés. Je n'ai jamais parlé de tuer.

M. Blanc : Madame, vous me l'avez dit ; vous m'avez parlé d'échafaud.

Mme Manson : Non, Monsieur, je n'ai parlé ni de tuer, ni d'échafaud.

M. Blanc : Ce n'est pas la première fois que Mme Manson nie, je persiste dans ma déposition. Je dois rappeler encore que Mme Manson me dit à la même époque que Mme Pons comptait beaucoup sur elle.

Mme Manson : Cela est vrai.

M. le président fait à l'accusée de nouvelles et vives instances pour qu'elle s'explique enfin.

La femme Bancal : Madame, dites la vérité.

Mme Manson jette sur cette femme un regard plein de dédain et de mépris, et se taît.

M. Dubernard, avocat, se lève alors, et dit avec viva-

'té : Au nom de la vérité, au nom de la société, au nom e l'honneur, au nom de Dieu, parlez, parlez, Madame ; e vous en conjure.

Madame Manson : M. Dubernard, *je ne puis rien dire.*

On insiste encore. Elle garde le silence.

Bastide, qui depuis un quart d'heure semblait moins alme que de coutume, se retourne vivement et dit à adame Manson : *Oui, dites la vérité! Parlez!*

Madame Manson : Malheureux!......

Bastide : Allons, Madame, plus de monosyllabes. Parlez!.......

Madame Manson fait un mouvement violent comme pour s'élancer sur Bastide, et dit avec véhémence : *Bastide, me reconnaissez-vous ?*

Bastide : Non ; je ne vous connais pas.

Madame Manson, comme hors d'elle-même : *Malheureux! tu ne me connais pas, et tu as voulu m'égorger.*

A ces mots, des cris et des applaudissemens se sont fait entendre de toutes les parties de la salle. En vain M. le président a plusieurs fois rappelé les nombreux spectateurs à l'ordre. On a doublé les postes.

Madame Manson s'est évanouie plusieurs fois. On lui a fait respirer des sels. Chaque fois qu'elle revenait à elle, elle éprouvait la plus vive agitation.

Lorsque le trouble a cessé, M. Fualdès a demandé à parler. Madame, a-t-il dit à madame Manson, vous avez dit la vérité quant à ce qui concerne Bastide. Dites-la maintenant pour tous les autres. Je vous la demande au nom de Dieu.

Madame Manson s'est évanouie de nouveau, et la séance a été suspendue pendant une demi-heure.

Pendant cette suspension, les accusés sont restés sur les bancs. Bastide, qui avait repris son calme et son indifférence ordinaires, a constamment eu les yeux fixés sur un livre qu'il tenait dans ses mains. La Bancal regardait le public avec insolence. Missonnier souriait de tems à autre avec un air d'imbécillité.

A midi et demi, M. le président a annoncé la reprise de la séance; mais madame Manson ayant annoncé qu'elle se trouvait trop indisposée pour rester aux débats, la séance a été levée de nouveau, et remise au lendemain.

On a déjà entendu 95 témoins.

A l'ouverture de la cinquième audience, Me Bole, défenseur de Colard, a présenté à la cour des observations qui ont été tronquées, ou inexactement rendues partout. Sa réclamation, appuyée par ses confrères, avait un but d'utilité si générale, elle appartenait tellement à ce caractère de l'avocat, qui, dans toutes ses causes, doit revendiquer les droits de l'accusé et les bénéfices de la loi, que nous ne nous refuserons pas à revenir un moment sur cet incident d'une haute emportance.

Après avoir dit qu'il était dégradant pour la noble profession du barreau d'aller, d'heure en heure, solliciter d'un inspecteur des cachots ou d'un maire, la permission légalement accordée au défenseur de voir son client, et après avoir plaidé pour que leur conférence se passât sans témoin, Me Bole a ajouté : Il est dans la nature des choses que les conversations les plus innocentes écoutées par un tiers, dont le zèle mal entendu peut y mettre ce qu'il y cherche, prennent dans sa bouche un ton qui les dénature et qui les transforme en calomnies odieuses. J'a consenti deux fois à voir mon client comme on l'a voulu. Croira-t-on qu'on ait essayé de donner à des actes de la *charité chrétienne* un faux air de subornation ? Croira-t-on qu'on ait envenimé mes paroles au point de me prêter de mauvaises intentions, lorsque, outrepassant mes devoirs, j'empruntais près de lui le langage de la religion et de ses ministres ? « Si vous êtes innocent, il vous faut de la force, » Colard, et vous en aurez. Soutenez votre courage et » demeurez ferme. La justice des hommes pourra se trom- » per contre vous ; il en est une autre qui ne se trompera » point. Si vous avez dit la vérité, dites-la toujours. »

On ajoute qu'en sortant de la prison j'ai donné au concierge quelques sous destinés à mon client. C'est encore vrai. On m'en a fait un crime. Les mesures qu'on prend contre nous sont donc abusives. Vainement on alléguerait des instructions supérieures ou des actes discrétionnaires du pouvoir administratif, ces prétendues instructions auraient pour objet l'interprétation ou la disposition d'une loi ; elles seraient contre les constitutions du royaume.

M. le Président : Vous allez critiquer les réglemens administratifs ? ils sont toujours en harmonie avec les lois. — Non, M. le Président ; mais je veux observer qu'on n'administre pas la justice.

Me Romiguières : On pourrait croire, Messieurs, que la demande de Me Bole n'est pas appuyée par ses collègues, je dois assurer au contraire qu'il a été leur organe, et j'ajouterai que, si l'autorité honorait notre profession autant qu'elle est honorable, on daignerait convenir que la justice n'a rien à perdre à ce que les défenseurs voient librement leurs cliens. Certes, les prisons n'ont pas assez de charmes pour qu'un avocat en réclame l'entrée s'il n'y était attiré par l'intérêt de son client, pour l'amour de la justice et de la vérité. Quelle est donc maintenant la question ? c'est de savoir si nous jouissons ici de la plénitude des droits qui nous sont garantis par l'article 302. Quel est le magistrat qui oserait imprimer qu'un défenseur a besoin, pour voir son client, d'obtenir la permission de l'autorité *municipale ?* Nous ne reconnaissons d'autorité que l'autorité judiciaire. On parle de réglemens, je n'en connais pas, et j'aime à croire que nul d'entre nous n'oserait admettre et dire qu'un avocat ne doit voir son client que sous le bon plaisir du maire; et nous y sommes pourtant réduits! On exige que nous les voyions en présence d'un témoin; la formalité est honteuse.

Il suffit cependant qu'on l'ait cru nécessaire pour qu'il convienne à notre prudence de ne pas vouloir l'éluder. Mais une autre chose est, quand on éprouve le besoin de voir son client, de conférer en présence d'un témoin; autre chose de courir les rues pour en solliciter la permission. Les avocats ne sont point sous la férule du maire d'une ville, et c'est pour cela que le législateur a voulu que les conseils fussent pris parmi les défenseurs du ressort, ou parmi les parens de l'accusé agréés par le président. Je demande donc qu'il plaise à la cour ordonner que les conseils pourront à toute heure, et librement, conférer avec les accusés, sauf à admettre un tiers nommé *ad hoc*.

LE STÉNOGRAPHE PARISIEN.

Plusieurs personnes paraissant avoir mal compris le sens de l'avis que nous avons inséré dans notre 11e livraison, concernant le *plan de Rodez* que M. le maire de cette ville nous a chargés de vendre au profit des indigens de sa commune, nous avons l'honneur de les prévenir que *ce plan est du prix de 2 fr. pour toutes les personnes qui n'ont pas souscrit aux douze premières livraisons du* Sténographe parisien, *ou qui ont pris des numéros à fur et à mesure, et sans avoir pris d'abonnement pour ces douze livraisons.* Quant aux personnes qui ont souscrit pour les douze premières livraisons, et qui continuent de s'abonner pour la suite, nous ne leur faisons payer ce plan qu'un franc, desirant les faire jouir de quelque avantage.

Les personnes qui ont souscrit pour les débats seulement, et qui prendront les premières livraisons du *Sténographe* au prix d'abonnement, jouiront de la même faveur.

TRENTE-HUITIEME LETTRE.

Albi, 5 avril 1818.

Séance du 4.

On a vu jusqu'ici avec quel art madame Manson était entrée en scène, et avait ménagé les gradations de l'intérêt qu'elle s'efforce de prêter au plus lugubre des drames : on la verra encore suivre la même marche, et couper d'acte en acte les incidens de cette longue action.

On ne saurait se faire une idée de l'affluence des auditeurs. On avait répandu dans la ville que Mme Manson devait faire de nouveaux aveux.

Les débats ont commencé par des interpellations qui ont mis cette dame à de bien cruelles épreuves. M. Blanc de Bourinnes a été rappelé : Persistez-vous, lui a dit M. le président, dans les faits que vous avez déclarés, dans la séance d'hier, à l'égard de Clarisse Manson et à celui de l'accusé Jausion ?

M. Blanc de Bourinnes : Oui, M. le président, j'y persiste.

M. le président : Mme Manson, vous avez dit hier que l'imprudence des accusés avait fait de vous, *et malgré vous*, un témoin important dans la cause ; à l'instant, et comme tout exprès, une circonstance née du débat est venue confirmer ce que vous veniez d'exprimer. Vous avez été provoquée par deux des accusés qui ont demandé que vous fissiez connaître la vérité, et tourmentée par les souvenirs de la soirée du 19 mars, avec l'accent de la terrible situation où des circonstances fortuites vous avaient placée, vous avez reproché à l'accusé Bastide d'avoir voulu vous égorger !........ Cependant, vous êtes sortie vivante de la maison Bancal........ (Mouvement de Bastide, qui envoie un regard terrible à madame Manson, et cherche à le réprimer aussitôt). Je vous le demande ; est-ce à un retour louable de la part de celui qui voulait vous égorger que vous devez la vie, ou bien l'un des accusés (j'en excepte Bastide) vous a-t-il garantie de ses mains homicides? Le témoin Jean a parlé des coupables regrets de Bastide ; il a nommé Jausion. Vous pourriez fixer les incertitudes que ce débat a fait naître ; on a parlé de serment, de cadavre ; ne pouvez-vous rien nous dire ?

Mme Manson, en essayant de surmonter son trouble : M. le président, je n'étais pas de sang-froid pour classer tous les détails dans ma tête : mais ce qui ne sortira jamais de ma mémoire, c'est que cet homme horrible a voulu m'égorger !

M. le président : On voulut vous égorger ! Quelqu'un vous sauva-t-il ?

Mme Manson, baissant la voix : Oui, *quelqu'un* me sauva.

M. le président : Cet homme était-il parmi les assassins, ou arriva-t-il fortuitement pour vous sauver ?

Mme Manson : Je ne puis dire s'il est venu du dehors, ou s'il était du nombre des assassins ; mais je n'oublierai jamais qu'il m'arracha des mains de ce malheureux. (Dans ce moment, l'accusé Jausion lève les yeux au ciel et se couvre la figure avec ses mains.)

M. le président : L'individu qui vous fit sortir du cabinet était-il le même que celui qui vous conduisit à l'Annonciade ?

Mme Manson : Oui, Monsieur.

M. le président : Vous ne vous rappelez pas les traits de cet inconnu ?

Mme Manson, avec effort : Je ne saurais me les rappeler.

M. le président : Cet homme n'est-il pas parmi les accusés ?

Mme Manson : *C'est possible*, Monsieur. (Les regards et le ton de Mme Manson, en répondant à ces questions, semblent attester que son libérateur est assis sur le banc des accusés.)

M. Dubernard, avec vivacité : Veuillez vous expliquer, Madame ; vos demi-aveux, vos réponses ambigues sont plus meurtriers qu'une désignation directe.

Mme Manson, dont la voix s'affaiblit : Je n'ai rien à dire.

Jansion (ses traits sont altérés, il fixe ses regards sur Mme Manson, avec un trouble inexprimable) : Madame, ce n'est pas pour moi, mais pour ma malheureuse femme, mais pour mes enfans : veuillez parler ; ma vie est entre vos mains ; il dépend de vous, de vous, Madame, de me sauver ou de me faire monter sur l'échafaud.

M. Dubernard : Daignez vous rappeler, Madame, ce que vous écrivait votre généreux père. A quels regrets n'exposeriez-vous pas le reste de vos jours, si vos réticences pouvaient compromettre le sort d'un innocent comme sauver un coupable ?

Mme Manson, avec une expression douloureuse : *M. le président, je ne puis ni sauver ni faire condamner Jausion.* (Elle porte son mouchoir sur son visage, et cherche à échapper aux regards de Jausion, qui la suit des yeux.)

Bastide, élevant la voix : Ces exclamations ne veulent rien dire ; nous ne sommes pas ici sur un théâtre. Mme Manson a assez amusé le public ; il faut que cela finisse. Que signifie cet éclat d'hier ? que veut-elle aujourd'hui ?

M. le président : Arrêtez, accusé Bastide ; appelez-vous théâtre le banc où vous êtes assis ? S'il est vrai que vous ayez voulu *égorger* Mme Manson, vouliez-vous qu'elle vous le reprochât de sang-froid ? Détrompez-vous, Bastide, ce n'est pas ici une comédie.

Bastide : Eh ! mon Dieu, je m'en aperçois bien ; c'est une tragédie pour moi ; mais je suis tranquille, ma conscience ne me reproche rien.

Mme Manson regardant Bastide avec force : Votre conscience ne vous reproche rien !........ S'adressant au président : *Que M. Bastide prouve son innocence, et je monterai sur l'échafaud à sa place !*

Bastide : Prouver mon innocence, Ah ! ce n'est pas difficile. Mme Manson croit nous intimider ; elle se trompe, elle en a bien fait d'autres à Rodez, cela ne nous *touche* plus. Vous-même, M. le président, vous m'avez dit que ce que Mme Manson avait dit ne prouvait pas grand'chose.

M. le président : Accusé Bastide, vous êtes dans l'erreur ; je ne vous ai jamais entretenu de Mme Manson : je ne vous ai interrogé que sur des faits qui vous sont particuliers.

Bastide : Si ce n'est pas vous, c'est un autre juge ; peut-être un conseiller de Montpellier.

Mme Manson, montrant M. Blanc de Bourinnes, qui est toujours assis sur le siége des témoins : Je voudrais, M. le président, que M. Blanc voulût bien expliquer dans quel sens je lui ai dit que si je parlais, je compromettrais mon père.

M. Blanc de Bourinnes : Vous me disiez : Voyez combien je suis malheureuse ; en disant la vérité, je suis forcée de déposer contre mon père. J'ai pensé alors que vous seriez obligée de faire connaître les violences employées par votre père, pour vous faire dire la vérité, et que c'est ainsi que vous le compromettriez.

M. le président, s'adressant au jury : Il est constant que le père de madame Manson a usé de tous les moyens possibles pour obtenir des aveux de sa fille. Ces aveux furent commentés par madame Manson, qui les signa depuis. Madame Manson, influencée par des promesses ou par des menaces, rétracta ses aveux. Les premiers débats eurent lieu, et vous avez connaissance de ce qui s'y passa. Avant la fin de ces débats, M. Enjalran fit part au président d'une lettre de sa fille, qui lui parlait de ses premiers aveux. Cette lettre fut lue à l'audience, et tout le monde demeura convaincu qu'elle avait dit la vérité à M. le préfet. Ainsi, quand madame Manson a dit à M. Blanc qu'elle avait des ménagemens à garder vis-à-vis de son père, elle a voulu dire seulement qu'il avait usé de tout l'ascendant de l'autorité paternelle pour la déterminer à dire la vérité.

M. le président à Mme Manson : Vous convenez donc que vous avez dit que votre déposition tuerait les accusés ?

Mme Manson : Ceci a besoin d'une explication. J'avais adopté à Rodez un système de dénégation qui m'a conduite sur le banc des accusés. Je n'ai pu dire que ma déposition tuerait les accusés, puisque je ne voulais en faire aucune.

M. Blanc de Bourinnes du ton du reproche : Je voudrais que Mme Manson me donnât l'explication d'un propos qu'elle a tenu à M. de France lorsqu'il la visita dans sa prison à Rodez ; propos qui est répété dans son mémoire. Elle s'étonnait qu'on ne m'eût pas questionné, parce que je devais savoir beaucoup de choses. Je prie Mme Manson de vouloir bien me dire ce qu'elle entendait par-là.

Mme Manson : Je me rappelle fort bien avoir dit à M. de France que M. Blanc savait peut-être plus de chose qu'il n'en disait ; mais c'était comme un simple soupçon.

M. le président : Il est facile d'expliquer le soupçon de Mme Manson ; vous alliez souvent chez Jausion ; il était inculpé, et on pouvait penser que vous saviez quelque chose sur sa culpabilité ; c'est sans doute ce que Mme Manson a voulu dire.

M. Blanc : Il est vrai que j'étais attaché à Jausion ; je ne croyais pas qu'il fût capable d'un assassinat, et je lui portais un grand intérêt, mais toutes ces considérations disparaîtraient devant la justice.

Je dois encore à la cour une explication : J'appris, le 20 mars, qu'on avait retiré de l'Aveyron le cadavre de M. Fualdès ; j'appris aussi qu'on avait trouvé sa canne et le mouchoir dont on le bâillonna dans la rue des Hebdomadiers; je soupçonnai que le crime avait été commis dans cette rue, et, par suite, dans la maison Bancal. J'entrai dans la basse-cour de cette maison; M. Anglade se trouvait avec moi. Au bout de la rue, nous trouvâmes M. Constans, commissaire de police. Je lui conseillai d'aller chercher la personne qui avait trouvé la canne, de faire cerner la rue des Hebdomadiers, où le crime avait été sans doute commis, etc. M. Constans me dit qu'il connaissait son devoir, et m'*envoya promener.*

M. le président : Le greffier prendra note de ce que vous dites. Et se tournant vers Mme Manson) : Accusée Manson, vous ne voulez rien ajouter?

Mme Manson : Non, Monsieur.

Bastide : Est-ce qu'on sait jamais ce qu'elle veut dire. Mme Manson a dit à Rodez une chose, elle en dit ici une autre; c'est à n'en plus finir.

Mme Manson : Bastide, vous le savez, je mentais à Rodez, j'ai dit la vérité à Albi!!!

M. le conseiller Pinaud à Mme Manson : Je veux vous faire part, Madame, d'une remarque qui sans doute a frappé tous ceux qui ont entendu vos réponses. Tout le monde s'est aperçu que vous aviez laissé une lacune dans le récit de votre fâcheuse aventure dans la maison Bancal. Il est difficile de croire, Madame, que vous ne la puissiez remplir. Racontez-nous ce qui s'est passé depuis votre entrée dans le cabinet jusqu'à votre départ de la maison. Vous laissa-t-on sortir sans avoir exigé de vous un serment terrible? Ne reconnûtes-vous pas, en prêtant ce serment dont on vous a relevée à jamais, ceux qui vous entouraient?

Mme Manson : Je n'ai reconnu que l'homme que je vous ai nommé.

M. le président : Ne vîtes-vous pas un cadavre sur une table?

Mme Manson avec un mouvement d'horreur difficile à exprimer : Non, non, Monsieur, je ne vis rien, rien.

M. le conseiller Combettes de Caumont: Ne vous fit-on pas mettre à genoux?

Mme Manson: On a pu m'y précipiter..... Quelle résistance pouvai-je opposer.... Une femme au milieu d'une bande d'assassins... J'ai vu tout à travers un nuage.... Je frémis encore!....

Bastide (d'un ton ironique) : Une femme!... Le costume de Madame, s'il vous plaît?

Mme Manson, répondant au président, qui lui a répété la question de Bastide : J'avais un pantalon ; j'étais en homme.

M. le président : Que vous dit, Madame, l'individu qui vous fit sortir du cabinet ?

Mme Manson : Je ne puis m'en souvenir, Monsieur ; on faisait beaucoup de bruit ; il y avait plusieurs personnes qui m'entraînaient, les uns pour m'arracher de *ses* bras, et *lui* pour me retenir.

M. le président : Il dut y avoir un long débat entre les assassins pour décider votre sort.

Mme. Manson : Je crois qu'il y eut un autre homme qui s'opposa à ce que je fusse *égorgée*.

M. le président : Ne pourriez-vous nous donner quelques détails sur le serment qu'on exigea de vous ?

Mme Manson : Je ne me rappelle pas les termes de ce serment. J'ai dit tout ce que je pouvais dire ; il me semble que la justice doit être satisfaite.

Bastide, affectant de sourire et portant ses regards vers l'assemblée : Qui donc attirait Mme Manson chez la Bancal ?

M. le président : Quoiqu'il soit pénible pour vous, madame, de répondre à cette question, je suis forcé de vous y engager.

Mme. Manson : J'épiais les démarches de quelqu'un, et j'en avais le droit ! J'entendis le bruit de plusieurs hommes qui marchaient, et je me réfugiai dans la première porte ouverte que je rencontrai.

Bastide, d'un ton ironique : Et ne pourrait-on savoir le nom de ce quelqu'un ? Est-ce un si grand mystère ?

Mme Manson, sans regarder Bastide : M. Bastide me permettra de ne point répondre à cette question ; je crois que j'en ai assez dit.

M. le procureur général : Madame, vous venez de nous dire qu'il est possible que celui qui vous a sauvée dans la maison Bancal soit au nombre des accusés présens. Vous avez sans doute banni de votre ame les terreurs qu'on a cherché à vous inspirer ; vous êtes rassurée par les garanties qui vous ont été données au nom des lois par les magistrats qui en sont les organes. Mais nous croyons qu'un autre sentiment vous ferme la bouche en ce moment, sentiment dont l'excès vous égare, et qui devient un délit, un attentat envers la société, s'il ne cède au devoir impérieux de nous dire toute la vérité.

Voyez votre position ; en quel état vous a réduit un silence condamné par les lois et par l'intérêt public. Vous êtes captive depuis plus de six mois, vous êtes assise sur le banc des accusés, vous êtes enfin associée par une fatale prévention à des êtres qui sont ou l'effroi ou le rebut de l'espèce humaine; vous avez été en proie à toutes les alarmes, et les souffrances de votre corps ont égalé celles de votre ame. Vous avez fait la part de la reconnaissance : il est tems de faire celle de la justice.

Un hasard malheureux, et qui n'a pas dépendu de votre volonté, vous a conduite dans la maison Bancal : vous avez nommé, et la procédure avait nommé, avant vous, celui qui a voulu vous y égorger. La procédure a nommé aussi, mais il vous reste à nommer celui qui vous a sauvée. Elevez-vous à la hauteur de la mission que la Providence semble vous avoir confiée.

Nous vous écoutons; nommez celui des accusés présens qui vous a sauvée.

Mme Manson : Je n'ai pu le reconnaître; j'ai déjà eu l'honneur de vous le dire.

Bastide : Madame Manson me connaissait-elle avant de m'avoir vu ici?

M. le président répète à Mme Manson la question de Bastide.

Madame Manson répond au président : on me l'a fait voir quelquefois en me disant que c'était le frère de madame Pons; mais je le connaissais à peine....

Bastide : ça, c'est vrai....

Mme Manson, vivement : Oh! ce n'est point un malheur : je ne l'ai pas même reconnu dans la maison Bancal; mais, depuis, je l'ai reconnu positivement pour celui qui a voulu *m'égorger!!!*

M. le conseiller Pinaud : Madame, un dernier mot sur Jausion. Vous avez dit que Bastide voulut vous égorger; vous avez dit à Rodez que Jausion a sauvé la vie d'une femme qu'on voulait immoler. Il est constant, maintenant, que vous êtes cette femme : c'est donc Jausion qui vous a sauvé la vie. Parlez, madame; s'il est innocent, ne le laissez pas sous le poids d'une conséquence aussi accablante.

Mme Manson : Monsieur, je ne donnerai pas, je ne puis donner de conclusion à cet égard.

Bastide n'a sans doute pas réfléchi combien son exclamation est défavorable à Jausion. Pour moi (a-t-il dit), j'aime mieux l'*apostrophe* que madame Manson m'a adressée hier, que ses réticences perfides! J'aime à savoir à quoi m'en tenir.

Après ce débat, plusieurs témoins sont venus jeter de nouvelles lumières sur les faits qui ont précédé le crime. Madame Cassan a affirmé que M. Fualdès lui avait dit que dès qu'il aurait vendu son domaine de Flars, il lui resterait encore 15,000 francs. Le témoignage de cette dame a corroboré ceux de plusieurs témoins qui avaient attesté que M. Fualdès tenait un livre-journal sur lequel il inscrivait toutes ses recettes et ses dépenses. La femme Boudou a vu Jausion, le 18 mars, chez la Bancal; elle lui demanda ce qu'il voulait; il ne répondit pas. La femme Banide a vu Jausion sortir de la maison Bancal quelque tems avant l'assassinat.

M. le président a fait appeler ensuite les témoins qui déposent de faits antécédens à la charge de Colard : Pierre Combe, qui l'a vu boire chez Rose Feral, le 19 mars, avec Missonnier et Bach; Dallas, qui lui a entendu dire qu'il tuerait volontiers un homme pour vingt-cinq louis; un armurier, nommé Jean Vergne, qui lui a raccommodé un fusil à deux coups, fusil saisi chez lui, et qu'on présume être celui que portait Bastide en accompagnant le cortège.

M. Albène : Dans la soirée du 19 mars, je revenais sur le boulevard d'Estourmel; j'aperçus, à une cinquantaine de pas de moi, une masse d'ombres qui avançaient lentement. Cela me parut extraordinaire, et d'autant plus extraordinaire, que lorsque j'eus marché environ vingt-cinq pas de plus, les ombres disparurent. Je crus qu'il était prudent de prendre le milieu de la route, afin que les ombres qui s'étaient cachées dans la ruelle que je savais être à gauche, ne me donnassent pas en passant quelque mauvais coup. En passant devant cette ruelle, j'eus un sentiment d'effroi tel, qu'il n'eût pas été plus fort si j'eusse su quels étaient les misérables que je prenais pour des ombres. Je me mis à prononcer un *juron* fort et prolongé en franchissant ce passage qui m'effrayait tant. Enfin, j'arrivai au portail de la préfecture, et là, je vis un homme qui venait droit à moi : je ne le reconnus pas. Le lendemain, j'appris l'assassinat de M. Fualdès, et je ne doutai point que les *ombres* que j'avais rencontrées ne fussent les assassins qui le portaient à l'Aveyron. Ma domestique, à laquelle je parlai de cette circonstance, ajouta : « Il y avait hier un jeune homme qui vous suivait; c'était *Bessières-Veynac*. — Eh! comment l'as-tu reconnu? — Je l'ai servi : *il a rôdé ici toute la soirée.* »

M. le président : Les officiers de gendarmerie ne logent-ils pas dans votre maison ?

M. Albène : Oui, Monsieur.

M. le président : Il paraît qu'on voulait s'assurer si personne n'allait les avertir. Est-ce tout ce que vous savez, M. Albène ?

M. Albène : J'ai encore une circonstance à ajouter ; elle est relative à Mme Manson. J'étais au tribunal, auprès d'elle : « Vous m'avez donné, lui dis-je, une conviction bien forte contre les accusés : si j'étais au nombre de leurs juges, je les condamnerais sans hésiter. — *Ils sont coupables ; tant pis pour eux*, me répondit-elle. » Elle les accusa ensuite d'une manière encore plus particulière, en me disant : *Tenez, voilà le tigre ; l'autre, c'est la hyène du Gévaudan.*

Mme Manson : J'ai pu dire : *S'ils sont coupables, tant pis pour eux* ; j'ai pu dire aussi : *ils sont coupables.*

M. le président : Fûtes-vous le seul qui entendites ce propos ?

M. Albène : Il y avait beaucoup de monde ; entr'autres, M. René de la Goudalie.

M. le président ordonne qu'on introduise M. de la Goudalie, qui est témoin dans la cause. La question lui est répétée.

M de la Goudalie : Je ne sais pas si Mme Manson a parlé de *tigre* et d'*hyène* à M. Albène ; mais ce dont je puis assurer la cour, c'est qu'elle me l'a dit, à moi.

Mme Manson : *Cela est vrai, Monsieur.*

TRENTE-NEUVIÈME LETTRE.

Albi, 7 avril.

Séance du 6 avril.

Le nombre considérable des témoins qui déposent dans cette affaire retarde beaucoup la marche de la procédure. Plusieurs n'ont à dire que des choses sans importance ; et l'impatience du public, rendue plus active par ces retards, se reporte tout entière sur les témoins qu'on sait d'avance avoir des révélations à faire. Nous croyons donc devoir nous borner à rendre compte des dépositions qui ont excité l'attention de l'auditoire.

La femme Chassant est le premier témoin qui, à cette audience, ait dit quelque chose d'important : cette femme, passant le 19 mars, à huit heures et demie du soir, dans la rue des Hebdomadiers, a trouvé une canne et un mouchoir auprès de la maison Bancal.

La veuve Bancal a répété, devant le tribunal, la déposition qu'elle avait faite dans l'instruction de l'affaire.

Il était, dit-elle, cinq heures et demie quand le meunier m'apporta ma farine. Je me retirai après avoir mis au four. Je couchai mes enfans; ma fille aînée sortit avec un jeune homme connu. Je ne savais pas si elle ne viendrait pas coucher; je dis à Anne Benoît de laisser la porte ouverte. Je me couchai quelques instans après. Voyant que ma fille n'arrivait pas, je me levai pour aller fermer la porte, parce que j'avais étendu du linge dans la cour, et j'avais peur qu'il ne fût volé. J'entendis *mes petits* qui criaient; je montai auprès d'eux et je passai la nuit auprès d'eux. En allant au four, j'avais vu plusieurs personnes qui descendaient; j'en vis d'autres qui descendaient aussi quand je sortis la seconde fois; mais je n'ai pas fait attention où elles entrèrent.

Le nommé Alibert est introduit. L'air mystérieux que prend ce témoin en se disposant à parler provoque le plus profond silence. Je passais, dit-il, devant la préfecture le 19 au soir. Plusieurs hommes étaient apostés le long des murailles. Il y en avait un qui paraissait les diriger à l'aide d'un mouchoir blanc qu'il étendait plusieurs fois en avant, comme pour leur dire, *filez! filez!* Ils s'avancèrent en effet, en se glissant *dans le noir de la rue*. Je m'étais arrêté près d'une porte, d'où j'observai leur manége, et je pensai toute la nuit à ce que j'avais vu. Colard, que je rencontrai le lendemain, me dit: « Vous ne savez pas, M. Fualdès a été tué cette nuit. » Je ne sais ce que je lui répondis, mais je me rappelle très-positivement qu'il me dit à demi-voix: « Il y en aura bien d'autres. »

Colard, se levant avec colère: Je ne vous ai jamais dit ça, entendez-vous. D'où est-ce que j'aurais su une chose pareille? Il est bien aisé de voir qu'ils s'entendent.

Le témoin: Vous me l'avez dit, et ça me donna beaucoup à penser.

La femme Brast déclare qu'elle a vu Bastide entrer dans la maison Bancal le 19 dans la soirée; mais elle ne se rappelle pas au juste l'heure. C'était, dit-elle, de midi à quatre heures.

Bastide: En voici bien d'une autre. Les menteurs devraient bien tâcher de s'accorder. Les uns ont dit que j'avais été chez Bancal le soir, à huit heures ; d'autres, que j'avais fait semblant de sortir de Rodez, et qu'on m'avait vu sur la grande route. Je ne pouvais pas être partout à la fois.

La femme Brast : Je ne me rappelle pas au juste à quelle heure vous êtes entré chez Bancal ; mais je suis sûre que c'est avant la nuit.

Bastide : Oui, vous êtes joliment sûre.

La femme Murval a vu la canne et le mouchoir que la femme Chassant avait trouvés ; il y avait, dit-elle, des trous rangés en demi-rond, *comme la marque d'une mâchoire.*

Plusieurs témoins sont appelés ; leur déposition est sans intérêt les uns disent qu'ils *ont entendu dire qu'on avait dit*, etc.

Bastide les a écoutés en haussant les épaules de pitié.

Bach est interrogé Il répond aux demandes qui lui sont faites sur les détails qu'il avait donnés à M. le juge d'instruction.

La veuve Bancal l'*interrompt* : « Puisque vous étiez chez moi, à ce que vous dites, comment étaient placés les lits et la table ? »

Bach : On voyait à peine clair dans la cuisine ; et puis je ne me suis pas amusé à regarder les meubles : tout ce que je sais, c'est qu'il y avait un lit à gauche, et que *le corps* était étendu sur la table.

Bastide l'interpelle, à son tour : « Me connaissiez-vous, moi, avant le soir où vous dites que vous m'avez vu ?

Le président répète la demande à Bach, qui répond : non, Monsieur le président, je ne connaissais pas M. Bastide ; mais quand je l'ai vu au tribunal de Rodez, je l'ai bien reconnu pour l'homme qui était chez Bancal et à qui on avait dit : *Tiens, Bastide, voilà la clef ; va tout ramasser.*

Bastide (avec un sourire amer) : Je sais bien qu'on veut ma tête ; mais il faut des preuves.....

M. Joliçœur, jardinier : Le jour de l'assassinat, il faisait un peu froid. Vers dix heures du soir, je m'avisai d'aller chercher des vases qui étaient dans mon jardin, afin de les rentrer. J'entendis quelque bruit sur le boulevard, et j'ouvris une porte ; j'aperçus un grand homme qui faisait avec son mouchoir des signaux qui me parurent destinés à faire avancer ceux qui le suivaient. Je refermai ma porte et je me couchai. Le lundi, à huit heures, Colard vint me trouver dans mon jardin. Vous ne savez pas une chose ? me dit-il. — Non, je ne sais pas. — On a égorgé un homme et on l'a jeté dans l'eau. — Oh ! mon Dieu. — Oh ! ce n'est rien que cela, ajouta Colard ; il y en aura bien d'autres. — *Colard* : *Demandez-moi un peu* à ce témoin-là à quelle heure j'ai été chez lui ? — *Jolicœur* : A huit heures ; il me semble que je viens de le dire. — *Colard* : Ah mais ! ce qu'il me semble, moi, c'est que vous vous trompez, car je n'ai quitté le pré de M. Chalbert qu'à midi. — *M. le président* : Comment prouverez-vous cela ? — *Colard* : M. le président, faites-moi l'amitié de me faire assigner celui qui travaillait avec moi ; il pourra dire que je n'ai pas quitté le pré avant midi.

« Le jour de la foire de mars 1817, a dit Bousquier, je rencontrai Bach dans Rodez. Quand je lui eus indiqué mon domicile, il me demanda si je ne voulais pas lui aider à porter une balle de tabac de contrebande. Si cela ne peut pas m'exposer à aller en prison, lui dis-je, je le veux bien, parce que j'ai des enfans, et qu'il faut que je gagne ma vie. Il me rassura, promit de me payer mieux que tous ceux qui m'employaient, et il me dit encore *que tous les jours il pourrait m'employer à un semblable travail.* Bach me répétait toujours qu'il ne fallait rien dire ; qu'il ne fallait pas parler de cette balle de tabac. Cela ne me paraissait pas étonnant, parce que je savais qu'il craignait *les rats de cave.* Le soir même, Bach vint chez moi pour me parler de la balle de tabac que nous devions prendre vers huit ou neuf heures. Il m'emprunta vingt-quatre sous, et me remit en gage un mouchoir que voici. (Le témoin montre la cravate qu'il a au cou.) Quelque tems après il revint, et me dit qu'on apprêtait le tabac, et il m'invita à aller boire un coup : nous sortîmes pour aller chez Rose Féral ; mais Bach me quitta sur la place de Cité pour aller voir si le tabac était prêt. J'entrai seul pour faire tirer le vin chez Rose Féral ; je trouvai Colard et Palaret avec qui je me mis à boire. Pendant ce tems, Bach arriva ; il but avec nous, puis il ressortit plusieurs fois ; je pensais toujours que c'était pour le tabac ; enfin, quand nous vîmes qu'il ne revenait pas, je dis à Palaret : « C'est bien ! ce Monsieur qui nous laisse payer son écot ! »

Après avoir soldé Rose Féral, j'allumai ma lanterne pour me retirer chez moi, lorsque, dans la rue, je trouvai Bach posté à l'angle de la maison Ramond. — Tout est prêt, me dit-il, vous pouvez venir. — Où est-ce ? — Rue des Hebdomadiers ; venez, mais éteignez votre lanterne, nous n'en avons pas besoin. Nous arrivâmes dans une maison habitée par Bancal, et je trouvai dans la cuisine, Bancal, Baptiste Colard, la Bancal, Missonnier et une autre fille que je ne remarquai point. Il y avait aussi deux messieurs, dont l'un, à ce que me dit Bach quand nous fûmes rentrés chez moi le soir, était M. Gramont-Bastide, de Gros; Bach ne me fit pas connaître le nom de l'autre monsieur; mais ce que je puis assurer, c'est qu'il n'était ni aussi grand ni aussi gros que le premier. M. Bastide me mit le fusil sur la poitrine, et me dit. *Si tu bouges, tu es mort.* Je ne bougeai pas; mais je tremblai beaucoup quand je vis qu'au lieu d'une balle de tabac c'était un cadavre qu'il fallait porter. C'est Bach qui m'annonça cet effrayant changement. On avait empaqueté le mort dans une couverture de laine; il était attaché avec une corde grosse comme le doigt. On le porta avec deux barres. Colard et Bancal prirent le devant; moi et Bach nous portions le derrière. M. Bastide nous précédait; l'autre monsieur marchait derrière. Arrivés sur les bords de l'Aveyron, on jeta le corps dans la rivière, après nous avoir fait prêter serment de ne jamais parler de ce qui s'était passé. Bastide s'en alla par la Guioule; l'autre monsieur par le moulin des Bessès, et Bach vint coucher chez moi; c'est là qu'il me donna deux écus de 5 fr. »

Cette déposition a paru faire beaucoup d'effet sur Bastide; mais Jausion a semblé se ranimer quand il entendu que Bousquier ne reconnaissait pas l'autre monsieur.

Il finit sa déposition en déclarant que pendant qu'il était en prison à Rodez, un inconnu vint lui promettre une charretée de blé et 8000 francs pour rétracter sa déposition.

M. le président: L'homme que vous croyez être Jausion avait-il sur la tête quelque chose de particulier.

Bousquier: Je crois qu'il avait sous son chapeau je ne sais quoi de tout blanc.

M. Grandet demande à Bousquier si, arrivé au pré de Capoulade, le cortége le traversa. Bousquier répond qu'on suivit le chemin et qu'on descendit ensuite dans le pré.

La femme *Tessèdre* déclare que dans la soirée du 19 mars, se rendant chez la famille espagnole logée dans la maison Bancal, elle aperçut plusieurs individus dans cette maison et entendit très-distinctement prononcer ces paroles: *Il ne nous échappera pas; nous le tenons.* Elle frappa à la porte de Bancal, qui vint lui-même ouvrir, et la reçut fort mal, en lui disant: Votre fille n'est pas chez nous. Allez-vous-en tout de suite, *parce qu'il doit se passer quelque chose ici.*

M. le président à la femme Tessèdre : N'entendîtes-vous rien, tandis que la porte de Bancal était ouverte ?

La femme *Tessèdre* : J'entendis des soupirs, des cris étouffés, des gémissemens (Mouvement d'indignation dans l'auditoire).

La fille *Duclos* : Le 19 mars au soir, je vis dans la maison Bancal, où je demeure, une femme qui *donnait à manger à un cochon dans un baquet.*

Je fus d'autant plus étonné de cela, que le pauvre animal se passait souvent de nourriture, et que d'ailleurs on n'est pas dans l'usage de donner à manger aux bêtes à cette heure-là. Le 20 au matin, il vint des commissaires qui, après quelques perquisitions, cherchèrent des traces de sang dans le corridor. Je leur dis que Bancal était un brave homme, et qu'ils avaient tort de le soupçonner capable d'un meurtre. Je parlai de l'affaire qui occupait tout le monde avec l'Espagnol logé aussi dans la maison. Il me dit : Bancal était couché au moment de l'assassinat. Anne Benoît me dit aussi que ce crime n'avait pas été commis dans la maison, et qu'elle n'avait vu sortir de chez Bancal qu'un *muscadin.*

Quelque tems après, Anne Benoît changea bien de langage ; elle paraissait embarrassée lorsqu'on lui parlait de l'assassinat de M. Fualdès, et baissait les yeux. Un jour, je lui demandai ce qu'elle en pensait : *Ah ! bien, ma foi,* me dit-elle, *que ceux qui l'ont tué le disent.* En disant cela elle baissait la tête. *Toi, tu seras bientôt dedans,* lui répondit un homme qui était avec elle. Effectivement, elle fut arrêtée deux jours après.

L'Espagnol dit une autre fois à la fille Duclos : *Il n'est que trop certain qu'on a égorgé dans cette maison le pauvre Fualdès.*

La femme *Couderc* dépose que la Bancal lui dit un jour qu'elle craignait beaucoup une *dame Enjalran* de Rodez. *Si elle faisait sa déposition, je serais perdue.* En revenant un jour du tribunal dans la prison, la femme Bancal dit au témoin, à l'occasion de la déposition de Bousquier : *Il a nommé les pauvres, mais il n'a pas nommé les riches.*

La Bancal (d'un air courroucé) : Ce n'est pas vrai. J'ai dit que puisque Bousquier avait parlé de messieurs, il devait les nommer à la justice.

Le sieur Dubos et la femme Solanet ont vu le 19, à dix heures du soir, près de la préfecture, un homme qu'ils ont remarqué à cause de sa grande taille et de ses regards *terribles* pour Bastide. (Bastide fait plusieurs gestes d'impatience et sourit avec ironie.)

Rose Solanet: Le 19 mars, vers les dix heures du soir, je vis passer un homme d'une grande taille. Il avait un fusil sous le bras; il chantait. Je le regardai, et je reconnus Bastide.

M. le président au témoin : N'a-t-on pas cherché à vous séduire?

Rose Solanet: Oui, Monsieur, on m'a offert cinquante louis pour me faire rétracter ma première déposition, mais.....

Le sieur *Burg* dit que le 19, sur les neuf heures et demie, il vit un individu qui se tenait près d'une maison de la rue de l'Ambergue.

M. le président à madame Manson : Madame, c'est vers cette heure que vous avez passé dans ce quartier; ne pourriez-vous pas donner à la justice quelques renseignemens?

Madame Manson: Monsieur le président, ce n'est point dans cette rue que j'ai passé. J'ai suivi l'Ambergue gauche jusqu'à la promenade, et je n'ai vu personne.

M. le Président: Comment était vêtu l'homme qui vous accompagnait?

Madame Manson (après un moment d'hésitation) : Je crois qu'il avait une lévite.

M. le Président à Missonnier : Missonnier, vous avez entendu les dépositions de Bach et de Bousquier. Qu'avez-vous à répondre aux charges qui s'élèvent contre vous?

Missonnier, en souriant d'un air hébêté : M. le président, j'ai à répondre qu'ils mentent....

Le défenseur de Missonnier, qui a le plus grand intérêt à prouver que son client est un imbécille, prie le témoin Burg de donner quelques renseignemens qui lui soient favorables à cet égard.

M. Burg. — Il y a deux ou trois ans, dit le témoin, qu'étant à la promenade, je rencontrai Missonnier auprès d'un petit bras de rivière. — Que fais-tu là? — Moi, rien, seulement je vais à la chasse aux poissons. — Comment, à la chasse aux poissons! es-tu fou? — Il y a deux heures que je veux en prendre avec ma ligne, et ils ne veulent pas se laisser attraper, et je vais prendre le parti de les tuer à coups de pierre. — Et, effectivement, voilà mon homme qui se déshabille, remplit son chapeau de pierres, descend dans la rivière et fait la chasse aux poissons. Ça allait assez bien pendant quelques instans ; mais je l'entendis bientôt *barboter*, et je vis que si je ne l'aidais pas à se tirer de là, il pourrait bien se noyer ; je courus à lui et je le fis sortir de l'eau. — Oh ! ce n'est rien, me dit-il, c'est que, voyez-vous, j'en tenais un ; il il a voulu se sauver, et j'allais le chercher.

M. *le président.* : Missonnier, vous rappellez - vous cette aventure ?

Missonnier : Oh ! oui, monsieur, c'était sur une petite promenade bien gentille.

M. *le président* : Bousquier a dit qu'il vous avait reconnu chez Bancal et dans le cortège.

Missonnier : Il ment, il ment, c'est un menteur.

On entend une déposition insignifiante, et la séance est remise au lendemain.

P. S. On croyait que Mlle Rose Pierret serait entendue à cette audience ; elle n'a pas paru ; mais on ne doute pas qu'elle ne soit appelée à l'audience prochaine ; on est fort curieux de la voir en présence de mad. Manson, quoiqu'on n'attende aucune nouvelle lumière de cette confrontation.

LE STÉNOGRAPHE PARISIEN.

QUARANTIEME LETTRE.

Albi, 8 avril 1818.

Séance du 7.

Nous nous étions élevés avec raison contre la détermination prise par l'autorité d'Albi de faire payer les auditeurs du procès Fualdès; il paraît que l'autorité a senti l'inconvenance de la mesure que nous avions signalée. Pour ne point priver les débats de l'avantage de la publicité, on a laissé une portion de la salle d'audience à la disposition du public, on a même donné plus d'extension à cette partie, de telle sorte qu'on peut, sans qu'il en coûte rien, assister aux séances de la cour d'Albi; seulement le préfet, qui a voulu faire tourner au profit de ses pauvres la malheureuse célébrité du procès Fualdès, a fait construire, des fonds de sa propre caisse, une tribune dans laquelle on est admis avec des billets dont le prix est destiné aux indigens.

Mademoiselle Rose Pierret n'a point encore paru. L'attente des auditeurs a déjà été trompée plusieurs fois, mais ce retard semble doubler leur curiosité ainsi que l'intérêt qu'inspire ce témoin. Les dépositions de quelques personnes et les aveux de trois accusés (*Bax*, *Bousquier et madame Manson*) paraissent donner à la justice lieu de croire qu'il y avait plusieurs femmes dans la maison Bancal. Ce soupçon, dont une partie rejaillit sur mademoiselle Rose Pierret, grâces aux lettres de madame Manson, ajoute à l'impatience qu'on a de voir et d'entendre cette jeune personne, qui n'a point encore paru à l'audience.

M. Ladouce, avocat, a commencé l'audience aujourd'hui par sa déposition. Ce jurisconsulte a sans doute pensé que l'éloquence était inutile pour raconter des faits; il s'est servi d'un style remarquable par son extrême simplicité : *comme ayant été épousé* par une femme en procès avec Bastide, a dit M. Ladouce, avocat, j'ai été dans l'obligation de soutenir contre lui des discussions à Toulouse et à Montpellier. Voilà les seules *liaisons* que j'ai eues avec M. Bastide.

M. le président : Que vous est-il arrivé à Gros?

M. Ladouce : J'avais des comptes à régler avec M. Bastide, je vins de Villefranche à Rodez pour le trouver. J'avais apporté des procurations en blanc pour lui donner quittance de vingt mille francs. Je l'attendis à Rodez; il ne vint pas, et je pris le parti d'aller à Gros. Il m'en souviendra long-tems de mon voyage, j'eus une belle peur ! J'avais amené un jeune homme avec moi; nous arrivâmes à Gros. On nous reçut d'abord assez bien. Le soir, à souper, je voyais toujours *M. Yence* (1) parler bas à Mme Bastide, et puis M. Bastide qui avait cet air *que vous savez*, tout cela n'était pas très-rassurant; enfin, je dissimulai. Après souper, M. Yence voulut examiner mon compte; je le lui donnai, il s'emporta, me dit que j'étais de mauvaise foi, et m'accabla d'injures. Il était tard, j'étais tremblant; je dissimulai encore, quoique les larmes me vinssent aux yeux. Je dis que j'étais si troublé, qu'il m'était impossible de signer mon nom. On me dit que je pouvais aller me coucher, ce que je fis semblant d'exécuter; mais *je restai debout toute la nuit*, et je mis mes papiers en lieu de sûreté. Le lendemain matin on me fit des excuses. M. Bastide me tendit la main, je lui tendis la mienne, bien décidé à ne plus revenir dans sa maison.

Bastide, s'efforçant de sourire : Je suis bien étonné que le témoin me reproche des injures, à moi qui n'en ai jamais fait à personne !

M. Romiguières : Taisez-vous donc, cela ne vous regarde pas; il s'agit de M. Yence.

Bastide, se retournant avec vivacité : Eh ! mon Dieu, Monsieur, je réponds pour moi et pour les miens.

---

(1) C'est le même qui a été depuis peu arrêté comme accusé de complicité dans l'assassinat de M. Fualdès.

M. Blanc : Je sortais de l'hôtel des Princes, il était dix heures à peu près. Je traversai la place de Cité; au coin de la rue du Terrail, je crus apercevoir un monsieur et une dame. Je portais une lanterne, qui sans doute les effraya, car ils disparurent, et cependant je n'avais nullement envie de les déranger.

M. le président à Mme Manson : A quelle heure, Madame, êtes-vous passée à la place de Cité avec celui qui vous avait fait sortir de la maison Bancal?

Mme Manson : A dix heures à peu près.

M. le président : Passâtes-vous par la rue du Terrail?

Mme Manson : Non, Monsieur.

M. le président : Etiez-vous encore en homme?

Mme Manson : Oui, Monsieur.

M. le président au témoin : Reconnûtes-vous l'individu qui paraissait accompagner la dame que vous aperçûtes?

M. Blanc : Non, Monsieur, mais je reconnus que la femme était une dame comme il faut, parce qu'elle avait des *bas blancs* et des falbalas.

M. le président à Mme Manson : Aviez-vous des falbalas?

Mme Manson : Non, Monsieur.

L'arrivée de M. Dupré, de Saint-Flour, sur le siége des témoins, a été annoncée dans l'auditoire par un murmure approbateur; Mme Manson, dans ses Mémoires, l'avait signalé à la curiosité publique comme un poète descendant, pour le style, en ligne directe du Tasse. Si l'on n'a trouvé dans les phrases de M. Dupré rien qui rappelât précisément le Tasse, ce doit être à l'aridité du sujet qu'il faut nécessairement s'en prendre. Je ne sais rien directement sur cette affaire, a dit M. Dupré, de Saint-Flour; je ne suis que l'historien de la dame Constans, qui nous a fait, en passant dans notre ville, des détails *très-étendus* de tout ce qui s'était passé dans la maison Bancal. Elle nous a dit que le soir de l'assassinat Mme Manson, avec qui elle est très-liée, avait un rendez-vous dans la maison Bancal. Elle s'y rendit à l'heure *captée*, elle était avec une demoiselle *Rose Pierret*. Au moment où ces dames liaient conversation avec la Bancal, les assassins qui entraînaient M. Fualdès arrivèrent : la Bancal fit entrer Mme Manson dans un cabinet : (1) Bastide, qui entendit du bruit dans cette partie de l'appartement, y courut ; il en arracha Mme Manson, il voulut l'égorger ; mais Jausion s'y opposa en lui criant : Malheureux ! que vas-tu faire ? Tu es embarrassé d'un cadavre, et tu veux immoler une seconde victime ! Jausion conduisit Mme Manson jusqu'au couvent de l'Annonciade.

M. le président : Clarisse Manson, vous venez d'entendre ce qui a été raconté au témoin. Vous avez nommé Jausion à Mme Constans.

Mme Manson : Je n'ai parlé de Jausion à personne.

M. le président : D'après ce qu'on a dit au témoin, on pourrait supposer qu'il y avait deux dames étrangères au crime dans la maison Bancal.

Mme Manson : *Cela pourrait être*, M. le président ; il y *avait beaucoup de monde* ce soir-là dans la maison Bancal.

M. le président : N'avez-vous donc rien dit à Mme Constans ?

Mme Manson : Je ne me le rappelle pas, M. le président ; mais Mme Constans paraîtra aux débats : elle n'a pas dit tout cela dans sa déposition.

M. le président : Il est vrai que Mme Constans, interpellée par la justice, nie tous les faits, mais elle les raconte d'ailleurs très-facilement à des personnes qui ne sont revêtues d'aucun caractère public.

Mme Manson : Eh bien ! quand nous serons en présence, nous verrons comment elle s'en tirera.

M. le conseiller Combettes de Caumont : Mlle Rose Pierret était-elle dans la maison Bancal ?

Mme Manson : *Cela peut être*, Monsieur ; mais *elle ne l'a pas dit.*

M. le conseiller Pinaud : Dans une de vos exclamations à Rodez, vous vous écriâtes : *Tous les coupables ne sont pas dans les fers !* La

---

(1) Le témoin ne dit pas ce qu'on aurait fait de Mlle Rose Pierret. Nos lecteurs se rappellent sans doute qu'on a parlé d'une femme qui aurait été obligée de se cacher sous un lit.

justice vous demande un aveu général; nommez-nous ceux qui ne sont point encore dans les fers.

Mme Manson: J'ai dit tout ce que je pouvais dire. Il y a une nouvelle procédure entamée, d'autres individus sont arrêtés (Ce sont MM. Yence, notaire, un frère de Bastide; Bessière-Veynac, neveu de Bastide, que Bach déclare dans sa déposition avoir reconnu, et Charlotte Arlabosse, maîtresse de Bastide). Je serai sans doute appelée à ces nouveaux débats, et alors, M. le président, je répondrai lorsqu'on m'interrogera. En ce moment je ne dois pas accuser les autres; je ne dois songer qu'à me défendre.

M. Boudet, avocat de la Bancal, demande que Mme Manson réponde catégoriquement sur la question de savoir si elle avait eu un rendez-vous chez Bancal. Le défenseur de Mme Manson s'est opposé à ce qu'on la questionnât sur un fait dont la connaissance ne peut appartenir à personne. La cour et l'auditoire ont été de l'avis du défenseur de Mme Manson.

Plusieurs témoins entendus n'ont fait connaître aucun fait nouveau. Ensuite M. de France de Lorné a été introduit. Sa déposition est fort intéressante.

Le dimanche après l'arrêt de condamnation, a dit ce témoin, avec MM. Desufren, Henri et Auguste Debonald, Frayssinet de Valady et Adolphe Dubosc, nous eûmes la curiosité d'aller voir la petite Bancal dans l'hospice où elle était déposée. Voici les détails que nous recueillîmes de sa bouche.

Le 19 au soir, sa mère la fit coucher au second étage de la maison, dans une chambre où elle ne couchait ordinairement pas.

Avant de s'aller coucher, et dans la soirée, il s'était réuni des messieurs et d'autres personnes qui avaient soupé avec une poule et des poulets, et avaient tous trinqué ensemble. Lorsqu'elle fut dans la chambre où on l'avait conduite, elle entendit un grand bruit dans la rue, qui lui fit peur; elle descendit en chemise et sans souliers, et se glissa dans le lit qui se trouve près de la porte de la cuisine. Ce fut au moyen d'un petit trou qui était au rideau qu'elle vit entrer une bande d'individus entraînant un monsieur. Elle reconnut dans cette bande Bastide, qu'elle connaissait déjà, et fit connaissance avec Jausion, qui fut appelé par son nom par *une dame* qui, conjointement avec *une autre*, étaient occupées à fermer la porte; l'une de *ces dames* était plus grande et plus forte que Mme Manson, et portait *un chapeau blanc avec des plumes vertes.* Après que la porte fut fermée, elle se trouva mal; on la fit revenir avec de l'eau-de-vie, et on les fit sortir l'une et l'autre par la fenêtre qui donne sur la rue. Ce fut alors que l'on fit asseoir ce monsieur près de la table, qu'on lui présenta des lettres de change a signer, en lui disant : *Il faut faire des lettres de change, ou mourir.....* Ce fut Bastide et Jausion qui lui présentèrent ces lettres de change. Cela fait, on l'étendit sur une table, et avec un grand couteau à gaîne (semblable à ceux avec lesquels on égorge les cochons, et que Bastide avait apporté sous son habit), on l'égorgea. Ce fut Jausion qui porta le premier coup; mais il éprouva un mouvement d'horreur qui le fit retirer. Bastide continua; et enfin on lui fit porter plusieurs coups par Missonnier. Colard et Bancal tenaient les pieds, Anne Benoît le baquet, et la femme Bancal *remuait le sang avec sa main à mesure qu'il tombait* (Mouvement d'horreur dans l'auditoire.) Un *monsieur boiteux*, avec des favoris noirs, tenait la lumière. Au moment où M. Fualdès venait d'être égorgé, Bastide entendit du bruit dans le petit cabinet qui est au bout de la cuisine; il demanda s'il y avait quelqu'un dans la maison : la femme Bancal répondit qu'il y avait une femme dans le cabinet. Bastide dit qu'il fallait la tuer. Mme Manson sortir alors, *et se jeta aux genoux* de Bastide. Elle était venue le même jour, à neuf heures du matin, parler à la femme Bancal; le soir, elle était revenue dans cette maison avant que les enfans fussent se coucher, ayant *un grand voile noir* qui lui tombait jusqu'aux genoux. On se borna à lui faire placer *la main sur le ventre* du cadavre. Bastide voulut aussi s'assurer s'il y avait quelqu'un dans le lit : la petite Madelaine fit semblant de dormir. Bastide lui passa deux fois la main sur la figure, et dit à la femme Bancal qu'il fallait se défaire de cette enfant. Celle-ci *y consentit moyennant une somme de 400 francs.* Le projet avait été formé de porter le cadavre dans son lit, en lui plaçant un rasoir au cou. Jausion, Bastide et d'autres sortirent pour aviser à l'exécution de ce projet, mais ils rentrèrent ensuite en disant qu'il était impossible, parce qu'il y avait quelqu'un à la fenêtre. On se détermina alors d'aller porter ce cadavre à la rivière. La femme Bancal lava la table et tout ce qui pouvait être couvert de sang. Bancal ne rentra point de toute la nuit.

La femme Bancal envoya le lendemain matin la petite Madelaine à son père dans les champs, lui porter la soupe; elle lui avait bien recommandé de dire à son père *de ne pas manquer de faire ce qu'il savait.* Madelaine trouva son père occupé à faire un trou; elle crut qu'il lui était destiné; cependant, elle s'acquitta de la commission; son père, en la voyant, recula; puis il l'embrassa en pleurant, et lui dit: Non, non, va-t'en, va-t'en..... et elle s'en alla en courant.

Bastide était revenu le lendemain, de grand matin, chez la femme Bancal, revêtu d'une lévite verte.

Le trou creusé par Bancal fut employé à enterrer l'un des deux cochons à qui l'on avait fait boire le sang, et qui en était mort (1).

M. Dubernard: Je me suis opposé, dans l'une des dernières audiences, à ce qu'on donnât lecture des dépositions écrites de la petite Madelaine Bancal; mais puisqu'un témoin auriculaire vient faire connaître à MM. les jurés des circonstances racontées par cette enfant, et qu'un grand nombre de ces circonstances sont en contradiction avec les révélations qu'elle a faites devant le juge d'instruction, je demande que les dépositions écrites soient lues, pour la plus grande manifestation de la vérité.

M. le procureur-général: Je m'oppose à ce qu'on lise la déclaration de Madelaine Bancal.

Cette enfant a été entendue par le juge d'instruction de Rodez, dans la procédure instruite contre la dame Manson, procédure à laquelle la femme Bancal était étrangère.

---

(1) Cette partie de la déposition ne manquera pas sans doute d'être vérifiée.

Aujourd'hui que cette procédure et celle qui avait été précédemment dirigée contre la femme Bancal et les autres accusés doivent être jugées par un seul et même débat, on ne peut pas plus lire la déposition de Madeleine Bancal, qu'on ne pourrait la faire paraître comme témoin aux débats.

Les plus saintes lois de la nature, les premières règles de la morale s'opposent à ce que des enfans viennent déposer contre les auteurs de leurs jours. Eh! qui ne frémirait de voir le témoignage d'un fils conduire son père à l'échafaud!

On vous dit que vous venez d'entendre la déposition d'un témoin qui a rapporté des faits racontés par Madeleine Bancal; mais la loi qui a défendu d'entendre, contre les accusés, les témoins qui leur appartiennent par des nœuds aussi étroits, a permis, a voulu qu'on pût appeler les témoins qui rapportent les propos de ceux dont il n'est pas possible d'admettre le témoignage direct; et puisqu'elle reçoit la déposition de ceux qui rendent compte du langage des accusés, pourquoi se refuserait-elle à écouter les témoins, souvent si nécessaires, qui font connaître les détails fournis par les parens mêmes de l'accusé.

On ajoute que la déclaration de Magdeleine Bancal, devant le juge d'instruction de Rodez, offre quelque contradiction avec le langage que lui prête le témoin qui vient d'être entendu. C'est à MM. les jurés d'examiner dans leur sagesse en quoi ce langage est conforme aux autres élémens de la procédure.

Mais ne donnons pas encore une fois le barbare exemple d'appeler une fille à accuser sa mère, lors même qu'elle ne dirait que la vérité; et si les preuves n'abondaient pas d'ailleurs, nous vous dirions: L'impunité des coupables serait mille fois préférable au scandale que donnerait à la nature, aux lois, à l'humanité, la condamnation d'un père ou d'une mère, produite par le témoignage de leurs enfans.

La cour, après en avoir délibéré, a déclaré que les dépositions ne seraient point lues.

M. Dubernard: Qu'il me soit permis cependant de mettre Mme Manson et la petite Bancal en contradiction manifeste entre elles.

Dans tous ses interrogatoires, Mme Manson déclare qu'elle est arrivée chez Bancal en homme. Madeleine Bancal dit, au contraire, qu'elle était en femme, avec un voile noir.

Mme Manson : M. Dubernard, vous avez lu avec attention mes interrogatoires; et, cependant, ce qu'il y a de plus essentiel vous est échappé. Il y a, ce me semble, *je dirai la vérité à Albi.*

M. Dubernard : Eh bien! Madame, si vous avez dit la vérité, la petite Bancal ne sait ce qu'elle dit, et c'est justement ce que je voulais prouver.

M. Combettes de Caumont : Ne pourriez-vous, Madame, nous répéter vos déclarations, afin qu'on pût voir si elles coïncident avec celles de la petite Bancal?

Mme Manson : Je crois en avoir assez dit.

La séance est remise à demain.

P. S. Le mendiant *Laville*, qui était couché dans l'écurie de Missonnier, le soir du 19 mars, et qui paraissait être un témoin important dans l'affaire, vient de mourir à l'hospice d'Albi, le 6 avril, à dix heures du matin. Des bruits d'empoisonnement se sont répandus sourdement; mais la *Bancal* aussi aurait été empoisonnée, si elle avait succombé, et elle n'avait pourtant besoin que de ces soins que les sœurs de la charité prodiguent avec le même zèle à tous les malades dans tous les pays.

La maladie de *Laville* a duré douze jours; sa gravité a donné lieu à l'autorité de s'informer de son caractère auprès du médecin en chef de l'hospice, qui n'a pas manqué sans doute de bonnes raisons pour prouver que c'était un *coma*.

Les gens instruits ont assuré que ce mendiant était mort d'une fièvre *ataxique ;* l'autorité a ordonné l'ouverture du cadavre, qui n'a pas offert le plus léger indice d'empoisonnement. C'est la troisième personne qui succombe depuis le commencement du procès, avant d'avoir fait de publiques révélations; les mêmes recherches chirurgicales avaient été faites.

QUARANTE-UNIÈME LETTRE.

Albi, 7 avril.

Séance du 6 avril.

Cette séance a jeté de nouvelles lumières sur la procédure. Mme Manson a donné de nouveaux éclaircissemens; son cousin Rodat, dont les dépositions avaient mérité à Rodez les éloges de la cour, par la sage conduite qu'il avait tenue dans cette affaire, a été de nouveau entendu. Ce témoin ne fait que répéter ici ce qu'il avait dit dans les premiers débats. — Sa cousine lui a demandé, dit-il, ce qu'il aurait fait s'il se fût trouvé dans la maison Bancal. Je me serais fait tuer, répondit-il.—Mais si vous eussiez été femme? — J'aurais, en sortant, couru tout révéler aux juges. — Mais si on vous eût lié par un horrible serment? — Un serment, fait le couteau sous la gorge, ne peut lier personne. — Mais si l'un des assassins vous eût sauvé la vie? — Rien ne peut frustrer la société de sa vengeance. — La société avant les individus. — Ses intérêts sont plus puissans que tous les liens, que toutes les obligations. — C'est d'elle que dérivent tous les devoirs.

Lorsque Bousquier fit des révélations, on en parlait beaucoup à Rodez. Clarisse vint me voir avec une autre dame; cette dernière me donna les détails qui couraient dans le monde sur cette déposition. Je lui fis part de mes réflexions. Clarisse garda le plus profond silence, et il y avait dans ses regards je ne sais quel air de terreur qui me frappa. Quand elle fut sur le point de se retirer, elle me demanda avec un sourire forcé : Est-ce que vous croyez à la déposition de ce Bousquier? — Sans doute, lui dis-je, elle me paraît vraisemblable. — Je la crois vraie, me dit-elle, et elle sortit.

Vous savez, monsieur, continue le témoin, que le bruit circulait sourdement à Rodez qu'une dame avait été trouvée par les assassins dans un cabinet de la maison Bancal. La rumeur publique avait nommé plusieurs dames de la société. Je me rappelai les questions que m'avait fait madame Manson, son inquiétude, ses demi-aveux, et j'avais déjà de fortes raisons de croire qu'elle était la *dame du cabinet*, quand la déposition de M. Clémendot vint ajouter à toutes mes conjectures. J'allais, dans ce tems-là, chez M. Enjalran : Clarisse y était; la conversation était animée. Madame Manson disait de M. Clémendot : « Il a abusé d'une plaisanterie que je lui ai faite pour me compromettre dans cette horrible affaire. Je ne sais rien, on ne saura rien de moi. » Là, elle s'étendit en reproches très-vifs contre l'indiscrétion de l'aide-de-camp. Je pris la parole, et je lui dis avec quelque énergie : «Croyez-vous qu'on soit maître de retenir des lumières quand la justice les réclame.»

Toutes les petites considérations de famille et d'amitié s'évanouissent devant l'impérieuse loi de lui dire toute la vérité, quand elle vous interpelle. Moi, par exemple, qui suis votre ami et votre parent, si j'étais appelé en témoignage, je serais forcé de dire tout ce que je tiens de vous.... Je le dirais. — Vous le diriez, reprit Clarisse; vous voulez donc me perdre? — Vous perdre? Et qu'avez-vous à craindre? Vous n'êtes tout au plus coupable que d'une faute, et la société demande vengeance d'un crime. — Je ne sais rien, reprit Clarisse, après un moment de silence. — Je la regardai fixement; elle s'approcha de moi et me dit de l'air le plus affectueux : Conseillez-moi, je suis perdue! J'ai besoin de vos avis. Quelle conduite dois-je tenir? — Elle est toute tracée, répondis-je; dites ce que vous savez. — Je le dirai, reprit-elle; je dirai tout..... *Je dirai que c'est Jausion qui....*, Elle n'acheva pas cette phrase. Je ne voulus pas lui arracher son secret; je l'engageai à persévérer dans sa résolution, et lui remontrai combien elle devait se mettre au-dessus des motifs qui pouvaient lui faire craindre d'avouer qu'elle avait été dans la maison Bancal. — La scène de votre vie s'agrandit, lui dis-je; vous avez à remplir une sorte de mission dans le cercle de vos nouveaux devoirs, aucun petit intérêt n'y doit trouver place. Le monde vous jugera, non dans le sens de ses règles ordinaires, mais dans celui de l'affaire qui attire maintenant tous ses regards. Plus vous aurez de considération à lui sacrifier, plus il vous saura gré du sacrifice.

L'avocat de la partie civile prie la cour de demander à Mme Manson ce qu'elle entendait par ces mots : *Je dirai que c'est Jausion qui......*

Mme Manson : J'ai déjà déclaré que je ne me rappelais pas ce propos. Il faut toutefois qu'il soit vrai, puisque M. Rodat le dit.

Me Romiguière : Voulez-vous bien, Monsieur le président, demander à Mme Manson comment elle a su qu'on avait empêché M. Fualdès de faire son acte de contrition.

Le président répète cette question.

Mme Manson (avec un mouvement d'horreur) : Je l'ai entendu..

Me Romiguières : Qui a refusé à M. Fualdès le tems nécessaire pour cet acte ?

Mme Manson (d'une voix forte) : Bastide.

M. le conseiller Pinaud demande au témoin Rodat s'il n'a pas dit à la cour de Rodez que Mme Manson avait fait à son père et à M. Julien une description de la cuisine Bancal, avant qu'ils s'y fussent transportés.

Le témoin : C'est vrai, monsieur.

M. Pinaud fait observer à madame Manson que puisqu'elle s'est si bien rappelée les lieux où la scène s'est passée, il est difficile de croire qu'elle ne se rappelle plus les assassins.

Mad. Manson : Les hommes qui veulent commettre un crime se défigurent le plus qu'ils peuvent ; les lieux ne se déguisent pas.

M. le Président : Vous avez parlé de deux autres complices ; où sont-ils ?

Mad. Manson : On les jugera.

M. Pinaud : Ces individus qu'on jugera, dites-vous, étaient-ils dans la maison Bancal ?

Mad. *Manson* : Je ne répondrai à cette question que lorsque je ne serai plus au banc des accusés.

Bastide (avec humeur) : Mais puisque mad. Manson est complice, elle doit répondre comme les autres accusés.

Mad. *Manson*, avec un cri d'horreur : Moi ! le complice de Bastide !.....

Bastide, en souriant : Mais, en conscience, ne me reprochez rien. (Après une pause) : Toutes ces exclamations de mad. Manson ne signifient rien. Qu'elle parle donc, si elle sait quelque chose. Qu'elle dise donc positivement ce qu'elle a vu.

M. le Président : Que peut-elle dire de plus à votre égard ? n'a-t-elle pas dit plusieurs fois que vous aviez voulu l'égorger ?

Bastide : Qu'est-ce que cela peut prouver ? elle a dit l'autre jour qu'elle ne me connaissait même pas ; cette femme ne dit pas deux mots de suite ; toutes ses déclarations se contredisent : elle a parlé à Rodez d'une manière, ici d'une autre ; elle avait pourtant juré à Rodez, comme à Albi, de dire la vérité. — Pourquoi croirait-on plutôt ce qu'elle a dit contre moi ici que ce qu'elle a dit pour moi là-bas ?

Mme Manson (vivement) : Je n'ai jamais rien dit qui vous fût favorable.

Bastide (avec un mouvement de fureur) : Vous avez dit l'autre jour que vous ne me connaissiez pas.

Mad. *Manson* (étendant sa main vers Bastide) : Je le reconnais pour l'homme qui a voulu m'égorger !

M. le Président : Vous l'affirmez ?

Mad. *Manson* (avec fermeté) : Je l'affirme.

M. le président : Dans les débats de Rodez, si elle n'a pas dit la vérité, on pouvait remarquer les combats de sa conscience. . . .

Bastide : De sa conscience !

M. le président : Oui, les débats de sa conseience contre le désir de ne point rompre le serment qu'elle avait prêté de ne point nommer les assassins de Fualdès.

Bastide : Nous connaissons tout cela ; madame Manson est une actrice qui veut aller à la célébrité, n'importe par quel chemin, celui de la vertu ou du crime, ça lui est égal. Elle m'accuse, et elle ne me connaît seulement pas. Voyons ; me connaissez-vous ?

Mme Manson : Je ne vous ai que trop connu.

M. le président : L'avez-vous reconnu dans la maison Bancal ?

Mme Manson : Si je ne l'ai pas reconnu par son nom dans la

maison Bancal, je le reconnais bien ici pour l'homme qui a voulu m'égorger.

M. le président : Vous l'affirmez ?

Mme Manson : Oui, Monsieur, et je déclare qu'il est un des assassins de M. Fualdès.

Bastide : Savez-vous, Messieurs, pourquoi cette femme dit tout cela ? C'est par vengeance : elle ne peut me pardonner d'avoir empêché son mariage avec un de mes parens, et je ne sais vraiment par quel privilége elle ne parle pas comme les autres accusés ; pourquoi ne donne-t-elle pas des renseignemens sans s'emporter ? pourquoi vient-elle nous crier cela comme dans Racine, comme dans les comédies et les tragédies ?

M. le conseiller Pinaud : Mme Manson, je ne vous demande pas de nommer les individus ; mais je vous invite à les désigner à M. le procureur-général.

M. Boudet, défenseur de la Bancal : Mme Manson ne pourrait-elle pas nous dire s'il y avait une grande réunion d'individus chez la Bancal ?

Mme Manson, avec colère : Monsieur, j'ai déjà répondu à la question que vous me faites, et je ne vois pas pourquoi il faut encore que je répète.

Bastide à Mme Manson : Oui, puisqu'elle est si bien instruite, qu'elle a vu, qu'elle a entendu....., qu'elle dise combien il y avait de personnes.

Mme Manson : Je me crois encore dispensée de répondre à cette interpellation.

M. Boudet : Je veux bien croire que Mme Manson n'avait point de rendez-vous chez Bancal, mais je désirerais qu'elle nous fît savoir si une autre personne ne devait point y aller ce soir là, si même celle qu'elle épiait, n'y allait pas avec l'assentiment de la femme Bancal ? Vous voyez où je veux en venir, je tiens à prouver que, s'il y avait des rendez-vous dans cette maison, on n'avait pas prémédité d'y assassiner M. Fualdès.

Mme Manson : Je ne puis pas le dire. Je ne sais même pas si la personne que j'épiais allait chez Bancal.

Bastide : Quelle était donc cette personne?

Mme Manson : Cela ne vous regarde pas.

Bastide : Toujours des exclamations! Nous sommes dans le royaume des fées.

Mme Manson : En tous cas, vous êtes un bien mauvais génie!

M. le procureur-général : Je regarde comme prématurée la demande qui est faite à la dame Manson de nommer les complices qui ne sont point encore sous la main de la loi. Ces révélations actuelles ne pourraient que paralyser l'action de la justice, et avertir les coupables de se soustraire à cette action. Des ordres sont donnés, dans ce moment, pour les rechercher, et je ne puis que m'applaudir du silence de la dame Manson, qui met la justice à portée de les atteindre et de couvrir du secret exigé par les lois dans le commencement de l'instruction, des mesures dont le secret seul peut assurer le succès.

Bastide : Dans la soirée du 19 mars, qui vous a vue sortir de chez vous?

Madame Manson : Personne.

Bastide : Qui vous a vue rentrer?

Madame Manson : Personne.

Bastide : Comment étiez-vous habillée?

Madame Manson : En homme.

Bastide : Qui a fait vos habits?

Madame Manson : Moi-même.

Bastide : Qu'en avez-vous fait!

Madame Manson : Je les ai brûlés. Etes-vous content; ai-je assez répondu à toutes vos questions?

M. le conseiller Pagan : M. Rodat, j'ai une question à vous faire : Pensez-vous que les variations de madame Manson soient l'effet de l'inconséquence ou bien le résultat d'une impulsion étrangère?

M. Rodat : J'ai le sentiment intime que madame Manson rejettera toujours avec horreur tout ce qui n'est point juste et honnête; mais elle a peut-être été égarée par de fausses idées sur le serment qu'on avait exigé d'elle. Son ame est très-vive; elle recherche plutôt les belles actions que celles qui sont dictées par la sagesse et la saine raison.

On procède à l'audition de nouveaux témoins. Leurs dépositions sont en général de peu d'importance.

M. Ramond-Baucarel : Le lendemain de l'assassinat de M. Fualdès, je fus chez Jausion. Je le trouvai soucieux, de mauvaise humeur. Il me sembla que sa figure était altérée, mais j'attribuai cela à la mort de son parent....

M. Pinaud : Quelle heure était-il ?

Le témoin : Onze heures du matin.... Je dis à Jausion, en l'abordant : Eh ! bien, ce pauvre M. Fualdès a donc été assassiné? — Oui, me dit-il. — Connaît-on le motif? C'était sûrement pour le voler ? — Eh ! non, me répondit-il, *c'est pour opinion* ; c'est un homme revenu des galères qui l'a tué, et il aura probablement été payé pour ça.... Jausion ajouta quelques autres paroles que je ne me rappelle pas.

On entend un autre témoin, et la séance est renvoyée au lendemain.

LE STÉNOGRAPHE PARISIEN.

COUR D'ASSISES D'ALBI.

La séance du 8 a été terminée par l'audition des témoins suivans :

Louis-George Capoulade : Le surlendemain de l'assassinat, M. Constans, commissaire de police, m'envoya chercher pour voir si je ne trouverais pas quelques traces de sang. Je m'y rendis, et sur le chemin des Bessès je vis quelques pierres ensanglantées que j'apportai à la mairie.

Marianne Onzarac, femme Bousquier, rapporte qu'on a voulu l'engager à user de son ascendant sur l'esprit de son mari pour lui faire changer quelques mots à sa déposition.

Jean-Baptiste Bonhomme a entendu jouer la vielle dans la rue des Hebdomadiers, le 19 mars au soir.

Catherine Gruat a vu passer Jausion dans la rue des Hebdomadiers deux fois de suite.

Marianne Roges, la fille Bru, Marianne Salons, font des déposition insignifiantes relatives à la femme Bancal.

Françoise Ricard (entendue discrétionnairement). Elle tient de la petite Bancal qu'on avait tué un homme chez elle ; que son père tenait la lampe, et qu'elle avait tout vu par les trous d'un rideau.

Denis Roux, âgé de 12 ans, fait la même déposition.

Catherine Coudère. Elle était en prison avec la femme Bancal et sa fille. Celle-ci disait à sa mère : Je suis bien malheureuse de m'y être trouvée! La femme Bancal lui répondit : Pourquoi es-tu venue? tu le savais bien.

A la fin de cette huitième séance, il avait déjà été entendu 174 témoins.

QUARANTE-DEUXIÈME LETTRE.

Albi, 10 avril.

On assure qu'il y a eu ces jours derniers, à Rodez et dans les environs de cette ville, plusieurs arrestations nouvelles.

Un piquet de gendarmerie a amené hier dans nos murs un armurier de Rodez. Il paraît que l'arrestation de cet individu est due aux nouvelles révélations de Bach.

Depuis trois jours, Bastide est, dans sa prison, d'une gaîté folle. Cet accusé semble avoir pris son parti. Il ne laisse à l'audience des assises échapper aucune occasion de mistifier les témoins par ses propos et par ses gestes, et de leur adresser des questions qui fort souvent excitent le rire des auditeurs.

Jausion, au contraire, paraît chaque jour plus accablé. Il y a deux jours, il refusait de prendre aucune nourriture.

Séance du 9 avril.

Le témoin Estampes a été rappelé.

M. le président : Quel intervalle y a-t-il eu entre le moment où Mme Galtier vous demanda un marteau, jusqu'au moment de votre départ pour le Mur-de-Barrés?

Le témoin : de 7 ou 8 heures à 11 heures ou midi.

M. le procureur-général : Quand vous entrâtes dans la chambre du placard, vîtes-vous la montre suspendue à la cheminée?

Le témoin : Oui, Monsieur.

M. le procureur-général : A quelle heure?

Le témoin : Je ne me le rappelle pas; j'allai deux fois dans la chambre.

M. le procureur-général : Est-ce la première ou la seconde fois que vous vîtes la montre?

Le témoin : Je crois que c'est la première.

Cent soixante-quinzième témoin, Françoise, *Solarol* fournière: Le 19 mars, vers les 8 heures, la Bancal vint chez moi pour s'informer à quelle heure on devait chauffer le four le lendemain; on lui dit à 7 heures du matin; elle dit qu'elle n'aurait pas le tems d'apprêter son pain d'aussi bonne heure. J'allai le lendemain pour l'avertir; je lui parlai de l'assassinat; elle me dit qu'elle s'était couchée à huit heures, avait fermé sa porte le soir; je la vis encore. On disait que c'était chez elle que l'assassinat avait été commis; je lui demandai : Comment se peut-il faire que vous n'ayez rien vu, rien entendu? Elle tourna le talon. J'oubliais de dire que lorsque j'y allai, le 20 au matin, j'y trouvai un monsieur bien habillé, et que je trouvai la Bancal occupée à laver sa cuisine.

M. le procureur-général : De quelle couleur était l'habit de ce monsieur?

Le témoin : Il était roux.

M. le président : Quelle était sa taille?

Le témoin : Pas aussi grand que Bastide.

M. le président : Son âge?

Le témoin : Comme vous à peu près.

M. le président (à la Bancal) : Vous étiez donc occupée à laver votre cuisine, lorsque le témoin se présenta chez vous?

La Bancal : C'est vrai, Monsieur.

M. le président : Mais l'endroit que vous laviez était celui où l'on avait assassiné M. Fualdès.

La Bancal: Tenez, ne me parlez pas de ça ; quand vous me parlez de cet assassinat, vous me faites frissonner.

M. Bastide: Le témoin oublie de dire, sans doute, qu'en voyant cette eau, il crut qu'elle venait de la lessive qu'on avait faite la veille.

M. Sesmayous entre dans la salle; il est rappelé aux débats.

M. le procureur-général: Vous avez déjà parlé de la montre; vous nous avez dit que vous ne l'aviez pas trouvée dans la chambre de M. Fualdès; veuillez nous rappeler ce fait.

Le témoin: Avant d'entrer dans ce détail, je crois devoir une explication à la cour. M. Dubernard, dans le désespoir de sa cause, a employé le système de diffamation.

M. Dubernard: M. Sesmayous se trompe.

M. Sesmayous: Vous m'accusez de subornation.

M. Dubernard: J'ai dit et je le répète, Estampes paraissait aux débats avec vous; il y avait à craindre que l'influence que vous exercez sur lui n'altérât sa déposition; si vous a ez entendu autrement, j'en suis fâché.

M. Sesmayous: J'ai cru devoir donner à la cour et au public une explication.

M. le président: La cour est convaincue que votre conduite a été loyale et généreuse, telle qu'elle devait être envers un ami; la cour se plaît à vous renare ce témoignage.

M. Romiguières: Il convient de rétablir les faits; mon collègue Dubernard n'a point accusé M. Sesmayous de subornation; il a dit que le témoin Estampes, en écoutant une déposition contraire à la sienne, dans la bouche d'uue personne sur laquelle il compte plus que sur lui-même, serait influencé par l'estime même qu'il a pour elle.

M. le procureur général (à M. Sesmayous): Vous attestez donc que vous n'avez point trouvé la montre avant 7 heures?

M. Sesmayous: Oui, Monsieur, je l'atteste.

M. Romiguières: Il est bon d'observer deux choses; la première, que le domestique Estampes a vu cette montre, et la seconde, que M. Sesmayous ne chercha que sur la cheminée où, dans le fait, elle était ordinairement.

M. Sesmayous: Cela est vrai; je n'étais monté dans sa chambre que dans l'intention de chercher la clef; je regardai sur la cheminée, je ne vis point la montre; il est vrai que je ne me rappelle pas d'avoir regardé sur sa table.

Cent soixante-seizième témoin, François *Girard*. Quelque tems après qu'on eut conduit les enfans Bancal à l'Hospice, je fis venir le petit Alexis, et je lui demandai ce qu'il avait vu. Il me dit qu'on avait emmené un monsieur *malade*, et qu'on l'avait *saigné*; qu'on avait présenté le sang à un cochon qui ne l'avait pas voulu; que ce monsieur *était méchant, qu'il se remuait toujours, qu'il avait cassé la table, et qu'on l'avait mis sur un banc; que son père tenait les pieds, et que Marianne tenait la lampe.*

Cent soixante-dix-septième témoin. Sur la demande de M. Grandet, M. Delmar est entendu discrétionnairement.

M. le président: Vous avez vu la table de la maison Bancal; cette table *est-elle cassée?*

M. Delmar: Je l'ai examinée; elle *est extrêmement forte, et ne paraît pas cassée.*

Cent soixante-dix-huitième témoin, *Martre.* (Elle était en prison avec la femme Bancal.): J'entendis Marianne Bancal disant à sa mère: Que ferai-je, malheureuse! d'être venue dans ce moment. — Tais-toi, lui dit la mère, les autres t'entendraient — Ah, mon Dieu! nous sommes perdues.

Cent soixante-dix-neuvième témoin. *Catherine Lacaze.* — Le 19 mars, je trouvai sur la place de Cité, à l'entrée de la nuit, M. Fualdès et Bastide qui se promenaient ensemble; le lendemain, vers les six à sept heures du matin, je vis la femme Bancal, dans la rue du Terrail: « Que faites-vous là de si bonne heure? — J'attends une personne. — En l'honneur de quel saint êtes-vous habillée si proprement? — Je fais aujourd'hui ma lessive; j'ai changé de tablier. » Marianne Monteils lui a rapporté ce qu'elle tient de la petite Bancal. (*Voyez Marianne Monteils*).

Françoise Solasol est rappelée aux débats pour donner quelques renseignemens sur les torchons qui étaient à la lessive. Grands débats avec la Bançal.

Marianne Monteils est aux débats; elle répète sa déposition: elle ajoute que la Bancal, en présentant le sang au cochon, dit à son mari: « Il n'en voudra pas. — Eh bien! *mets-y une poignée de son.* »

Cent quatre-vingtième témoin. *Antoinette Gombert.* — J'étais allée à l'enterrement du colonel Enq. Le petit Bancal était à côté. D'autres enfans l'interrogeaient: « Comment a-t-on tué le Monsieur? — On l'a étendu sur la table, on l'a saigné comme un cochon: mon père tenait les pieds, ma mère tenait la lampe. — Si tu dis cela, on fera guillotiner ton père et ta mère. — Tant pis pour eux! Pourquoi le faisaient-ils? — Qu'est-ce qui a saigné le Monsieur? — C'est un *grand* monsieur qui portait *des bottes.*

Cent quatre-vingt-unième témoin. *Catherine Barrez*, fruitière. — J'étais en prison avec la Bancal; un jour elle rentra furieuse: « Ce b..... de Bousquier, dit-elle, n'a reconnu que les pauvres, et n'a pas voulu reconnaître les riches; il fait semblant de ne pas reconnaître Jausion. » Elle disait, une autre fois, à Françoise Garrigou: « Ce n'est pas avec un rasoir, mais avec un mauvais couteau qu'on a tué M. Fualdès: il n'aurait pas autant souffert. »

Cent quatre-vingt-deuxième témoin. *Marianne Delpech.* —

Elle avait donné du linge à laver à la femme Bancal ; en lui rendant ce linge, elle négligea de lui remettre *quelques torchons*. Le 20 mars, elle alla pour les retirer : « Je ne sais où ils sont : ma fille vous les donnera. —Et ceux-là, à qui sont-ils ? (*j'en soulevai un, il était teint de sang.*)—Ils sont à la femme Paloux, bouchère. » Je me retirai.

Cent quatre-vingt-troisième témoin. *Marguerite Barry*, fruitière. — Elle ajoute que la fille Bancal disait : « Pour moi, je n'y étais pas ; quant *à ma mère, je ne pourrais pas en répondre.* »

La femme Bancal nie ce propos, et dit : « Je ne sais pas de quoi on me parle.

Marianne *Viala*. J'étais à Rodez pour la foire. Deux ou trois jours après l'arrêt de condamnation prononcé contre les accusés de l'assassinat de M. Fualdès, je fus mise en prison par ordre de la police, à la suite d'une dispute que j'avais eue avec quelques autres femmes. J'y trouvai la Bancal, elle se désolait de la condamnation prononcée contre elle. Je tâchais de la consoler, en lui disant qu'il lui arriverait quelque chose de favorable de Paris. Elle me répondit qu'elle n'espérait rien ; que les déclarations de Bousquier et de sa fille l'avaient perdue ; que s'ils n'avaient pas parlé rien ne se serait découvert. Mais, du moins, s'il me faut périr, ajouta-t-elle, je me suis bien vengée ; ce Fualdès était un brigand, il aurait dû venger la mort de mon fils. On dit que j'ai remué le sang ; oui, je l'ai remué ; c'est vrai, et si j'avais pu, j'aurais moi-même enfoncé le couteau. Elle me dit encore qu'elle avait dit à Bastide que si l'on *n'assassinait pas Fualdès le fils, pour venger la mort de son père, il les livrerait à la justice.* Bastide lui répondit : Soyez tranquille, nous l'aurons bien : en effet, dit la Bancal, si nous avions eu deux jours de plus, tout aurait réussi, et j'aurais donné un bon coup de pied à la misère. Elle ajouta qu'elle avait de l'argent encore chez elle dont ses enfans ne jouiraient pas, parce que c'étaient eux qui lui avaient mis la corde au cou. Je dis alors à la Bancal que puisqu'elle avait de l'argent, *elle aurait dû se faire défendre* comme Jausion et Bastide, parce qu'elle se plaignait d'avoir été mal défendue. Elle me répondit qu'elle aurait pu le faire, parce que Bastide et Jausion lui avaient promis une demi-charretée de blé annuellement pendant cinq ans ; qu'elle était bien fâchée de n'avoir pas pris les vingt-cinq louis que Bastide voulait lui donner pour *se défaire de sa petite fille Madelaine* ; mais que *si Dieu lui faisait la grâce de sortir*, elle servirait elle-même *de bourreau* à cette enfant; et quant à Bousquier, elle me dit que si elle était mise de nouveau en jugement, elle mettrait une pierre dans son mouchoir, et que si elle se trouvait à portée, elle lui *écraserait la tête.* Elle me demanda ensuite ce que l'on disait de la dame Manson ; je lui répondis que l'on prétendait qu'elle serait mise en jugement. Ah! la car..., reprit la Bancal, elle le méritait autant que les autres, elle faisait sentinelle sur la porte au moment où les autres le saignaient (La Bancal sourit. Mme Manson regarde attentivement le témoin). Marianne Viala continue : Quelques jours après, Colard fit demander à Anne Benoît une paire de souliers, et que celle-ci répondit : Il doit savoir lui-même où est l'argent, je ne puis pas l'aller chercher plutôt que lui ; comment veut-il que je lui fasse faire des souliers ? (Cette déposition a été souvent interrompue par des mouvemens d'indignation.)

Colard haussant les épaules : Ce que vous venez de rapporter ne peut être cru aucunement, de quelque manière que ce soit. Je n'ai pas pu demander des souliers à Anne Benoît, puisque je ne pouvais pas lui parler, et je ne lui ai rien fait demander. Le concierge de la prison peut le dire.

La femme Bancal : Si j'avais dû faire des révélations, je les aurais faites à la justice et non à cette femme.

Le président : La justice ignorait encore ces détails quand la femme Calmels les raconta ; elle les tenaient de vous, comment aurait-elle pu les deviner ?

La femmme Bancal : Faites ce que vous voudrez, je n'en ai parlé à personne.

Cent quatre-vingt-cinquième témoin. *Marianne Richard* : j'étais en prison ; la femme Garigou me dit : Pourquoi pleurez-vous ? si vous étiez comme la Bancal, vous en auriez bien plus de sujet. — Je n'ai pas commis de crime comme elle. — Oui, elle m'a dit à moi-même, que ce n'était pas avec un rasoir qu'on avait scié le cou à M. Fualdès.

Cent quatre-vingt-sixième témoin. *Françoise Fabre*. Après l'arrestation de Bancal, son frère vint chez moi pour me prier de parler à M. Nicolas, et pour lui demander la permission de parler à son frère. Je le fis, et je me rendis avec lui à la prison. Nous l'engageâmes à dire la vérité : il soutint constamment qu'il ne savait rien. La femme Bancal, que nous vîmes ensuite, nous fit la même réponse. Nous y passâmes encore quelques jours après ; il nia encore. — Mais ce soir-là ne vous a-t-on pas parlé de la farine ? Le meunier vit deux hommes. — C'était deux soldats de la garde départementale. — Cela ne peut pas être, ils étaient en bourgeois. — On a arrêté une personne que nous savons s'être trouvée chez vous à cette heure-là. — Il pleura et nous dit : Je sais bien qu'on me guillotinera, mais je soutiendrai toujours que je ne sais rien.

Jausion : Le témoin demeure dans la rue des Hebdomadiers : je vous prie, M. le président, de lui demander s'il m'a vu entrer quelquefois dans la maison Bancal.

Bastide : Je vous prie de lui faire la même question à mon égard.

Fabre : Non, je n'ai pas vu entrer ces messieurs ; mais il est vrai que je suis très-sédentaire et me tiens presque toujours renfermée chez moi.

Cent quatre-vingt-septième témoin. — *Marianne-Bonne Vialé*.

A 8 heures du matin, le 20 mars, elle a vu la femme Bancal et sa fille chargées de linge. — Vous allez laver? Il fait bien froid — Il faut bien que cela se fasse; il n'y a pas de bon Dieu. *Ce linge était rouge et paraissait ensanglanté.*

M. Boudet: Plusieurs témoins prétendent avoir vu à la même heure la femme Bancal chez elle. La femme Bancal ne lava ce linge que le samedi, ce fait est établi. Le témoin affirme que c'était le 20 mars.

Cent quatre-vingt-huitième témoin.—*Marianne Gombert-Blanchi:* Marianne Bancal vint chez moi au mois de février dernier. — Ton père est mort, lui dis-je, tu devrais faire tes efforts pour sauver ta mère. — J'ai fait ce que j'ai pu pour lui faire dire la vérité; mais on lui a dit que si elle parlait ils étaient tous perdus. Si ma mère n'avait pas fréquenté cette canaille, nous ne serions pas si malheureux. D'ailleurs, Mme Galtier et Mme Jausion ont *étrenné le concierge pour qu'il engageât ma mère à ne rien dire.*

Le témoin ajoute que le 20 mars au soir, elle vit un homme arrêté au coin de la maison Missonnier; elle croit que c'était Bastide, sans pouvoir l'affirmer.

La partie civile demande que Marianne Bancal soit confrontée avec sa mère. Les défenseurs des accusés appuient ce vœu; ils proposent que les accusés en fassent les frais.

M. le président: Ce n'est pas une affaire d'audience.

Cent quatre-vingt-neuvième témoin.—*Antoinette Mouly:* Elle était en prison par mesure de police. La Bancal la chargea, quand elle sortirait, d'aller trouver Vallat, soldat de la garde départementale, pour le prier de dire qu'il était chez elle quand le meunier arriva. Elle la pria de recommander à ses enfans, qui étaient à l'hospice, de dire qu'ils avaient couché au second, et qu'ils n'avaient rien entendu, que sans cela ils étaient perdus.

La femme Bancal: Pourquoi ne parlait-elle pas à Rodez; elle a voulu venir à Albi.

Cent quatre-vingt-dixième témoin. — *Antoine Pegre:* Marianne Cabrolier lui a dit tenir de la petite Bancal qu'on avait tué un homme chez eux, et que son père et sa mère tenaient la lampe.

La cour a fait introduire par les huissiers M. le chevalier de la Salle, maréchal-de-camp, prévôt du département de l'Aveyron. Messieurs, a dit M. de la Salle, je sais beaucoup de choses sur le procès qui vous occupe, j'ai fait l'instruction première.

A l'époque de ce malheureux événement, j'entendis Bousquier, l'un des accusés qui furent arrêtés les premiers. Il chargea vivement Bastide. M. Jausion, Mme Jausion, Mme Galtier et un M. Yence, se présentèrent chez moi. Mme Jausion me parla beaucoup en faveur de son frère; elle me pressa de le rendre à la liberté; elle s'étonnait que les soupçons eussent pu s'arrêter un instant sur un homme aussi recommandable par sa probité connue, que par ses alliances à des familles honorables. Nous étions alors dans l'enfiance de la procédure; il y avait de fortes présomptions, mais point encore de preuves. J'écoutai ces dames, qui se répandirent en éloges sur *la douceur et l'aménité* du caractère de Bastide. Mme Bastide me raconta tout ce qu'avait fait son mari dans la soirée du 19 mars. Il avait passé toute cette soirée avec elle, il s'était couché à dix heures. Jausion me dit que son beau-frère était innocent, qu'il en était certain. M. Fualdès, ajouta-t-il, quoique âgé, *avait pourtant encore conservé certains goûts.* Ne serait-il pas possible *qu'Anne Benoît* lui eût donné un rendez-vous, et que *Colard*, dans un *mouvement de jalousie*, *l'eût assassiné?* Je lui répondis que cela ne me paraissait pas probable; qu'en admettant même le rendez-vous, Colard aurait pu se porter à des violences; mais qu'il y avait loin de là au crime reproché aux assassins de M. Fualdès. La police, continua-t-il, n'a pas fait son devoir. Il y a des gens qui auraient plus que mon beau-frère mérité d'être arrêtés. — Que dites-vous? Connaissez-vous les véritables criminels? Nommez-les. Serait-ce les Laqueilhe? Jausion balbutia, et me répondit *non*, de manière à me faire croire que la chose était certaine.

Jausion : Je ne me rappelle pas ces propos; mais, puisque M. le prévôt le dit, cela doit être vrai. Si c'était un autre que M. le prévôt, je contesterais.

M. le président : Ne sont-ce point les dénégations de Jausion, rapprochées des affirmations de Mme Galtier, qui vous firent ordonner, M. le prévôt, l'arrestation de Jausion?

Jausion : Non, Monsieur, c'est la dénonciation de M. Fualdès, d'un parent, d'un ami, à qui j'avais rendu tant de services, *ainsi qu'à son père*. (Violens murmures dans l'auditoire.)

M. Fualdès : Ce fut comme par enchantement que j'acquis la conviction de la culpabilité de Jausion. Mon domestique me dit qu'il avait enfoncé le bureau et je fus alors en prévenir la justice. Je vous prie de demander à M. le prévôt si je mis le moindre acharnement dans ma conduite; je n'en voulais pas à Jausion, comme je l'ai déjà dit, je n'en voulais qu'aux assassins de mon père. Dès le principe, je n'ai pu me défendre, il est vrai, de quelques soupçons sur le compte de Jausion. Ayant reçu sa visite dans les derniers jours de mars, un matin et lorsque j'étais encore couché, je tremblai, j'éprouvai un frisson, et je m'enfonçai dans mon lit pour ne pas le voir. Définissez, s'il est possible, ce pressentiment. C'est la nature, c'est la Providence qui me l'inspira. Je n'en tire au reste aucune conclusion. J'ai éprouvé les mêmes sentimens quelques jours après. Je me rendais au tribunal pour y remplir le devoir rigoureux, mais sacré, que le titre de fils m'impose, et donner quelques éclaircissemens à la justice. Je vis s'approcher vers moi, dans la rue, un homme que je pris pour Jausion, et je me trouvai mal. Je vous le demande encore, Messieurs, comment expliquer ces pressentimens....

L'accusé Jausion a tort de dire que j'ai hésité long-tems à le dénoncer. Estampes (c'est le domestique de M. Fualdès) me fit à son sujet des révélations tardives. Je me trouvai alors dans une situation pénible. Ce domestique a une intelligence bornée, me disais-je, il fait un aveu tardif, on pourra croire qu'il a été influencé.

Ma mère ignorait encore que son mari avait été trahi par ses parens, par ceux qu'il croyait ses meilleurs amis. Je lui demandai si elle avait donné quelques ordres à Jausion, à sa femme, ou à madame Galtier, pour ouvrir le bureau et visiter les appartemens; elle me dit que non. Cela me donna l'idée de voir de nouveau ce qu'on avait fait dans la chambre et le cabinet occupés par mon père. M. Sesmayous était présent. Je lui fis part de ce que m'avait dit Estampes. Nous montâmes ensemble au cabinet; je vis son bureau enfoncé. Le lendemain, j'en fais donner avis à M. le prévôt, pour que la justice fît à cet égard ce qu'elle jugerait à propos de faire. Est-ce là, comme le dit l'accusé, cette *affreuse dénonciation* dont il fait si souvent retentir l'enceinte de ce tribunal?

Jausion : Je ne répondrai pas au sujet de *ces prétendus tremblemens ;* mon avocat les réfutera.

L'accusé se livrant de nouveau à une sortie violente contre M. Fualdès, le président l'invite à s'exprimer avec plus de modération.

Joseph *Dauny*, dépose avoir vu le 20 mars, à sept heures du matin, Bastide sortir de la rue des Hebdomadiers avec un costume négligé; il portait, dit-il, une veste grise, un pantalon et un chapeau déchirés.

Bastide : Ce témoin se trompe, c'était le 21 et non pas le 20.

Le sieur Dalas déclare avoir vu Bastide le 20 mars au matin, vers neuf heures, avec le costume désigné par le précédent témoin, frapper chez M. Fualdès.

Bastide : Le témoin équivoque d'heure et de jour.

Le sieur *Ginestet :* Le 25 mars, je rencontrai Bastide, qui me demanda ce que l'on disait de l'assassinat de M. Fualdès. Les uns prétendent, lui dis-je, qu'on l'a assassiné par des motifs d'opinion; d'autres, par intérêt. — Ce n'est pas sans doute par intérêt, me répondit Bastide; je connaissais ses affaires: il n'avait d'autre créancier que M. de Séguret. — C'est, dis-je, quelque échappé des galères que M. Fualdès aurait fait condamner. — Non plus, car M. Fualdès était si bon, qu'il n'avait pu se faire des ennemis dans l'exercice de ses fonctions.

Bastide me dit ensuite que la justice avait été trop lente; qu'on ne trouverait pas les coupables, que sans doute les assassins ne pensaient pas que le cadavre surnagerait.

Quelque tems après l'arrestation de Bastide, un de ses neveux vint me demander quelle était ma déposition.

A la fin de cette audience, il y avait 196 témoins d'entendus.

QUARANTE-TROISIÈME LETTRE.

Albi, 11 avril.

Séance du 10 avril.

Le bruit s'était répandu que, M. le président étant indisposé, il n'y aurait pas de séance aujourd'hui. Cependant le zèle et l'activité de ce magistrat, seule cause de l'indisposition momentanée qu'il a éprouvée, ne lui ont pas permis de retarder les débats. Il est arrivé à onze heures et demie. La cour est entrée aussitôt à l'audience, et l'on a procédé à la continuation des débats.

Les premiers témoins entendus démentent l'alibi allégué par Bastide.

Le témoin Girbel, huissier, entendu à l'ouverture de l'audience, a déclaré que le 20 mars 1817, à midi et demi, il partit de Rodez pour se rendre à Gros, afin d'assigner Bastide comme témoin pouvant donner quelques renseignemens sur le meurtre de M. Fualdès. J'arrivai, dit le témoin, à Gros vers deux heures et demie; je trouvai une servante. Où est monsieur? — Que lui voulez-vous? — Je viens l'assigner : on a assassiné M. Fualdès, et comme il s'est promené hier avec lui, on espère qu'il pourra mettre sur la voie des assassins, en apprenant à la justice ce que devait faire le soir M. Fualdès. — Mme Bastide, qui était dans une pièce voisine, vint en nous disant : Eh! mon dieu, qu'est-il donc arrivé? — Madame, je dis qu'on a assassiné ce pauvre M. Fualdès, et qu'on l'a jeté dans l'Aveyron. Madame Bastide, en apprenant cette nouvelle, pâlit, et tomba sans connaissance. Quand elle eut repris ses sens, je lui demandai où était son mari. Il est à la Morne, me dit-elle, vous le trouverez avec ses domestiques. Il sera bien affligé. Il a passé toute la soirée ici hier. Je le crois, Madame, lui répondis-je, et je partis pour la Morne. Je trouvai M. Bastide dans les champs. D'aussi loin qu'il m'aperçut, il vint à moi; que voulez-vous donc, Girbel, me cria-t-il? — Je viens pour vous assigner. On a assassiné M. Fualdès. — Oh! mon Dieu, mon ami! Comment, on a assassiné ce brave homme! Quelle perte pour nous tous, pour sa famille! Accuse-t-on quelqu'un? — On dit qu'on l'a assassiné pour opinion. — Ça ne peut être pour ce motif; c'est pour son argent. — En avait-il? — Oui, je lui avais fait négocier pour 2000 fr. d'effets dans la journée. — Ecoutez, M. Bastide, ne perdons pas de tems, il faut venir tout de suite à Rodez. — Mais je suis si mal habillé, — C'est égal, mettez votre manteau sur vos habits, et montez à cheval. M. Bastide se décida à partir. Quoique j'eusse quitté la Morne avant lui, il me rejoignit à l'entrée du faubourg de Rodez.

M. le président : Quelle heure était-il?

Girbel : Trois heures à peu près.

M. le président à Bastide : S'il est vrai qu'on vous ait vu à Rodez à neuf heures; s'il est vrai que vous soyez entré chez M. Fualdès, et que les domestiques vous aient appris la fin tragique de leur maître, votre étonnement, vos exclamations, en apprenant à trois heures, de l'huissier Girbel, la mort de M. Fualdès, doivent, vous en conviendrez, paraître bien extraordinaires.

Bastide : Ces exclamations étaient bien naturelles pour un parent, pour un ami; croyez-vous qu'on puisse apprendre une nouvelle comme celle-là sans chagrin? Ma bouche n'a jamais dit que ce que pensait mon cœur. J'affirme que je n'ai appris la mort de M. Fualdès que par l'huissier Girbel.

M. le président : Sans doute vos exclamations sont très-naturelles, si vous ne saviez rien; mais, je le répète, elles seraient bien étonnantes, si vous eussiez eu quelques connaissance de ce malheureux événement. Le témoin a votre conversation si bien présente, qu'il rapporte vos propres expressions.

Bastide : On nous oppose toujours des propos comme ceux-là, ça devient des jeux de mots.

M. le président : Ainsi, il résulte de vos réponses que vous n'avez appris qu'à trois heures la mort de M. Fualdès?

Bastide : Oui, monsieur.

Anne Pascal déclare l'avoir vu à Rodez trois fois dans la matinée du 20 mars, à six heures et demie, à neuf heures, et plus tard.

Bastide plaisante le témoin. D'où êtes-vous, ma fille, lui dit-il? Le Lot ne passe-t-il pas dans votre pays?

Le témoin : Pardon, monsieur. Le Lot arrose mon pays natal. Mais pourquoi cette demande?

Bastide : C'est pour ma satisfaction. (Il rit.)

Antoinette Malier a ouvert la porte à Bastide lorsqu'il s'est présenté chez M. Fualdès, à neuf heures du matin, le 20 mars.

M. Bourdais a vu Bastide dans la même journée, à huit heures du matin, sur la place de Cité.

M. Malater l'a rencontré, à la même heure, dans la rue du Terrail.

M. le président, au témoin : Quel air avait-il?

M. Malater : Il avait l'air si égaré, si effrayant, que je n'aurais pas voulu le rencontrer la nuit sur un grand chemin.

Bastide : Cela fait image! Tous les témoins, à présent, parlent avec de grandes phrases : c'est à la mode.

M. Froment et Antoine Morguès affirment aussi qu'ils ont vu Bastide, dans la matinée, à Rodez.

Le témoin *Moisset* : Bancal m'a dit que Bastide était un des assassins de M. Fualdès, et qu'il y en avait bien d'autres.

On appelle le témoin Canitrot. Il arrive, monte sur le siége qui lui est destiné, et dépose avec gravité..... C'est un concierge.

Antoine *Canitrot* (207e témoin) : Comme le témoin Brast, il demande d'abord de n'être pas interrompu dans sa déposition, ni par les accusés, ni par leurs conseils; puis il dit :

L'accusé Bousquier fut conduit *chez moi*, dans ma prison, le 24 mars. La police demanda qu'il fût surveillé particulièrement. Je le mis au secret; il ne communiqua avec personne, et suivit pendant les deux premiers jours un système complet de dénégation. A cette époque, Bastide était arrêté. La femme Bousquier, étant venue apporter à manger à son mari, le 26 mars 1817, elle aperçut Bastide à travers une grille : *Oh! le scélérat!* s'écria-t-elle en le voyant, *il est la cause que mon mari est ici!* La femme Bousquier me pria alors de presser son mari de dire la vérité, de ne rien cacher de ce qu'il savait; que c'était-là le seul moyen de se sauver. Bousquier resta long-tems à délibérer s'il ferait des révélations ; il n'y fut déterminé que par des considérations particulières, et dans l'espoir de ne pas être victime de sa facilité à suivre Bax le soir de l'assassinat. Il expliqua tout ce qui s'était passé dans la maison Bancal à un autre prisonnier assez instruit, nommé M. Calvet. Ce monsieur consulta le code d'instruction criminelle, et il lui affirma qu'il ne serait passible que d'une peine correctionnelle de deux ans de prison. Bousquier parut alors rendu à lui-même ; il pria M. Calvet de rédiger sa déclaration. M. Calvet le fit, et bientôt après je fus chargé par Bousquier de prévenir M. le juge d'instruction que ce détenu voulait faire des révélations très-importantes. Bousquier fut interrogé à l'instant ; au moment où il déposait, il tomba en défaillance : Quel fardeau j'avais sur le cœur ! dit-il en rentrant dans la prison ; enfin j'en suis déchargé ; j'ai dit tout ce que je savais. Je pourrai voir ma pauvre femme, M. le prévôt me l'a promis.

A peu près vers la même époque, les dames Jausion et Galtier, avec MM. Yence et Jausion, vinrent voir Bastide dans sa prison. Bastide dit à son beau-frère qu'il lui avait écrit plusieurs lettres ; Il lui demanda s'il les avait reçues. Jausion se fâcha de ce qu'elles ne lui avaient pas été remises ; et, d'un ton animé, il dit à Bastide : N'écris plus, je te réponds de tout. Avant de se retirer, Mme Galtier, très-honnête dame, mais femme trop fine et trop rusée, remit un billet à son frère. Je n'ai jamais pu savoir ce que ce billet contenait : Bastide m'a toujours nié l'avoir reçu ; c'est ce qui me fit dire que si jamais ces dames revenaient, je les prierais de laisser leur ridicule à la porte.

Jausion fut arrêté quelque tems après ; Bastide ne connaissait pas son arrestation ; je fus chargé de la lui apprendre. Il frémit, changea de couleur, il parut altéré. Un prisonnier me demanda ce que pouvait avoir Bastide. Il me dit qu'on l'entendait frapper des pieds et faire beaucoup de bruit dans son cachot, en disant : *Il aura peut-être eu l'imprudence de négocier quelques effets.*

Lorsqu'il eut appris l'arrestation de Charlotte Arlabosse, Bastide dit à ma femme, avec émotion : Donnez-lui six francs pour moi ; j'entends qu'elle soit aussi bien traitée en prison que moi-même tout le tems qu'elle y restera.

Mme Bastide a voulu faire des cadeaux à ma femme; on a fait des tentatives auprès de moi; nous avons toujours été incorruptibles.

Je crois que Bastide avait formé le projet de m'assassiner, parce qu'il voulait à toute force que je fisse une *ribotte* avec lui et deux autres prisonniers aussi robustes que lui : il avait fait porter à cet effet, un canard, du vin, etc.... ; je lui dis que je ne choquerais pas le verre avec un homme tel que lui : j'avais d'ailleurs dans l'idée que devant prendre les clefs pour aller manger avec eux, on pourrait me tomber dessus et me prendre les clefs après m'avoir terrassé.

Je dois déclarer aussi que Bastide, voulant écrire à sa femme, avait fait en sorte de gagner ma belle-sœur pour qu'elle se chargeât de porter les lettres à mon insu. Ma belle-sœur répondit qu'elle ne pouvait le faire, parce que si je la surprenais, je lui couperais les bras et je la mettrais à la porte. Alors Bastide lui dit : Mais enfin, que gagnes-tu avec ton beau-frère? Des reproches, de mauvais procédés! Va chez moi auprès de ma femme, je n'ai pas d'enfans; elle te considérera comme sa fille. Veux-tu apprendre à être couturière? je te donne une charretée de blé. Veux-tu te marier? Je te donne 1500 francs pour dot. Tu ne peut résister à mes promesses; allons, tu porteras mes lettres à ma femme, elle se donnera du mouvement, elle agira de tous côtés, et je sortirai d'ici ; alors tu sortiras contente de Bastide.

Maintenant, je dois rapporter à la cour ce que j'ai entendu dire par Bastide à M. Romiguières son conseil, lorsque celui-ci vint le défendre à Rodez, mais sur-tout une dernière conversation qu'eut cet avocat avec Bastide, deux ou trois jours avant la prononciation de l'arrêt de mort de la cour d'assises de l'Aveyron.

Ici Me Romiguières se lève et dit :

M. le président, permettez-moi d'interrompre le témoin. Je

le vois prêt à rendre compte d'une conversation qu'il aurait entendue, et qui aurait eu lieu entre moi et mon client; je crois le témoin parfaitement disposé à ne dire que la vérité, et je n'ai pas à la craindre; mais je dois à ma profession d'empêcher qu'on n'en viole les priviléges : mon ministère est un ministère de confiance et de discrétion; la cour n'aurait pas le droit de me demander compte de mes conférences avec l'accusé, et des communications qu'il aurait pu me faire; elle ne peut donc pas tolérer qu'un tiers lui transmette des entretiens essentiellement secrets.

M. le procureur-général rend hommage aux principes professés par M. Romiguières, mais il ne les croit pas applicables, parce qu'il s'agit ici de révélations qui paraissent avoir été volontairement faites et reçues en présence d'un tiers.

M. Romiguières : Je n'ai rien dit qui autorise à parler de révélations; je ne le pouvais pas, car j'atteste l'honneur que malgré les plus vives instances, je n'ai obtenu de Bastide que des protestations de son innocence. La preuve qu'il ne m'a fait aucune révélation, c'est que je suis ici, et je n'y serais pas s'il m'en avait fait. Il s'agit donc de toute autre chose, et le concierge Canitrot en convient; mais une conversation qui roulait sans doute sur des moyens de défense, aurait pu être mal interprétée par lui; et d'après ces motifs, pris dans l'intérêt de mon client, sur-tout d'après les prérogatives de ma profession, je persiste dans mon opinion.

M. Tajan a déclaré ne prendre aucun intérêt à l'incident.

Et moi, a dit M. Fualdès, il me semble que les principes que vient de déclarer M. Romiguières sont vrais dans un sens, et imparfaits dans l'autre; mais comme je sais que le fait que doit articuler le témoin n'intéresse en rien l'accusation, mais uniquement M. Romiguières; comme j'ai l'honneur d'être avocat, et que je m'honore de ce titre autant que je respecte l'indépendance de cette noble profession; comme le public connaît mes altercations avec ce collègue, je supplie la cour d'avoir égard à ma demande, en faisant droit aux conclusions de M. Romiguières.

M. Fualdès a dû s'apercevoir que le public lui savait bon gré de sa conduite.

La cour, après en avoir délibéré, attendu que les communications entre l'accusé et son défenseur sont essentiellement secrètes, enjoint à Canitrot de retrancher de sa déposition tout ce qui serait relatif aux entretiens que M. Romiguières a eus dans les prisons avec l'accusé Bastide.

Le témoin Canitrot a repris sa narration ; après avoir tenu trois quarts d'heure dans la première partie de la déposition, il a employé à peu près autant de tems à dire des inutilités. M. le président a cru devoir l'arrêter dans son rapport déjà trop long.

Il continue : Après l'arrêt de cassation, Jausion dit à Bastide : Notre arrêt est cassé. Celui-ci répondit : Bah! ce n'est que pour allonger.

Bastide forma le projet de s'évader ; il chercha tous les moyens d'y parvenir. Le plus favorable lui parut celui de fabriquer une échelle de corde de paille, au moyen de laquelle il pourrait descendre aisément. Bastide déclara vouloir faire d'abord des paniers, ensuite un chauffoir comme on n'en avait jamais vu, et où l'on pourrait faire sécher en même tems tout le linge d'une maison. Je lui fournis de la paille ; il monta un atelier ; il en était le chef ; il distribuait le travail ; il payait les ouvriers. L'échelle était sur le point d'être confectionnée ; il allait s'évader. Je me doutai de quelque chose, et dans la nuit, au moment où mes prisonniers allaient s'enfuir, j'entrai dans le cachot. Bastide s'enveloppa d'une couverture de laine ; il parut tout étonné, et dit au lieutenant de la gendarmerie, en lui confessant son projet d'évasion : Je voulais sortir seul, aller régler mes affaires à Gros, et me rendre ensuite devant mes juges à Albi.

Bastide a été très-gai et par fois facétieux dans cette séance.

LE STÉNOGRAPHE PARISIEN.

QUARANTE-QUATRIÈME LETTRE.

COUR D'ASSISES D'ALBI.

Albi, 12 avril.

Bastide ne se livre plus à ces sorties violentes qui lui étaient si familières aux précédentes audiences dans ses discussions avec madame Manson. Il a pris au contraire le ton plaisant et railleur dans ses interpellations aux témoins : on dirait qu'il ne s'agit plus pour lui d'une affaire sérieuse.

Jausion est toujours dans une attitude convenable à sa situation. Il n'a montré quelque vivacité que dans ses débats avec la partie civile. Il a habituellement les yeux baissés, ou la tête appuyée sur ses mains.

La femme Bancal se montre telle qu'aux premiers débats. Elle nie avec assurance les circonstances qui paraissent les mieux établies ; mais on s'aperçoit qu'elle retient avec effort des aveux qui peuvent porter le plus grand jour sur l'accusation.

Anne Benoît ne paraît pas croire qu'elle ait une chance fâcheuse à courir ; toute son inquiétude se porte sur Colard. Quelquefois elle s'écrie qu'il est innocent ; d'autres fois elle se reproche d'être la cause de son malheur.

Colard et Bax égaient plus d'une fois l'auditoire par la singularité de leurs réparties. On croirait qu'ils remplissent le rôle de témoins.

Missonnier paraît mécontent de ce que les débats durent si long-tems. — Comment, disait-il à son avocat, ces messieurs nous ont déjà jugés l'année dernière, et ils veulent nous juger encore ! *il paraît que cela les amuse.*—Mais vous vous êtes pourvu en cassation contre le premier arrêt.—Ce n'est pas une raison pour qu'on me fasse aller tous les jours à l'audience : « je n'aime pas les procès, moi ; je ne suis pas un plaideur. » — Donnez-moi quelques renseignemens pour vous défendre. — « Eh ! mon Dieu, n'avez-vous pas du papier marqué? que vous faut-il de plus ? »

De nouvelles arrestations ont eu lieu ces derniers jours. On a conduit entre autres le nommé Régnier, armurier, que l'on croit être le *Réné* de Bach. Cet homme jouissait d'un grand crédit dans les hautes classes ; son arrestation a produit une vive sensation. Le gendarme qui l'a amené lui persuada qu'il venait à Albi comme témoin. Il s'informait en route de la meilleure auberge et du bon vin. Arrivé sur la porte de Sainte-Cécile, il reconnut son erreur. *Je,* suis perdu, s'écria-t-il, *mais si ma tête tombe, il en tombera bien d'autres*.

Hier au soir, à dix heures, il a été confronté avec Bach.

Séance du 11 avril.

Au commencement de la séance, le témoin Jean-Henri Yssauchon a déclaré avoir vu Bastide entre les maisons Bonhomme et Carrère vers 11 heures du matin, où l'on transportait de la rivière le cadavre de M. Fualdès.

L'accusé Bastide avait voulu lui louer pour Mme Galtier une petite maison hors la ville.

Elisabeth Salés, rappelée aux débats, a déclaré avoir appris d'un des enfans Bancal, qu'on avait trouvé sur la place de Cité un mouchoir ensanglanté que sa mère lui fit jeter dans la rivière.

François Pelissier, âgé de quatorze ans, reconnut Bastide entre six et sept heures du matin, le 20 mars, sortant de la rue des Hebdomadiers.

Antoine-Gaspard Battut entendit, le 20 mars, à huit heures du matin, Bastide heurter à la porte de M. Fualdès. La porte fut ouverte; Bastide la referma. Bientôt après il passa près du groupe dont le témoin faisait partie. Le témoin, de même que Yssauchon, vit encore Bastide près de la maison Bonhomme, au moment où l'on transportait le cadavre.

Elisabeth Verdier et Rosalie Verdier, sa sœur, passaient dans l'Ambergue à huit heures du soir, le 19 mars. Elles heurtèrent contre un homme de haute taille qui était arrêté sur la porte de M. Fualdès. Elles tournèrent vers lui leur lanterne, mais cet individu se tourna lui-même contre le mur. Elles aperçurent une autre personne d'une moindre taille, appuyée contre la voiture qui était près de l'hôtel des Princes.

Ces témoins ajoutent que le lendemain, dès qu'on parla de l'assassinat de M. Fualdès, ils soupçonnèrent la culpabilité de Bastide, parce qu'ils crurent l'avoir reconnu à sa haute taille pour être l'individu tapi contre la maison Fualdès.

Enfin, suivant ces témoins, Anne Bonhoux fut chercher du feu chez Bousquet, de la part de Jausion. Les deux sœurs virent voler du papier brûlé du jardin de Jausion : c'était le 21 ou le 22 mars dans l'après-dîné.

Jausion : Le colonel Vigier, se promenant dans mon jardin, avait voulu allumer son cigare, et mes enfans s'étaient amusés à brûler quelques copeaux.

M. Fualdès : Mon beau-père, le colonel Vigier, m'a rapporté ce fait de la même manière.

Marie-Anne *Vassal* : Le 19 mars au soir, à l'entrée de la nuit, je rencontrai Bastide dans la rue de l'Ambergue gauche; il me remit un parapluie et un paquet pour que je fusse les porter chez Jausion, au service duquel j'avais été environ un an auparavant. Bastide faisant réflexion, reprit le parapluie et le paquet, et descendit par la même rue. Le lendemain 20 mars, vers les six heures du matin, je fus cueillir quelques herbes pour faire un remède, dans le pré de Capoulade. On m'apprit qu'il y avait un cadavre dans l'Aveyron; je descendis aussitôt pour l'aller voir. Le cadavre flottait encore sur l'eau; il était couché sur le dos, ce qui donnait la facilité de voir le visage. Je crus reconnaître M. Fualdès; mais je ne restai pas long-tems, parce que mes maîtres avaient besoin de moi: j'étais alors au service de M. Comeyras. En remontant de la rivière, je rencontrai Bastide derrière les maisons de la Guioule; il était dans une situation à pouvoir considérer le cadavre, et à voir toutes les personnes qui descendaient le travers dudit pré de Capoulade. Bastide avait l'air agité et inquiet. Il était tout seul; je crus qu'il attendait quelque fille à qui il avait donné rendez-vous, et qu'il était impatienté de ne pas la voir arriver. J'observe que lorsque je m'approchai du cadavre, et que je dis que je croyais que c'était M. Fualdès, le meunier des Bessès, qui se trouvait là, me dit que je me trompais, que c'était un marchand qui demeurait à l'auberge de Villas. De l'emplacement où était Bastide, il pouvait entendre cette discussion, d'autant que la forte émotion dont j'étais saisie me faisait élever la voix. Lorsque Bastide fut en prison, comme je suis belle-sœur de Canitrot le concierge, j'avais le privilège d'entrer dans les prisons: ce fut pour cela que Mme Jausion vint me prier de lui rendre un service dont j'étais seule capable; elle me chargea d'une écritoire pour la remettre à Bastide, en l'avertissant d'écrire les noms de quelques personnes qu'il aurait pu rencontrer sur son chemin, lorsqu'il partit le soir du 19 mars pour aller à Gros; moyen infaillible pour donner la preuve qu'il n'était point à Rodez le soir de l'assassinat. Mme Jausion m'avait encore chargée de lui dire qu'il fût tranquille, qu'elle avait parlé à Fualdès fils, et que tout s'arrangerait; elle finit par me promettre une bonne étrenne si je voulais condescendre à ses désirs. Pendant trois fois, on me remit cette écritoire chez Jausion; mais j'avais peur de compromettre Canitrot, et je donnai toujours des excuses à la dame Jausion, pour lui faire croire qu'il m'avait été impossible de remplir sa commission. Une fois, entr'autres, Mme Jausion me donna une chemise et une cravate blanche pour remettre à Bastide; c'était pour s'assurer si je parlais réellement à Bastide. Pour cette commission, je la remplis exactement. Bastide prit la chemise et la cravate, et me donna une cravate noire que j'allai porter à sa sœur. J'ajoute que pendant le cours des derniers débats, m'entretenant de cette affaire avec la nommée Marie-Anne, servante de la dame Galtier, celle-ci me dit: Ce n'est ni toi ni moi qui avons commis le crime. Je tiens d'une domestique de Jausion (je crois même qu'elle me nomma Julie, la femme de chambre) que le 20 mars au matin Jausion était entré dans la chambre de sa femme, et qu'en ouvrant les rideaux du lit, il lui avait dit: *Victoire, nous sommes tous perdus, l'homme nage.* J'observe que cette fille de chambre aurait pu parfaitement entendre ce propos, s'il est vrai, parce qu'elle couchait dans une petite chambre qui n'est séparée de l'appartement de madame que par une légère cloison en planches.

Bastide a nié tout ce que le témoin a affirmé. Il n'a pas été à la Guioule depuis plus de dix ans.

Pierre Lacoste : Vers les huit heures du matin, le 20 mars, je vis Bastide sortir de chez M. Fualdès et se diriger chez Jausion.

Quelques jours après, vers les trois heures de l'après-midi, je vis s'élever du jardin de Jausion une fumée qui exhalait une odeur de papier ou de parchemin.

D'après les ordres de M. le président, un huissier montre à Jausion le sceau d'un cachet qui est reconnu intact. Le cachet est ensuite exhibé à Jausion et au témoin. Celui-ci déclare que ce cachet fut trouvé dans le jardin du maître chez lequel il travaille, et ce jardin est au-dessous de celui de Jausion.

M. Sesmayous, interpellé, a témoigné que M. Fualdès avait un cachet semblable. (Ce cachet est chargé d'attributs maçonniques.)

Jean Albouy : Le 19 mars, à 7 heures du soir, il rencontra Bastide auprès des bains de M. Bruyère. Il portait un bonnet noir. Il le vit une seconde fois à la clarté du quinquet du café Suisse. Il cachait sa figure avec sa main. Il tient de Mme Anduze (124e témoin) les détails que ce témoin a donnés.

La dame *Anduze*, rappelée, confirme sa déposition.

Bastide : A merveille! Le rôle esquissé par Mme Anduze a depuis été rempli par Theyron.

M. *Sadoux*, avocat : La femme Sermet vint pour me parler de quelques affaires. Elle me dit qu'ayant été passer plusieurs jours à Gros, elle y vit plusieurs fois M. Bessière-Veynac; qu'un jour, il y vint deux fois, et s'en retourna à cheval la seconde fois. Ce fut dans un de ces voyages qu'il raconta, comme bruit public, que le coup avait manqué, et qu'on *voulait encore tuer MM. Tieulat, Merlin et Grellet.* Comme elle avait quelques obligations à ce dernier, elle me pria de lui écrire, pour le prévenir des dangers qu'il courait.

Jeanne-Françoise d'*Isard*, femme *Sadoux*, fait la même déposition.

Marguerite *Sermet :* Elle alla coucher à Gros, quatre ou cinq jours après l'assassinat. Elle y vit plusieurs fois M. Bessière-Veynac : celui-ci rapporta, comme un bruit public, qu'on voulait se défaire de MM. Merlin, Tieulat et Grellet. Quelques jours après, elle se rendit chez M. Sadoux, et le pria d'écrire à M Grellet, pour l'en informer.

Marie *Mouly :* Le 20, au point du jour, et comme l'*angelus* sonnait, je vis venir Bastide de l'Ambergue gauche, allant du côté de la maison Causit. Le tems était clair dans ce moment, et il me fut aisé de le reconnaître : il passa près de moi ; il était si mal vêtu, et avait un air si effaré, qu'il me fit peur. Il traversa la place de Cité, fut du côté de la rue du Terrail, et tourna le coin de la maison de Missonnier. Je le vis de nouveau le soir, vers quatre heures, dans un costume différent de celui du matin, et beaucoup plus propre.

Marianne *Albrespi*, ancienne domestique au service de Bastide : Je vis M. Bastide à la Morne le jeudi vers huit heures ou huit heures et demie du matin, à l'heure du premier repas des domestiques, le jour où un huissier vint l'assigner pour se rendre à Rodez.

J'avais dit d'abord qu'on avait parlé de l'assassinat avant que l'huissier vînt donner l'assignation ; mais je m'étais trompée : ce fut à l'arrivée de l'huissier que j'appris l'assassinat.

M. le procureur-général : Cette femme vient de déposer que vers huit heures ou huit heures et demie, le 20 mars, elle a vu Bastide au domaine de la Morne, éloigné de Rodez de plus de 5000 mètres ; et vous avez entendu dans la séance d'hier, ou dans celle d'aujourd'hui, un grand nombre de témoins qui ont déclaré avoir vu Bastide à Rodez, à toutes les heures de la matinée du 20 mars, jusqu'à dix ou onze heures du matin. Vainement on a représenté à cette femme la force et le nombre des déclarations qui établissent la fausseté de ses dépositions. Attachée, à cette époque, au service de Bastide, elle a évidemment cédé à l'empire qui a été exercé sur elle pour la déterminer à soutenir cet *alibi*, qu'on ne craint pas de reproduire aujourd'hui, quand tant de preuves se réunissent à celle qu'on avait dès l'origine de la procédure pour en établir le scandale et le mensonge.

Nous demandons que la femme Albrespi soit mise sur le champ en état d'arrestation, et qu'il soit informé contre elle, conformément aux dispositions de l'article 330 du code d'instruction criminelle.

La fille Albrespi a été reconduite dans la salle par un huissier. Un gendarme a été chargé de veiller sur elle.

François *Combes* : Le jour de la fête de Saint-Joseph, 19 mars, pour célébrer notre patron, nous devions aller souper chez Causit. En m'y rendant, à huit heures du soir, je trouvai deux hommes postés et adossés à la porte de l'écurie de Missonnier.

Le lendemain, entre six et sept heures du matin, je vis Bastide montant dans la rue du Terrail, avec un mauvais habit, un chapeau écrasé, de gros souliers ferrés, ayant de la terre rouge jusqu'à mi-jambe.

La femme Miquel, témoin qu'on a appelé ensuite, a déclaré que, le 20 mars au soir, sur les quatre heures, elle fut chez la veuve Ginestel ; qu'elle s'entretint avec cette femme de l'assassinat de M. Fualdès. Elle lui dit : Ce gueux de Bastide est bien capable de l'avoir fait. Il venait ordinairement remiser son cheval chez moi à chaque foire ; il n'est pas venu cette fois, et il me doit encore 5 francs. Si je voulais dire tout ce que je sais sur son compte, *il y en a assez pour le faire pendre*. La femme Miquel a ajouté une circonstance à sa déposition, qui peut-être pourrait expliquer la fin sinistre de la femme Ginestel. Cette malheureuse femme, a dit le témoin, aimait un peu le vin ; on lui apporta une bouteille ; quand elle eut bu un verre de ce vin, il lui prit des vomissemens à la suite desquels enfin elle est morte.

M. le président : On se rappelle qu'on a voulu mener le témoin Theyron au cabaret.

Marianne *Albrespi* est rappelée aux débats.

M. le procureur-général : A quelle heure, en carême, faisait-on dîner les domestiques ?

Le témoin : Lorsqu'ils jeûnaient, vers onze heures ; mais à l'époque dont j'ai déposé, les domestiques ne jeûnaient point, et leur premier repas fut pris vers huit heures et demie.

M. Romiguières : Le témoin vit-il Bastide depuis ce moment jusqu'à son départ pour Rodez ?

Le témoin : Je ne puis pas l'affirmer, parce que je fus garder les moutons.

M. le président : Combien faut-il de tems pour se rendre de Rodez à la Morne ?

Le témoin : Deux heures ; mais je n'ai jamais fait ce chemin, c'est par ouï-dire.

Pierre Gros : Le jour des recherches, on vint prendre mon père pour remuer le fumier chez Bancal. Anne Benoît me dit n'avoir rien vu, quoiqu'elle fût sortie dans la soirée de la veille sept à huit fois, pour rendre du linge, ou acheter du sel ou de l'huile.

M. Lavergne est appelé aux débats.

M. le président : Quelle est la distance de la Morne à Rodez ?

Le témoin : Il y a une heure de chemin, à petits pas, de la Morne à Rodez. On peut le faire en trois quarts d'heure en marchant vite.

Rose Lacoste : Le 20 mars, entre huit ou neuf heures du matin, j'étais à ma fenêtre, lorsque je vis Bastide allant de la rue Sainte-Catherine vers la maison Fualdès : il était mal costumé, portant de gros souliers, un chapeau écrasé, et une cravate rouge.

Le gendarme Cadors : Le 5 mai 1817, j'étais de planton aux Jacobins, prison de Rodez. Le soir j'allai faire la visite des prisonniers avec le concierge. J'entrai dans le cachot où était Jausion, je le trouvai assis auprès de son lit. Il était *ferré*, parce qu'on devait le conduire à Montpellier ; il pleurait comme un enfant : Pourquoi suis-je attaché comme ça, disait-il, moi qui suis innocent, moi à qui on n'a jamais rien reproché ! Si j'en avais les moyens, je me détruirais. M. Jausion, lui répondis-je, il ne faut pas vous désoler comme ça ; si vous êtes innocent, on vous rendra justice.

Le lendemain, M. Roziés, médecin des prisons, vint le voir : Je viens de passer, lui dit-il, une bien cruelle nuit. J'ai été sur le point d'appeler le concierge pour qu'il m'allât chercher un confesseur. J'ai cru que j'allais mourir. — Pourquoi, répondit M. Roziés, ne nommez-vous pas les coupables, si vous les connaissez? — *Moi, je ne dirai rien quand on me hacherait en mille morceaux?*

M. le président à Jausion : On vous demanda l'explication de ce propos aux assises de Rodez ; que répondîtes-vous?

Jausion : Quand même j'aurais partagé les soupçons adoptés par le public, ce ne pouvait jamais être à moi à signaler les coupables.

Me Tajan : Puisque l'accusé Jausion prétend que ce n'était point à lui à signaler les coupables, pourquoi désigna-t-il Colard à M. le prévôt?

Jausion : Je nie ce fait?

M. le président, après avoir appelé M. le prévôt, le général de la Salle : Y avait-il quelques personnes auprès de vous, lorsque Jausion nomma Colard?

M le prévôt : Non, monsieur, lorsque Jausion me dit que son beau-frère ne devait pas être poursuivi, il ne désigna personne. Je lui nommai Laqueilhe. Jausion répondit : Je ne sais pas, et....

M. le président : Mais Colard?

M. le prévôt : Comme je l'ai dit à une des précédentes séances, Jausion, après quelques détails, dit qu'il serait possible que Colard....

M. Amans Rodat est appelé aux débats.

M. le président : Lorsque le gendarme Cadors fut entendu aux assises de Rodez, quelle fut la réponse de Jausion?

M. Rodat : Je ne l'entendis pas ; mais sa réponse m'a été rapportée. Jausion aurait répondu : Vouliez-vous que j'accusasse Bastide?.... et aussitôt celui-ci lui donna un coup de poing : M. Flaugergues le vit. M. le procureur-général rapporta le fait, et les conseils des accusés l'auraient relevé, s'il n'avait été vrai : je crois même que madame Manson m'entretint de cette circonstance.

M. le président, à Mme Manson : Vous le rappelez-vous?

Mme Manson : Oui, M. le président, le fait est vrai, et je le rapportai à M. Rodat. Jausion dit : voulez-vous que je fasse inculper mon beau-frère? Bastide lui donna un coup de poing : Bastide éprouva même des convulsions.

Bastide : Je n'y suis pas sujet ; je laisse pour vous, madame, les convulsions.

Antoine Deleris : Le jour qu'on eut dit aux prisons que Jausion était arrêté, il s'écria : *Il faut qu'il ait eu le malheur de négocier quelques effets?* Je le rapportai au concierge Canitrot, qui me dit : Je viens de lui annoncer l'arrestation de Jausion.

Barthélemy Bestion : Vers les sept à huit heures du soir, le 20 mars, je parlai avec Anne Benoît, qui me dit avoir entendu la veille seulement une secousse, et avoir vu Marianne Bancal sortir avec Lacombe. Le témoin ajoute que vers les huit à neuf heures du matin du même jour, il avait vu les dames Jausion et Galtier aller dans la maison de M. Fualdès.

Le témoin confirme la déclaration de sa sœur (80e témoin), relativement à un enlèvement de papiers que Bastide avait voulu faire à leur père.

Jean-Pierre Almeyras : Le 20 mars, avant le jour, je vis Bastide et Jausion devant la porte de M. Fualdès. Bastide portait un habit brun : Jausion portait une lévite bleue, et avait un mouchoir blanc à la main.

Après le jugement de condamnation, je racontai ces faits, en buvant l'eau-de-vie chez M. Bestion, et le lendemain je fus assigné en témoignage.

Sur la demande de Jausion, *M. le président* à Bestion : Entendites-vous raconter ce fait par le témoin, dans votre boutique, et à l'époque qu'il indique ?

Bestion : Oui, Monsieur,

Sur la demande encore de Jausion, *M. le président* au témoin Almayras : Lequel des deux reconnûtes-vous le premier ?

Le témoin : Jausion.

Guillaume Cammas : Quelques jours après l'arrestation de Jausion, je fus à la prison où il était détenu, et j'appris de Deleris, qu'aussitôt qu'on avait annoncé l'arrestation de Jausion à Bastide, celui-ci s'était écrié : *Il aura eu l'imprudence de négocier quelques effets.*

Postérieurement, dans un paquet de linge appartenant à Jausion, je trouvai un mouchoir où il y avait des taches de sang, et j'en dressai procès-verbal.

A une autre époque, je vis M. Yence parler à l'oreille de Jausion. J'entendis ce dernier répondre : Si c'est là ce qu'on cherche, on ne le trouvera pas.

Une autrefois j'entendis Jausion dire à M. Yence : Je vous laisse mon caissier, et lui remit en même tems une bourse avec de l'or et un sac d'argent.

Jausion, sur ce dernier fait, et en l'expliquant, a dit que son arrestation et celle de son épouse l'avait contraint de charger M. Yence, ancien procureur du Roi, de prendre les fonds nécessaires pour fournir à leur dépense.

Christine Puech : Je tiens de Françoise Garribal, que Mme Jausion voulait congédier sa fille de service, qui lui dit alors : Ce n'est point ce que vous m'aviez promis ; et ce n'est point la récompense des fatigues et des peines que j'ai essuyées en demeurant avec vous dans les prisons.

Le témoin ajoute par ouï-dire de Françoise Garribal, que le 19 mars au soir, Mme Jausion, en rentrant, aurait demandé à la fille de service si son mari était encore dehors, accompagnant sa demande de ces mots : *Il sera peut-être chez la Bancal à faire une partie ;* et le lendemain au matin, M. Jausion, en ouvrant les rideaux du lit de son épouse, aurait fait cette exclamation : *Victoire, nous sommes perdus ! le cadavre surnage !*

M. Dubernard fait observer que le témoin qui vient de déposer attribue le propos à Françoise Garribal, laquelle a déposé des mêmes propos, mais comme les ayant entendu dire sur une place publique.

La séance a été remise à lundi.

On a répandu le bruit, dans la journée, que la veuve Bancal et Colard avaient fait des révélations : ce bruit n'est pas encore vérifié ; mais on a remarqué que la veuve Bancal, qui, sur le banc des accusés, pleurait à chaudes larmes avant l'ouverture des débats, a pleuré encore plusieurs fois pendant la séance.

Apres la séance, Bastide et Jausion ont eu querelle entre eux ; ils en sont venus aux mains, et se sont battus dans leur prison. Jausion a réclamé du secours par le cri de détresse : *Sentinelle ! au secours !......*

Il paraît qu'on avait prévu cette scène. L'autorité avait aposté à la porte des gens pour les surveiller.

QUARANTE-CINQUIÈME LETTRE.

Albi, 14 avril 1818.

Séance du 13 avril.

Les ténèbres qui enveloppaient les criminels se dissipent ; les manœuvres de l'intrigue sont chaque jour plus impuissantes devant l'aspect imposant de la justice.

La femme Bancal, qui avait jusqu'ici persisté dans un système de dénégation absolue, en est enfin sortie. Elle a commencé dans cette séance à laisser échapper la vérité, et si elle a encore retenu une partie de son horrible secret, il est permis d'espérer que le premier pas qu'elle a fait dans un nouveau système l'entraînera malgré elle à révéler toute la trame de cette affaire.

M. le président a annoncé à l'ouverture de l'audience que cette femme lui ayant fait dire l'avant-veille qu'elle avait une révélation à lui faire, il s'était transporté près d'elle, et qu'après l'avoir exhortée à persévérer dans les bonnes dispositions qu'elle lui témoignait, il lui avait dit que ses aveux seraient reçus à l'audience.

A peine M. le président eût-il annoncé ce fait au tribunal, qu'un murmure se fit entendre dans l'auditoire, et que tous les regards se portèrent sur la femme Bancal, étonnée de devenir pour la première fois l'objet d'une curiosité presque bienveillante.

« Parlez, femme Bancal, lui dit M. le président, avant qu'on entende le concierge, dont la déposition doit compléter la vôtre. »

La Bancal : Messieurs, je dois vous dire que, si jusqu'ici j'ai menti au tribunal, c'est que j'avais peur ; mais à présent, je vois bien qu'il ne peut rien m'arriver de pis que ce qui avait été prononcé contre moi à Rodez ; et je me confie dans votre bonté, Messieurs, pour que vous me traitiez favorablement. Le 19 mars, à huit heures et demie du soir, six personnes entrèrent chez moi, tirant par les bras et par le collet un Monsieur qui avait un mouchoir autour de la figure (C'était M. Fualdès). Il y avait quatre *Messieurs*. Je reconnus parfaitement Bastide, un des autres était, je crois, espagnol.

J'ai demandé depuis à mon mari le nom de ceux qui m'étaient inconnus, mais il n'a pas voulu me le dire; tout ce que j'ai pu tirer de lui c'est que l'un d'eux était le neveu de Bastide. Bach et Colard étaient du nombre. Quand ils furent entrés dans la cuisine, M. Fualdès leur cria: *Eh! messieurs, que vous ai-je fait?* — Il faut que tu meures, lui dirent-ils! Fais ta prière!

Quand je vis qu'il allait se commettre un crime dans ma maison, je me jetai vers la porte pour sortir, mais Bastide courut sur moi en me disant: *Je te tue, si tu fais mine de bouger.* Alors je tombai sur une chaise, et mon mari me traîna jusque sur l'escalier, où je restai sans connaissance. Alors ils fermèrent toutes les portes, et quand on les ouvrit, tout ce qu'ils avaient à faire était fait..... Je n'ai rien vu de ce qui s'est passé dans la cuisine; quand j'en sortis, Missonnier n'y était pas encore; Bousquier n'y est venu que long-tems après. Quant à Anne Benoît, je ne l'ai point vue du tout dans cette soirée.

Quand tout le monde fut parti, je dis à ma fille: Qu'est-ce qu'ils ont fait, ces Messieurs? Elle me dit: Ils ont saigné un Monsieur qui était bien méchant...... Je demandai des détails à mon mari. Il me dit que ça ne me regardait pas. — Mais, lui dis-je, vous aurez versé du sang dans la cuisine, et on nous perdra. — Oh! que non, dit-il, le sang a été reçu dans un pot, et on l'a jeté sur un tas de fumier.

M. le président: Pourquoi avez-vous si long-tems caché la vérité?

La Bancal: On nous faisait accroire qu'on nous délivrerait en route, lorsqu'on nous conduirait à Montpellier.

M. le président: Y avait-il plusieurs femmes chez vous?

La Bancal: Mais je crois qu'il n'y en avait qu'une.

M. le président: Cependant Bach a dit trois.

La Bancal (pleurant): C'est M. Bastide qui est cause de tous nos maux ; il est cause que je suis en prison, que mon mari est mort, et que mes enfans sont à l'hôpital.

Bastide : Que veut dire cette femme ? Je ne l'ai jamais vue, je ne suis jamais entré chez elle. Elle perd la tête, en vérité ! Je voudrais bien savoir où elle m'a vu, où elle m'a connu....

La Bancal : Il y a long-tems que je vous connais. Je vous ai vu cent fois à Rodez.

Bastide : Par hasard, est-ce que vous m'auriez vu dans votre maison ?

La Bancal : Oui, malheureusement; vous n'y êtes venu que cette fois-là ; mais si j'avais su votre arrivée, je vous réponds que la gendarmerie serait venue aussitôt que vous.

M. le Président : Dites-nous comment il se fait que ce soir-là vous avez éloigné de votre maison un soldat qui se trouvait chez vous.

La Bancal : Cet homme faisait du bruit, cela me gênait. Voilà pourquoi je voulais m'en débarrasser, et je lui faisais mauvaise mine.

Bastide (d'un air mystérieux) : A quelle heure ce prétendu cortége entra-t-il chez vous ?

La Bancal : Pardi ! vous devez bien le savoir.

Bastide : Femme Bancal, est-ce que je ne vous ai pas engagée à dire la vérité quand on vous conduisit au tribunal ?

La Bancal : Vous ne m'avez jamais parlé de cela.

Bastide : C'est un coin du rideau qui se lève ; le reste ne tardera pas à se découvrir.

La Bancal : Quand tout fut fini, mon mari me fit monter dans la chambre; il me dit de l'attendre, et qu'il viendrait me chercher. Cependant je ne l'attendis pas ; je descendis, et aperçus à travers les fentes de la porte *un gros paquet* sur la table. Craignant d'être surprise, je me retirai. Etant descendue de nouveau quelques instans après, je ne trouvai personne.

M. le président : Entendîtes-vous qu'on ait proposé à M. Fualdès de signer quelques papiers ?

La veuve Bancal : Non, Monsieur.

D. La table se brisa-t-elle pendant que M. Fualdès se débattait sous le couteau des assassins ?

R. Non, Monsieur ; je remarquai le lendemain que c'était la même table, et elle n'était pas cassée.

Quoique les révélations de la veuve Bancal laissent de l'incertitude sur plusieurs circonstances, et que sur quelques autres elles se trouvent en contradiction avec les diverses dépositions reçues pendant le cours des débats, elles ont été entendues avec beaucoup d'intérêt.

M. le président et M. le procureur-général adressent tour-à-tour les interpellations suivantes à la veuve Bancal :

D. Avant de monter à votre chambre, avez-vous vu Missonnier ?

R. Je l'avais aperçu avant de monter ; comme je me trouvai mal, je pense qu'on le fit entrer en ce moment.

D. Votre mari ne vous avait-il pas dit qu'il voulait se venger de M. Fualdès ?

R. Non, Monsieur.

D. Votre fille Madelaine a-t-elle dit la vérité, lorsqu'elle a raconté à plusieurs témoins les détails de l'assassinat ?

R. Non pas en tout ; je n'étais pas dans la cuisine ; je ne vis pas égorger M. Fualdès : *car je n'ai pas assez de courage pour voir saigner un poulet.*

D. Le pot dans lequel on reçut le sang de la victime vous manqua-t-il le lendemain?

R. Je ne m'en suis pas aperçue.

D. Parla-t-on de porter le cadavre chez M. Fualdès ?

R. Non, Monsieur.

D. Vîtes-vous quand le cortège sortit ?

R. Non, Monsieur, je n'y étais pas.

D. Vous a-t-on donné de l'argent ?

R. Non, Monsieur.

D. N'avez-vous pas reçu une bague ? Ne demandâtes-vous pas la chemise *qui ressemblait à une aube* ? Ne revint-on pas le lendemain retirer la bague ?

R. Non, Monsieur.

D. Bach et Bousquier affirment vous avoir vue à neuf heures dans la cuisine....

R. Je n'y étais pas.

D. Vous couchâtes-vous?

R. Non.

D. Votre mari rentra-t-il dans la nuit?

R. Oui, il revint bientôt après.

M. le président : Femme Bancal, Bastide vous a-t-il offert une somme d'argent pour tuer votre fille?

La Bancal : Non; mais il lui dit : *Si tu parles, tu périras.*

M. Tajan : La Bancal a-t-elle positivement reconnu Jausion?

La Bancal : Il me semble bien qu'il était un des *messieurs*, mais je ne puis l'affirmer.

M. le procureur-général : Femme Bancal, vous avez avoué que six individus entraînaient la victime dans votre maison; vous pensez que le neveu de Bastide est l'un de ces individus, et vous n'osez affirmer que Jausion fût du nombre. Vous n'avez pas toujours eu sur l'accusé Jausion le même doute; plusieurs témoins déposent vous avoir entendue vous expliquant clairement à cet égard.

Ces témoins sont rappelés; c'est Marguerite et Catherine Barrèze : elles rapportent que la Bancal s'est écriée en leur présence : *Ce malheureux Bousquier n'a pas voulu reconnaître les riches; il n'a pas voulu reconnaître Jausion.*

La Bancal : Je n'ai reconnu dans ma maison que Bastide.

Bastide : C'est moi qui suis la bête noire!

La Bancal : C'est vous qui êtes cause de notre malheur. Si je n'avais pas eu peur de vous, j'aurais déjà parlé. D'ailleurs mon avocat m'avait défendu, à Rodez, de rien révéler.

M. Romiguières : Je déclare, au nom de mon confrère absent, que le fait avancé par la Bancal est faux. Dans son plaidoyer, M. Combarel ne révoqua pas en doute l'existence du crime, et ce n'est que sous le rapport de la complicité qu'il défendit cette femme.

M. le procureur-général à Colard : Qu'avez-vous à répondre à la déclaration de la femme Bancal et au propos qu'elle dit que vous avez tenu dans sa maison ?

Colard. La femme Bancal est une menteuse... D'ailleurs, Anne Benoît n'a-t-elle pas répondu de mon innocence ? Quand on me couperait la tête, je ne conviendrais pas d'une pareille chose. Non, je n'ai pas été chez la femme Bancal.

M. le procureur-général : Missionnier, répondez avec vérité ; vous étiez dans la maison Bancal quand le crime s'y est commis. La femme Bancal vous y a vu ; elle croit qu'on vous a retenu de force, pour vous empêcher d'aller dire ce que vous aviez remarqué dans la maison.

Missonnier : Oh ! mon Dieu ! si elle peut dire un pareil mensonge ! Je n'ai pas mis le pied dans sa maison depuis qu'elle en est locataire.

M. le président : Missonnier, vous avez fait deux fois le tour de la table pour vous échapper.

Missonnier, vivement : *Demandez à ces messieurs si c'est vrai.*

(Cette naïveté de Missonnier a fait rire l'auditoire).

M. le président : Ne vous a-t-on pas fait violence pour vous faire entrer dans la maison Bancal?

Missonnier : On n'a rien employé du tout, puisque je n'y ai pas été.

M. Grandet, avocat de Missonnier : Allons parles donc ; dis ce que tu sais.

Missonnier : Je m'en rapporte aux témoins qui l'ont rapporté de la rivière, et non pas à ceux qui l'y ont porté le soir. Qu'on les fasse un peu appeler à leur tour, ils diront la vérité ceux-là ; ils diront que j'ai été me coucher : n'est-ce pas, Colard?

Colard : C'est vrai, Missonnier a été se coucher.

Le concierge de Sainte-Cécile dépose qu'il a reçu plusieurs confidences de la Bancal ; elle lui a dit que si elle n'avait pas reconnu Jausion aux débats de Rodez, à Albi elle le reconnaissait parfaitement ; qu'il était l'un de ceux qui avaient entraîné M. Fualdès.

M. le procureur-général fait remarquer combien ces aveux de la Bancal sont plus précis que les demi-révélations qu'elle apporte aujourd'hui à la justice ; mais, ajoute-t-il, il y a lieu d'espérer que la continuation des débats fera connaître la cause de ces variations.

La femme Bancal : Je n'ai jamais dit (ou je ne me le rappelle pas) que j'eusse parfaitement reconnu Jausion ; mais seulement que je croyais l'avoir reconnu.

Bach, interrogé sur les faits qui sont à sa charge, d'après la déclaration de la femme Bancal, affirme qu'elle le calomnie : Qu'elle fasse comme moi, dit-il, *qu'elle ne cache rien.*

La séance est remise à demain. L'armurier René Régnier a été remis en liberté le 12. Le sieur Rey des Taurines, ami de Bessière-Veynac, vient d'être amené dans les prisons d'Albi.

LE STÉNOGRAPHE PARISIEN.

QUARANTE-SIXIÈME LETTRE.

COUR D'ASSISES D'ALBI.

Albi, 15 avril 1818.

Séance du 14 avril.

La certitude qu'on entendrait aujourd'hui M. Clémendot avait considérablement augmenté l'affluence des auditeurs. Les dames sur-tout s'étaient rendues en grand nombre à l'audience. Elle a commencé par la déposition de M. Mazars.

Le témoin : Messieurs, j'ai eu l'occasion de connaître Mme Manson à Rodez. Je l'ai vue dans la salle des témoins quand on a jugé pour la première fois les accusés du meurtre de M. Fualdès. Mme Manson était assise sur un banc, à côté d'une femme qui parlait avec quelque intérêt des accusés. Mme Manson se leva avec beaucoup de vivacité : Comment, dit-elle en s'adressant à cette femme, vous osez prendre la défense de ces scélérats? Ils seront tous condamnés ; ils périront tous ; ils sont coupables ; mais ils n'avoueront jamais leur crime. Elle me parla ensuite d'un serment prêté, puis elle s'informa si du siége des témoins on pouvait voir les accusés ; elle paraissait redouter beaucoup leur présence.

M. le président : Clarisse Manson, convenez-vous d'avoir dit ce que le témoin rapporte ?

Mme Manson : Oui, Monsieur ; cependant je ne crois pas avoir dit que les accusés périraient *tous ;* j'ai pu dire qu'ils étaient coupables ; d'ailleurs, tout ce que rapporte M. Mazars *est vrai.*

M. Palmier : J'avais un rendez-vous dans un café avec M. Clémendot ; il s'y rendit, et la conversation s'étant engagée sur l'assassinat commis dans la maison Bancal, il nous dit qu'il savait beaucoup de choses sur cette affaire. Une dame, continua-t-il, passait dans la rue des Hebdomadiers ; elle avait un rendez-vous dans la maison Bancal. Elle s'y rendit en homme. Une troupe d'hommes s'étant précipités dans le couloir de cette maison, la Bancal se trouva forcée de faire cacher la dame déguisée dans un cabinet de sa cuisine. Par un trou de la porte de ce cabinet, elle put voir les préparatifs de l'horrible scène dont elle ne reconnut pas tous les acteurs. Elle n'eut pas la force de supporter long-tems la vue d'un aussi cruel spectacle, et tomba privée de connaissance. Attiré par le bruit de sa chute, Bastide ouvrit avec force la porte du cabinet ; il était armé d'un couteau fumant encore du sang du malheureux Fualdès ; il voulait une seconde victime ; mais Jausion obtint sa grâce, et reconduisit la dame du cabinet jusqu'au couvent de l'Annonciade. Cette dame avait ajouté, nous dit M. Clémendot, que Bastide et Jausion n'étaient pas les principaux moteurs de ce complot, et que si elle parlait, ses révélations occasionneraient au moins douze destitutions ; que, depuis ce tems, cette malheureuse dame n'avait pu trouver un instant de repos.

M. le président : Clarisse Manson, ces détails, ne les avez-vous point donnés à M. Clémendot ?

Mme Manson : Je n'ai rien affirmé à M. Clémendot ; mais quant au témoin, je me plais à croire à sa véracité, et je suis persuadée que M. Clémendot lui a dit tout ce qu'il vient de déclarer. M. Clémendot vint chez moi ; il me parla d'une dame qui était chez Bancal ; il me nomma une demoiselle de la ville. — Vous vous trompez, lui dis-je, ce n'est pas elle. — C'est donc vous ? — Pourquoi voulez-vous que ce soit moi ? Et quand cela serait ? Eh bien, oui, continuai-je, c'est moi. J'avoue que lorsqu'il m'en reparla, je me défendis mal ; mais peut-être M. Clémendot n'aurait-il pas dû prendre cela à la lettre.

M. Pal, M. Dejean, M. Julien et plusieurs autres personnes qui étaient au café lorsque M. Clémendot raconta l'aventure de la dame du cabinet, ont confirmé la déclaration de M. Palmier.

M. Clémendot, après l'audition de ces témoins, a été introduit. A son aspect, il s'est fait un grand silence. Sa déposition a été écoutée avec une attention remarquable.

Messieurs, a dit cet officier, j'ai demeuré quatorze mois à Rodez ; je connaissais depuis long-tems Mme Manson de vue, mais je ne lui avais jamais parlé. Le 25 juillet dernier, quatre mois après l'assassinat de M. Fualdès, et quatre jours avant mon départ fixé, je parlai pour la première fois à Mme Manson au spectacle ; j'eus occasion de la voir et de lui parler les jours suivans jusqu'au 28, que, me trouvant avec elle, je lui dis : Le bruit court en ville que le soir de l'assassinat de M. Fualdès un rendez-vous a été accepté par une dame ou demoiselle de la ville dans la maison Bancal, où l'on soupçonne que le crime a été commis. — Nomme-t-on la personne qui a donné ce rendez-vous, me dit Mme Manson ? — On fait des conjectures, lui dis-je : on cite plusieurs personnes, et vous êtes du nombre ; mais je n'ai pas partagé l'opinion publique à votre égard. — Mme Manson répliqua : Oh ! ce n'est pas moi ; mais je sais qui c'est. Je la priai de nommer cette personne ; elle s'en défendit faiblement : je pourrais même dire qu'elle s'y refusait de manière à faire connaître qu'elle désirait satisfaire ma curiosité. — Dites-moi seulement, lui dis-je, les premières lettres de son nom. — La première lettre de son nom de baptême est un C. — Dites-moi la première lettre de son nom de famille. — Un E. Ces deux lettres sont bien les initiales de Clarisse Enjalran ; mais j'ignorais que Mme Manson s'appelait Clarisse ; j'étais d'ailleurs éloigné de la soupçonner ; je cherchai infructueusement dans ma tête ce que ce pouvait être, lorsque, voulant m'éviter sans doute la peine de chercher plus long-tems, elle me dit : Vous ne le trouvez pas ? — Non. — Eh bien, vous voyez bien que vous aviez mal fait votre compte, en pensant que ce ne pouvait être *moi* : ce sont ses propres expressions que je rapporte. Mon étonnement fut grand ; je ne le dissimulai point, et je lui dis : Comment se fait-il, madame, que vous ayez accepté un rendez-vous dans une maison comme celle-là ? Vous paraissez être maîtresse absolue de vos actions, et n'avez rien à craindre de la maison où vous habitez. — Cela est vrai ; mais à cette époque, je demeurais chez Mme Pal, femme extrêmement susceptible, et chez laquelle je n'aurais jamais osé recevoir qui que ce fût. Je lui fis beaucoup de questions, à quoi elle répondit que, le 19 mars au soir, elle se rendit dans la maison Bancal, pour y trouver un homme de la campagne, avec qui elle avait quelque affaire ; qu'étant dans cette maison, elle entendit au dehors un grand bruit occasionné par plusieurs personnes qui semblaient se disputer entre elles ; qu'alors la femme Bancal la poussa dans un cabinet attenant à la cuisine, et l'y enferma ; que la vivacité avec laquelle ce mouvement fut exécuté la jeta dans une grande frayeur ; que sa frayeur redoubla lorsqu'elle ne put douter qu'il se commettait un grand crime, lorsqu'elle entendit très-distinctement que ses jours étaient menacés ; qu'enfin on la fit sortir du cabinet, en lui faisant promettre le plus grand secret de ce qu'elle avait vu ou entendu, ajoutant qu'elle paierait de sa tête la moindre indiscrétion ; qu'on la reconduisit ; qu'elle avait été long-tems à se remettre ; que pendant dix-huit jours elle avait fait coucher avec elle la petite demoiselle Pal ; que tous les soirs, en rentrant, elle visitait tous les coins et recoins de sa chambre, et qu'aussitôt dans son lit, elle se couvrait la tête avec les draps, parce qu'elle avait toujours devant les yeux cette scène d'horreur, et qu'elle avait été terrifiée par les menaces qui lui avaient été faites. Je lui dis : Puisque vous vous êtes trouvée dans la maison Bancal, vous devez savoir quels sont les assassins. Avez-vous reconnu Bastide-Gramont ? Elle me dit qu'elle ne l'avait jamais vu, et qu'elle ne pouvait le reconnaître. — Et Jausion ? — Je ne l'ai vu que deux ou trois fois, et je pourrais difficilement le distinguer d'avec son frère. Je lui fis observer qu'étant du pays, il était étonnant qu'elle n'en connût pas mieux les habitans. Elle me dit qu'elle avait été fort long-tems absente. Beaucoup de choses ont échappé à ma mémoire ; ce que je me rappelle très-bien, c'est que la faiblesse des réponses de Mme Manson, ses hésitations, ses réticences, l'embarras que lui causaient mes questions sur ces deux individus, me laissèrent intimement convaincu que Bastide et Jausion y étaient, et qu'elle connaissait tous les auteurs de l'assassinat. Ma conviction était si forte, que je lui dis : Madame, tout ce que vous venez de me dire présente comme un des principaux coupables du meurtre de M. Fualdès, un homme qui seulement avait été soupçonné coupable du vol commis dans sa maison le lendemain de sa mort. — Qui donc, me demanda-t-elle? — Jausion, lui dis-je. Au même instant, *elle se couvrit le visage de ses mains*, et dit : Ne parlons plus de cela; ce que je pris pour un aveu tacite. Je demandai à Mme Manson pourquoi elle n'avait pas fait des révélations, que c'était un devoir que depuis long-tems elle aurait dû remplir. Elle me dit : Jugez si je le puis ; *ces gens-là tiennent à tant de monde*, tôt ou tard, je *paierais bien cher* mon indiscrétion ; d'ailleurs, *les visites que j'ai reçues de Mesd. Pons et Bastide m'en ont empêchée.* Je dis à Mme Manson : Je crois, ainsi qu'on le dit en ville, que Bastide et Jausion ne sont pas les seuls machinateurs de cet assassinat. Il est vrai, me dit-elle; il y en a encore deux autres qui ne sont pas arrêtés, qui jouent un grand rôle dans cette affaire ; mais je ne les connais pas. Je dis à Mme Manson : Si lors des débats on apprend que vous avez pu donner des détails importans sur cette affaire, et que vous ne l'ayez pas fait, à quels reproches ne vous exposez-vous pas? Elle me répondit : Je ne serai interrogée que si l'on ne peut pas faire autrement. Ce sont encore ses expressions que je rapporte. Le lendemain 29, je déjeûnais avec plusieurs officiers ; on parla du rendez-vous donné chez Bancal, et l'on assurait que c'était une demoiselle de la ville, qu'il est inutile de nommer. Alors, emporté par un sentiment de justice, peut-être aussi par un mouvement d'impatience, je dis hautement, *et assez malhonnêtement même* : Vous ne savez ce que vous dites, car je sais qui c'est, et je le tiens de la personne elle-même qui y était. En sortant de déjeûner, je rencontrai M. Ginesti; il paraissait très-affecté, parce qu'il était soupçonné d'être un des personnages du rendez-vous. Je lui dis de se tranquilliser, que je pouvais lui donner des renseignemens satisfaisans, et je lui rapportai la discussion que je venais d'avoir à cet égard. Il me demanda si mon intention n'était pas d'en instruire la justice. Je lui dis que si, mais que je tenais à partir ; que mon devoir m'appelait à Bourg, auprès de mon général ; que mon absence pourrait me faire beaucoup de tort (je ne me trompais pas, puisque j'ai perdu ma place). M. Ginesti m'engagea à aller au café ; je l'y joignis, nous parlâmes encore de cette affaire. Deux heures après, je reçus une citation pour me rendre auprès de M. Constans, juge d'instruction, devant qui je déposai. En sortant du tribunal, je me rendis chez M. le préfet, qui m'avait fait demander ; je lui donnai les mêmes détails. Le 30, je fus cité de nouveau. J'appris que Mme Manson avait tout nié. Je demandai à lui être confronté, espérant qu'en ma présence elle ne persisterait pas dans ses dénégations; mais je m'étais trompé, elle nia formellement. Je fus de suite à la préfecture, pour faire part à M. le préfet du désagrément que me causait Mme Manson, et je lui rapportai à cet égard quelques paroles désagréables et déplacées qui m'avaient été tenues par M. Meynier, procureur du Roi. M. le préfet, qui n'avait pas un instant douté de la vérité de ma déposition, fit venir Mme Manson plusieurs fois chez lui; il obtint d'elle les mêmes aveux que moi. Il eut la bonté de m'envoyer chercher, et Mme Manson convint devant moi m'avoir dit tout ce que j'ai déposé.

Il est de mon devoir, Messieurs, de répéter ici ce que j'ai dit devant la cour de Rodez : on a fait mille versions, toutes plus absurdes les unes que les autres; *on m'a prêté des propos indécens* qui ont irrité Mme Manson. *Elle l'aurait été justement* si j'en avais été l'auteur, ou si j'avais eu la bassesse de les accréditer; mais, pendant tout le tems que ma présence a été nécessaire à Rodez, dans l'affaire Fualdès, soit devant la cour, soit dans la conversation, *je n'ai jamais dit un mot qui pût atteindre la réputation de Mme Manson.* Au contraire, je crois qu'il est impossible, et tous les habitans de l'Aveyron me l'ont dit, *d'apporter plus de décence dans ma déposition.* Lorsque j'ai demandé à M. le président, à Rodez, d'être entendu une seconde fois, on a mal interprété mes intentions : Mme Manson niait tout; il m'importait qu'après mon départ elle ne me fît pas passer pour un calomniateur, et je voulais simplement entrer dans quelques détails pour persuader la cour; mais elle l'était : elle eut la bonté de me le dire dans les termes les plus obligeans, et je n'insistai pas. *Qu'aurais-je pu dire, d'ailleurs, contre Mme Manson? Avait-on oublié que je ne l'ai connue que quatre jours?* Tous les propos injurieux tenus contre Mme Manson ont eu pour cause première les aveux qu'elle m'a faits; on ignorait qu'elle en avait dit autant à plusieurs de ses compatriotes, à ses parens mêmes; tous se sont tus, ou n'ont parlé qu'après moi. Il a fallu que ce fût un étranger qui se sacrifiât pour la manifestation de la vérité. Je ne m'en repens pas, parce que je n'ai cédé qu'à un devoir impérieux que me dictait ma conscience et l'intérêt de la société. Les provocations que j'ai reçues, celles que je puis recevoir encore, n'affaibliront en rien mes dépositions : elles ont été et seront toujours les mêmes. Le seul regret que j'éprouve, c'est que ces mêmes dépositions ont, en quelque sorte, placé Mme Manson sur un banc où jamais elle n'aurait dû paraître, mais qu'elle n'aurait jamais occupé si elle avait mis dans sa conduite autant de franchise et de loyauté que j'en ai mis dans la mienne.

Mme Manson : J'ai une observation à faire; je n'ai pas fait d'aveu *formel* à M. Clémendot; j'ai eu peut-être l'air embarrassé lorsqu'il m'a demandé si j'avais été dans la maison Bancal.... Il a été trop loin dans ses conjectures.

M. Esquilat (défenseur de Mme Manson) : Je dois faire observer que les dépositions de MM. Palmier, Pal et autres, ne sont pas conformes à celles de M. Clémendot.

M. Clémendot : Je ne sais si ma déposition est conforme à celle des témoins qui m'ont précédé; mais ce que je puis affirmer, c'est que ce que je dis ici est conforme à ce que j'ai dit à Rodez; et si j'ai omis quelques détails, c'est par égard pour Mme Manson.

M. le président : Il y a cependant, dans votre déposition, cette différence; c'est que vous ne parlez pas des destitutions que Mme Manson vous a dit qu'elle pouvait occasionner en révélant ce qu'elle savait.

M. Clémendot : Ces messieurs ont parlé de douze destitutions; il serait plaisant que j'eusse, à point nommé, désigné un semblable nombre : au café, je n'étais pas devant la justice; *j'ai peut-être parlé plus légèrement* : au surplus, s'il a été question, dans ce que j'ai raconté, de destitution, c'est que Mme Manson me l'avait probablement dit.

M. le président : Mais vous avez affirmé à ces messieurs que Mme Manson vous avait nommé Bastide et Jausion.

M. Clémendot : Je n'ai rien affirmé à ces messieurs. Mme Manson, en me parlant des assassins, m'a dit : « Il y en a encore deux autres. » Bastide et Jausion étaient arrêtés; alors j'ai dû penser qu'en me disant, il y en a encore deux autres, elle m'assurait que ceux-là étaient de l'assassinat.

M. Pinaud : Mme Manson vous a-t-elle dit que ce fût la Bancal qui la conduisit dans le cabinet?

M. Clémendot : Oui, Monsieur.

Mme Manson : Je n'ai pas dit cela; car je crois me rappeler que c'est un homme qui me fit entrer dans ce cabinet.

M. le procureur-général a demandé que le concierge Canitrot fût rappelé aux débats, afin qu'il rendît compte de ce qui se passa dans la prison, lorsque la petite Bancal y vit Bastide et Jausion.

Le témoin : J'étais *chez moi*, sans penser à rien, lorsqu'on vint m'appeler au guichet : Que veut-on, dis-je à ma femme, qui était allée ouvrir? — C'est un enfant. — Et que veut cet enfant? — Parler à M. Bastide. — Bah! laisse donc, tu sais bien que personne ne peut parler à M. Bastide, encore moins un enfant. — Mais c'est la petite Bancal; on veut voir si elle le reconnaîtra parmi les autres. — Ah! c'est différent. Je fis approcher cet enfant à la grille, et je lui dis en lui montrant un autre prisonnier : Tiens, voilà M. Bastide. — Non, non, ce n'est pas celui-là, me dit-elle; il est là-bas, avec cette grosse barbe noire. — Tu te trompes, c'est celui-là. — Moi, je dis que c'est l'autre avec la barbe, et si vous dites le contraire, c'est que vous ne le connaissez pas. — Et Jausion? — Le voilà plus loin. — Et Missonnier? — Oh! c'est un imbécille; quand on a tué le Monsieur, il tournait autour de la table comme un fou.

La Bancal, qui depuis le commencement de la séance paraissait très-affectée, tire son mouchoir et cache ses larmes. La contenance de cette accusée a bien changé. Ses traits sont altérés, et chaque fois que les témoins rapportent les détails de l'assassinat, ses pleurs coulent en abondance.

M. le procureur-général : Comment se peut-il, d'après une reconnaissance que vous déclarez si formelle, que Madelaine Bancal n'ait bien reconnu que Bastide dans sa confrontation avec cet accusé, et qu'elle ait paru ne pas reconnaître Jausion dans la confrontation d'une manière si positive?

Canitrot : Je fus moi-même étonné de ce changement. Aussitôt que j'eus appris le résultat des confrontations, j'en demandai la cause à Madelaine Bancal ; elle me répondit : J'ai reconnu Bastide, et *je n'ai pas voulu* reconnaître Jausion.

M. le procureur-général : S'est-elle bien servie de ces expressions *je n'ai pas voulu ?*

Canitrot : Oui Monsieur, et c'est parce qu'elles m'étonnèrent, que je les fis répéter, que je me les rappelle si bien, et que je les affirme.

M. le chevalier de Parlan, frère du précédent témoin. — J'ai vu Bastide au café Féraud, le 17 ou le 18 mars ; je ne me rappelle pas du costume des deux personnes qui étaient avec lui ; « c'étaient des gens du commun ; si c'avaient été au-dessus du commun, j'aurais fait attention à leurs vêtemens » : mais je reconnais parfaitement Bax et Colard pour être ces deux individus.

MM. Dejean, Julien et Ginesty, rendent compte de la conversation de M. Clémandot au café *Coq*, dans les mêmes termes que M. Palmier.

M. Blandine : M. Constans me fit part un jour des confidences qu'il m'assura tenir de madame Manson, et dont voici les principales circonstances. — Quand elle se présenta chez Bancal, on ne voulait pas la recevoir : *Je suis bien*, dit-elle, *je veux y rester*. Le cortège qui entraînait M. Fualdès étant arrivé, on la poussa dans un cabinet, et l'assassinat fut consommé. Parmi les assassins se trouvaient Jausion et Bastide ; celui-ci tenait un grand couteau à la main. Instruit qu'il y avait une dame dans le cabinet, il s'y précipita pour l'égorger. Jausion l'en empêcha. On la fit jurer auprès du cadavre de ne rien révéler de ce qu'elle avait vu, et Jausion la reconduisit sur la place de la Cité.

M. le président : Accusée Manson, que répondez-vous ?

Madame Manson : A l'époque où M. Constans a donné ces détails au témoin, ils étaient connus du public par les déclarations de Madelaine Bancal. Du reste, pour répondre d'une manière positive, j'affirme que je n'ai rien dit de semblable à M. Constans.

Mademoiselle Raynal répète à-peu-près les mêmes détails, *comme le tenant de madame Manson elle-même*, qui se retira chez elle, quand on l'eut reconduite sur la place de Cité. Seulement madame Manson ne désigna au témoin aucun des complices de l'assassinat.

Madame Manson ayant passé la nuit avec moi, ajoute le témoin, je la pressai de déclarer la vérité. *J'ai tout dit*, me répondit-elle, *il y a cinq témoins qui diront le reste.*

Sur l'interpellation de M. le procureur-général, madame Manson déclare ne pas avoir entendu le propos attribué à l'un des accusés, du *sujet de l'embarras que pourraient causer deux cadavres.*

M. Blandine : M. Constans me raconta tout ce qui s'était passé dans la maison Bancal ; il m'assura que sa femme le tenait de Mme Manson.

Mme Manson : Je n'ai rien confié à Mme Constans.

Victoire Raynal (nourrice de Mme Manson) dépose que cette dame lui a déclaré que le soir de l'assassinat, elle se trouva dans la maison Bancal, où elle était allée pour voir quelqu'un. Elle avait été enfermée dans le cabinet, menacée par un homme qui voulait la tuer, sauvée par un autre qui la reconduisit à la place de Cité ; qu'elle était habillée en homme, que son pantalon était teint de sang parce qu'elle avait saigné au nez. Elle n'avait pu reconnaître personne à cause de son trouble : elle ajouta *que Mme Pons était restée chez elle depuis dix heures du soir jusqu'à une heure, pour l'engager à cacher ce qu'elle savait.* Mme Manson a aussi dit au témoin, qu'elle a fait une partie de promenade nocturne avec Mlle Pierret, son frère, et M. Clémendot : elle plaisanta avec ce dernier, qui lui fit beaucoup de questions sur l'assassinat, auxquelles elle ne répondit rien. M. Clémendot en conclut : *Qui ne dit rien, tout accorde.*

Mme Manson (sur l'interpellation du président) : Tout ce que Victoire a dit est parfaitement vrai.

M. le président : Voulez-vous y ajouter ? — Non.

M. le procureur-général demande au témoin si dans ses conversations particulières avec Mme Manson, cette dame ne lui a nommé aucune des personnes qui étaient chez Bancal. — Victoire : Dans une circonstance, je la pressai pour nommer la dame dont elle avait paru indiquer la présence : Elle répondit : Il y a cinq témoins qui le diront.

Les deux demoiselles *Pal* sont entendues. L'une d'elles rapporte qu'un jour la conversation s'étant engagée sur l'assassinat de M. Fualdès, quelqu'un dit : Il n'est pas possible que Jausion soit coupable ; un homme riche a-t-il pu commettre un semblable crime pour une somme aussi modique ? Mme Manson répondit : Vous croyez que Jausion n'est pas coupable ; eh bien ! moi, je crois le contraire, et vous verrez que l'événement le prouvera.

M. Pinaud à Mme Manson : Que répondez-vous à cela, Madame ?

Mme Manson : Mlle Pal dit la vérité.

Bastide : Dites donc, Mademoiselle, fûtes-vous à l'Aveyron avec Mme Manson ?

Mlle Pal : Oui.

Bastide : Bon ; mais comment cela se concilie-t-il avec le serment qu'elle prétend avoir prêté ?

Mme Manson : Je n'avais pas prêté serment de ne pas voir le cadavre de M. Fualdès. Les demoiselles Pal m'engagèrent à aller au bord de l'Aveyron, et je les y accompagnai, pour ne pas donner de soupçons.

Bastide : A merveille ; Mme Manson s'évanouit-elle en voyant le cadavre ?

Mlle Pal : Non, elle ne s'évanouit pas.

Bastide : Il y a tems pour tout. Pourriez-vous nous dire, Mademoiselle, si Mme Manson est sortie de chez vous dans la soirée du 19 mars? J'ai bien idée, moi, qu'elle est restée chez elle.

Mme Manson : Je voudrais que M. Bastide me prouvât quel intérêt si grand j'ai à avouer que j'étais dans la maison Bancal, un jour où l'on y commettait un assassinat, moi qui suis accusée de complicité dans ce crime.

Bastide : Eh ! mon Dieu, c'est pour vous rendre innocente malgré vous, et pour prouver que vous étiez dans votre lit comme moi dans le mien. Je voudrais bien savoir pourquoi Mme Manson, qui *s'évanouit* à chaque instant, ne s'est pas trouvée mal quand elle a revu le matin le cadavre de M. Fualdès.

M. Esquilat, défenseur de Mme Manson : C'est qu'elle ne vous voyait pas (L'auditoire frémit).

Bastide se levant : Eh! M. l'avocat, ne jugez pas si vîte; *patience, tout s'éclaircira*

M. Esquilat : Les débats commencent à le prouver.

Bastide (Il se rassied) : Tout ce qui est merveilleux ne me touche pas, moi, et j'aime mieux la narration de la Bancal, qui peut être fausse comme les autres, que les déclamations de Mme Manson. D'abord je pose *en principe*, moi, que je suis innocent, puisqu'au moment du crime j'étais bien loin de Rodez, ainsi que je l'ai prouvé.

Le sieur Gach. — Le 20, je vis Bastide à huit heures et demie du matin : il était en face de l'hôtel des Princes.

Bastide. — Quel était mon costume? — *Un long habit sombre.*

Mme Castel : Je me trouvai, dans l'une des séances de Rodez, à côté de la dame Manson ; je lui exprimai l'intérêt que je prenais à sa position ; Mme Manson était en pleurs, je l'engageai à dire la vérité : *Si je parle*, me dit-elle, *ils périront, les misérables.*

M. le procureur-général à Mme Manson : Madame, vous souvenez-vous d'avoir tenu ce propos?

Mme Manson : Oui Monsieur.

M. le procureur-général : Est-ce la vérité ?

Mme Manson : Je ne conteste pas.

QUARANTE-SEPTIEME LETTRE.

Albi, 16 avril 1818.

Séance du 15 avril.

Cette séance était impatiemment attendue, parce que le bruit s'était répandu que Mlle Rose Pierret avait été amenée par son père à faire des révélations importantes, et qu'on était curieux de voir cette demoiselle confrontée avec Mme Manson. On verra jusqu'à quel point la curiosité du public a pu être satisfaite par l'événement.

M. Blanc de Bourinnes, dont les dépositions ont déjà jeté beaucoup de lumières sur la procédure, a déclaré, sur l'interpellation de M. le président, que la fille Albrespy, servante de Bastide, lui avait avoué la veille que la déclaration qu'elle avait faite devant la cour de Rodez, qu'elle avait vu Bastide à la Morne le 19, avait été dictée par les instances de M. Bastide, et qu'il avait été convenu entre tous les domestiques de Bastide qu'ils feraient une déposition semblable; mais qu'elle était maintenant disposée à dire toute la vérité.

Bastide : J'étais, le 20 mars, à la Morne, au dîner de mes domestiques. On peut les interroger. Ils le diront. Or, à la campagne, les domestiques dînent à huit heures. M. Blanc de Bourrines le sait bien.

M. Blanc de Bourrines. : Je n'ai point à déposer de ce fait. Tout ce que j'ai à dire, et ce que je déclare positivement, c'est que la fille Albrespy m'a avoué qu'elle avait été intimidée d'abord par Bastide, et ensuite par les conclusions que M. le procureur-général a prises contre elle.

La fille Albrespy est introduite; elle paraît fort embarrassée et s'exprime avec crainte. Elle assure qu'elle a vu Bastide à la Morne, lors du dîner des domestiques ; mais elle ne peut dire à quelle heure : aussitôt après le dîner elle partit pour conduire ses moutons aux champs.

M. Blanc de Bourinnes : Au mois de mars on ne conduit les moutons aux champs que vers dix heures, quand la gelée blanche est fondue. Cette observation peut éclaircir le doute du tribunal.

M. le procureur-général déclare que puisque la fille Albrespy reconnaît son erreur, il retire les conclusions qu'il avait prises contre elle. L'audace avec laquelle Bastide a soutenu et fait soutenir par ses valets et ses servantes un alibi détruit par 50 témoins, n'est pas, dit-il, un des moindres scandales que cette horrible affaire donne à la société.

Bastide : Je n'ai pas parlé d'alibi, j'ai voulu seulement prouver un fait qui subsiste, c'est que, le 20 mars, j'étais à 8 heures du matin, à la tête de mes domestiques.

M. le procureur-général : Plus de cinquante personnes certifient le contraire.

Bastide : Monsieur, tous ces gens-là se trompent d'heure. Lorsque je fus arrêté, mes domestiques, quoique entourés de gendarmes, s'accordèrent à déposer qu'ils m'avaient vu à mon domaine.

M. Dalmerac rappelle à la cour que la femme Molard, en allant chez la Bancal chercher un mantelet qu'elle lui avait prêté, vit Jausion chez elle.

Mme Altier : Le 20 mars, sur les onze heures du matin, je suis sûre d'avoir vu Bastide dans la maison Fualdès.

M. le président, s'adressant aux jurés : Vous voudrez bien vous rappeler, messieurs, que le domestique de M. Fualdès ne partit qu'à onze heures.

M. le président demande au témoin si on ne brûla pas quelque chose. Le témoin dit qu'on brûla des livres, au nombre desquels se trouvait *Faublas*, et que ce furent Mmes Jausion et Galtier qui les brûlèrent.

M. Sesmayous déclare qu'il fit à cet égard quelques observations, et qu'il témoigna son étonnement de voir dans le feu tant de grandes feuilles, puisqu'on ne brûlait, disait-on, que des livres de petit format. Il ajoute que ce fut dans l'après-midi du 20 qu'on fit cette opération.

On introduit le nommé *Guillot*, gendarme : On m'appela un jour, dit ce témoin, dans une auberge où Bach avait pris un repas qu'il ne pouvait payer. Je pris ses papiers et les donnai en gage à l'aubergiste. Depuis, j'ai eu occasion de revoir Bach et de lui dire : Parbleu, j'aurais bien fait de t'arrêter chez le marchand de vin. — Je n'aurais pas fait ce que j'ai fait, me répondit-il.

Bach : Je voulais dire : Je n'aurais pas fait autant de prison que j'en ai fait.

M. Pinaud : Il reste toujours pour certain que vous n'aviez pas d'argent le 18.

Bach : Non, Monsieur.

M. Pinaud : Comment se fait-il donc que, le 19, vous ayez pu vous engager à acheter du tabac? Si vous n'avez pas fait de marché, il résulte de là que ce n'était pas une balle de tabac que vous alliez chercher chez Bancal; et alors votre complicité paraît évidente.

Bach : J'avais vendu du tabac à plusieurs particuliers, et j'avais reçu de l'argent.

M. Pinaud : Pourriez-vous nommer les personnes qui vous ont acheté du tabac?

Bach : Je ne me le rappelle pas, Monsieur.

Mme Delmas, dont la maison donne sur la rue qu'ont pris les coupables en se rendant à l'Aveyron, raconte qu'elle a vu, le 19 mars, à dix heures du soir, passer une troupe d'individus, et qu'elle a surtout remarqué un grand homme qui marchait devant les autres.

M. le président demande à Mme Delmas quelques renseignemens concernant les facultés intellectuelles de Missonnier.

Mme. Delmas : Tout le monde le croit un imbécille. Je l'ai vu chez moi faire des choses qui annonçaient un homme qui n'avait pas toute sa raison. (*Missonnier rit.*)

M Pinaud : Est-il vrai que vous êtes un imbécille. —*Missonnier* :

Monsieur ils le disent; mais je vous assure que je ne suis pas un mauvais homme, ni même une bête.

Mademoiselle Rose Pierret. — A ce nom, qu'on attendait avec impatience, un murmure prolongé et précurseur de l'intérêt que devait inspirer la déposition de ce témoin, a retenti dans l'auditoire.... Un profond silence succède.

Cette jeune personne, aussi recommandable par sa beauté que par sa modestie, éprouve une émotion telle qu'il lui est impossible de faire sa déposition. M. le président la rassure avec bonté, et lui adresse les questions suivantes.

M. le président : Dites au tribunal ce que vous savez touchant l'assassinat de M. Fualdès. — Mlle Pierret : Je n'ai rien de particulier à dire. Je ne sais que ce que tout le monde sait. — *D.* Avez-vous passé la soirée du 19 mars chez vous? — *R.* Oui, Monsieur. — *D.* Est-ce que vous n'avez pas quelques détails à donner à la cour? — *R.* Non, Monsieur.

M. Pinaud : Vous avez été confrontée avec Mme Manson; vous rappelez-vous qu'elle ait déclaré devant vous que vous lui avez fait des révélations? — Oui, Monsieur. — *M. Pinaud*: Vous avez été chez Mme Constans? — Oui, Monsieur.

M. le procureur-général: Vous vous êtes cependant entretenu de cet événement avec Mme Manson. — *Rose Pierret*: Je ne crois pas. — *D.* Connaissiez-vous Mme Manson avant l'assassinat? — *R.* Non, Monsieur. — *D.* L'avez-vous vue plusieurs fois depuis l'assassinat? — *R.* Oui, Monsieur.

M. Pinaud : Savez-vous que madame Manson a dit que vous aviez une connaissance toute particulière du crime.

Rose Pierret: Oui, Monsieur; mais cela est absolument faux, Mme Manson en a imposé.

Mad. Manson est interpellée de répondre aux dires de Mlle Pierret. *Mad. Manson* : J'ai connu Mlle Rose Pierret deux jours après l'arrestation de Bastide. Elle me raconta alors les diverses circonstances de l'assassinat, et entra dans beaucoup de détails. Elle me dit qu'on avait étendu M. Fualdès sur une table, qu'on l'avait égorgé avec un mauvais couteau.

M. Pinaud à Mlle Pierret : Est-il vrai que vous avez dit cela à mad. Manson ?

Rose Pierret : Non , monsieur ; madame Manson se trompe.

Mad. Manson : Je l'affirme.

M. Pinaud : Vous êtes sûre , madame , que mad. Pierret peut donner des détails particuliers sur l'assassinat de M. Fualdès ?

Mme Manson : J'en ai la conviction.

M. Pinaud : Où avez-vous puisé cette conviction ?

Mme Manson : Je ne suis point obligée de le dire.

M. Pinaud : Vous paraissez, Madame, avoir des notions très-fausses sur la nature de vos obligations envers la justice. Il faut que vous vous ôtiez de l'idée que vous pouvez lui refuser les renseignemens qu'entraînent vos assertions. Vous avez imprimé : *une autre à ma place dirait* : *J'ai la certitude que Rose Pierret était chez Bancal.* Cette tournure de phrase est assez claire , si ce qu'elle exprime est vrai, Mlle Pierret est un témoin essentiel dont la justice réclame les dépositions : si cela est faux , vous avez calomnié Mlle Pierret.

Mme Manson : Elle pourra m'attaquer en calomnie après le jugement.

M. Pierret prend la parole : Je demande , dit-il , que Mme Manson s'explique ; il y a long-tems que ses insinuations tiennent, sur le compte de ma fille, l'opinion du monde et de la justice en suspens : des termes plus précis de cette dame pourraient donner lieu à des éclaircissemens que je désire. Il faudrait qu'elle dît quelque chose de formel , qui fît sortir ma fille de la fausse position où elle se trouve placée. Je vous prie , M. le président , d'exiger de Mme Manson qu'elle s'explique.

M. le président : Ce que dit Mme Manson est assez formel pour servir de base à votre conduite ultérieure : elle a dit qu'elle avait une conviction sur laquelle elle ne voulait pas s'expliquer.

Ce long débat a excité le plus vif intérêt dans l'auditoire, et chacun se demandait avec surprise quels étaient les titres de madame Manson aux ménagemens qu'on garde envers elle.

Marie Cambourrieu : Anne Benoît m'a dit , en parlant des auteurs de l'assassinat : *On cherche en vain à les découvrir; on n'y parviendra jamais.*

La femme Régis : Le samedi après l'assassinat, j'étais avec Anne Benoît, qui me dit que de sa chambre *elle avait entendu des gémissemens*, et me donna les détails les plus circonstanciés sur la manière dont le crime avait été commis. Bastide vint à passer dans la rue; je dis à Anne Benoît qu'on l'accusait. — Bah! me répondit-elle, *c'est Bastide comme vous et moi...*; ce sont les nobles qui ont assassiné M. Fualdès; elle me désigna M. Dupruines. Elle ajouta que, parmi les commissaires de police, il y en avait plusieurs qui aidèrent à commettre l'assassinat, et qui firent ensuite semblant d'en rechercher les auteurs. — Je lui demandai si c'était *M. Constant. Elle ne répondit rien.*

Anne Benoît: Je ne connais pas cette femme. Je ne lui ai jamais tenu de semblable propos. *On change tout.*

Jeanne Daubusson : Anne Benoît me dit un jour que c'étaient les nobles qui avaient fait le coup. Elle ajouta qu'*elle n'avait pas entendu de bruit* chez Bancal; et, qu'en eût-elle entendu, elle ne serait pas descendue, parce que c'était *une mauvaise maison*, et qu'on y faisait souvent du bruit.

Ce témoin ajoute que, le 20 mars, elle vit Bastide *à sept heures et demie du matin* sur la place de Cité, et qu'Anne Benoît lui dit, un autre jour, que c'était *dans un jardin hors de la ville* qu'on avait égorgé M. Fualdès.

Bastide demande à ce témoin quel était son costume. — Elle répond qu'il portait une *lévite noisette.*

Le sieur Migoule. — Je me trouvai, dans les premiers jours de janvier, chez madame Torrequemada; je lui communiquai un article de journal dans lequel on disait que madame Manson déclarait qu'une famille espagnole pouvait tout raconter, qu'elle devait avoir tout entendu : elle me rapporta que Raulino lui avait dit que Savedra, ayant entendu du bruit dans la cuisine de Bancal, regarda par les fentes du plancher, et vit M. Fualdès étendu sur une table; il donnait des coups de pied. *Il y avait une femme voilée.*

Marianne Monteil, sa servante, étant descendu chez Bancal le lendemain, elle voulut couper du pain à la petite Madelaine. Celle-ci lui dit de ne pas employer ce couteau, *parce qu'on s'en était servi pour tuer un monsieur.*

On rappelle Marianne Monteil. — Quand on faisait du bruit chez Bancal, l'entendait-on de l'appartement occupé par vos maîtres?

Le témoin. — Oui, monsieur : *on ne pouvait pas remuer* sans qu'on l'entendît. Le même soir *j'entendis faire la prière aux enfans Bancal.*

Mme. Manson, interpellée par le président de dire si le bruit qu'on avait fait en la tirant avec violence du cabinet avait été assez grand pour avoir été entendu des Espagnols, a répondu qu'ils avaient dû l'entendre, et qu'elle ne doutait pas qu'ils eussent vu tout ce qui s'était passé.

Cette famille espagnole, qui n'a point paru dans la première procédure, sera entendue demain à l'audience.

P. S. La foule qui assiste à chaque séance devient de jour en jour plus tumultueuse, et l'autorité se croit obligée d'user de mesures sévères. Les cartes d'entrée ont été, pour la plupart, retirées, quelques préposés de la police intérieure s'étant permis des violences envers quelques témoins qui voulaient pénétrer dans leur enceinte. Grand nombre de ces derniers, outrés d'un juste dépit, se sont retirés, et n'ont point paru à l'appel. M. le président a annoncé qu'un pareil abus ne se renouvellerait point désormais.

Madame Manson fait des mines et des grâces aux personnes qui viennent à l'audience pour la voir ou la dessiner. Les commis voyageurs ne partent point d'Albi sans avoir sollicité la faveur de la regarder.

LE STÉNOGRAPHE PARISIEN.

QUARANTE-HUITIÈME LETTRE.

COUR D'ASSISES D'ALBI.

Albi, 17 avril.

Séance du 16 avril.

269e témoin. François *Boudon*, temoin discrétionnaire : Je ne connais pas précisément le motif pour lequel on m'a appelé.

M. le président : Le 20 mars, ne vous rendîtes-vous pas dans la maison Jausion ? — *Le témoin* : C'est vrai. Je ne sais pas trop à quelle heure, mais c'était dans la matinée, entre huit et neuf heures.

D. Qui trouvâtes-vous dans l'escalier ? — R. J'y trouvai M. Blanc fils et M. Pons de Soulages.

D. Que dîtes-vous à ces Messieurs? — R. M. Blanc m'adressa la parole. Il paraissait fort inquiet de l'assassinat, et repoussa avec colère l'idée du suicide que je lui avais présentée.

D. Vîtes-vous Jausion chez lui? — R. Je ne le trouvai pas. On me dit qu'il était chez M. Fualdès avec son épouse.

D. Cela paraît extraordinaire, puisque M. Blanc et vous l'aviez laissé chez lui. — R. Ce fut pourtant la réponse du domestique.

D. L'avez-vous vu ensuite? — R. Oui, je le vis à midi; j'y allai pour un billet que m'avait consenti M. Fualdès. Il me dit que je pouvais être tranquille, qu'il était aussi son débiteur.

D. Vîtes-vous Bastide dans la journée du 20 mars? — R. Non, je ne m'en rappelle pas.

D. Quelle était la somme que vous devait M. Fualdès? — R. Six cents francs qui venaient à échoir dans le mois de mai.

D. M. Fualdès était-il exact dans ses paiemens ? — R. Je le crois très-fort, au moins pour ce qui me concerne.

D. Ne vous est-il point arrivé de régler vos affaires chez lui? — R. Non, Monsieur.

D. Depuis quel tems M. Fualdès était-il votre débiteur? — R. Depuis 18 mois.

D. Avez-vous eu plusieurs effets de M. Fualdès? — R. Un seul.

D. A-t-il été exactement payé? — R. Très-exactement au jour précis.

Colard : Veuillez demander au témoin s'il a jamais eu à se plaindre de moi.

Le témoin : Je l'avais employé dans un établissement que je dirigais ; je n'ai jamais eu rien à lui reprocher.

Elisabeth Corchau est rappelée.

M. le président : Depuis que vous êtes ici, n'avez-vous rien appris relativement à l'assassinat ? — *Le témoin* : Une femme qui venait de Toulouse, et qui se rendait à Nevers, fut mise en prison ces jours derniers ; elle entendit Anne Benoît dire à la Bancal : Si tu parles, je veux t'étrangler. Elle me l'a rapporté hier soir.

Catherine Guérard, témoin discrétionnaire.

M. le président : Depuis combien de jours êtes-vous arrivée à Albi ? — *Le témoin* : Depuis huit jours.

D. Vous avez été arrêtée ? — R. Oui, parce que mes papiers n'étaient pas en règle.

D. Qui avez-vous vu dans les prisons ? — R. Mme Bancal et Mlle Anne Benoît,

D. Qu'avez-vous entendu ? — R. Quand on m'enferma, je me chagrinai bien. Mme Bancal me demanda : Qu'est-ce que vous avez ? — J'ai bien assez de quoi m'affliger. — Chacun a ses peines. — Si j'avais fait quelque chose, j'aurais moins de chagrin. — Il faut se soumettre à la volonté de Dieu. Vendredi je m'occupais à broder ; j'entendis Mme Bancal qui disait à Mlle Anne Benoît : Ma foi, je veux dire la vérité ; je veux parler. Anne Benoît lui répondit : Si je croyais que vous fissiez un coup pareil, je vous étranglerais.

Anne Benoît : Je vais vous expliquer ce propos. La femme Bancal se chagrinait : les autres ont parlé, disait-elle, pour s'en sauver, je le ferai comme eux ; je dirai des mensonges : mon défenseur m'a dit que pour m'en tirer il fallait parler. Je lui répondis : Vous ne pouvez pas dire au moins que nous étions chez vous ; mais si vous aviez ce malheur, je vous étranglerais.

La femme Bancal : Mon défenseur ne m'a jamais engagé à dire des mensonges. Je dis à Anne Benoît que je voulais dire la vérité ; elle me tint bien quelques propos, mais je ne me rappelle pas ce qu'elle me dit. (Grands débats.)

Anne Benoît, piquée de ce que la Bancal rapporte ses propos : Et vous, qui parlez, ne m'avez-vous pas dit : Je voudrais bien déclarer toute la vérité, *mais je ne voudrais pas y mettre M. Jausion ; il faudra tâcher d'arranger cela ?*

M. Foulquier : Qu'on fasse entendre quelques-unes des femmes qui étaient en prison avec la Bancal et Anne Benoît, pour savoir si elles ont entendu ce propos.

Rose Ramonet, femme Falgas, témoin discrétionnaire.

M. le président : Vous avez dit quelque chose à la femme Cabrolier ?

Le témoin : Je lui ai dit que le 19 mars, vers sept heures et demie du soir, mon mari rencontra un homme sur l'escalier. Qui est-là ? lui dit-il. — Ami, ce n'est rien. Mon mari ne m'a raconté cela qu'au bout de quelques jours.

M. le président : Vous n'avez pas désigné cet individu à la femme Cabrolier ? — *Le témoin* : Non, Monsieur ; si elle dit le contraire, elle se trompe.

La femme Cabrolier est rappelée.

M. le président : La femme Falgas prétend qu'elle ne vous a pas nommé l'individu que son mari rencontra, ni que son mari eût reconnu Jausion.

La femme Cabrolier : Elle m'a fort bien dit que l'on avait trouvé Jausion sur la porte. Elle répète sa déposition.

La femme Falgas : Vous pouvez soutenir cela ? — Oui. — Et moi je soutiens le contraire. — Vous l'avez si bien dit, que quelques jours après vous vîntes pour me reprocher de l'avoir répété. — Votre conscience vous reprochera ce mensonge.

M. le président : Comment supposer que cette femme, qui dépose après avoir prêté son serment, vous suppose un propos que vous n'auriez pas tenu ?

M. Dubernard : Il est aisé de mettre fin à cette discussion. Ce propos vient de Falgas, et Falgas, que vous avez entendu, nie formellement qu'il n'avait pas reconnu Jausion.

Pierre Clerc (condamné à quinze mois de prison, témoin discrétionnaire) : Quand Bach entra en prison, il me dit qu'il n'était pas un assassin, mais contrebandier. Il me proposa de lui procurer des limes pour s'évader. Je m'y refusai. Je lui demandai pourquoi il voulait se sauver ; il me répondit qu'il était à l'assassinat de M. Fualdès. « Y a-t-il quelqu'un qui vous charge? — Oui, la petite Bancal. » Il y a un autre prisonnier qui lui écrivit deux lettres, dans lesquelles il disait que tous les coupables n'étaient pas en prison.

Bach nie le fait.

M. Dupin : Veuillez demander au témoin s'il n'a pas été au carcan.

Le témoin : J'y ai été condamné ; mais je n'y ai pas été.

Bach : Des prisonniers m'ont assuré qu'il y était allé, et que le bourreau lui avait donné cinquante-cinq sous pour boire à sa santé.

J.-Pierre Hauteserre (condamné à l'exposition et à la réclusion, témoin discrétionnaire) : Quand on conduisit Bach à la prison, il nous demanda comment nous étions : « Fort mal. — Il n'y aurait pas moyen de se sauver ? — C'est bien difficile. — Je vais écrire une lettre pour avoir de l'eau-forte pour limer les barreaux de fer. » Cette lettre fut saisie par le maréchal-des-logis. « Si nous ne pouvons pas nous échapper, nous sommes perdus. » Il disait qu'on avait bien fait souffrir M. Fualdès ; mais qu'il l'avait mérité : quand il était procureur du Roi, il a fait souffrir bien des malheureux. Il avouait qu'il avait aidé à charger le cadavre, et l'avoir porté à l'Aveyron.

M. le conseiller : Bach, vos aveux sont imparfaits, puisque vous avez adopté un système plus conforme à vos intérêts qu'à celui de la justice ; mais il faut dire la vérité tout entière. Vous prétendez.. (Il retrace ici les principaux faits de la révélation).... Je vous demanderai maintenant pourquoi vous ne vous êtes pas échappé de l'escorte qui vous accompagnait chez Rose Feral, puisque cela vous était si facile, comme on vous l'a déjà dit.

Bach : Je ne l'ai pas fait ; je n'en ai pas eu l'idée : j'ai porté le cadavre ; mais je ne suis pas complice de l'assassinat.

M. le président : Bach, il est certain que vous avez caché quelque chose à la justice (Même question, même réponse).

M. le conseiller : Les personnes qui vous accompagnaient chez Rose Feral marchaient-elles devant ou derrière vous ?

Bach : Elles marchaient devant nous ; mais je ne sais pas s'il y en avait derrière.

D. Entrèrent-elles chez Bancal avec vous? — R. Je ne pourrais l'assurer ; j'en vis une sur la porte ; les autres étaient restées aux environs.

Catherine Andrieu (détenue à la maison d'arrêt, témoin discrétionnaire).

M. le président : La veille de la translation de la femme Bancal, entendîtes-vous la conversation avec la nouvelle arrivée ?

Le témoin : Non, Monsieur.

Marie Faget (détenue à la maison d'arrêt, témoin discrétionnaire) :

Même question du président ; même réponse.

Marguerite Lavit (détenue à la maison d'arrêt, témoin discrétionnaire) :

Même question, même réponse.

Anne Benoît : Veuillez bien demander, je vous prie, si je n'ai pas souvent engagé la femme Bancal à dire ce qu'elle savait ; et la Bancal répondait *qu'elle était innocente* ; que si elle le savait, elle le dirait (rire universel.)

Catherine Canée (témoin discrétionnaire) : Celui-là (elle montre Bach) vint chez moi l'année dernière ; je ne me rappelle pas l'époque.

Bach : Demandez-lui, si lorsque j'arrivai chez elle, elle me dit que son mari était à la foire de Rodez, et que, dans le même moment, sa fille arriva.

Le témoin : Cela peut être ; mais je ne m'en rappelle pas.

M. le procureur-général : La rétractation du témoin est facile à expliquer. Aussitôt que la cour d'assises de Rodez eut rendu son arrêt de condamnation, plusieurs témoins, croyant le sort des accusés irrévocablement fixé par cet arrêt, n'hésitèrent plus à rompre un silence que la crainte ou d'autres considérations avaient déterminé ; ils dirent ce qu'ils avaient si bien caché jusqu'alors, ils nommèrent les coupables. Quand l'arrêt de la cour de cassation qui annulait celui de Rodez a été connu, quelques-uns d'entr'eux ont eu regret aux propos qu'ils avaient tenus ; mais la justice avait déjà recueilli ces propos, et s'est fait un devoir de les recevoir juridiquement. La femme Falgas est du nombre des témoins qui ont éprouvé le regret d'avoir prononcé le nom de Jausion. Elle soutient aujourd'hui n'avoir rien appris de son mari à l'égard de cet accusé; mais la femme Cabrolier lui a annoncé qu'elle soutiendrait à la justice la vérité du propos, et vous voyez qu'elle tient parole.

M. Dubernard : Je ne crois pas qu'il soit possible d'opposer un *ouï-dire* à la déclaration formelle d'un témoin qui affirme qu'il n'a pas reconnu mon client.

Jausion : M. Falgas, aux assises de Rodez, a déclaré qu'il ne m'avait pas reconnu.

M. le président : Ainsi que M. le procureur-général vient de vous le dire, c'est qu'alors on avait l'intention de vous ménager; qu'après l'arrêt de condamnation on a parlé, et que l'arrêt de cassation ayant remis encore en doute votre sort, on a voulu se rétracter.

M. Dubernard : Pierre Combes, que vous avez entendu dans une des précédentes audiences, était avec Falgas. Il a déclaré formellement qu'il n'avait pas reconnu Jausion; pourquoi voulez-vous que Falgas ait été plus habile que lui?

M. le procureur-général : On prétend que Falgas n'a pu reconnaître Jausion, à huit heures du soir, dans le corridor qui touche au cabaret de Rose Feral, parce que le témoin Combes, qui a passé dans ce même corridor, ne l'a pas reconnu. Tous les jours il arrive que deux personnes en rencontrent une autre, une seule la reconnaît, sans qu'on ait jamais pensé à contester cette reconnaissance, sur-tout pendant la nuit, sous prétexte que la personne reconnue ne l'a pas été des deux. Ajoutons que Falgas avait déclaré avoir entendu Jausion parler, tandis que Combes n'avait rien dit et n'avait rien entendu. Femme Falgas, votre mari connaissait-il Jausion?

La femme Falgas : Non, Monsieur.

M. le président : Huissier, appelez la femme Marlier (le témoin approche) : Savez-vous si Falgas connaissait Jausion?

Mme Marlier : Oui, monsieur, tout le monde le connaît à Rodez; et Falgas, qui est perruquier, court assez dans la ville pour connaître tout le monde.

M. Tajan : Il paraît, d'après les déclarations de la femme Cabrolier et de la femme Maraval, que le témoin Falgas a réellement dit à son épouse que l'individu qu'il avait trouvé dans l'allée de sa maison était Jausion. Cette confidence résulte évidemment des dépositions des témoins Cabrolier et Maraval, qui attestent que la femme Falgas a dit, d'après son mari, à l'une, que cet individu était Jausion; à l'autre, que son mari le nommerait devant la justice. Falgas n'ayant pas nommé l'individu, et son épouse niant elle-même avoir tenu aux femmes Cabrolier et Maraval les propos qu'elles rapportent, il est évident que Falgas et sa femme n'ont pas voulu dire la vérité; mais il n'est pas moins constant que la femme Falgas a désigné Jausion aux deux témoins; et comme ces deux témoins sont d'accord sur ce point, il n'est pas possible de douter que Falgas n'ait fait lui-même cette désignation. Le fait de la présence de Jausion dans l'allée de la maison me paraît donc établi.

Catherine Benoît Nerole : Le 27 mars, allant à Seignac, je rencontrai Anne Benoît. — Adieu Annon, adieu catin. — On a fait un joli coup chez vous. — Elle pleura. — Les pauvres sont dedans, les riches sont dehors. — Mon mari n'est pas coupable. — Il faut les faire connaître. — Mais.... mais.... mon mari sera inculpé comme les riches.

Anne Benoît : Je n'ai pas dit cela. (Grands débats.)

On fait répéter au témoin sa déclaration, où elle ajouta qu'Anne Benoît lui dit : C'est moi qui suis la cause du malheur de Colard.

Anne Benoît : Si vous la faites répéter une autre fois, elle vous dira encore autre chose de nouveau.

Le témoin : Je ne suis pas venue ici pour en imposer à la justice, je retranche plutôt que d'ajouter; vous devriez rougir et vous taire. Elle ajoute quelques détails peu intéressans.

Anne Benoit : Pourquoi n'a-t-elle pas fait tous ces contes à Rodez; elle voulait venir à Albi.

Le témoin : Si je ne l'ai pas dit, c'est parce que le commissaire de police m'en a empêché.

Le procureur-général : Comment expliquez-vous cela ?

Le témoin : Anne Benoît fut arrêtée; j'avais déjà rappelé ce propos à un gendarme, mais comme j'habitais un mauvais coin, et que je craignais d'être citée, je priai le commissaire de ne pas me désigner, et je ne fus point appelée à Rodez.

Après ce témoin, les Espagnols ont été appelés.

Conformément à l'article 332 du code d'instruction criminelle, M. Malgouin, capitaine de la garde départementale, a été nommé interprète.

La femme Saavedra, Espagnole, a été introduite.

M. le président : Dites ce que vous savez sur l'assassinat de M. Fualdès.

Mme Saavedra : Le 19 mars de l'année passée, à 8 heures du soir, j'ai entendu Bancal faire sa prière et la faire faire à ses enfans. Quelques instans après, j'ai entendu la Bancal qui montait coucher sa petite dans une chambre haute. Pourquoi, me suis-je dit, cette femme expose-t-elle ainsi cette enfant au froid dans un grenier? Quand ma petite servante a été partie, je me suis couchée; je n'ai rien vu, je n'ai rien entendu. Voilà tout ce que je puis vous dire.

M. le président : Vous vous êtes couchée à huit heures ?

Mme Saavedra : Oui, Monsieur.

M. le président : Vous n'avez pas vu de sinistres préparatifs chez Bancal ? Vous n'avez pas été alarmée au point de barricader votre porte avec vos meubles ?

Mme Saavedra : Non, Monsieur, si j'avais été alarmée, je n'aurais pas été me coucher.

M. le président : C'est pourtant ce que vous avez dit à l'espagnol Roque Lilo, qui l'a répété à Mme Torquoméda. Vous lui racontâtes tout ce qui s'était passé chez Bancal. Vous lui dîtes que vous ne vous étiez couchée qu'à une heure du matin, tant votre effroi avait été grand. Un propos que votre mari tint à une de vos voisines semble confirmer ce qu'a rapporté Roque Lilo. Cette femme lui disait : Mais pourquoi quittez-vous notre maison ? Il n'est pas encore certain que le crime y ait été commis : *Hélas ! ce n'est que trop vrai*, répondit-il. Si l'on rassemble toutes ces circonstances, on ne sait à quoi attribuer vos dénégations. On doit croire que vous savez tout, et que vous avez quelque intérêt qui vous force à le celer à la justice.

Mme Saavedra : Je n'ai rien vu, rien entendu ; je n'ai rien à dire.

M. le procureur-général : La femme Saavedra en impose évidemment à la justice ; il est impossible que ne s'étant couchée de son propre aveu qu'à huit heures, la chambre qu'elle occupait au-dessus de la maison Bancal, n'en *étant séparée* que par des planches percées, elle n'ait rien entendu du bruit attesté par la Bancal, par la dame Manson et par Bach ; que les gémissemens de la victime, entendus de la rue, suivant la déposition de deux témoins, n'aient pas pénétré jusqu'à elle. Il est impossible que les trois témoins arrivés d'Alais, et qui déposent de ce qu'elle a elle-même raconté de cet événement, de la frayeur qu'elle conçut et qui la détermina à se barricader dans sa chambre, en plaçant derrière ses portes les meubles qui se trouvèrent sous ses mains, se réunissent pour lui prêter un langage qu'elle n'a pas tenu. Je demande acte de mes réserves, aux fins de poursuivre la femme Saavedra pour faux témoignage.

La cour a donné acte à M. le procureur-général de ses réserves.

L'espagnol Saavedra a été entendu après sa femme. Il s'est renfermé dans un système de dénégation dont il ne s'est point écarté. M. Torquoméda et sa femme, réfugiés espagnols, ont déclaré que le colonel Roque Lilo leur avait donné les détails dont nous avons parlé plus haut. Toutes les recherches de la justice ont été infructueuses jusqu'à ce jour pour découvrir la retraite de ce Roque Lilo, de sorte que les dépositions qui contredisent Saavedra et sa femme ne sauraient jusqu'à ce jour être considérées que comme des ouï-dire.

Un dernier témoin, dans cette séance, ayant affirmé qu'il avait vu Bastide à Rodez le 20 mars, celui-ci s'est emporté et a déclamé longuement contre la justice, qui, dit-il, ne lui a pas donné assez de liberté pour faire assigner des témoins qui pussent contredire ceux qu'on produisait contre lui. M. le procureur-général a pris la parole, pour prouver à Bastide et au public que toute latitude avait été accordée aux accusés pour leur défense.

Le 15, de 10 à 11 heures du soir, un courrier extraordinaire est arrivé à Albi. Les membres de la cour se sont assemblés aussitôt. On ignore encore le contenu de ses dépêches.

QUARANTE-NEUVIEME LETTRE.

Albi, 18 avril 1818.

Séance du 17 avril.

M. le président a invité M. Amans Rodat à donner à la cour quelques renseignemens sur la moralité de l'espagnol Saavedra.

M. Amans Rodat : Une dame Altier, que vous avez entendue comme témoin, m'a rapporté que le frère d'un chanoine espagnol, nommé Doirte, avait prêté, devant plusieurs personnes, une somme de 50 fr. à Saavedra. Quand cet Espagnol retourna dans sa patrie, il céda à son frère le chanoine la créance qu'il avait contre Saavedra. Celui-ci refusa le paiement qui lui était demandé; on l'appela chez le juge de paix, et là il déclara par serment qu'il ne devait rien. Le chanoine Doirte, en sortant, lui fit de vifs reproches, et Saavedra convint enfin qu'il était débiteur.

M. Romiguières prie M. le président de demander à Mme Manson, s'il n'est pas vrai qu'ayant vu Bastide-Grammont, à Rodez, acheter un chapeau chez Mme Acquier, deux ou trois jours après l'assassinat, elle le prit pour Bastide Louis.

Mme Manson : Cela est vrai ; j'eus à ce sujet une altercation avec Mme Pal : mais je ne fis qu'envisager Bastide ; il se retourna de suite, et je ne pus le reconnaître.

La femme Anne Benoît Layrole est appelée; elle déclare que, le 29 mars, jour de l'arrestation de Colard, elle rencontra Anne Benoît, qui allait laver la lessive : « Bon jour, *Annon*, lui dit le témoin : on en fait de belles dans votre maison! —Que je suis malheureuse! répondit Anne Benoît : c'est moi qui suis la cause du malheur de mon pauvre homme (Colard). Les pauvres sont dedans, et les riches sont dehors. » Sur l'observation faite par le témoin, que si les pauvres étaient innocens, on les mettrait dehors, et qu'on mettrait les riches dedans, s'ils étaient coupables, Anne Benoît répliqua : *Ah ! mon pauvre homme ne s'en tirera pas !* J'en aurais peut-être appris davantage, ajoute le témoin, si un monsieur n'était venu interrompre notre conversation. Etonnée de ce que je venais d'apprendre, j'en informai un gendarme, qui en instruisit aussitôt la justice, et la fille Benoît fut arrêtée au lieu même où elle lavait sa lessive. Cependant, comme j'étais logée dans un lieu écarté, et que je craignais le ressentiment que pourrait exciter ma déposition, parmi ceux qu'on disait n'être point arrêtés, je fis prier le commissaire de police Constant de ne pas me désigner comme témoin ; ce qu'il a fait : et voilà pourquoi je n'ai point été entendue dans les premiers débats.

Le témoin Giron rapporte que quelques jours après l'événement du 19 mars, le domestique de Bastide, prêtant le cheval gris de son maître à une dame Regnés, dit à cette dame : Si la pauvre bête pouvait parler, elle dirait qu'elle a bien assez travaillé le 19 mars et dans la nuit ; elle n'a fait qu'aller de Rodez à Gros et de Gros à Rodez.

Bastide écoute cette déposition avec un air de mépris ; il semble dire : Ce n'est rien.

Bruyère, ci-devant commis-greffier à la Cour d'assises de l'Aveyron, destitué depuis peu à la suite de l'arrêt de condamnation, déclare que Falgas lui a dit avoir rencontré Jausion dans le corridor de sa maison, le 19 mars au soir, vers les 8 heures, en rentrant chez lui. — Il alla dans la maison Bancal avec M. Enjalran et M. le préfet, lorsqu'ils y firent une descente avec Mme Manson. Cette dame s'évanouit en entrant dans la cuisine ; elle reconnut tous les lieux, et assura que c'était bien là que le malheureux Fualdès avait été assassiné.

Elle fit voir le petit cabinet où elle était cachée ; elle dit qu'elle en avait été tirée avec force, et qu'elle avait traversé la cuisine avec tant de rapidité qu'elle n'avait rien distingué, excepté le feu de cheminée et la lampe qui éclairait faiblement.

Mme Manson convient de l'exactitude de cette déposition.

M. le président : Avez-vous vu des barriques, des planches dans le cabinet?

Le témoin : Oui, Monsieur.

M. le président : Cela paraît conforme à ce que madame Manson a déclaré. Vous le rappelez-vous, Madame ?

Madame Manson : Oui, Monsieur, tout ce que dit Monsieur est vrai.

Le témoin : M. le président, je dois ajouter que, depuis que l'arrêt de condamnation a été cassé, madame Marcan de Malarme m'a dit qu'un domestique, qui était alors chez Bastide, lui a assuré que son maître n'était rentré, dans la soirée du 19 mars qu'à onze heures et demie, et qu'il lui avait dit : « Tu ne dessel-leras pas ma jument, parce que je veux sortir demain à trois heures du matin ». Le domestique était venu à cette heure pour faire manger la jument, et l'avait trouvée toute en nage. Le pauvre animal, dit-il, il faut que le *drague* (loup-garou) l'ait fait courir toute la nuit.

Bastide : Quelle effronterie! Les témoins prétendent-ils faire les fonctions du ministère public ? Qu'on cite la personne qui m'a vu revenir à Gros à l'heure indiquée ! qu'elle vienne déposer ! personne ne désire plus que moi de voir cette affaire éclaircie.

Antoine Rozier : Le 19 mars, sur les huit heures du soir, je vis M. Fualdès passer devant l'hôtel des Princes. Deux personnes qui se promenaient sur la place de la Cité le suivirent. Bientôt après j'entendis beaucoup de bruit dans la rue des Hebdomadiers ; mais je ne reconnus aucun des accusés.

Louis Crousac, appelé en vertu du pouvoir discrétionnaire, croit avoir aperçu Bastide dans la rue des Hebdomadiers, entre neuf et dix heures, le jour de l'assassinat.

Mathieu Boyer apprit la nouvelle de l'assassinat de M. Fualdès le 20 mars, vers les huit heures ; à la même heure, il rencontra Jausion sur la place de Cité, et lui parla de cet événement. — « Eh f.....! que voulez-vous que j'y fasse ?..... » Je crus dès-lors que Jausion n'était pas à l'abri de reproche.

Jausion (avec fureur) : Je n'ai connu l'assassinat que par M. Carrère. Tant pis pour le témoin s'il vient ici nous faire des contes bleus ! Ils ne savent pas comment faire pour venir à Albi ; ils font des histoires pour fournir un prétexte et pour être cités comme témoins.

On procède ensuite à la vérification des livres et carnets de Jausion. Cette recherche importante, qui tend à établir un motif de cupidité de la part des accusés, a fait déserter la salle par les dames et les autres curieux qui n'aiment que le romanesque. On représente le paquet renfermant ces livres et ces carnets ; une des bandes est tombante. MM. Romiguières et Dubernard demandent acte de la lacération du scellé. Cet acte leur est accordé.

On dresse procès-verbal de l'état où se trouve le paquet.

M. le procureur-général : Les observations que l'accusé Jausion a fait présenter sur ce procès-verbal nous ont déterminé à demander au procureur-général en la cour royale de Montpellier, de vouloir bien nous fixer sur l'état dans lequel les papiers et le carnet de Jausion avaient été remis au greffe, après l'arrêt de condamnation rendu par la cour d'assises de l'Aveyron. Ce magistrat nous a répondu que ces objets ayant été communiqués au défenseur de Jausion, dans la séance du 6 novembre, pour y puiser des moyens de défense, il ne paraissait pas qu'ils eussent été remis sous le scellé après l'arrêt ; que le sort des accusés paraissant irrévocablement fixé par cette condamnation, on avait jugé sans doute cette formalité superflue.

L'accusé Jausion, a ajouté M. le procureur-général, s'il y a des altérations, comme il le prétend, n'a qu'à les faire connaître. Les quatre commissaires, qui ont examiné les papiers dont il s'agit avec un soin si scrupuleux, qui en ont fait un rapport si détaillé, sont invités, eux-mêmes, à reconnaître si on les leur présente dans le même état : au surplus, la nouvelle discussion dans laquelle on paraît vouloir entrer à cet égard nous semble tout-à-fait étrangère à l'objet de l'accusation, et n'a bien certainement d'autre but que de distraire l'attention de la cour et le jury de ce qui doit essentiellement l'occuper. Jausion est accusé d'avoir, le 19 mars, assassiné M. Fualdès pour s'emparer de son portefeuille et des titres de créance qui existaient contre lui; il est accusé d'avoir brisé le 20 au matin le secrétaire de M. Fualdès, qui renfermait cette partie si importante de sa fortune mobilière. Le meurtre a été le moyen du vol : le vol a été l'objet et le fruit du meurtre. Vous êtes maintenant à portée de juger si ces deux crimes sont établis, si les auteurs en sont connus. Que nous importent maintenant des carnets ou papiers fabriqués à loisir pour établir de prétendus comptes de Jausion avec M. Fualdès, quand tous les registres, livres et journaux de M. Fualdès, qui pourraient donner des lumières à cet égard, ont été soustraits par les auteurs du vol? Nous disons des papiers fabriqués à loisir, et nous nous fondons sur l'opinion des commissaires chargés de leur examen, qui ne reconnaissent quelques traces de vérités que dans les carnets antérieurs à 1814, et qui ne voient que des indices et des présomptions graves de mensonge et de mauvaise foi dans les carnets postérieurs. Soit qu'ils considèrent le caractère de l'écriture, soit qu'ils se fixent sur l'état presque neuf dans lequel ils paraissent, ces papiers portent un caractère évident de dol et de simulation; car vous y remarquerez que Jausion y a constitué M. Fualdès son débiteur, à l'époque du 1er décembre 1816, d'une somme de plus de 67 mille fr.; qu'il déclare avoir reçu dans ce même mois de décembre, du sieur Fualdès, une somme de 20,000 f.; et que cependant il le porte débiteur au 1er janvier suivant d'une somme égale à celle qu'il devait au 1er décembre, moins une somme de mille ou onze cents fr. Une autre observation, d'ailleurs, qui est puisée dans le texte des lois, ne permet d'avoir aucun égard aux papiers ni formes qui sont représentés par Jausion; en sa qualité d'agent de change, il était obligé, conformément à l'art. 84 du code de commerce, de tenir un livre-journal coté et paraphé par un agent de l'autorité publique; il devait consigner dans ce livre-journal, jour par jour, par ordre de date, sans ratures, interlignes ni transpositions, toutes les négociations, et en général toutes les opérations relatives à son ministère; ce livre-journal ou n'a jamais été tenu, ou du moins n'a jamais été représenté,

L'absence de cé livre le constitue en mauvaise foi ; elle fait supposer une marche et des opérations réprouvés par la loi ou par la morale publique. Le même reproche de mauvaise foi, ou la même supposition, doivent faire proscrire ou rejeter tous les papiers qu'on a produit à la place du livre-journal exigé par la loi.

Nous déclarons, par toutes ces considérations, que nous nous opposerions à ce qu'on établît aucune discussion à cet égard, à ce qu'on fît naître une question totalement étrangère à l'objet de l'accusation, si la partie civile ne desirait chercher dans ces papiers tout uniformes, tout indignes de foi qu'ils paraissent aux yeux de la justice, des élémens propres à établir et le nouveau crime qui les produit, et le mérite des demandes ultérieures qu'elle peut avoir à former.

Au surplus, ajoute le ministère public, tous ces livres, ces carnets, ces papiers sont irréguliers ; ils ne sont ni cotés ni paraphés, au vœu de l'art. 84 du code de commerce. Ce n'est donc qu'un chiffon que la loi rejette comme indigne de confiance. Ce n'est donc que dans l'intérêt de la partie civile que nous consentons à ce que les commissaires fassent leur rapport, et à ce qu'il soit procédé à la vérification des livres et carnets. Quant à nous, nous ne voulons y prendre aucune part.

M. Fualdès fils a pris la parole. Il a ajouté quelques observations à celles de M. le procureur-général, et a animé par un beau mouvement la monotonie de la séance. C'est ce qui a excité le plus d'intérêt.

« Il est très-vrai, a-t-il dit, que depuis qu'on parle de ces papiers, de tous ces renseignemens, je me trouve dans un vague d'idées absolu, où tout est confus pour moi. Tous les documens que j'aurais pu puiser parmi les effets de mon malheureux père m'ont été enlevées par Jausion ; il reste donc juge et partie. Il a pu, à loisir, faire cadrer ces carnets pour faire naître une longue discussion ; tandis que vingt-quatre heures au plus auraient suffi pour broyer ses paperasses. Je me trouve dans une circonstance bien différente de celle où j'étais durant l'assise de l'Aveyron : là je croyais devoir prouver que Jausion était le meurtrier de mon père, parce qu'il était le ravisseur de sa fortune ; ici je crois pouvoir prouver que Jausion est le ravisseur de la fortune de mon père, parce qu'il en est le meurtrier. Nul doute à cet égard, Messieurs ; je le demande à vous tous, s'il est possible qu'un forfait aussi inoui ait été commis sans qu'il en résultât de grands avantages..... Ici, je le rétorque contre l'accusé lui-même, et je dis : le crime n'a été commis que pour eu retirer de grands profits....

» Le tigre lui-même se précipite sur sa proie ; il boit le sang de sa victime, il se repaît de sa chair palpitante : mais quel serait ici le motif qui aurait pu solliciter au crime, si ce n'est un sordide intérêt ?

» On va le prouver par la vérification des pièces qui vous sont produites. Je m'en réfère, à cet égard, à la sagesse de la cour, et je déclare que je n'y prends aucun intérêt. »

Après ce noble mouvement, le malheureux Fualdès se retire ; il ne veut pas assister à des débats qui n'ont pour objet que l'intérêt pécuniaire.

Les quatre commissaires Portier, Parrassier, Combres et Julien Bastide ont fait leur rapport, qui paraît peu satisfaisant pour Jausion. Ce rapport n'a pu être complètement terminé dans la séance. La cour en renvoie la continuation à demain.

Il résulte déjà du travail des commissaires, que les *livres* de Jausion ne sont que des masses de feuilles volantes, contenant des notes irrégulières. On ne peut en rien conclure.

Demain samedi, la cour entendra les temoins cités à la requête des accusés. Il n'y aura point de séance dimanche. Lundi ou mardi au plus tard les plaidoiries commenceront. M. le procureur-général résumera d'abord les débats, et donnera ses conclusions ; ensuite, si l'heure de la séance n'est pas avancée, M. Romiguières prendra la parole pour la défense de Bastide.

Beaucoup d'étrangers viennent encore d'arriver à Albi. M. le comte de Stackelberg, ancien ambassadeur de Russie à Vienne, a assisté hier et aujourd'hui aux débats. Il se rend à Barrèges.

LE STÉNOGRAPHE PARISIEN.

CINQUANTIEME LETTRE.

COUR D'ASSISES D'ALBI.

Albi, 19 avril 1818.

Séance du 18 avril.

On ne sait point encore d'une manière positive quelle est la mission du courrier extraordinaire arrivé à Albi le 16. Les uns pensent qu'il apporte l'arrêt de la cour de cassation qui rejette le pourvoi de Bastide; d'autres présument qu'il venait avec des instructions pour la seconde procédure.

La contenance des accusés pendant cette séance a paru plus triste encore. Le gendarme qui les débarrasse de leurs chaînes avait auparavant quitté son sabre, par précaution. Durant cette séance, comme pendant celles qui l'ont précédée, on a remarqué qu'après l'audition de témoins des personnes faisaient passer au président et au procureur-général de petites notes qui souvent occasionnaient le rappel de gens déjà entendus. Ces billets partent ordinairement de la partie de la salle d'audience réservée aux témoins.

L'affluence était la même qu'aux dernières séances.

Sur la demande de M. Dupuy, conseil de Bach, M. le président adresse de nouvelles questions à M. le baron de Parlan, sur le jour où il aurait vu Bastide avec deux autres individus (Colard et Bach), au café Ferrand. Le témoin persiste à déclarer qu'il n'est pas bien fixé sur le jour; mais que ce fut le 17 ou le 18 mars.

M. de Séguret, président du tribunal civil de Rodez, ayant été rappelé aux débats, M. le procureur-général lui demande s'il ne pourrait point se rappeler de l'époque à laquelle Jausion lui aurait annoncé, pour la première fois, qu'il était propriétaire de la somme de 20,000 fr., montant des billets souscrits en faveur de M. Fualdès, le 4 décembre 1816.

Le témoin : Il me paraît bien difficile qu'après plus d'une année on puisse se rappeler une semblable circonstance et d'une manière positive; mais ce que je puis affirmer, c'est que ce fait est antérieur aux derniers jours du carnaval de 1817.

M. le procureur-général : Une soirée ne fixa-t-elle point pour vous cette époque?

Le témoin : A la fin du carnaval, je reçus de M. Jausion l'invitation d'assister à une soirée. J'hésitai, parce que j'avais adressé des invitations pour une soirée du lendemain, chez moi, et j'étais pris pour le surlendemain. Mais je ne refusai point l'invitation de M. Jausion, parce que, dans ce moment, je me regardais comme son débiteur de la somme de 20,000 fr. A cette époque, j'en avais reçu l'avis depuis environ quinze jours ou un mois au plus, sans pouvoir préciser ce tems.

Jausion : Si j'avais été un voleur ou un assassin, j'aurais pu tourner à mon profit la vente privée du domaine de Flars et la créance de Laqueilhe.

M. le président : Vous ne le pouviez plus après la vente consentie à M. de Seguret.

Jausion : J'aurais pu tout au moins me servir de cette vente pour demander le remboursement du prix.

M. le procureur-général à M. de Séguret : La police privée de la vente du domaine de Flars, consentie en faveur de Jausion, a-t-elle passé sous vos yeux?

Le témoin : Je vis cette police privée après qu'elle eut été remise à M. le juge d'instruction, et j'eus une conviction d'autant plus forte que l'effraction du bureau de M. Fualdès devait être attribuée à Jausion, lorsque j'appris que cette pièce s'était trouvée dans ses mains. La vente du domaine de Flars put être consentie, dans l'origine, en faveur de l'accusé Jausion, pour lui donner des sûretés; mais à l'époque où M. Fualdès consentit la vente du même domaine en ma faveur, il dut nécessairement retirer cette police : j'en ai pour garantie son exactitude et sa loyauté.

Jausion : Pourquoi donc se trouve-t-elle entre mes mains? Si j'avais voulu en faire usage, l'aurais-je remise?

Le procureur-général : Vous vouliez prouver que M. Fualdès était votre débiteur pour des sommes considérables.

Le conseiller : Depuis l'époque où Jausion vous a dit que ces effets étaient devenus sa propriété, n'avez-vous pas eu occasion d'en parler à M. Fualdès?

Le témoin : Non, Monsieur, jamais.

Le conseiller : Je demanderai à la partie civile, si elle n'a pas cherché à connaître la nature des dettes de M. Fualdès, si elle ne s'est pas informée d'où provenaient les lettres-de-change qui lui ont été présentées, et comment chaque porteur s'en trouvait nanti.

M. Fualdès : Je ne pourrais vous donner aucun renseignement à ce sujet; tout ce que je sais, c'est qu'il en a été présenté pour 97,000 francs.

M. Dubernard : Je prie M. le président de demander à M. de Seguret si en sa présence Jausion n'exhiba pas la note des effets échus de M. Fualdès, qui devaient être acquittés par les 20,000 fr.

M. de Seguret : Jausion fut l'agent de cette opération; il se rendit chez moi avec M. Fualdès; il portait une petite note volante, sur laquelle il n'y avait que des chiffres : il serait possible même que je l'eusse encore. C'était sur ce petit carré de papier qu'on dictait au fur et à mesure le montant de chaque lettre-de-change; quand on eut fini, j'additionnai le tout pour faire les 20,000 francs.

M. Dubernard : Il me paraît que cette circonstance peut jeter un grand trait de lumière; car si la note que M. de Seguret tient peut être encore d'accord avec le carnet de Jausion, on verra qu'il est impossible que mon client n'ait pas toujours dit la vérité, en avançant que les 20,000 fr. de M. de Seguret étaient destinés à remplacer d'autres effets de M. Fualdès. Je prie donc M. de Seguret de vouloir bien nous rapporter cette note.

M. de Seguret : Je ferai mon possible pour la retrouver.

M. Tajan : Il est certain que M. de Seguret livra pour 20,000 fr.

d'effets, et d'après les carnets de Jausion, il n'y en a que pour 17,000 fr.; le reste de la somme est complété par l'agiot.

M. le procureur-général : Vous savez, Monsieur, que Jausion affirmé avoir fait une négociation le 19 au soir, à l'entrée de la nuit, sur la place de Cité, avec M. Fualdès, négociation dont l'objet était d'échanger pour environ 12,000 fr. d'effets dont M. Fualdès était débiteur, avec une somme à peu près pareille de lettres de change que vous aviez livrée la veille au sieur Fualdès, et à la faveur de laquelle Jausion prétend qu'il est devenu propriétaire de ces lettres de change à concurrence de cette somme. Vous nous avez dit que le lendemain 20 mars, inquiet, dans l'intérêt de la famille Fualdès, sur le sort des effets que vous aviez donnés en paiement le 18, vous étiez allé chez Jausion pour savoir avec lui, en qui le sieur Fualdès avait toute confiance, ce que ces effets étaient devenus. Jausion vous dit-il alors que ces effets avaient passé dans ses mains par le résultat de la négociation de la veille?

M. de Séguret : Jausion ne me parla pas de cette négociation; il ne me dit rien qui pût me faire entendre qu'il était devenu propriétaire d'une partie des lettres de change. Il me soutint toujours qu'il ignorait ce que ces effets étaient devenus; qu'il croyait que M. Fualdès en avait négocié la veille pour environ 15,000 francs, mais qu'il n'en avait aucune certitude; et qu'au surplus, M. Fualdès lui avait annoncé qu'il devait lui remettre, dans la matinée du même jour 20 mars, tous les effets qui lui resteraient. Je quittai Jausion, bien convaincu qu'aucune de mes lettres de change livrées le 18 n'avait passé dans ses mains; et j'ajoute que ma surprise fut extrême quand j'appris, quelques jours après, par le juge d'instruction, que partie de mes lettres de change étaient dans les mains de Jausion.

M. le procureur-général demande qu'on représente les effets acquittés que Jausion soutient avoir servi à l'échange qui a été l'objet de cette prétendue négociation : il pense que ces effets, revêtus de la signature Fualdès biffée par le sieur Fualdès lui-même, se sont trouvés dans le tiroir enfoncé par Jausion, ont été enlevés par cet accusé le 20 mars au matin, et ont été replacés ensuite par Jausion lui-même dans le portefeuille, où on les a trouvés quelques jours après pour colorer la prétendue négociation.

L'accusé Jausion soutient que la signature du sieur Fualdès sur ces effets n'est pas biffée.

On représente les effets. La signature du sieur Fualdès est recouverte sur tous d'un trait de plume.

M. Dubernard soutient que la signature du sieur Fualdès sur ces effets n'était pas biffée quand ils ont été remis le 26 mars au juge d'instruction.

Le sieur Sesmayous, qui a paraphé ces papiers avec le juge d'instruction, ne peut donner des renseignemens précis à cet égard.

Le fait sera vérifié. M. le procureur-général a annoncé qu'il prendrait les mesures nécessaires à cet effet.

M. le président à Jausion : Pourquoi avez-vous gardé le silence vis-à-vis de M. de Séguret sur les effets dont vous prétendez que vous êtes devenu propriétaire ?

Jausion : Un agent de change a-t-il des comptes à rendre ?

M. Fualdès : Comment l'accusé Jausion expliquera-t-il des choses aussi étranges ? On a déjà entendu, de la bouche de madame Delauro, le témoignage de l'estime que méritait mon malheureux père : ce témoignage qui lui est rendu, et par tous les habitans de Rhodez, et par tout les Aveyronnais. Comment concevoir alors ce propos tenu par mon père à madame Delauro, peu de tems avant son assassinat : J'ai vendu Flars ; je suis votre débiteur d'une somme de 10,000 fr. ; je veux payer cette somme. La dame Delauro refusa en lui disant qu'il avait seul sa confiance. — Que lui répondit mon père ? — Comme il lui payait les intérêts seulement à cinq pour cent, il voulut, par générosité, ou pour mieux dire, par un sentiment de droiture, lui payer les intérêts à six pour cent ? — Mon malheureux père avait une capacité étendue ; aurait-il voulu rester sous la coupe meurtrière de l'usure de Jausion, en continuant à lui payer des intérêts ruineux ?

Madame Delauro, rappelée aux débats : M. Fualdès avait obtenu toute ma confiance, et il la méritait. — Sans qu'il me l'eût demandé, je lui avais remis à différentes fois une somme totale de 10,470 fr. — L'accusé Jausion dit faux, lorsqu'il prétend que M. Fualdès n'avait pas assez de crédit pour obtenir des fonds sur sa seule signature, puisqu'à l'époque où j'avais un partage à faire avec des co-héritiers, ceux-ci offraient de me prendre, pour balancer nos comptes, du papier qu'ils savaient que j'avais de M. Fualdès. — Toutes les fois que j'ai eu besoin d'argent, M. Fualdès m'en a remis exactement ; et à une époque où je croyais qu'il s'était glissé une erreur, il me répondit que nous la rectifierions lors de notre réglement ; parce qu'il avait une note exacte de nos comptes sur son journal. — Enfin, vingt ou vingt-cinq jours avant l'assassinat, il offrait de me rembourser la somme qui m'était due, en me disant qu'avec 15,000 fr. qu'il avait de résidu sur le prix du domaine de Flars, sa pension, et ses autres revenus, il passerait une vie douce auprès de son fils.

Comme je faisais des difficultés pour retirer mes capitaux, M. Fualdès me proposa de les laisser entre les mains de M. de Séguret, et je lui répondis : Je déférerai à vos conseils.

M. Fualdès : Accusé Jausion, je crois qu'il faut en finir. — Vous avez en outre à vous disculper de l'assassinat de mon père. Prouvez que vous n'en êtes pas l'assassin, je vous abandonne toutes les discussions d'intérêt.

M. le président à M. de Séguret : Bastide n'est-il point venu vous trouver ?

Le témoin : Bastide se rendit chez moi la veille de son arrestation ; il vint me joindre chez mon beau-père, où il me dit : On a la scélératesse de m'accuser. — Je lui demandai s'il n'avai vu personne la veille avec M. Fualdès. — Il me répondit qu'étant occupé à écrire une lettre chez M. Fualdès, il avait aperç un domestique qui lui parut donner un rendez-vous à M. Fual dès, et il m'ajouta : Si vous m'aidiez, nous pourrions en avoir le nom.

Après ce débat, on a entendu Sabine Alboui. Cette jeune fille a déclaré que, le 19 mars au soir, elle a vu entrer Jausion chez Bancal.

M. le président : Quelle heure était-il?

Sabine Alboui : Il n'était pas de bonne heure, mais il n'était pas assez nuit pour que je ne le distinguasse pas; je me rappelle fort bien qu'il avait les mains croisées.

M. le président : Vous affirmez bien que vous avez reconnu l'accusé Jausion lorsqu'il entrait chez Bancal?

Sabine Alboui : Oui, Monsieur.

M. le président : Vous le connaissiez auparavant?

Sabine Alboui : Oui, Monsieur.

Jausion : Il y a 40 ans que je n'ai mis les pieds chez Bancal?

Sabine Alboui : Je puis assurer aussi que j'ai vu M. Bastide entrer dans cette maison un jour de foire.

Bastide : Il paraît que mademoiselle avait envie de venir à Albi; elle avait sans doute quelqu'un à voir dans cette ville; c'est pourquoi elle s'est arrangé une déposition. Chacun a son rôle dans cette affaire; on a donné à cette fille celui de me voir entrer chez Bancal.

M. le président : Il est bien malheureux que vous ne puissiez vous défendre qu'en calomniant deux ou trois cents témoins.

Bastide : Eh! mon Dieu, Monsieur, ils ne pèsent pas tous contre moi, d'ailleurs il y en a plus de deux cent cinquante qui ne paient pas de *contribution foncière*.

M. Dubernard : Pourquoi le témoin n'a-t-il pas déposé à Rodez de ce fait important?

Sabine Alboui : Je n'ai pas déposé à Rodez par timidité.

Bastide : A qui cette fille a-t-elle parlé de cela?

Sabine Alboui : Je l'ai confié à M. Anglade.

Bastide : Et depuis quand?

Sabine Alboui : Depuis deux mois.

Bastide : Une femme qui garde un secret onze mois!.....

M. le président, au témoin : La servante de Jausion ne vous a-t-elle pas prié de ne rien dire?

Sabine Alboui, après un silence de quelques minutes : Elle m'a dit que son maître n'était pas sorti ce soir-là.

M. le président : Ne vous a-t-elle pas dit autre chose?

Sabine Alboui : Je ne m'en souviens pas.

Jausion : La pure vérité est que je ne suis pas sorti le 19 au soir de chez moi.

Ursule Pavillon : Le 19 mars, en traversant la place de Cité, vers quatre ou cinq heures du soir, je vis M. Bastide et M. Fualdès qui marchaient ensemble. Bastide disait à M. Fualdès : *Ah ça, ne manquez pas, à huit heures ce soir.* — Non, non, je n'y manquerai pas.

Le soir, j'entendis la vielle organisée. Etant sortie vers les neuf heures, au bout de la rue de l'Ambergue droite, je trouvai deux hommes qui me semblèrent apostés; deux autres sur la place de Cité, et deux autres au fond de la rue du Touat, en allant dans la rue du Terrail. A onze heures, en passant dans la rue des Hebdomadiers, je ne trouvai personne.

Lorsque j'appris le lendemain que M. Fualdès avait été assassiné, je cherchai à me rappeler quelle était la personne avec qui je l'avais vu la veille, et qui lui avait donné un rendez-vous pour le soir à huit heures. Je me ressouvins parfaitement que cette personne était Bastide.

Bastide au témoin : Pourquoi n'avez-vous pas fait la même déposition à la cour d'assises de Rodez?

Le témoin : Ma déposition a été la même à Rodez qu'à Albi. Il est vrai que la première fois que je parus devant la cour d'assises, jeune et timide, j'oubliai de dire tout ce que je savais; mais rappelée aux débats, j'achevai ma déposition telle que je la fais ici.

Bastide, avec un rire sardonique : Voyez un peu la timidité d'une jeune vierge, qui va courir les rues d'une ville à dix heures du soir avec un jeune homme!

M. le président a engagé l'accusé à se contenir dans les bienséances que sa position lui prescrit.

M. le procureur-général, à qui l'on vient de faire remettre un des petits billets dont nous avons parlé, le déroule et prie M. le président de faire appeler de nouveau Sabine Alboui.

Elle rentre.

M. le procureur-général : Vous avez hésité tout-à-l'heure, lorsqu'on vous a demandé si la servante de Jausion ne vous avait rien dit?

Sabine Alboui : C'est vrai, Monsieur.

M. le président : Ne vous a-t-on pas empêché de parler plus tôt?

Sabine Alboui : Tenez, Monsieur, j'ai fait serment de dire la vérité; je vais vous la dire tout entière. Ma conscience me reproche de vous avoir caché que la servante de Jausion m'a dit hier de ne rien dire de ce que je savais contre son maître.

M. le procureur-général : Poursuivez.

Sabine Alboui : Elle m'a répété cette prière ce matin même, en présence de M. Felix Anglade.

On fait rentrer M. Felix Anglade.

M. Dubernard prie la cour de faire retirer Sabine Alboui. Elle sort.

Félix *Anglade* : Quand Sabine Alboui est arrivée à Albi, elle m'a demandé où était logée Julie Perset. Je l'ai accompagnée chez Mme Jausion. Julie Perset est venue, et j'ai entendu qu'elle recommandait à Sabine Alboui de ne rien dire. J'étais à deux pas d'elles.

Sabine Alboui rentre dans la salle, elle confirme la vérité de ce que M. Anglade venait de rapporter.

Jausion : Si la servante de ma femme a dit cela; c'est qu'elle n'a pas voulu qu'on débitât des mensonges sur mon compte.

La séance est suspendue. La cour rentre.

M. le procureur-général : Je viens d'être informé que Julie Perset a paru ce matin à l'audience, et qu'elle se trouve peut-être en ce moment dans la salle des témoins. Je prie M. le président de donner des ordres pour qu'elle en soit écartée.

M. Romiguières : Julie Perset est appelée comme témoin, quand MM. les jurés la verront, ils jugeront si elle est capable de subornation.

M. le procureur-général demande à M. de La Salle, prévôt, quelques explications au sujet des taches qu'on a aperçues sur une lettre de change tirée par Mme Constans. — M. le prévôt répond qu'il a vu sur cette lettre de change deux taches de sang, l'une de ces taches était comme une lentille, et l'autre était plus petite.

Sur la demande de M. Romiguières, M. le président demande à M. le prévôt, s'il en fut dressé procès-verbal. — Non, répond M. le prévôt, parce qu'alors le fait ne fut pas regardé comme assez important.

Témoins à décharge.

Témoins appelés à la requête de Missonnier. — Madelaine *Ginestet.* Quelque tems après que Missonnier se fut donné le coup de rasoir, je me trouvai chez sa belle-sœur, qui m'assura qu'il était un imbécille.

La mère de Missonnier me dit aussi qu'elle avait beaucoup plus de souci à son sujet que sur le compte d'un autre de ses enfans, qui était à l'armée. Celui que j'ai auprès de moi, disait elle, périra sans doute dans un hôpital. Il est trop imbécille. — Effectivement, Missonnier a donné plusieurs signes d'imbécillité ; entre autres un jour de Noël, il alluma sa forge, et se promena devant sa porte avec son tablier de travail.

M. le président à Missonnier : Est-il vrai que vous avez travaillé les jours de fête ?

Missonnier : Quand l'ouvrage presse, il faut le faire ; mais alors il n'est pas question de folies.

M. le président : Est-il vrai que vous avez été à la pêche prendre des poissons à coups de pierre ?

Missonnier : J'ai été à la pêche ; mais je n'ai pas été condamné à l'amende.

M. le président : Avec quoi alliez-vous à la pêche ?

Missonnier : J'y ai été quelquefois avec d'autres personnes qui portaient un filet ; mais je n'y étais pour rien ; je portais leurs habits.

Missonnier répond de la même manière à quelques autres questions de M. le président.

Antoinette *Guiral* (Quoique ce témoin soit la belle-sœur de Missonnier, M. le procureur-général, les accusés et leurs conseils ont consenti à ce qu'elle fût entendue sous la foi du serment). Cette femme a déposé que Missonnier entra chez lui le 19 mars au soir, vers huit heures un quart ; mais elle ne peut pas assurer qu'il ne ressortit pas.

M. le président à Missonnier : N'êtes-vous point ressorti, après être rentré chez vous dans la soirée du 19 mars ?

Missonnier : Non, Monsieur, je me suis couché.

M. le président : Comment avez-vous pu ouvrir la porte, puisque Laville était couché dans votre écurie ?

Missonnier : Monsieur, c'est bien facile : on passe *la main gauche*, et on ouvre la porte.

M. le président : Est-ce que vous n'aviez pas de clef?

Missonnier : Si, Monsieur ; quand la porte était neuve, j'avais un passe-partout.

M. le président : Cette porte n'est donc plus neuve ?

Missonnier : *Elle était porte avant que je sois homme :* ce qui fait qu'elle est vieille.

M. le président : Vous dites donc que vous n'avez pas été chez Bancal ?

Missonnier : Je crois bien que je n'y ai pas été.

M. le président : Mais il est possible qu'on vous ait forcé, qu'on vous ait entraîné, qu'on vous ait cherché dispute. N'avez-vous rencontré personne, en sortant de chez Rose Féral ?

Missonnier(se retournant du côté d'Anne Benoît) : Si, Monsieur; j'ai rencontré *mademoiselle*.

M. le président : Mais elle ne vous a pas cherché dispute?

Missonnier : Oh! non, Monsieur ; au contraire. Colard venait avec moi ; mais comme c'est un *grand marcheur*, il a avancé plus que moi ; je l'ai appelé pour lui dire que sa *bonne amie* était là, et puis j'ai été me coucher.

Témoins appelés à la requête de Bastide.

Michel Ginesti, forgeron ; Antoine Calvet, Joseph Guizot ; ces deux derniers, garçons de Ginesti, ont déposé avoir vu partir Bastide de Rodez, le soir du 19 mars, vers *six heures ou six heures un quart*, pour se rendre à Gros, et ne pas l'avoir vu revenir à Rodez ; ajoutant que, ce même soir, Bastide avait compté une somme de cent francs à Ginesti.

Antoine Vergnes, François Marti, ont déclaré avoir rencontré Bastide, sur la route de Rodez à Gros, le 19 au soir, *vers six heures et demie.* Il était monté sur une jument grise.

Antoine Cuiral : Le 19 mars, au soir, *vers sept heures*, me trouvant sur la route de Rodez à Gros, à trois quarts d'heure de Rodez, j'entendis venir derrière moi un cavalier; je le laissai passer devant, et je crus alors que c'était Bastide.

Mme Vergnes, née Jausion, belle-sœur de Bastide.

M. le procureur-général : Je m'oppose à ce que Mme Vergnes soit entendue.

M. Romiguière : En reconnaissant que l'opposition de M. le procureur-général est fondée sur la loi, rien ne s'oppose à ce que la belle-sœur d'un accusé soit entendue, en vertu du pouvoir discrétionnaire; parce que, dans ce cas, il n'y a pas lieu à l'application de l'article 322 du code d'instruction criminelle, comme l'a décidé un arrêt de la cour de cassation de 1815, et l'opinion de M. Legraverend. M. le président, l'amour de la vérité, qui vous distingue si éminemment, vous déterminera sans doute à user du pouvoir discrétionnaire pour recevoir cette déclaration.

M. le procureur-général : Je ne conteste pas la jurisprudence de la cour de cassation, invoquée par le défenseur de l'accusé Bastide ; je n'ai aucune objection à proposer contre l'exercice du pouvoir discrétionnaire dont M. le président est investi ; mais je ne puis m'empêcher de remarquer combien est sage la disposition de la loi, qui ne permet pas de citer, comme témoins, les ascendans ou descendans, les frères et sœurs, ou alliés au même degré des accusés ; qui ne veut pas qu'on les place entre leur conscience et des affections avouées par la nature ; qu'on les soumette à une épreuve dans laquelle il est si difficile que la vérité triomphe des penchans les plus légitimes et du grand intérêt de conserver l'honneur des familles.

M. Tajan a déclaré ne prendre aucune part à l'insistance.

La cour, après en avoir délibéré, a rejeté la demande d'entendre la dame Vergnes comme témoin et sous la religion du serment.

Néanmoins, M. le président, en vertu du pouvoir discrétionnaire, a ordonné que sa déclaration serait entendue.

L'audition de la dame Vergnes, belle-sœur de Bastide, a amené une scène déchirante, que M. le procureur-général a voulu éviter en s'opposant à son audition. Bastide, pour la première fois, a versé des larmes, et sa malheureuse parente en a fait couler dans l'auditoire.

Mme Vergnes : J'étais au domaine de Gros le mercredi 19 mars. Je vis arriver mon beau-frère Bastide, entre sept et huit heures du soir. Il passa dans son appartement, quitta ses bottes et prit son bonnet de nuit. Nous soupâmes. Bastide nous amusa beaucoup pendant le souper, parce qu'il était fort gai. Nous passâmes la soirée ensemble auprès du feu. *Bastide s'endormit. Il fallut l'éveiller pour l'avertir d'aller au lit.* Il se rendit dans sa chambre ; la mienne est contiguë, et la porte en resta ouverte. Je le vis occupé à lire ; après quelque tems, il éteignit la lumière et se mit au lit. *Je l'entendis pendant la nuit causer* avec son épouse. Le lendemain au matin, je l'entendis appeler ses domestiques. Je vous assure que je dis la vérité, comme Dieu m'entend. Faites, je vous prie, attention à ce je viens de dire.

M. le président : Mais, madame, ne vous trompez-vous point ? n'est-ce pas un autre jour ?

Mme Vergnes : Eh ! monsieur, puis-je me tromper ? n'est-ce pas le lendemain que l'huissier vint chercher mon malheureux beau-frère ?

(Pendant tout le cours de ce débat, Bastide, un mouchoir sur les yeux, paraissait accablé de douleur. Jausion, toujours froid quand il ne s'agit pas de lui, ne semblait éprouver aucune émotion.)

M. le président au témoin : Il y a dans la procédure des masses de preuves qui paraissent ne laisser aucun doute sur la présence de Bastide à Rodez dans la soirée du 19 mars.

Mme Vergnes, avec beaucoup de force : Monsieur, s'agirait-il de donner tout mon sang, de faire tous les sermens, je soutiendrai que Bastide est innocent ; il ne nous a pas quittés.

M. le président : Un grand nombre de témoins, tous dignes de foi, attestent le contraire.

Mme Vergnes : Ce sont tous des monstres. (*Murmures violens parmi les témoins qui remplissent le parquet.*) Monsieur, nous n'avons que nos servantes qui puissent attester la présence de mon beau-frère à Gros. Le ciel n'a pas permis que nous eussions ce jour-là quelques étrangers ; le pauvre Bastide ne serait pas sur le banc des accusés. Notre situation, messieurs, est des plus tristes...

Voilà les détails que j'avais à vous donner. Prenez-les en considération ; ayez pitié de Bastide ; il est innocent comme Dieu ! comme tous les anges qui sont au ciel !... Ceux qui l'accusent sont de faux témoins. (*Violente agitation dans l'auditoire.*)

M. le président : Contenez-vous, madame ; on pourrait vous renvoyer ce reproche. Il n'y a pas de faux témoins ici.

Mme Vergnes : Pardon, monsieur, je m'égare...

M. le président : Allez vous asseoir, madame.

Mme Vergnes, quittant le siége des témoins, se retourne vers les bancs des accusés ; elle cherche à voir Bastide ; mais celui-ci cache sa figure dans son mouchoir, et détourne pour ainsi dire la tête. Sa belle-sœur s'éloigne, et dit en sanglottant : Mon dieu ! mon dieu ! je ne pourrai donc pas le voir !

Claude Rouzils : Le mercredi, je pris la jument grise de Bastide à Gros, au moment où il y arriva, à huit heures ou huit heures et demie du soir.

M. le président : Comment vous en rappelez-vous ?

Le témoin : Parce que, le lendemain, on parla de l'assassinat de M. Fualdès.

M. le président : Vîtes-vous ensuite Bastide ?

Le témoin : Le lendemain de son arrivée, et le jour où l'on parla de l'assassinat, j'avais sellé la même jument à cinq ou six heures du matin.

M. le président : A quelle heure partit Bastide ?

Le témoin : Vers les six heures du matin.

François Turcq : Le mercredi au soir, je vis Bastide arriver à Gros vers les sept heures et demie ou huit heures du soir.

CINQUANTE-UNIÈME LETTRE.

Albi, 21 avril.

Séance du 20 avril.

M. le président annonce que la cour reprend les débats.

M. Clémandot, appelé de nouveau, dit : Pendant les assises de Rodez, M. Boyer me dit que le 20 mars au matin il rencontra Jausion, et l'aborda en lui parlant de l'affreux événement qu'on venait d'apprendre. *Que voulez-vous que j'y fasse ?* répondit Jausion, avec un air d'impatience, et en se servant d'un terme grossier. Si je n'ai point rapporté plus tôt ce propos de M. Boyer, ajoute M. Clémandot, c'est à la prière de sa mère et de sa sœur qui ne voulaient pas qu'il parût comme témoin. — M. Boyer, appelé, confirme le propos.

La dame Regnés est entendue. Quelque tems après l'assassinat, dit-elle, Mme. Bastide prêta à mon mari, pour un petit voyage, la jument grise de M. Bastide. Mon mari marchait en avant ; le domestique de M. Bastide et moi nous suivions. Je demandai à cet homme comment M. Bastide avait fait connaissance de sa femme.

Il m'apprit que c'était aux vignes de Mme Galtier. *Pauvre femme!* m'écriai-je, *si ce qu'on en dit est vrai, elle est bien malheureuse!* — Ah! madame, répondit le domestique, *si la jument grise parlait!* elle a assez marché cette nuit-là.

Un juré : Est-ce que le témoin ne pourrait pas fixer *cette nuit?*

M. le président, au témoin : Quelle fut votre pensée, quand le domestique vous parla de *cette nuit?* Entendîtes-vous que c'était la nuit de l'assassinat?

Le témoin : Eh! oui, Monsieur; il ne m'était guère possible de l'entendre autrement, puisque nous nous entretenions du meurtre de M. Fualdès.

Bastide : Il est bien malheureux qu'on ne puisse pas appeler mon cheval et les arbres, pour témoigner contre moi; car sans doute on n'y manquerait pas, et pourtant je suis sûr que ces témoins-là me seraient favorables.

La femme Laurens ayant été désignée par un témoin comme pouvant donner des renseignemens sur l'officier espagnol qui s'était trouvé dans la maison Bancal, le soir de l'assassinat, est appelée. Elle dépose que cet espagnol, qui a logé chez elle pendant vingt mois, se rendit le 19 mars dans la maison Bancal, pour y faire une visite à la dame Saavedra; qu'il y resta jusqu'à sept heures et demie; qu'il rentra chez lui, et sortit encore à neuf heures et demie.

Quelques jours après l'assassinat, le même officier, qui logeait chez moi, me dit qu'en sortant de chez la dame Saavedra, le 19 mars, à sept heures et demie, il remarqua que la cuisine de la Bancal n'était pas éclairée, contre l'usage; qu'ensuite, passant dans la rue des Hebdomadiers, il aperçut plusieurs hommes postés dans différens coins; que ceux-ci voulurent le faire mettre de côté, mais qu'il persista et voulut passer au milieu de la rue.

M. le président : N'avez-vous pas appris de la dame Saavedra quelques particularités sur l'assassinat.

Le témoin : Oui, Monsieur; quelques jours après l'assassinat je rencontrai Mme Saavedra sur la place Duberg. Elle me dit qu'elle allait changer de logement et occuper une chambre qu'elle venait de louer chez Mme Constans. — Mais pourquoi quittez-vous votre logement? — *Je suis lasse des justices*, me répondit Mme Saavedra. — Mais il n'est pas encore prouvé que le crime ait été commis dans cette maison. — *Ma pauvre Laurens, vous verrez que cela n'est que trop vrai.* Dans ce moment, poursuit le témoin, survint une femme espagnole qui lia conversation avec la dame Saavedra. La première lui demanda en espagnol si la maison Bancal avait été réellement le théâtre de l'assassinat : *Ce n'est que trop vrai*, dit la dame Saavedra; *ils l'ont saigné comme un cochon sur une table avec un coutelas.*

On revient aux témoins à décharge.

Denise Arlabosse, âgée de 14 ans, au service de Bastide : J'ai vu M. Bastide arriver à Gros, le 19, à 7 heures et demie du soir. Il soupa quelque tems après avec Mmes Vergnes et Bastide. Je le servis à table; il s'endormit ensuite dans le salon. Je bassinai son lit, et il se coucha à dix heures et demie.

M. le président : Pouvez-vous préciser l'heure à laquelle il a soupé?

Le témoin : Je n'en sais rien.

M. Romiguières : Comment voulez-vous que cette enfant précise l'heure à laquelle son maître a soupé, quand vous avez entendu M. le baron de Parlan vous déclarer qu'il ne sait ni où il a déjeûné, ni où il a soupé.

Marianne Vergnes, autre domestique de Bastide, a fait une déposition à peu près semblable; mais elle a pris un ton de hardiesse et d'effronterie qui ont rendu son témoignage plus que suspect à M. le procureur-général. L'impudence, a dit ce magistrat, avec laquelle le témoin vient d'en imposer à la justice, en affirmant la présence et le séjour de Bastide dans un lieu où il est impossible qu'il se trouvât d'après des témoignages irrécusables, me fait un devoir de requérir son arrestation.

M. le président ordonne seulement la mise en surveillance du témoin.

Bastide se récrie contre les moyens employés pour effrayer ses témoins. Les autres peuvent tout dire ; mais nous..... Voilà la latitude de la défense!

Antoine Rivière, également au service de Bastide, paraît d'abord un peu embarrassé; mais il se rassure, et dit : J'étais à Gros le 19 mars au soir. M. Bastide y arriva entre sept et huit heures. Je pris son porte-manteau, et je menai le cheval à l'écurie. M. Bastide alla souper, et je ne le vis plus de toute la soirée. Mais le lendemain matin, j'étais encore au lit lorsque M. Bastide m'appela pour m'ordonner de porter du pain à la Morne. J'y fus en effet, et je trouvai M. Bastide, qui s'y était rendu avant moi. Il resta toute la matinée dans ce domaine à donner des ordres à ses domestiques. Un huissier vint l'assigner vers deux heures après midi. Ce fut alors que j'appris l'assassinat de M. Fualdès.

Victoire Causu affirme également avoir vu Bastide au domaine de la Morne, le 20 mars au matin. Il fit charger une charretée de pierres, et envoya ses domestiques aux champs : il y fut avec eux.

M. Goudal de Curlande : J'étais, le 20 mars, à cinq heures ou cinq heures et demie du matin, au pré de la Roquette; je vis Bastide arriver du côté de Gros. Je le saluai ; il me dit : *Vous voilà toujours levé de grand matin*. Je ne sais s'il allait à la Morne ou à Rodez.

Almeyras et la fille Moulis sont rappelés aux débats ; ils persistent à soutenir : le premier, qu'il a vu Bastide, le 20 mars, au point du jour, avec Jausion, à la porte de M. Fualdès; le second, qu'elle l'avait vu lorsqu'on sonnait l'*Angelus* ; c'est-à-dire à environ six heures du matin.

M. le président à M. Curlande : Etes-vous bien certain que, le jeudi 20 mars, à l'heure par vous indiquée, vous avez vu Bastide ?

Le témoin : Oui, M. le président.

M. le président cherche à concilier la déposition de M. de Curlande avec les déclarations des témoins Almeyras et Moulis ; il dit qu'il est très-possible que ces derniers aient vu l'accusé avant le jour à Rodez, et que celui-ci, craignant que leurs témoignages ne devinssent un jour des indices accablans contre lui, a voulu se ménager les moyens d'en détruire la force en prouvant un *alibi;* mû par ce puissant intérêt, Bastide s'est hâté de retourner à toute bride à Gros, pour s'y faire voir à ses domestiques; mais, ayant rencontré M. de Curlande à la Roquette, il a aussi voulu faire tourner cette rencontre à son avantage : il a aussitôt fait volte-face, et prend, aux yeux de M. de Curlande, l'attitude d'un homme, non qui revient de Rodez à Gros, mais bien de Gros à Rodez.

Bastide : Le témoin que vous venez d'entendre n'est point une tête de femme, on peut croire à ce qu'il dit.

Jeanne Besombe a vu passer Bastide à la Roquette, avant le lever du soleil; il lui a semblé qu'il allait à la Morne. Un garçon meunier, à la Roquette, fait la même déposition. Jeanne Janny, ménagère de la Morne, déclare avoir vu Bastide dans ce domaine à huit heures du matin.

M. le président : Avez-vous dit à quelqu'un que Bastide n'avait pas été à Gros? — Non, Monsieur.

Mme Ramond est appelée.

M. le président : La femme Janny ne vous a-t-elle pas dit que son maître n'a pas paru à Gros, dans la soirée du 19 mars?

Mme Ramond : Oui, monsieur; elle vint dans ma boutique quelque tems après l'arrestation de M. Bastide, et me demanda comment allaient les affaires de son ancien maître? — Mais cela ne va pas très-bien, lui répondis-je, on dit qu'il y a beaucoup de preuves contre lui. — Dans cette soirée-là, reprit-elle, il n'a pas paru à Gros; le lendemain il vint à la Morne, et un instant après l'huissier vint le chercher.

M. Romiguières : Mme Ramond se trompe évidemment; car la femme Janny n'a pas pu lui dire que Bastide n'était pas venu à Gros : cette femme était ménagère à la Morne, et ne savait pas ce qui se passait dans l'autre domaine.

Il s'engage ici un débat très-vif entre ces deux femmes. Jeanne Janny affirme qu'elle n'a rien dit; madame Ramond soutient qu'elle lui a tenu le propos qu'elle rapporte.

Bastide avec colère : N'avez vous pas perdu un enfant d'une mort terrible? — *Madame Ramond* : C'est vrai. — *Bastide* : Vous avez la main de Dieu sur vous, madame.

M. le procureur-général : Je demande que M. le président use de son pouvoir, pour assurer aux témoins la protection qui leur est due, et que les outrages que les accusés se permettraient contre eux soient sévèrement réprimés.

Quant à la nommée Janny qui vient de déposer, sa déclaration est en contradiction avec les autres élémens de la procédure, et avec ce qu'elle a dit elle-même au témoin irréprochable que vous venez d'entendre. Votre patience, monsieur, dans cette séance et dans la précédente, a été mise à l'épreuve; et celle du ministère public n'est peut-être pas sans reproche, à la vue de tant de parjures, de mensonges si scandaleux et si réfléchis. Mais nous avons voulu ôter à l'accusé Bastide l'occasion de dire qu'on gênait ou qu'on interceptait sa défense. C'est une leçon apprise que des témoins, presque tous en état de domesticité, viennent ici répéter. Nous avons le courage de les écouter, et nous n'avons pas provoqué contre tous ces témoins si complaisans la rigueur des lois. Mais la persévérance de la femme Janny dans le mensonge, au mépris de l'hommage formel qu'elle a précédemment rendu à la vérité, ne mérite ni indulgence ni pitié. Nous requérons, M. le président, d'ordonner qu'elle soit sur-le-champ mise en arrestation, et poursuivie conformément à l'art. 330 du code d'instruction criminelle.

M. le président ordonne seulement que la femme Janny soit mise en surveillance, et surseoit à statuer sur son arrestation.

M. Romiguières : M. le procureur-général prétend que la déposition de la femme Ramond est plus digne de foi que celle de Jeanne Janny ; c'est ce qu'il faudrait prouver. L'un de ces témoins est administré, il est vrai, par le ministère public ; mais la loi, qui autorise l'accusé à fournir aussi ses témoins, ne se joue pas de lui au point de permettre qu'on les décrie sans raison. J'ajoute qu'ici, et indépendamment de la présomptien légale de vérité attachée à la déposition d'un témoin assermenté, plusieurs circonstances concourent pour justifier Jeanne Janny. Vous savez, Messieurs les jurés, si je cherche à vous abuser. Ne voyez-vous pas que l'âge, la physionomie, le maintien de Jeanne Janny, sa position actuelle (elle est depuis 18 mois au service d'un respectable ecclésiastique), sa fermeté, tout prouve que ce témoin est digne de votre confiance. M. le procureur-général prétend de plus que s'il n'a pas provoqué l'arrestation de tous les témoins à décharge, il l'a fait par excès de complaisance et pour éviter le reproche de nuire à la défense de l'accusé. Et moi, je réponds que cette défense a été gênée dès l'instant où on a requis la mise en surveillance de Marianne Albrespi. Cette mesure jeta l'effroi dans l'ame des témoins qu'avait à produire Bastide, et ce résultat était inévitable. Je demande que la cour prononce qu'il y a lieu ou qu'il n'y a pas lieu à faire droit au réquisitoire de M. le procureur-général.

M. le procureur-général : La demande formée par le défenseur de l'accusé Bastide n'est point dans les attributions de la cour, mais dans celle de M. le président, à qui je l'ai adressée, conformément à l'art. 830 du code d'instruction criminelle. Il s'agit ici d'une garantie, d'une mesure de police tendante à mettre entre les mains de la justice un individu prévenu de faux témoignage. La police des débats appartient exclusivement au président. Le pouvoir discrétionnaire dont il est investi lui donne tous les moyens de parvenir à la découverte de la vérité, et de mettre sous la main de la loi tous ceux qui seraient prévenus de la trahir et de violer la sainteté de leur serment. J'ai donc adressé et dû adresser mon réquisitoire à M. le président.

M. Romiguières : Je ne conteste pas le droit réclamé par M. le procureur-général. Il appartient aussi à l'accusé, article 1330 du Code d'instruction criminelle ; mais puisqu'on veut disserter sur cet article, je dis, d'abord, qu'il serait trop dangereux, pour tout accusé, de voir le ministère public exercer la faculté introduite par l'article 1330, envers les témoins produits pour constater l'*alibi*, sur-tout avant qu'il aient été tous entendu. L'exception prise de l'*alibi* est une exception péremptoire, qui tend à réduire au néant toutes les dispositions à charge. Or, à qui appartient-il de prononcer, entre les témoins qui disent avoir vu Bastide à Rodez, et ceux qui disent l'avoir vu, au même instant, à la Morne? Certes, ce n'est pas plus à M. le procureur-général qu'à moi : ce droit n'appartient qu'à vous, Messieurs les jurés; nul ne doit prendre l'initiative, ou bien je serais fondé, de mon côté, à requérir l'arrestation des témoins à charge. Je conviens qu'après que le jury aura prononcé, le ministère public pourra....

M. le président: Prétendez-vous régler la marche du ministère public, et censurer mes actes?

M. Romiguières : Le devoir de mon ministère, et l'intérêt de mon client, m'ordonnent de censurer tout acte à son préjudice, qui n'est pas conforme à la loi. Vous avez le pouvoir d'arrêter un témoin prévenu de faux témoignage, et non pas de le mettre simplement en surveillance. Cette dernière mesure n'aurait d'autre effet que d'intimider les témoins.

M. le président : Parlez avec plus de calme, M. Romiguières; vous prenez dans vos réflexions un ton de censure et de véhémence fort inconvenant; je vous rappelle à vos devoirs, qui sont de vous exprimer avec décence et modération. Le ministère public remplit les siens avec fermeté; sa marche, dans cette circonstance, est celle qui lui est dictée par la loi et son zèle. Si j'ajourne, à l'égard du témoin Jeanne Janny, les mesures de rigueur que des présomptions graves ont provoquées contre elle, c'est uniquement dans la vue de laisser à la défense toute la latitude, et de placer tous les intérêts à couvert. La femme Janny est en opposition avec de nombreux témoins, et particulièrement sur deux faits, avec la dame Ramond, témoin irréprochable; et quant à la surveillance que j'ai jugée utile d'ordonner, je trouve mes pouvoirs dans les articles 208 et 332, *qui peut le plus*, *peut le moins*; et, certes, lorsqu'il s'agit de l'accomplissement d'un acte qui compromet la liberté d'un individu, il est de la sagesse de le mûrir, et non de l'improviser.

La cour se lève. La séance est suspendue pendant une demi-heure.

Quand on a repris les débats, M. Romiguières a dit : Y a-t-il ou non mise en surveillance relativement à la femme Janny?

M. le président: Les ordres sont donnés pour qu'elle ne sorte pas d'Albi.

M. Romiguières: Je demande que la cour statue.

M. le président : Vous n'avez pas entendu ce qu'on vous a dit. J'ai ordonné, en vertu des pouvoirs qui me sont conférés, que la femme Janny fût surveillée de manière à ce qu'elle ne sortît pas d'Albi; et nous statuerons définitivement sur son sort à la fin des débats.

M. Romiguières : Je persiste dans mes conclusions.

La cour s'assemble pour délibérer. Le président prononce ensuite l'arrêt suivant : « La cour, après en avoir délibéré, attendu compétence exclusive du président à l'égard des conclusions prises par le ministère public, vu l'ordonnance rendue par le président à ce sujet, déclare n'avoir point à statuer sur l'insistance de M. Romiguières.

Charlotte Arlabosse, prévenue de complicité, est détenue dans la prison de Sainte-Cécile, a été entendue comme témoin à décharge. Cette jeune fille passe pour avoir eu des liaisons intimes avec Bastide.

M. le président, au témoin : Que savez-vous sur le procès dont la cour est occupée?

Charlotte Arlabosse : Le 20 mars à cinq heures et demie ou six heures du matin, je vis passer M Bastide à la Roquette. Je le reconduisis sur le haut de la Roquette, et je restai une heure et demie avec lui.

M. le président : Avez-vous couché à la Roquette dans la nuit du 19 au 20 mars?

Charlotte Arlabosse : Ah! oui, Monsieur, c'est bien vrai.

M. le président : Vous n'étiez pas à Rodez dans la soirée du 19 mars?

Charlotte Arlabosse : Non, Monsieur, bien certainement.

M. le président, à la Bancal : Reconnaissez-vous cette fille? était elle chez vous au moment de l'assassinat?

La Bancal : Non, Monsieur, je ne la connais pas.

Charlotte Arlabosse se lève, ôte son chapeau, et, par un mouvement absolument pareil à celui de la dame Manson à Rodez, la première fois qu'elle fut confrontée avec la Bancal, elle dit : Regardez-moi bien, Bancal; me reconnaissez-vous; regardez-moi bien, je vous en prie; dites si vous m'avez vue chez vous? Ai-je jamais été chez vous?

La Bancal : Je ne la reconnais pas.

M. le président : Bach, reconnaissez-vous cette fille?

Bach : Non, Monsieur, ce n'est pas la Charlotte Arlabosse qu'on m'a fait voir à Rodez; elle était beaucoup plus fraîche et plus mince.

M. le président : Et vous, accusée Manson, n'avez-vous pas remarqué cette fille parmi les personnes qui vous entouraient, lorsque vous traversâtes la cuisine Bancal?

Mme Manson : Non, je ne reconnais pas cette fille, et qui plus est, je ne la reconnais pas pour Charlotte Arlabosse. J'ai connu à Montagnac Charlotte Arlabosse, et je crois pouvoir assurer que cette fille ne lui ressemble pas du tout.

M. le président appelle quelques témoins; ils assurent que la jeune fille qui comparaît est bien Charlotte Arlabosse.

Bastide confirme le témoignage de ceux qui la reconnaisse.

Antoine Flotte et François Marragoni, cultivateurs à la Morne, font une déposition semblable à celle de Cabrol et Bonnavaire.

Le sieur Antoine Ladous dépose que, le le 20 mars, à huit heures, il vit *un monsieur* qui arrivait à la Morne; qu'il voulut lui acheter du blé; mais que le marché ne fut pas conclu, parce qu'ils ne s'accordèrent pas sur le prix.

(On pense que l'audition des témoins sera terminée dans la prochaine audience)

LE STÉNOGRAPHE PARISIEN.

CINQUANTE-DEUXIÈME LETTRE.

COUR D'ASSISES D'ALBI.

Albi, 23 avril.

Séance du 21 avril.

Tous les témoins à décharge ayant été entendus dans cette séance, M. le président a dit que, pour se conformer à la loi, il était nécessaire d'établir un débat sur chacun des accusés en particulier; et, quoique ce débat eût déjà eu lieu, pour ne négliger cependant aucune des formalités prescrites par le code de procédure, il a ordonné un appel des témoins cités contre chaque accusé. Le greffier a procédé à cet appel, et tous les témoins cités contre la femme Bancal s'étant rassemblés dans le parquet, M. le président leur a demandé s'ils persistaient dans leurs dépositions, et après une réponse affirmative faite par chacun d'eux, la femme Bancal a été interpellée pour savoir si elle avait quelque observation à ajouter. Après sa réponse négative, la même formalité a été remplie envers les autres accusés. Il ne reste plus à entendre que quelques témoins à charge, qui ont été assignés par suite des débats et qui n'ont pas encore eu le tems de se rendre à Albi. M. Fualdès sera vraisemblablement entendu dans la prochaine séance, et il cédera ensuite la parole à M. Tajan, son avocat.

La déposition la plus importante qui ait été faite aujourd'hui est celle d'un nommé Bache : J'étais allé, dit ce témoin, à Thioullières, chez M. Cadars, curé de cette paroisse; j'y rencontrai la fille Jeanne Joanny, qui, en sortant du service de Bastide, était entrée à celui de M. Cadars. Cette fille m'accompagna lorsque je m'en retournai. Nous parlâmes de l'assassinat de M. Fualdès; elle me dit : Que je suis malheureuse d'être entrée dans une pareille maison! je me suis attiré une bien mauvaise affaire. — Dites la vérité, et vous n'aurez rien à craindre. — Mais j'ai suivi les conseils de Mme Bastide, qui a dit à tous ses domestiques qu'il fallait affirmer qu'on avait vu son mari à la Morne le 20 mars à huit heures du matin; j'ai fait une déposition en conséquence, et je ne puis me rétracter. — Ecoutez, il vaut beaucoup mieux dire la vérité que de continuer à mentir, c'est le parti le plus sage que vous ayez à prendre.

Bastide : Je voudrais bien savoir si cette fille a parlé de tout cela devant M. le curé. Ce serait une source tout aussi pure que celle de M. Bache, et je crois qu'il pourrait figurer ici tout aussi bien que cette troupe de témoins qu'on a pris je ne sais où.

M. le président : On voit que cette fille aurait bien mérité que nous donnassions suite aux réquisitions de M. le procureur général contre elle. Nous aurions donc pu la faire arrêter sans être accusés d'une trop grande sévérité à son égard.

Bastide : Vous perdez votre tems, M. le président ; ni les verroux, ni les cachots n'empêcheront la vérité d'éclater.

M. le président : Ne vous écartez pas du respect que vous devez à la cour, et ne quittez point l'attitude qui convient à votre position.

Bastide : J'insiste pour que M. Cadars soit entendu.

M. le président ordonne que la fille Jeanne Joanny soit rappelée aux débats ; on annonce qu'elle n'est point dans la salle. En attendant son arrivée, Jean-Baptiste Caissal, témoin assigné à la requête de Bastide, est entendu : il déclare qu'il a vu, le 20 mars, Bastide, à huit heures et demie du matin à la Morne.

Madeleine, servante de la veuve Ginestet : Cette femme m'a dit plusieurs fois qu'on avait voulu lui faire déclarer que Bastide avait déposé son cheval dans son écurie, le 19 au soir. Elle m'a même conté que des Messieurs lui avaient proposé de l'argent pour cette déclaration, mais qu'elle avait rejeté leurs offres. Un jour même elle vit par sa croisée passer dans la rue un des Messieurs qui lui avaient fait ces offres, et m'engagea à le regarder ; ce que je ne fis pas.

Un huissier annonce que la fille Jeanne Joanny est dans la salle : elle est mise en présence de Bache. Interpellée sur la vérité du témoignage de Bache, elle dit avec une grande énergie : « Mon *pauvre ami*, je ne vous ai jamais parlé de cela, et je n'ai pas pu le faire ; car j'ai dit la vérité, en affirmant avoir vu M. Bastide, à la Morne, le 20 mars, à huit heures et demie du matin. Comme il faut mourir un jour ; Mme Bastide ne m'a pas engagée à faire cette déposition.

Bache : Vous m'avez dit tout ce que j'ai déclaré à la justice ; je l'affirme de nouveau : vous m'avez même parlé d'un billet que vous avait donné Bastide, en quittant son service ; et vous avez ajouté que vous aviez des inquiétudes sur le paiement de cet effet, parce que la justice absorberait tous les biens de Bastide.

Rose Blanquet, autre témoin à décharge : J'allais un jour à l'Hôtel-Dieu, pour y voir une de mes amies ; j'y rencontrai la veuve Ginestet, qui m'assura qu'on lui avait offert de l'argent pour déclarer que Bastide avait déposé son cheval dans son auberge, mais qu'elle n'avait pas voulu vendre son ame. Elle m'a dit en même tems, que le neveu de M. Dornes ne lui avait jamais fait aucune offre de ce genre.

M. Dornes est rappelé. Je ne connais pas cette femme, dit-il ; j'affirme de nouveau que j'ai vu Bastide rentrer, le 19 mars au soir, chez la veuve Ginestet.

Bastide : Le témoin ne jouit pas d'une grande considération.

M. le président rappelle aux débats les témoins Catherine Lacaze, et Jeanne Daubusson. Le premier affirme que la veuve Ginestet lui avait dit qu'il pouvait se faire que Bastide eût déposé son cheval dans son écurie, dans un moment où elle était sortie.

Le second, que la veuve Ginestet lui avait dit, quelque tems après la condamnation, que Bastide avait été justement condamné, et que son seul témoignage aurait suffi pour justifier ce jugement, si elle avait voulu parler.

Ginesti, forgeron, témoin à décharge pour Bastide, est de nouveau appelé.

M. le président : N'avez-vous pas été, le 23 mars, à Gros, porter une lettre à Bastide ?

Ginesti : Oui, monsieur.

M. le président : Que vous dit Bastide ?

Ginesti : Il me demanda ce qu'on racontait en ville sur les auteurs de l'assassinat de M. Fualdès ; si on ne disait pas que M. Fualdès avait été tué pour cause d'opinion, et si on ne nommait pas parmi les prévenus de ce crime M. de Pruine, MM. de la Goudalie et Laqueilhe.

Bastide : Je n'ai cité personne au témoin ; c'est lui qui m'a désigné le premier les noms de ces messieurs.

Marie Dalmeyras, appelée en vertu du pouvoir discrétionnaire : *Mon domestique m'a dit que le second berger lui avait dit* qu'il avait mis la jument de Bastide à l'écurie, le soir du 19 mars ; qu'il l'avait dessellée, et que, retournant à l'écurie à trois heures du matin, il l'avait trouvée sellée et tout en sueur.

On a fait approcher le nommé Pierre *Guiraud*, berger : J'ai rencontré, dit ce témoin, le berger de la Morne ; nous avons parlé de l'assassinat de M. Fualdès et de la part qu'à pu y prendre M. Bastide. Croyez-vous, lui ai-je dit, que Bastide soit un des complices ? — Ce ne sera que trop vrai ; car je tiens du petit *égassier* (homme qui garde les chevaux), que la jument grise qu'il avait dessellée quelque tems après l'arrivée de Bastide, avait été trouvée sellée et tout en sueur, à trois heures du matin. Enfin, le nommé Bouval l'*égassier* a confirmé le propos.

C'est ici que M. le président a fait appeler quatre témoins à décharge, assignés à la requête de Jausion. La femme Raynal est la première qu'on a entendue. Jausion l'avait fait citer, afin qu'elle contredît la déposition d'un M. Lavergne, qui assure que dans la soirée du 19 mars il entendit beaucoup de bruit dans la maison Jausion. Ce témoin était dans une maison voisine. La femme Raynal, au contraire, a affirmé que quoiqu'elle logeât dans la maison de Jausion, au-dessus de la porte, elle n'avait rien vu ni entendu qui pût lui faire croire qu'il y avait de l'agitation dans la famille de cet accusé.

Après la déposition de cette femme, Julie Pressec a été introduite ; cette fille est au service de Mme Jausion.

M. le procureur-général : Attendu qu'il pèse contre Julie Pressec de grands soupçons de subornation, soupçons qui pourraient passer en certitude si l'on voulait rappeler le témoignage de la fille Alboui, je demande que la cour n'entende pas ce témoin.

M. Dubernard : Avant d'accuser, dit le précepte, il me semble qu'il faudrait au moins entendre.

M. le président: Comme je veux donner toute la latitude à la défense, je crois devoir faire entendre cette fille en vertu du pouvoir discrétionnaire.

Julie Pressec d'une voix mal assurée : Le jour de l'assassinat d M. Fualdès, M. Jausion ne sortit pas du tout de la maison ; il sou à sept heures, et se coucha quelque tems après.

Catherine Théron, aussi servante de Mme Jausion, ne s'es écartée en rien de ce qu'avaient dit ses camarades.

La liste des témoins à charge et à décharge étant épuisée, M. le président a commencé le débat particulier à chacun des accusés.

M. le président à Missonnier : Il paraît bien certain que vous vous livrez à des actes de folie?

Missonnier, riant : Eh! mais, non, Monsieur. J'ai été battu à Milhau ; on m'a frappé sur la tête, et tout le monde sait que ça rend bête ; mais c'est passé.

M. le président : Ecoutez, Missonnier, il est possible que contre votre volonté on vous ait entraîné dans la maison Bancal ; peut-être ceux qui voulaient vous associer au crime vous ont promis de vous faire boire, et dans l'intention de tirer d'eux quelques bouteilles de vin, vous les avez suivis.

Missonnier : Non, monsieur, je n'y ai pas été depuis que madame Bancal en jouit.

M. le conseiller Pagan : Femme Bancal, vous rappelez-vous avoir vu Missonnier dans votre maison, dans la soirée pendant laquelle se commit chez vous l'assassinat de M. Fualdès ?

La Bancal : Je l'ai dit dans mes dernières déclarations, et je le répète encore.

Missonnier se tournant vers la Bancal avec beaucoup de gaité dans la physionomie : Mais, Bancal, vous ne m'en aviez pas encore parlé ; c'est vrai que j'ai été une fois chez vous, mais c'est une petite histoire que je vais vous conter ; c'était une fois....

M. le président : Attendez, Missonnier....

Missonnier : Oh! Monsieur, vous pouvez parler.

M. le président : Comment pouvez-vous prétendre que vous n'avez pas été chez Bancal, lorsque Bousquier, Bach et la Bancal elle-même affirment qu'ils vous y ont vu? Vous étiez aussi du cortége ; vous marchiez sur les côtés, et vous portiez sous votre bras un petit bâton. Ces circonstances concordent avec toutes les révélations des accusés que je vous ai nommés plus haut.

Missonnier : Je ne porte pas de bâton ; je n'ai jamais battu personne dans la rue, et aucune mère ne pourra dire que j'aie jamais battu un enfant avec le bout du doigt.

M. le président : Vous ne répondez jamais à la question ; étiez-vous ou n'étiez-vous pas chez Bancal ?

Missonnier : Monsieur, si ça vous fait plaisir, je le dirai.

M. le président : Je ne veux pas que vous le disiez pour me faire plaisir, je ne vous demande que la vérité.

Missonnier : Eh bien, Monsieur, puisque vous voulez la vérité, je n'y étais pas.

La séance a été terminée par l'audition de la femme du con cierge de la maison de justice dans laquelle est détenu Colar

Le 7 de ce mois, Messieurs, a-t-elle dit, Colard m'appela pour avoir quelque chose dont il avait besoin. — Eh bien, madame, me dit-il, que pense-t-on de notre affaire dans Albi ? — Je sors peu de chez moi, et j'ignore ce qui se dit dans la ville. — Bach, Bousquier et la Bançal m'ont mis dedans; mais, si la colère me monte à la tête, je parlerai comme les autres.

Colard répond qu'il a voulu dire que si madame Manson ne déclarait pas que lui Colard n'était pas chez Bancal, il la forcerait à parler.

L'audience est remise à demain.

CINQUANTE-TROISIEME LETTRE.

Albi, 25 avril 1818.

Séance du 22 avril.

Quelques nouveaux témoins à charge, appelés par M. le procureur-général, déposent de faits relatifs à l'accusé Bach.

Le premier, Antoine Laurent, croit avoir vu cet accusé à Rodez, le 16 mars 1817.

Bach nie de la manière la plus formelle.

Le témoin déclare alors pouvoir affirmer seulement qu'il a vu cet accusé à Rodez, le 17 mars, dans la soirée. Je faisais, dit-il, une partie de cartes avec le nommé Glanzy; Bousquier se trouvait dans le même lieu; Bach demanda si ce dernier n'était pas un porte-faix; sur sa réponse affirmative, Bach lui propose de lui faire gagner de l'argent: « J'ai une balle de tabac à faire transporter; vous serez des nôtres; vous aurez pour salaire un écu de cinq francs, et une livre de tabac; et, si vous êtes *secret*, je vous ferai gagner quelque chose *mercredi*, *sans faute*.

Bousquier, rappelé aux débats, convient des faits rapportés par le témoin. Il ne peut affirmer néanmoins que Bach lui ait parlé du transport d'une balle de tabac, pour le mercredi.

Glandy : Bach me devait vingt francs; je les lui demandai, le 20 mars au matin, lendemain de l'assassinat : « Je ne puis vous compter que dix francs, me dit-il. — Hé bien! je patienterai. » Dans le fait, Bach ne m'a rien encore donné.

La cour reprend les débats particuliers.

Chacun des témoins, appelé successivement, confirme la déposition qu'il a faite. Les accusés font peu d'observations. Ce qui est à leur avantage est exact; ce qui est à leur charge n'est pas vrai.

La fille Couderc ajoute à sa déposition, que, se trouvant en prison avec la femme Bancal, peu de jours après l'assassinat, celle-ci la prit à part, et lui demanda conseil sur la conduite qu'elle avait à tenir : « Dois-je dire que je n'ai pas couché chez moi, le soir du 19, ou bien, dois-je affirmer que je suis montée dans ma chambre, pour aller me coucher avec ma fille Madeleine? » Je lui fis observer que si elle déclarait n'avoir pas couché chez elle, on la forcerait de dire, et de prouver dans quelle maison elle avait passé la nuit; que, si elle disait qu'elle était allée se coucher avec Madeleine, on lui objecterait qu'elle avait dû tout entendre, son appartement étant, pour ainsi dire, immédiatement au-dessus de la cuisine; et qu'ainsi le meilleur moyen était de dire la vérité : — (*L'aze f..... celui qui est venu me porter ce compliment!* s'écria la femme Bancal.) — La Bancal me nomma alors l'individu qui avait porté ce compliment, et qui n'était pas encore arrêté; elle me le nomma, mais je ne me rappelle pas son nom.

La femme Bancal, interpellée, nie le fait et le propos. Je n'ai jamais demandé conseil à la fille Couderc, dit-elle : je n'ai besoin du conseil de personne pour dire la vérité, et aujourd'hui je vais la dire tout entière.

Un mouvement de satisfaction s'est manifesté dans la salle. Chacun s'attendait à de nouvelles révélations, ou à des révélations plus explicatives. Un profond silence s'étant établi, la femme Bancal prend la parole; mais ses révélations sont les mêmes que celles qu'elle fit à une des séances précédentes. Elle ajoute seulement que Bastide, entrant dans sa maison à la tête de l'escorte qu'il dirigeait, dit : *Si quelqu'un bouge, je l'étrangle.*

La femme Bancal ayant fini de parler, M. le conseiller Pinaud, qui ne laisse échapper aucune occasion de presser Mme Manson pour la forcer à dire toute la vérité, lui a adressé plusieurs interpellations. Cette dame a témoigné beaucoup d'impatience avant de répondre à M. le conseiller, et au moment où ce magistrat expliquait ses questions.

M. Pinaud : Mme Manson, vous voyez que nous cherchons la vérité. Vous avez déclaré aux débats, ou dans vos précédens interrogatoires, que l'individu qui vous avait sauvée dans la maison Bancal, pouvait être Bessières-Veynac, ou l'individu que nous avons cru reconnaître dans l'accusé Jausion. Veuillez nous donner une explication formelle à cet égard.

Mme Manson : M. le conseiller, je n'ai point d'explication à vous donner. Je ne vous en donnerai pas d'autre.

M. le conseiller : Vous laissez soupçonner si c'était Bessières-Veynac?

Mad. Manson : Ces soupçons, je les justifierai en tems et lieu.

M. le conseiller Pinaud reproduit les mêmes questions sous de nouvelles formes. Il interpelle Mme Manson de nommer l'individu qu'elle a reconnu dans la maison Bancal. Est-il sur le banc des accusés, ou bien n'y est-il pas? Pour mieux m'expliquer encore, je vous demande si vous avez reconnu dans la maison Bancal d'autres individus que ceux qui sont ici sous vos yeux. M. le conseiller développe et explique cette question.

Mme Manson, marquant une vive impatience, et s'adressant à M. le conseiller, lui dit malignement : *En résumé*, que me demandez-vous, M. le conseiller? Est-ce si l'individu qui m'a jetée dans le cabinet est le même que celui qui m'a sauvée dans la maison Bancal? Non, M. le conseiller, ce n'est pas le même.

M. Pinaud : Avez-vous reconnu dans la maison Bancal d'autres personnes que Bastide et Jausion?

Mme Manson : Peut-être.

M. Pinaud : Vous ne voulez-pas vous expliquer à cet égard?

Mme Manson : Non, Monsieur le conseiller.

M. le conseiller : Vous avez dit à M. Clémendot, à Rodez, que vous aviez été jetée dans le cabinet par la femme Bancal; vous avez confirmé la déposition de cet officier devant M. le préfet de l'Aveyron; vous avez tenu le même langage à Mme Constans, en lui ajoutant que cette femme vous avait dit: *Vite, vite;* cachez-vous.

Mme Manson interrompt vivement M. le conseiller: *Mais avez-vous entendu la déposition de Mme Constans.*

M. Pinaud: Ce n'est point ce dont il s'agit en ce moment. Je vous demande si l'individu qui vous sauva est le même que celui qui vous jeta dans le cabinet, ainsi que vous l'avez dit à Rodez; est-ce la femme Bancal?

Mme Manson: Ce n'est ni la femme Bancal, ni l'individu qui m'avait jetée dans le cabinet. Je le nommerai en tems et lieu.

M. Pinaud: Pourquoi donc avez-vous dit à Rodez que c'était le même individu?

Mme Manson: Je pouvais avoir des motifs; je ne les donnerai pas.

M. Pinaud: Madame, vous devez la vérité à la justice; aucune raison ne peut vous autoriser à cacher à la justice ce que je vous demande. M. le conseiller répète sa question, en l'expliquant: Est-ce le même individu?

Mme Manson: C'est *possible.* Je dois vous dire, Monsieur le conseiller, que je ne puis pas suivre long-tems une conversation sur le même sujet; mais je vous réponds que ce n'est pas le même.

M. le président: Vous fûtes saisie dans le corridor. Comment vous mena-t-on dans la maison? Il eût été mieux de vous renvoyer. Votre explication me paraît extraordinaire.

Mme Manson: Que vouliez-vous qu'on fît de moi? Je pouvais aller avertir la justice.

M. le président: Mais le crime n'était pas encore commis. Vous pouviez encore ne rien savoir.

Mme Manson: Je pouvais rencontrer le cortége.

M. le président: Mais il est probable que celui qui vous mit dans le cabinet n'était pas complice.

Mme Manson: Moi, je le crois complice.

M. le président: Croyez-vous que l'individu qui voulut vous égorger dans le cabinet fut attiré par le bruit, ou bien parce qu'on lui dit qu'il y avait une femme?

Mme Manson: Je crois que ce fut le bruit que je fis dans le cabinet qui attira les assassins.

M. le conseiller de Combettes: Fût-ce Bastide qui alla vous chercher dans le cabinet?

Mme Manson: Oui, Monsieur.

M. le président: Lorsque vous fûtes jetée dans le corridor, vous demanda-t-on qui vous étiez? L'individu qui vous y jetait savait-il s'il entraînait un homme ou une femme?

Mme Manson: Je m'écriai: je suis une femme, lorsque je fus saisie; on me jeta dans le cabinet, et on me dit *tais-toi.*

M. le président fait de nouvelles questions à Mme Manson. Cette dame répond: Je ne puis donner d'autres détails; elle ajoute seulement qu'elle croit que Bancal voulut la sauver aussi, en disant qu'on ne la tuerait pas chez lui ; il prit son parti ; elle n'entendit que Bastide criant : *Il faut la tuer.*

M. le président presse de nouveau la femme Bancal de s'expliquer à l'égard de Mme Manson. Lorsque vous étiez sur l'escalier, n'entendîtes-vous pas que l'on voulait sauver une femme? — Non, M. le président; je n'en sais *ni plus*, *ni moins*; je l'ai déjà dit. — Ne vîtes-vous pas une personne voilée? — Non.

Pendant ce débat, la fille Couderc était restée assise sur le siége des témoins; elle a rappelé le propos de la femme Bancal; elle persiste sur-tout à affirmer qu'elle lui nomma l'individu qui avait été lui faire le *mauvais compliment.*

M. le président demande à la fille Couderc si, dans le cas où on lui nommerait divers individus, elle ne pourrait pas se rappeler le nom de celui que lui désigna la femme Bancal. — Peut-être bien si. — M. le président cite les noms de plusieurs individus : Est-ce Bessières-Veynac? — Non. — Est-ce Yence? — Non. — Bastide (Louis)? — Non. Le nom de Bastide est trop connu pour que je ne l'eusse pas remarqué. — Est-ce René? — Oui. Mais elle ne le nomma pas René, mais bien Régné.

M. le président presse de nouveau la femme Bancal de dire toute la vérité. — Plus d'hésitations, plus de réticences : parlez. — J'ai dit tout ce que je savais.

M. Bolle demande si la femme Bancal persiste à affirmer que Colard était au nombre des six individus qui entraînèrent M. Fualdès dans la maison Bancal.

La femme Bancal : Oui.

M. le président saisit ce moment pour engager de nouveau cet accusé à dire la vérité. — La femme Bancal nous dit qu'aussitôt après que M. Fualdès eût été entraîné dans sa maison, vous sortîtes en disant : *Ou m'a-t-on conduit?* Cela prouve que dans ce moment vous aviez du repentir ; vous auriez été entraîné, forcé de suivre le cortège. Cela exclurait la préméditation de votre part; vous vous trouvez dans une situation favorable. Vous pouvez vous sauver; dites-nous la vérité.

M. Bolle : Allons, Colard, parlez.

Colard : Si c'était la vérité, je le dirais. M. le président, je n'ai rien à me reprocher. Si la femme Bancal *parlait bien*, j'en conviendrais; mais jamais je ne ferai des révélations comme les autres..... Quand on m'aura tranché la tête, ma langue publiera encore mon innocence.

M. le président fait observer à l'accusé que s'il était innocent, comme il le prétend, Bach, Bousquier, Théron ne se seraient pas accordés pour le reconnaître.

Colard répond que c'est parce qu'il a été la cause de l'arrestation de Bach et de Bousquier, que ces individus l'ont compromis.

M. le président : Mais, sans vous, ils auraient été arrêtés.

Colard : Non, M. le président ; c'est moi qui les ai fait regarder comme coupables. Si j'avais eu alors quelque chose à me reprocher, je serais parti, je ne serais pas ici.

Bastide, à son tour, proteste de son innocence. Il est naturel, dit-il, que ceux qui ont commis le crime cherchent à le rejeter sur d'autres. La présence de Missonnier, à mon côté, est une preuve que je n'ai pas commis le crime avec lui. Il est impossible que Fualdès ait été arrêté un jour de foire, dans la rue, au moment où tant de boutiques étaient éclairées....

M. le président : Ce n'est pas impossible ; mais je conviens que c'est audacieux.

Bastide continue : Et moi, comme Jupiter, dans l'Olympe, je suis, de droit, le premier.... *De princip....* Mais d'ailleurs, si j'avais voulu tuer M. Fualdès, un homme comme moi n'avait pas besoin de tant de monde.... *Un coup de pistolet, un poignard.*

M. le conseiller Pagan a fait une interpellation à l'accusé Jausion. Toutes les fois qu'on vous a opposé quelques témoignages, ou des ouï-dire, vous les avez discutés avec le plus grand soin ; mais on a aussi remarqué les ménagemens que vous avez eus à l'égard de Mme Manson. Ne craignez-vous pas que ces ménagemens ne vous soient préjudiciables dans l'esprit de MM. les jurés ?

Jausion : J'ai cru qu'il suffisait que Mme Manson déniât ce que soutenait M. Clémendot.

M. le procureur-général : Quoique Mme Manson ait dénié tout ce qu'a déclaré M. Clémendot, elle a confirmé les dépositions de M. Rodat et de quelques autres témoins. Elle a même donné quelques explications ; ainsi tout est confirmé.

Bastide apostrophe Bach : *Quel sicaire ! il manquait d'argent au moment de l'exécution du crime.*

Bach remercie Bastide de son compliment.

Les débats sont enfin terminés. La discussion est ouverte. La cour accorde la parole à la partie civile.

M. Fualdès s'est levé et a prononcé le discours suivant, qui a été entendu avec un religieux silence.

«Messieurs, le destin qui préside aux calamités du monde a dit : Un crime ourdi par les génies infernaux effraiera l'humanité. L'homme de bien, dans toute la force de cette acception, magistrat que ses vertus et ses lumières investirent vingt-cinq ans des plus hautes fonctions de sa province, alors qu'il commencera de vieillir à l'ombre de ses travaux, environné de la considération et de la reconnaissance publiques : tel sera l'holocauste offert en sacrifice à l'infâme cupidité ; les bourreaux ne seront pas seulement de vils assassins pressés par le besoin ou entraînés par leur dépravation : des parens, des amis, sous les auspices sacrés de la confiance, feront tomber la victime dans le piége. Plus cruels que les animaux les plus féroces, ils lui refuseront le bonheur d'une mort prompte ; ne s'abreuveront de son sang que goutte à goutte, et sauront prolonger la jouissance de contempler ses angoisses mortelles, ces horribles sicaires des enfers, ces monstres qui n'ont d'humain que leur structure !.... Abaissez vos regards sur le banc du crime ; l'infortuné qui tomba sous leurs coups, c'est mon père, celui pour qui ma voix et celle de la France entière crient vengeance ; le confident affectueux de mes pensées, mon meilleur ami, qui m'apprit à soumettre toujours mon ambition à une noble indépendance, à mépriser l'intrigue, à ne baser l'estime pour mes semblables que sur leurs propres œuvres, et à ne considérer qu'en pitié les préjugés indignes de l'esprit du siècle ; c'est mon père qui m'inspira une douce philantropie, qui grava dans mon jeune cœur la crainte des dieux, le respect pour les lois et le sentiment d'une sage liberté ? n'est-ce pas assez vous dire qu'il pénétra mon ame de cet amour que les Français doivent à leur roi ?

La catastrophe de cet excellent citoyen est devenue en effet une calamité publique. Les rives de l'Aveyron sont couvertes d'un long crêpe de deuil, les cœurs sensibles répandent des larmes ; les regrets sont universels. Eh quoi! le destin du malheur s'est accompli, et les scélérats qui ont exilé loin de nous toute sécurité respirent encore ! Où es-tu donc, éternelle justice ? n'aurais-tu fait briller le jour de ta vengeance que pour te jouer des timides mortels ? C'est donc vainement que tes dignes ministres abandonneront leur temple accoutumé pour assurer ailleurs l'accomplissement de tes oracles ? Et ces sages Aveyronnais que tu reconnus si dévoués à ton culte, n'auraient-ils en partage que la terreur et la désolation qu'enfante l'impunité ? que diraient leurs vertueux magistrats que ton zèle et ton amour enflammèrent ? les Teulat, les Lassalle, les Delauro, les d'Estourmel, ceux que je nomme pas, et qui tous méritent ton égale reconnaissance. Oh ! justice, il en est tems, reparais plus éclatante et plus terrible que jamais ; écrase ce monstre de l'intrigue qui s'agite encore avec audace ! dévoue au plus vil mépris ces partisans du crime qui versent avec impudence les poisons du mensonge, de l'iniquité et de la corruption ; venge une épouse mourante de douleur, et rassure enfin par tes châtimens l'humanité qu'un si grand forfait glace d'épouvante.

Et moi, triste objet de pitié, aigri par les chagrins, provoqué par les plus atroces calomnies, désespéré, j'avais su imposer silence à ma juste indignation ? Oui, l'impartialité la plus rigoureuse a présidé, j'ose le dire, à ma conduite passée, comme elle a régné dans tous mes discours ; d'accord avec les lois pour découvrir et atteindre les coupables, j'ai dû me montrer impassible comme elle, ne jamais oublier les droits de l'homme qui n'est qu'en prévention, et les égards que l'on doit toujours à l'infortune. Mais aujourd'hui que la justice m'a fait reconnaître, à la clarté de son flambeau, les assassins de mon père, je le demande, que faut-il que je fasse ? La réponse est dans tous les cœurs généreux ; m'élever au-dessus de mes infortunes, abjurer désormais tout langage pusillanime ; venger de tous mes moyens une mémoire éternellement chérie et respectée : ah ! le retard de cette vengeance qui nous est due ne nous dit-il pas assez que là seulement devait être le terme de mes devoirs ? Eh bien ! puisqu'il le faut, déchirons le voile des turpitudes, et que la fatalité de mon sort s'accomplisse.

Eloigné de la scène de mes malheurs, parlant devant un auditoire qui ne connaît de mes infortunes que ce qu'en a publié la triste renommée, et ce que viennent de lui apprendre les débats, j'ai cru, pour mieux établir son jugement, devoir faire précéder la discussion des preuves de quelques considérations générales.

Et d'abord, Messieurs, examinons les calculs de ces misérables pour parvenir à l'impunité. Le genre du supplice qu'on a fait subir à mon malheureux père; cette gorge coupée comme avec un rasoir et la noyade de son corps, nous amènent à une première solution. En effet, d'après tant de funestes expériences, le cadavre devait rester caché sous les eaux assez de tems pour que la blessure mortelle se dénaturât, ou y rester englouti à jamais. Dans l'une comme dans l'autre de ces hypothèses, on aurait eu le loisir de faire paraître une assez grande quantité de ces billets à ordre, souscrits par la fatale confiance de la victime, pour établir son insolvabilité, et dès-lors on serait à même de crier au suicide. Le public étant dans une vive impatience, fatigué de ne rien savoir sur la cause de cette fin tragique, se serait précipité, sans examen, sur ce premier aliment de vraisemblance. Dans cette disposition des esprits, les assertions les plus extravagantes seraient bientôt devenus articles de foi; cette fugue nocturne, mystérieuse, inaccoutumée du domicile, et la disparition des livres-journaux et de tous les papiers précieux, se seraient changés en autant de preuves qui auraient semblé corroborer cette opinion du suicide. On aurait dit: avant de succomber à son juste désespoir, Fualdès a voulu effacer jusques aux moindres traces de l'épouvantable chaos de ses affaires; et alors peut-être, malgré un demi-siècle de probité exacte et une conduite toujours simple, régulière et pleine de sagesse, ce vertueux magistrat fût mort considéré comme un vil banqueroutier, et le suicide se fût accrédité. Hélas, Messieurs, quand je réfléchis, quel a pu être tout mon désespoir? un père impitoyablement égorgé, un père déshonoré, et pour comble de malheur voir ce crime impuni! Heureusement la Providence était là pour m'épargner de si grands maux, et préserver de cette tache la mémoire de l'homme intègre. Les tigres furent trop avides de son sang; les gouffres de l'Aveyron se refusèrent de participer à un pareil forfait. Que dis-je? ils s'empressèrent de le dévoiler. Et comme pour provoquer la justice vengeresse et du ciel et des hommes, aux premiers rayons du 20 mars ils firent apercevoir au-dessus des flots les restes mortels de l'infortuné Fualdès; ainsi fut déjoué sans retour ce complot de l'iniquité. Qu'arriva-t-il? les scélérats eurent recours à un autre système plus atroce encore que le premier.

Les cris d'alarmes et de douleur qui retentirent avec la nouvelle fatale, dans la ville Rodez, jetèrent l'étonnement et l'effroi dans l'ame éperdue de ses habitans; mais bientôt à ces stériles regrets succédèrent l'indignation et le désir de la vengeance : les

Ruthénois, dans une légitime fureur, accoururent sur la place de Cité; ils invoquèrent sans retard le glaive vengeur des lois, ils cherchèrent les coupables alors qu'ils les avaient au milieu d'eux, occupés, pour donner le change, à diriger les traits de la calomnie contre l'innocence et la vertu. Tout-à-coup, parmi les bruits divers qu'enfante l'exaltation d'un moment, s'élèvent ces terribles paroles que profèrent le crime et la plus noire perfidie : les assassins! vous les avez auprès de vous ; ce sont les nobles, et dans cette téméraire entreprise, on ose en désigner par leurs noms; soudain le délire augmente, la réaction apprête ses poignards, la discorde civile fait entendre ses mugissemens. Oh! spectacle plein d'horreurs! des parens, des amis, des concitoyens également estimables, malgré leurs sentimens divers, et faits pour se chérir, vont s'entr'égorger. Par bonheur une puissance invisible survient pour arrêter leurs bras furieux; les prestiges de l'erreur se dissipèrent. Le sang-froid ramena la raison, et le calme reparut. N'en doutons pas, messieurs, celui aux mânes duquel on voulait sacrifier; cette victime de la bienfaisance et d'une aveugle sécurité, veillait sur nous du haut des cieux, et sa mort, en effet, n'est-elle pas devenue comme le signal d'une réconciliation générale? Plus de partis opposés, chacun n'éprouve désormais que le besoin de venger un magistrat qui fut toujours équitable, toujours impartial, et maintenant indignement trahi; toutes les classes de la société s'unissent d'intention, toutes se confondent dans un même vœu, celui de voir la vindicte publique promptement satisfaite.

Cependant ces indignes malfaiteurs ne furent pas entièrement déconcertés; leur astuce n'était pas encore parvenu à tous ses excès; ils savaient avec tout le monde qu'un ancien ami de mon malheureux père avait abusé de sa confiance d'une manière inouie; que cet ingrat était justement privé de sa liberté, à cause de son obstination à retenir le bien d'autrui. Les coupables, croyant entrevoir dans cet état de choses un motif suffisant de haine pour en imposer au public, appelèrent cette fois les soupçons sur la tête de trois fils innocens, et bien plus à plaindre qu'à blâmer. Enfin à les en croire, la victime était tombée sous les coups de quelques bandits revenus des galères. Vaines précautions, subterfuges inutiles! Dès le premier instant, l'opinion enveloppe dans ses mille bras Bastide et Jausion comme principaux instigateurs du crime; et cette opinion, malgré les intrigues et les machinations, ne les a plus lâchés : à ces traits qui pourrait méconnaître l'influence de la divine sollicitude?

Et vous, braves chevaliers, et vous que les proches de ces brigands ne craignirent pas de dénoncer comme d'impitoyables réactionnaires, comme les meurtriers de mon père; vous qui, toujours invariables dans votre opinion, sûtes l'honorer par la constance et par la fermeté de vos principes; vous, par conséquent, bien plus disposés à mépriser les caméléons politiques qu'à porter atteinte à l'opinion toujours égale de l'honnête homme; vous, mes amis, à qui je dois tant de gratitude pour votre coopération au triomphe de la justice; vous enfin sur qui brille la croix de Saint-

Louis, rassurez-vous; de pareilles insinuations n'eurent jamais accès dans mon ame; elles s'évanouirent aussitôt devant la loyauté connue de votre caractère et devant l'éclat de vos vertus.

Voulez-vous savoir ce que faisaient Bastide et Jausion pendant que leurs sicaires étaient à répandre tous ces bruits mensongers? Bastide, l'atroce Bastide, encore tout fumant du sang de la victime, était ce soir assis à la table de la veuve éplorée: il se repaissait des larmes qu'il faisait couler; il osait lui prodiguer ses horribles embrassemens et ses affreuses consolations, tandis que l'agent de change, plus avide sans être moins barbare, profitant de l'impuissance d'une malheureuse femme gisante sur la couche de la douleur, avec une hache à la main, escorté d'une épouse... l'opinion l'a jugée, et d'une belle-sœur peut-être jusque-là abusée, brisait le bureau précieux pour ravir de ce triste héritage ce qu'on pourrait en avoir épargné: qu'on me réponde! N'est-ce pas là le comble de l'audace et de la scélératesse???

J'arrive à la conduite des partisans de l'impunité; vous la verrez empreinte d'un caractère bien digne d'un pareil patronage.

J'étais au sein de la plus douce sécurité. Je fêtais par avance le moment fortuné qui devait me réunir à mon père. J'allais être heureux sans partage, lorsque le 21 mars j'apprends que mon père m'est ravi pour jamais, qu'il a été cruellement assassiné. J'ignore ce que je devins pendant les premiers jours qui suivirent cette horrible nouvelle; rappelé enfin à la vie par les soins et la tendresse d'une jeune épouse, le sentiment de mes devoirs me donna bientôt assez de forces pour aller prodiguer mes consolations à ma mère, à l'avenir inconsolable. A peine ai-je quitté l'habitation de mon beau-père, que Bastide m'est signalé en tous lieux comme l'auteur de mes maux; je l'avoue, ces bruits me parurent d'une telle extravagance, qu'ils ne fixèrent pas un instant ma pensée; j'arrivai à Rodez; Bastide était déjà dans les fers; ce coup porta une nouvelle atteinte à ma douleur. Il ajouta, s'il est possible, à toute l'horreur de ma situation: sans doute la perte irréparable que je venais de faire m'avait rendu le plus malheureux des hommes; mais pouvais-je penser que, pour surcroît de disgrâce, mes bourreaux seraient présumés parmi ceux que j'appelais mes amis, au sein même de ma famille? Pour calmer mon désespoir, je cherchais à me faire illusion. J'aimais à croire que Bastide ne serait point coupable, que la justice marchait sur de faux erremens. Je reçus la visite des parens des principaux criminels; ils s'enthousiasmèrent à vouloir me prouver l'innocence de leur frère. J'étais à la bonne foi, je les plaignais, je mêlai mes larmes à leurs regrets; calmez-vous, leur disais-je, unissez-vous à moi, cherchons franchement tous les moyens d'éclairer la justice; que Bastide soit reconnu innocent, mes bras s'ouvriront comme les vôtres pour l'y recevoir. Si au contraire, les soupçons qui pèsent sur lui se changeaient en preuves, mon devoir, et vous ne sauriez en disconvenir, serait de le poursuivre jusque sur l'échafaud, et le vôtre de céder à l'évidence, en abandonnant à son affreux destin un monstre aussi abominable; mais alors, en récompense de cette manière d'agir, vous partageriez avec moi, j'en suis certain, les regrets et la sollicitude du public. On dirait : Les fautes sont personnelles, et malgré la tyrannie des préjugés, l'ancienne réputation de vos familles ne perdrait rien de son éclat. Telles étaient les consolations que je prenais plaisir à leur faire entrevoir ; telle était l'expression de ma franchise ; vous en saurez la récompense.

Je me trouvais dans un vague d'idées bien pénible, et mon incertitude devenait chaque jour plus accablante, quand la révélation tardive de laquelle chacun est occupé, confirmée par les aveux positifs de la veuve Galtier, me firent saisir les nœuds de cette trame épouvantable. Dès-lors ce mystère d'iniquité n'en fut plus un pour moi, et les choses jusque-là les plus incompréhensibles, furent faciles à concevoir. J'interrogeai la conduite de Jausion. Le passé comme le présent, tout en elle m'avertit que cet homme était profondément immoral, et la conviction de sa culpabilité, qui s'était si soudainement emparée de moi, n'en devint que plus forte. A qui en effet pouvait-on croire que dût profiter le plus l'enlèvement de tous les papiers de mon père, si ce n'est au perfide Jausion, pour anéantir les contre-lettres et pour effacer jusqu'aux moindres traces de sa véritable situation envers sa malheureuse victime, et la presque totalité du prix de la vente de Flars se trouvait affectée aux créanciers? Comment expliquer de toute autre manière cette dette immense et si extraordinaire qui se trouve encore absorber et au-delà l'entière succession? Ainsi plus de doute que l'objet du crime ne fût la cupidité. Comme Jausion devait en être présumé le principal instigateur, le public m'avait devancé dans cette opinion, et la justice, qui la partageait sans réserve, satisfaite de ses premières épreuves et des nouveaux éclaircissemens, continua désormais ses démarches avec toute assurance, et moi, je me joignis à elle et sans passions, désirant accomplir mes devoirs, je réunis mes efforts aux siens pour activer autant que possible la manifestation de la vérité. Eh bien! Messieurs, c'est une pareille conduite, c'est ce zèle d'un fils, qui veut venger par les lois le meurtre commis sur l'auteur de ses jours, qui m'ont valu ces haines si injustes et si souvent renouvelées de la part de plusieurs membres des familles Bastide et Jausion et de leurs adhérens.

Toutefois ceux-ci comptant peu sur leurs suggestions pour me faire renoncer à mes justes poursuites, voulurent m'en détourner à force de dégoûts, et à mes infortunes déjà si grandes, ils ajoutèrent toutes sortes de tribulations, espérant sans doute que je fléchirais sous le poids de mes malheurs. Les insensés! combien ils s'abusaient! Ah! que la piété filiale inspire de courage! Plus ils ont cherché à m'abattre, plus j'ai senti mes forces se ranimer! J'eus le chagrin de me voir en opposition avec le ministère public du ressort de Montpellier ; celui-ci demandait l'évocation de la cause, et moi je m'y opposais à grands cris.

Je pensais que là où avait été commis l'attentat devait être l'expiation du crime ; que le crime, en s'éloignant de la scène sanglante, perdrait de son horrible physionomie, et que les preuves seraient, de plus, fort en danger de périr; sans parler des témoins discrétionnaires, dont on ne retire ordinairement tout l'avantage que lorsqu'ils sont sous les mains du magistrat appelé à diriger l'action de la justice, de ces témoins, dis-je, quelquefois si précieux, et qui, grâce aux soins infatigables du vertueux Grenier, répandirent les plus vives lumières sur les précédens débats de l'affaire qui nous occupe aujourd'hui. Parlerai-je de cette prévention supposée et de cette fureur sanguinaire qu'on disait exister sur les localités contre les prévenus? J'étais assuré d'avance que l'attitude calme et l'impartialité des bons et loyaux Ruthénois réfuteraient une si odieuse imputation. Vous tous qui m'entendez, et la France entière, savez si j'ai été trompé dans mon attente; les agens de l'impunité, me voyant attaché sur leur traces, se déchaînent contre moi; ils m'outragent sans pitié; ils ont recours aux plus basses intrigues et aux plus noires calomnies; on dénature les motifs de mes démarches. Ce n'est pas disent-ils, le désir d'une vengeance légitime qui l'anime; le mobile de ses actions, c'est la cupidité, et ils osent accréditer que j'ai reçu de leurs mains une rançon pour le sang versé de mon malheureux père; mais le public indigné est loin de prendre le change; et ces manœuvres ne servent qu'à confirmer davantage les préventions sinistres envers les accusés qui sont devant vous.

Tels sont, Messieurs, les affreux préliminaires qui ont devancé l'action de la justice; j'ai cru qu'ils devaient trouver ici leur place, et servir comme d'avant-propos à la discussion de cette immense procédure. On me pardonnera de ne pas me livrer à de plus longs détails, je craindrais de manquer de courage, mon âme a été trop long-tems flétrie! d'ailleurs, ma prudence m'avertissait que ce sujet est au-dessus de moi; j'ai dû le confier à des talens dignes de lui : Me Tajan parlera. »

M. Tajan a ensuite commencé sa plaidoirie; il la terminera dans la séance de demain. M. le procureur-général résumera les débats, et donnera ses conclusions dans la même séance.

LE STÉNOGRAPHE PARISIEN.

La gravure offrant une vue de la cour d'assises d'Albi et les portraits ressemblans des accusés est sous presse; elle sera adressée à toutes les personnes qui ont pris des souscriptions.

CINQUANTE-QUATRIÈME LETTRE.

COUR D'ASSISES D'ALBI.

Albi, 26 avril.

Séance du 23 avril.

Après avoir déclaré que la cour reprenait la continuation des débats, M. le président a fait appeler un témoin nommé Bache.

M. le président au témoin, que les huissiers ont introduit : Je suis instruit que vous avez des renseignemens à donner à la cour sur les menaces qui ont été faites dans cette ville au témoin Théron; parlez : que savez-vous à cet égard?

Le témoin : J'entendis hier plusieurs messieurs qui demandaient la demeure de Théron; on parlait de le mener au cabaret.

M. le président : Pourriez-vous indiquer d'autres témoins qui aient entendu ces propos?

Le témoin : Oui, Labro était avec moi.

Labro paraît, et nomme d'autres témoins qui pourraient, dit-il, donner de plus amples détails sur ce fait. Les témoins désignés sont appelés par les huissiers; ils ne répondent pas; ils ne sont pas dans la salle.

M. le procureur-général : M. le maire d'Albi m'a fait part, dans la matinée, des menaces et des outrages dirigés contre le témoin Théron. J'ai invité ce magistrat à recevoir des déclarations, soit de Théron, soit des individus qui ont été présens à la scène. J'ai lieu de croire qu'on les entend dans ce moment, et c'est ce qui explique leur absence. Les procès-verbaux contenant les déclarations me seront remis, et je donnerai les suites convenables à cette affaire; les témoins doivent être assurés de toute la protection des lois. Je les invite à me faire connaître toutes les atteintes ou les menaces dont ils auraient à se plaindre.

M. le président : J'annonce aux témoins de Rodez qui auraient à redouter de semblables menaces, soit verbales, soit écrites, que les magistrats qui rendent justice à leur loyauté veillent sur eux, et qu'ils peuvent compter sur leur protection.

M. le procureur-général : Je vous prie, M. le président, de vouloir bien ordonner la lecture de la lettre qui vous a été adressée par l'accusé Bach, et celle du procès-verbal dressé par vous, lequel contient ses nouvelles révélations.

Le greffier allait procéder à cette lecture, lorsque M. le procureur-général a repris la parole. « Je viens d'apprendre, a dit ce magistrat, que l'un des défenseurs des accusés, instruit sans doute que Bach avait à donner de nouveaux renseignemens, s'était permis publiquement, et avant le commencement de cette séance, d'inculper cet accusé de mensonge, et de l'injurier. Je me contente de faire observer à cet avocat qu'il a méconnu, dans cette circonstance, la dignité de la profession qu'il a l'honneur d'exercer; que les devoirs de cette profession lui font une loi de respecter la vérité et de ne point en gêner la manifestation; ses relations avec les accusés doivent se borner à celle que la loi l'autorise à entretenir avec celui dont il a embrassé la défense.

M. Bole, avocat de Colard : Messieurs, j'éprouve ici le besoin de me justifier, car c'est moi que le procureur-général a nommé. Avant que les débats commençassent, j'ai renouvelé auprès de Colard mes pressantes sollicitations. Dites la vérité, lui ai-je répété vingt fois, et je réponds de votre salut. Il m'a protesté de son innocence avec tant de force, avec un accent si vrai, que je dois dire qu'alors, convaincu qu'il ne m'en imposait pas, je me suis retourné vers Bach, et je lui ai dit, non clandestinement, mais assez haut pour que le public l'entendît : *S'il est innocent, vous êtes un malheureux.*

M. le procureur-général : Le défenseur, que j'avais eu la discrétion de ne pas nommer, vient d'aggraver ses torts, au lieu de chercher à les effacer. Je veux bien, par respect pour l'honorable habit dont il est revêtu et qu'il doit se montrer à l'avenir plus digne de porter, ne pas provoquer contre lui la censure qu'il a encourue. — *Me Bole* : Je ne pense pas que mon action puisse mériter la censure ; oui, je le répète : *Bach, si Colard est innocent, tu es un malheureux, et l'échafaud n'est pas assez pour toi !* — *M. le procureur-général* : Je vous prie, M. le président, de rappeler au défenseur la disposition de la loi qui lui ordonne de s'exprimer avec décence et modération.

M. le président : Contenez-vous, Me Bole, je vous rappelle la promesse que vous avez faite ; vous perdez toute mesure. — *Me Bole* : Je demande que la cour statue sur la censure provoquée par M. le procureur-général.

M. le président: Votre conduite mérite la censure ; les écarts auxquels vous vous êtes abandonné me condamnent à vous rappeler à des devoirs que vous n'auriez jamais dû méconnaître. Si j'attribuais à tout autre sentiment qu'à un excès de zèle pour votre client, les expressions peu respectueuses qui vous sont échappées, vous auriez mérité que la cour vous appliquât la disposition rigoureuse des réglemens, et vous fît passer à la barre, pour y entendre l'arrêt qui prononcerait contre vous l'interdiction, que l'indulgence de la cour veut bien vous épargner, par la double considération de l'honorable profession que vous exercez et la crainte de compromettre la défense qui vous est confiée.

Me Bole : *J'en appelle au public.*

Ce débat terminé, M. le président a ordonné la lecture de la lettre de Bach et du procès-verbal contenant ses révélations.

Voici la lettre :

Bach à M. le président de la cour d'assises du Tarn.

Monsieur, je vous prierai si vous voulez avoir la bonté de me faire conduire devant vous, j'aurais quelques autres révélations à vous faire.

Je vous salue avec tout le respect que je dois à mon juge.

BACH.

Albi, le 22 avril 1818.

Voici le procès-verbal :

L'an mil huit cent dix-huit et le vingt-deux avril, après midi, dans une des chambres de la maison de justice à Albi, chef-lieu du département du Tarn :

Nous, Antoine-Joseph de Faydel, chevalier de l'ordre royal de la Légion-d'honneur, conseiller en la cour de Toulouse, président de la cour d'assises du Tarn, pour le premier trimestre de 1818, avons fait amener le nommé Bach, détenu dans la maison, accusé comme auteur ou complice de l'assassinat de M. Fualdès, à l'interrogatoire duquel nous avons procédé comme suit, étant assisté du sieur Alexis-Etienne Loubière, greffier en chef.

D. Quels sont vos nom, prénoms, profession, lieu de résidence et celui de naissance?

R. Je m'appelle Franç. Bach, âgé de trente-trois ans, voiturier, habitant à Rodez, né à Saint-Paul, arrondissement de Saint-Affrique, département de l'Aveyron.

D. Vous m'avez écrit, et vous me demandez de vous faire conduire devant moi, m'annonçant que vous avez quelqu'autre révélation à me faire; parlez, je vous écoute.

R. Quelque sort qui me soit réservé, ma conscience m'impose le devoir de faire connaître toute la vérité à la justice; car jusqu'ici, je dois l'avouer, je ne l'ai dite qu'en partie.

Le 10 mars 1817, vers dix heures du matin, les nommés Yence d'Istournet, Bessières-Veynac, Louis-Bastide et René m'abordèrent sur la place de Cité; ils m'invitèrent à aller avec eux au Foiral, disant qu'ils avaient quelque chose de particulier à me confier; je les suivis. Arrivés aux arbres de la promenade, ils me proposèrent de prendre part au pillage par eux projeté de la maison de M. de France, qui devait avoir lieu dans la même soirée. (M. de France est un témoin entendu par la cour. Il était dans la salle d'audience pendant la lecture de ce procès-verbal; il n'a pu contenir un mouvement d'effroi en apprenant le péril dont il avait été menacé). Ils m'offrirent, et ce fut Yence qui me fit cette offre, une somme de 1200 francs, si je voulais les seconder dans l'accomplissement de leur projet; je m'y refusai. Mais concevant des inquiétudes sur les suites de cette proposition non acceptée, ils me firent des observations menaçantes. Je leur promis de ne point révéler leur projet; si toutefois je n'étais point interpellé en justice. Nous nous séparâmes, et je ne les vis plus de toute la journée du 18, ainsi que je l'ai dit dans mes précédens interrogatoires. Le 19 mars, vers dix heures du matin, je fus accosté sur la place de Cité par le marchand de tabac que j'ai désigné sous ce nom. Le rendez-vous pour la livraison de la marchandise par moi achetée, fut fixé, comme je l'ai dit, à huit heures du soir du même jour; nous fûmes ensemble à la porte de la maison Bancal; et, les indications données pour me faire ouvrir la porte, nous nous séparâmes. Je revins chez Rose Féral; je bus un coup avec Palayret et Bousquier; Colard et Missonnier sortirent, et moi-même après eux; huit heures venaient à peine de sonner.

Je fus acheter du tabac chez la femme Anduze, au fond de l'Ambergue gauche; de là je montai par l'Ambergue droite, et à cet égard je dois rétablir un fait que j'avais tu jusqu'ici. Je me rendis immédiatement chez Bancal. Il était environ huit heures et demie; la personne qui m'ouvrit la porte était (comme je l'ai déjà dit) le marchand de tabac; je fus introduit dans la cuisine de Bancal : là je reconnus Bastide-Grammont, Jausion, Bessières-Veynac, Yence d'Istournet, Louis Bastide, René, Bancal, Colard et la femme Bancal. Il y avait encore deux autres femmes que je ne reconnus point; je les ai déjà signalées. Là, je vis M. Fualdès, assis sur une chaise, entouré par les individus que je viens de désigner. Je remarquai Jausion tenant un portefeuille en marroquin sur le revers duquel j'aperçus une petite plaque jaune, au moyen de laquelle ce portefeuille se fermait. La couleur de cet objet était bleue ou rouge, je ne puis autrement la signaler.

Déjà M. Fualdès avait signé quelques effets, il en signa quelques autres en ma présence; il y en avait environ douze ou quinze. Cela fait, Jausion les réunit, les renferma dans le portefeuille dont je viens de parler, et mit le portefeuille dans sa poche. A peine la signature des billets fut terminée, que Bastide-Grammont annonça à M. Fualdès qu'il fallait mourir. Ce dernier fait un mouvement, se lève, et s'adressant à Bastide, il lui dit avec force : « Eh quoi! pourra-t-on jamais croire que mes parens et mes amis soient au nombre de mes assassins? » Pour toute réponse, Bastide-Grammont saisit Fualdès, veut l'étendre sur la même table où il venait de signer les billets; les individus qui l'entouraient le secondent. Fualdès résiste; au milieu des efforts qu'il faisait pour se défendre, je l'entendis qui demandait un moment pour se réconcilier avec Dieu.

Bastide-Grammont fut celui qui lui répondit : « Va, tu te réconcilieras avec le diable. » Enfin, Fualdès est dompté et étendu sur la table. Jausion, qui tenait un couteau à la main, lui porta le premier coup (mouvement d'horreur dans l'auditoire); j'ignore s'il le blessa. Fualdès fait un effort, la table est renversée. Il échappe des mains de ses assassins, il se dirige vers la porte; je m'y trouvais placé; je ne fis aucun mouvement pour l'arrêter. Bastide, qui s'en aperçut, me donna un soufflet, et, de concert avec les autres individus, il ressaisit Fualdès, et, de nouveau, ils l'étendent sur la même table, qui avait été redressée. Dans le moment, Bastide s'arme du couteau; il le plonge, à plusieurs reprises, dans la gorge de Fualdès; ce dernier poussait des gémissemens et des cris étouffés; j'ignore s'il avait été tamponné, ou seulement bâillonné.

La femme Bancal recevait le sang, non dans une cruche, mais dans un baquet. Les deux autres femmes étaient de l'autre côté de la table; elles ne prenaient aucune part à tous ces apprêts. Lorsque Fualdès eut expiré, on prit son corps, on le transporta sur deux bancs près de la croisée qui donne sur la rue. Bientôt après, on replaça le corps de Fualdès sur la table. Ce fut là qu'on fouilla les poches de ses vêtemens, et qu'on en retira les objets dont j'ai parlé dans mes précédens interrogatoires. Je confirme de nouveau tout ce que j'ai dit tant à l'égard de la chemise, que de la bague et des pièces d'argent données à la femme Bancal. Je me rappelle que ce fut Jausion qui, ayant retiré d'une des poches une clef, la donna à Bastide en lui disant : « Va ramasser le tout. » Cela fait, Jausion sortit.

Peu de tems après, on entendit du bruit dans un cabinet donnant sur la cour. Bastide demanda avec vivacité à la femme Bancal d'où provenait ce bruit; celle-ci répondit qu'il y avait une femme. Bastide-Grammont ouvre la porte; il saisit cette femme. Elle était travestie en homme. Il la traîne dans la cuisine, il veut l'égorger. Celle-ci lui dit : Je suis une femme, je vous demande la vie. Bastide lui porte les mains sur la poitrine, tenant encore le couteau avec lequel il venait d'égorger Fualdès; il persiste à vouloir lui arracher la vie. Je m'oppose de tous mes moyens à ces excès.

Dans cet intervalle, Jausion rentre dans la cuisine, fait des reproches à Bastide, lui dit : Tu es déjà embarrassé d'un cadavre, que feras-tu de l'autre? Je me joins à ses instances pour sauver cette femme : je l'avais reconnue, quoique travestie, pour être la fille de M. Enjalran, que j'avais vue à Rodez, dans le tems que M. de Goyiou était préfet. Bastide consent enfin à lui laisser la vie, mais on exige d'elle un serment : on la contraint à se mettre à genoux, à étendre la main sur le cadavre, et là on lui fait faire le serment de ne rien dire, à peine de perdre la vie par le fer ou par le poison. Elle se relève; je m'aperçois qu'elle avait du sang à l'un des doigts de la main.

Jausion la prend sous sa sauve-garde, et la conduit hors de la maison Bancal. Il était alors à-peu-près neuf heures et demie. Je reçus l'ordre de Bastide-Grammont d'aller chercher Bousquier. Je sortis accompagné de Bessières-Veynac, de René et du marchand de tabac. Arrivés dans la rue du Terrail, les trois individus se portèrent au coin de Françon de Valat, moi je me dirigeai vers le puits de la place de Cité; je m'arrêtai quelques instans, et lorsque je vis passer Bousquier, je l'appelai, et nous fûmes ensemble chez Bancal, où étant arrivés, je ne vis plus dans la cuisine Louis Bastide, Yence, Bessières-Veynac, René et le marchand de tabac. Et pour tout le surplus, je m'en réfère à mes précédens interrogatoires.

D. Vous désignez pour la première fois Yence et Louis Bastide. Les connaissiez-vous auparavant?

R. Oui, monsieur; je les connaissais auparavant tous les deux.

D. Était-ce depuis long-tems?

R. Il y avait environ deux ans avant le 19 mars 1817.

D. Avez-vous eu quelque rapport avec eux?

R. Non, monsieur.

D. L'importance des propositions qu'ils vous firent à l'égard de la maison de M. de France fait supposer qu'il existait des rapports entre vous.

R. Ils pouvaient savoir que je faisais la contrebande, et qu'à ce titre j'étais un homme vivant.

D. Vous rappelez-vous quel était le costume de Louis Bastide?

R. Je me rappelle qu'il était vêtu d'une redingote couleur de tabac; il portait une paire de bottes à retroussis. Le chapeau dont il était coiffé était vieux et rond; ses cheveux étaient coupés.

D. Quel était celui de Yence?

R. Je crois qu'il avait une redingote, je ne puis en indiquer la couleur : il était coiffé d'un chapeau rond; ses cheveux tout gris, longs et attachés avec un ruban; il est gravé de la petite vérole, grand et maigre, il avait des favoris.

D. Pourquoi avez-vous caché si long-tems à la justice ces révélations importantes?

R. On est toujours à tems de dire la vérité.

Lecture faite à l'accusé Bach des susdites questions et réponses à icelles, a dit ses réponses contenir la vérité. Il y persiste, il a signé avec nous et le greffier de la cour.

Il faut avoir assisté à la séance pour se faire une juste idée de la figure de Bastide en écoutant la lecture des nouveaux aveux de

Bach. On pourrait croire qu'il était troublé, abattu; du tout, il a continuellement souri, même aux passages qui rappelaient les circonstances les plus affreuses de la mort du malheureux Fualdès; sa physionomie semblait dire : *Eh, mon Dieu! qu'est-ce que tout cela prouve?*

M. le président à Bach : Vous venez d'entendre la lecture de vos interrogatoires; contiennent-ils une entière vérité? Vous ne devez faire aucune révélation mensongère pour sauver votre vie.

Bach, avec beaucoup d'énergie : C'est la vérité, monsieur, et la vérité sans intérêt. Je vous l'ai déjà dit; je ne crains pas la mort, et je ne veux pas sauver ma vie aux dépens de mes semblables.

M. le président : La loi veut que tout soit oral à l'audience; il faut répéter vos déclarations devant MM. les jurés.

Bach a fait d'une voix ferme la narration des circonstances que nous avons rapportées plus haut; on s'est même aperçu qu'il donnait plus de force à son organe lorsqu'il parlait de Bastide et de Jausion.

M. le président à Mme Manson, à peine remise de cette émotion dont elle n'est pas maîtresse lorsqu'on retrace devant elle le tableau de la mort de M. Fualdès : Clarisse Manson, vous avez entendu les circonstances que l'accusé Bach vient de nous faire connaître; ne vous rappellent-elles pas quelques détails qui vous soient échappés? Est-ce bien lui qui d'abord prit votre parti?

Mme Manson : J'ai eu l'honneur de vous dire que deux hommes s'opposèrent à ce que je fusse égorgée; j'avais cru que c'était Bancal; il se peut que ce soit Bach.

M. le président : Il est bien certain qu'on vous fit prêter un serment?

Mme Manson : Oui, monsieur.

M. le président : Qui vous fit prêter ce serment?

Mme Manson : Bastide.

M. le président : Vous ne reconnûtes pas Bach?

Mme Manson : Non, monsieur; Bastide et le cadavre de M. Fualdès sont les seules choses dont je n'ai pas perdu le souvenir.

M. le président : Vous ne contestez rien dans la déposition de Bach?

Mme Manson : Non, monsieur, je ne conteste rien de ce qu'a dit l'accusé Bach. Il était plus à même que moi de tout voir et de tout entendre; il n'était pas dans l'état horrible où je me trouvais.

Jausion, qui a repris un peu de courage : Je vous prie, monsieur le président, de demander à Bach où il m'a connu.

Bach : N'êtes-vous pas assez connu dans Rodez?

Jausion avec fureur : Rappelez-vous, messieurs, que dans une autre audience il a déclaré qu'il ne m'avait reconnu que sur le banc des accusés. Bach, vous êtes un coquin; un assassin plus cruel que ceux qui ont égorgé Fualdès; ils avaient sans doute un motif de vengeance, et moi je ne vous ai rien fait, et vous vous plaisez à m'enfoncer un poignard dans le corps.

Bach : Monsieur Jausion, j'ai dit la vérité, et vous devez savoir que ce n'est pas par vengeance qu'on a égorgé M. Fualdès, mais pour avoir ses biens.

M. le président : Bach, il faut répondre au reproche qu'on vous adresse. Pourquoi avez-vous déclaré que vous n'aviez reconnu Jausion que sur le banc des accusés?

Bach : C'est vrai, je l'ai dit ; mais alors je n'avais pas dit toute la vérité.

M. Dubernard : Pourquoi, lorsqu'il a passé la nuit avec Bousquier, lui a-t-il nommé Bastide, et ne lui a-t-il pas nommé Jausion? Quel scrupule l'arrêtait ?

Bach : Il me semble que je l'ai assez nommé, en disant que c'était un riche parent de Bastide qui demeurait sur la place de Cité.

M. le président : Qu'on appelle Bousquier.

Bastide, riant : Monsieur le président, je demande qu'on fasse sortir tous les accusés qui ont fait des révélations, madame Manson, la Bancal et Bach. S'ils entendent Bousquier, ils vont repéter ce qu'il aura dit. Vous savez bien que c'est comme une troupe de moutons qui sautent les uns après les autres.

M. Romiguières ayant fait observer à Bastide qu'il importait seulement que Bach sortît, puisque c'était à lui que Bousquier avait parlé, Bastide a consenti à ce que les autres accusés restassent.

M. le président ayant fait retirer Bach, a demandé à Bousquier si cet accusé lui avait parlé de Jausion.

Bousquier : Il m'a dit que l'autre monsieur était un parent de Bastide, fort riche, qui demeurait sur la place de Cité.

M. le procureur-général : Bousquier, dans son interrogatoire du 15 avril 1817, a fait la même déclaration.

Ici M. Romiguière rappelle quelques dépositions antérieures, qu'il prétend être en contradiction avec les révélations présentes de Bach.

M. Dubernard : Il est bon de remarquer que Bach répète ici ce qu'il a entendu dire à M. de France, qui a rapporté les révélations de la petite Bancal.

M. le procureur-général : Il y a, dans la déclaration de Bach, un nouveau fait très-important ; c'est le grand portefeuille à fermoir.

M. Romiguière : Mais il a entendu dire qu'il manquait un portefeuille à M. Fualdès, et il l'a placé dans les mains de Jausion.

M. Combettes de Caumont à la Bancal : Ce que dit Bach est-il vrai?

La Bancal : Il dit un peu de vérité.

M. Combettes de Caumont : Bach dit que c'est vous qui avez reçu le sang.

La Bancal : Il ne dit pas la vérité.

Bach se levant : Elle a reçu le sang.

M. Combettes de Caumont : Bach, la Bancal s'est-elle évanouie lorsqu'on a mis M. Fualdès sur la table ?

Bach : Non, monsieur, elle ne s'est pas évanouie.

M. le président à Bach : Vous rappelez-vous quel rôle jouait Colard?

Bach : Non, monsieur, j'étais auprès de la porte.

M. le président : Savez-vous s'il seconda les efforts des assassins. Aida-t-il à renverser M. Fualdès sur la table?

Bach : Je n'ai pas bien remarqué ce que faisait Colard.

M. le président : Et vous, ne secondâtes-vous pas les meurtriers de M. Fualdès ?

Bach : Si on m'avait dit d'aider, je l'aurais fait.

M. Combettes de Caumont à Missonnier : Vous voyez bien que Bach assure que vous étiez chez Bancal.

Missonnier : Il dit ce qu'il veut ; mais on voit bien que je ne suis pas assez fort pour faire des *homicides*.

M. Combettes de Caumont : Cependant plusieurs dépositions *combattent* votre dénégation.

Missonnier : Monsieur, je ne me suis jamais trouvé dans des combats...

M. Combettes de Caumont : Que dites-vous des combats ?

Missonnier : Oui, des combats de sabres, de baïonnettes.

M. le président : Allons, Missonnier, faites un aveu sincère.

Missonnier : Monsieur, je n'en ai point, moi, d'aveu.

M. Pinaud à Bach : Il y a une observation à vous faire. Vous avez dit que lorsqu'on vous fit la proposition de piller la maison de M. de France, vous déclarâtes que vous ne dénonceriez pas les auteurs de ce projet si vous n'étiez pas appelé en justice ; il y a longtems alors que vous auriez dû révéler la vérité.

Bach : Je ne voyais pas de témoins, et je ne voulais pas être la cause de la mort de mes co-accusés.

M. Pinaud : Mais il y avait un témoin important ; Bousquier avait parlé.

Bach : Monsieur, ce que l'on ne fait pas un jour, on peut le faire l'autre.

M. le président : Clarisse Manson, n'avez-vous pas eu un doigt blessé ? Vous rappelez-vous par quel accident ?

Mme Manson : Je crois que Bastide avait un couteau à la main ; il a pu me blesser en me débattant.

M. le président : Ne fût-ce pas en prêtant le serment sur un couteau que vous vous blessâtes ?

Mme Manson : Je n'ai pas prêté de serment sur un couteau.

M. le président : Vous l'avez dit dans un de vos interrogatoires.

Mme Manson : Oui, monsieur ; mais c'était à Rodez.

M. le président à Bach : Vous rappelez-vous de quel côté le cadavre était tourné ?

Bach : Je crois qu'il avait les pieds du côté de la porte, et la tête tournée vers le lit.

M. Combettes de Caumont : Avez-vous vu si M. Fualdès écrivait des corps de billets, ou s'il signait seulement ?

Bach : Je crois qu'il ne faisait que signer.

M. le chevalier Ginesti, juré : Dites-nous si on avait placé des lettres de change en long ou en large devant M. Fualdès ?

Bach : C'était en long.

De cette réponse à la question très-importante de M. le juré, il est résulté la présomption (pour ne pas dire la preuve) que M. Fualdès avait signé des endossemens et non des lettres de change.

Après ce débat, qui a tenu une grande partie de l'audience, M. Tajan a repris sa plaidoirie, qu'il avait interrompue hier.

La séance a été remise à demain, pour la continuation de la plaidoirie de M. Tajan.

Nota. Dans la 27e séance (celle du 24 avril), M. Tajan, avocat de M. Fualdès, a continué son plaidoyer pendant plus de quatre heures. La séance a été remise au lendemain.

LE STÉNOGRAPHE PARISIEN.

La gravure déjà annoncée ne paraîtra qu'avec la vingt-quatrième livraison.

Cour d'Assises d'Alby

(23e livraison du Sténographe Parisien)

CINQUANTE-CINQUIÈME LETTRE.

Albi, 27 avril 1818.

Enfin les lenteurs de ce procès ont un terme; déjà la voix de M. Fualdès a succédé religieusement aux accens du crime qui conteste, et à ces mille questions, à ces milles réponses si embarrassées et si traînantes. Il faut plaindre la cour de n'avoir pu abréger les minutieux renseignemens que son ministère lui a prescrit de prendre à travers les détours de la discussion. Il faut féliciter M. le conseiller Pinaud de la fermeté constante avec laquelle il a poursuivi l'éclaircissement des faits que refuse la plus insolente obstination. Le magistrat qui ne prodigue ses égards et sa protection qu'à la vérité, est le premier que la société honore.

L'éloquence a commencé de se faire entendre sous ces voûtes fatiguées d'insipides témoignages et de pénibles révélations. Les Romiguières, les Dubernard, les Bole, les Grandet, vont occuper le barreau et captiver l'attention publique. C'est à M. Romiguières que s'adressent sur-tout, dans leurs espérances, les amis du talent. S'il ne sauve point son affreux client, il combattra pour nos franchises judiciaires et pour les bénéfices de la loi qu'un avocat ne doit jamais laisser envahir par l'arbitraire municipal (1).

COUR D'ASSISES D'ALBI.

Séance du 25 avril.

Après l'audition de quelques témoins dont les dépositions ne présentent aucun intérêt, M. Tajan continue sa plaidoirie. Il s'est occupé du développement de ses propositions contre l'accusé Jausion; il a prouvé d'abord que cet accusé a participé au guet-à-pens et au meurtre de M. Fualdès, et il a puisé ses preuves dans les dépositions de divers témoins qui ont attesté l'avoir vu dans le groupe qui assaillit cet infortuné, et dans les rapports de Madeleine Bancal, dans lesquels Jausion est désigné comme ayant porté le premier coup.

Après avoir établi la culpabilité de Jausion, relativement à l'assassinat et au vol, d'après les charges de la procédure et des débats, il complète ses preuves sur ce double chef d'accusation par l'examen des déclarations de Mme Manson.

« Bastide et Jausion, a dit l'orateur, sont donc convaincus, Messieurs, du double attentat qui a comblé l'infortune et les désastres de la famille Fualdès. Désignés par les imprécations de leurs concitoyens indignés, ils avaient été déjà traduits devant le tribunal de l'opinion publique, et ce tribunal suprême et terrible les avait condamnés. Un concours imposant de té-

(1) *Voyez* la cinquième séance.

moignages a démontré que ce jugement n'était point l'effet de ces préventions populaires qu'il est si dangereux d'écouter; et, si l'on considère le nombre et la gravité de ces preuves, on est étonné que la justice soit parvenue à rassembler tant d'élémens de conviction contre des hommes qui s'étaient environnés de tant de ténèbres.

» Mais, vous le savez, Messieurs, ces preuves multipliées, ces preuves éclatantes ne sont pas les seules que je pourrais invoquer à l'appui de l'accusation que nous portons. A tous ces témoins qui se sont levés aux cris de la société alarmée, j'aurais pu réunir cet autre témoin que, jusqu'à présent, j'ai à peine nommé, et dont peut-être je me serais déterminé à ne pas vous entretenir, si je n'étais en quelque sorte forcé d'obéir à sa célébrité. Que dis-je? Clarisse Manson n'est plus un simple témoin. Incertaine sur le rôle qu'elle devait jouer dans ce drame funèbre, elle a long-tems hésité entre son devoir et le silence, parce qu'elle n'avait pris conseil que de ses terreurs: et pour s'affranchir d'une obligation qui l'avait exposée à des chances cruelles, elle s'était composé un système qui ne pouvait satisfaire ni sa conscience ni la société.

» La justice a été affligée de cette transaction; elle a voulu en approfondir le motif. Ayant cru trouver dans les contradictions, les dénégations et les réticences de la dame Manson, l'embarras d'un coupable, elle a imposé à cette femme la plus triste des humiliations; et au lieu d'un témoin de plus que vous auriez eu à entendre, vous avez un accusé de plus à juger.

» Toutefois, Messieurs, la condition de la dame Manson ne s'est pas aggravée aux yeux de mon client. Clarisse Manson, accusée, n'a pu faire oublier la dame Manson, témoin. L'humiliation qu'elle subit aujourd'hui ne pouvait effacer le souvenir de la mission qu'elle avait reçue.

» Clarisse Manson est donc toujours pour nous un témoin; et quoique je n'aie nullement besoin de son témoignage pour soutenir une accusation déjà si victorieusement établie, je vais le peser et l'approfondir, sinon pour ajouter à cette conviction qui vous presse et qui vous entraîne, du moins pour démontrer que les révélations actuelles de ce témoin célèbre sont conformes aux preuves que vous avez recueillies.

» Je ne dissimule pas néanmoins que la dame Manson sera sévèrement jugée par les hommes qui avaient prescrit son silence, et par ceux dont elle a eu la faiblesse d'irriter l'amour-propre; mais ces haines rigoureuses qu'elle a eu le malheur de provoquer n'influent que faiblement sur l'intérêt qu'elle a inspiré. Eh! qui n'a vu dans sa conduite incertaine et timide les anxiétés d'une conscience agitée et frappée de terreur? Placée naguère sous le joug d'un sentiment dont elle n'avait pas encore la force de braver la puissance, elle semblait s'être attachée à réunir toutes les contradictions et tous les contrastes. Ici, entraînée par l'ascendant de la vérité, elle rapportait ce qu'elle avait vu; là, tourmentée par des craintes qu'elle s'efforçait de déguiser, elle s'enveloppait dans des réticences et finissait par démentir ce qu'elle venait d'avancer:

ici elle excitait la confiance par un récit qui paraissait sincère ; là, elle modifiait ce récit et le dénaturait avec un embarras qui déconcertait à la fois le juge qui l'observait et le public dont elle excitait la pitié.

» Ah ! sans doute il faudra lui pardonner d'avoir soumis au public le problême de ses contradictions, d'avoir mêlé les jeux de l'esprit aux scènes austères et douloureuses dans lesquelles elle devait figurer.

Ici l'orateur rappelle les dépositions diverses et souvent contradictoires de Mme Manson, soit devant le préfet de l'Aveyron, soit dans le cours des deux instructions, soit dans le cours des débats devant les deux cours d'assises. Il arrive aux aveux qu'elle a faits devant celle d'Albi.

» Il est inutile, sans doute, de reproduire ici les détails des scènes pénibles et touchantes dont vous avez été les témoins, et j'avoue même que je serais dans l'impuissance de les peindre. Dans ce drame lamentable qui occupe incessamment notre pensée depuis un mois, votre ame a été ébranlée par tant de secousses, vous avez éprouvé des émotions si profondes, qu'il y aurait une sorte de témérité de retracer ces épisodes, tour-à-tour douloureux et terribles, qui ont animé les débats. Qu'il me soit permis, seulement, de rappeler quelques-uns des traits qui ont signalé les aveux de la dame Manson ; et, lorsque vous rattacherez ces impressions récentes à celles que les premières déclarations de ce témoin avaient laissées dans tous les cœurs ; lorsque vous rapprocherez les accusations qu'elle a maintenant dirigées contre Bastide et Jausion, de celles qu'elle avait portées indirectement contre eux dans les débats de Rodez, vous n'hésiterez pas à reconnaître que ceux que tant de preuves vous ont désignés comme coupables, sont les assassins de Fualdès.

» C'est dans la séance du 30 mars que la dame Manson a renouvelé ses aveux ; et, cette fois, tout en confirmant les détails qu'elle avait révélés à ce magistrat, elle a fourni de nouveaux documens qui prouvent de plus en plus l'exactitude de ses récits.

» Dans sa déclaration du 2 août, la dame Manson avait avoué sa présence dans le cabinet, où elle était restée évanouie. Dans la séance du 30 mars, elle a ajouté avoir entendu, de ce cabinet, du bruit et des gémissemens ; elle affirme encore avoir entendu du sang couler dans un baquet.

» Ces nouveaux renseignemens complètent les révélations de la dame Manson sur la scène sanglante du 19 mars ; et dès ce moment vous dûtes juger que le témoin était disposé à dire la vérité relativement aux accusés, puisqu'il ne dissimulait plus.

» En effet, M. le président ayant demandé à la dame Manson s'il était vraie, ainsi que Bastide l'avait rapporté au témoin Jean, que sans Jausion elle aurait perdu la vie dans la maison Bancal, elle répondit avec une expression qui fut vivement sentie : « Si Bastide l'a dit, je ne le contredirai pas. » Cette réponse de la dame Manson fut le prélude des aveux dont elle allait accabler les accusés ; et dès le 31 mars, Jausion lui ayant demandé lui-même si elle l'avait vu dans la fatale soirée, elle se borne à répondre ces paroles, qui ont toute la force d'une affirmation : « Je n'ai rien à dire. »

» Jusque-là cependant, il faut en convenir, il ne serait guère possible de connaître toute la pensée de la dame Manson ; mais nous approchons *des grandes scènes*, et c'est là qu'elle va faire éclater cette indignation qu'elle comprime depuis long-tems.

» Dois-je, messieurs, retracer ces scènes? votre esprit n'en a-t-il pas conservé les impressions? n'entendez-vous pas ces exclamations que les interpellations de Bastide ont provoquées? Imprudent! il ose demander la vérité à la dame Manson, et la dame Manson lui répond par un cri d'effroi et par une accusation terrible : « Malheureux!!! vous avez voulu m'égorger.

» C'en est fait pour Bastide, il est accusé par celle qu'il voulait immoler à sa tranquillité ; aura-t-elle la même indépendance pour Jausion? Non : dans la séance du 4 avril, elle avoue avoir fait un serment. M. le président lui demande en vain le nom de l'individu qui la sauva ; elle déclare qu'il est possible qu'il soit parmi les accusés ; mais qu'elle ne peut ni ne doit le nommer. On la presse, on l'interpelle de toutes parts ; elle persiste à céler le nom de son libérateur. Je n'ai rien à dire, s'écrie-t-elle ; je ne puis ni sauver, ni faire condamner Jausion ; mais en même tems se prononçant avec véhémence contre Bastide, qui semble la braver encore par ses dénégations téméraires : « Que Bastide, dit-elle, prouve son innocence, et je monte sur l'échafaud à sa place. » Enfin un magistrat lui demande des explications positives sur Jausion. Il lui fait observer qu'à Rodez elle a dit que la femme qu'avait voulu tuer Bastide fut sauvée par Jausion ; et que puisqu'elle avouait maintenant que c'est elle que Bastide avait voulu tuer, on en concluait que c'est elle qui fut sauvée par Jausion. L'argument était pressant ; si Jausion n'eût pas été le libérateur de la dame Manson, elle aurait répondu non. Mais son embarras est manifeste : elle hésite quelques instans ; elle finit par dire qu'elle ne tirera aucune conclusion à cet égard ; et ce n'est pas sans raison que Bastide s'écrie alors : « Qu'il préfère les apostrophes de la dame Manson à ses réticences. »

» Il est évident que par cette réticence la dame Manson venait de désigner Jausion sans le nommer, comme elle l'avait déjà désigné plusieurs fois avec les mêmes ménagemens ; et il semble qu'elle ne trouvera pas désormais de termes plus expressifs pour le désigner encore. Mais le témoin Albène se présente ; il expose que dans une circonstance, et pendant les assises de Rodez, la dame Manson caractérisa Bastide et Jausion de manière à manifester l'opinion que chacun d'eux lui avait inspirée : « L'un est le tigre, dit-elle, l'autre est la hyène du Gévaudan. » Et ce propos, que la dame Manson ne se rappelle pas d'abord avoir tenu, ayant été reproduit par M. de la Goudalie, comme l'ayant recueilli de la dame Manson elle-même, celle-ci le confirme et l'avoue.

» Assurément il est impossible d'ajouter à la force de ces expressions ; et puisque la dame Manson, au lieu de les désavouer, les confirme, il faut bien croire qu'elle n'a pas changé d'opinion. Ailleurs et dans un entretien dont M. Rodat a rendu compte, elle ne se borne plus à désigner Jausion, elle le nomme : « Conseillez-moi donc, dit-elle, je dirai qu'un inconnu m'a sauvée ; qu'il m'a conduit sur la place de Cité..... Je dirai, si vous le voulez, que c'est Jausion qui.... » Ici elle s'arrête ; et lorsque M. Rodat rapporte ces détails à l'audience, bien loin de contester ce propos, elle déclare que « puisque M. Rodat le dit, il faut qu'il soit vrai ; je ne le contredis pas. »

» Ainsi la dame Manson explique elle-même ses réticences : cette explication nous est transmise par un témoin dont une grande réputation de vertu a rendu le témoignage imposant ; et, puisque M. Rodat déclare que dans la circonstance qu'il rapporte Jausion a été nommé, il n'est plus permis de se tromper sur l'individu qui sauva la dame Manson.

» Au surplus, on ne pourra plus bientôt lui reprocher de restriction : la dame Manson dira tout, expliquera tout. Déjà, et à la suite de quelques vives interpellations, elle affirme que c'est Bastide qui refusa un instant au malheureux Fualdès pour faire sa prière avant de mourir ; elle affirme de nouveau que Bastide est un des assassins de ce magistrat ; elle affirme que Bastide exigea d'elle un serment, et que ce serment fut prêté aux pieds du cadavre. Elle ne donne pas, il est vrai, les mêmes affirmations sur Jausion ; mais elle le désigne, elle le signale, elle le caractérise par une comparaison humiliante. Si on l'interroge, si on la presse, elle se trouble, elle hésite, ses traits s'altèrent ; on lit dans ses regards les combats d'une conscience bouleversée ; on voit errer sur ses lèvres, s'il est permis de s'exprimer ainsi, ce secret qui s'échappe, et qu'elle ne pourra bientôt plus retenir. Elle répond souvent par un mot ; mais ce mot aggrave toujours le sort de celui qu'elle semble vouloir protéger. Quelquefois elle garde le silence ; mais ce silence est encore une accusation ; et si le défenseur de Jausion lui demande compte de ses réticences, elle s'étonne que la vérité soit si obscure pour lui.

» Eh bien ! cette vérité n'a jamais été obscure pour mon client ; elle ne l'est pas pour la cour ; elle ne l'est pas pour le jury qui a tout vu, qui a tout entendu, qui a jugé les scrupules de la dame Manson, qui a lu dans son cœur, et qui connaît son secret. Que dis-je, son secret.... elle n'en a plus.... elle a tout révélé, et puisque la vérité ne peut plus être obscure pour personne, ses hésitations et son silence sur Jausion doivent être considérés comme des révélations positives. Bastide et Jausion sont donc désignés par la dame Manson pour être les auteurs de l'assassinat de M. Fualdès. Je sais bien que l'autorité de ce témoin sera contestée ; qu'on essaiera de l'affaiblir en lui opposant la bizarrerie de ses récits, ses inconcevables contradictions, et je suis le premier à reconnaître ses imprudences. »

Après ce morceau, qui a excité vivement l'attention de l'auditoire, Me Tajan a parcouru successivement, mais avec rapidité, les charges principales que les débats ont fournies contre la femme Bancal, Colard, Anne Benoît, Missonnier et Bach. Il ne s'est livré à aucun développement sur l'accusation de Missonnier et de Bach. En parlant de ce dernier, il s'est borné à ces mots :

« Bach !.... Je m'arrête. Vous l'avez entendu ! »

C'est ainsi qu'il a fini sa discussion. Voici la péroraison qui a terminé sa plaidoirie :

« Ma tâche est remplie, messieurs ; les preuves ont parlé.... tout est découvert, tout est éclairci ; les incertitudes ont cessé, les doutes se sont évanouis; des cris plaintifs vous ont appelés dans la rue de Hebdomadiers, et de longues traces de sang vous ont conduits en suite sur le rivage de l'Aveyron. Là, vous avez vu la victime... Vou connaissez ceux qui l'ont trahie, ceux qui l'ont frappée, ceux qui on reçu son sang, compté ses palpitations, joui de son agonie et press son dernier soupir.... Les ténèbres n'ont pu couvrir tant d'horreurs. La maison Bancal retentit encore des gémissemens de l'infortuné e des blasphêmes de ses bourreaux; et le voile qui enveloppait ce mystère d'effroi, ce voile que l'on croyait impénétrable, les assassins eux-mêmes l'ont déchiré... Ils l'ont déchiré par l'excès de leur cupidité, par la bassesse de leurs démarches, par la témérité de leurs discours, par l'épouvante qu'ils ont répandue autour d'eux, et sur-tout par leur audace.

» Que dis-je! une année d'impunité pèse sur leur tête, et cette année a été un siècle de scandales pour la société et d'outrages pour la victime. Toutes les passions ont été remuées, tous les genres de séduction et de menaces ont été mis en œuvre pour corrompre les témoins fidèles; mais ces vils moyens, au lieu de servir, ont accablé les accusés... On a cru qu'ils étaient coupables, puisqu'ils faisaient éclater tant d'alarmes.

» Enfin des masses de preuves se sont réunies pour les confondre; la Providence avait placé des témoins dans les lieux où ils devaient porter leurs pas, et tous ont rempli la mission qu'ils avaient reçue. Le complot, le rendez-vous, le guet-à-pens, le meurtre, la noyade, le vol, des voix courageuses ont tout révélé; et cette femme, dont ces hommes pervers avaient commandé le silence, cédant enfin aux inspirations de la justice, les pousse tous vers l'échafaud qu'ils avaient si long-tems bravé.

» Mais c'est trop retarder le bonheur d'entendre le magistrat qui doit vous parler au nom des lois; dans sa bouche, l'accusation va retrouver toute son énergie; et lorsque, recueillis dans le secret de vos délibérations, vous consulterez les impressions que vous aurez reçues, vous n'hésiterez pas à prononcer cet oracle effrayant que les accusés ont entendu déjà une première fois, et qui ne peut pas se démentir.

La séance a été remise à lundi. M. le procureur-général sera entendu dans cette audience.

CINQUANTE-SIXIEME LETTRE.

Albi, 28 avril 1818.

Séance du 27 avril.

Le public, prévenu que M. le baron Gary, procureur-général, devait porter la parole dans cette séance, s'y était porté en foule, et la salle, dans toutes ses parties, était tellement remplie de monde avant l'arrivée de la cour, que les avocats d'Albi n'ont pu entrer au parquet. Cet incident a donné lieu à la réclamation suivante, que Me Romiguière a faite au nom de ses collègues avant l'ouverture de l'audience. Messieurs, a-t-il dit, les avocats du barreau d'Albi me chargent d'être leur organe auprès de vous : ils sont réunis en robe aux portes de cette salle, et la force armée leur en interdit l'entrée. C'est une contravention à l'article 35 du décret du 14 octobre 1810, qui porte que les avocats seront placés dans l'intérieur du parquet. Je sais qu'on leur a proposé des billets de tribune; c'était leur proposer d'échanger des places qu'on achète contre les priviléges de leur profession : ils réclament leurs droits, et leur réclamation est d'autant plus légitime, qu'aujourd'hui le magistrat qui, par son ministère, est le chef du barreau, doit porter la parole devant vous. Il serait inoui que, lorsque les talens connus de M. le procureur-général nous promettent un modèle de la véritable éloquence du barreau, le barreau fût désert. Je vous prie, M. le président, d'enjoindre aux huissiers de service d'introduire MM. les avocats dans l'intérieur du parquet.

M. Esquilat se joint à M. Romiguières pour appuyer la réclamation qu'il fait au nom du barreau. J'avoue, dit-il, que j'ai vu avec douleur que le chef de notre ordre, qui a été successivement président du tribunal civil du Tarn, et président du tribunal civil d'Albi, n'était pas dans le parquet. Il n'a pas voulu, et sans doute il n'a pas cru devoir se séparer de ses collègues.

M. le procureur-général : Nous mettrons toujours au rang de nos prérogatives les plus honorables celle de faire jouir de tous ses droits et de tous ses priviléges un ordre dont nous tenons à honneur d'être le chef. Sa cause est la nôtre. La demande que vient de vous adresser M. Romiguières étant conforme au réquisitoire que nous avons fait nous-mêmes, je ne puis que me joindre à ces instances pour prier la cour de la prendre en considération.

La cour, après en avoir délibéré, déclare qu'elle prendra en considération pour l'avenir la réclamation de MM. les avocats, et que, pour y faire droit dans cette séance même, leur doyen sera immédiatement introduit au parquet, ce qui a été exécuté.

Après cet incident, M. le président a pris la parole et a dit : Le défenseur de la femme Bancal m'a prévenu hier que sa cliente était dans l'intention de faire de nouvelles révélations à la justice. Femme Bancal, parlez.

Un profond silence règne dans la salle. On espère que l'accusée, cédant enfin aux remords de sa conscience, va révéler tout ce qu'elle a vu et tout ce qu'elle sait. Mais l'attente de la justice et du public n'a point entièrement été satisfaite. Cette femme n'a fait qu'ajouter à sa précédente déclaration quelques circonstances nouvelles. 1°. Elle a vu Bastide faire signer à M. Fualdès, tantôt en long et tantôt en large les lettres-de-change qui avaient été posées devant lui sur la table de la cuisine, ce qui prouve que cet infortuné a souscrit et des corps de billets et de simples endossemens ; 2°. Elle a entendu M. Fualdès demander avec instance à ses assassins un peu de tems pour recommander son ame à Dieu ; mais elle n'a pas entendu ce que ceux-ci lui ont répondu ; 3°. Elle a remarqué que Bastide avait un grand portefeuille rouge ; 4°. Le lendemain, 20 mars au matin, elle trouva dans sa cuisine un de ces effets sur papier timbré : comme il était taché de sang, elle le jeta sur-le-champ au feu.

M. le président : Accusé Bastide, vous venez d'entendre la femme Bancal ; qu'avez-vous à dire?

Bastide : Toutes ces révélations sont copiées les unes sur les autres. Oh! mon Dieu ! je me doutais bien que cette femme *accoucherait* encore de quelques-uns des détails donnés par Bach. Tous les *révélans* sont comme ça, ils repètent ce que les autres ont dit. *Mettez là-dessus une musique espagnole*, et que chacun conserve son rôle, et ce sera comme dans *Iphigénie en Tauride*.

Ici s'engage un débat entre Bach, la Bancal et Bastide : les deux premiers l'apostrophent avec violence, en lui reprochant d'être la cause de tous leurs malheurs.

Bastide ne répond pas à l'apostrophe ; mais, s'adressant au président : Il faut, dit-il, frapper de grands coups pour arriver à la vérité. Pourquoi, M. le président, n'avez-vous pas forcé la femme Couderc à déclarer le nom de l'individu qui lui a été désigné par la Bancal, comme s'étant trouvé dans la cuisine, le 19 mars, à sept heures et demie du soir, au moment où le meunier vint apporter un sac de farine ? Il est essentiel que ce témoin soit interrogé de nouveau.

La femme Couderc est rappelée. Au moment où elle monte sur le siége des témoins, M. le président s'aperçoit qu'elle est toute tremblante : il s'efforce de la rassurer en lui disant qu'elle doit bannir toute crainte ; que les magistrats veillent, pour le présent, et veilleront pour l'avenir à sa sûreté ; enfin, il l'exhorte à être fidèle à son serment, et à dire la vérité. Malgré ces assurances et ces exhortations, le témoin hésite encore. On voit, pour ainsi dire, son secret errer sur ses lèvres, mais sa langue ne peut parler.

M. le président, au témoin : Vous nous avez parlé dans votre déposition d'un nommé René, qui vous aurait été désigné par la femme Bancal. Quel est cet individu? Faites-le connaître à la justice, dites tout ce que vous a dit la femme Bancal.

Le témoin : La femme Bancal m'a nommé *René*; je ne le connais pas ; elle m'a dit qu'il y avait le 19 mars quinze personnes dans sa maison, ou sur la porte, et que ce *René* était du nombre....... Mais vous, femme Bancal, pourquoi ne le faites-vous pas mieux connaître à la justice?

La femme Bancal persiste à soutenir qu'elle ne se ressouvient pas d'avoir nommé René à la femme Couderc ; mais que si elle le lui a nommé, elle ne le connaît que de nom. Mais vous-même, femme Couderc, s'est écriée la femme Bancal, parlez, dites tout ce que je vous ai dit.

La femme Couderc : Vous m'avez dit que c'était un parent de Bastide.

La femme Bancal : Si vous pouvez le désigner, désignez-le. Je vous le demande.

La femme Couderc : Vous me dites que c'était un tel, vous ne me dites pas qui était ce parent.

M. le président : Mais vous, femme Bancal, qui le lui avez désigné une fois, désignez-le de nouveau.

La femme Bancal : Je ne m'en souviens pas.

M. le président à la femme Couderc : Vous avez juré de dire la vérité, et toute la verité ; vous avez juré devant Dieu et devant les hommes ; n'avez-vous plus rien à dire?

La femme Couderc hésite long-tems ; les jurés, le président la pressent, la conjurent d'écarter toute crainte, de dire ce qu'elle sait ; la femme Bancal elle-même la supplie de parler.

La femme Couderc : Eh bien! vous m'avez dit que c'était......... (elle s'arrête...... — Parlez donc, lui dit M. le président) que c'était M. Bessière-Veynac, le neveu de Bastide.

La femme Bancal en convient, et ajoute qu'elle n'a nommé à la femme Couderc Bessière-Veynac comme un des assassins que d'après son mari, qui le lui avait nommé à elle-même.

Bastide : Bon! en voilà bien d'une autre!

M. Dubernard : Femme Couderc, je vous demande si la femme Bancal vous a dit que Jausion était du nombre des assassins? La femme Couderc répète sa déposition, rapportée dans les bulletins précédens. Elle ajoute : La femme Bancal m'a dit qu'elle ne reconnut point Jausion ; mais lui ayant rappelé qu'elle m'avait avoué elle-même qu'en sa présence on avait nommé Jausion dans sa cuisine, elle m'a répondu qu'un autre avait pu prendre le nom de Jausion.

M. le président : Il est vrai que Jausion a fait offrir de l'argent à la femme Bancal : ce ne peut être que pour acheter son silence.

M. Dubernard : Jausion n'a offert de l'argent que pour arracher la vérité à la femme Bancal.

M. le procureur-général : On ne paie point pour faire dire la vérité, mais on paie pour faire dire des mensonges.

M. Dubernard : Il n'arrive que trop souvent qu'il faut acheter la vérité.

A ce débat ont succédé les dépositions de deux témoins attendus depuis long-tems, Mme Constans, marchande de modes, et son mari. Depuis le procès de Rodez, ils s'étaient retirés à Joigny, département de l'Yonne ; ils ont fait deux cents lieues pour venir déposer à Albi.

Mme Constans est appelée la première. — Me Romiguières s'oppose à ce qu'elle soit entendue, les débats étant arrivés à leur terme. M. le procureur-général réfute les objections de Me Romiguières : celui-ci persiste dans ses conclusions, et demande que la cour délibère. La cour, après en avoir délibéré, ordonne que le témoin sera entendu.

Mme Constans : Je ne sais que ce que m'a dit Mme Manson. Je la vis quelques jours après l'arrestation de Jausion : elle me demanda ce qu'on disait de l'assassinat de M. Fualdès? Tout le monde croit, lui répondis-je, que Jausion a tracé le plan de l'assassinat, et que Bastide en a été l'exécuteur. — Ah! les misérables, me dit-elle ; ils sont bien coupables tous les deux, ils méritent la mort. — Mais il est bien malheureux qu'il n'y ait qu'un seul témoin qui parle, le témoin Bousquier. — Oh! il y en avait bien un autre. — Je réfléchis un moment sur cette réponse, et je lui dis : Comment le savez-vous? — Quelle horreur! s'écria-t-elle. Je ne puis vous en dire davantage. — J'insistai : elle finit par m'avouer qu'elle s'était trouvée elle-même dans la maison Bancal. Voici les circonstances qu'elle m'apprit de l'assassinat : Elle était allée dans la maison Bancal pour y attendre quelqu'un. La femme Bancal ne voulait pas la recevoir, attendant elle-même des messieurs. Au moment où elles s'entretenaient ensemble dans le corridor, il arriva tout-à-coup des individus qui entraînèrent violemment M. Fualdès. Alors la femme Bancal la fit entrer brusquement dans le cabinet de la cuisine. Ce fut là qu'elle fut, malgré elle, témoin du plus affreux des spectacles. Après qu'on eut égorgé l'infortuné Fualdès, Bastide ouvrit la porte du cabinet, et s'écria : Nous sommes perdus, voici un homme. Elle avait, en effet, un pantalon de nankin, qui fut ensanglanté par la main toute sanglante de Bastide. Il la tira avec force du cabinet, et voulut l'égorger, ayant encore le coutelas dont il venait d'égorger M. Fualdès; mais Jausion vint à son secours. Il dit qu'il répondait d'elle sur sa tête : que c'était Mlle Enjalran, et qu'il était sûr de sa discrétion. On la fit mettre à genoux devant le cadavre, et prêter serment de ne rien révéler de ce qu'elle avait vu, sous peine de perdre la vie. Ensuite Jausion la conduisit dans la rue de l'Ambergue, et de là sur la place de Cité.

Mme Manson (d'un ton animé) : Je demande à Mme Constans quand est-ce que je lui ai fait tous ces contes? — Quelque tems après l'arrestation de Jausion. — Je nie avoir tenu aucun de ces propos à Mme Constans. Je suis fâchée qu'elle soit venue de Joigny exprès pour faire ces contes-là. Je suis partie de Rodez aussitôt après l'arrestation de Jausion; je n'ai nommé à personne mon libérateur. — *Vous êtes maîtresse de me démentir; vous en avez démenti tant d'autres.* — Mme Constans voudrait sans doute partager ma célébrité : quant à moi, je n'y tiens nullement, et je dirai la vérité tout entière.

M. le président : Mais de qui voulez-vous que Mme Constans ait tenu ces détails?

Mme Manson : Elle les a appris par les débats du 22 avril, et par les révélations de Madeleine Bancal.

Mme Constant : Je voyageais, à cette époque, dans une diligence, et j'étais trop fatiguée pour me livrer à la lecture de journaux quelconques.

Le témoin ajoute : Mme Manson a dit à une de mes ouvrières (Procule Battut) que ce n'était pas elle, mais Rose Pierret, qui s'était trouvée dans la maison Bancal. J'en parlai à Mlle Rose Pierret, avec qui j'étais liée particulièrement : elle en fut profondément affligée et indignée; et pour moi, je ne crus nullement ce propos, la conduite régulière de Mlle Pierre éloignant tout soupçon de sa présence dans la maison Bancal.

Mme Manson : Je vous arrête ici, Mme Constans. Vous avez déclaré d'abord que c'est moi-même qui vous ai appris que Rose Pierret était cachée sous le lit de la Bancal, quand le funeste cortége de M. Fualdès arriva dans la maison ; maintenant vous dites que vous le tenez d'une de vos ouvrières à qui j'aurais rapporté ce fait. Comment conciliez-vous ces deux déclarations contradictoires ?

Mme Constans : Vous m'avez dit, à moi, que vous étiez dans la maison Baucal, et à mon ouvrière que c'était Rose Pierret. Voilà la vérité.

M. le président : Pourquoi n'avez-vous point parlé à Rodez comme vous parlez ici ?

Mme Constans : J'étais établie à Rodez ; j'étais liée d'intérêt et d'amitié avec Mme Pons et plusieurs parens de Bastide et de Jausion. Tant que je serais restée à Rodez, je n'aurais pu me décider à parler.

M. le président : Après l'assassinat de Fualdès, ne vous fut-il pas présenté par Bastide une lettre de change à payer ?

Mme Constans : Cela est vrai ; mais l'effet n'était pas à son échéance.

M. le président : Aperçûtes-vous des taches de sang sur la lettre de change ? Bastide ne vous proposa-t-il pas de la déchirer et d'en accepter une autre ?

Mme Constans : Je ne remarquai aucune tache de sang. Ce fut Bessière-Veynac qui me proposa de la déchirer, et d'en accepter une autre, ce que je refusai.

M. le président : Clarisse Manson, vous persistez d'affirmer que vous n'avez point entretenu le témoin des détails qu'il rapporte.

Mme Manson : Je l'affirme. J'ai rencontré des témoins dont les dépositions devaient m'embarrasser bien davantage. Je ne les ai point démentis, parce qu'ils disaient la vérité. Quant à Mme Constans, je ne lui ai fait aucune confidence.

M. le président : Dans le cours des débats, vous avez dit que la déposition de M. Dupré était vraie. Cependant M. Dupré n'a fait que répéter ce que lui avait dit Mme Constans.

Mme Manson : M. Dupré a pu parler aussi d'après d'autres personnes.

M. Constans, appelé, déclare qu'il ne sait rien que ce que lui a dit sa femme.

M. Pierre Cadres, curé, monte ensuite sur le siége des témoins.

M. le président : On prétend que Jeanne Joanny, entrant à votre service, vous a fait voir un billet de son ancien maître, et que vous lui avez conseillé de s'en faire payer au plus tôt, parce que la justice allait s'emparer de son bien pour les frais du procès.

Le témoin : Cela est vrai.

M. Romiguières au témoin : Croyez-vous que Jeanne Joanny vous ait dit vrai, en vous affirmant que le 20 mars, à huit heures du matin, elle a vu son maître Bastide au domaine de la Morne ?

Le témoin : Jeanne Joanny m'a constamment tenu le même langage; elle n'a jamais varié; je suis bien persuadé que tout ce qu'elle a dit est vrai, et qu'elle n'a obéi qu'à l'impulsion de s conscience.

A la suite des débats que nous venons de rapporter, M. le procureur-général a prononcé le discours suivant :

« Messieurs, a dit ce magistrat, nous touchons au terme de ces assises mémorables, dont les travaux ont fixé l'attention publique, et dont l'issue est attendue avec autant d'empressement que de confiance. Le concours nombreux que vous avez remarqué dans vos séances, l'avidité avec laquelle les détails en ont été recueillis au-dehors, montrent que ce n'est pas ici une de ces affaires ordinaires, destinées à se perdre et à mourir dans le livre immense des perversités humaines.

» Les nouvelles révélations que les débats ont produites de la part de trois accusés, les accens terribles qui se sont fait entendre, et les formes quelquefois dramatiques avec lesquelles ces accens si pleins de vérité ont retenti au milieu de vous, l'audace des principaux coupables, dont l'un a semblé jouer avec l'accusation comme il avait joué avec le crime, ont accru l'intérêt et ont fourni un nouvel aliment à la curiosité.

» Les annales du crime n'offrent peut-être pas tant de barbaries, une si froide et si longue préméditation, un si grand nombre de coupables pour le même délit (car vous savez que la justice cherche encore des complices). Jamais peut-être on ne vit de combinaisons si profondes, un système de corruption et de terreur envers les témoins, si profondément conçu, si constamment suivi, et, nous n'hésitons pas de le dire, autant de crimes et de tentatives de crimes pour détruire les preuves du premier.

» Ce sont des parens, de prétendus amis, qui ont surpris la confiance et l'amitié d'un vieillard, pour l'entraîner dans l'abîme que leur cupidité avait ouvert sous ses pas, qui se sont associés à ce que l'espèce humaine a de plus abject, pour égorger celui dont la main s'ouvrait sans cesse pour répandre sur eux ses bienfaits. Aucun d'eux ne sentait les atteintes du besoin : ils l'ont tué pour envahir sa fortune. Le même coup a dépouillé le jeune Fualdès des biens de ses pères; et, ce qui lui est bien plus sensible, lui a enlevé, avant le tems marqué par la destinée, un père tendre, son appui, son guide, son meilleur ami. L'expression déchirante de ses regrets dans une discussion si pénible pour lui, a souvent fait couler vos larmes.

» Grâces vous soient rendues, Messieurs; l'indignation contre le crime ne vous a rien ôté du calme et de l'impartialité nécessaires pour connaître, pour discerner les coupables.

» Vous avez écarté cette opinion redoutable; nous ne parlons pas de celle qui se forme dans les premiers momens du crime, et qui peut trop souvent égarer les magistrats et le public; mais cette opinion, telle que vous l'avez vue se manifester dans cette affaire, mûrie et consolidée par le tems, éclairée par la réflexion; cette opinion si hautement exprimée, quelque intérêt qu'elle paraisse mériter, n'aura et ne doit avoir aucun empire sur votre décision. La justice, lorsqu'elle prononce sur le sort des hommes, ne reçoit point la loi de l'opinion; c'est à l'opinion de recevoir celle de la justice.

» Vous n'avez pas partagé les préventions qu'ont pu faire naître les efforts des accusés dès l'ouverture de cette assise, pour éloigner leur jugement : ils ont usé du droit naturel et légitime d'épuiser tous les degrés de juridiction pour faire réussir cette demande; et la justice, toujours une, l'a constamment repoussée. On a dit peut-être que, redoutant le jour de la justice, ils cherchaient à l'éloigner, alors qu'ils ne pouvaient plus espérer de l'obscurcir; que ce n'est pas ainsi que marche l'innocence; qu'au contraire, elle appelle et provoque son jugement; que tout ce qui peut éloigner la décision est un nouveau malheur pour elle, comme ce serait une faute grave de la part des magistrats.

» Mais cette prévention n'est point arrivée jusqu'à vous. Dans cette épreuve solennelle, dans ce spectacle imposant d'accusés qui défendent leur vie contre la société qui l'attaque, en soumettant leur conduite à un examen rigoureux et nécessaire, l'attaque et la défense, l'accusation et la justification, ont marché du même pas, ont été également soutenues et écoutées.

» Grâces encore une fois vous soient rendues! C'est à votre attitude ferme, au soin religieux que vous avez pris de tout entendre, de tout voir, de tout apprécier, que sont dues, et les révélations de quelques accusés (révélations d'autant plus considérables qu'elles ne peuvent changer le sort de ceux qui les ont faites) et les résultats de ces mêmes débats que nous allons mettre sous vos yeux.

» Pour vous les présenter dans l'ordre le plus convenable et qui nous paraît le plus propre à les graver dans vos esprits, nous distinguerons quatre époques, qui comprendront,

» 1°. Les faits antérieurs à la journée du 19 mars 1817;

» 2°. Les faits qui se sont passés dans la journée du 19 mars, jusqu'à l'heure où le sieur Fualdès est parti pour le fatal rendez-vous;

» 3°. Ceux qui ont eu lieu depuis sa sortie jusqu'au moment où son cadavre a été jeté dans l'Aveyron;

» 4°. Les faits postérieurs. »

M. le procureur-général a montré, dans la première époque, les principaux personnages qui doivent figurer dans cette horrible scène : il porte ses premiers regards sur la victime; il rappelle les témoignages unanimes qui déposent de la conduite sage et ordonnée du sieur Fualdès, de son exactitude à remplir ses engagemens, de l'ordre qu'il mettait dans ses affaires; il a prouvé l'existence dans ses mains d'un livre-journal; d'un grand portefeuille à fermoir qui renfermait ses effets et lettres de change, livre-journal et portefeuille qui ont disparu dans la spoliation totale qui a accompagné et suivi l'assassinat, et qui en était l'unique objet. Il a fait connaître le caractère immoral de Bastide et de Jausion; le caractère violent et féroce du premier, déployé dans plusieurs circonstances contre les siens, et notamment contre l'auteur de ses jours; la réputation d'usurier généralement accordée au second; ses menaces d'attenter à la vie d'un de ses beaux-frères; les habitudes anciennes de l'un et de l'autre dans la maison Bancal, quoiqu'ils eussent déclaré l'un et l'autre n'avoir jamais mis les pieds dans cette maison; il a montré enfin, dans ces tems antérieurs au 19 mars, le complot déjà formé, organisé contre la vie et la fortune du sieur Fualdès, et prêt à recevoir son exécution.

Dans la deuxième époque, la journeé du 19 mars, jusqu'à huit heures du soir, que Fualdès part pour le fatal rendez-vous. M. le procureur-général montre Bastide et Jausion plusieurs fois dans la maison Bancal, disposant tout pour l'horrible sacrifice; l'un et l'autre entourés des agens subalternes du crime, se groupant tous autour de la maison Fualdès, pour l'envelopper et le saisir aussitôt qu'il sortira de chez lui; enfin Bastide, chargé de donner le rendez-vous pour huit heures au sieur Fualdès, dans un lieu qui n'est encore connu que des assassins, mais bien certainement dans la rue des Hebdomadiers, où est située la maison Bancal, sous prétexte de lui faire négocier les 26,000 fr. de lettres de change, reçues, le 18, du sieur de Séguret.

Dans la troisième époque, la journée du 19 mars, depuis le moment où le sieur Fualdès est sorti de chez lui, jusqu'à celui où son cadavre est jeté dans l'Aveyron, M. le procureur-général suit les accusés, les signale, les nomme, 1° dans la rue des Hedomadiers, qu'ils parcourent en entraînant le sieur Fualdès, de l'extrémité de cette rue, où il est suivi jusqu'à la maison Bancal; 2° dans cette infâme maison, où il est égorgé après avoir signé douze ou quinze lettres de change, et où Jausion s'empare du grand portefeuille à fermoir contenant les effets que le malheureux Fualdès avait apportés pour conclure les prétendues négociations; 3° dans le chemin qui est parcouru depuis la maison Bancal jusqu'à l'Aveyron. Tous les pas des assassins, Bastide et Jausion à leur tête, sont suivis et marqués; on ne les perd pas de vue un seul instant.

Dans la quatrième époque, qui contient les faits postérieurs au 20 mars, dont la connaissance ne peut que fortifier la conviction déjà formée de la culpabilité des accusés, du crime, de l'objet du crime, du fruit qui en a été déjà recueilli par les signatures extorquées du sieur Fualdès, par l'enlèvement du portefeuille et des effets qui y étaient renfermés, époque à laquelle disparaissent les agens subalternes, dont la criminelle participation a été soldée par quelques écus livrés à leur misère. M. le procureur-général montre Bastide et Jausion acharnés à leur proie, s'introduisant, le 20, dès six et sept heures du matin, dans la maison Fualdès, consommant la spoliation totale de leur victime, en enlevant, soit du placard, soit d'un tiroir brisé par le secours d'une hache, le livre-journal, et tous les papiers qu'ils trouvent sous leur main.

Ce magistrat résume toutes les preuves résultantes de la procédure contre chacun des accusés.

M. le procureur-général, en terminant l'analyse des débats, a tracé rapidement le tableau des manœuvres et des machinations pratiquées dans cette affaire, dès son origine, des moyens de terreur et de corruption employés pour intimider et gagner les témoins. Il a rappelé les menaces dirigées contre la dame Manson; la terreur qui avait saisi Bousquier et un grand nombre de témoins, qui en ont rendu compte dans les débats; les alarmes de Théron, et les projets odieux dirigés contre lui; la mort violente qui avait enlevé la veuve Ginestet dans la force de l'âge; les soupçons du même genre de mort à l'égard de Bancal, qui déjà avait nommé l'un des principaux accusés.

Ce magistrat a parlé de 8000 francs comptant et d'une charretée de blé par an, offerts à Bousquier pour l'engager à se rétracter, fait établi par sa déclaration, celle de sa femme à des individus même qui ont essayé de la suborner; des 50 louis offerts dans le même objet à la veuve Saulanet; du blé et de l'argent offerts aux témoins Casal, Thérèse Giroux, Bache et Thérèse, sa sœur; d'une dot de 1500 francs promise à la belle-sœur du gardien des prisons de Rodez; d'une somme de 1500 francs offerte par les parens de Jausion à la femme Bancal, pour marier sa fille aînée, et de 30 sous par jour, pour elle, sa vie durant.

M. le procureur-général a terminé ce hideux tableau en disant:

« Que prétendent-ils donc, ces misérables, avec ces tentatives de subornation? Que prétendent-ils, en offrant, en semant l'or, en proposant ainsi le partage des dépouilles de leur victime, aux témoins qui, par leur silence ou leurs déclarations, voudraient leur prêter leur criminel appui? Ont-ils pensé que la puissance de la loi et la conscience publique fléchiraient devant cet or corrupteur? Ne savent-ils pas que les riches et les pauvres, les puissans et les faibles sont égaux devant la loi; qu'elle courbe toutes les têtes sous son joug salutaire; que son pouvoir doit s'appesantir sur les méchans, afin que les gens de bien soient en sûreté?

» Telles sont, MM. les jurés, les hautes idées auxquelles vous vous éleverez dans la décision que vous allez rendre. Nous ne chercherons point à émouvoir vos ames par le spectacle de ces vêtemens sanglans qui vous rappellent la plus déplorable infortune: nous n'évoquerons pas dans cette enceinte l'ombre de Fualdès, qui vous demande justice et vengeance; cette ombre sanglante, qui apparaît bien plus sûrement aux coupables, pendant les cours instans de sommeil, que dans des nuits toujours si longues pour le crime, ils dérobent aux remords qui les pressent.

» Mais cédant au sentiment de notre profonde conviction, nous fixerons vos regards sur l'intérêt de la société, de la nature et de l'amitié troublées, confondues par un horrible assassinat.

» La confiance est bannie de la terre, s'il faut craindre de trouver des assassins parmi ses parens et ses amis

» Vous exercez dans ce moment les jugemens de Dieu, et ce Dieu de miséricorde est aussi un Dieu de justice. S'il protège et console les bons, il est l'effroi des pervers. L'équilibre du monde moral tient au maintien de cet ordre invariable. Remplissez l'auguste ministère qui vous est confié: dépositaires des intérêts, des droits de la patrie et de l'humanité, que votre juste sévérité les venge de l'atteinte mortelle qu'elle a reçue par un forfai inoui.

» Il nous reste maintenant, messieurs, à remplir un ministèr plus consolant et plus doux. Heureux, vous disions-nous dan l'exposé de l'accusation, si parmi tant d'accusés nous trouvon un innocent! Ce bonheur nous l'éprouvons, et nous vous le faisons partager. Nous aimons à provoquer la cessation des ri gueurs que la dame Manson s'est attirées dans cette affaire par son refus de dire la vérité, qui lui était demandée au nom des lois. Ce n'était pas à elle d'examiner si son témoignage était nécessaire; il suffisait qu'il lui fût demandé, pour qu'elle se fît un devoir de le rendre. C'est la première obligation des hommes réunis en société; c'est à ce prix qu'est la sûreté publique, qui dépend essentiellement de la répression des crimes: toutes les combinaisons particulières, toutes affections doivent céder à ce grand intérêt. Si, entraînée par un sentiment dont nous lui avons représenté l'excès et l'abus, elle n'a pas satisfait entièrement à ce que sa conscience exigeait d'elle, elle en a dit assez pour satisfaire la justice, dont les lumières encore plus vives éclairaient déjà la décision.

» Qu'elle oublie ses malheurs et qu'elle les fasse oublier. Qu'elle renonce à cette célébrité que les femmes n'obtiennent jamais qu'aux dépens de leur bonheur. Leur considération est dans l'estime et la tendresse de ceux qu'elles aiment et qu'elles doivent aimer. Leur gloire est dans la pratique de ces vertus douces et modestes qui appartiennent à son sexe, et que son cœur est capable d'apprécier. Qu'elle vole dans les bras de cette mère tendre et vertueuse qui l'y rappelle, qu'elle y trouve les consolations dont elle a besoin. Quelle qu'ait été la rigueur de sa destinée, elle la surmontera, en honorant et embellissant sa vie par l'accomplissement de tous ses devoirs.

Ce discours a été entendu avec recueillement; la péroraison a produit un grand effet sur les accusés. Mme Manson a versé quelques larmes.

La séance a été remise à demain.

N.B. On a obtenu des renseignemens sur la tentative faite dernièrement pour communiquer, dans la prison de Sainte-Cécile, avec Jausion et Bastide. Au-dessous de la chambre qu'ils occupent, il y en a une autre qui renferme des prisonniers arrêtés pour des délits peu graves. On s'est servi de leur intermédiaire pour faire parvenir, dans une pomme de terre creuse, attachée à un fil de soie, du poison aux accusés Bastide et Jausion. La manœuvre a été découverte au moment où elle allait être exécutée.

LE STÉNOGRAPHE PARISIEN.

Une gravure accompagne cette livraison.

CINQUANTE-SEPTIÈME LETTRE.

COUR D'ASSISES D'ALBI.

Albi, 30 avril 1818.

Séance du 28 avril.

M. le procureur-général et la partie civile ayant été entendus, les avocats des accusés ont commencé à parler aujourd'hui pour ceux dont la défense leur est confiée. M. Boudet a plaidé en faveur de la femme Bancal.

« Messieurs, a-t-il dit, est-ce votre justice, est-ce votre clémence que je dois implorer en ce jour pour l'infortunée Catherine Bruguières? Si je parle de son innocence, j'aperçois s'élever contre moi *le colosse de l'opinion qui vient l'écraser sous sa masse de fer*; si j'essaie de parler à vos cœurs, je les vois se soulever et repousser avec horreur les sentimens d'humanité qu'inspire toujours la vue d'un malheureux. »

Abordant bientôt ses moyens de défense, M. Boudet s'attache à prouver que rien dans la procédure ne venant contredire le rapport fait par la femme Bancal, de ce qui se passait chez elle dans la soirée du 19 mars, on doit l'en croire sur sa parole. « Cette femme, ajoute l'avocat, affirme qu'elle n'a pas assisté à l'affreuse exécution du meurtre de M. Fualdès : dès-lors, vous ne pouvez déclarer qu'elle y a coopéré : n'ajoutât-on même pas une foi entière à ses aveux, vous ne sauriez disconvenir qu'il a été impossible à l'accusée de s'opposer aux cannibales qui se sont réfugiés chez elle; elle n'en avait ni le droit ni le pouvoir : le droit, ils étaient conduits par son mari; le pouvoir, ils étaient en trop grand nombre. Ainsi vous ne pouvez déclarer l'accusée coupable d'aucun crime. Pourquoi seriez-vous plus rigides que la loi? Que porte l'article 64? Il n'y a ni crime, ni délit, lorsque le prévenu y a été contraint par une force à laquelle il n'a pu résister. »

M. Boudet examine ensuite la question de préméditation : il cherche à prouver que c'était dans l'écurie de Missonnier que le crime devait être consommé, et que ce fut la présence seule du mendiant Laville qui força les assassins à chercher un autre repaire. Il produit toutes les raisons qui démontrent, de la manière la plus positive, que la femme Bancal ne s'attendait point à ce qu'on choisirait sa maison pour l'exécution du crime. Ces raisons, selon lui, sont la présence même de Mme Manson, que l'on n'y aurait pas laissé pénétrer, si l'on avait pu présumer ce qui s'y passerait. Ici l'avocat entre dans des détails sur cette présence de Mme Manson.

» Mme Manson, continue-t-il, a long-tems assuré qu'elle n'était jamais entrée dans la maison Bancal; elle prétendait tenir de Mlle Pierret tous les détails qu'elle avait donnés à différentes personnes. Elle a imprimé et publié qu'elle était persuadée et convaincue que Mlle Rose Pierret se trouvait dans la maison Bancal au moment de l'assassinat; elle a même ajouté qu'elle en avait la certitude. Bien loin de rétracter ses assertions, Mme Manson les a répétées aux débats en présence de Mlle Pierret; que faut-il conclure de la persévérance de cette dame, aujourd'hui qu'elle avoue qu'elle se trouvait elle-même dans le terrible cabinet? Ou qu'elle a calomnié une jeune personne dont peut-être elle fut l'amie, où qu'elles y étaient toutes deux. (Mme Manson, qui a écouté avec attention ce passage de la plaidoierie de M. Boudet, fait quelques signes qui semblent dire que l'avocat pourrait bien avoir raison). Et certainement si, comme j'en suis persuadé, et comme le dit Mme Manson elle-même, elle ne s'était pas rendue dans la maison Bancal pour égorger M. Fualdès, je crois bien que nous pouvons avoir la même conviction pour Mlle Rose. Je pense également que peu de personnes croiront que ce *charmant couple* se trouvait seul dans un lieu pareil. Dès-lors comment accorder leur présence dans cette maison, de l'aveu de l'accusée, avec la connaissance que celle-ci aurait de l'affreux projet qui aurait dû s'exécuter chez elle?

» Cependant je crois devoir déclarer que je suis convaincu que Mlle Pierret ne s'est jamais trouvée dans la maison de celle que je défends. Je puis même dire que j'en ai la certitude. Catherine Bruguières m'a protesté ne la connaître pas même de vue. Ce que j'ai eu l'honneur de vous dire n'a été que pour suivre Mme Manson dans ses différentes versions, et vous démontrer que, de quelque manière qu'on les envisage, elles prouveront toujours que l'accusée n'avait aucune connaissance du crime dont le hasard l'avait rendue témoin. »

M. Boudet, après avoir examiné les derniers aveux de madame Manson, ses dénégations précédentes, ses réponses évasives sur la cause précise de sa présence dans la maison Bancal; après avoir rassemblé toutes les preuves que lui fournissait la procédure, afin d'écarter la préméditation, a terminé ainsi:

« MM. les jurés, le sort de la femme Bancal est entre vos mains. La corruption de ses mœurs a excité votre mépris et votre indignation; mais cette corruption n'a jamais conduit à l'échafaud: elle est aujourd'hui son excuse, je puis même dire la preuve certaine de sa non culpabilité. Le témoin Mazas vous a dit que, le 18 au soir, la curiosité l'ayant fait entrer dans la maison Bancal, il y vit plusieurs filles et un seul jeune homme; il y entendit une conversation que la décence ne me permet pas de répéter; elle n'avait aucun rapport avec l'homicide. Le 19, la présence de Mme Manson, celle de deux jeunes filles que Bach désigne, mais ne connaît pas, qui ne prirent aucune part à l'assassinat; les propos entendus dans la rue et tenus par deux jeunes gens qui se plaignaient de trouver la porte de la Bancal fermée, après qu'on leur avait donné des rendez-vous dans cette maison, tout vous apprend et doit vous convaincre que Catherine Bruguières ne s'attendait à recevoir dans sa maison que des libertins, et non des meurtriers. Il est constant que l'assassinat devait être consommé dans l'écurie de Missonnier; que la porte de cette écurie ayant, par un effet de la divine providence, été barricadée par le mendiant Laville, les assassins, qui ne pouvaient plus reculer après s'être saisis du sieur Fualdès, l'entraînèrent dans la maison Bancal, où Catherine Bruguières, et les jeunes personnes qui étaient avec elle, ne l'attendaient certainement pas. Il est impossible, Messieurs, que vous déclariez l'accusée complice d'un crime à l'exécution duquel elle n'a pas concouru, et qu'elle n'a pu empêcher. Enfin, ce serait se refuser à l'évidence que de trouver, dans aucun cas, de préméditation dans les actions de l'accusée. »

L'ordre de la défense donnait la parole à M. Romiguières. On attendait en silence qu'il commençât sa plaidoierrie ; mais il s'est levé et a dit seulement : L'accusé Bastide demande la parole. En effet, Bastide, tenant à la main des feuilles écrites, a lu ce qui suit :

« Messieurs, mon défenseur a lutté assez péniblement contre ma mauvaise fortune ; il m'a aidé de ses conseils.

» Je n'exige plus rien pour le moment.

» Nul ne peut avoir aussi bien que moi la conviction de mon innocence : c'est à moi seul de l'exprimer.

» S'il est des crimes dont les auteurs restent inconnus, parce que la providence se réserve leur punition, il en est d'autres où son impénétrable volonté se joue de la faiblesse humaine, jette dans les esprits ces aveugles préventions qui expliquent les erreurs judiciaires, et donnent à l'innocence les apparences de la culpabilité.

» Toutefois, elle n'abuse pas les mortels au point de refuser aux plus sages ces rapides clartés qui signalent l'erreur commune.

» Quelle cause, si féconde en indices accusateurs, ouvrit un champ plus vaste à la défense!

» Les points généraux seront traités par les conseils des autres accusés : leur justification fera la mienne.

» Quant aux faits qui me sont personnels, je n'examine pas ma vie. Peu d'hommes ont fourni, à mon âge, moins d'appât à la malignité! Une seule inculpation semblait flétrir ma jeunesse ; mais mon père a protesté contre l'atroce témoignage de *Baudou*; et ceux qui prêtent une si complaisante oreille au babil d'un enfant, sans doute n'étoufferont pas les accens paternels.

» Cependant on m'accuse d'avoir égorgé mon vieil ami, l'homme auprès duquel l'affection la mieux sentie pouvait seule faire oublier la disproportion des âges.

» Où sont les preuves?

» MM. de Parlan croient m'avoir vu, le 17 ou le 18 mars, boire publiquement avec Bach et Colard ; mais le 17, impossible, puisque l'un des témoins était évidemment parti à l'heure où, suivant l'autre et suivant Labro, on m'aurait aperçu dans le café de Ferrand.

» Le 19, j'ai donné un rendez-vous à Fualdès pour huit heures. Cazals l'avait ainsi déposé dans la procédure écrite. Aux assises de Rodez, Ursule Pavillon allégua un propos qu'elle aurait oublié dans ses premières dépositions.

» Aujourd'hui, trois nouveaux témoins attestent le même fait ; et les malheureux ne sentent pas que plus leur nombre ira croissant, plus l'absurdité sera complète. A qui persuader qu'à cinq reprises, en cinq lieux différens, et presqu'à la même minute, j'aurais assigné à haute voix l'heure d'un si fatal rendez-vous ?

» Mais pourquoi s'occuper des antécédens, lorsque six individus m'ont vu exécutant ou consommant le crime?

» Je réponds que nommer ces auxiliaires de l'accusation, c'est déjà avoir pesé la confiance qui leur est due.

» *Bousquier!* Un accusé qui se justifie aux dépens des autres ; un homme assez adroit pour écarter le flambeau de la vérité en feignant de lui prêter le sien ; un imposteur qui nia tout d'abord, et qui, après avoir invoqué la ressource des révélations, n'arriva que par degrés à la version qui m'accuse, serait-il donc l'arbitre de mon sort!

Bach et *la Bancal*! Les murs des cachots ne parlent point. Ils parleront un jour; ils diront toutes les trames ourdies pour porter ces viles créatures à faire du mensonge la honteuse sauvegarde de leur vie... »

M. le président : Faites connaître les trames et les pratiques que vous supposez avoir été ourdies dans les cachots; dites ce que ces murs répèteront un jour.

Bastide, sans donner d'explication, continue à lire sa défense : « Aujourd'hui il suffit que l'heureux exemple de Bousquier ait pu les enhardir; il suffit de l'incohérence de leurs déclarations; il suffit que l'un n'ait pas la force de s'accuser lui-même, quand la confession de l'autre présente mille traits de bassesse et d'invraisemblance; il suffit qu'ils nous laissent tous dans l'ignorance sur les causes, les préparatifs, les circonstances du crime.

» *Clarisse Manson !*.... Ma défense contre cette femme, témoin, accusée, accusateur, que la prévention tour-à-tour blâme et caresse, humilie sans pitié, ou exalte sans mesure, contre cette femme qui, pour n'être pas dégradée par la justice, força la justice à se dégrader pour elle.... »

M. le président : Bastide, la défense écrite que vous lisez est-elle votre ouvrage?

Bastide : Le fond des idées m'appartient.

M. le président : N'aggravez point vos torts, n'ajoutez point à l'indignation.

Bastide, après un mouvement d'impatience, continue en ces termes : « Ma défense est toute dans ces mots, que Clarisse Manson convient avoir *menti à Rodez*. Quelle garantie vous offre-t-elle, Messieurs, quand elle ajoute : *A Albi, je dis la vérité.*

» *Théron !*.... Sa déposition est physiquement fausse : aussi, pour l'accréditer, on suppose des phénomènes célestes, des intervalles de clarté au sein d'une nuit constamment obscure, des miracles d'optique. Faut-il répondre? Non, car ces explications outragent moins mon malheur que la raison de mes juges. Ils diront : Théron, aux prises avec le froid et avec la peur, aurait vu Bastide, Colard, Bancal, Bach; il aurait vu Jausion à travers le bandeau qui masquait son visage; il aurait vu deux fusils et la direction de leur canon : il aurait vu la couverture de laine, il aurait vu le cadavre..... C'en est trop : Théron n'a rien vu!

» Enfin, *Madelaine Bancal !*..... Cette fille, interrogée par le juge d'instruction, le 24 mars, ne savait rien. Depuis, elle est devenue l'instrument le plus actif d'une horrible intrigue que le tems dévoilera, et dont les auteurs se sont déjà trahis. Rappelons le témoignage non suspect de Canitrot. On voulait confronter Madeleine à Bastide; et, avant tout, on conduisit Madelaine dans le cachot de Bastide!!

» Mais Bastide innocent devait il s'obstiner à nier sa présence à Rodez dans la matinée du 20 mars? Cette obstination tient à un fait : Je ne parus à Rodez que dans la soirée; toute la colère des accusateurs, mille témoins, n'obtiendraient pas un aveu que je pourrais faire sans danger, si la vérité avait deux langages. Aussi éclate-t-elle malgré tous les efforts tentés pour la défigurer. On m'aurait vu au même instant en plusieurs lieux, sous différens costumes. Je me cachais, et, en deux heures, j'aurais traversé trente fois la principale place de Rodez! Tous ceux qui m'ont vu me connaissaient; un seul m'aurait parlé, et ce témoin unique serait la servante de Fualdès! Qu'un atroce esprit de subtilité se flatte d'accorder toutes ces discordances, l'homme sage n'y voit rien qu'une confusion manifeste d'heures et de jours.

» Je peux donc sans scandale invoquer des témoins mieux instruits; ceux-là me connaissaient certainement: ils m'ont vu, car ils ont conversé avec moi: ils ne se trompent pas sur les heures, car il n'est plus question d'une fugitive minute, mais d'une soirée, d'une matinée entière passée avec eux ou auprès d'eux; ils ne se trompent pas sur le jour, car l'arrivée de l'huissier le fixe invariablement: leur mémoire ne les trahit pas, car, au lieu de déposer, comme la plupart des témoins à charge, six mois, un an après l'assassinat, ils furent interpellés quelques heures après mon arrestation.

» On dit: Ce sont des témoins à décharge! La loi les appelle à mon secours; il n'appartient point au magistrat de leur imposer le sceau de la réprobation.

» Ce sont des valets! Le curé de Sainte-Mayné, M. de Curlande, Mme Vernhes, le meunier de Cascame, plusieurs autres repoussent cette qualification. Parmi ceux auxquels elle convient et qu'elle ne déshonore pas, un seul est aujourd'hui à mon service; et d'ailleurs, quelle inconséquence! des valets qu'on accable d'un outrageant mépris, on les croit assez généreux pour sacrifier leur propre sûreté à l'intérêt de leur ancien maître!

» Ce sont de faux témoins! Je ne sais si on le prouve. Mais lorsqu'à la témérité de cette allégation on joint la perfidie d'une odieuse réticence, la preuve fournie conserve toute sa force: qui osera consacrer en principe que vingt-neuf témoins à décharge ne sont d'aucun poids dans la balance de la justice? qui osera s'exposer à l'accablant reproche d'avoir douté d'un fait attesté par vingt-neuf témoins?

» Eh! pourquoi cet homicide scepticisme, pour décider en dernière analyse que j'ai assassiné Fualdès?

» Fualdès n'était pas mon ennemi, et sa mort signale l'accomplissement d'une profonde vengeance.

» Fualdès n'était pas mon créancier; car un propos dénaturé ne deviendra pas à vos yeux un titre d'obligation; et vous ne croyez pas que celui qui empruntait sans cesse les plus petites sommes eût pu prêter 10,000 francs à un ami qui lui prêtait son crédit.

» Si la cupidité avait égaré un homme sobre, aisé, laborieux; si elle avait armé mon bras, aurais-je frappé un vieillard, dont la fortune n'offrait rien à la cupidité? Aurais-je réclamé l'appui de tous ces sicaires obscurs, niais, inutiles, dangereux? Aurais-je attiré ma victime dans un quartier fréquenté, dans une maison publique, moi que Fualdès invitait à sa table, moi qu'il suivait avec sécurité dans l'épaisseur des bois?

» Ces hommes, ces femmes qu'on me donne pour complices, je ne les connus jamais; ils furent coupables sans moi, ou je fus coupable sans eux.

» Faut-il une victime? me voici. Mais ne m'associez ni à Bach ni à Bancal.

» Sur-tout n'enveloppez pas dans ma disgrâce des parens vertueux : une détestable ambition a créé des dangers pour supposer des services. Ma famille, qui vécut toujours dans les champs, qui en pratiqua les mœurs et en aima la simplicité, est représentée comme un foyer d'intrigues, comme l'antre du crime. Barbares! mes parens pleurent et succombent. Trois sont morts à la fleur de l'âge, victimes de leur amitié pour moi; trois gémissent dans les cachots, victimes de la fatalité qui me poursuit. Voilà leurs manœuvres!

» Jugez, messieurs, si, jeté dans cet océan d'infortunes, je peux m'attacher à la vie. J'en atteste le Dieu qui me juge mieux que les hommes, le Dieu qui m'a donné cette force d'ame que mes ennemis ne savent pas comprendre; je ne dispute que mon honneur. Les entraves mises à ma défense, un secret de treize mois, des traitemens inhumains, le refus de joindre deux procédures essentiellement indivisibles, les frayeurs inspirées à plusieurs dont j'aurais invoqué le témoignage, m'ont livré sans armes à mes persécuteurs. Mais avec des lumières et la conscience de vos devoirs, vous imiterez la rare et singulière prudence des anciens juges, donnés en exemple par l'orateur romain : « Vous jugerez les témoins avant de juger l'accusé. »

» Que s'il me fallait éprouver encore l'injustice des vivans, j'en appelle à un prochain avenir. L'avenir gravera sur ma tombe : *Bastide est innocent.*»

M. Dubernard prend la parole pour Jausion :

« Messieurs, dit-il, l'accusation d'un crime est toujours un fardeau pénible; elle est plus redoutable encore lorsque ce crime atroce, dans ses circonstances, se présente avec des caractères effrayans pour la société. Les esprits alarmés s'agitent, l'imagination publique se soulève, les cris de vengeance retentissent de toutes parts; et tandis que l'homme sage attend dans le silence que la vérité ait éclairé sa raison, la multitude au contraire ne veut apercevoir que l'énormité du forfait. On la voit aussitôt, fermant les cœurs à la pitié, appeler avec une précipitation funeste le glaive des lois sur des hommes que désignent à peine les premiers soupçons; le torrent de l'opinion entraîne tout ce qui ne veut pas réfléchir, et des malheureux sont dévoués au supplice avant même de les entendre.

» Telle est, Messieurs, la situation déplorable où la fatalité a jeté Jausion. Père de famille, irréprochable jusqu'à ce jour, le voilà traduit devant vous, pour cet attentat horrible qui jeta dans Rodez le deuil et l'épouvante; le voilà accusé de s'être mêlé avec les scélérats qui ont entraîné le malheureux Fualdès, pour l'égorger dans un lieu de prostitution. Pour la seconde fois, Jausion paraît sur ce banc terrible aux coupables. Armée du glaive vengeur, la justice attend qu'il réponde à la plus cruelle accusation. Jausion, une épouse éplorée, sa jeune famille, sont venus réclamer les secours de mon ministère. Je n'ai vu s'élever contre lui que des présomptions, des conjectures, des témoignages évidemment trop suspects, ou frappés d'avance de réprobation, un échafaudage de probabilités qui doit s'écrouler devant la justice.....

» Toutefois, je l'avouerai, je n'ai pu me défendre d'un sentiment de crainte et d'hésitation, non que j'aie pensé que mon ministère dût fléchir devant ce préjugé qui, pour les grands crimes, voudraient peut-être que l'accusé, rebuté de toutes parts, restât sans défense, abandonné à son désespoir; devant ce préjugé qui, menaçant à-la-fois l'innocent et le coupable, voudrait séparer du droit d'accusé le droit encore plus sacré de la défense. Comment méconnaître que, sous les liens même de l'accusation, le malheureux est une chose sacrée! Etait-ce à moi d'ignorer que, jusqu'à l'arrêt qui doit prononcer sur son sort, la présomption de l'innocence réclame sans cesse en sa faveur?

» Qu'avais-je donc à redouter? Ah! mes craintes n'étaient que trop justes: je voyais déjà cette prévention funeste qui, dès le premier instant, s'est élevée contre les accusés, l'horreur qu'inspire le crime, rejaillir jusque sur les malheureux; je les voyais cherchant en vain à se faire écouter, et ne trouvant partout que des hommes devenus insensibles, ou qui prêtaient à peine une oreille distraite à leur voix suppliante.

» Mais c'est ici, dans le sanctuaire des lois, que viennent expirer l'erreur et les préjugés; c'est ici qu'on cherche la vérité avec les cœurs purs, l'amour du bien et la soif ardente de la justice.

» Il n'y avait donc plus à hésiter: n'étais-je pas appelé à faire entendre la défense de mon client devant les magistrats de la cour où j'ai l'honneur d'exercer mon ministère? devant des juges, l'appui du faible et du malheureux, et qui m'ont offert chaque jour, dans leurs décisions, de nouveaux monumens de leur sagesse et de leurs lumières?

» Devant un jury, l'élite d'un vaste département? réunion imposante, qui ne présente que des fonctionnaires précédés d'une honorable renommée, tous l'exemple de ces vertus généreuses, garans pour les accusés d'une constante impartialité?

». Je ne chercherai, Messieurs, dans ma défense, que des moyens dignes d'arriver jusqu'à vous: la vérité doit être ici notre seul guide; elle sera, pour moi le premier, comme le plus sacré des devoirs. »

Après cet exorde par lequel l'orateur s'est habilement concilié l'attention et l'intérêt de l'assemblée, il a divisé son plaidoyer en deux parties: 1° le vol considéré comme motif de l'assassinat; 2° l'assassinat avec toutes ses circonstances. Il établit qu'il n'y a point eu de vol, et par conséquent point de motif de l'assassinat. Les 20,000 fr. qui se trouvent entre les mains de Jausion, et que M. Fualdès avait reçus de M. de Séguret en décembre 1816, sont devenus la propriété de l'accusé à l'époque de son paiement. Les dettes de M. Fualdès ont été diminuées d'une somme égale.

Les 12,093 fr. qui manquent des effets reçus de M. de Séguret, la veille de l'assassinat, se trouvent remplacés par autant d'effets dus par M. Fualdès, et acquittés au profit de sa succession.

On réclame des portefeuilles! Il en a été retrouvé un: celui qui a pu être enlevé ne devait renfermer aucun titre de créance. M. Fualdès avait peu de débiteurs.

L'argent! Celui que M. Fualdès avait lorsqu'il fut assassiné s'est retrouvé dans son bureau ou dans un placard de son appartement.

Un livre-journal ! L'existence n'en est pas constatée.

Une contre-lettre ! Ce n'est qu'une fausse supposition. Elle n'a jamais pu exister. M. Fualdès était débiteur au contraire de Jausion pour des sommes considérables, et c'est pour garantir le paiement de ces sommes que M. Fualdès avait donné à cet accusé un acte sous seing-privé, contenant vente du domaine de Flars, et des titres de créance sur Laqueilhe pour 14,000 fr.

Ainsi point de vol de la part de Jausion, et par conséquent nul motif du crime qu'on lui impute.

M. Dubernard examine ensuite l'assassinat en lui-même, et dans les faits qui l'ont précédé, accompagné et suivi.

Les faits antérieurs consistent dans les dépositions des témoins qui déclarent avoir vu Jausion entrer dans la maison Bancal avant l'assassinat. Ces faits ne sont établis que par des dépositions tardives et peu dignes de la confiance du jury. Rien d'ailleurs de précis et de positif.

Rien ne prouve non plus la présence de Jausion dans la maison Bancal pendant l'assassinat. Les révélations de Bach ne doivent pas être écoutées. C'est un misérable qui veut se sauver, et qui croit y parvenir en désignant des victimes.

L'avocat se livre ensuite à une analyse très-ingénieuse des dépositions aussi multipliées que contradictoires faites par Mme Manson. Il suit cette dame devant la cour d'assises de Rodez ; il cherche à expliquer la fameuse séance où, en s'évanouissant, elle parut désigner par un cri les accusés comme coupables. Il donne à ce cri une explication toute différente. L'appareil imposant de la justice jette le trouble dans son ame. Ce ne sont plus les accusés qu'elle aperçoit sur le banc terrible ; son imagination égarée lui montre un couteau sanglant, levé sur sa tête et plongé dans le sein de son fils. Elle s'évanouit. *Qu'on ôte*, s'écrie-t-elle, *ces assassins de ma vue.* Lorsque le calme renaît dans ses sens, on l'entend protester qu'elle ne sait rien que par conjecture.

Interpellée par Jausion, elle répond avec fermeté : « Je n'ai rien dit à M. Clémendot, je l'affirme par serment. Tout ce que j'ai dit ailleurs est fabuleux ; c'est ici, devant la cour, que je dis la vérité, parce que je suis libre. » Elle veut même arrêter l'effet de ces insinuations effrayantes que la prévention voulait trouver dans ses discours. Elle se présente encore aux débats. « On m'a dit que j'avais fortement compromis les accusés par les révélations que j'ai faites. Je serais affligée d'avoir laissé dans l'esprit des jurés des impressions fâcheuses. Je me suis évanouie plusieurs fois, et je crains que ces accidens soient interprétés d'une manière defavorable aux accusés. »

Dans ses révélations devant la cour d'assises du Tarn, elle n'a également rien articulé contre Jausion ; elle a toujours déclaré n'avoir pas pu le reconnaître. C'est donc à MM. les jurés à expliquer ou à interpréter ce silence. Quant à l'orateur, il n'y voit rien que de favorable à son client.

« Ne demandez plus, s'écrie M. Dubernard, si la vérité est encore obscure pour moi ; ah ! n'en doutez pas. Lorsqu'on va prononcer sur l'honneur d'une famille, lorsqu'il s'agit des jours de mon semblable, pensez-vous que je puisse la reconnaître dans des demi-aveux, dans des réticences, dans des convulsions ? voulez-vous que je sois réduit à la chercher dans des gestes, dans des altérations de la figure, dans des écarts d'une imagination trop ardente et trop prompte à s'exalter? Et si, chargé d'expliquer ces énigmes, j'en allais méconnaître le véritable sens, je verrais donc l'innocence traînée à l'échafaud, parce que j'aurais voulu chercher la lumière dans l'épaisseur des ténèbres; j'entendrais le sang de ce malheureux crier contre moi, parce que j'aurais eu la témérité de mettre ma pensée à la place de la pensée du témoin, que j'aurais mal interprétée! Et vous demandez encore si la vérité est toujours obscure à mes yeux! Tant que des accens aussi simples, aussi sincères qu'elle, ne viendront pas frapper mon oreille, je m'obstinerai à le dire : *Oui, la vérité est obscure pour moi.* »

M. Dubernard discute les révélations et les déclarations de Bousquier, de la petite Madeleine Bancal, de la femme Bancal et de Théron. Les trois premières sont favorables à son client; celles de Théron ne sauraient l'atteindre, parce qu'elles ne méritent pas la moindre créance. Il termine son plaidoyer par une péroraison dont nous regrettons de ne pouvoir citer que les passages suivans :

» Vous allez, Messieurs, rentrer dans le sein de vos familles; là, au milieu de tout ce que vous aurez de plus cher, le souvenir de ces débats viendra encore se présenter à vos esprits; vous voudrez peut-être interroger vos consciences pour y retrouver cette conviction irrésistible, qui seule aurait pu vous arracher l'arrêt de condamnation. Mais si au lieu de ces garans nécessaires pour la paix de vos jours, le doute s'élevait dans vos ames; si vous aviez besoin de chercher de quoi vous rassurer contre les tourmens de l'incertitude, il faudrait donc voir errer autour de vous les mânes du malheureux que vous auriez trop légèrement condamné; sa voix plaintive viendrait vous demander l'épouse dont vous l'auriez séparé, les jeunes orphelins à qui vous auriez ravi un père pour le faire mourir dans l'opprobre et dans l'infamie.

« Frappez, Messieurs, soyez inexorables, si la lumière de l'évidence est venue briller à vos yeux. Que le coupable expie ses crimes par un juste châtiment. Mais si la Providence, qui tient entre ses mains nos destinées, ne vous a pas offert de preuves plus claires que le jour, si elle n'a pas éclairé vos consciences de l'éclat de cette vive lumière, n'est-ce pas pour donner avertissement qu'elle ne veut pas vous confier la punition du crime, et qu'elle en réserve le jugement à son suprême tribunal.

» Qu'à votre voix le glaive vengeur soit écarté de dessus la tête de mon client, qui implore votre justice.... Que votre jugement soit pour la société un nouveau garant; que les malheureux injustement accusés trouvent auprès de vous un abri contre la prévention, et que vous ne cédez qu'à la voix de l'évidence et de la justice! »

M. Dubernard ayant terminé son plaidoyer, on pensait que la séance allait être aussitôt levée; mais M. le procureur-général a pris la parole, et s'est exprimé en ces termes :

« Messieurs, nous ne devons pas laisser finir cette audience sans rappeler votre attention sur la défense écrite qui vous a été lue par l'accusé Bastide. Par respect pour le droit de défense naturelle, qui certes a été poussé dans cette affaire au-delà des bornes qui avaient été connues jusqu'à ce jour, nous n'avons pas cru devoir interrompre la lecture de cette défense. Vous savez les expressions injurieures aux dépositaires des lois que l'on a proférées; on n'a pas craint de dire que la dame Manson *a forcé la justice de se dégrader pour elle.* Fait-on violence à la justice? et qui a le pouvoir sur la terre de la forcer à se dégrader? Appelle-t-on dégradation l'opinion émise dans la séance d'hier par le ministère public, de l'innocence de la dame Manson, de sa non participation à l'assassinat de M. Fualdès? Si le ministère public pouvait devoir compte de son opinion et de sa conscience à tout autre qu'aux lois, nous demanderions si, dans ce public si attentif à cette affaire qui occupe la France et l'Europe, il y a un seul homme, connaissant ces débats, qui croie que la dame Manson a trempé ses mains dans le sang de M. Fualdès; nous demanderions s'il est un seul des accusés qui le pense.

» On a ajouté, dans ce même écrit, que des *entraves ont été mises à la défense* de l'accusé Bastide. Y a-t-il une seule formalité prescrite par les lois en faveur des accusés, qui ait été négligée? Qu'on la fasse donc connaître; et, si nous jetons les yeux sur ce qui s'est passé aux débats, donna-t-on jamais plus de latitude à la défense, plus de facilité, soit aux accusés, soit à leur conseil, de se faire entendre? Les objections les plus minutieuses ont été écoutées, débattues, discutées; les faits quelquefois les plus indifférens, ont été éclaircis comme les plus graves: il suffisait qu'ils eussent, aux yeux des accusés, quelque importance, pour qu'on se fît un devoir de les vérifier. Nous invoquons hautement les témoignages de MM. les jurés et du public.

» On a allégué avec amertume le refus de *joindre deux procédures essentiellement indivisibles;* et c'est un nouvel outrage à la cour d'assises, et à la cour de cassation, qui a confirmé sa décision.

» Nous ne chercherons pas à expliquer ces mots: *Une détestable ambition a créé des dangers, pour supposer des services.*

» Mais ce qui est certain, c'est que les expressions que nous venons de vous rappeler sont trop étrangères au style de Bastide, et seraient de sa part trop peu convenables à sa position, pour que nous puissions les regarder comme son ouvrage. Nous ajoutons que si nous pouvions penser qu'elles lui appartinssent, nous garderions le silence; nous céderions à cette pitié qu'inspirent le malheur et le désespoir jusque dans le crime.

» Il est évident, et vous allez bien certainement vous en convaincre, qu'elles sont tracées par une main étrangère, par une main aussi audacieuse que coupable. Il faut que cette main soit connue. Nous demandons, 1° que M. le président se fasse remettre à l'instant, par l'accusé Bastide, la défense écrite qu'il a lue dans cette audience; 2° que cet accusé soit interpellé sur la personne de qui il la tient; 3° qu'il soit dressé procès-verbal de cette remise et des réponses de Bastide, pour être ultérieurement statué ce qu'il appartiendra. »

M. le président: Accusé Bastide, qu'avez-vous fait de la défense que vous avez lue?

Bastide: Je l'ai envoyée à mon père.

M. Romiguières: Je l'ai remise à l'un des rédacteurs des notices.

Cette pièce, ayant été donnée par le rédacteur à un des huissiers de la cour, a été présentée à M. le président. Le dépôt en a été fait au greffe. Toutefois, M. le président a cru devoir demander à Bastide s'il voulait en parapher et coter toutes les feuilles : « Non, s'est-il écrié, elle est dans mon cœur. »

M. le président : Qui a écrit cette défense?

Bastide : Je n'ai rien à vous dire.

CINQUANTE-HUITIÈME LETTRE.

Albi, 1er mai 1818

Séance du 29 avril.

L'intérêt général qui s'est attaché depuis long-tems à Mme Manson, nous force d'intervertir l'ordre des défenses, pour mettre ici et le plaidoyer de son avocat et le discours qu'elle-même a prononcé.

M. Esquilat est le défenseur de Mme Manson. Sa tâche sans doute était facile à remplir; M. le procureur-général avait d'avance plaidé sa cause. Aussi M. Esquilat ne s'est-il pas spécialement attaché à défendre Mme Manson de l'accusation de complicité dans le meurtre de Fualdès : cette accusation n'existait plus depuis que Mme Manson avait appris à la justice l'horrible secret du 19 mars; mais son avocat a cru devoir la défendre contre l'opinion souvent injuste, lorsqu'elle n'est point éclairée. Il représente Mme Manson poursuivie sans cesse par la crainte de subir le sort du malheureux Fualdès. (La menace lui en avait été faite par les assassins, qui étaient nombreux, puissans, et qui n'étaient pas tous dans les fers.) « Pressée par le cri de sa conscience, d'accord avec la justice, retenue par la honte attachée à l'aveu de s'être trouvée dans un lieu infâme, a dit M. Esquilat, la dame Manson ne pouvait laisser échapper de son sein la vérité, que la société et la justice réclamaient d'elle avec tant d'empressement.

« Le combat pénible qui s'élevait dans son cœur lui fermait la bouche; elle ne pouvait articuler le nom de celui qui avait voulu être son bourreau, parce que, si elle l'avait nommé, elle était obligée d'avouer ce qui lui était personnel, de s'être trouvée dans la maison Bancal. L'on aurait voulu aussi connaître son libérateur.

» A Dieu ne plaise que je veuille professer ici des principes que la justice réprouve; elle a des droits bien entendus, des droits incontestables d'interroger tous les citoyens pour obtenir d'eux la révélation des faits propres à constater les crimes et à signaler les coupables. Si la dame Manson a connu son libérateur, je respecte les motifs qui l'ont empêchée de le nommer par son nom, mais je crois qu'elle a satisfait à tous ses devoirs. Qu'importe en effet la manière dont la vérité vient frapper l'oreille de MM. les jurés; l'essentiel est qu'elle soit connue, et, ainsi qu'elle l'a dit, la vérité n'est plus obscure pour personne; toutefois, je vous prie de croire qu'elle n'a jamais voulu se jouer de la justice; sa volonté avait peu de part dans ses dénégations. Hé! que serait-elle, que deviendrait son existence, si elle n'était soutenue par cette divine justice qu'on l'accuse d'avoir voulu outrager?

» Pourquoi, disent les antagonistes de la dame Manson, a-t-elle été la première à faire connaître ce fait qu'elle avait tant d'intérêt à cacher, son entrée dans la maison Bancal?

» Avant la révélation à M. le préfet, elle n'a dit formellement à personne qu'elle se fût trouvée dans cette maison; mais si elle s'est trahie par quelques propos, la raison en est facile à saisir: cette raison fait encore l'éloge de son cœur

» Cette dame est imbue de trop bons principes pour avoir jamais voulu l'impunité des coupables d'un grand crime; elle avait été le témoin de ce crime, elle en avait été vivement frappée, elle l'avait toujours présent à son esprit: le secret était un fardeau trop pénible à supporter; lorsque tout le monde en parlait et que l'opinion s'égarait en conjectures, la dame Manson pouvait-elle se taire? et lorsqu'elle en parlait, pouvait-elle éviter de faire connaître, sans s'en douter, des circonstances, des détails méconnus du public?

» Ces détails durent éveiller des soupçons dans la position où se trouvaient les Ruthénois; dans la juste indignation qui les animait, ils durent chercher tous les moyens de découvrir les coupables: chacun voulut avoir la gloire d'avoir contribué à la manifestation de la vérité.

» Le sieur Clémandot fut le premier qui se flatta d'avoir obtenu son secret. Et pourquoi? Parce que, dans une promenade où il la pressa de questions, elle se défendit faiblement, selon lui, des raisons qu'il disait avoir de croire qu'elle s'était trouvée dans la maison Bancal; il s'empressa de publier ce qu'il prétendait avoir appris de cette dame, sur la place, dans le café, tandis qu'il était sur le point de quitter Rodez. Il donna comme positifs des aveux que la dame Manson ne lui avait pas faits, et qui la contredisent ensuite soit dans ses déclarations écrites, soit dans ses déclarations orales.

» Les témoins à qui il a fait ses récits ne sont point d'accord avec lui; il n'est pas d'accord avec eux. Et comment imaginer, par exemple, que la dame Manson lui ait fait l'aveu qu'elle avait un rendez-vous dans une maison de prostitution, elle qui voulait, à tout prix, cacher qu'elle eût été, même par accident, dans un lieu infâme? Cela est hors de toute vraisemblance.

» Si la dame Manson combat la déposition du sieur Clémandot, c'est parce qu'il lui a plu insérer malicieusement un prétendu aveu qu'elle nie avoir fait à personne, et que le sieur Clémandot a cherché à accréditer par des réflexions aussi fausses que le propos qu'il prête à la dame Manson.

» Naguère, lorsque le sieur Clémandot avait cherché, par la suite de sa déposition, à détruire les bruits défavorables que la prétendue confidence avait fait naître, et qui tendaient à blesser la réputation de Mme Manson, le public aurait été porté à croire qu'en homme d'honneur, il disait la vérité, rien que la vérité; mais depuis qu'il a donné la mesure de la confiance qu'il mérite, par un Mémoire infâme, imprimé en son nom, et qui déverse, à grands flots, le poison d'une sale et dégoûtante calomnie sur la dame Manson, vous jugerez, Messieurs, quel est le cas que l'on doit faire de ce témoin et de sa déposition. La dame Manson ne s'abaisse pas jusqu'à combattre ici cet amas de sottises qui ne sauraient l'atteindre, et qui ne peuvent retomber que sur leurs auteurs; elle atnd une vengeance plus éclatante que la justice ; et des hommes, es officiers français, ne manqueront pas de la venger par un pro-nd mépris, d'une déloyauté jusqu'alors sans exemple. Le public a jugé. »

M. Esquilat, après avoir terminé son plaidoyer, s'est adresé à me Manson : Madame, lui a-t-il dit, si vos forces vous le per-ettent, présentez vous-même à la cour, les observations e vous voulez ajouter à votre défense ; je ne doute pas ue la cour et MM. les jurés ne vous entendent avec beaucoup 'intérêt.

Mme Manson a parlé en ces termes :

Messieurs,

Mon défenseur vient de développer d'une manière claire t précise la preuve évidente de ma non culpabilité : cette reuve, il l'a puisée dans les documens mêmes de la pro-édure, et dans les dépositions des témoins ; en est-il n seul qui m'accuse ?..... Reconnaissant mes faibles moyens, n'oserais me flatter de captiver long-tems votre atten-on, après mon conseil, qui s'est exprimé avec tant de rce et d'énergie. Je n'ajoute donc rien pour ma défense; vais me borner à vous retracer rapidement le tableau de ıes souffrances....

Captive depuis sept mois, j'ai supporté le poids d'une juste accusation. Mais qu'est-ce encore, comparativement l'horrible soirée du 19 mars ?....

Une imprudence me conduisit dans la rue des Hebdo-adiers ; le hasard me jeta dans la maison Bancal, le plus reux malheur m'y retint malgré moi. En vain je cherche-ai des expressions capables de rendre tout ce que j'ai prouvé d'angoisses pendant le supplice de l'infortuné Fual-ès : ses efforts pour échapper à ses bourreaux, ses prières our les attendrir, ses plaintes, ses gémissemens, son ago-ie, son dernier soupir.... j'entendis tout.

Son sang coula près de moi : je m'attendais à subir un areil sort, il m'était réservé ; mais le ciel, qui veillait sur ıoi, et qui ne permet pas que les grands crimes restent im-unis, voulut me conserver pour éclairer celui-ci, et don-er une éclatante preuve de sa divine providence.

Vous savez, messieurs, qu'en cherchant les moyens de ·ir les assassins, j'attirai leur attention : un d'eux s'offrit mes regards, ses mains fumaient encore du sang qu'il enait de répandre ; il m'en parut couvert... Son air affreux e glaça d'épouvante, je ne vis plus rien qu'un cadavre et mort.... Un être, dirai-je bienfaisant, m'a sauvé la vie... ans lui, j'eusse été la proie d'un tigre ; sans lui, Edouard n'aurait plus de mère... La justice pourrait-elle m'adresser des reproches? Suis-je donc inexcusable aux yeux du monde? Et dans la supposition que mon libérateur soit coupable, en est-il moins mon libérateur? Liée par un serment que je croyais irrévocable, paralysée par la crainte d'être un jour victime d'une vengeance, entraînée par un sentiment de gratitude, accablée de cette idée que mes aveux devaient me couvrir de honte, alors qu'ils me feraient soupçonner d'une action infâme; tant de considérations réunies ne suffisaient-elles pas pour justifier mon silence? J'ai pu me taire... est-ce un crime? C'est aux ames délicates que j'en appelle.

Le ciel m'est témoin qu'après le fils du malheureux que je vis massacrer, personne ne désira plus vivement que moi la découverte et la punition de ses meurtriers; et sans cette masse énorme de preuves qui ne me permettaient nullement de douter de leur résultat, je ne sais à quoi eût pu me conduire la juste indignation qu'ils m'avaient inspirée; mais j'étais convaincue que mon témoignage n'était pas indispensable.

Cinq mois après l'assassinat, des soupçons planent sur moi; on me croit un témoin essentiel; je me défends mal, je parais troublée, et M. Clémandot fait une déposition fondée sur des aveux tacites....

Enfin, pressée par le premier magistrat de l'Aveyron, une partie de la vérité s'échappa de mon sein; et si je l'a désavouée bientôt après, le motif n'en fut pas équivoque il a été bien connu.

Déjà subjuguée par une puissance oppressive, environné de crainte et de terreur, les nouveaux moyens employés prè de moi ne pouvaient être sans effet. Le machiavélisme dé ploya ses ressources; mon ame avait perdu toute énergie que pouvait-elle opposer aux suggestions de l'astuce et d la duplicité? Je promis de me rétracter; et cette promesse je crus la devoir à l'amitié et à la reconnaissance....... Vou n'avez pas oublié, Messieurs, la fameuse journée du 22 août Je me vis trahir par mes actions, qui démentirent involon tairement mes assertions orales; j'espérais concilier tous le intérêts; je mécontentai tout le monde, et je me perdis.

Depuis, constamment menacée de voir terminer me jours d'une manière désastreuse, l'exemple de Fualdès san cesse devant les yeux, frappée de cette effrayante image qu me poursuivait jour et nuit, et que mes songes me repro duisaient encore pendant mon sommeil; enfin, craignan ɔour l'objet de toutes mes affections, j'adoptai ce funeste ystème de dénégation qui me rendit l'horreur des gens de ien, me priva de ma liberté, de mon enfant, me conduisit ur le banc du crime, et qui eût causé ma ruine entière, si e ne l'avais abandonné.

Je suis revenue de ma fatale erreur! Trop long-tems abusée par de dangereux prestiges, je les ai vus se dissiper, et je n'ai plus à lutter contre ma conscience, qui me reprochait de refuser à la justice la part qui lui était due: vainement on argumenterait sur ma déclaration tardive, la vérité qui l'a dictée saura lui donner du crédit.

Voilà, Messieurs, une faible esquisse de ce que j'ai souffert pendant un an. Ne pensez pas que mon projet, en vous la présentant, soit de chercher à émouvoir votre sensibilité; ce n'est pas de la pitié que je viens implorer; non, Messieurs, ce sentiment avilit trop celui qui en est l'objet; vous me rendrez justice, j'en trouve la garantie dans le choix que le digne chef de ce département a fait de vous et dans l'hommage que vos concitoyens se plaisent à rendre à vos connaissances et à vos vertus. Je me crois amplement justifiée non-seulement à vos yeux, mais à ceux de l'Europe entière, dont je fixe malheureusement l'attention : cependant si je m'abusais, s'il existait encore des nuages, si je vous paraissais coupable...... que nulle considération ne vous arrête. Oubliez que j'appartiens à un père respectable qui remplit depuis long-tems avec honneur une place dans la magistrature; que mon frère, qui porte l'uniforme français, est couvert de blessures glorieuses; détournez vos regards de ce lit de douleur où gémit ma mère infortunée; fermez l'oreille aux cris de mon fils...... frappez, Messieurs; il est un bien qu'on ne peut me ravir, mon innocence et la force de supporter le malheur.

Pardonnez à une fierté qui tient à mon caractère, elle est innée en moi; j'oublie que je suis sur la sellette, j'oublie que je parle à mes juges; je suis dans les fers, mais mon ame est indépendante, et celle qui fut exempte de crime ne saurait se résoudre à demander grâce.

C'est de vous que dépend mon sort, Messieurs; si j'en crois le témoignage de ma conscience, vous allez m'absoudre et me rendre à la vie en me rendant l'honneur et la liberté.

Je repousse toute idée de prévention; cependant, quelle que soit votre impartialité, tout éclairés que je vous suppose, comme il n'est pas dans la nature de l'homme d'être infaillible, et que je puis devenir encore victime de l'illusion, dans ce cas je saurai me résigner, me taire, me consoler, dans l'espoir que Dieu seul voit le fond des cœurs, que ses arrêts sont irrévocables, et qu'il doit me juger un jour.

Ce discours a été prononcé par madame Manson avec une assurance et une fermeté qui ont produit une vive impression sur l'auditoire.

LE STÉNOGRAPHE PARISIEN.

CINQUANTE-NEUVIEME LETTRE.

COUR D'ASSISES D'ALBI.

Albi, 2 mai 1818.

Séance du 30 avril.

Dans cette séance, M. Bole a prononcé, en faveur de Colard, un éloquent plaidoyer dont voici la péroraison :

« Messieurs, a dit le jeune avocat, j'ai mis en délibération si je devais *élever ma voix simplement pour prendre mes conclusions*, ou pour développer devant vous les preuves qui justifient mon client jusqu'à l'évidence. J'avoue que peu fait encore à l'assurance que donne la pratique du barreau, je m'étais laissé intimider par la tyrannie de l'opinion qui, dans cette affaire, condamne en masse, et sans les entendre, tous les accusés. L'histoire nous parle d'un peuple qui commençait par exécuter le prévenu ; ensuite il laissait parler son conseil. Voilà l'opinion ; mais ce n'est pas l'opinion qui nous jugera. Etrangers à la prévention comme à tous les préjugés, vous n'écouterez, Messieurs, que l'autorité de la raison. Je vais donc parler avec d'autant plus de confiance que ma cause se lie naturellement à tous les intérêts généraux et particuliers, aux intérêts de mes auditeurs, aux intérêts de la justice, de l'humanité. Bastide, Jausion, Colard, les accusés ne sont rien ; mais il importe à chacun de nous, il importe à la justice, il importe à l'humanité qu'on ne condamne personne sans des preuves convaincantes.

» Jean-Baptiste Colard est accusé d'assassinat prémédité sur la personne de M. Fualdès et de la noyade du corps. Je vais discuter les trois questions de la préméditation, du meurtre et de la noyade : c'est toute la division de ce discours. »

M. Bole fait ensuite un rapide exposé des faits relatifs à son client ; il cherche à détruire l'impression des propos cruels qu'on prête à Colard. « A cet égard, a-t-il ajouté, je dois dire à l'éloge de M. Tajan, qu'il n'a pas cru devoir insister sur ces misérables calomnies ; il n'a pas sacrifié les droits de la vérité à l'intérêt du tableau..... Abandonnons ces argumens qui ont agi si malheureusement sur les premiers juges. Mon client est-il du nombre des individus qui ont formé le complot de l'assassinat ? A-t-il pris une part active aux faits qui ont immédiatement précédé le meurtre ? » L'avocat discute les dépositions de MM. Parlan, qui ont vu son client au café Ferrand, le 17 ou le 18, jour de la grande foire. « Le 17, Bach n'était pas à Rodez ; le 18, l'un des témoins partit de Rodez à sept heures du matin. Un homme raisonnable ne peut avoir égard à cette déposition pour décider contre Colard et Bach la question de préméditation. D'ailleurs, à l'époque dont nous parlons, Bancal et Colard étaient brouillés sans retour ; de grands intérêts les ont pu réconcilier ; mais la raison et la justice ne permettent pas de prendre une conjecture pour un fait démontré, lorsque tout concourt à prouver la fausseté de ce fait.

» Colard a, dit-on, été gagné par les assassins. Mais comment justifier cette assertion? elle est démentie par son indigence, et M. le procureur-général l'a livré, comme vous savez, à sa misère, après la consommation du crime. Il n'ignore pas qu'on a soigneusement visité la maison Bancal, et qu'on n'a trouvé ni trésors, ni sommes cachées chez Colard. M. de la Salle, prévôt du département de l'Aveyron, vous a dit qu'un des accusés, pour dépayser l'opinion, voulait insinuer dans le public que mon client, amant d'Anne Benoît, et jaloux de M. Fualdès, avait frappé le coup mortel. Si Jausion est innocent, comment a-t-il pu tenir ce langage? S'il est coupable, comment, pour dépayser l'opinion, aurait-il signalé un de ses complices? Cela seul prouve que mon client ne l'est pas. Il n'a donc point eu de motif pour se porter au crime qu'on lui impute.

» Ai-je besoin de vous rappeler l'adage si connu : *point de crime sans un intérêt proportionné?* Non, certainement; et tout le mépris de l'humanité que notre malheureux siècle autorise, ne pourra jamais nous laisser concevoir un être assez dégradé pour faire le mal sans motif. Il est une ligne que la perversité ne saurait franchir. La nature a mis dans nos cœurs l'intérêt personnel, source de la crainte et de l'espérance, et seule mobile des actions humaines, sans lequel il n'existerait ni vertus, ni vices. Repoussons avec horreur les désolantes doctrines de ces prétendus philosophes qui, trompés sans doute par le tableau des misères de l'humanité, ont osé proclamer que le plus bel ouvrage de Dieu était un être essentiellement méchant et capable de faire le mal en tant que mal. Flétrissons ces doctrines éversives de la société, de la religion et de la morale, et répétons hautement dans cette enceinte : *Point de crime sans un intérêt proportionné.* »

M. Bole examine ensuite si Colard a pris une part active aux faits qui ont immédiatement précédé le crime. Il détruit le témoignage de Justine Alzieu, « qui a vu ou croit avoir vu Colard, le 19 mars, vers les sept heures et demie du soir, sur la place de Cité, entre l'hôtel des Princes et le café royal. Elle était avec sa mère, qui ne vit rien. Justine se trompe. » L'avocat entre ici dans de longs développemens, où il établit, 1°. Que Fualdès; comme l'a prouvé la partie civile, a été enlevé et tué à huit heures du soir; 2°. Que Colard et Missonnier sont restés dans le cabaret de Rose Féral jusqu'à huit heures et demie passées. « On oppose la déposition de la Bancal, et la dernière interrogation de Bach. Passons à la Bancal : en admettant les faits de la procédure, il n'y aurait pas préméditation de la part des agens subalternes qui auraient servi, sans le savoir, au dessein des assassins, soit en facilitant l'arrestation de la victime, soit autrement, si d'ailleurs ils n'étaient pas prévenus que l'assassinat devait se commettre, et s'ils n'y avaient pris aucune part active pendant la consommation du crime : c'est précisément le cas où la femme Bancal place mon client. Colard reste à peine un quart d'heure dans la cuisine; et quand il voit les apprêts du crime, il se retire épouvanté en s'écriant : *Où m'a-t-on conduit ?* Il est évident par ce cri *où m'a-t-on conduit*, par cette frayeur et par cette fuite, que mon client aurait agi sans connaissance de cause, et qu'on ne pourrait le considérer, par cela seul, comme complice avec préméditation. A mon grand étonnement, M. le procureur-général a parlé du concert de la Bancal avec Anne Benoît. Je réponds à cette allégation, que la Bancal ment à sa conscience, non pas comme on l'entend, mais en sens inverse, mais en accusant l'innocent. Je suppose que cette conjecture soit fondée, et vous devez m'accorder au moins la supposition. Si la Bancal, obéissant au cri de sa conscience, proclame que Colard est entièrement étranger au crime qu'on lui impute, M. le procureur-général l'accusera d'imposture....... Poursuivons, et cherchons toujours la justice et non des coupables. »

M. Bole réfute ensuite les différentes déclarations de Bach; il ajoute : « Il est inutile de vous répéter des observations générales contre les dépositions des co-accusés, qui, dans le cas le plus favorable, ne sont que des renseignemens incapables de motiver la conviction; d'ailleurs, si vous accordez une pleine confiance aux déclarations des co-accusés, pourquoi ne croyez-vous pas à celles de Missonnier et d'Anne Benoît? Les deux accusés ont pour eux les présomptions de la loi. Ils doivent avoir au moins un degré de crédibilité au-dessus de Bach. Arrêtez; je vous entends : *j'en crois à des assassins qui s'accusent*; oui, j'en crois à des témoins qui se laissent égorger. Mais ne profanons pas ce raisonnement consacré pour d'autres hommes. Il n'est aucunement applicable au monstre dont vous parlez. N'oubliez pas qu'il est condamné à mort par un premier jugement, et suivez sa marche. » Ici l'avocat explique les différentes révélations de cet accusé, toujours dictées par l'intérêt personnel, c'est-à-dire par l'espoir d'obtenir un adoucissement au sort qu'il a mérité. Il passe à sa deuxième partie.

« L'heure fatale a sonné; Fualdès est enlevé dans la rue des Hebdomadiers, et entraîné dans la cuisine Bancal. Je veux pénétrer dans l'antre du crime, et déchirer le voile de cette scène d'horreur. Une sombre nuit m'environne. J'arrive à tâtons sur la porte de cet infâme repaire; un des assassins me repousse, les ténèbres voilent ses traits; mais cet organe m'est-il inconnu? N'est-ce pas Colard? Non, c'est toi, Bach..... » Après avoir parlé de la déposition d'Antoinette Conquette, l'orateur revient à Bach. « Que Bach nous conduise sur le théâtre du crime. Une pâle lueur éclaire ses complices; la nuit aide leur complot. Cependant, au milieu de ces sicaires entassés, il ne voit pas le rôle que joue mon client, et tout m'annonce qu'il ne l'a pas recruté avec cet homme, qui le nommerait à sa figure patriarchale, ce Bousquier, que tous les quinze jours il devait employer à un semblable travail. Le malheureux ! Il n'accuse Colard que pour se venger. Si Colard était coupable, c'est lui qu'on eût chargé de trouver les agens secondaires de l'assassinat; on eût commis le crime chez lui. La cuisine Bancal communique à la rue des Hebdomadiers, par une ou deux fenêtres ; après la cuisine vient une basse-cour ; et la chambre de Colard est sur le derrière de la maison, au-dessus de l'écurie ; ajoutez qu'il ne voyait plus Bancal. Ces deux circonstances prouvent invinciblement à mes yeux qu'il n'était pas de la confidence homicide.

Me. Bole parle ensuite de tous les témoins oculaires du meurtre de Fualdès. « La famille espagnole, logée au-dessus de la cuisine Bancal, a déclaré à l'audience que, si elle avait entendu ou vu des choses effrayantes, elle aurait appelé Colard à son secours. La petite Magdelaine a nommé pour la première fois Missonnier, Anne Benoît et Colard, après le jugement de Rodez. Madame Manson!..... Madame Manson, qui n'a pas reconnu Colard ni Anne Benoît, habitans de la maison Bancal, lorsqu'elle écrase par ses réticences..... Madame Manson a proclamé l'innocence de celui que je défends ! »

L'avocat n'examine la question de la noyade que pour réfuter les inductions qu'on en tire. Il examine quelques conjectures dont on argumente contre lui. Quelques-unes sont tirées de la déposition des concierges Lagarrigue et Quelin. Il ajoute : « Ces dépositions me rappellent qu'en Angleterre un statut d'Edouard III, déclare *félon* le concierge qui cherche à pénétrer ou qui divulgue le secret des prisons. En France, nous craindrions que ces malheureux jouissent du silence des cachots ; les verroux et les grilles commentent jusqu'à leurs soupirs. Malheur à celui qui, dans sa douleur, laisse échapper des paroles fugitives, mal arrêtées dans sa pensée ! S'il est innocent, en revoyant le jour et ses juges, il n'a pour lui que sa conscience ; on l'accable par l'étalage inattendu des prétendus aveux de son crime.

» Pour le silence dont on fait un crime à Colard, je nie la qualification et non pas le fait. Après la fameuse séance du 13 avril, je lui dis : *Vous avez entendu la femme Bancal; elle vous fournit un moyen de vous dérober à l'échafaud. Ces révélations me donnent un espoir que je n'avais pas encore ; mais votre silence le rend inutile ; il faut parler ou mourir. Je vous demande une vérité qui vous est utile ; dites-la, si vous la savez ; si vous ne savez rien, mourez innocent. — Vous dites qu'il faut parler ou mourir ; qu'il faut mourir ou dire des choses que je ne sais pas. Eh bien ! abandonnez-moi, ma tête roulera sur l'échafaud, et ma langue encore dira : Je suis innocent.* Messieurs, après de telles protestations, ma conscience est là pour arrêter mes instances, et je ne puis que répéter à Colard : *Mourez innocent.* »

L'orateur argumente encore du silence de Colard et de la parfaite concordance des interrogatoires de Colard, d'Anne Benoît et de Missonnier.

« J'arrive, dit-il, à une partie de ma cause où je conviens que j'ai besoin de me contenir. Je ne ferai qu'indiquer les faits. Les rapports de Colard et d'Anne Benoît ont retenu Colard à Rodez. Lorsqu'on prononça sa condamnation, la malheureuse amante s'écriait dans son désespoir : *Sans moi, il serait dans sa famille, il serait heureux dans sa patrie ; c'est moi qui l'ai précipité dans cet abîme de maux*. Ce langage, Messieurs, ne va-t-il pas à votre cœur? N'accordez-vous pas une larme aux regrets de cette infortunée? M. le procureur-général a eu le courage d'en argumenter contre les deux accusés!... »

M. le procureur-général interrompt le défenseur, et demande son rappel à l'ordre. M. Bole fait observer qu'il n'a pas fait de réflexion; il reprend sa phrase. « M. le procureur-général argumente encore des conjectures que peut fournir cette procédure; argumentons des réflexions qu'elle autorise par les élémens qui la composent. » Il paraît que M. Bole, qui ne s'attendait pas d'être sitôt rappelé à l'ordre, nous a privé d'entendre ces réflexions. Il a fait sentir des disparates choquantes dans le système d'accusation; et, après l'exposé de quelques faits qu'il est difficile de concilier, il a dit qu'il supprimait ses réflexions. Dans sa péroraison, il a résumé ses diverses moyens de défense.

« Parcourez toutes les charges de la procédure; et, si vous n'êtes convaincus de l'innocence de celui que je défends, tout au moins avouerez-vous que vous ne l'êtes pas de son crime. Tout concourt, au contraire, à démontrer qu'il est innocent : l'absence des motifs pour le porter à ce crime, et sa présence chez Rose Féral, à l'instant même qu'on le commettait; les déclarations de Bach et Bousquier, ses accusateurs, desquelles il résulte que Colard n'était pas dans la cuisine Bancal au moment de l'assassinat; et le silence de la petite Madeleine sur Anne Benoît, Colard et Missonnier, jusqu'après le jugement de condamnation; le silence de la dame Manson, le silence de la famille Saavedra; enfin, le théâtre même du crime, et la présence de mon client sur le banc des accusés. Il porte avec lui toutes ses richesses; il n'a pas de patrie, sa famille est à deux cents lieues d'ici; il pouvait fuir, sa conscience le retint. Non, dites-vous, c'est l'amour. Encore l'amour! mais Anne Benoît, elle-même, n'a d'autre héritage que son industrie : pourquoi n'ont-ils pas fui l'un et l'autre? Infortunés! vous restez pour l'heureux moment d'un hymen désiré! vous restez pour aller, aux pieds des autels, consacrer vos sentimens devant Dieu et devant les hommes : vous restez.... O Dieu! détournons nos regards.... Quel est cet autel? Et vous êtes innocens!... Je pleurerai sur l'humanité; mais vous, regardez le Christ, et consolez-vous.

» Ah! Messieurs, le tems éclairera cet effroyable mystère : tremblez que votre jugement ne rappelle l'histoire du boulanger de Venise, et qu'à l'avenir, on ne dise, dans tous les tribunaux de l'Europe, aux hommes assemblés pour juger à mort : *Souvenez-vous du pauvre Colard!* Le malheureux! il espère du moins qu'en montant sur l'échafaud, les coupables proclameront qu'il est innocent...... Il compte sur leurs remords, si de tels coupables en peuvent avoir; il compte sur-tout sur les vôtres, femme Bancal, en vous répétant par ma bouche ce qu'il vous a dit dans cette enceinte :

« Nous monterons sur l'échafaud ; alors vous changerez de » langage. Je n'en changerai pas ; j'ai dit la vérité, je la » dirai toujours. »

Immédiatement après M. Bole, défenseur de Colard, M. Dupuy a pris la parole en ces termes, dans l'intérêt de Bach.

« L'horreur que m'inspirent les débats, le récit du crime affreux dont on vous a tracé un si tragique tableau, me fermeraient la bouche, si je ne devais obéir aux devoirs de mon ministère et au vœu de la loi. Défenseur de l'accusé Bach, j'ai employé tous mes efforts à obtenir de lui la vérité dans une cause qui fixe les regards de la France et de presque toute l'Europe.

... » La faiblesse de mes talens, mon inexpérience m'empêchent de combattre mes adversaires avec les mêmes armes. Souffrez donc, Messieurs, que, suivant l'impulsion de ma conscience, je vienne soutenir avec franchise les révélations de mon client, et repousser, autant qu'il est en moi, les efforts qu'on a faits pour les anéantir.

» Oui, Messieurs, l'accusé Bach, livré à lui-même, n'a pas craint, même au péril de sa vie, de dévoiler à la justice les circonstances qui se rattachent au crime le plus inoui, à un crime qu'il ne conçut jamais dans son cœur, mais dans lequel il a été malheureusement enveloppé. »

Après avoir discuté les charges présentées contre son client, et essayé de prouver, d'abord, qu'il n'était pas complice de l'assassinat de M. Fualdès ; ensuite, qu'il n'avait pas agi avec préméditation, le jeune avocat, en terminant, s'est emparé avec avantage de cet aveu du ministère public, lui-même : *Bach n'était pas né pour le crime.*

M. Grandet a parlé avec beaucoup de force et de talent en faveur de Missonnier.

« Messieurs, a-t-il dit en commençant, nous partageons tous l'opinion de M. Fualdès ; point de crime sans un intérêt qui porte à le commettre. Trop souvent le besoin, la haine, l'ambition, la cupidité sur-tout, arment les citoyens les uns contre les autres ; je le sais, je le vois....... Mais où trouver le motif que Missonnier pourrait avoir eu de tremper dans l'assassinat de M. Fualdès ? Exempt de passions, cet imbécille végète plutôt qu'il ne vit : du pain et de l'eau suffisent pour le mettre en paix avec toute la nature, et sa mère a de quoi le nourrir. Demandez au concierge de Sainte-Cécile ; il vous peindra la stupidité de ce malheureux, qui ne sait pas défendre sa chétive ration de la voracité des autres prisonniers, et qui mourrait de faim, si ce n'était le soin qu'on prend de le protéger comme un faible animal auquel on donne sa pâture.

» Jetons un coup-d'œil sur la vie passée de Missonnier. Nous y verrons plusieurs traits de démence et d'imbécillité, quelques-uns même de fureur, pas un qui justifie les reproches qu'on lui a faits, en le confondant avec ces hommes que leur immoralité recommande aux scélérats qui cherchent des complices.

» On a dit que l'écurie de la maison Missonnier avait d'abord été désignée pour être le théâtre du crime. On ajoute qu'*aucune autre maison de Rodez, celle de Bancal exceptée, n'avait mérité cette infâme préférence.* L'éloquent défenseur de Fualdès ne connaît pas ceux qu'il a, sans le vouloir peut-être, chargés d'imputations calomnieuses. Dans le passage que je viens de citer, *maison* signifie repaire de brigands; et je dois apprendre à MM. les jurés, en présence des Ruthénois qui m'écoutent, que la famille de Missonnier se compose d'honnêtes artisans qu'on peut égaler, mais que personne, je crois, ne se flattera de surpasser en probité. Le pouvoir de tout oser n'est que pour les peintres et les poètes. Un orateur doit se renfermer dans le vrai; et, dût une phrase y perdre un peu de sa couleur, il faut respecter les droits de tout le monde; car il est aussi des vertus dans cette classe ouvrière qu'on appelle abjecte, dans laquelle je suis né, sans que je m'en estime moins pour cela.

» Vous avez entendu la belle-sœur de mon client. Son nom, devant la cour d'assises de Rodez, fut, d'après les notes de M. le juge d'instruction, porté sur la liste des témoins à charge. On voulut savoir si l'accusé que je défends était rentré chez lui le 19 mars, et c'est alors qu'elle fit cette déposition qui brille d'un caractère inimitable de vérité! Elle a dû vous convaincre que ni le salut de son beau-frère, ni l'honneur compromis de sa famille ne sauraient la pousser au parjure..... Tels sont les parens de Missonnier!

» Après l'arrêt de condamnation, je pris conseil de cette femme; elle était digne de toute ma confiance..... Je l'interrogeai de nouveau, mêmes protestations..... Je n'hésitai plus; et, du consentement exprès de la famille, je me pourvus en cassation. J'ai lieu de m'en féliciter; car, tandis que la dernière instruction fournit d'autres armes, comme pour achever ceux qui semblaient respirer encore sous le poids d'une première condamnation; dans ma cause, au contraire, les nouveaux éclaircissemens sont tous en faveur de Missonnier. »

Le défenseur prouve l'imbécillité de son client par des faits antérieurs à l'accusation..... « L'état présent de Missonnier n'est donc pas un rôle qu'il se soit imposé! Était-ce, en effet, pour préparer sa défense que, deux ans avant l'assassinat, il essaya, dans un beau désespoir, de se couper la gorge avec un rasoir? qu'il poursuivait, au risque de se noyer, les poissons à coups de pierre? qu'il courait tout nu dans les rues de Rodez?.....

» M. le procureur-général a prétendu que les interrogatoires de Missonnier prouvaient son intelligence. Mais ces interrogatoires roulent tous sur des questions auxquelles un homme d'esprit ne saurait répondre autrement qu'un imbécille. Bûtes-vous chez Rose Féral?..... A quelle heure sortîtes-vous de ce cabaret?..... »

» Un interrogatoire n'est pas l'ouvrage de l'accusé; le ridicule disparaît sous la plume du magistrat, qui n'a nulle envie de transformer en scènes de Jocrisse les actes d'une procédure criminelle. Suivant Buffon, le style est l'homme même; c'est ce qui lui faisait dire, quand on lui demandait son avis sur quelqu'un : Montrez-moi ses papiers, et je vous dirai qui il est. Voyons donc les papiers de Missonnier. C'est un billet qu'il m'écrivit de sa pri-

son de Rodez : « M. Grandet, quelle est cette disposition de ce ju-
» gement, dans lequel portant appel à Albi, et n'ayant aucun pro-
» fit, ni demandant aucune indemnisation, comme vous avez de-
» mandé.... Au contraire, si l'hospice demande la dépense, de
» parler à mes parens, pour prendre le revenu ou vendre le bien.
» Car le M. Jausion et son épouse, je ne sais quelle animosité il a
» contre Missonnier ; qu'est-ce qu'on lui doit, qu'il vous montre
» les titres ».... Voilà Missonnier !

Le défenseur aborde l'accusation..... « L'avocat de la partie civile croit avoir assez prouvé contre Missonnier, quant il a dit qu'il était coupable. En effet, la tête de cet imbécille vaut-elle la peine d'être discutée ? A la bonne heure qu'on accumule les preuves contre Bastide et Jausion ! mais pour ce magot, aussi dégoûtant que la vermine qui le ronge, on doit en faire bon marché !.... Vous êtes hommes, Messieurs, et rien de ce qui touche à l'humanité ne vous est étranger. Quand on vous demande une réponse affirmative sur une accusation capitale, vous exigez des preuves : où sont-elles ? M. le procureur-général s'est fait un système pour en trouver contre Missonnier : examinons ce système.

» Il est prouvé que Colard et Missonnier sortirent après huit heures de chez Rose Féral, et qu'ils se séparèrent. » Le défenseur discute cette proposition. Il établit ensuite que Bach et Bousquier, Colard et Missonnier se trouvèrent ensemble chez Rose, non parce que ce soir-là même on devait assassiner Fualdès, mais bien parce que Palayret devait 18 francs à Bousquier.....

«..... Je passe au second fait, qui, d'après M. le procureur-général, prouve que Missonnier a participé à l'assassinat de Fualdès...... *Cet accusé consentit à prêter son écurie pour servir de lieu de retraite aux exécuteurs du crime.* Ne dirait-on pas, au ton affirmatif de M. le procureur-général, qu'il a des preuves tranchantes de ce qu'il avance? Voyons toutefois, examinons, discutons.

» Quel témoin, depuis l'assise de Rodez, a révélé ce grand secret à l'accusation ?.... Le mendiant Laville ?... Mais le mendiant Laville fut entendu publiquement à Rodez..... J'avoue, Messieurs, que je me trouve fort embarrassé de discuter une objection vide de sens. Laville prétendit avoir entendu quelque secousse à la porte de l'écurie de Missonnier : donc Missonnier devait prêter son écurie aux assassins de Fualdès ? Ne voilà-t-il pas un fait bien prouvé ?.....

» Enhardi par les conjectures de M. le procureur-général, Me Boudet a cherché, dans cette écurie, le salut de la femme Bancal : il me permettra de n'être pas de son avis. Tout le monde, a-t-il ajouté, croit, à Rodez, qu'on devait y commettre l'assassinat. Tout le monde ! c'est beaucoup dire..., J'en serais fâché pour mes compatriotes ; cette opinion démentirait un peu la réputation qu'ils ont d'avoir la tête saine.

» Bach et la femme Bancal n'assurent-ils pas qu'on fit signer des lettres de change à M. Fualdès ? Il fallait donc une table, et sur-tout une lumière. Il est vrai que Thérèse Girou arrivait fort à propos pour leur en donner. (Cette femme, portant une bougie allumée, [illegible], dans un groupe, Bastide qui poussait quelqu'un dans la rue des Hebdomadiers.) Pour peu qu'on étendît les conjectures, on pourrait même trouver dans cette circonstance une preuve claire de complicité contre ce témoin.... Des conjectures dans une accusation capitale! Ah! Messieurs, n'imitons point ces procustes de la philosophie, qui mutilent, dénaturent tout, en voulant tout réduire à la mesure arbitraire de leurs idées. »

Le conclusion de cette partie du discours de Me Grandet est celle-ci : Qu'aucun fait antérieur ne prouve que Missonnier se soit rendu coupable de l assassinat de Fualdès.

« Etait-il chez Bancal, le 19 mars, avant, pendant ou après l'assassinat? Ne murmurez point, je vous prie, de me voir entreprendre sérieusement l'examen de cette question; vous ne pouvez juger de mes raisons avant de les connaître.... Je n'accuse pas Bousquier d'imposture; mais les erreurs et les contradictions manifestes que je trouve dans ses déclarations, me fournissent une preuve irréfragable de l'effrayante légèreté de ce témoin. »

Me Grandet relève avec force ces erreurs et ces contradictions.. .. « Mais Bach!.... mais la Bancal!.... Des accusés ne peuvent fournir que de simples renseignemens..... or joignez des renseignemens à la déposition d'un témoin qui n'inspire aucune confiance, et dites-moi si ce mélange d'incertitudes forme une preuve complète..... Franchement, je ne crois pas que la société puisse intervenir avec dignité dans cette lutte de co-accusés entr'eux.

(Aucun témoin ne dépose contre Missonnier, sauf Bousquier, qui fut son co-accusé.)

Le défenseur répond ensuite à l'argument tiré du silence de son client.

« Mais, lors même qu'il tairait ce qu'il sait, que pourrait-on en conclure? Faudrait-il le déclarer coupable d'un crime qu'il ne serait pas prouvé qu'il eût commis? Faudrait-il, parce qu'il entendrait mal ses intérêts, le punir de sa bêtise? Quand j'approfondis le langage de ceux qui pressent l'objection que je réfute, je le réduis à ce discours insensé : Malheureux Missonnier! jeté sur une mer orageuse, tu te joues au milieu des flots qui menacent de t'engloutir. Nous te tendons une main secourable, et tu ne daignes pas même tourner vers nous tes regards : eh bien! notre pitié va se changer en rage; nous te plongerons dans l'abîme, et tu périras bien moins victime de la tempête que de notre lâche fureur.

» Après l'arrêt du 12 septembre, le dimanche avant la Noël, cette fille dit à Jeanne Boissière qu'elle avait reconnu Bastide et Jausion, mais qu'elle n'avait pas connu les autres... Elle avait cependant nommé Missonnier à M. de France. Que concluerez-vous de tout cela? Rien de certain, sans doute.

» Madeleine a dit à M. de France que des messieurs avaient soupé chez elle le 19; mais elle a dit à M. Bertrandi que madame Manson arriva pendant qu'ils soupaient en famille. Ce n'est plus le festin des furies..... Madame Manson serait donc entrée chez Bancal, dans le fameux cabinet, une demi-heure avant l'assassinat. Je n'ai pas besoin de vous faire remarquer l'absurdité de ce conte, d'ailleurs démenti par Clarisse, qui ne ment plus.

» Suivant Bach, poursuit l'orateur, il y avait chez Bancal, au moment de l'exécution du crime, cinq individus, outre ceux que nous voyons ici, Yence, Louis Bastide, Veynac, René, le marchand de tabac.....

» Bach sait tout...... Il assistait au meurtre...... Il vit dépouiller la victime..... Il nomme dix personnes, riches ou pauvres; cependant il s'écrie : « Je dois cette vérité à la justice, que Missonnier » n'y était pas. » Il promène sur ce banc la faux de la mort; mais il la détourne de la tête de mon client; et vous présentant la sienne, il remet en vos mains ce glaive redoutable. Qui oserait condamner, quand le terrible Bach absout?......

» Si vous me demandez une explication sur la présence de cet imbécille, dont tout le rôle était, dit-on, de porter un bâton et de trembler, je vous répondrai que je n'en sais pas d'autre que celle de la femme Bancal : que Missonnier fut trouvé par hasard dans la rue des Hebdomadiers, et entraîné chez Bancal, de peur qu'il ne révélât ce qu'il pouvait avoir vu.... Je vous renvoie, d'ailleurs, aux puissantes raisons que j'ai données contre les faibles garanties que présentent, sur ce point, les déclarations de Bousquier; déclarations qu'aucun témoin ne confirme en ce qui touche Missonnier, et que de simples renseignemens ne sauraient élever à l'autorité d'un témoignage proprement dit. Je vous dirai, s'il le faut, que c'est un mystère de cette procédure, qui nous offre tant de mystères....; un nœud qu'il ne vous appartient pas de délier en le tranchant, à la manière des conquérans.

M. Foulquier a fait valoir tous les moyens de défense que présentait la cause d'Anne Benoît. Il a commencé par se plaindre d'une censure aussi sotte qu'imprudente exercée dans l'enceinte même du tribunal contre les premières observations, et il accuse hautement l'infidélité du rédacteur des séances de *la Quotidienne*. Il n'a pas voulu excuser l'immoralité des liaisons qui existaient entre Anne Benoît et Colard; mais il ne veut pas que ces liaisons, condamnables sans doute, puissent devenir l'appui d'une accusation capitale. Il s'est attaché principalement à prouver que le mouchoir trouvé dans la rue des Hebdomadiers, qu'Anne Benoît, elle-même, a reconnu et réclamé, n'avait pas servi à bâillonner le malheureux Fualdès. M. Foulquier a ensuite invoqué les révélations de Bach, celles de la Bancal; les deux accusés ont assuré qu'Anne Benoît n'était pas parmi les assassins dans la soirée du 19 mars. Puis il a combattu l'unique déposition qui charge sa cliente, celle de Bousquier : il a fait ressortir les contradictions qui s'élèvent entre ce témoin, la Bancal et Bach.

SOIXANTIÈME LETTRE.

Albi, 2 mai 1818.

Séance du 1er mai.

A l'ouverture de l'audience, M. Tajan a pris la parole pour répondre aux défenseurs des divers accusés.

« Bastide, a-t-il dit, s'est défendu lui-même ; et ce n'est pas moi qui affaiblirai le caractère de noblesse que mon client a imprimé à sa cause : *je ne répondrai pas à Bastide*.... Les preuves qui l'accusent sont là. Vous apprécierez les moyens de défense qu'il a proposés : votre conscience fera le reste.

» Quant à Jausion, son défenseur a démenti entièrement le système que cet accusé avait suivi, pendant trente jours de débats, relativement au vol ; et, comme le nouveau système n'est pas mieux fondé que le premier, il faut en revenir aux preuves : je veux établir que le vol a été la cause et la conséquence de l'assassinat ; que Jausion est l'auteur de ce vol, et que, dès-lors, il est un des assassins de M. Fualdès. »

Ici l'avocat reproduit tous les détails déjà présentés sur les rapports d'intérêt qui existaient entre Jausion et M. Fualdes, et cherche à établir que le premier est l'auteur du vol commis le 20 mars. Il annonce qu'il laisse au ministère public le soin de justifier l'accusation sur le fait de l'assassinat.

S'adressant ensuite au défenseur de Missonnier, M. Tajan s'écrie :

« Il m'importe de repousser avec force le reproche imprudent que le défenseur de Missonnier s'est permis contre moi. Qu'il apprenne que j'appartiens comme lui à cette classe plébéienne, qui forme le plus ferme appui de l'état, et que, bien loin de la flétrir, je rapporte vers elle mes plus tendres affections et mes plus chers souvenirs. Lorsque j'ai parlé, dans ma première plaidoirie, d'*une classe abjecte*, dans laquelle les assassins avaient recruté leurs sicaires, le défenseur de Missonnier aurait dû savoir, parce que ma pensée avait été assez clairement exprimée, que j'avais entendu désigner tous ces individus qui sont un objet perpétuel d'alarmes pour la société. Ce Bancal, qui enrôlait pour le crime ; ce Bax, contrebandier de profession, et tous ces hommes pervers qui avaient été jugés dignes d'être associés au crime du 19 *mars* ; voilà la classe que j'avais voulu flétrir. »

Ici l'avocat rend hommage à la famille de Missonnier ; mais il fait observer que Missonnier n'en a pas moins été désigné comme ayant figuré dans la maison Bancal dans la soirée du 19 mars, et dans le convoi qui accompagna le cadavre à la rivière : « Toutefois, dit-il, je ne me dissimule pas que la dégradation des facultés morales de Missonnier a entouré sa cause de quelque intérêt, que je partage moi-même.

» Au reste, Messieurs, ce n'est pas Missonnier seul que vous avez à juger. Les assassins de Fualdès sont là. Vous connaissez les preuves qui les ont convaincus : la France, l'Europe entière vous contemplent ; prononcez. »

Jausion n'a pas entendu de sang-froid les démonstrations de M. Tajan ; il s'est emporté et a crié ; et dans ses cris, on a remarqué qu'il appelait M. Fualdès père, escroc, et qu'il joignait à cette qualification plusieurs autres épithètes assez peu respectueuses.

M. Fualdès : Je me félicitais de n'avoir désormais à élever ma voix que pour vous exprimer un dernier sentiment, celui de ma juste reconnaissance ; mais je me vois contraint d'ajouter quelques observations aux moyens victorieux que mon avocat vient de présenter.

On dirait que par de violentes provocations on cherche à me faire renoncer au sentiment d'impartialité qui m'anime ; j'ose espérer que de tels efforts seront impuissans. J'aurais dédaigné de répondre à la sortie indécente de Jausion, si elle ne m'avait attaqué que personnellement ; mais puisqu'elle outrage la mémoire d'une victime infortunée, j'ai dû rompre le silence, non que je veuille m'abaisser à réfuter des calomnies dont la source est si impure, mais pour opposer à cette impudente audace l'honorable témoignage d'une province entière et des accusés eux-mêmes.

Des indécences, Jausion, ne sont pas une preuve de votre innocence. Réfutez les preuves qui vous accablent ; réfutez Théron, Bousquier, la Bancal, Bach et cette multitude de témoins contre lesquels viennent se briser les argumens de votre défense. Enfin nous les avons entendus, les *oracles* de M. Dubernard, et, malgré ses oracles, la conviction de votre culpabilité pèse toujours sur votre tête!...... *Rassurez-vous, Jausion ;* fixez vos regards sur ce Christ, sur ces magistrats, sur ces jurés ; cherchez-y comme moi le sentiment de la sécurité ; et espérez, ainsi que moi, que justice nous sera rendue.

M. le procureur-général s'est exprimé en ces termes :

Messieurs,

Si nous reprenons la parole, c'est moins pour revenir sur les faits innombrables que cette affaire nous présente, et dont de longs débats ont laissé des traces si profondes dans nos esprits, que pour rétablir l'autorité des principes qui ont été méconnus dans la discussion ; principes qui appartiennent à la législation de tous les pays, et sur lesquels reposent la sûreté de tous, l'ordre social tout entier.

Les uns sont relatifs à la foi due aux témoins, les autres à l'effet que doivent produire dans une procédure criminelle les aveux des accusés.

A l'égard des témoins, tous ceux qui n'ont pas été réprochés ont la présomption de mériter la confiance de la justice. La loi n'a pas voulu, sans doute, livrer la vie ou l'honneur d'un accusé au témoignage de ceux qui auraient intérêt à le perdre, de ceux qui déposeraient contre lui, animés par la haine ou par la pasion. Elle a ouvert à l'accusé le droit de faire connaître ses motifs e reproches, et de les soumettre à l'examen du magistrat. Dans ette affaire, où plus de trois cents témoins ont été cités par le inistère public, il n'en est pas un seul contre qui les accusés ient fait entendre le moindre reproche. Vous savez qu'ils n'en nt proposé aucun, et cette circonstance sera peut-être un monument précieux de l'exactitude et de l'attention qu'a apportées e ministère public dans l'appel des témoins qui ont déposé dans ette importante affaire.

Rappelons donc cette règle certaine que tout témoin appelé par la partie publique, qui n'a pas été reproché par les accusés, offre dans le serment qu'il a prêté à Dieu et aux hommes la garantie de ce qu'il a attesté sous la foi de ce serment, à moins que on erreur ne soit démontrée par l'évidence des autres preuves ésultant de la procédure.

Ecouter le langage d'un accusé qui se contente de dire qu'un témoin n'a pas dit la vérité, ce serait assurer l'impunité de tous les crimes, et dès-lors, les lois étant sans force, les peines devenant illusoires, la sûreté publique et individuelle étant sans garantie, la société retomberait dans le chaos : excepté dans quelques crimes qui tiennent à la fabrication ou à l'altération des actes publics ou privés, l'unique preuve est la preuve testimoniale. L'autorité de cette preuve est fondée sur la nécessité ; elle est universelle.

On vous a dit qu'un témoin unique, contredit par l'accusé, ne doit pas être écouté. Sans doute, quand il s'agit d'un fait unique, et qu'un seul témoin paraît dans la procédure, le juge, si cette déposition unique n'est appuyée par aucun autre indice, obligé de se décider entre un seul témoin qui accuse et un accusé qui nie, décide ce partage en faveur de la présomption de l'innocence.

Mais quand il s'agit d'un nombre infini de faits qui se rattachent, qui se lient entre eux ; lorsque, au bout de la chaîne qui les lie, se trouve la culpabilité de l'accusé, exiger sur chacun de ces faits, dont l'ensemble établit cette culpabilité, plusieurs témoins, ce serait rendre impossible la découverte de la vérité, et appeler, au milieu de la société alarmée, le terrible fléau de l'impunité.

Un pareil système, souvent produit par le crime au désespoir, a été constamment repoussé par les anciens tribunaux, alors même que la législation, sous l'empire de laquelle ils rendaient leurs jugemens, s'était efforcée d'établir des preuves légales, et de fixer, autant que possible, les divers degrés de conviction qui doivent déterminer les magistrats.

Mais combien cette doctrine est encore plus contraire au système de notre procédure par jury, où il n'y a plus de *conviction légale*, de *conviction de logique*, mais seulement une *conviction de sentiment*.

La loi, comme vous le savez, messieurs, ne vous prescrit pas de règles desquelles vous deviez faire dépendre la plénitude et la suffisance d'une preuve ; elle ne vous dit point, vous tiendre pour vrai un fait attesté par tel ou tel nombre de témoins. Ell vous prescrit de vous interroger vous-même, dans le silence et l recueillement ; elle ne vous fait que cette question : *Avez-vous un intime conviction?*

A l'égard des accusés, considérons l'effet que leurs révélation produisent contre eux, celui qu'elles produisent contre leurs com plices.

Telle est, disait M. le chancelier d'Aguesseau, la règle sévèr mais nécessaire, reconnue par les lois criminelles de tous les pay policés, qu'on croit à celui qui s'accuse, et qu'on ne croit pas ses dénégations qui le justifient : cette règle est fondée sur la con naissance du cœur humain. La violence qu'a dû se faire un accus pour soulever un coin du voile sous lequel il avait tenu jusqu'a lors la vérité enveloppée, le grand intérêt qu'il avait à la teni cachée, et qui, cependant, n'a pu la renfermer tout entière a fond de son cœur, font regarder ses révélations comme un trai de lumière, comme le cri de la conscience, ou comme un ordr intérieur de la Providence, qui se sert des coupables mêmes pou éclairer la justice.

On vous a dit que les aveux sont indivisibles, cela est vrai e matière civile. Un individu, sans qu'il y ait de sa part une oblig tion écrite, est cité en paiement d'une dette ; il avoue qu'en eff il a été débiteur, mais il ajoute qu'il s'est acquitté : on le croit su l'un et sur l'autre fait, et l'on ne sépare point la libération de l'a veu de la dette. Il en est autrement en matière criminelle : u accusé avoue s'être trouvé dans le lieu du crime au moment où a été commis ; mais il déclare qu'il n'y a point participé. Le pr mier fait est tenu pour constant, à moins de preuves évidemmei contraires ; mais le second, la dénégation de la participation a crime, est soumis à l'examen, et le mérite en est apprécié d'a près les autres résultats de la procédure. Si ce principe de l'in divisibilité des aveux en matière criminelle pouvait jamais s'é tablir, quel est l'accusé qui ne s'empresserait de convenir du com mencement du crime, et qui n'opposerait pas ses dénégatio quant à la consommation et aux suites de ce crime, si ces dén gations pouvaient prévaloir sur l'autorité des témoignages qui s' lèveraient pour le convaincre d'y avoir participé?

Quand à l'effet que produisent les révélations d'un accusé con tre ses complices, cet effet, nous en convenons, est subordonn à deux considérations.

On se demande d'abord si l'accusé a espéré d'atténuer so crime et la peine qui doit le suivre, en déclarant qu'il y a ét poussé par des individus qui avaient autorité sur lui, dont devait suivre ou craindre l'influence ; ainsi, le valet qui accus son maître de lui avoir ordonné le crime, le fils qui préten avoir obéi aux ordres de son père, l'épouse qui dit avoir cédé la tyrannie de son mari, peuvent croire qu'ils allégeront leu peine, qu'ils intéresseront l'humanité de leurs juges, qu'ils flé chiront la justice en faveur de la violence qu'ils prétendent leu avoir été faite, en considération de l'autorité tyrannique à laquelle ils déclareront n'avoir pu refuser la participation au crime qui leur était commandé.

Une seconde considération, c'est lorsqu'une violente inimitié, précédemment établie entre l'accusé et ceux qu'il se donnent pour complices, a pu le déterminer à satisfaire sa haine et sa vengeance, en les entraînant dans sa ruine inévitable.

Il est alors du devoir de la justice d'examiner jusqu'à quel degré cette haine peut être constatée, à quel excès elle a pu porter celui qui en était tourmenté, s'il est possible qu'elle l'ait déterminé à ajouter un nouveau crime à celui dont il s'est déjà reconnu coupable.

Mais si cet accusé n'avait aucun rapport antérieur avec ceux qu'il a nommés, ou du moins que ces rapports n'aient été formés qu'immédiatement avant le crime, et pour le crime; s'il n'a jamais été soumis à leur influence; si bien loin de changer son sort, il le rend encore plus certain; si en les accusant, il rapproche en même tems de sa tête coupable le glaive de la loi; si aucune inimitié antérieure de sa part n'est alléguée par ses complices; si en les traînant à l'échafaud, il s'y traîne encore plus sûrement lui-même, nul autre intérêt que celui de la vérité, que celui de satisfaire une conscience tourmentée du besoin de la dire tout entière, ne peut l'avoir déterminé. Son accusation contre lui-même et contre ses complices est sa condamnation et la leur; c'est le ciel qui semble avoir mis dans les mains mêmes du coupable le glaive qui doit les frapper; et que sera-ce donc quand ces complices sont déjà convaincus, quand de nouvelles preuves les accablent par leur concours et par leur unanimité?

M. le procureur-général a terminé sa réplique par l'exposé des progrès qu'a faits la vérité dans cette affaire depuis l'arrêt de la cour de cassation qui, annulant une procédure irrégulière, a ordonné de nouveaux débats. Ce magistrat a fait briller la lumière plus vive qu'une nouvelle instruction a répandue sur cette procédure.

Le défenseur de l'un des accusés avait rappelé les rares erreurs qui, dans l'histoire des jugemens des hommes, ont quelquefois atteint des innocens. M. le procureur-général les a déplorées comme lui; il en a tiré cette conséquence, que l'examen le plus grave et le plus réfléchi doit précéder de pareils jugemens, et que la culpabilité ne doit être déclarée que lorsqu'elle est évidente. Il a dit que si c'est un devoir sacré de sauver l'innocence, c'est une obligation non moins sacrée de sauver la société en punissant les coupables. Il a représenté la justice tenant d'une main un bouclier pour protéger l'innocence, et le glaive de l'autre pour frapper le crime, ne remplissant qu'imparfaitement les saintes obligations qui lui sont confiées, si elle n'use à propos des deux armes que les lois ont mises dans ses mains pour protéger ou pour frapper.

Nous savons, a dit M. le procureur-général, que c'est l'un des malheureux partages de la condition humaine, d'être quelquefois livrée à une pénible incertitude. D'épais nuages peuvent obscurcir la vérité; de fausses couleurs peuvent être substituées à la réalité. Des soupçons, des indices se présentent quelquefois que des indices contraires atténuent; et la justice incertaine, laissant alors pencher sa balance en faveur de la présomption due à l'innocence, réserve au ciel le soin de punir ce qu'il a dérobé à ses regards. Mais ici le crime et les coupables sont connus; la Providence a secondé et éclairé elle-même la justice des hommes. La conviction a acquis le caractère de l'évidence; l'affreuse vérité s'est montrée dans tout son jour. Embrassons-la avec force, soutenons-la avec courage.

Vous tenez, Messieurs, le bouclier et le glaive. Couvrez l'innocence du bouclier, et armez-vous du glaive contre les auteurs d'un attentat qui fait frémir la nature, et qui a surpassé toutes les combinaisons de la perversité humaine. »

Ce discours, entièrement improvisé, a duré près de deux heures.

M. le président a demandé aux défenseurs des accusés s'ils étaient disposés à répondre aux observations de M. le procureur-général. MM. les avocats n'étant pas prêts, ils ont demandé à M. le président qu'il voulût bien remettre la séance au lendemain.

On pense que les plaidoyers auront fini samedi 2 mai; que lundi aura été employé au résumé du président, à la délibération du jury et au prononcé du jugement.

Bastide prépare un nouveau discours.

Les dames Jausion et Bastide ont adressé des lettres à tous les jurés pour exciter leur commisération. Leur situation est des plus déplorables. On dit que toute leur fortune est dissipée ainsi que celle de leurs maris. Ainsi, la misère et le deuil, l'humiliation et le désespoir les environnent de toutes parts. Après avoir imploré la justice humaine pour leurs maris, elles implorent maintenant les secours du ciel : tous les jours elles font dire des messes dans les églises d'Albi. Les étrangers quittent cette ville. Déjà plus de deux cents témoins ont obtenu l'autorisation de retourner dans leurs foyers.

Par ordre de M. le président des assises, la gendarmerie a arrêté hier deux individus de cette ville, qui s'étaient rendus coupables d'invectives et de violentes menaces contre le témoin Théron; ces menaces ne sont que la répétition de celles qui lui ont été faites plusieurs fois à Rodez pour l'intimider et le détourner de faire sa déposition.

LE STÉNOGRAPHE PARISIEN.

SOIXANTE-UNIÈME LETTRE.

COUR D'ASSISES D'ALBI.

Albi, 4 mai 1818.

Séance du 2 mai.

M. Boudet, avocat de la veuve Bancal, a déclaré ne devoir rien ajouter aux moyens de défense déjà exposés.

M. le président a demandé à Bastide s'il avait quelque réplique à faire.

Bastide : Les observations que j'ai déjà faites complètent ma défense. Je les livre à la sagesse de MM. les jurés.

M. le président : Répétez-les.

Bastide : Elles sont relatives, sur-tout, à mon défaut de liberté. On ne m'a permis qu'une fois de voir mon épouse, et à peine l'ai-je tenue un instant, évanouie dans mes bras, qu'on est venu lui annoncer l'ordre de se retirer. Parmi les témoins que j'ai fait appeler, quelques-uns seulement sont venus, parce que les autres voyaient les prisons d'Albi prêtes à les engloutir. Une dernière observation à faire, sera relative à ma prétendue apparition, de grand matin, à Rodez, le 20 mars, dont les témoins Almayras et Mouly auraient déposé; mais mon apparition à la Rouquette, dans le même tems, a été attestée aussi par M. de Curlande et plusieurs autres témoins.

M. le président : Vous aviez renvoyé à ce matin, pour faire une réplique. Voilà tout ce que vous avez à dire?

Bastide : Vous savez que je n'ai pas des moyens pour parler : il me faudrait écrire, et l'on me fouille tous les matins; alors mes moyens de défense seraient éventés avant que je les eusse communiqués.

M. le président (à M. Romiguières) : Le conseil de Bastide a-t-il quelque chose à ajouter à sa défense?

M. Romiguières : Non, Monsieur.

M. Dubernard, dans sa réplique pour Jausion, dit que les points principaux de l'accusation étant le meurtre et la spoliation, il allait renverser l'ordre tracé dans sa première action, et qu'au lieu de commencer par la discussion du vol pour arriver à celle de l'assassinat, il examinerait d'abord les charges relatives à l'assassinat, pour arriver ensuite à celles relatives au vol.

Il est impossible de concevoir, dit-il, qu'un homme arrive tout-à-coup au dernier degré de barbarie et de férocité, en passant d'une vie sans reproche à un crime aussi horrible. MM. les jurés prendront sans doute en considération la conduite qu'a tenue Jausion à Lyon, et qui rendrait inexplicable celle dont on l'accuse à Rodez.

M. Dubernard soutient que l'existence d'un complot est invraisemblable, si on veut l'étendre jusqu'à Jausion; qu'alors même qu'il aurait été quelquefois dans la maison Bancal, ce qui est bien loin d'être accordé, tout autre motif qu'un projet d'assassinat aurait pu l'y avoir attiré; que les liaisons de Jausion avec Bastide n'étaient point intimes, et n'existaient qu'en raison de la parenté qu'il n'existe aucun témoignage digne d'attention qui puisse faire supposer que Jausion ait guetté Fualdès, encore moins qu'il l'ait saisi.

Ici l'orateur combat l'assertion que Jausion ait été vu dans la maison Bancal, le soir du 19 mars. « Invoquerait-on les révélations de Bach? Elles sont indignes de foi. Parlerait-on de Mme Manson? Je ne viens pas contester ses déclarations, mais en prévenir l'abus : elle a toujours employé le langage du doute, soit devant M. le préfet de l'Aveyron, soit aux assises de Rodez, soit aux débats devant cette cour; et ce jury peut-il lever les doutes par sa décision? Quant à Théron, il ne doit point être cru, d'après lui-même et d'après ses déclarations : avoir reconnu un cadavre, une couverture de laine blanche, des cordes, avoir distingué des individus, même celui qui aurait eu sa figure couverte en grande partie avec un mouchoir blanc : ce sont là autant d'impossibilités physiques et morales.

« Au surplus, Jausion a trois déclarations puissantes en sa faveur, celles de Bousquier, de la veuve Bancal, et de Magdeleine Bancal, qui ne l'ont point reconnu.

» Enfin, si Jausion avait été l'assassin de son ami, de son parent, se serait-il livré, le lendemain, à ses occupations ordinaires? Aurait-il fait les apprêts des funérailles de M. Fualdès? Non, il serait impossible de réunir à-la-fois tant d'hypocrisie et de scélératesse. »

M. Dubernard passe à l'accusation de vol, et il met en thèse que l'idée de vol est invraisemblable : « Eh! quoi, s'écrie-t-il, dix-huit personnes se seraient associées pour un vol dans lequel la plupart d'entre elles ne devaient obtenir aucun intérêt, aucun profit? Et quel eût été l'objet du vol? On a parlé de lettres de change, d'un sac d'argent, d'un porte-feuille, d'un livre-journal et d'une contre-lettre.

» Pour l'argent, continue l'orateur, il n'y a pas eu de vol, puisqu'on a trouvé chez M. Fualdès celui qu'il avait obtenu la veille par la négociation faite chez M. Julien Bastide.

» Quant aux lettres de change, comment accuser Jausion du

vol des premiers 20,000 francs, puisque M. Fualdès demanda à M. de Séguret que ses effets lui fussent fournis par anticipation; puisqu'il disposa de cette somme, puisque sa situation en a été améliorée d'autant, et puisque Jausion s'empressa d'instruire la justice de l'emploi de cet argent.

» Quant aux 12,683 fr. faisant partie des 24,000 fr. restant des effets remis par M. de Séguret, le 18 mars, il n'y a point de vol. Qu'il y ait eu négociation ou substitution, toujours est-il vrai que la famille Fualdès n'a point éprouvé de dommage, puisqu'il n'y a eu pour elle que des effets échangés; et Jausion a fait, de son côté, le remplacement des anciens effets par de nouveaux, vis-à-vis des capitalistes qui en étaient les propriétaires.

» L'enlèvement du porte-feuille et du livre-journal n'est pas mieux établi.

» La contre-lettre n'avait été ni vue ni lue, personne n'en avait entendu parler; et qui pourra jamais croire que Jausion eût fourni de contre-lettre, lui qui, au contraire, avait exigé, et tenait dans ses mains, des garanties obtenues de M. Fualdès.

» Quant à la clef du placard, M. Fualdès ne la portait point d'après ses habitudes; il ne portait ordinairement que le passe-partout et la clef du tiroir. Cette dernière clef, si Jausion l'avait eue en son pouvoir, aurait-il eu besoin de forcer le tiroir? Et relativement à cette action, toute idée de criminalité ne disparaît-elle point par la publicité de cette voie de fait, par la présence des domestiques, qui furent en quelque sorte appelés pour en être les témoins?

» Cette conduite de Jausion n'est point celle d'un homme coupable du crime. — Après avoir assassiné la veille M. Fualdès, aurait-il osé, le lendemain, soutenir la présence de sa veuve, spolier sa maison? Non, toutes les facultés de mon ame résistent à cette idée, et ne peuvent s'y arrêter. »

M. le procurer-général à Mme Manson: Veuillez nous dire si c'est Bessière-Veynac qui vous a sauvée.

Mme Manson: Non, monsieur.

M. le procureur général: Ce fait, MM. les jurés, détruit les conséquences que l'on a voulu tirer de la déposition de M. Daugnac, lieutenant de gendarmerie à Rodez, sur laquelle on s'est fondé pour mettre en doute si Jausion a sauvé la vie à Mme Manson. Nous ajoutons que le sieur Daugnac a déposé que la dame Manson lui avait dit qu'elle avait écrit à Jausion, pour lui promettre qu'elle périrait sur un échafaud, plutôt que de le faire condamner de nouveau; puisqu'on veut tant scruter les pensées de Mme Manson, nous demandons si l'on peut faire une pareille promesse à un homme qu'on croit innocent.

Au point où en est la discussion, il ne nous reste plus qu'a rétablir quelques faits qui ont été dénaturés.

Bousquier, vous a-t-on dit, a déclaré ne pas reconnaître Jausion. Lisez son interrogatoire du 15 avril, et rappelez-vous ce qu'il a dit à votre audience ; il a déclaré qu'il croyait que c'était Jausion qui était au nombre des assassins, mais qu'il ne pouvait l'affirmer d'une manière positive. Vous vous souvenez d'ailleurs qu'il vous a dit se rappeler, *comme un songe*, que Bach lui avait nommé, dans la nuit du crime, *un monsieur riche, parent de Bastide, et demeurant sur la place de Cité.* Cela ne peut s'appliquer qu'à Jausion.

On vous a soutenu que dans le procès-verbal de confrontation avec Jausion, Magdelaine Bancal avait déclaré positivement ne pas reconnaître Jausion. Ce procès-verbal de confrontation prouve, au contraire, que Magdeleine croit qu'il était du nombre de ceux qui tuaient le *monsieur, mais qu'elle ne s'en souvient pas bien.* Rappelez-vous la déposition du congierge Canitrot, qui, en attestant que Magdelaine avait formellement reconnu Jausion auparavant, lui a déclaré *n'avoir pas voulu le reconnaître dans la confrontation.*

Quant à la femme Bancal, elle a dit à cinq ou six témoins avant le jugement de condamnation de Rodez, qu'elle reconnaissait Jausion comme l'un des assassins ; elle a parlé d'une offre de blé qui lui a été faite par Bastide et Jausion. A la vérité, après ce jugement, elle a dit à la femme Couderc, qu'elle ne reconnaissait pas Jausion ; mais ce changement est expliqué par *l'offre avérée* d'une somme de 1500 fr. pour marier sa fille aînée, et d'une pension, pour elle, de 30 sous par jour, qui lui a été faite par les parens de Jausion. On vous a soutenu que cette offre avait été faite par la famille Jausion, pour engager la femme Bancal à dire la vérité. On ne paie pas pour faire dire la vérité, on ne paie que pour faire mentir. Au surplus, vous savez, messieurs, que la femme Bancal a expressément accusé Jausion depuis qu'elle est à Albi. Rappelez-vous la déposition du concierge Queulin : la femme Bancal lui a dit, le 12 avril dernier : J'ai reconnu Jausion sur le banc des accusés, à Rodez, comme l'un des assassins. Le lendemain 13, avant l'audience, elle a déclaré au même concierge n'avoir reconnu Jausion que sur le banc à Albi, mais l'avoir reconnu *parfaitement*. Enfin, elle a dit à Anne Benoît, à la même époque : *Je veux dire la vérité à la justice ; mais je ne veux pas y mettre Jausion.*

Voilà sans doute de graves probabilités ; mais la vérité toute entière se présente quand on voit le complot déjà formé contre la vie et la fortune de M. Fualdès ; complot prouvé par le *travail* que Jausion avait commandé à Bancal, quinze jours avant la foire, pour l'époque de la foire ; *travail* que Bancal a déclaré, le 20 au matin, avoir été exécuté dans la nuit précédente (c'est la déposition de Jacques Girou ; déposition dont on a senti la force, puisqu'on n'en a pas fait mention dans la défense que vous venez d'entendre) ; complot prouvé par la déposition d'Ursule Batut. Bastide dit à Jausion : *J'ai tout mon monde prêt pour notre heure ;* PRENONS GARDE, dit Jausion ; et ces mots ne peuvent évidemment se rapporter qu'à une mauvaise action ou à un crime : *Bah !* dit Bastide, *c'est comme chez nous.* Ces propos ont été entendus la veille de l'assassinat ; complot prouvé par les relations de Jausion avec Bancal ; relations qui ont pris une nouvelle activité immédiatement avant le crime. Jausion a été vu dans la maison Bancal, une heure avant que le crime fût commis : la vérité se présente encore d'une manière plus certaine et avec tous les caractères de l'évidence, quand deux témoins oculaires vous disent avoir vu Jausion porter le premier coup de couteau à M. Fualdès.

L'un de ces témoins est Madeleine Bancal : l'accusation qui pèse sur sa mère n'a pas permis de la faire entendre dans cette enceinte ; mais elle a déclaré le fait, dans son recit à M. France de Lorne, qui vous en a rendu compte ; et la déclaration de cette enfant est confirmée dans presque toutes ses parties par les déclarations de sa mère, par celles de la dame Manson, par celles de Bach.

Le second témoin oculaire, c'est Bach, qui a vu porter le premier coup par Jausion : ce même Jausion, qui a fait signer avec Bastide, au sieur Fualdès, douze ou quinze lettres de change ; qui a pris le porte-feuille à fermoir, contenant les lettres de change et autres effets que M. Fualdès y avait apportés, dans l'espoir qui lui avait été donné, par Bastide, d'une prompte négociation. Le fait de la signature des lettres de change est attesté par la femme Bancal elle-même. Elle vous a dit en avoir trouvé une le lendemain tachée de sang, et l'avoir brûlée à l'instant, pour faire disparaître cette preuve de conviction. Le témoignage de Bach est hors de toute atteinte ; car en conduisant Jausion à l'échafaud, il s'y conduit plus sûrement lui-même.

Jausion a donc été le premier qui a frappé Fualdès ; il a recueilli à l'instant le fruit du crime ; il a pris le portefeuille, les lettres de change et les effets qui y étaient renfermés ; il a emporté les lettres de change qui venaient d'être extorquées à M. Fualdès ; lettres de change qu'on se garde bien de produire, dans la crainte que la main tremblante et glacée de M. Fualdès, qui les a signées, ne trahisse la violence barbare qui les a dictées, et ne fournisse de nouvelles preuves de culpabilité.

Qu'ai-je besoin de prouver le meurtre par le vol, lorsque le meurtre est certain ? Mais ici un premier vol a accompagné le crime. Madeleine Bancal, la femme Bancal et Bach sont unanimes.

Je devrais donc m'arrêter ici et me dispenser de parler du vol du 20 mars ; mais l'intérêt de la vérité et les devoirs de mon ministère m'obligent de vous signaler le vol du 20 mars comme une nouvelle preuve, et comme le complément de tant de crimes.

On vient froidement produire la situation financière entre le sieur Fualdès et Jausion, au moyen de carnets fabriqués par un nouveau crime, et on insulte au malheur de l'héritier du sieur Fualdès, en lui demandant de les débattre et de les discuter.

A-t-on cru qu'on parviendrait à détourner notre attention et la vôtre de l'objet principal de l'accusation, en se livrant à de pareilles discussions? Et que peut-on demander au sieur Fualdès fils, quand on lui a enlevé le livre-journal de son père, et tous les titres et papiers qui composaient cette partie si considérable de sa fortune mobilière?

L'absence de ce livre-journal et de ces papiers est constatée. Leur enlèvement est le produit de l'effraction opérée par Jausion, avouée par Jausion, et dont cet enlèvement a été l'unique objet et le déplorable résultat.

On ne prétendra pas, sans doute, que cette effraction, avouée par le coupable, n'eût un objet; et cet objet n'a-t-il pas été nécessairement l'enlèvement du livre-journal et de tous les papiers, qu'on a le front de demander au sieur Fualdès fils, pour débattre des calculs fondés sur des paperasses indignes de foi, ouvrage de la simulation, du dol et du mensonge, d'après le rapport des quatre commissaires qui les ont vérifiés?

Une dernière observation, Messieurs, terminera cette discussion. Jugez l'effraction et le vol de papiers et d'argent qui en a été la suite, comme le sieur Jausion les a jugés lui-même.

Dans son premier interrogatoire du 8 avril 1817, il a nié l'effraction, l'enlèvement des papiers et de l'argent, la recommandation faite au valet Estampes de ne rien dire de cette opération; il a nié la mission donnée à la dame Galtier, d'aller chercher une hache à la cuisine, l'apport de cette hache, l'usage criminel qu'il en a fait.

Il reconnaissait alors que ces faits constatés, avoués par lui, mettaient au grand jour sa culpabilité: le meurtre pour le vol, et le vol après le meurtre. Il déniait tous ces faits, parce qu'il sentait qu'il n'y avait qu'un pas d'un pareil aveu à l'échafaud.

Cependant il apprend que la dame Galtier a tout avoué; et dans un second interrogatoire, le 15 avril suivant, il reconnaît la vérité de tous les faits qu'il a niés le 8, et il dit *que c'est une imprudence de sa part.*

Jausion n'y voit qu'une imprudence; mais vous y voyez un nouveau crime, la confirmation du premier crime, les soins criminels qu'il prend de s'assurer le produit de ce premier crime. Jugez Jausion comme il s'est jugé lui-même. En le condamnant, vous le condamnerez comme il s'est condamné lui-même; c'est sa propre sentence que vous prononcerez contre lui. Le voilà, de son propre aveu, coupable du meurtre et du vol.

Telle est la substance du discours improvisé de M. le procureur-général, et dont, avec regret, on ne peut présenter que l'analyse, par le défaut d'espace: mais l'esquisse, quoiqu'elle ne soit présentée peut-être que d'une manière imparfaite, suffira pour prouver que l'accusation a été soutenue d'une manière digne du sujet.

M. Dubernard a fait une seconde réplique, improvisée, comme la première, et toujours avec la même chaleur de style et de sentiment.

M. Bole a répliqué en peu de mots pour Colard.

« Messieurs, a-t-il dit, on a parlé de quelques principes généraux de toute législation criminelle, et des faits particuliers à la cause. Sur les principes, je m'en tiens à la maxime admirable que M. le procureur-général vous a rappelée, et qu'on devrait graver sur ces murs, comme elle est gravée dans nos cœurs : *Il faut absoudre dans le doute, et ne condamner qu'avec l'évidence.*

» Voyons si l'évidence du crime existe contre Colard, et si nous pouvons déduire du système de l'accusation l'impossibilité de son innocence. »

L'orateur, après avoir discuté les déclarations des témoins, tâche de prémunir les jurés contre cette prévention qui naît ordinairement des illusions de la vertu : « Qu'il est difficile à l'homme vertueux et sensible, dit-il, de ne pas transporter sans y penser, sur les accusés, les noires idées que lui suggère cette horrible affaire!..... Regrettons de n'avoir pas le tems de connaître la vérité toute entière et rien que la vérité, dans une affaire qui s'obscurcit tous les jours, par des incidens inconnus de la procédure nouvelle ; dans une affaire où le tems seul peut faire les révélations que nous désirons.

» Une première procédure en a produit une seconde, plus compliquée que la première ; il est probable que la seconde en fera naître une troisième, plus compliquée que les deux autres.

» Cette affaire n'est donc pas si claire, et nous devrions craindre de nous tromper. Mais les conseils des accusés diraient-ils les choses les plus évidentes, ils ne sont pas crus, et je ne sais quelle prévention donne à toutes les paroles sorties de leur bouche la physionomie du mensonge. »

L'orateur suit Colard dans ses cachots..... Il parle du désespoir de ce malheureux, qui, la nuit, le jour, à toute heure, proteste de son innocence. « Il dit sans cesse, et je le répète avec lui : Eclairez mes juges, vérité sainte! et dissipez les ténèbres épaissies sur l'innocence! »

M. Dupuy, avocat de Bach, a donné dans sa réplique de nouveaux moyens de défense.

M. Fualdès, ayant obtenu la parole, a dit :

Messieurs,

« Avant de quitter cette enceinte, mon ame, si long-tems déchirée pendant le cours de ces funèbres débats, éprouve le besoin de vous parler de sa reconnaissance. Daignez en agréer l'expression, vous qui présidez avec une si grande sagesse et avec autant de dignité que d'éclat! Et vous, vengeur public, qui venez de soutenir l'accusation avec tant d'énergie et une si mâle éloquence! Vous tous, magistrats de la cour, que tant de vertus recommandent à la vénération publique! Et vous aussi, premier magistrat de cette province, qui m'avez environné d'une si touchante sollicitude!.... Decazes! à ce nom se rattachent toutes les vertus publiques et privées. M. le maire, et vous tous, magistrats et fonctionnaires de cette ville hospitalière, partagez l'hommage de ma juste gratitude!

» Généreux ami, Tajan! veuillez permettre que mon humble reconnaissance attache une feuille à la couronne de vos brillans succès!

» Comme aux jurés de l'Aveyron, je dirai à ceux du Tarn : La loi vous a confié le glaive vengeur : sachez l'écarter de l'innocence ; mais frappez sans pitié la tête des coupables. »

M. le président interpelle chacun des accusés, et leur demande s'ils ont quelque chose à ajouter à leur défense.

La femme Bancal déclare d'abord qu'elle n'a plus rien à dire, mais sur une vive apostrophe qui lui a été adressée par Anne Benoît, il s'est élevé une discussion entre ces deux accusées. — Dis la vérité, malheureuse! s'est écriée Anne Benoît; avoue que ni moi, ni Colard, n'étions dans ta maison, et proclame notre innocence! — C'est vous, réplique la Bancal, qui êtes la cause de mes malheurs, si vous ne m'aviez pas empêchée de dire la vérité, je ne serais pas ici. — M. le président a en vain demandé l'explication de ce reproche à la femme Bancal, qui, ayant repris son flegme ordinaire; a persisté à dire qu'elle n'avait pas vu Anne Benoît dans sa cuisine : mais Bousquier, rappelé aux débats, a de nouveau confirmé la présence de cette fille dans la cuisine au moment où il est entré.

Bach, sur l'interpellation de M. le président, affirme de nouveau la vérité de ses révélations ; alors Colard lui dit : Malheureux! sauve ton âme, si tu ne peux sauver ton corps; dis donc la vérité; quand nous nous verrons dans l'autre monde, tu seras bien fâché de n'avoir pas suivi mes conseils.

Bastide, qui avait annoncé dans la précédente séance qu'il ajouterait quelque chose à sa défense, n'a pas jugé à propos de le faire, et il a déclaré qu'il n'avait plus rien à dire.

La séance est levée.

SOIXANTE-DEUXIÈME LETTRE.

Albi, 5 mai.

Séance du 4 mai.

Les débats de cette procédure nous ont fourni de fréquentes occasions de rendre au magistrat qui les a dirigés le tribut d'éloges dû aux talens qui le distinguent. Nous avons plusieurs fois loué sa sagesse, son impartialité; nous avons fait remarquer cette patience, poussée souvent jusqu'à la longanimité, avec laquelle il a écouté des observations répétées à satiété par les accusés. Rien n'a pu déconcerter sa douceur et son impassibilité; il a cependant su concilier les égards qu'on doit aux malheureux, même criminels, avec la fermeté que lui prescrivaient ses devoirs.

Les débats ayant été fermés dans la précédente séance, il ne restait plus qu'à entendre le résumé de M. le président. Il l'a commencé en ces termes :

Messieurs les jurés,

La vérité a dit : « Je suis fille du tems : à la longue, j'obtiens tout de mon père. » Appliquant cette maxime aux intérêts sociaux et particuliers qui se rattachent au mémorable procès dont la discussion vous est soumise, nous disons :

Est-ce la vérité, Messieurs, que l'organe de la société et du prince a fait entendre lorsque, rassemblant les élémens accusateurs que de longs et tristes débats ont fait ressortir, il s'adresse aux principaux accusés, et leur dit :

Vous étiez les parens de l'infortuné Fualdès ; il vous comptait au nombre de ses amis.... fatale erreur! Les preuves que l'examen a fait éclore ont dissipé les ombres dont vous cherchiez à vous envelopper ; elles ont mis en lumière le crime et ses auteurs.

Si nous consultons ces preuves, c'est vous, Bastide et Jausion, qu'elles signalent comme les artisans de l'attentat dont la justice consternée poursuit la répression....... C'est vous qui, également animés de la soif des richesses, enhardis par l'impunité de vos excès passés, foulant aux pieds tout ce que les hommes respectent et chérissent, les lois les plus sacrées, ces liens du sang, ces sentimens du cœur qui les remplacent, avez conspiré contre les jours de Fualdès...... c'est vous qui avez recruté et soudoyé des sicaires, qu'un peu d'or a rendus si dociles à vos ordres cruels..... c'est vous qui avez organisé le guet-à-pens dans lequel sa trop crédule confiance l'a entraîné....... c'est vous qui l'avez trahi, assassiné; vous avez choisi la maison Bancal pour le théâtre du crime; cet asile n'était-il pas celui de vos scandaleux désordres? Cet asile ne renfermait-il pas des êtres profondément pervers, d'autant plus propres à seconder vos desseins, qu'ils étaient les assassins de Fualdès, parce qu'il l'était lui-même de tous les genres d'excès? C'est vous qui, préludant au meurtre par le crime d'extorsion dans votre criminelle et insatiable cupidité, avez dépouillé la victime avant et après lui avoir arraché la vie; c'est vous, Jausion, qui le premier avez frappé votre infortuné parent.

C'est vous, Bastide, qui avez porté les derniers coups....... *C'est moi*, ministère public, qui vous accuse l'un et l'autre de cet amas d'horreurs..... C'est moi, partie publique, qui, par l'autorité des preuves les plus irréfragables, crois avoir invinciblement démontré votre culpabilité sous les rapports de l'assassinat, de la noyade et du vol.

Mais la voix du ministère public ne doit point fermer notre oreille aux moyens justificatifs proposés par les accusés, une légale sollicitude nous commande d'écouter leurs plaintes.

Bastide et Jausion répondent..... Nous sommes innocens; le hazard, la fatalité, un enchaînement de circonstances qu'il nous a été impossible de prévoir, ont rassemblé sur notre tête ces élémens du mensonge ou de l'erreur...... Tout concourt à repousser l'affreux reprsche qu'on nous adressse...... nous ne sommes pas les assassins de Fualdès; et si la preuve que nous étions au sein de nos familles et dans nos maisons, lorsque des bras homicides ont ravi les jours à Fualdès, si cette preuve de notre innocence nous avait été enlevée, ne suffirait-il pas de savoir que nous étions l'un et l'autre les parens, les amis de cet infortuné..... Oui, Messieurs, nous osons le dire, et vous pouvez en être déjà convaincus, notre histoire, dans ce procès célèbre, n'est pas celle d'un grand crime, c'est celle d'une longue et bien triste infortune.

Quant à nous, Messieurs les jurés, aprés cet aperçu de la plainte, de l'attaque et de la défense, nous allons nous occuper de la tâche que la loi nous impose.

Cette tâche, Messieurs, consiste à vous présenter une analyse impartiale et exacte des élémens que les débats ont fait ressortir, de vous faire remarquer les principales preuves pour ou contre les accusés; enfin de vous rappeler les fonctions que vous avez à remplir.

Dans cet exposé, qui doit être le tableau fidèle de l'événement tragique que l'examen vous a offert, nous écarterons de l'accusation et de la défense tout ce qui nous paraîtra superflu......... Nous peindrons à grands traits.

La division que nous adopterons dans ce résumé est celle que l'ordre des tems indique : je veux dire les faits antécédens, immédiats et subséquens.

Les matériaux classés, il nous sera facile de repasser avec vous, Messieurs, les principales charges et les incidens remarquables qui se rattachent à ces périodes successives et aux divers accusés.

Après cet exorde, M. le président rappelle tous les moyens développés par le ministère public à l'appui de l'accusation ; il passe ensuite à la défense de chacun des accusés, et en présente la substance avec la même impartialité qu'il a montrée dans le cours des débats.

Ce résumé nous a donné une nouvelle preuve que M. le président joint à un esprit de méthode et d'analyse l'art de faire des rapprochemens qui font jaillir des circonstances en apparence les plus minutieuses de grands traits de lumière. C'est ainsi, par exemple, que parlant de ce témoin qui avait cru voir Bastide et Jausion traînant avec violence une fille dans la maison Bancal, M. le président a dit : Mais est-il bien vrai que le témoin s'est trompé quand il vous déclare avoir vu une femme parmi le groupe traînant le malheureux Fualdès vers le lieu infâme où il devait trouver la mort ? Anne Benoît, qui a été chercher Colard dans le cabaret de Rose Féral, et que Bousquier a vue ensuite dans la cuisine de Bancal, n'était-elle pas la femme que le témoin a aperçue parmi les assassins ? C'est ainsi que cherchant à expliquer la présence de l'imbécille Missonnier, que les assassins n'avaient pas certainement mis dans la confidence de leur projet homicide, sur le théâtre du crime, M. de Faydel a dit : Missonnier aura rodé dans la rue des Hebdomadiers ne pouvant rentrer chez lui, parce que le mendiant Laville avait fermé la porte de son domicile. Il aura été aperçu par quelques-uns de ceux qui faisaient sentinelle à la porte de la maison Bancal, et pour s'assurer de sa discrétion, ils l'auront forcé d'entrer et de s'associer au crime.

M. le président fait connaître ensuite les questions que la cour soumet aux jurés.

Première question.—Catherine Bruguière, veuve Bancal, accusée présente, est-elle coupable d'avoir, dans la soirée du 19 mars 1817, commis un meurtre sur la personne du sieur Fualdès, ancien magistrat ?

Deuxième question.— Ladite Catherine Bruguière est-elle complice du meurtre commis sur la personne du sieur Fualdès, pour avoir, avec connaissance de cause, aidé ou assisté l'auteur ou les auteurs du meurtre, dans les faits qui l'ont préparé ou facilité, ou ceux qui l'ont consommé?

Troisième question.—Ladite Catherine Bruguière, veuve Bancal, a-t-elle agi avec préméditation?

Ces trois premières questions ont été également posées pour chacun des autres accusés, Bastide-Grammont, Joseph Jausion, Jean-Baptiste Colard, François Bach, Joseph Missonnier et Annne Benoît.

Pour chacun des accusés, Bastide, Jausion, Bach, Colard et Missonnier, M. le président a encore soumis au jury les questions suivantes :

L'accusé est-il coupable d'avoir noyé le cadavre du sieur Fualdès dans l'Aveyron, pendant la même soirée du 19 mars 1817?

L'accusé est-il complice de ladite noyade, pour avoir avec connaissance aidé ou assisté l'auteur ou les auteurs, dans les faits qui ont préparé, ou facilité, ou consommé cette noyade?

Les questions ci-après ont encore été soumises au tury, pour chacun des accusés Bastide et Jausion.

L'accusé est-il coupable d'avoir soustrait frauduleusement divers effets, tels que papiers, livres de compte et autres appartenant à la succession de feu Fualdès; cette soustraction commise le 20 mars 1817 au matin, dans la maison du sieur Fualdès?

L'accusé est-il complice de la soustraction commise chez le sieur Fualdès, pour avoir, avec connoissance, aidé ou assisté l'auteur ou les auteurs de cette soustraction dans les faits qui l'ont préparé ou facilité, ou dans ceux qui l'ont consommé?

Les soustractions frauduleuses ont-elles été commises à l'aide d'effraction intérieure?

Le jury a eu à répondre pour la dame accusée Manson aux deux questions suivantes :

Marie-Françoise-Clarisse Enjalran, épouse Manson, est-elle complice du meurtre commis dans la soirée du 19 mars 1817, sur la personne du sieur Fualdès, pour avoir, avec connoissance, aidé ou assisté l'auteur ou les auteurs dans les faits qui ont préparé ou facilité, ou dans ceux qui ont consommé ce meurtre?

Ladite Enjalran Manson a-t-elle agi avec préméditation?

Il s'est élevé ici une discussion sur la position des questions.

Me. Foulquier, défenseur d'Anne Benoît, a soutenu que la question de préméditation écartée par les jurés de Rodez, à l'égard de cette accusée, ne peut pas être rétablie devant le jury du Tarn; il se fonde sur les articles 350 et 360 du code d'instruction criminelle; il invoque deux arrêts de la cour de cassation qui lui paraissent avoir confirmé cette doctrine; il cite les motifs et les dispositifs de ces arrêts.

M. le procureur général.— Les articles 350 et 360 du code d'instruction criminelle, ne sont point applicables à la position dans laquelle se trouve Anne Benoît.

Le premier des articles veut *que la déclaration du jury ne puisse jamais être soumise à aucun recours.* Il n'y a point ici de déclaration du jury à l'égard d'Anne Benoît, puisque la déclaration du jury de Rodez a été annulée.

L'article 360 décide *que toute personne acquittée légalement ne pourra plus être requise ni accusée à raison du même fait.* Cette disposition n'a aucun rapport à la situation d'Anne Benoît, qui n'a pas été acquittée par la cour d'assises de l'Aveyron, qui a été au contraire condamnée par cette cour, et qui, par l'effet de l'annulation de cette condamnation, est traduite devant vous pour être jugée.

La seule lecture qui vous a été faite par le défenseur d'Anne Benoît, des motifs et des dispositions des deux arrêts de la cour de cassation, prouve qu'ils sont inapplicables.

Le premier de ces arrêts casse l'arrêt d'une cour d'assises qui avait rétabli les circonstances aggravantes, nullement exclues par un précédent arrêt de la cour de cassation, arrêt qui contenait par conséquent une contravention expresse à l'autorité de la chose jugée. Le deuxième arrêt avait été rendu dans des circonstances toutes différentes de celles où nous nous trouvons : dans le cas prévu par l'art. 352 du Code d'instruction criminelle, lorsqu'une cour d'assises pensant que l'accusé a été traité trop sévérement par les jurés, surseoit à son jugement et renvoie l'affaire à la session suivante; disposition uniquement introduite pour l'avantage de l'accusé et dont l'effet par conséquent ne peut jamais être d'aggraver son sort.

Dans l'affaire actuelle, la déclaration du jury de Rodez a été annulée sans exception; elle l'a été sur le pourvoi même d'Anne Benoît. Comment peut-on faire revivre en son nom une déclaration dont elle a provoqué elle-même et obtenu l'annulation? L'arrêt de la cour de cassation qui a frappé de nullité les débats de Rodez, et tout ce qui s'en est ensuivi, a remis les choses, par rapport aux accusés qui se sont pourvus, dans l'état où elles étaient lorsque ces premiers débats se sont ouverts; ces débats et tout ce qui en a été la suite, sont réputés n'avoir jamais existés. Ce sont, Messieurs, les premières paroles que nous vous avons adressées à l'ouverture de ces assises. Nous avons dû vous parler ainsi, dans l'intérêt de la justice comme dans celui des accusés, qui ne peuvent pas plus se prévaloir d'actes annulés au préjudice de l'accusation actuelle, qu'on n'a pu se servir contre eux d'un pareil acte pour le soutien de cette accusation.

Ils doivent donc être jugés sur les circonstances établies par l'acte d'accusation et par les débats qui ont eu lieu devant vous. Toutes les questions doivent être posées d'après ces circonstances. Ces principes ont été consacrés par divers arrêts de la cour de cassation, notamment par un arrêt du 19 décembre 1816.

A deux heures, MM. les jurés sont entrés dans la chambre de leurs délibérations. Un ordre exprès de M. le président ordonnait que toutes communications à l'extérieur leur fussent rigoureusement interdites. Cette formalité, ordonnée par la loi, à laquelle M. le président a dû se conformer, était sans doute inutile pour des jurés aussi bien pénétrés de l'importance de leurs fonctions. La religieuse attention qu'ils ont apportée aux débats, le soin scrupuleux avec lequel ils ont recherché la vérité, étaient un sûr garant qu'ils ne feraient rien, que la conscience la plus pure ne pût approuver.

Les accusés n'ont point été reconduits à Ste-Cécile pour attendre que leurs juges eussent délibéré sur leur sort. On les a placés dans l'une des salles qui avoisinent la cour d'assises. Une garde imposante veillait sur eux.

Pendant quatre heures et demie qu'à duré la délibération des jurés, les nombreux spectateurs qui remplissaient l'auditoire n'ont pas quitté leurs places.

A sept heures, les jurés sont revenus dans la salle d'audience. Un silence profond régnait dans l'auditoire, chacun attendait avec recueillement cette déclaration qui devait condamner ou absoudre. Le chef des jurés, la main sur son cœur, a lu, non sans quelqu'émotion, les réponses aux questions qui leur avaient été soumises. Elles sont toutes résolues à l'unanimité.

La Baucal a été déclarée coupable de complicité dans le meurtre de M. Fualdès, avec préméditation.

Bastide coupable de meurtre avec préméditation.

Jausion coupable du meurtre avec préméditation; et tous deux coupables de vol avec effraction.

Colard coupable de complicité dans le meurtre avec préméditation.

Bach coupable de complicité avec préméditation.

Anne Benoît coupable de complicité dans le meurtre sans préméditation.

Missonnier non coupable du meurtre ni de complicité dans le meurtre, mais complice de la noyade du cadavre. Bach, Colard, Bastide et Jausion, coupables de la noyade.

Madame Manson a été déclarée non coupable à l'unanimité.

Après avoir fait connaître cette déclaration à la cour, le chef du jury l'a signée, et M. le président a ordonné qu'on introduisit les accusés.

Jausion était si faible que les gendarmes ont été forcés de le soutenir. Il semblait qu'il connût déjà le sort qui l'attendait.

Bastide, toujours ferme, avait un air de fierté qui contrastait d'une manière bien sensible avec l'extrême abattement de son beau-frère.

Colard, sans audace, paraissait calme et résigné.

Anne Benoît avait la douleur peinte sur tous les traits.

Mme. Manson n'osait, par pitié pour les malheureux qui l'entouraient, laisser éclater la joie que devait lui faire éprouver l'instant prochain de sa liberté.

La déclaration a été répétée par le greffier; M. le procureur-général a requis l'application de la peine. M. Tajan, pour M. Fualdès, a conclu à ce qu'il plût à la cour condamner les accusés en soixante mille francs de dommages et intérêts qu'il veut employer à payer les dettes de la succession du malheureux Fualdès.

La cour s'est retirée pour délibérer sur l'application de la peine. C'est alors que Jausion a donné un libre cours à sa douleur. Ses phrases entrecoupées n'avaient entre elles aucun sens. Ah! Messieurs, s'écriait-il, vous n'avez pas voulu connaître la vérité.... Je suis innocent.... Il fallait demander à M. Fualdès quels étaient ses ennemis.... Quand je suis arrivé ici, M. le procureur-général a juré ma perte...... Quand je serai sur l'échafaud, je parlerai comme à présent.... Dieu vous jugera..... On veut mon argent, qu'on le prenne, mais qu'on me laisse à mes enfans..... Je suis innocent.... Pauvres enfans! que vont-ils devenir, sans honneur, sans fortune, ils mourront à l'hôpital.... Je veux qu'on creuse une tombe pour y mettre ma femme et mes enfans avec moi; on écrira dessus : *Jausion était innocent......* Que Bach, puisqu'il est condamné, dise maintenant la vérité; qu'il dise si j'étais chez Bancal?

Bach, sans s'émouvoir, a répondu à Jausion : Oui, vous y étiez; si cela n'était pas vrai, je ne l'aurais pas dit.

La cour étant rentrée dans l'audience, M. le président a prononcé l'arrêt.

La Bancal, Bastide, Jausion, Colard et Bach sont condamnés à mort.

Anne Benoît a été condamnée aux travaux forcés à perpétuité, et Missonnier à deux ans de prison, cinquante francs d'amende.

Mme. Manson, acquittée, a été mise en liberté sur-le-champ.

L'arrêt de mort n'a produit aucune altération sur la figure de Bastide. Jausion a continué à crier qu'il était innocent; mais Colard et Anne Benoît ont offert un spectacle vraiment affligeant. L'arrêt qui frappait l'un semblait accabler l'autre. Cette malheureuse Anne Benoît s'écriait avec un accent douloureux qui déchirait l'ame: « Ah! Messieurs, condamnez-moi comme Colard; je veux la mort s'il meurt...... je veux mourir. » Cette éloquence du cœur, à cette heure suprême, a produit sur l'auditoire une impression difficile à rendre: des larmes ont répondu aux larmes de cette infortunée. Colard, qu'une condamnation capitale prononcée contre lui n'avait point troublé, n'a pu entendre celle qui ordonne la flétrissure d'Anne Benoît, sans témoigner une profonde affliction

MM. les jurés, dans l'intérêt de la justice et de la société, considérant l'importance des révélations de Bach, ont supplié la cour de vouloir bien le recommander à la clémence du Roi.

LE STÉNOGRAPHE PARISIEN.

SOIXANTE-TROISIEME LETTRE.

COUR D'ASSISES D'ALBI.

Albi, 6 mai 1818.

Séance du 5 mai.

La cour n'avait à s'occuper aujourd'hui que d'une question purement civile. La salle était à peu près déserte. Les avocats, quelques étrangers qui n'étaient pas encore partis faute de voitures, voilà tout le public. Quant aux dames, le dénouement de la partie dramatique les avait rendues à leurs soins domestiques.

La cour était entrée à l'audience. M. Pajan, conseiller-rapporteur, a pris la parole : il s'est borné à dire que le conseil de la partie civile et le conseil des condamnés n'ayant déposé que des conclusions sans pièces à l'appui, il n'y avait pas matière à faire un rapport : il a demandé que les avocats des parties fussent invités à développer et à justifier leurs conclusions.

M. Tajan, avocat de la partie civile, a persisté dans celles qu'il a prises dans l'intérêt des créanciers de feu M. Fualdès : elles tendaient à la restitution des 20,000 fr d'effets déposés au greffe, et au paiement d'une somme de 64,814 fr. Il fait observer à la cour que ces deux sommes réunies à celles de 12,851, qui a été trouvée en argent ou en effets sous le bureau de feu M. Fualdès, forment un total de 97,655 fr., montant réel de l'entier passif qui pèse sur la succession, et qui n'existeroient point sans les soustractions et vols commis par les condamnés.

M. Romiguières, parlant pour Bastide et Jausion, ou plutôt pour leurs familles, a pris des conclusions longuement motivées. Son système est celui-ci : « Le sieur Didier Fualdès a solennellement déclaré qu'il ne réclamait point le prix du sang de son malheureux père ; il ne prétend qu'à une juste réparation des dommages pécuniaires causés à la succession ou aux créanciers de son père. Ce dommage, il l'évalue à 97,655 fr., auxquels se monte, selon lui, tout le passif de la succession. Mais, 1°. ce passif n'est pas constaté, puisqu'on n'a communiqué qu'un état informe, sans pièces justificatives ; 2°, il n'est nullement prouvé que ce passif provienne de vols commis au moment ou après l'assassinat : au contraire, tout porte à croire qu'il est le résultat de dettes antérieurement contractées par feu M. Fualdès, ainsi que les créanciers l'attestent eux-mêmes ; 3°. enfin ce passif est couvert ou du moins réduit par des créances actives qui s'élèvent à 60,000 fr. Il faut donc, ou rejeter la demande de la partie civile, ou avant d'y faire droit, ordonner la communication légale des titres qui justifient l'existence du passif allégué.

M. Dubernard adhère à ces conclusions. Il ajoute 1° que les 20,000 fr. d'effets, réclamés à titre de restitution, étaient depuis le mois de septembre 1816, long-tems avant l'assassinat, la propriété légitime de Jausion; 2° qu'il ne suffit pas d'alléguer un passif quelconque, mais qu'il faut prouver qu'il résulte réellement du vol commis par Jausion; autrement, le sieur Didier Fualdès demandant que les condamnés fussent tenus de payer ses dettes, faisait ce qu'il avait dit ne pas vouloir faire; ce serait demander de l'argent à raison de la mort de son père, ou, en d'autres termes, le prix du sang paternel.

M. Tajan a répliqué : Pour en finir, dit-il, sur un point où la modération de mon client a éclaté avec tant de noblesse, je réclame, à titre de dommages, la somme déterminée, sauf à mon client à les faire tourner uniquement au profit des créanciers de la succession.

Les défenseurs des accusés s'étant réunis, ont déclaré que si la demande en dommages était motivée sur l'assassinat, ils se tairaient et ne discuteraient même pas les fins de non-recevoir qu'ils avaient à opposer; mais que si, conformément aux premières déclarations de la partie civile, la demande était uniquement motivée sur le vol, ils réclamaient avec une nouvelle instance la communication des titres.

Quelques membres de la cour ayant fait observer que la demande en dommages était pure et simple, M. Romiguières et M. Dubernard se sont assis.

M. le procureur-général n'a point donné de conclusion; il s'en est rapporté à la sagesse de la cour.

Après en avoir délibéré, la cour a rendu un arrêt qui condamne les nommés Bastide, Jausion, Catherine Bruguière, femme Bancal, Colard, Bach, et Anne Benoît, tous coupables du meurtre commis sur M. Fualdès, à payer solidairement au sieur Didier Fualdès 60,000 fr. à titre de dommages-intérêts, sauf à ce dernier à employer cette somme à l'acquittement des dettes de la succession.

Immédiatement après cet arrêt, M. le procureur-général s'est levé, et a dit que, n'ayant point révoqué son réquisitoire relatif au discours outrageant prononcé par Bastide, il demandait que M. Romiguières fût tenu de s'expliquer à cet égard.

M. Romiguières : « Les avocats ne doivent compte à la justice que des plaidoyers qu'ils prononcent et des mémoires qu'ils signent. Le discours dont il s'agit a été *lu* et *écrit* par Bastide. En voici le manuscrit. Je demande acte du dépôt que j'en fais entre les mains du greffier.

M. le procureur-général a aussi réclamé le dépôt de ce manuscrit. Il a rendu hommage à la conduite et aux principes de M. Romiguières; et, vû la position de Bastide, il a demandé qu'il ne fût donné aucune suite à son réquisitoire.

M. le président a donné acte de ce dépôt, et a témoigné, au nom de la cour, à M. Romiguières, qu'elle était satisfaite de ses explications.

M. le procureur-général s'étant levé de nouveau, a requis contre M. Bole l'application de l'article 29 du décret du 16 décembre 1810. On peut se rappeler que, dans une des précédentes séances, M. Bole, censuré par le président pour avoir adressé des reproches à Bach, s'écria qu'il en *appelait* au public.

M. Romiguières a demandé la permission de parler pour un jeune collègue qu'une extrême sensibilité a pu égarer un moment, mais qui n'a jamais eu intention de s'écarter du respect dû à la justice. Il a pleinement justifié, non les paroles, mais les sentimens du jeune défenseur.

M. le procureur-général n'a pas insisté, et la cour a déclaré qu'elle était satisfaite.

« Cette mémorable session ne doit pas se terminer, a dit ce magistrat, sans que les autorités civiles et militaires de ce département et de cette ville reçoivent ici un juste témoignage de notre reconnaissance. »

La cour s'est séparée.

Voici des détails qui se rattachent à l'audience du 4 mai :

Après le prononcé du jugement, madame Manson a dit à plusieurs membres du jury qui se trouvaient près d'elle : « *Messieurs, vous avez bien jugé; vos consciences peuvent être tranquilles. Vous n'avez pas condamné l'innocent....*

M. le maire d'Albi avait rendu une ordonnance pour défendre à tout individu de circuler dans les rues par où les accusés doivent passer en se rendant au tribunal. Elle défendait aussi de s'arrêter sur les portes des maisons.

Les pelotons de poste avaient reçu l'ordre de charger leurs armes dans la cour même du Palais; deux compagnies de la garde nationale étaient commandées pour occuper toutes les avenues de Sainte-Cécile et des Carmes.

La foule était immense. Les dames sur-tout, avides de sensations fortes, étaient plus nombreuses et plus empressées qu'à l'ordinaire.

Le matin, au point du jour, on a trouvé sur la place des exécutions, entre les quatre pierres destinées à soutenir l'échafaud, une large tache de sang, et sur chacune des pierres une croix de sang avait été tracée. La foule s'est portée sur cette place. Cet événement a donné lieu à mille contes absurdes et extraordinaires.

Le lendemain matin, M. Romiguières a été voir Bastide dans sa prison. Après quelques instans de conversation, Bastide lui a dit : Vous voyez cet imbécille de Jausion, il espère encore s'en tirer; mais il y passera tout comme moi.

Pendant le jugement, tous les regards étaient tournés sur les accusés; chacun cherchait à lire dans leurs traits les différentes sensations dont il était affecté. Bastide, quoique sa figure eût quelque chose de plus noir qu'à l'ordinaire, est resté immobile. Les regards de Jausion étaient effrayans; il a protesté de son innocence, il en a appelé au tems.

Bach cachait sa figure dans un mouchoir; il ne paraissait pas fort affecté.

L'imbécille Missonnier, à qui l'on n'avait pu jusqu'à présent persuader qu'il avait été condamné, à Rodez, aux galères perpétuelles, a dit à son défenseur, après avoir entendu le dernier arrêt : *Bon ! on me double mon écot. Je n'avais qu'un an de prison, et voilà qu'on m'en donne deux. Ce qui me chagrine, c'est que ma patente va toujours, et que je ne travaille pas.*

Anne Benoît demandait la mort, et Colard fondait en larmes. Il a appelé toutbas son avocat : « M. Bole, lui a-t-il dit, je vous remercie, vous m'avez bien défendu; je regrette de ne pouvoir vous en témoigner ma reconnaissance! » Au moment où la cour se levait, il a demandé à parler au président : « Que lui direz-vous? on refusera de vous entendre. — Ah! dites-moi, si, au pied de l'échafaud, quelqu'un des accusés déclare que je suis innocent, obtiendrai-je ma grâce? »

Bastide, Jausion et Colard ont été placés dans la même chambre; leur douleur ne les a point empêchés de souper très-copieusement.

Ces trois malheureux, étendus sur un lit de camp, sont entourés de murs qui n'ont pas moins de neuf pieds d'épaisseur, et, sans un tremblement de terre, il est certain qu'ils ne s'évaderont pas. Cependant on a jugé nécessaire de leur charger les jambes de fers renforcés; c'est avec la plus grande difficulté qu'ils parviennent à se traîner du bout de leur cachot au lit de camp. Bastide paraissait beaucoup plus accablé que la veille, lorsqu'il entendit la terrible condamnation. Jausion était plus ferme, et il a protesté qu'il n'avait rien à se reprocher; qu'il était innocent, et qu'on l'apprendrait trop tard. Les deux condamnés ont demandé à M. Romiguières si leurs épouses connaissaient la condamnation. — « Oui, a répondu M. Romiguières, il a été impossible de la leur cacher; elles ne se sont pas couchées; elles ont pleuré toute la nuit. — Qu'elles se consolent, a dit Bastide, nous mourrons innocens; elles le savent, cette pensée doit leur donner la force de tout supporter. » Colard, en pleurant, est venu serrer la main de M. Bole; il a été longtems sans pouvoir proférer une parole; enfin, il lui a dit : « Monsieur Bole, n'ayez pas de regret de m'avoir défendu; je ne suis pas coupable. J'ai encore une grâce à vous demander, c'est la dernière : présentez une requête à M. le président, pour que je ne sois exécuté qu'après Bach; au moment de la mort, il se décidera peut-être à rendre justice à mon innocence. »

Bastide a demandé la permission d'écrire à un ecclésiastique, pour implorer son assistance et ses conseils pendant le tems qui doit s'écouler jusqu'au jour de sa mort. — « Vous n'avez pas besoin d'écrire, lui a répondu l'inspecteur des prisons ; vous pouvez désigner un ecclésiastique ; on l'introduira dans votre prison. — Qu'on me fasse venir l'évêque. — Il n'y a pas d'évêque ici. — Eh bien! le grand-vicaire. »

Ces jours derniers, une dame se promenait avec un lieutenant de gendarmerie. Le bruit se répandit que c'était Mme Manson. Elle fut aussitôt suivie par une troupe d'enfans qui criaient: *Mme Manson! Mme Manson!* Elle eut beau protester contre cette méprise, elle fut obligée de se réfugier dans une maison voisine.

On présume que Mme Manson ne se montrera pas de sitôt en public.

M. de Faydel, président de la cour d'assises, a été désigné par le ministre de la justice pour présider les assises ordinaires du mois de juin.

On a été étonné que Jausion, qui protesta toujours de son innocence, n'ait pas fait à Mme Manson une interpellation vigoureuse.

Les condamnés, Missonnier excepté, se sont pourvus en cassation.

Ce n'est que dix jours après ce pourvoi que les pièces du procès devront être envoyées au ministre de la justice. Ces pièces n'arriveront donc pas à Paris avant le 15 ; elles seront transmises, dans les vingt-quatre heures, du ministère de la justice à la cour de cassation. Ainsi, il n'est guère probable que la cour suprême puisse s'occuper de cette affaire avant le 21.

Le défenseur de Bastide a recueilli et fait imprimer dix-sept certificats attestant la moralité de son client : les signataires de ces actes sont, pour la plupart, des ecclésiastiques. M. l'abbé de Méjanes-Veillac, grand-vicaire de Rodez, a déposé particulièrement en faveur de la franchise et de la *délicatesse* de l'accusé. Il vante la *douceur de son caractère* et sa *probité* irréprochable. Les originaux de ces certificats sont entre les mains de Me Boudet, notaire royal à Albi.

Depuis, M. le grand-vicaire a cru devoir expliquer et préciser es motifs qui l'avoient porté à délivrer une telle attestation ; oici la lettre qu'il a écrite, à ce sujet, à M. le président Faydel.

Monsieur le président,

Je suis informé qu'on fait circuler un receuil imprimé des certificats délivrés à l'accusé Bastide-Grammont.

Au nombre de ces certificats s'en trouve un signé de moi, sous la date du 25 mars dernier.

Quoique cette pièce ne renferme aucune assertion qui ne soit conforme à la vérité et à l'opinion que j'ai pu avoir dans le tems sur le compte de cet accusé, je crois devoir à la justice et à moi-même quelques explications qui préviennent l'abus qui pourrait être fait des expressions dont je me suis servi.

Bastide-Grammont a résidé quelque tems au domaine de Prades, près Ségur, non loin de la terre de Veillac, que j'habitais alors. Le voisinage engendre nécessairement des rapports, et j'eus, pendant tout son séjour, d'assez fréquentes occasions de voir Bastide. Il est très-certain *qu'à cette époque*, je n'ai eu qu'à me louer de mes relations avec lui, et qu'il n'est venu à ma connaissance aucun fait qui ait pu altérer l'idée que je m'étais formée de son caractère et de ses principes.

Cette disposition a dû nécessairement produire un grand étonnement, lorsque je l'ai vu frappé de suspicion de complicité dans un attentat dont je le croyais incapable; et j'ai dû le présumer innocent jusqu'à ce que la justice, seule compétente pour combattre et vaincre la charité, l'ait proclamé coupable.

Toutefois j'ai refusé de me produire comme témoin à décharge dans la procédure, *par le motif* que j'ai perdu de vue le sieur Bastide depuis dix ans; ainsi mon opinion sur son compte date de l'époque où mes relations avec lui en ont formé les élémens; et si le certificat que j'ai signé n'exprime pas suffisamment cette circonstance, je crois devoir y suppléer par cette déclaration, dont je vous autorise, monsieur le président, à faire tel usage que vous jugerez nécessaire ou simplement convenable.

J'ai l'honneur d'être etc.

L'abbé de MEJANES VEILLAC, *vicaire-général à Rodez.*

FIN.

Cette livraison complète le procès Bastide, Jausion, etc. etc., et remplit l'engagement que nous avions contracté envers nos souscripteurs. Suivant toute apparence, la nouvelle procédure s'instrui et sera jugée aux prochaines assises d'Albi. Nous nous proposons d la recueillir comme les précédentes et d'en former un nouveau vo lume in-8°, qui paraîtra par livraison, et qui sera accompagné de portraits et gravures qui pourront ajouter à l'intérêt. Les personne qui désireront souscrire pour le volume à paraître, sont priées de vouloir bien nous en donner avis. Le prix de la nouvelle souscription est de cinq francs *pour toute la procédure.*

On souscrit à Paris, chez Pillet, rue Christine, n. 5.

COUR DE CASSATION.

Pourvoi des condamnés d'Albi.

30 mai.

M. le conseiller Olivier, rapporteur, prend la parole. Il retrace à la cour l'historique de la procédure ; il lit l'acte d'accusation, les divers arrêts intervenus, et les 39 questions soumises au jury d'Albi ; il annonce enfin que deux mémoires à l'appui du pourvoi en cassation ont été présentés, l'un au nom de tous les condamnés, l'autre pour Anne Benoît particulièrement. Ces mémoires exposent sept moyens de nullité.

Le premier moyen est basé sur ce que la cour de cassation ayant ordonné par deux arrêts que Mme Manson, et tous les autres accusés du meurtre de M. Fualdès seraient traduits devant la cour d'Albi pour être jugés par un seul et même arrêt, Yence, Bessière-Veynac, Charlotte Arlabosse, et autres, s'étant depuis trouvés impliqués dans cette accusation, on n'a pas fait droit à la requête présentée par les demandeurs pour obtenir une prorogation de délai, afin que les deux instructions pussent être jointes; qu'ainsi le président de la cour d'assises, en rendant une ordonnance portant qu'il serait passé outre aux débats, est contrevenu à-la-fois à l'autorité de la chose jugée, à l'article 1350 du code civil et aux articles 226, 227, 307 et 433 du code d'instruction criminelle.

Deuxième moyen. Le nommé Jean, condamné à la réclusion, a été entendu comme témoin sans prestation de serment.

Troisième moyen. On a entendu des témoins qui ne rapportaient que des discours tenus par la jeune Madelaine Bancal, dont l'audition était prohibée par la loi, qui ne reçoit pas le témoignage des parens des accusés. M. le procureur-général s'était lui-même opposé à ce qu'on donnât lecture de la déclaration écrite de cette jeune fille. Il y a donc violation de l'art. 322.

Quatrième moyen. M. le procureur du Roi avait requis l'arrestation de la fille Jeanne Janny, qui lui paraissait suspecte de faux témoignage ; M. le président se borna à ordonner qu'elle fût mise en surveillance. M. Romiguiè res demanda que cette surveillance fût levée sur-le-cham ou convertie en arrestation, aux termes de l'art. 330, qu' donne au président le droit de prononcer l'arrestation, mais non la surveillance. Le président maintint son ordon nance : l'avocat insista pour que la cour prononçât si M. le président avait outrepassé son pouvoir ; la cour déclara qu'il n'y avait pas lieu à statuer. Double moyen de cassation, et dans l'acte du président, et dans le refus de la cour.

Cinquième moyen. M. le président a fait lire et remettre ensuite aux jurés la révélation écrite que Bach avait faite devant lui; ce qui est contraire aux articles 269 et 341, qui défendent de mettre sous les yeux des jurés aucunes dépositions écrites.

Sixième moyen. Des experts ont été entendus comme témoins, et sous la foi du serment.

Septième et dernier moyen. Il n'est proposé que par Anne Benoît, et ne concerne qu'elle seule. Elle prétend qu'on n'a pas dû poser à son égard la question de préméditation qui avait été résolue négativement par les jurés de Rodez. Son avocat s'y est envain opposé à la cour d'Albi.

M. Loiseau prend la parole, et se livre à la discussion des moyens, parmi lesquels il paraît en abandonner quatre, comme trop faibles pour soutenir la discussion. Il s'attache à faire valoir le premier, en s'appuyant de l'axiome *Res judicata pro veritate habetur*, et il soutient que la cour d'assises d'Albi, en séparant les deux instructions, a excédé ses pouvoirs et méconnu l'autorité de la cour suprême.

A l'occasion du troisième moyen, il dit que la loi qui prohibe expressément la déposition des enfans contre les auteurs de leurs jours, n'a pu admettre ces dépositions transmises par un intermédiaire, et autoriser ainsi un parricide indirect.

Il défend aussi le quatrième moyen, en établissant que le président, qui a le droit d'ordonner une arrestation, ne peut ordonner une surveillance, parce que l'une est un acte légal que nécessite une procédure, tandis que l'autre est une mesure preque arbitraire, puisqu'elle est révocable à la volonté de celui qui l'a prononcée.

Me Naylies a demandé l'intervention de M. Fualdès fils,

seulement dans son intérêt civil et pour le maintien de la partie de l'arrêt qui adjuge des dommages et intérêts. Il a renouvelé la noble déclaration faite par son client, que c'est seulement en faveur des créanciers de son père, de la foi duquel il est solitaire, qu'il a demandé ces dommages.

M. Henri Larivière, avocat-général, a combattu tous les moyens de nullité proposés, même ceux qu'avait abandonnés l'avocat des demandeurs.

« Si nos conclusions, a-t-il dit en terminant son plaidoyer, sont adoptées par la cour, il va finir, ce procès dont la durée augmente le scandale, ce procès qui a jeté l'épouvante dans la société. La fureur et l'audace de quatre assassins, les spasmes, les vapeurs, les caprices et les bons mots d'une femme, quelque spirituelle qu'on la suppose, n'auraient pas produit une si forte, une si longue impression; il faut l'attribuer à ces rumeurs sourdes accueillies par la crédulité, et qui ne pouvaient manquer de prendre crédit chez un peuple habitué à des scènes sanglantes. On affecta de répandre le bruit qu'il existait une grande association organisée pour faire beaucoup d'autres exécutions meurtrières, et que c'était pour avoir révélé le mystère de cette grande association que Fualdès avait reçu la mort. Le nouveau procès a répandu des flots de lumière sur ce crime dont il ne faut chercher la source que dans la cupidité des assassins, qui, avant d'immoler leur victime, lui firent signer des titres au moyen desquels ils espéraient s'emparer de sa fortune. »

La cour ne s'est point retirée dans la chambre du conseil, et c'est, après une courte délibération, tenue debout, au milieu du parquet, que MM. les conseillers ont repris séance, et que le président a prononcé l'arrêt dont voici les principales dispositions :

La cour reçoit Fualdès fils partie intervenante, et prononçant sur le pourvoi de Bastide, Jausion, Colard, Bach, de la veuve Bancal et d'Anne Benoît : attendu, sur le premier moyen, que Bastide a déjà, pour ce qui le regarde, présenté un pourvoi, qui a été rejeté, contre l'arrêt de la cour d'assises, ordonnant qu'il serait passé outre aux débats, il ne peut plus revenir sur une chose jugée, quant à lui; le moyen reste entier à l'égard des autres accusés; mais il n'est point admissible, parce que l'arrêt de la cour de cassation, qui ordonnait la jonction des deux instructions, ne pouvait s'appliquer qu'aux instructions terminées, sans préjudicier au droit attribué au président de juger si un délai n'expose pas les preuves à dépérir, et le cours de la justice à être arrêté. Cette mesure est facultative et non pas impérieuse et absolue. Le président et la cour n'ont donc contrevenu ni à l'autorité de la chose jugée, ni aux articles du code qui leur donnent un droit sans leur imposer une obligation.

Sur le second moyen : le nommé Jean, condamné à une peine afflictive et infamante, n'a pu être admis au serment; et le président a eu la précaution de faire observer aux jurés que sa déclaration n'était considérée que comme un simple renseignement. Le vœu de la loi a donc été rempli.

Sur le troisième moyen : la loi qui prohibe les témoignages des enfans et des proches parens des accusés, ne défend pas d'admettre les dépositions des personnes qui avaient recueilli de leur bouche des circonstances propres à éclairer la justice. La sainteté de l'audience n'a point été violée, la nature n'a point été outragée, la société n'a point à frémir.

Sur le quatrième moyen : celui à qui la loi a confié le pouvoir d'ordonner une arrestation ne peut être privé des moyens d'empêcher que la personne qui en serait l'objet n'échappe au mandat qu'il jugerait à propos de décerner contre elle après un plus ample examen. Le président, de son propre mouvement et sans consulter la cour, peut prononcer l'arrestation et à plus forte raison la surveillance. La cour a donc eu raison de se déclarer incompétente.

Sur le cinquième moyen : le président ne s'est pas borné à faire lire la déclaration de Bach, il la lui a fait répéter de vive voix. La loi défend seulement de mettre sous les yeux des jurés les dépositions écrites des témoins. Mais la déclaration de Bach n'était que l'interrogatoire d'un accusé, qu'il a répété publiquement. Le principe de l'instruction orale a donc été religieusement respecté.

Sur le sixième moyen : des experts, appelés pour la vérification des livres-journaux de Jausion, ont été admis au serment avant de faire connaître aux jurés le résultat de leur expertise; mais la loi, qui regarde comme une nullité l'omission du serment, ne peut condamner une religieuse précaution, quand même elle serait surabondante.

Enfin sur le septième et dernier moyen présenté par Anne Benoît : l'arrêt de la cour de cassation, en annulant l'arrêt de la cour d'assises de Rodez, a cassé également dans son entier la décision du jury relative aux condamnés appelans, et les a remis dans l'état où ils étaient après l'arrêt d'accusation, et avant leur comparution devant le jury. On a donc dû poser pour Anne Benoît, comme pour les autres, la question de préméditation, qui a d'ailleurs été résolue négativement, et en sa faveur. Son état n'a donc point été aggravé.

La cour rejette le pourvoi.

Exécution et derniers momens des condamnés.

Le 2 juin, à dix heures et demie du soir, M. le procureur du Roi près le tribunal de première instance d'Albi reçut, *par estafette*, l'arrêt de la cour de cassation, en date du 30 mai dernier, qui rejetait le pourvoi des condamnés. Les considérans de l'arrêt apprennent que les formes ont été religieusement observées en tout point par la cour d'assises.

Le 3 juin, dès le matin, les postes militaires sont doublés, toutes les mesures de sûreté et de vigilance sont prises pour mettre à exécution dans la journée l'arrêt de condamnation rendu le 4 mai dernier. A onze heures, l'huissier Cussac est introduit dans la prison de Ste-Cécile. Les noms de Bastide, de Jausion, de Colard retentissent sous ses voûtes, et chacun de ces condamnés avance chargé de chaînes, les mains liées derrière le dos. Ils ignorent tous encore les événemens qui sont pour eux d'un si grand intérêt; l'inquiétude et la crainte les dévorent; l'huissier leur fait lecture de l'arrêt qui rejette leur pourvoi. On les sépare sur-le-champ, et chacun d'eux est plongé seul dans un cachot, et gardé à vue jusqu'au moment terrible qui se prépare. Jausion montre plus de calme et de résignation qu'on ne l'aurait cru. Bastide, en apprenant le sort qui lui est réservé, paraît très-abattu; cette audace, ce courage qu'il avait montrés durant les débats, l'abandonnent : Colard pleure amèrement, proteste de son innocence, et parle encore de sa chère Anne Benoît. Cette dernière, de son côté, ne s'occupe que du malheureux Colard.

MM. Chatard et Rivières, aumôniers des prisons, viennent, un instant après, remplir auprès de ces malheureux le devoir pieux de leur auguste ministère. Bastide et Jausion interrompent les discours qu'on leur adresse, et demandent la présence d'un notaire pour faire leur testament de mort et produire de nouvelles révélations..... La loi a exigé dans sa sage prévoyance que les magistrats, habiles à découvrir les traces des grands crimes et à en procurer la punition, joignissent, à tant de services, l'utile devoir de recueillir les dernières pensées et les derniers aveux du condamné. M. Pagan, conseiller à la cour royale, chargé de ce soin, se rend à deux heures dans l'asile des condamnés; il emploie tous les efforts de la plus douce persuasion, et les moyens les plus propres à obtenir de ces malheureux l'aveu de l'horrible forfait dont ils sont souillés. S'adressant à Jausion, il l'invite, au nom de ce souverain Juge devant lequel il va bientôt paraître, à ne plus cacher la vérité, puisque l'imposture ajoute à son crime, sans pouvoir reculer son supplice. Jausion ne répond rien, si ce n'est qu'il meurt innocent, et que, pour l'honneur de sa famille, il désire qu'on tienne acte de ses protestations. Bastide fait les mêmes réponses, et demande aussi que l'on garde le souvenir de ses dernières paroles à son heure suprême. Colard, sans changer de sentimens pour celle qui est l'objet de ses regrets, proteste aussi constamment de son innocence.

Le cœur du magistrat est déchiré; il se retire sans pouvoir rien obtenir pour la justice. Les dignes ecclésiastiques lui succèdent; ils font pénétrer dans les cachots les accens de la prière, et, au milieu de l'appareil des supplices, ils offrent encore les doux bienfaits d'une religion divine et consolante.

Déjà, vers les trois heures, deux forts détachemens de troupes s'étaient rendus sur la place où devait avoir lieu l'exécution, tandis qu'une partie de la force armée avait été disposée en face des prisons. Peu après la gendarmerie à cheval arrive sur la place des prisons, et garde les avenues.

Quand on est venu dans la prison couper les cheveux à Bastide et à Jausion, le premier, étendu et presque mourant sur une chaise, a dit d'une voix faible : « J'espère que mon sang innocent rachètera mes fautes..... Du reste, je ne suis pour rien dans l'assassinat de Fualdès..... ni ma famille...... » Jausion a manifesté dans ce moment beaucoup de présence d'esprit et de caractère. Pendant que l'exécuteur le garrotait, il a dit aux personnes présentes : « Je vous recommande de prier Dieu pour moi... Je suis innocent.... Je ne connais rien de l'assassinat de M. Fualdès... Je vous autorise à publier partout que je suis innocent » Il a répété plusieurs fois ces mots : *Je vous autorise*. On a remarqué que son lit était dans l'état de propreté où il l'avait constamment tenu pendant sa détention. Il a demandé la permission de garder sa casquette, qu'il s'est fait placer un peu sur les yeux.

Colard n'a fait entendre par intervalle que ces mots : « Mon Dieu, ayez pitié de moi! » Les condamnés ont été conduits au lieu du supplice sur une charrette. La foule était immense; le nombre des femmes surtout. Jausion est monté le premier sur l'échafaud; il avait un air très-assuré; il a adressé au peuple ces mots : « Les paroles des mourans sont sacrées.... Je proteste de mon innocence devant Dieu qui va me juger... Priez Dieu pour moi; je meurs innocent.... »

Enfin, à quatre heures et demie les condamnés paraissent; on les force de descendre, et on les place sur la fatale charrette. Bastide, Colard et Jausion sont au milieu : les deux respectables ecclésiastiques sont aux extrémités; ils exhortent les condamnés, ils leur parlent avec une onction qui arrache des larmes aux spectateurs. M. Rivières est auprès de Jausion, M. Chatard est à côté de Bastide. Tenant dans leurs mains le signe de notre rédemption, au nom de ce Dieu mort sur une croix, ils parlent de résignation, ils invitent au repentir, et montrent les portes éternelles prêtent à s'ouvrir. Les condamnés ne cessent de protester de leur innocence.

Bastide et Colard sont revêtus comme ils l'étaient aux débats; leurs têtes sont découvertes. Jausion porte des vêtemens différens; il a quitté ses bas et sa montre avant de sortir du cachot, et les a remis au concierge, avec prière de les faire parvenir à sa famille. Durant le trajet, Bastide, Jausion et Colard ont, à plusieurs reprises, parlé hautement de leur innocence. Arrivés enfin au lieu de l'exécution, sur la place dite du Manège, un premier mouvement d'horreur et d'effroi a paru les frapper à la vue de l'horrible appareil du supplice : Jausion est monté le premier sur l'échafaud, avec assez de résignation.

Avant de courber la tête sous la hache du bourreau, Jausion a invoqué et le ciel et les hommes : il a dit qu'on devait ajouter foi aux assertions de celui qui était près de mourir; il a dit que ses paroles devaient être sacrées, et a protesté de nouveau de son innocence.

Bastide a été frappé le dernier. En montant sur l'échafaud, il a de nouveau murmuré qu'il était innocent. Il a reçu le coup mortel sans faire le moindre mouvement. Il s'en faut bien qu'il ait montré dans ses derniers momens la même audace que pendant les débats. Son teint était jaunâtre. Il s'est plusieurs fois efforcé de sourire; alors sa figure prenait une expression féroce.

L'exécution a duré à peine quelques minutes; une foule nombreuse de spectateurs s'était rendue sur le jardin public et dans tous les lieux voisins, pour être témoin des derniers momens des condamnés. L'ordre n'a pas été troublé un seul instant. Pas un cri n'est échappé, et l'on a respecté l'humanité, à la vue de ceux qui l'avaient le plus outragée par leurs crimes.

Anne Benoît a été attachée le 9, à dix heures du matin, au poteau infamant. L'exécuteur l'a fait mettre à genoux pour la flétrir du fer brûlant. Elle était en deuil, sans doute de Colard, et fondait en larmes. Le peuple lui a jeté beaucoup d'argent, que l'exécuteur a ramassé pour elle.

Bach s'étant pourvu en grâce, on a sursis à l'exécution de l'arrêt à l'égard de ce condamné.

Il a été sursis encore à l'exécution de l'arrêt pour la femme Bancal; on attend de cette femme de nouvelles révélations dans l'intérêt de la justice et de la vérité; mais cette malheureuse a repris son impassibilité première; elle a déclaré qu'elle ne ferait de révélations qu'à son confesseur; on croit que, si elle persiste, elle sera exécutée dans quelques jours.

L'appel en cassation des condamnés, et leurs derniers momens offrant des circonstances intéressantes, nous n'avons pas balancé à adresser à nos souscripteurs cette vingt-neuvième livraison, qui forme le complément de ce procès.

Suivant toute apparence, la nouvelle procédure s'instruit et sera jugée aux prochaines assises d'Albi. Nous nous proposons de la recueillir comme les précédentes et d'en former un nouveau volume in-8°, qui paraîtra par livraison, et qui sera accompagné des portraits et gravures qui pourront ajouter à l'intérêt. Les personnes qui désireront souscrire pour le volume à paraître, sont priées de vouloir bien nous en donner avis. Le prix de la nouvelle souscription est de cinq francs *pour toute la procédure.*

On souscrit à Paris, chez Pillet, imp.-lib., rue Christine, n. 5.

FIN.

PIÈCES JUSTIFICATIVES.

Nota. On ne lira pas sans intérêt le plaidoyer de M. Esquilat, avocat de madame Manson, et la défense de cette dame par elle-même. On trouvera, dans le premier, moins de méthode que d'élégance, et un tact parfait des convenances sociales et de la situation du moment; dans le second, on remarquera une justesse rigoureuse de raisonnement, dissimulée, en quelque sorte, sous un air de négligence et d'abandon qui pourtant n'excluent ni l'énergie des sentimens, ni les graces de l'élocution. Après avoir long-temps compromis ses deux réputations de femme honnête, et même de femme d'esprit, madame Manson, par sa conduite tout-à-la-fois généreuse et juste, les a reconquises avec autant d'adresse que de bonheur. Ses admirateurs, qui ne furent pas toujours ses amis, désirent qu'elle justifie leur nouvelle opinion par une conduite digne d'elle-même et de l'honorable famille sur laquelle réfléchit un rayon de sa dangereuse célébrité.

Nous ajoutons à ces discours, pièces dépendantes de notre ouvrage, celui de M. Fualdès fils et celui de Me. Tajan, son avocat. Ce serait demander si nos lecteurs ont une ame, que de leur indiquer les beautés dont brillent ces deux morceaux. Tout orateur peut les lire sans doute, à titre de modèle; mais quel père, quel fils ne les honoreraient pas de leurs larmes comme de pieux exemples. De si nobles discours sont aussi de bonnes actions; et quand la France, épouvantée du crime qui frappa M. Fualdès, s'attendrit au spectacle de la sainte vengeance de son fils, elle écrit son nom à côté de celui de Lally-Tolendal, dont il s'est rapproché encore par son éloquence.

M. Fualdès prend la parole, et s'exprime en ces termes :

« Messieurs, le destin qui présida aux calamités du monde a dit : Un crime ourdi par des génies infernaux effraiera l'humanité ; l'homme de bien, dans toute la force de cette acception, magistrat que ses vertus et ses lumières investirent vingt-cinq ans des plus hautes fonctions de sa province, alors qu'il commencera de veiller à l'ombre de ses travaux, environné de la considération et de la reconnaissance publiques, tel sera l'holocauste offert en sacrifice à l'infâme cupidité ; les bourreaux ne seront pas seulement de vils assassins pressés par le besoin ou entraînés par leur dépravation ; des parens, des amis, sous les auspices sacrés de la confiance, feront tomber la victime dans le piége. Plus cruels que les animaux les plus féroces, ils lui refuseront le bonheur d'une mort prompte, ne s'abreuveront de son sang que goutte à goutte, et sauront prolonger la jouissance de contempler ses angoisses mortelles : ces horribles sicaires des enfers, ces monstres, qui n'ont d'humain que leur structure..... Abaissez vos regards sur le banc du crime. — L'infortuné qui tombe sous leurs coups, c'est mon père ; celui pour qui ma voix et celle de la France entière crient vengeance, le confident affectueux de mes pensées, mon meilleur ami, qui m'apprit toujours à soumettre mon ambition à une noble indépendance, à mépriser l'intrigue, à ne baser l'estime pour mes semblables que sur leurs propres œuvres, et à ne considérer qu'en pitié les préjugés indignes de l'esprit du siècle. C'est mon père qui m'inspira une douce philantropie, qui grava dans mon jeune cœur la crainte de Dieu, le respect pour les lois et le sentiment d'une sage liberté. N'est-ce pas assez vous dire qu'il pénétra mon âme de cet amour que les Français doivent à leur roi ? La catastrophe de cette excellent citoyen est devenue en effet une calamité publique : les rives de l'Aveyron sont couvertes d'un long crêpe de deuil ; les cœurs sensibles répandent des larmes, les regrets sont universels. Eh quoi! le destin du malheur s'est accompli, et les scélérats qui ont exilé loin de nous toute sécurité respirent encore! Où es-tu donc, éternelle justice : n'aurais-tu fait briller le jour de ta vengeance que pour te jouer des timides mortels? C'est donc vainement que tes dignes ministres abandonneront leur temple accoutumé pour assurer ailleurs l'accomplissement de tes oracles? Et ces sages Aveyronnais, que tu reconnus si dévoués à ton culte, n'auraient-ils en partage que la terreur et la désolation qu'enfante l'impunité? Que diraient leurs vertueux magistrats, que ton zèle et ton amour enflammèrent? Les Tenlat, les Lassale, les Delauro, les Destourmel, ceux que je ne nomme pas, et qui tons méritent ton égale reconnaissance? Oh! Justice, il en est temps, reparais plus éclatante et plus brillante que jamais; écrase ce monstre de l'intrigue qui s'agite encore avec audace; dévoue au plus vil mépris ces partisans du crime qui versent avec impudence les poisons du mensonge, de l'iniquité et de la corruption; venge une épouse mourante de douleur, et rassure enfin par tes châtimens l'humanité, qu'un si grand forfait glace d'épouvante.

« Et moi, triste objet de pitié, aigri par les chagrins, provoqué par les plus basses calomnies, désespéré, j'avais su imposer silence à ma juste indignation. Oui, l'impartialité la plus rigoureuse a présidé, j'ose le dire, à ma conduite passée, comme elle a régné dans tous mes discours. D'accord avec la loi pour découvrir les coupables, j'ai dû me montrer impassible comme elle, ne jamais oublier les droits de l'homme qui n'est qu'en prévention, et les égards que l'on doit toujours à l'infortune. Mais aujourd'hui que la justice m'a fait reconnaître, à la clarté de son flambeau, les assassins de mon père; je le demande, que faut-il que je fasse? La réponse est dans tous les cœurs généreux. M'élever au-dessus de mes infortunes, abjurer désormais tout langage pusillanime, venger de tous mes moyens une mémoire éternellement chérie et respectée. Ah! le retard de cette vengeance qui nous est due, ne dit-il pas assez que là seulement devait être le terme de mes devoirs! Eh bien! puisqu'il le faut, déchirons le voile des turpitudes, et que la fatalité de mon sort s'accomplisse.

» Eloigné de la scène de mes malheurs, parlant devant un auditoire qui ne connaît de mes infortunes que ce qu'en a publié la triste renommée, et ce que viennent de leur apprendre les débats, j'ai cru, pour mieux établir son jugement, devoir faire précéder la discussion des preuves, de quelques considérations générales.

» Et d'abord, Messieurs, examinons les calculs de ces misérables, pour parvenir à l'impunité. Le genre de supplice qu'on a fait éprouver à mon malheureux père, cette gorge coupée comme avec un rasoir, et la noyade de son corps, nous amènent à une première solution. En effet, d'après tant de funestes expériences, le cadavre devait rester caché sous les eaux assez de temps pour que la blessure mortelle se dénaturât, ou y rester englouti à jamais. Dans l'une comme dans l'autre de ces deux hypothèses, on aurait le loisir de faire paraître une assez grande quantité de ces billets à ordre souscrits par la fatale confiance de la victime, pour établir son insolvabilité, et dès lors on serait à même de crier au suicide. Le public étant dans une vive impatience, fatigué de ne rien savoir sur la cause de cette fin tragique, se serait précipité, sans examen, sur ce premier aliment de vraisemblance. Dans ces dispositions des esprits, les assertions les plus extravagantes seraient bientôt devenues des articles de foi. Cette fugue nocturne inaccoutumée du domicile, et la disparition des livres-journaux et papiers précieux, se seraient changés en autant de preuves qui auraient semblé corroborer cette opinion du suicide. On aurait dit : Avant de succomber à son juste désespoir, Fualdès a voulu effacer jusqu'aux moindres traces de l'épouvantable cahos de ses affaires. Et alors peut-être, malgré un demi-siècle d'une probité exacte, et d'une conduite toujours simple, régulière et pleine de sagesse, ce vertueux magistrat serait mort considéré comme un vil banqueroutier, et le suicide se fût accrédité.

» Hélas! Messieurs, quand je réfléchis quel a pu être tout mon désespoir; un père impitoyablement égorgé, un père déshonoré, et, pour comble de malheur, voir le crime impuni! Heureusement la Providence était là pour m'épargner de si grands maux, et préserver de cette tache la mémoire de l'homme intègre. Les tigres furent trop avides de mon sang, les gouffres de l'Aveyron se refusèrent de participer à un pareil forfait; que dis-je? ils s'empressèrent de le dévoiler; et, comme pour provoquer la justice vengeresse et du ciel et des hommes, aux premiers rayons du 20 mars, ils firent apercevoir au-dessus des flots les restes mortels de l'infortuné Fualdès. Ainsi fut déjoué sans retour ce complot de l'impunité. Qu'arriva-t-il? les scélérats eurent recours à un autre système plus atroce encore que le premier.

» Les cris d'alarme et de douleur qui retentirent avec la nouvelle fatale dans la ville de Rhodez, jetèrent l'étonnement et l'effroi dans l'ame éperdue de ses habitans. Mais bientôt à de stériles regrets succédèrent l'indignation et le désir de la vengeance. Les Ruthénois dans une légitime fureur accoururent sur la place publique; ils invoquèrent sans retard le glaive vengeur des lois; ils cherchèrent les coupables alors qu'ils les avaient au milieu d'eux, occupés, pour donner le change, à diriger les traits de la calomnie contre l'innocence et la vertu. Tout à coup, parmi les bruits divers qu'enfante l'exaltation du moment, s'élèvent ces terribles paroles : Vous les avez près de vous! ce sont les nobles! et dans cette téméraire entreprise, on ose en désigner par leurs noms. Soudain le délire augmente, la réaction apprête ses poignards, la discorde civile fait entendre ses mugissemens. O spectacle plein d'horreur! des parens, des amis, des concitoyens également estimables malgré leurs sentimens divers, et faits pour se chérir, vont s'entrégorger. Par bonheur, une puissance invisible survécut pour arrêter leurs bras furieux. Les prestiges de l'erreur se dissipèrent; le sang-froid ramena la raison, et le calme reparut. N'en doutons pas, Messieurs, celui aux mânes de qui on voulait sacrifier cette victime de la bienfaisance et d'une aveugle sécurité, veillait sur nous du haut des cieux. Et sa mort en effet n'est-elle pas devenue comme le signal d'une réconciliation générale? Plus de partis opposés. Un chacun n'éprouve désormais que le besoin de venger un magistrat, qui fut toujours équitable, toujours impartial, et maintenant indignement trahi. Toutes les classes de la société s'unissent d'intention, toutes se confondent dans un même vœu, celui de voir la vindicte publique promptement satisfaite.

» Cependant, ces indignes malfaiteurs ne furent pas entièrement déconcertés. Leur astuce n'était pas encore parvenue à tous ses excès. Ils savaient, avec tout le monde, qu'un ancien ami de mon malheureux père avait abusé de sa confiance d'une manière inouie; que cet ingrat était justement privé de sa liberté, à cause de son obstination à retenir le bien d'autrui. Les coupables croyaient entrevoir dans cet état de choses un motif suffisant de haine pour en imposer au public; ils appelèrent, cette fois, les soupçons sur la tête de trois fils innocens, et bien plus à plaindre qu'à blâmer. Enfin, à les en croire, la victime était tombée sous les coups de quelques bandits revenus des galères. Vaines précautions! subterfuges inutiles! Dès le premier instant, l'opinion enveloppa, dans ses mille bras, Bastide et Jausion, comme principaux instigateurs du crime; et cette opinion, malgré les intrigues et les machinations, ne les a plus lâchés. A ces traits, qui pourrait méconnaître l'influence de la divine sollicitude!

» Et vous, braves chevaliers, et vous que les proches de ces brigands ne craignaient pas de dénoncer comme d'impitoyables réactionnaires, comme les meurtriers de mon père, vous qui, toujours invariables dans votre opinion, sûtes l'honorer par la constance et par la sévérité de vos principes, vous par conséquent bien plus disposés à mépriser ces caméléons politiques qu'à porter atteinte à l'opinion toujours égale de l'honnête homme; vous, mes amis, à qui je dois tant de gratitude pour votre coopération au triomphe de la justice; vous, sur qui brille l'étoile de saint Louis, rassurez-vous; de pareilles insinuations n'eurent jamais accès dans mon âme; elles s'évanouirent aussitôt devant la loyauté connue de votre caractère, et devant l'éclat de vos vertus!

» Voulez-vous savoir ce que faisaient Bastide et Jausion pendant que leurs sicaires étaient à répandre tous les bruits mensongers? Bastide, l'atroce Bastide, encore tout fumant du sang de la victime, était assis à la table de sa veuve éplorée; il se repaissait des larmes qu'il faisait couler, et osait lui prodiguer ses horribles embrassemens et ses affreuses consolations, tandis que l'agent de change, plus avide sans être moins barbare, profitant de l'impuissance d'une malheureuse femme gisante sur la couche de la douleur, une hache à la main, escorté d'une épouse....... (l'opinion l'a jugée), et d'une belle-sœur, peut-être jusque-là abusée, brisait le bureau précieux pour ravir de ce triste héritage ce qu'on pouvait en avoir épargné. Qu'on me réponde : n'est-ce pas là le comble de l'audace et de la scélératesse!!!

» J'arrive à la conduite des partisans de l'impunité; vous la verrez empreinte d'un caractère bien digne d'un pareil patronage. J'étais au sein de la plus douce sécurité; je fêtais par avance le moment fortuné qui devait me réunir à mon père; j'allais être heureux sans partage, lorsque le 21 mars, j'apprends que mon père m'est ravi pour jamais, qu'il a été cruellement assassiné. J'ignore ce que je devins pendant les premiers jours qui suivirent cette terrible nouvelle : rappelé enfin à la vie par les soins et la tendresse d'une jeune épouse, le sentiment de mes devoirs me donna bientôt assez de force pour aller prodiguer mes consolations à une mère à l'avenir inconsolable. A peine ai-je quitté l'habitation de mon beau-père, que Bastide m'est signalé en tous lieux comme l'auteur de mes maux. Je l'avoue, ces bruits me parurent d'une telle extravagance, qu'ils ne fixèrent pas un instant ma pensée. J'arrivai à Rhodez : Bastide était déjà dans les fers; ce coup porta une nouvelle atteinte à ma douleur; il ajouta, s'il est possible, à toute l'horreur de ma situation. Sans doute la perte irréparable que je venais de faire m'avait rendu le plus malheureux des hommes; mais pouvais-je penser que par surcroît de disgrâce, mes bourreaux seraient présumés parmi ceux que j'appelais mes amis, et au sein même de ma famille! Pour calmer mon désespoir, je cherchais à me faire illusion; j'aimais à croire que Bastide n'était pas coupable, que la justice marchait sur de faux erremens; je reçus la visite des parens des principaux criminels; ils s'enthousiasmèrent à vouloir me prouver l'innocence de leur frère; j'étais à la bonne foi, je les plaignais, je mêlais mes larmes à leurs regrets. Calmez-vous, leur disai-je, unissez-vous à moi; cherchons franchement tous les moyens d'éclairer la justice, que Bastide soit reconnu innocent, mes bras s'ouvriront comme les vôtres pour l'y recevoir; si au contraire les soupçons qui pèsent sur lui se changeaient en preuves, mon devoir, et vous ne sauriez en disconvenir, serait de le poursuivre jusque sur l'échafaud, et le vôtre de céder à l'évidence, en abandonnant à son affreux destin un monstre aussi abominable. Mais alors, en récompense de cette manière d'agir, vous partageriez avec moi, j'en suis certain, les regrets et la sollicitude du public. On dirait : les fautes sont personnelles, et malgré la tyrannie des préjugés, l'ancienne réputation de vos familles ne perdrait rien de son éclat. Telles étaient les consolations que je prenais plaisir à leur faire entrevoir; telle était l'expression de ma franchise : vous en saurez la récompense.

» Je me trouvais dans un vague d'idées bien pénible, et mon incertitude devenait chaque jour plus accablante, quand les révélations tardives de Guillaume Estampes, confirmées par les aveux positifs de la dame Galtier, me firent saisir les nœuds de cette trame épouvantable. Dès-lors, ce mystère d'iniquité n'en fut plus un pour moi, et les choses jusque-là les plus incompréhensibles, furent faciles à concevoir. J'interrogeai la conduite de Jausion; le passé comme le présent, tout en elle m'avertit que cet homme était profondément immoral, et la conviction de sa culpabilité qui s'était soudainement emparée de moi, n'en devint que plus forte. A qui, en effet, devait-on croire que dût profiter le plus l'enlèvement des papiers de mon père, si ce n'est pas au perfide Jausion, pour anéantir les contre-lettres, et pour effacer jusques aux traces de sa véritable situation envers la malheureuse victime, la presque totalité du domaine de Flars se trouvant affectée aux créanciers? Comment expliquer de toute autre manière cette dette immense et si extraordinaire qui se trouve encore absorber, et au-delà, l'entière succession? Ainsi plus de doute que l'objet du crime fût la cupidité, comme Jausion devait en être le principal instigateur. Le public m'avait devancé dans cette opinion, et la justice qui la partageait sans réserve, satisfaite de ses premières épreuves et de nouveaux éclaircissemens, continua désormais ses démarches avec toute assurance, et moi je me joignis à elle; et sans passion, désirant accomplir mes devoirs, je réunis mes efforts aux siens pour activer autant que possible la manifestation de la vérité. Eh bien! Messieurs, c'est une pareille conduite, c'est ce zèle d'un fils qui veut venger par les lois le meurtre commis sur l'auteur de ses jours, qui m'ont valu ces haines si injustes et si souvent renouvelées de la part de plusieurs membres des familles Bastide et Jausion et de leurs adhérens. Toutefois ceux-ci comptant sur leurs suggestions pour me faire renoncer à mes justes poursuites, voulurent m'en détourner à force de dégoûts;

et à mes infortunes, déjà si grandes, ils ajoutèrent toutes sortes de tribulations, espérant sans doute que je fléchirais sous le poids de mes malheurs. Les insensés! combien ils s'abusaient! Ah! que la piétié filiale inspire de courage! Plus ils ont cherché à m'abattre, et plus j'ai senti mes forces se ranimer. J'eus le chagrin de me voir en opposition avec le ministère public du ressort de Montpellier; celui-ci demandait l'évocation de la cause, et moi je m'y opposais à grands cris. Je pensais que là où avait été commis l'attentat, là devait être l'expiation; que le crime, en s'éloignant de la scène sanglante, perdrait de son horrible physionomie, et que les preuves seraient de plus, fort en danger de dépérir, sans parler des témoins discrétionnaires dont on ne retire ordinairement tout l'avantage que lorsqu'ils sont sous la main du magistrat appelé à diriger l'action de la justice; de ces témoins, dis-je, quelquefois si précieux, et qui, grâce aux soins infatigables du vertueux Grenier, répandirent les plus vives lumières sur les précédents débats de l'affaire qui nous occupe aujourd'hui. Parlerai-je de cette prévention supposée et de cette fureur sanguinaire qu'on disait exister sur les localités contre les prévenus, j'étais assuré d'avance que l'attitude calme et l'impartialité des bons et loyaux Rhuténois réfuteraient une si odieuse imputation. Vous tous, qui m'entendez, et la France entière, savez si j'ai été trompé dans mon attente. Les agens de l'impunité me voyant attaché sur leurs traces, se déchaînent contre moi. Ils m'outragent sans pitié; ils ont recours aux plus basses intrigues et aux plus noires calomnies. On dénature les motifs de mes démarches. Ce n'est pas, disent-ils, le désir d'une vengeance légitime qui l'anime; le mobile de ses actions, c'est la cupidité : et ils osent accréditer que j'ai reçu de leurs mains une rançon pour le sang de mon malheureux père. Mais le public indigné est loin de prendre le change, et ces manœuvres ne servent qu'à confirmer davantage ses préventions sinistres envers les accusés qui sont devant vous.

» Tels sont, Messieurs, les affreux préliminaires qui ont devancé l'action de la justice. J'ai cru qu'ils devaient trouver ici leur place, et servir comme d'avant-propos à la discussion de cette immense procédure. On me pardonnera de ne pas me livrer à de plus longs détails; je craindrais de manquer de courage; mon âme a été trop long-temps flétrie! d'ailleurs ma prudence m'avertissait que ce sujet est au-dessus de moi; j'ai dû le confier à des talens dignes de lui. Me. Tajan parlera. »

Le discours de M. Fualdès a été entendu avec beaucoup d'intérêt.

Me. Tajan prend la parole.

« Messieurs, vous l'avez entendue cette voix touchante dont les accens ont attristé tous les cœurs. Accablé d'infortunes, l'ame brisée de douleur, attendri par les témoignages de la pitié publique, inspiré par cette indignation véhémente qu'excite en lui la présence des hommes affreux qui causèrent ses disgrâces, mon client vous a demandé vengeance au nom de la justice, dont vous êtes les organes; de l'humanité, dont les lois ont été atrocement violées; de la société, alarmée de tant d'audace et d'une si longue impunité.

» Ce n'est point ce personnage tragique auquel on l'a si étrangement comparé, ce n'est point Hamlet, assis sur le trône, qui lui fut légué par le crime de sa mère, entraîné au parricide par la fatalité, poursuivant le poignard à la main celle qui lui donna la vie, pour venger le crime qui le couronna; c'est un infortuné qu'un fer homicide a privé l'auteur de ses jours, qui, en perdant son père, a perdu en même temps son protecteur, son ami et ses plus belles espérances, et qui, confondant ses larmes avec celles d'une mère désolée, devenue désormais l'unique objet de sa tendresse, invoque la puissance des lois au secours de la nature.

Non, ce n'est point dans les transports d'une imagination exaltée qu'il a trouvé le courage d'intenter l'action sublime qu'il exerce aujourd'hui; il l'a puisé tout entier dans son cœur, dans les élans de cette piété filiale qui n'est inconnue qu'aux pervers : il l'a puisé dans les inspirations du ciel; car la voix d'un fils qui adjure la justice de venger la mort de son père est la voix de Dieu même.

» Malheur à celui qui oserait flétrir ce beau dévouement! Malheur à celui qui tenterait d'avilir ce noble caractère! Quoi! de lâches imputations pourraient atteindre ce fils généreux! Ah! refoulons vers le crime qui les inventa, ces insinuations perfides. La cupidité, qui fut la cause de l'attentat énorme qui a consterné l'Europe, ne peut être la passion de celui qui s'est associé au ministère public pour en poursuivre la vengeance. Ce n'est pas contre de l'or qu'il veut échanger le sang de son père..... Tant de bassesse ne peut s'allier avec tant de grandeur.

» Vous avez pressenti, Messieurs, le but de ces dernières calomnies; on voulait forcer mon client à renoncer à une lutte que sa présence rendait si dangereuse pour les hommes qu'il accusait, mais l'on connaissait mal le caractère que l'adversité a si cruellement éprouvé! Tout ce que les méchans ont pu imaginer de décourageant et de pénible, pour affaiblir ou paralyser son zèle, n'a servi qu'à retremper, qu'à élever son ame. Plus son dévouement a subi de contradictions et de mécomptes, plus ses sollicitudes ont été amères et pressantes, plus son indignation contre les hommes dénaturés qui égorgèrent son malheureux père s'est accrue et développée; et le voilà maintenant devant le jury du Tarn tel qu'il était naguère devant le jury de l'Aveyron. Que dis je! en venant remplir pour la seconde fois les devoirs que sa piété lui impose, il a saisi des traits de perfidie et de férocité qui lui étaient inconnus, et de nouvelles preuves, en déchirant de plus en plus son cœur, ont imprimé un mouvement plus rigoureux à l'opinion, et ajouté, s'il eût été possible, à cette conviction générale qui confond les accusés.

» Qu'ont-ils donc gagné dans ce nouvel examen qu'ils avaient desiré avec tant d'ardeur, et qui faisait l'unique objet de leurs espérances? Ah! sans doute, échappés à une condamnation qui les frappait de mort, ils ont prolongé de quelques jours une existence agitée, misérable, et menacée d'un avenir plein d'effroi; mais cette existence éphémère n'a été qu'une longue agonie aggravée par le remords, et accablée de malédictions. Leur horrible histoire est devenue l'objet des sollicitudes publiques. Elle ne retentit plus seulement sur les rives isolées de l'Aveyron, la France en a recueilli les odieux, les déplorables détails. Que dis-je? les acteurs de la scène sanglante du 19 mars épouvantent de leur affreuse célébrité les cantons les plus ignorés de l'Europe. On lit, on écoute avec de longs frémissemens le récit de tant de crimes entassés dans un seul crime; on veut retenir les traits caractéristiques de ces deux hommes impitoyables, qui, liés à la victime par les rapports du sang et de l'amitié, ont si lâchement combiné son supplice, et mis le comble à leur frénésie en devenant eux-mêmes ses bourreaux; on veut aussi dépouiller le naturel de cette femme abominable, qui consentit à céder son asile aux assassins pour immoler son bienfaiteur, qui fournit le fer nécessaire au sacrifice, et eut le barbare courage de recevoir goutte à goutte le sang de l'infortuné qui tout à l'heure venait de lui donner du pain. On veut connaître les quatre autres brigands qui, attirés sur ce théâtre d'horreur par la promesse d'un vil salaire, se sont vendus si froidement à des intérêts qui leur étaient étrangers, et ont si atrocement secondé les traîtres qui les avaient achetés.

» Les misérables! ils bravaient encore naguère le fils de leur victime; ils insultaient par leur audace à la justice des hommes, comme si elle eût été dans l'impuissance de les atteindre; mais le voile est déchiré..... Leur effroyable secret est connu..... Deux de leurs complices, inspirés par leurs remords ou par la crainte de l'échafaud, ont déserté leur cause : le témoin célèbre a aussi rompu le silence. Cette femme, que les assassins avaient subjuguée par la terreur, a retrouvé tout son courage, dans ces jours d'indignation et de vengeance. Elle est descendue de ce banc d'humiliation et d'opprobre, où leurs menaces homicides l'avaient forcée de s'asseoir, et avant d'en descendre elle les a frappés de la foudre.

Ces révélations solennelles ont fixé le sort des accusés; mais puisqu'ils protestent toujours de leur innocence, il faut bien justifier l'accusation. Ce soin, Messieurs, est particulièrement réservé à M. le procureur-général du roi, à ce magistrat qui n'est pas étranger à vos affections, qui marche au milieu de vous environné d'honorables souvenirs, dont vous sûtes apprécier les lumières et les bienfaits, lorsqu'il présidait à votre administration, et qui, par son éloquence brillante et facile et le beau caractère qu'il a déployé dans cette grande cause, a si dignement répondu aux espérances publiques.

» Associé à son action pour défendre les intérêts de celui qu'il veut venger, je n'aurai pas sans doute une tâche aussi pénible; mais celle qui m'a été imposée n'est pas sans amertume. Mon client a tout perdu par la mort tragique de son père, et pour prouver qu'il a eu interêt à intervenir dans ce déplorable procès, il faut bien que je prouve qu'on a tué son père pour le dépouiller de sa fortune, et que cette fortune lui a été en effet enlevée. D'un autre côté, comme ce double crime ne peut être que la suite d'un complot, il faut bien encore que je remonte aux causes de cette lâche conjuration, que je signale les traîtres qui la conçurent, les agens qui la secondèrent, et que je confonde, par les preuves que la procédure nous a ménagées, tous les individus qui prirent une part plus ou moins active à son exécution.

» Je tracerai bientôt le plan que je me propose de suivre; mais avant tout, qu'il me soit permis d'exprimer le sentiment qui m'a servi de guide dans cette accusation. Plus jaloux de discuter les intérêts de mon client, que de céder à ceux de mon amour propre, j'ai écarté avec soin tous les épisodes douloureux qui auraient pu soulever ou émouvoir votre ame; c'est en quelque sorte à votre raison seule que j'ai voulu m'adresser, afin d'éviter le reproche d'avoir entraîné votre conviction par des moyens artificiels. Ah! sans doute, il me sera impossible de contenir quelquefois les élans de l'indignation ou de la pitié. Comment parler de tant d'horreurs et de tant d'infortunes, sans éprouver ces émotions soudaines qui irritent ou attristent le cœur? Mais ces mouvemens, je m'efforcerai encore de les adoucir, afin qu'ils n'influent en rien sur votre jugement.

C'est assez dire, Messieurs, que je ne retracerai pas les faits de la cause. Que pourrais-je ajouter, d'ailleurs, à l'éloquent exposé du ministère public? Comment espérer de reproduire avec quelque succès un tableau qui déjà vous a été présenté avec une sensibilité si vraie et un talent si pur, par le magistrat qui préside aux débats, par ce magistrat qui, dans une cause aussi compliquée par tant d'élémens divers, a fait admirer à la fois la sagacité de son esprit, l'impartialité de son caractère et les heureuses qualités de son cœur, et qui, par son noble dévouement à la cause de la justice et de l'humanité, a mérité et obtenu la plus belle et la plus douce gloire?

» Je vais donc me renfermer dans le développement des moyens; mais, pour régler autant qu'il est possible une discussion qui embrasse de si nombreux détails, je réduirai la cause à l'examen des trois propositions principales.

» Ainsi, rechercher les causes principales de l'assassinat et du vol, indiquer tous les moyens d'exécution, désigner les auteurs de ce double attentat, c'est là, Messieurs, tout mon système.

» Je sais bien qu'il n'y aura aucun mérite à faire ressortir les preuves que les débats ont fournies avec tant d'abondance; mais si, dans un ministère si nouveau pour moi, j'ai le bonheur d'obtenir l'attention et l'indulgence d'une Cour et d'un Jury où je vois briller tant de talens et de vertus, je me féliciterai d'avoir répondu à la confiance de mon malheureux client.

» Ouvrez les annales du crime, vous n'en trouverez aucun dont la combinaison ait donné une idée plus affligeante et plus terrible de la perversité humaine.

» Le sort de Fualdès est résolu : il doit périr.... Mais quel est le genre de mort, quel est le supplice qu'il doit subir? Comment préparer, diriger, consommer cet attentat? Telles furent les premières pensées qui durent fixer l'attention des deux instigateurs de ce lâche complot. Une communauté d'intérêts, de mœurs et de caractère avait cimenté l'alliance qui déjà les unissait : ils ne se séparèrent plus, et c'est de concert qu'ils disposent tous les moyens d'exécution.

» Leur complot avait un double objet : la mort et la spoliation de Fualdès. Pour accomplir ce dessein, ils avaient plusieurs moyens : ils choisirent le plus horrible de tous..... L'assassinat fut convenu. Cependant, il eût été imprudent de hasarder l'exécution d'un tel crime par une agression irréfléchie et précipitée, sans s'exposer au danger d'être découverts et poursuivis.

» Les conjurés convinrent donc d'attirer Fualdès hors de sa maison : il eût été imprudent de le frapper dans la rue : un seul cri pouvait faire avorter le complot. Il fallait entraîner Fualdès dans un lieu autre que celui qui aurait été assigné pour le rendez-vous, afin d'effacer toutes les traces de son passage; il fallait bien choisir ce lieu qui devait être rempli de tant d'horreurs, afin que le secret n'en fût point divulgué; il fallait surtout n'admettre dans la confiance de ce guet-à-pens que des hommes éprouvés, qui, par leurs mœurs féroces ou par l'habitude du crime, offrissent des gages certains de leur discrétion et de leur docilité.

» Les assassins trouvèrent tout cela. L'écurie de la maison Missonnier, d'abord, et ensuite la maison Bancal, furent désignées pour être le théâtre de ce hideux attentat. Aucune autre maison de Rhodez n'aurait mérité cette infamie. Les agens qui furent associés à cette odieuse trahison étaient tous dignes de cette flétrissure. C'était l'écume de cette classe abjecte de bandits et de misérables, où les brigands qui infectent la société vont recruter leurs bandes, et qu'ils récompensent assez en leur distribuant les plus chétives dépouilles de leurs victimes. Avec de tels auxiliaires, ces chefs de la conjuration durent compter sur le succès; et pour le garantir de plus en plus, ils voulurent que les ténèbres protégeassent leur exécrable expédition, comme pour en redoubler l'horreur.

» C'en est fait, toutes les dispositions sont arrêtées, toutes les mesures sont prises : Fualdès a reçu pour 26,000 fr. d'effets; il veut les négocier; il veut racheter ses dettes; il veut provoquer le réglement de ses comptes et de ses intérêts; c'en est assez..... Infortuné! plus tu poursuis ta chimère, plus tu presses ton supplice!..... Tu viens toi-même d'en donner le signal.... L'heure du rendez-vous a sonné.... Les assassins sont à leur poste...... Tu sors...... Ton fils est absent, tu ne le verras plus.

» Vous le savez, Messieurs, c'était le 19 mars; il était huit heures du soir, l'obscurité était profonde; Fualdès sortit seul plein de satisfaction et d'espérance. A peine est-il aperçu, que les brigands postés sur divers points s'agitent, s'appellent et se répondent par des sifflets; des joueurs de vielle salariés par les assassins parcourent la rue des Hebdomadiers, et couvrent par leurs sons homicides le bruit et le désordre inséparable de ce monstrueux guet-à-pens. Fualdès est bientôt saisi et bâillonné : il se débat vainement contre le sort qui le menace; quelques cris plaintifs sont les seules armes qu'il puisse opposer aux efforts réunis qui le pressent; mais ces armes sont impuissantes; la nature ne parle plus aux cœurs féroces qui ont juré sa perte.... Il est traîné dans la maison Bancal!....

» Ici, Messieurs, un orateur habile, inspiré par ces frémissemens que vous éprouvez, irriterait votre indignation par un tableau tracé d'une main vigoureuse. Réunissant dans un seul groupe toutes les scènes de cette nuit effroyable, il peindrait à grands traits l'infortuné luttant contre la mort, mêlant ses gémissemens et ses prières aux imprécations et à la frénésie de ses bourreaux; il peindrait avec des couleurs sombres et terribles le théâtre de cette épouvantable tragédie; cette table couverte de sang, ce fer dégouttant de sang, cet animal rassasié de sang, cette lampe jetant une lumière incertaine et funèbre sur cette masse d'horreurs; et tonnant avec éclat contre tous les monstres qui dégradaient ainsi l'humanité, il demanderait d'une voix forte et puissante la vengeance de la victime.

» Mais pourquoi retracer encore des détails si douloureux? Pourquoi rouvrir la source de vos larmes? N'est-ce pas assez de vous rappeler le triste résultat de tant d'atrocités? Fualdès n'est plus!!! Mais son cadavre est là : quelle destination les assassins lui ont-ils réservée? Lorsqu'ils méditaient froidement la mort de leur ami, s'occupaient-ils du soin de lui choisir un tombeau? Oui, tout était prévu, tout était préparé; mais ce ne sera pas la terre qui recevra le reste de ce vertueux magistrat; la terre pourrait parler : ils hésitent d'abord..... C'est dans la maison même de la victime qu'ils veulent déposer son cadavre.... Un rasoir, placé auprès de sa blessure, indiquera à la fois l'auteur et la cause de sa mort, et l'infortuné sera chargé de l'opprobre du suicide..... La crainte de se trahir, les force de renoncer à leur dessein : ils ne délibèrent plus. Il faut que la justice soit dans l'impuissance de découvrir le secret de l'attentat..... Il se perdra dans les flots.

» Oui, Messieurs, c'est dans l'Aveyron que les assassins ont résolu d'engloutir ce cadavre; et pour ne pas être trahis, ils commettent eux-mêmes ces noms au crime. Les voilà tous réunis........ Des menaces de mort contre les téméraires qui violeraient le mystère de tant d'abominations donnent le signal du départ, et les ténèbres les protégent encore; ils marchent, mais d'un pas mal assuré. Les deux chefs armés, mais inquiets, mais consternés par une terreur secrète qu'ils s'efforcent en vain de comprimer, ouvrent et ferment le convoi; leurs complices subjugués par les mêmes alarmes, portent en silence le corps sanglant de la victime dont ils ont eu le soin de couvrir et de déguiser les formes; et d'autres brigands subalternes servent d'escorte à cet effroyable cortége..... Ils arrivent enfin..... Le corps de Fualdès est précipité dans les ondes; et, fiers d'avoir échappé aux dangers qu'ils redoutaient, ces assassins ne s'occupent plus que de l'avenir; ils séparent leurs complices, et leurs adieux sont encore des menaces de mort.

» L'Aveyron ne fut pas impitoyable comme les scélérats qui l'avaient ensanglanté; il ne voulut pas que le cadavre d'un homme de bien si indignement trahi, si cruellement égorgé, restât sans sépulture et sans vengeance; il le rejeta sur le rivage, et des cris d'horreur sèment aussitôt partout la douleur et l'effroi. L'espoir des assassins est trompé, mais ils se roidissent contre ce terrible incident qu'ils n'avaient point prévu; et comme leur cupidité n'est pas encore satisfaite, il leur reste assez d'audace pour le braver. Qui oserait les accuser? Leurs noms ne se mêlent pas encore aux imprécations de ce peuple indigné qui maudit les bourreaux de son bienfaiteur. Qui pourrait croire d'ailleurs que des parens, des amis eussent porté une main meurtrière sur leur parent, leur ami?... Enhardis par ces réflexions, ils surmontent les craintes qui les agitent, ils imposent silence à leurs remords, et la passion vile et cruelle qui les rendit criminels les entraîne une seconde fois. Les voilà dans le domicile de leur victime; ils s'y succèdent avec rapidité, ils fouillent dans son cabinet et forcent son bureau. L'argent, le grand porte-feuille, le livre-journal, tous ses papiers, tous les titres qu'ils étaient si avides de posséder, tombent en leur pouvoir, et leur double crime que leur fureur avait conçu et couronné. »

Me. Esquilat, nous l'avons dit, est le défenseur de madame Manson. Sa tâche, sans doute, était facile à remplir; M. le procureur-général avait d'avance plaidé sa cause. Aussi Me. Esquilat ne s'est-il pas spécialement attaché à défendre madame Manson de l'accusation de complicité dans le meurtre de Fualdès : cette accusation n'existait plus depuis que madame Manson avait appris à la justice l'horrible secret du 19 mars; mais son avocat a cru devoir la défendre contre l'opinion souvent injuste, lorsqu'elle n'est point éclairée. Il représente madame Manson poursuivie sans cesse par la crainte de subir le sort du malheureux Fualdès..... (La menace lui en avait été faite par les assassins qui, qui étaient nombreux, puissans, et qui n'étaient pas tous dans les fers.) Pressée par le cri de sa conscience d'accord avec la justice, retenue par la honte attachée à l'aveu de s'être trouvée dans un lieu infâme, la dame Manson ne pouvait laisser échapper de son sein la vérité, que la société et la justice réclamaient d'elle avec tant d'empressement.

Le combat pénible qui s'élevait dans son cœur lui fermait la bouche; elle ne pouvait articuler le nom de celui qui avait voulu être son bourreau, parce que, si elle l'avait nommé, elle était obligée d'avouer ce qui lui était personnel, de s'être trouvée dans la maison Bancal. L'on aurait voulu aussi connaître son libérateur.

A Dieu ne plaise que je veuille professer ici des principes que la justice réprouve; elle a des droits bien entendus, des droits incontestables d'interroger tous les citoyens pour obtenir d'eux la révélation des faits propres à constater les crimes et à signaler les coupables. Si la dame Manson a connu son libérateur, je respecte les motifs qui l'ont empêchée de le nommer par son nom, mais je crois qu'elle a satisfait à tous ses devoirs. Qu'importe en effet la manière dont la vérité vient frapper l'oreille de MM. les jurés; l'essentiel est qu'elle soit connue, et, ainsi qu'elle l'a dit, la vérité n'est plus obscure pour personne : toutefois je vous prie de croire qu'elle n'a jamais voulu se jouer de la justice; sa volonté avait peu de part dans ses dénégations. Hé! que serait-elle, que deviendrait son existence, si elle n'était soutenue par cette divine justice qu'on l'accuse d'avoir voulu outrager?

Pourquoi, disent les antagonistes de la dame Manson, a-t-elle été la première à faire connaître ce fait qu'elle avait tant d'intérêt à cacher, son entrée dans la maison Bancal?

Avant la révélation à M. le préfet, elle n'a dit formellement à personne qu'elle se fût trouvée dans cette maison; mais si elle s'est trahie par quelques propos, la raison en est facile à saisir: cette raison fait encore l'éloge de son cœur.

Cette dame est imbue de trop bons principes pour avoir jamais voulu l'impunité des coupables d'un grand crime; elle avait été le témoin de ce crime, elle en avait été vivement frappée, elle l'avait toujours présent à son esprit : le secret était un fardeau trop pénible à supporter ; lorsque tout le monde en parlait et que l'opinion s'égarait en conjectures, la dame Manson pouvait-elle se taire? et lorsqu'elle en parlait, pouvait-elle éviter de faire connaître, sans s'en douter, des circonstances, des détails méconnus du public?

Ces détails durent éveiller des soupçons dans la position où se trouvaient les Ruthénois, dans la juste indignation qui les animait ; ils durent chercher tous les moyens de découvrir les coupables, chacun voulut avoir la gloire d'avoir contribué à la manifestation de la vérité.

Le sieur Clémandot fut le premier qui se flata d'avoir obtenu son secret. Et pourquoi? Parce que, dans une promenade où il la pressa de questions, elle se défendit faiblement, selon lui, des raisons qu'il disait avoir de croire qu'elle s'était trouvée dans la maison Baucal ; il s'empressa de publier ce qu'il prétendait avoir appris de cette dame sur la place, dans le café, tandis qu'il était sur le point de quitter Rodez. Il donne comme positifs des aveux que la dame Manson ne lui avait pas faits, et qui la contredisent ensuite, soit dans ses déclarations écrites, soit dans ses déclarations orales.

Les témoins, à qui il a fait ses récits, ne sont point d'accord avec lui ; il n'est pas d'accord avec eux. Et comment imaginer, par exemple, que la dame Manson lui ait fait l'aveu qu'elle avait un rendez-vous dans une maison de prostitution, elle qui voulait à tout prix cacher qu'elle eût été, même par accident, dans un lieu infâme? Cela est hors de toute vraisemblance.

Si la dame Manson combat la déposition du sieur Clémandot, c'est parce qu'il lui a plu insérer malicieusement un prétendu aveu, qu'elle nie avoir fait à personne, et que le sieur Clémandot a cherché à accréditer par des réflexions aussi fausses que le propos qu'il prête à la dame Manson.

Naguère, lorsque le sieur Clémandot avait cherché, par la suite de sa déposition, à détruire les bruits défavorables que la prétendue confidence avait fait naître, et qui tendaient à blesser la réputation de madame Manson, le public aurait été porté à croire qu'en homme d'honneur, il disait la vérité, rien que la vérité ; mais depuis qu'il a donné la mesure de la confiance qu'il mérite, par un mémoire infâme, imprimé en son nom, et qui déverse à grands flots le poison d'une sale et dégoûtante calomnie sur la dame Manson, vous jugerez, Messieurs, quel est le cas que l'on doit faire de ce témoin et de sa déposition. La dame Manson ne s'abaisse pas jusqu'à combattre ici cet amas de sottises qui ne sauraient l'atteindre et qui ne peuvent retomber que sur leurs auteurs; elle attend une vengeance plus éclatante que la justice; et des hommes, des officiers français ne manqueront pas de la venger par un profond mépris d'une déloyauté jusqu'alors sans exemple. Le public l'a jugé.

Me. Esquilat, après avoir terminé son plaidoyer, s'est adressé à madame Manson. Madame, lui a-t-il dit, si vos forces vous le permettent, présentez vous-même à la Cour les observations que vous voulez ajouter à votre défense, je ne doute pas que la Cour et MM. les jurés ne vous entendent avec beaucoup d'intérêt.

Madame Manson, qui avait été vivement émue lorsque Me. Esquilat, dans sa péroraison, lui avait tracé le tableau de sa famille prête à la recevoir, lorsqu'il lui avait parlé de ce jeune Edouard, dont les consolantes caresses doivent effacer de son cœur le souvenir de ses infortunes, s'est raffermie, et d'une voix touchante a commencé son discours. Jusqu'à présent, personne n'avait douté que madame Manson n'eût infiniment d'esprit; son style gracieux et facile a rappelé tout ce qu'ont produit d'aimable les femmes les plus spirituelles, mais il était difficile que tant de grâces pût s'allier à tant de force et d'énergie. Le discours qu'on va lire peut prouver que cet éloge n'est point exagéré.

Madame Manson a parlé en ces termes :

« Messieurs, mon défenseur vient de développer d'une manière claire et précise la preuve évidente de ma non culpabilité : cette preuve, il l'a puisée dans les documens mêmes de la procédure, et dans les dépositions des témoins; en est-il un seul qui m'accuse?..... Reconnaissant mes faibles moyens, je n'oserais me flatter de captiver long-temps votre attention, après mon conseil, qui s'est exprimé avec tant de force et d'énergie. Je n'ajoute donc rien pour ma défense; je vais me borner à vous retracer rapidement le tableau de mes souffrances.....

« Captive depuis sept mois, j'ai supporté le poids d'une injuste accusation. Mais qu'est-ce encore, comparativement à l'horrible soirée du 19 mars?.....

Une imprudence me conduisit dans la rue des Hebdomadiers; le hasard me jeta dans la maison Bancal, le plus affreux malheur m'y retint malgré moi. En vain je chercherai des expressions capables de rendre tout ce que j'ai éprouvé d'angoisses pendant le supplice de l'infortuné Fualdès : ses efforts pour échapper à ses bourreaux, ses prières pour les attendrir, ses plaintes, ses gémissemens, son agonie, son dernier soupir..... J'entendis tout.

Son sang coula près de moi : je m'attendais à subir un pareil sort, il m'était réservé; mais le ciel, qui veillait sur moi, et qui ne permet pas que les grands crimes restent impunis, voulut me conserver pour éclairer celui-ci, et donner une éclatante preuve de sa divine providence.

Vous savez, Messieurs, qu'en cherchant les moyens de fuir les assassins, j'attirai leur attention : un d'eux s'offrit à mes regards, ses mains fumaient encore du sang qu'il venait de répandre, il m'en parut couvert..... Son air affreux me glaça d'épouvante, je ne vis plus rien qu'un cadavre et la mort..... Un être, dirai-je bienfaisant.... m'a sauvé la vie.... Sans lui j'eusse été la proie d'un tigre, sans lui Edouard n'aurait plus de mère..... La justice pourrait-elle m'adresser des reproches? Suis-je donc inexcusable aux yeux du monde? Et dans la supposition que mon libérateur soit coupable, en est-il moins mon libérateur? Liée par un serment que je croyais irrévocable, paralysée par la crainte d'être un jour victime d'une vengeance, entraînée par un sentiment de gratitude, accablée de cette idée que mes aveux devaient me couvrir de honte, alors qu'ils me feraient soupçonner d'une action infâme, tant de considérations réunies ne suffisaient-elles pas pour justifier mon silence? J'ai pu me taire...... est-ce un crime? C'est aux âmes délicates que j'en appelle.....

Le ciel m'est témoin qu'après le fils du malheureux que je vis massacrer, personne ne désira plus vivement que moi la découverte et la punition de ses meurtriers; et sans cette masse énorme de preuves qui ne me permettait nullement de douter de leur résultat, je ne sais à quoi eût pu me conduire la juste indignation qu'ils m'avaient inspirée ; mais j'étais convaincue que mon témoignage n'était pas indispensable.

Cinq mois après l'assassinat, des soupçons planent sur moi, on me croit un témoin essentiel, je me défends mal, je parais troublée, et M. Clémandot fait une déposition fondée sur des aveux tacites.

Enfin, pressée par le premier magistrat de l'Aveyron, une partie de la vérité s'échappa de mon sein, et si je l'ai désavouée, bientôt après le motif n'en fut pas équivoque, il a été bien connu.

Déjà subjuguée par une puissance oppressive, environnée de crainte et de terreur, les nouveaux moyens employés près de moi ne pouvaient être sans effet. Le machiavélisme déploya ses ressources ; mon ame avait perdu toute énergie ; que pouvait-elle opposer aux suggestions de l'astuce et de la duplicité ? Je promis de me rétracter ; et cette promesse je crus la devoir à l'amitié et à la reconnaissance..... Vous n'avez pas oublié, Messieurs, la fameuse journée du 22 août. Je me vis trahir par mes actions, qui démentirent involontairement mes assertions orales ; j'espérais concilier tous les intérêts. Je mécontentai tout le monde, et je me perdis.

» Depuis, constamment menacée de voir terminer mes jours d'une manière désastreuse, l'exemple de Fualdès sans cesse devant les yeux ; frappée de cette effrayante image, qui me poursuivait jour et nuit, et que mes songes me reproduisaient encore pendant mon sommeil ; enfin, craignant pour l'objet de toutes mes affections, j'adoptai ce funeste système de dénégations qui me rendit l'horreur des gens de bien, me priva de ma liberté, de mon enfant, me conduisit sur le banc du crime, et qui eût causé ma ruine entière si je ne l'avais abandonné.

» Je suis revenue de ma fatale erreur ! Trop long temps abusée par de dangereux prestiges, je les ai vus se dissiper, et je n'ai plus à lutter contre ma conscience, qui me reprochait de refuser à la justice la part qui lui était due : vainement on argumenterait sur ma déclaration tardive, la vérité qui l'a dictée saura lui donner du crédit.

» Voilà, Messieurs, une faible esquisse de ce que j'ai souffert pendant un an. Ne pensez pas que mon projet, en vous la présentant, soit de chercher à émouvoir votre sensibilité ; ce n'est pas de la pitié que je viens implorer ;

non, Messieurs, ce sentiment avilit trop celui qui en est l'objet : vous me rendrez justice, j'en trouve la garantie dans le choix que le digne chef de ce département a fait de vous et dans l'hommage que vos concitoyens se plaisent à rendre à vos connaissances et à vos vertus. Je me crois amplement justifiée, non seulement à vos yeux, mais à ceux de l'Europe entière, dont je fixe malheureusement l'attention; cependant, si je m'abusais, s'il existait encore des nuages, si je vous paraissais coupable..... que nulle considération ne vous arrête. Oubliez que j'appartiens à un père respectable, qui remplit depuis long-temps avec honneur une place dans la magistrature : que mon frère, qui porte l'uniforme français, est couvert de blessures glorieuses; détournez vos regards de ce lit de douleur où gémit ma mère infortunée; fermez l'oreille aux cris de mon fils..... frappez, Messieurs; il est un bien qu'on ne peut me ravir, mon innocence et la force de supporter le malheur.

» Pardonnez à une fierté qui tient à mon caractère, elle est innée en moi; j'oublie que je suis sur la sellette, j'oublie que je parle à mes juges; je suis dans les fers, mais mon ame est indépendante, et celle qui fut exempte de crime ne saurait se résoudre à demander grâce.

» C'est de vous que dépend mon sort, Messieurs; si j'en crois le témoignage de ma conscience, vous allez m'absoudre et me rendre à la vie en me rendant l'honneur et la liberté.

» Je repousse toute idée de prévention; cependant, quelle que soit votre impartialité, tout éclairés que je vous suppose, comme il n'est pas dans la nature de l'homme d'être infaillible, et que je puis devenir encore victime de l'illusion, dans ce cas je saurai me résigner, me taire, me consoler, dans l'espoir que Dieu seul voit le fond des cœurs, que ses arrêts sont irrévocables, et qu'il doit me juger un jour.

FIN.

SOUS PRESSE.

L'Esprit de Madame de Staël, ou *Examen et Analyse philosophiques du génie, du caractère et de l'influence de ses ouvrages.*

Marseille, Nismes et ses environs, par M. Ch. Durand; in-8°.

Les deux premières parties, qui ont obtenu le plus grand succès, se vendent 4 francs, avec le portrait du fameux Trestaillon.